马克思主义理论研究
和建设工程重点教材

中国经济史

《中国经济史》编写组

主　编　王玉茹

副主编　萧国亮　宁　欣

主要成员

（以姓氏笔画为序）

王丹莉　石　涛　兰日旭

刘兰兮　刘成虎　刘建生

关永强　李　晓　武　力

赵　津　赵劲松　龚　关

隋福民　燕红忠

高等教育出版社·北京

图书在版编目(CIP)数据

中国经济史 /《中国经济史》编写组编. -- 北京：高等教育出版社, 2019.1 (2025.7 重印)
马克思主义理论研究和建设工程重点教材
ISBN 978-7-04-050130-8

Ⅰ. ①中… Ⅱ. ①中… Ⅲ. ①中国经济史-高等学校-教材 Ⅳ. ①F129

中国版本图书馆 CIP 数据核字(2018)第 159959 号

| 责任编辑 | 童　宁 | 封面设计 | 王　鹏 | 版式设计 | 于　婕 | 插图绘制 | 尹文军 |
| 责任校对 | 陈　杨 | 责任印制 | 赵义民 | | | | |

出版发行	高等教育出版社	网　　址	http://www.hep.edu.cn
社　　址	北京市西城区德外大街 4 号		http://www.hep.com.cn
邮政编码	100120	网上订购	http://www.hepmall.com.cn
印　　刷	北京市白帆印务有限公司		http://www.hepmall.com
开　　本	787mm×1092mm　1/16		http://www.hepmall.cn
印　　张	26.25		
字　　数	490 千字	版　　次	2019 年 1 月第 1 版
购书热线	010-58581118	印　　次	2025 年 7 月第 19 次印刷
咨询电话	400-810-0598	定　　价	52.00 元

本书如有缺页、倒页、脱页等质量问题，请到所购图书销售部门联系调换
版权所有　侵权必究
物　料　号　50130-00

目 录

绪 论 ·· 1
    一、中国经济史的研究对象与学习的意义 ·· 1
    二、中国经济史研究的指导思想、方法与范畴 ··································· 3
    三、本教材的结构体系 ··· 6

上篇　古代中国的经济发展

第一章　中国古代社会的人口、资源、环境与生产方式 ························ 11
  第一节　资源与环境 ·· 11
    一、自然环境 ··· 11
    二、资源禀赋 ··· 14
  第二节　人口及其分布、增长与迁徙 ··· 16
    一、人口观念、人口行为与人口结构 ··· 16
    二、人口增长、波动与迁徙 ·· 20
    三、人口政策与户籍制度 ··· 22
  第三节　生产方式 ·· 27
    一、小农生产方式的形成与发展 ··· 28
    二、影响小农生产方式发展的因素 ··· 30

第二章　古代社会的农（牧）业 ·· 34
  第一节　农牧业的起源与发展 ·· 34
    一、古代农业的起源 ·· 34
    二、古代农牧业的发展 ··· 35
  第二节　国家的农业政策措施 ·· 41
    一、水利措施 ··· 41
    二、屯垦政策 ··· 45
    三、荒政与仓储 ··· 46
  第三节　地权分配与租佃关系 ·· 49
    一、地权关系及其变动 ··· 49
    二、租佃关系及其变动 ··· 52

第三章　古代社会工商业的发展 ······ 57
第一节　手工业的发展 ······ 57
一、手工业制度与政策的演变 ······ 57
二、手工业的技术演变 ······ 60
三、手工业的发展阶段及历史影响 ······ 63
第二节　商业的发展 ······ 65
一、商品交换的发展 ······ 65
二、古代商业的产生与发展 ······ 66
三、商业城镇的兴起与发展 ······ 70
四、商业组织与商业网络 ······ 73
第三节　民族贸易与对外贸易 ······ 78
一、对外贸易政策的演变 ······ 78
二、民族贸易与对外经济交流 ······ 81

第四章　古代社会的财政与金融 ······ 86
第一节　财政制度安排及其变迁 ······ 86
一、财政收入制度 ······ 86
二、财政支出制度 ······ 93
三、财政制度的绩效 ······ 95
第二节　货币与货币制度 ······ 97
一、货币形态的变迁 ······ 97
二、货币制度的变迁与特征 ······ 100
第三节　借贷与信用 ······ 103
一、古代社会的借贷活动 ······ 103
二、商业活动中的信用关系 ······ 105
三、金融机构的形成与变迁 ······ 106

第五章　古代社会经济发展的特征与成就 ······ 109
第一节　经济结构与运行机制 ······ 109
一、小农经济为主体的社会经济结构 ······ 109
二、区域性商品市场的形成与发展 ······ 111
三、经济发展的运行机制 ······ 112
第二节　经济的波动与发展的阶段性 ······ 114
一、周期性的波动 ······ 114

二、社会经济发展的阶段性……………………………………………… 116
　　三、经济重心的南移……………………………………………………… 121
　　四、古代中国经济发展的局限性与主要制约因素……………………… 123
第三节　经济发展的成就与在世界经济发展中的地位………………………… 124
　　一、古代中国经济发展取得的辉煌成就………………………………… 124
　　二、对外经济交往与在世界经济中的地位……………………………… 128

中篇　近代中国的经济发展

第六章　世界市场的扩张与中国经济近代化的起步…………………………… 135
第一节　资本主义世界市场的扩张与世界经济格局的变化…………………… 135
　　一、资本主义世界市场的扩张…………………………………………… 135
　　二、世界经济格局的变化………………………………………………… 138
第二节　半殖民地半封建经济的形成…………………………………………… 139
　　一、不平等条约与口岸开放……………………………………………… 139
　　二、自然经济的进一步解体……………………………………………… 143
第三节　中国经济近代化的起步………………………………………………… 145
　　一、开眼看世界与工业文明的传入……………………………………… 145
　　二、洋务运动与中国经济近代化的起步………………………………… 147

第七章　近代国家经济政策和制度的变化………………………………………… 150
第一节　经济管理机构的变化…………………………………………………… 150
　　一、政府经济管理机构的变化…………………………………………… 150
　　二、工商业组织的建立与发展…………………………………………… 160
第二节　政府经济政策法规的制定与演变……………………………………… 163
　　一、工商业政策法规的制定与演变……………………………………… 163
　　二、工矿交通业政策法规的制定与演变………………………………… 165
　　三、农业政策法规的制定与演变………………………………………… 166
第三节　财政金融政策与制度的变化…………………………………………… 168
　　一、财政政策与制度的演变……………………………………………… 169
　　二、货币金融政策与制度的变迁………………………………………… 173

第八章　近代农业经济的发展……………………………………………………… 177
第一节　农业生产的发展………………………………………………………… 177

一、农业技术的进步与推广 …………………………………………… 177
　　　二、种植业的发展 ………………………………………………………… 181
　　　三、畜牧业的发展 ………………………………………………………… 185
　第二节　地权分配与经营方式的变化 ……………………………………… 187
　　　一、地权分配与农业生产方式 …………………………………………… 188
　　　二、资本主义经营方式 …………………………………………………… 189
　第三节　农业生产结构和农产品商品化 …………………………………… 192
　　　一、农业生产的结构 ……………………………………………………… 192
　　　二、农产品商品化的发展 ………………………………………………… 196

第九章　近代工业的发展 ………………………………………………………… 199
　第一节　手工业的发展变化 …………………………………………………… 199
　　　一、市场扩大与传统手工业的发展和分化 …………………………… 199
　　　二、手工业的家内性质 …………………………………………………… 202
　第二节　近代工矿业的发展变化 ……………………………………………… 203
　　　一、近代工矿业的发展 …………………………………………………… 204
　　　二、近代工矿业的结构变化 …………………………………………… 209
　　　三、近代工矿业的发展与不发展 ……………………………………… 214
　第三节　近代企业的组织形态 ………………………………………………… 215
　　　一、传统企业组织形式 …………………………………………………… 216
　　　二、现代企业组织形式的产生与发展 ………………………………… 217
　　　三、企业集团和跨国公司 ………………………………………………… 218

第十章　近代第三产业的发展 …………………………………………………… 222
　第一节　商业与对外贸易的发展 ……………………………………………… 222
　　　一、国内贸易发展与结构变化 …………………………………………… 222
　　　二、对外贸易的发展与结构变化 ………………………………………… 225
　　　三、商业组织与经营 ……………………………………………………… 229
　第二节　金融业发展与金融市场 ……………………………………………… 233
　　　一、传统金融机构的发展变化 …………………………………………… 233
　　　二、新式金融机构的产生与发展 ………………………………………… 236
　　　三、信用组织与金融市场 ………………………………………………… 239
　第三节　交通运输与邮电业 …………………………………………………… 242
　　　一、轮船航运业 …………………………………………………………… 242

二、铁路运输业 ……………………………………………………………… 244
三、公路建设和运输 …………………………………………………………… 246
四、民用航空业 ……………………………………………………………… 248
五、邮电业 …………………………………………………………………… 248

第十一章 近代中国的经济增长与在世界经济中的地位 …………………… 252
第一节 近代中国的经济增长 ……………………………………………… 252
一、近代中国经济增长的阶段性特征与总趋势 …………………………… 252
二、近代中国总需求与国民收入分配的变动 ……………………………… 255
第二节 产业结构调整、城市化与区域经济发展 ………………………… 258
一、近代中国产业结构的变迁 ……………………………………………… 258
二、近代中国的城市化进程 ………………………………………………… 261
三、近代区域经济的发展与国内市场规模的扩大 ………………………… 262
第三节 近代中国在世界经济中的地位 …………………………………… 265
一、近代中国经济的周期波动及其从属性 ………………………………… 265
二、外资企业对中国近代经济的制约 ……………………………………… 266
三、近代中国在世界市场中的地位 ………………………………………… 268

下篇 当代中国的经济发展

第十二章 当代中国经济发展的起点与制度选择 …………………………… 275
第一节 当代中国经济发展的初始条件 …………………………………… 275
一、西方的经济封锁与新中国面临的国际经济环境 ……………………… 275
二、新中国建立时的经济发展基础和条件 ………………………………… 276
三、新民主主义经济体制的确立 …………………………………………… 277
第二节 工业化战略与社会主义经济制度的建立 ………………………… 280
一、工业化战略与过渡时期总路线 ………………………………………… 281
二、社会主义改造 …………………………………………………………… 281
三、计划经济体制的形成 …………………………………………………… 284
第三节 计划经济向社会主义市场经济的转变 …………………………… 288
一、计划经济的运行与主要特征 …………………………………………… 288
二、计划经济体制的问题与探索 …………………………………………… 290
三、改革开放与社会主义市场经济目标的确立 …………………………… 294

第十三章 当代中国农业的发展 ··· 297
第一节 农业经营制度 ··· 297
一、土地改革和农业合作化 ··· 297
二、人民公社制度 ··· 298
三、家庭联产承包责任制 ··· 301
第二节 农田水利建设和科技进步 ··· 304
一、农田水利建设 ··· 304
二、农业机械的使用 ··· 307
三、品种改良和化肥、农药等的广泛使用 ··· 310
第三节 农业发展的成就和问题 ··· 312
一、农业的增长与波动 ··· 312
二、农业结构的变化 ··· 316
三、"三农"问题的逐步解决 ··· 317

第十四章 当代中国工业的发展 ··· 320
第一节 所有制结构和经营管理体制的演变 ··· 320
一、所有制结构的变化 ··· 320
二、政府管理体制的变化 ··· 322
三、国有企业经营管理体制的变化 ··· 326
第二节 工业经济的发展与波动 ··· 327
一、1978年以前的工业增长与波动 ··· 328
二、1978年以来的工业增长与波动 ··· 331
第三节 产业结构演进与技术进步 ··· 333
一、政府产业政策的变化 ··· 333
二、工业产业结构的变化 ··· 335
三、技术进步与创新 ··· 338
第四节 资源、环境约束与工业发展 ··· 341
一、资源约束 ··· 341
二、环境约束 ··· 342

第十五章 当代中国第三产业的发展 ··· 346
第一节 商业与对外贸易 ··· 346
一、国内商业的发展与体制变化 ··· 346
二、对外贸易的发展与体制变迁 ··· 348

第二节 金融业
一、金融机构变迁 ······ 353
二、金融市场变迁 ······ 357
三、人民币制度的建立和完善 ······ 359

第三节 交通运输与邮电通信业
一、铁路运输业 ······ 360
二、公路运输业 ······ 361
三、轮船航运业 ······ 362
四、航空业 ······ 363
五、邮电通信业与互联网 ······ 365

第四节 旅游、房地产及文化产业
一、旅游业 ······ 366
二、房地产业 ······ 368
三、文化产业 ······ 370

第十六章 当代中国经济发展的成就与进入中国特色社会主义新时代 ······ 372

第一节 政府的作用及其职能转变
一、从全能型政府向服务型政府的转变 ······ 372
二、计划管理向宏观调控的转变 ······ 374
三、从建设型财政向公共服务型财政的转变 ······ 376

第二节 经济增长、产业结构与收入分配体制的变迁
一、经济增长 ······ 377
二、产业结构变化 ······ 381
三、人口流动与就业结构的变化 ······ 382
四、收入分配体制的变迁 ······ 385

第三节 城市化与区域经济发展
一、从城乡分割到统筹发展 ······ 388
二、城市化的推进和城市建设 ······ 389
三、农村的现代化建设 ······ 391
四、区域经济发展 ······ 392

第四节 进入中国特色社会主义新时代
一、中国特色社会主义新时代与经济发展的历史新方位 ······ 394
二、中国经济发展的机遇与挑战 ······ 395
三、坚持新发展理念，建设现代化经济体系 ······ 397

阅读文献……403
人名译名对照表……405

后　记……406

绪 论

一、中国经济史的研究对象与学习的意义

1. 经济史的研究对象

马克思将经济学的研究对象归结为"生产方式以及和它相适应的生产关系和交换关系"。① 恩格斯说:"某一个时期的经济史的清晰的概况,决不会在当时就得到,而只有在事后,即在搜集和整理了材料之后才能得到。"② "人们在生产和交换时所处的条件,各个国家各不相同,而在每一个国家里,各个世代又各不相同。因此,政治经济学不可能对一切国家和一切历史时代都是一样的……政治经济学本质上是一门历史的科学。它所涉及的是历史性的即经常变化的材料;它首先研究生产和交换的每个个别发展阶段的特殊规律,而且只有在完成这种研究以后,它才能确立为数不多的、适用于生产一般和交换一般的、完全普遍的规律。"③ 由此可见,经济发展的历史进程就是经济史最基本的内容。

人类社会经济发展的历史,也是一部人类社会走向文明的历史。从茹毛饮血的蒙昧时代到现代的工业社会,经历了两次社会大分工,即农业从畜牧业中分离出来的第一次社会大分工和工业从农业中分离出来的第二次社会大分工。而这两次社会大分工也正是人类生产方式从自然经济过渡到市场经济的历史过程。经济史研究的基本问题就是在这漫长的历史过程中人类的生产和生活方式的变化情况,这些变化表现在生产、分配、交换、消费等环节的循环往复过程之中。任何一个国家和地区的经济都是由生产、分配、交换、消费等基本环节组成的,而每一个国家的经济运行又都是在一定区域空间内展开的,它要受自然环境、国家制度和社会文化的制约,因此经济史研究的视野并不仅限于经济发展的规律自身,还要包括制约经济运行的自然环境、国家制度、社会背景和文化因素。经济史的研究对象就是经济发展的历史过程,即通过对历史上的经济发展状况的回溯,分析各个时期各种经济因素的内在联系和外部环境,说明经济怎样运行、发展和变化,阐明不同历史时期经济的运行机制和特点。

中国经济史涵盖了自有文字记载以来的中国古代至当代社会经济发展演进的历史过程;在生产方式上包括了先秦至明清以自然经济为主体,耕织结合为特征的发展演变历程,以及19世纪后半期以来自然经济向市场经济转变的过程;在生产动力上体现为由人力和畜力、手工工具向机器大工业转变,逐步实现经济现

---

① 《马克思恩格斯文集》第5卷,人民出版社2009年版,第8页。
② 《马克思恩格斯文集》第4卷,人民出版社2009年版,第532页。
③ 《马克思恩格斯文集》第9卷,人民出版社2009年版,第153—154页。

代化的历史进程。中国经济史的研究对象就是中国经济发展的历史过程，即中国由农耕为主的自然经济向分工、协作、工场手工业、机器大工业的现代经济发展演变的历史进程，以及与这一过程相关的制度变迁、社会文化的影响与制约等问题。

中国经济是世界经济不可或缺的组成部分，研究中国经济发展的历史过程，不仅要研究制约经济发展的内在因素，也要研究影响其发展的外部环境。因此，将中国经济发展置于世界经济发展的背景下进行考察，分析中国经济与世界经济发展的关系以及世界经济环境变化对中国经济的影响，了解中国经济在世界经济中的地位也是中国经济史的重要内容。

2. 经济史与经济学理论

从目前的学科分类上讲，经济史是理论经济学一级学科下的一个二级学科，是理论经济学不可或缺的组成部分。

经济史最初主要是历史学中的经济内容，19 世纪晚期，经济学发展为系统的理论体系，并可以用来解释和分析历史中的经济内容了，经济史也就随之从历史学科中分立出来，成为了一门独立的学科。中国的经济史学雏形可见于《史记·货殖列传》中"善因论"的自然主义经济理论，但是中国现代意义上的经济史学则是在引进西方的史学和经济学理论之后，于 20 世纪前期才逐步形成的。在这一时期，一批聚集在经济和社会研究机构的学者撰写、编辑出版了一批中国经济史论文、著作、期刊和统计资料。新中国成立后，受当时经济学理论研究的影响，中国经济史的研究比较多地关注生产关系方面。改革开放后，中国经济史研究进入全面发展的时代，经济史研究理论和方法日趋多样化，在生产关系的研究之外更多地关注了历史上生产力的发展状况，挖掘了大量历史资料，出版了丰富的经济史研究论著、期刊。经济史作为理论经济学的主干基础课程，得到了越来越多的重视。

经济学理论是在经济发展的过程中为解决经济发展中的问题而产生的。经济史则是经济学理论产生和不断创新发展的重要基础和源泉。一方面，经济学理论是对经济运行、经济实践活动的经验提炼、升华和抽象概括，这里的经济运行、经济实践活动包括了历史和现实两个方面，所以经济史是经济学理论产生的一个重要基础和源泉，任何理论都来自实践，经济理论更是人类历史上经济实践的总结。另一方面，经济史也是经济学理论进一步发展、完善和创新的基础。经济学理论由于其自身系统的完整性和逻辑上的一致性，一旦形成就有相对的稳定性，如果局限在理论体系内，就很难跳出原有的框架。因此，无论是开辟新的研究领域的创新，还是突破、修正旧理论的创新，都只有从实践材料出发进行探索，才能形成新的成果，而实践材料的本质就是历史，因为一切实践材料都是已完成的过程，即历史，经济史就是对现实世界的反映。概而言之，如果仅限于逻辑推理可以忽视经济史，而如果要创新，就离不开经济史，从这个意义上讲，经济史也是经济学理论创新的源泉。马克思通过对自由竞争时期的资本主义生产过程的历史分析，运用唯物史观和方法，将社会关系归结为生产关系和生产力之间的关系，抽象出社会经济运行的最基本原理，完成了马克思主义经济学的科学巨著《资本论》，这就是最有力的说明。

3. 学习经济史的意义

经济学理论是在经济发展的过程中产生的，所以经济史是经济学的"源"而不是经济学的"流"。学习经济史是理解经济学理论的需要。同时，经济学理论又是在经济发展的实践过程中被不断地修正、完善的，因此，运用经济学理论对历史上与经济发展相关的资料（史实和统计数据）进行解析，检验理论的适用性、合理性、科学性，进而对经济学理论进行修正和完善，又是我们学习和研究经济史的任务和目标。

"究天人之际，通古今之变"，通过对中国经济发展历史过程的分析，找出中国经济现代化、市场化发展变化的趋势、特征及其规律，分析其成功经验，总结其失败教训，从而更好地了解中国的基本国情，为中国的现代化建设提供可以借鉴的历史经验，也为构建中国特色的经济学理论体系提供实证研究的资料，即是开设中国经济史这门课程的实际意义所在。

中国作为世界四大文明古国之一，曾经创造了人类科技、文化的诸多辉煌，居于世界经济发展的前列。然而，在世界经济近代化进程中，中国却成为工业化的后发展国家，19世纪末在内忧外患的压力下才开始了艰难曲折的近代化的复兴进程。新中国成立后，尤其是改革开放以来，中国经济再度快速发展，在世界经济中的地位不断提高，重新成为了位居世界前列的经济体。学习中国经济史是了解中国历史上的辉煌、曲折，树立为中华民族的伟大复兴而努力的理想的不可或缺的必修课。

二、中国经济史研究的指导思想、方法与范畴

1. 历史唯物主义历史观指导下的实证研究

恩格斯说："马克思的整个世界观不是教义，而是方法。它提供的不是现成的教条，而是进一步研究的出发点和供这种研究使用的方法。"[①] 列宁指出，历史唯物主义也从来没有企求说明一切，而只企求指出"唯一科学的"（用马克思在《资

---

① 《马克思恩格斯文集》第10卷，人民出版社2009年版，第691页。

本论》中的话来说）说明历史的方法。①

马克思说："人们在自己生活的社会生产中发生一定的、必然的、不以他们的意志为转移的关系，即同他们的物质生产力的一定发展阶段相适合的生产关系。这些生产关系的总和构成社会的经济结构，即有法律的和政治的上层建筑竖立其上并有一定的社会意识形式与之相适应的现实基础。"② 马克思和恩格斯还指出："人们用以生产自己的生活资料的方式，首先取决于他们已有的和需要再生产的生活资料本身的特性。""任何历史记载都应当从这些自然基础以及它们在历史进程中由于人们的活动而发生的变更出发。"③ 东方国家社会发展的规律只能根据各国的历史特点作出判断。"在印度和中国，小农业和家庭工业的统一形成了生产方式的广阔基础。"④ 这些经典的论断是本教材以唯物主义历史观指导的具体体现。

经济史要研究历史上各个时期的经济如何运行，以及经济运行的机制和绩效。因此，研究者的视野就不能仅仅局限于经济本身，而是要对制约一个国家的经济运行的自然环境、社会文化等进行实证研究。而指导中国经济史研究的最基本的历史观和方法论就是历史唯物主义，即以社会发展的史实为基础，在理论分析的基础上，梳理出经济发展的总体脉络和发展趋势。

2. 经济史研究的基本方法

经济史不仅是理论经济学的重要组成部分，而且是一门以经济发展的历史为研究对象的经济学与历史学交叉的学科。历史学注重文献诠释和资料考证，而经济学则注重经济理论和数量分析。但是不论在哪一个学科，经济史的方法均可分为三类：（1）世界观意义上的方法，即历史观。历史唯物主义是马克思主义的基本历史观，也是经济史学最科学、最基本的历史观。（2）认识论意义上的方法，即逻辑思维。不外乎有几种方法：归纳法，即由个别、特殊推出共性、一般；演绎法，即由一般推出个别、特殊；证伪法，即通过问题→猜想→证伪（反驳）→新问题的过程，循环探索，使科学知识得以创造。（3）专业技术研究方法，经济史最基本和最主要的专业技术研究方法是马克思主义政治经济学生产力与生产关系、经济基础与上层建筑之间关系的理论和辩证分析方法，以及其他经济学的相关理论与方法。

任何一门学科的生命力都在于科学的理论和方法的运用。经济史作为一门研究经济发展历史和规律的学科，其基本理论和方法是经济学和历史学的理论与方法，但是社会经济发展是受到社会政治、文化等多元因素影响的，这就决

---

① 《列宁专题文集：论辩证唯物主义和历史唯物主义》，人民出版社2009年版，第166页。
② 《马克思恩格斯文集》第2卷，人民出版社2009年版，第591页。
③ 《马克思恩格斯文集》第1卷，人民出版社2009年版，第519—520页。
④ 《马克思恩格斯文集》第7卷，人民出版社2009年版，第372页。

定了经济史研究理论和方法的多元性，会随着相关学科的发展而不断采用新的方法。

19世纪中叶，社会学成为一门独立的学科，其与历史学的亲缘关系使其成为经济史研究的重要方法之一。对某一个地区的经济发展进行研究是经济史研究司空见惯的事情，因此区域经济史研究也是经济史研究的重要领域。20世纪三四十年代，区域经济学的中心地理理论形成，被运用到经济史学研究中发展为传播论和区域成长理论。20世纪晚期，经济人类学理论被引入区域经济史研究。不同区域和国家间的比较研究是区域经济史和宏观经济发展研究的重要领域，通过不同地区和国家经济发展历史的比较，从中找出其共同点和区别，从而为经济发展的不同模式和道路提供事实的根据，是经济史研究的重要任务之一。

总之，经济史作为一门研究经济发展历史的学科，会随着社会的发展、学科交叉与融合的发展而采用和借鉴更多学科的理论和方法。所谓史无定法，就是要根据研究目的、研究对象的特点和具体情况，来选择和确定具体研究对象适用的相关理论和方法。

3. 中国经济史研究的相关概念与范畴

经济史作为一门研究经济发展历史的学科，涉及一系列与生产、分配、交换、消费等经济运行环节相关的基本概念与范畴，如人口、资源、环境、生产方式、经济制度等。

人口是指居住在一定地域内或一个集体内的人，是生产活动的主体。

资源是经济活动的客体，人类通过对资源的开发和利用获得社会进步与经济发展。

环境是指周围所存在的条件，总是相对于某一中心事物而言的。通常所说的环境是指围绕着人类的外部世界。环境是人类赖以生存和发展的物质条件的综合体。环境为人类的社会生产和生活提供了广阔的空间、丰富的资源和必要的条件，包括自然环境和社会环境两种。

生产方式是指人们获取社会生活所必需的物质资料的方式，在生产过程中形成的人与自然界之间和人与人之间的相互关系的体系。生产方式的物质内容是生产力，其社会形式是生产关系，生产方式是两者在物质资料生产过程中的统一。本教材中所说的生产方式是指在中国几千年的经济发展史中，每一个发展阶段占主导地位的、获取生活必需物质资料的方式。

制度最一般的含义是指要求大家共同遵守的办事规程或行动准则，是实现某种功能和特定目标的社会组织乃至整个社会的一系列规范体系。其第一要义便是要求成员共同遵守的、按一定程序办事的规程。汉语中"制"有节制、限制的意思，"度"有尺度、标准的意思，这两个字结合起来，表明制度是节制人们行为的尺度。本教材中所说的经济制度是指与经济发展相关的制度，包括政策法令规定的、有形的正式制度和由历史文化积淀约定俗成的非正式制度。

三、本教材的结构体系

历史是不能割断的，当今的中国是由历史的中国发展而来的。中国的经济现代化进程和市场经济体制建设目前仍处在探索、实践的过程中，认识和研究中国社会经济的发展首先要找准它的历史起点。因此，对经济现代化问题的认识离不开对它的起点，即对中国传统经济状况的分析。经济现代化是近500年来世界经济发展的本质与主线，是传统经济向现代经济转变的动态过程。只有通过对中国经济发展历史过程的分析，找出中国经济现代化、市场化发展变化的趋势、特征及其规律，才能分析其成功的经验，总结其失败的教训，从而更好地了解中国的基本国情，为中国的现代化建设提供可以借鉴的历史经验，也为构建中国特色的经济学理论体系提供实证研究的资料。

为了从宏观上整体把握中国经济现代化的进程，本教材力求做到经济思想、经济理论、经济政策与经济发展历史进程的统一；社会经济历史与政治、文化进程的统一；把中国经济的现代化历程放到世界经济现代化的历史进程之中。本教材以中国经济发展为主线，突出经济发展中的变化，按照基本生产方式的变化，将中国经济发展的历史划分为三个大的阶段，即古代、近代和当代。

基于本教材的篇幅要求，我们将几千年的中国经济发展史高度浓缩，依据经济发展从自然经济向市场经济转变的一般规律，结合中国从一个以小农经济为主体、自然经济为特色的国家向工商业并举的工业国发展的趋势，按照经济学理论的分析框架，拟定出资源、环境、生产力、生产关系的纵向的叙述主线，同时兼顾古代、近代和当代三个大阶段的特色展开横向的分析。如古代部分虽然几千年朝代更替，但是基本生产方式没有质的变化，我们打破朝代的界限，以以农为本的自然经济的本质特色为主线，突出生产力和制度管理的变化之处，在有限的篇幅中展示中国古代经济的辉煌成就，说明古代经济长期延续的结构。近代部分则突出在内忧外患中，中国经济开启现代化进程的多样性和不平衡性。当代部分则根据我国经济发展的阶段性特点，分阶段阐述其经济发展的内在必然性。

本教材的基本框架结构设计为：绪论；上篇：古代中国的经济发展；中篇：近代中国的经济发展；下篇：当代中国的经济发展。其中，上、中、下三篇共包括16章。本教材因篇幅限制，只能阐明中国历史上经济发展的主线及其变化，无法进一步展开分析，为了帮助学生深入理解教材的内容，我们在每一章内容后都列出有助于本章内容理解的思考题，并设置在线"即测即评"

练习题，同时在教材的后面列出与本教材内容相关的专题研究和经典著述作为扩展阅读文献。

思考题：
1. 简述经济史的研究对象。
2. 简述经济史与经济学的关系。
3. 说明经济史研究的理论与方法。
4. 从经济史与经济学的关系出发论述学习经济史的意义。

上篇 | 古代中国的经济发展

从夏商周开始到清代后期,以自然经济为主体的中国传统经济延续了几千年,虽然历经朝代的更迭,在漫长的经济发展历程中商品经济有所发展。然而,到19世纪60年代开始的洋务运动以前,以家庭为基本生产单位,耕织结合为特征的自然经济的基本生产方式没有发生本质的变化。本篇以自然经济向商品经济的发展为中心线索,分析说明中国传统社会经济形成、发展和演变的轨迹;阐明其运行机制、发展水平和取得的辉煌成就;分析制约其发展的因素,梳理、概括中国传统经济的本质特征。

第一章　中国古代社会的人口、资源、环境与生产方式

　　人是经济活动的主体，而人类的经济活动又是在一定的区域内进行的，这个区域的资源、环境直接影响着人的生活方式和生产方式的选择。因此，经济史应该从经济活动最基本的主体和客体要素——人口、资源、环境开始讲起。经济史范畴的资源与环境，是指人类社会赖以生存的土地、矿藏、森林、海洋等自然资源与气候、土壤、地形、地貌、植被、水文、自然灾害等环境条件。一定生产力发展水平制约下的人与资源、环境的结合所产生的生产方式的差异，形成不同的经济结构和经济发展阶段。本章着重从资源禀赋、环境变迁和人口行为的分析入手，探讨中国古代生产方式的选择、发展与变迁。

第一节　资源与环境

　　人类社会的经济活动总是建立在对一定的资源开发利用的基础上的，从某种意义上讲，人类经济活动的历史就是不断开发、利用资源的历史。尤其在科学技术水平低下的古代社会里，自然资源禀赋影响着国家的经济规模、经济结构及生产方式。因此，考察中国古代的资源禀赋，对了解中国古代社会经济结构及其特征有重要的意义。

一、自然环境

　　在自然界的诸要素中，气候是最活跃的一种。当气候发生变化时，其他要素，如动植物、河流、湖泊、冰川、雪山等都会随之出现相应的变化。因此，要了解古代社会的地理环境，首先要讨论中国各历史时期气候的变化情况。

　　（一）气候的变迁

　　在漫长的历史时期，中国东部地区气候发生过多次寒暖交替的变化。自竺可桢奠定了我国历史气候学的基础以来，历史气候学家已经比较清晰地勾勒出各历史时期的气候状况。自公元前3000年以来，中国的气候变化大致经历了四个温暖期和四个寒冷期。

　　（1）大约从公元前3000年至公元前1100年的新石器时代晚期到夏商时期，是中国历史上的第一个温暖期。从孢粉分析的资料来看，当时华北平原东部分布着落叶阔叶林和草原植被，殷墟遗址中出土的大量动物化石有许多属于热带和亚

热带动物，如象、犀牛、野猪等，甲骨资料中也有商王武丁曾猎获一头野象的记录，说明这一时期大部分时间年平均温度高于现在2℃左右，黄河流域当时的气候比现在温暖湿润得多。

（2）公元前11世纪至公元前8世纪中叶的西周时期，气温有所下降。《吕氏春秋·古乐》和《孟子·滕文公下》中都记载了周武王灭纣时"驱虎、豹、犀、象而远之"的情况。事实上，这些是当时人力做不到的，但它反映了热带和亚热带的动物成群结队退出黄河流域的现象。

（3）西周时期的寒冷期过后，气候回暖。公元前8世纪中叶至公元前5世纪的春秋时期，《诗经》中反映东周时代的作品记载，今山东西部、河北东部及秦岭等地当时都有亚热带作物梅树的分布。

（4）从公元前5世纪中叶至公元前2世纪初叶，战国至西汉初年，气候有转寒迹象。《孟子》《管子》记载，黄河下游地区小麦收获时间已经推迟到夏至（一般是公历6月20—22日之间）左右，明显晚于春秋时期。秦汉确立的二十四节气，霜降定在公历10月24日，比现在郑州、西安一带的时间提前了6天。

（5）西汉中期至东汉末年，即公元前2世纪中叶至公元2世纪末，中国又进入了温暖期。《氾胜之书》记载，当时西安地区4月10日即可播种水稻，比现在提前5天左右。经济作物如漆、桑麻、竹等的分布也较现在偏北。

（6）3世纪初至8世纪初的魏晋南北朝至盛唐时期又进入一个寒冷期。反映这一时期华北地区农业知识的《齐民要术》里记载，桃树开花和枣树生叶的时间比现在黄河流域晚10~20天。《晋书》和《魏书》记载的异常霜降的出现也较以往更为频繁。8世纪中叶至10世纪初叶的中唐至五代初也为寒冷期。据史料记载，海州湾、莱州湾等海域都曾出现冰冻现象。韩鄂的《四时纂要》记载唐末关中地区葡萄过冬需要埋土防寒，这一现象表明，该地区冬季的气温多年平均值应在−20~−16℃。

（7）宋元时期，10世纪中叶至13世纪末，是中国历史上典型的气候温暖期。《文献通考》记载，后唐时期，小麦、大麦、豌豆等谷物，最北生长在今延安、大同一带。甘蔗的种植比现在北移了两个纬度，茶树在金国的领地内有种植。

（8）14世纪初至19世纪末的元后期至清末，气候转向寒冷。明末清初谈迁《北游录》中的物候记载，当时北京冬季平均温度较今低2℃。据清代杭州、苏州、南京等地的物候资料，长江下游在18世纪20—70年代，冬季平均温度比现在低1~1.5℃，冬季降雪日数比现在多10%~15%。

从中国历史时期气候变迁的情况来看，总趋势是逐步变冷。温暖期的时段逐渐变短，寒冷期逐渐变长，并且寒冷程度也越来越强。据竺可桢的研究，距今5 000~3 000年，黄河流域的年平均温度较今约高2℃，冬季温度则高3~5℃，与现在的长江流域气温相当。① 3 000 年前至今，温度波动十分明显，周期为 400~800 年，年均气温的振幅为 1~2℃。气候的变化直接影响人类社会经济的发展，同时它还通过改变自然界其他因素影响着人类的生存环境。②

（二）生态环境的变迁

中国在五六千年前曾有相当长的时期处于温暖湿润的气候，大部分地区覆盖着广袤而丰富的森林、草原等天然植被。随着气候冷暖时期的交替变化和人类活动的影响，我国的天然植被发生了很大的改变，这些变化直接影响着区域生态环境和社会生活。

1. 自然环境的变化

远古时期，中国的森林地带大致占全国总面积的一半，北起大兴安岭北段，东南沿嫩江折向西南，经冀北、晋北、陕北、川北至西藏东南一线，该线以南为古代主要森林地带。从北至南大致分为四个地区。

小兴安岭和长白山寒温带、温带森林地区，包括大兴安岭北段的寒温带林，是西伯利亚大森林在中国的延续，该地区大部分为森林所覆盖。

华北暖温带森林地区，范围很广，包括辽东山地丘陵、辽河下游平原、冀北山地、黄土高原东南部、豫中和豫西山地丘陵、华北平原、渭河平原和山东山地丘陵。

华中、西南的亚热带林地区，包括秦岭、大巴山、大别山、江南山地丘陵、闽浙山地及长江中下游平原、四川盆地、贵州高原、云南高原北部及中部、南岭山地、两广丘陵北部及青藏高原东南部等地区。

华南、滇南、藏南热带雨林地区，包括福建福州以南、台湾、两广山地丘陵中部和南部、海南岛、南海诸岛以及云南高原南部等地。

此外，中国古代的草原主要分布在大兴安岭南段、呼伦贝尔草原、东北平原、内蒙古高原、黄土高原西北部及青藏高原中部和南部。在内蒙古西部、宁夏、甘肃河西走廊、青海柴达木盆地和新疆等地，存在一条气候干燥、植被稀少的荒漠地带。

2. 生态环境的破坏

距今约一百万年的全新世以来，随着气候变化和人类活动的影响，各地天然植被分布状况不断发生变化，天然植被地区逐渐缩减，栽培植被替代了某些天然植被。在金属工具普遍使用以前，人类活动对天然植被的破坏是局部的、缓慢的。直至春秋时代，在古今植被变化最大的华北平原上，人口十分稀少，河北平原中

---

① 竺可桢：《中国近五千年来气候变迁的初步研究》，《考古学报》1972 年第 1 期，第 15—38 页。
② 邹逸麟编著：《中国历史地理概述》（修订版），上海教育出版社 2005 年版，第 18 页。

部仍保存着一片宽阔、空无聚落的地区，黄河中游地区和南方依然有古木参天的原始森林和广阔的草原。战国时代铁器工具大量使用，各国竞相变法，发展农业，奖励垦荒，大面积的天然植被被迅速破坏，为人工栽培的植物所取代。秦汉以来，黄河流域生态环境经历了三次破坏，都是由黄河中游森林遭到大规模破坏引起的。

黄河流域第一次生态破坏是在秦汉时期。秦汉两代都实行了"实关中"的政策，大量人口迁居关中，加重了关中地区的粮食负担，大规模毁林造田，破坏了平原地区的森林植被。森林和草原的减少，使黄土失去保护，加速水土流失。西汉中期黄河就有"泾水一石，其泥数斗"的特点。

黄河流域第二次生态破坏发生在唐宋时期。这一时期，由于抵御北方少数民族南下的需要，政府在北方部署大量的军队，军队的屯垦使农业区域逐步北移，森林和草地继续缩小。黄河流域水土流失加剧，导致宋代黄河多次改道。

明清时期，黄河中游的森林植被遭到了大规模破坏，黄河流域生态环境进一步恶化。明初实行的"开中法"，诱使商人在北部与蒙古交界地区开垦荒地，致使黄河中游一带几乎无地不垦。从明代中期开始，黄河中游地区的森林遭到了毁灭性的破坏，山西北部雁门关、偏关一带的林区被砍伐殆尽。清代解除了长城外不准耕垦的禁令，也刺激了各地贫民到此开垦。森林植被的破坏，导致了明清两代黄河决溢的频繁程度超过了以前各代，原来分布于黄河下游的众多湖泊先后淤平。

长江流域生态环境的破坏晚于黄河流域。从魏晋南北朝大量北方人口进入江南开始，江南地区逐渐成为全国的经济中心和人口分布的重心。无度的开发，导致了江南地区森林资源的迅速减少，水土流失加剧，山区旱地增多，江河含沙量明显增加，使水旱灾害频繁暴发，严重地影响了古代社会的农业生产。[①]

二、资源禀赋

人类的活动都是在一定的区域空间中进行的，土地是人类最基本的资源。

（一）土地资源

在农业经济占主导地位的中国古代社会，土地是最基本的生产资料，因此土地也是古代中国社会最主要的资源，几乎所有制度安排都是围绕着土地进行的。

光、热、水、土等条件是农业生产的主要影响因素，这些因素之间的不同组合决定着一个国家农业的资源禀赋。我国地处亚洲东部，南北跨热带、亚热带和温带三个气候带，东部濒海，自东向西跨海洋性气候、草原性气候和沙漠性气候。我国幅员辽阔，不同地区土壤特征各异，植物品种繁多，表现在农业生产上就是

---

① 邹逸麟编著：《中国历史地理概述》（修订版），上海教育出版社2005年版，第40、47、48页。

能够提供种类丰富的土特产品，这是中国土地资源的优势所在。然而，作为农业最基本的生产资料，中国的土地资源也受到一些约束。

首先，国土地域广大，可耕地比例少。中国作为一个多民族的国家，从夏商周开始，历经春秋战国的诸侯割据，到秦始皇统一中国，以及其后的王朝更替、疆域变化，不同的历史时期国土面积有所差异，在数千年民族交往、融合的基础上，到清代基本上形成了现代中国的疆域版图。作为历史悠久的东方文明古国，虽然国土面积广大，但是农业可资利用的土地资源比例少，从地形分布上来看，海拔1 000米以上的高原占26%、500米以上的山地占33%、500米以下的丘陵占10%、盆地占19%、200米以下的平原占12%。沙漠130.8万平方公里，约占国土总面积的13.6%。[①]

其次，土壤种类繁多，但具有良好蓄水性和可耕性的土地较少。中国古代的农业区，除东北地区的黑色土壤外，绝大部分属于物理性状较差的盐碱地或红壤。《商君书·算地》中记载，当时全国的土地"山陵居什一，薮泽居什一，溪谷流水居什一，都邑蹊道居什一，恶田居什二，良田居什四"。

最后，与农业生产密切相关的气候条件较差，自然灾害频发。中国的气候条件与欧洲有很大的不同，欧洲山脉不高，多为东西走向，海洋性气候可以深入到乌拉尔山，欧洲大陆基本属温带海洋性气候，雨量均匀，自然灾害较少。中国山脉纵横交错，地形复杂，气候种类繁多，降雨量分布不均，易于形成灾害。据邓云特的统计，自公元前206年至公元1936年，我国历史上暴发自然灾害5 150次，平均每半年一次。[②]

（二）矿产资源

中国国土广袤，自然条件复杂多样，自然资源蕴藏丰富，属矿产资源富庶国。由于地质构造复杂，矿产资源的总量大、种类多。其中，煤、铁的储藏量较大，有色金属矿藏更居世界前列。

就矿产资源的总体规模来看，中国是世界上仅次于俄罗斯、美国的第三大国。钨、锡、汞储量居世界第一，铅居第二位，铁、铜、银居第三位，金、铂、磷居第四位。但是，中国的矿产资源也存在两个缺陷：一是富矿少，贫矿多。如86%的铁矿，70%的铜矿、磷矿和铝土矿，50%的锰矿均为贫矿。二是80%的矿为共生与伴生矿，单一矿少。[③] 这就对开发利用提出了较高的技术要求。

中国古代对矿产资源的开发与利用有着悠久的历史，早在夏商周时期，人们就

[①] 邹逸麟编著：《中国历史地理概述》（修订版），上海教育出版社2005年版，第85页。
[②] 邓云特：《中国救荒史》，上海书店1984年影印版，第11—40页。
[③] 参见郭振西编著：《两个十年——矿管与矿协工作文选》（上集·矿管工作文选），地震出版社2001年版，第461页。

已经掌握了青铜铸造技术。周朝初期，生活在黄河流域的先民已经将"宅兹中国"四个字刻在了青铜礼器"何尊"上，青铜礼器是周朝礼制的象征。考古工作者在河南、山西一带发现大量商周时期的青铜器物，如鼎、簋、尊、壶、卣等礼器，以及青铜铸造的剑等。春秋时期，铁器已经开始运用到农业生产中，《国语·齐语》记载了齐国管仲曾向齐桓公提出用铁铸造农具的建议："美金以铸剑戟，试诸狗马；恶金以铸鉏、夷、斤、欘，试诸壤土。"美金一般指青铜，恶金指铁，鉏、夷、斤、欘就是铁制的农具。到了战国时期，铁制农具的使用已经被推广开来，促进了农业生产技术的进步和农业经济的发展。

中国很早就有开发利用煤炭资源的记录。据班固《汉书》记载："窦后兄长君。弟广国字少君……传十馀家至宜阳，为其主人入山作炭。"① 炭就是煤，说明至迟在西汉时期，中国已经发现了煤炭的用途，并将其运用到生产和生活中。

金、银、铜等有色金属作为古代货币和奢侈品的材料也被大量开采。但是，中国矿产资源由于其蕴藏的特点，对开采技术有较高要求，在古代中国科技不发达的情况下很难得以大规模开发和利用。此外，中国古代传统文化中，堪舆风水之说盛行，开发矿产资源的行为很有可能会招致"破坏地脉""坏风水"的非议，因此，古代对矿产资源的开发和利用是十分有限的。

第二节　人口及其分布、增长与迁徙

人是一切社会经济、政治、文化活动的主体，人类社会经济的发展，就是人类活动与自然环境、资源相互作用、相互制约的结果。在古代，自然环境的变化很大程度上决定人口的数量、分布和迁徙。反之，人口条件又是影响自然环境变化的十分活跃的因素。特别是以农为本的中国，人与土地是固定地联系在一起的。一定数量的劳动力是发展农业的必要条件，直接关系到经济的发展。因此可以说，人口既是古代社会发展的条件，又是古代社会经济发展的重要杠杆。

一、人口观念、人口行为与人口结构

中国幅员辽阔，民族众多，生产力水平有限，人口成为经济生产和军事力量的决定性因素之一。从"民之众寡为国之强弱"的认识出发，在经历了长期的历史演进后，逐渐形成了人口众多即为国家繁荣的观念，历代君主几乎都以民多为盛，民少为衰，并没有完全意识到人口增长带来的危机。由于历史的局限性，也

---

① 班固撰：《汉书》卷九七上，中华书局1997年版，第1001页。

没有试图通过一定的措施对人口行为、人口结构进行有效控制和调节。

(一) 人口观念

人口是社会生活的主体。古代一般把人口和劳动力的增长当作发展社会经济的先决条件。不仅如此，还往往把人口和劳动力的增长当作社会繁荣昌盛和国力强大的象征。而从实际情况来看，在中国历代王朝的前期，社会经济的恢复和发展，一般来说与人口和劳动力的增长同步。例如，汉高祖为恢复经济，一面号召流离的劳动力回到生产上，一面鼓励生育，人口开始有了增殖，此时社会经济也开始得到初步恢复。因此，自古历代政府管理机构，没有注意到人口增长的危机，人口观念仍是以多为荣。

中国自古就是一个传统的农业社会，男性人口对于家庭而言就是劳动力，对于国家就是劳役、兵役及税收的主要来源。男性人口就像是土地一样，是财富的象征。因此，中国历代政权一贯鼓励人民多生育男孩，以增强国力。从一个家庭亦即从微观来看，男性是家庭（家族）生命的延续。它首先是直系血缘关系的延续；其次作为一个经济实体，是对财产继承权的延续。在"父产子袭"的传统农业社会，家庭及其继承权的延续，必然由男性后嗣来继承，一个家庭如果没有男性后嗣，就意味着它的生命必将结束。

子孙的"孝"体现在对父母的赡养上。传统社会没有社会保险制度，年老父母主要靠子女，特别是儿子赡养、照料。因而儿子越多，保险系数越大，即所谓"多子多福"。韩非在《五蠹》中提出了他的人口观念："今人有五子不为多，子又有五子，大父未死而有二十五孙，是以人民众而货财寡，事力劳而供养薄。"汉代惠帝、文帝、景帝时期，人口增殖的速度加快，经济恢复的速度也相应加快，并形成"文景之治"的盛世局面。政府都以民多为盛，民少为衰，所以从没有对人口进行控制和生育规划。

这种传宗接代的观念和对男性的强烈偏好，就导致古代社会形成了对人口以人多，尤其以男人多为荣的观念。然而，人口增长并不能脱离自然可容纳的极限，它实际上是人与自然关系问题的一个十分重要的组成部分。人口越多，土地的负担就越重。根据自然生态是一个自循环的学说，过多的、超过自然生态环境所能承受和容纳的人口，必将导致生活质量下降并破坏自然环境，而这种危险正在日益迫近人类。一旦自然环境不再能容纳更多的人口，人类将无法延续和生存下去。

(二) 人口行为

人口状况会随着时间的推移而不断发生变动，人口变动是人口行为所引起的，人口行为是指人们做出的影响人口自然变动的生产和再生产的行为活动，最基本的人口行为有生育行为、死亡行为、迁徙行为和社会行为。

在中国古代社会，长期占支配地位的生育行为是主张人口增殖。管仲曾推行鼓励人口增殖的政策，下令"丈夫二十而室，妇人十五而嫁"①，迫使青年男女早婚早育。孟子"不孝有三，无后为大"的传宗接代观念，长期在中国支配着人们的生育观与生育行为。墨翟积极主张增殖人口，鼓励早婚来使人口倍增。缺少人口耕种的土地只是"虚地"，人民要得到足够的衣食必须付出"力"，即劳动，而"力"则来自劳动人口。他反战争、反杀殉、反对蓄养婢妾，认为战乱和"蓄私"都会妨碍男女适时婚配而影响人口增殖。中央集权制形成以后，主张人口增长的思想仍很盛行。因为人口多意味着劳力多，而劳力多则财富生产才能增多。

人口迁移，即人口的居住位置在空间的移动，是产生人口数量地域差别的外部原因。与人口自然增长不同的是，人口迁移具有很强的时间性和地区性，在某一段时间，对某一地区能产生迅速的、巨大的影响，在短时期内使人口分布发生明显的变化。

在迁移人口中，意义最重要的是移民。中国人口史上的移民，是指那些在迁入地定居的及居住了一定时间的迁移人口，无论他们的迁入地是在历史时期的中国境内还是境外，也无论他们的迁出地是中国境内的其他地方或中国境外。一般性的人口迁移，如逃荒、季节性外出工作、经商、从军、求学、仕宦、行医、游历、躲债、避祸、乞讨、啸聚山林、流浪等种种临时性的、短期的人口流动，有时也会因数量大而产生影响。

物质生产的发展，不仅促使了人的观念的变化，同时也影响人口行为的变化。中国传统社会流传下来的生育观、子女观、嫡庶观、贞洁观等，都反映了人口行为的道德要求。这是一种在自然经济条件下，适应物质生产状况而产生的关于人口数量、人口素质、人口性别构成以及人口流动等的道德规范体系。

社会行为是指人口从一个社会集团转入另一个社会集团的行为，包括人口的阶级、行业、职业、教育程度、宗教信仰、语言等的变动，这种变动引起人口社会构成发生变化。古代有四民的说法，即士、农、工、商。科举考试自隋唐以后成为历代政府占主导地位的选拔人才制度（元代情况特殊）。唐朝时，一般士人都可以参加科举考试，但是工商业者、刑余之人不得应举，到了宋代这些制度都不再受限制，这为工商业者提供了机会，使他们能通过公平竞争的方式为个人谋得仕途。

（三）人口结构

人口结构是在一定的时间和空间范围内人口群体中各种不同成分所占的比例，又称为人口构成。之所以要特别强调一定时间和空间范围，是由于人口本身是在随时发生变化的，其结构也在不断变化。既不会长期保持不变，也不可能重演复原。人口的结构一般包括人口的自然结构、人口的社会结构和人口的地域结构三个方面。这一概念并无古今之别，只是在具体成分的内容上会有所不同。

人口的自然结构是根据人口生物学特征划分的内部差异性，主要有性别结构

---

① 韩非：《韩非子》，岳麓书社2015年版，第135页。

和年龄结构。性别结构是指男性和女性人口各自所占的百分比。从性别结构来看，历代政府所关心的是实际人丁数量，即16~60岁的男性。据《宫中档乾隆朝奏折》第二辑、第十三辑、第二十辑、第三十三辑、第五十四辑所记录的数据，以该时期直隶、陕西和云南为例，以15岁为界限，得到"男大口、男小口、女大口、女小口"四组数据，来考察人口的性别比例。

由表1-1可以看出，直隶、云南人口中，男大口和女大口的性别比例总是等于或低于男小口和女小口性别比例。说明男女比例失衡受后天影响较大，尤其对成年人而言，在当时的社会条件下，妇女在生育时死亡是影响性别结构的一个因素。

表1-1 乾隆时期人口性别比例

地区 年代	直隶性别比		陕西性别比		云南性别比	
	大口	小口	大口	小口	大口	小口
乾隆十六年（1751）	116：100	116：100	128：100	130：100	101：100	103：100
乾隆二十年（1755）	—	—	130：100	130：100	101：100	103：100
乾隆二十八年（1763）	120：100	122：100	—	—	102：100	106：100
乾隆三十八年（1773）	120：100	122：100	—	—	—	—
乾隆四十二年（1777）	—	—	132：100	120：100	—	—
乾隆四十七年（1782）	118：100	124：100	132：100	130：100	—	—
乾隆五十二年（1787）	117：100	123：100	—	—	—	—

资料来源：杨子慧主编：《中国历代人口统计资料研究》，改革出版社1996年版，据第1186—1191页数字计算。

人口的社会结构是依据人口的社会特征来划分的各类人口在总人口中所占的百分比以及相互之间的比例关系。现代人口结构包括阶级结构、民族结构、文化结构、语言结构、宗教结构、婚姻结构、家庭结构、职业结构、部门结构等[1]，但对中国古代人口而言，主要集中表现在职业结构、家庭结构和民族结构三方面。

从职业结构来看，《管子·小匡》中分为"士农工商四民者"。农业经济是整个社会经济的主体，从事农业生产的人口还是占绝大部分。传统社会的中心城市主要是作为某一区域（或省、或道、或府）的政治中心而存在，其居民主要是衙门官员、幕宾、书吏、衙役，以及书院师生、从属于传统农业经济的商人、手工业者、出卖劳动力的城市贫民以及他们的亲属等。我们根据可以得到的光绪年间安徽来安县、山东馆陶县、湖南靖州和四川绵竹县的士、农、工、商各业的数据，可以大致窥见中国古代社会末期人口职业构成状况（表1-2）。

---

[1] 周清：《人口结构》条目，载《中国大百科全书·社会学》，中国大百科全书出版社1991年版，第235页。

表 1-2　光绪年间部分地区人口职业构成比例　　　　　单位:%

地区	士	农	工	商
安徽来安县	3.46	72.66	10.52	13.36
山东馆陶县	7.28	84.60	2.83	5.29
湖南靖州	7.60	80.36	4.51	7.53
四川绵竹县	1.04	90.74	7.57	0.65

资料来源：杨子慧主编：《中国历代人口统计资料研究》，改革出版社 1996 年版，据第 1197—1200 页数字计算。

职业结构的分布直接取决于当时的社会经济发展水平，传统社会的自然经济决定了职业结构相对比较简单。至晚清，资本主义浪潮首先向城市发起冲击，使城市率先发生经济、文化、政治等方面的结构性变化，产生了许多近代型的经济、文化、教育、政治行业、机构和部门，并吸纳城市和来自农村的众多人口，不仅使城市人口的数量迅速增加，更使城市人口的结构发生质的变迁，形成新的人口结构。

家庭结构是指各类家庭人口在总人口中所占百分比以及相互间的比例关系。前面已经提到，核心家庭是最基本的家庭类型，但古代更多的是复合家庭，只有少数丈夫入赘的家庭才可能包括妻子的父母或其中之一。此外还有单身家庭，即单身成年男性或女性。

古代家庭中有两种特殊现象值得注意：一是非血缘的"户"，二是"户"中包括的非家庭成员。纯粹非血缘的家庭在一般情况下数量极少，主要是僧户、道户。"户"中包括非家庭成员的现象就很多了，如家庭中的奴仆、工匠、雇工、学徒，以及寄居的单身管理人员、宾客、幕僚、非血缘亲戚、友人、塾师、警卫等。一些享有豁免赋役特权的官僚、贵族往往会将一些贫困民户纳为自己的"荫户"，或者把贫民纳入自己的户中，将这些民户对国家的赋税负担转为对他们的负担。

民族结构是指总人口中不同民族人口所占的百分比以及它们相互之间的比例关系。就中国古代人口而言，这取决于两个方面，即不同民族身份的认定以及在此基础上各民族人口数的确定。前者是后者的前提，如果连不同民族的身份都无法认定，就谈不上各民族人口的统计。但这恰恰是研究中国历史人口中的民族构成时一个很大的难题。因为在近代以前，中国长期以来以汉族为主体，对其他民族的概念是相对模糊的，往往一概当成"蛮夷"，或者大致分为"东夷、西戎、北狄、南蛮"。其中一些游牧民族的流动性很大，活动范围很广，根据"带甲数十万"之类的描述，是很难对其人口数做出估计的，哪怕是十分粗略的估计。

二、人口增长、波动与迁徙

中国古代社会人口变动大致经历了四个发展阶段，在人口数量和人口分布上都有独特的发展特点。

（1）从夏代到秦末的1 900多年是中国历史上人口发展的第一个阶段。在距今大约1万年以前，全国总人口数已将近100万。夏商周时代，社会政治相对稳定，生产技术不断提高，促进了人口的增长。

（2）汉初到盛唐是中国人口发展的第二个阶段。两汉时期，政府采取了以恢复农业生产，发展经济为目的的"与民休息"政策，使经济发展和人口增殖有了相对稳定的社会环境，人口增长迅速。据相关研究，西汉时期至少已有6 300万人，东汉人口峰值估计有6 500万人。[1] 魏晋南北朝时期，受到战乱的影响，人口数量一直保持在一个较低的水平上。唐代经历一百余年的发展，才逐渐将人口数量勉强恢复到两汉时期的水平。根据《旧唐书》记载，唐朝前期最鼎盛的玄宗朝天宝十三年，户数为9 619 254，口数为52 880 488。[2]

（3）受唐中后期藩镇割据和五代纷争影响，战争不断，到宋真宗景德三年，人口数量仍不足2 000万人。[3] 经过近两百年的休养生息后，南宋加上金、西夏，人口数量在1亿左右，比汉代多出将近一倍，是中国历史上人口发展的第三个阶段。

（4）清代人口数量不断攀升，在一百多年中就从清初的1亿猛增到4亿以上，使中国人口迅速跃上了第四个阶段。[4]

人口数量周期性波动是社会、经济、自然等各种因素综合作用的结果。土地制度影响下的中国古代社会周期性经济波动，是人口数量周期性波动的根本原因。小农生产要求不断增加耕地和人口，而土地的买卖又导致了土地兼并的无法遏制，小农经济的物质再生产过程受到破坏，从而导致周期性的土地危机和粮食危机，这种危机只能通过周期性农民起义和内乱造成的人口数量下降来获得缓解。

自然条件的变化也是影响人口数量周期性波动的重要因素。中国历史上气候的冷暖交替现象，直接影响农业生产，人口规模和繁殖速度也会受到限制。从历史上看，气温升降与人口增减大体一致。汉唐人口高峰期和清代乾嘉时期都处于气温回升期，魏晋南北朝等人口波谷则处在气候寒冷期。[5]

中国历史上人口分布与流动同经济生产方式密切相关。中国自古以农业立国，以家庭为基本生产单位，耕织结合的小农经济是基本的生产方式。土地是社会最基本的生产资料，人与土地结合十分紧密，导致人口长期被束缚在土地上。传统

---

[1] 葛剑雄主编：《中国人口史》第1卷，复旦大学出版社2002年版，第399页、第435页。
[2] 刘昫等撰：《旧唐书》卷九，《本纪第九 玄宗下》，中华书局1975年版，第229页。
[3] 根据梁方仲编著：《中国历代户口、田地、田赋统计》，上海人民出版社1980年版，第6页，宋真宗景德三年人口数为16 280 254。
[4] 梁方仲编著：《中国历代户口、田地、田赋统计》，上海人民出版社1980年版，第4—10页。
[5] 齐涛主编：《中国古代经济史》（第2版），山东大学出版社2011年版，第33—36页。

文化中的"孝道"观和"农本商末"观念、政府的户籍制度都使人口流动受到了阻碍。因此，中国古代人口的分布主要呈现相对凝固状态。大规模非政策性的人口流动主要呈突变状，往往与人口周期性波动的波谷同时发生。这种突变式的人口流动主要有两次，总体趋势是从黄河中下游地区流向长江流域。

从氏族社会开始，中国的经济以黄河中下游地区为中心，因此这一地区也是人口分布的重心，这种格局一直持续到秦汉时期。秦汉两代曾向边疆移民，但人口分布的总体形势没有被打破，黄河中下游地区集中了全国80%的人口。从王莽篡政到东汉建立，十余年的动乱，使黄河中下游地区人口剧减，促使这里的人口向外流动，这一地区的人口在全国的比重下跌到60%，南方人口数量有所上升。东汉到盛唐尽管发生过几次社会大动乱，造成人口数量的波动，但人口的地域分布格局基本未发生大的变化，黄河流域的人口占全国人口的比重一直维持在60%。也就是说，魏晋南北朝时期，北方游牧民族南下和黄河流域南迁的人口数量在一定的比例关系上保持平衡。

安史之乱造成了人口分布的第二次大变动。北方人口由于受到战乱的影响损失极大，而南方社会相对安定，经济发展，吸引了大量人口南迁，长江流域人口数量超过了北方，在全国的比重达到60%，成为新的人口分布中心。两宋之际，北方人口再次大规模南迁，经济中心也随之转移到长江中下游地区。此后，朝代更迭时期的混乱，进一步导致了黄河流域人口比重的下降。

导致人口迁徙流动的最根本原因是人口增长超越了经济承载力而造成的"人口过剩"。人口过剩有两种形式，即人口的相对过剩和绝对过剩。人口的相对过剩是指一定社会发展阶段中，特定地区的实际人口数量超过一定生产方式在特定发展阶段下可以容纳的总人口数量。人口相对过剩的产生主要取决于两个方面，即人口增长与经济承载力增长的比率和生产与消费的比率。在古代社会的生产技术条件下，经济增长主要依靠人口的增殖和耕地面积的扩大。人口增殖基于个体家庭追求财富和人类基本需求的原因，处于无节制状态，而可垦土地却是有限的。在一个区域内，人口增长超过耕地的承载力时，就不可避免地会引起人口迁徙流动。宋代以后，随着在当时的技术条件下可供开发的地区越来越少，人口增长速度超过了耕地面积和粮食产量的增长，出现了人口绝对过剩现象。清代人口爆炸，人口增长与土地的矛盾愈演愈烈，雍正皇帝曾说："户口日繁，而地只有此数。"人口增殖非但不能促进生产力的发展，反而成为一种包袱。[1]

三、人口政策与户籍制度

人口政策是一个国家的根本政策，与政治、经济制度有着密切的关系。与人

---

[1] 齐涛主编：《中国古代经济史》（第2版），山东大学出版社2011年版，第50—53页。

口政策密切相关的就是户籍制度。户籍为登记居民户口的册籍,古代社会的户籍制度是征收赋税、徭役的重要依据之一,直接关系到国家财政税收的来源,因此,历代统治者都非常重视。

(一) 人口政策

人口政策是指统治者或政府调节、指导、规定人口发展变化所采取的手段和措施,并通过行政手段加以贯彻和实施。人口政策有广义和狭义、直接和间接之分。按照《中国人口史》中的观念,人口政策主要是指统治者或政府所采取的影响人口的生育率、死亡率、人口的年龄结构、家庭结构、婚姻状况、人口素质、人口迁移和人口分布的政策,以及与人口的数量和状况有关的政治、经济、文化、社会方面的政策。这些政策一般包括以下几方面。

(1) 调节人口自然增殖的政策。这类政策一般都是用行政手段促进、鼓励甚至强制人口增殖。最常用的政策是鼓励早婚、早育、多育。东汉章帝时不仅将免役时间延长到三年,并免除一年人头税,还增加了对孕妇的奖励。① 随着儒家礼教的强化和人口压力的增大,寡妇守节的行为越来越受到重视,明清时表彰"节妇"已是官方的经常性政策。这类政策会给寡妇的再婚造成障碍,特别是对中上阶层的寡妇。但由于这些寡妇在育龄妇女中所占比例很低,因此虽然对生育率有一定影响,但影响并不大。反之,民间和底层社会对寡妇的再婚并不禁止。相比之下,合法的多妾制造成了大批妇女生育能力的浪费,同时也使贫困家庭的男子终身无偶,从而影响人口的出生率。

(2) 控制家庭的规模。商鞅实行变法后,为了避免交两倍的赋税,儿子长大成人就必须与父母分家,独立生活。实在没有能力娶妻的,只能给人家当赘婿。② 这种习俗不仅为汉朝所延续,实际上也是中国古代统治者的通行做法,尤其是在以户为赋役征收单位的情况下,保持和鼓励核心家庭③的政策都是统治者所乐意采取的。尽管从东汉以后,"三世不分财""四世同堂"逐渐成为士大夫崇尚和朝廷倡导的目标,④ 到明清时代,皇帝还会对个别全国闻名的聚族而居的大家族予以表彰,而真正获得表彰的家庭是极少数,官方的表彰主要是从提倡伦理道德出发。而且并没有证据说明这种聚族而居的大家庭在户籍登记上也是合为一户的,因此聚族而居的复合家庭并没有真正影响到政府对赋税或赋役的征集。从

---

① 范晔撰:《后汉书》卷三,中华书局2007年版,第40页。
② 班固撰:《汉书》卷四八,中华书局1997年版,第574页。
③ 核心家庭是最基本的家庭类型。核心家庭中的一部分是不完整的,即缺少夫妻中一人,或无子女。复合家庭是在核心家庭的基础上加上直系亲属,或者是两个以上的核心家庭合而为一。如一对夫妻及其未成年的子女加上丈夫的父母,或其中之一。
④ 葛剑雄主编:《中国人口史》第1卷,复旦大学出版社2002年版,第90页。

秦汉至清户籍统计中,"户"的规模始终维持在五口上下。官方的基本政策是一以贯之的。

（3）安置流民,整理户籍。在战乱或灾害结束后,统治者往往会采取分配无主土地,或允许百姓自由垦复荒地,给予借贷粮食和生产工具,免予原欠赋税,取消奴婢或罪犯身份,迁入规定地区发放安家费等各种方法,使流民重新编入户籍。这样做虽不会直接增加人口,但由于流民的生活水平和社会地位都得到一定程度的改善,人口增长率也会随之提高。在天灾人祸之后或朝代的初期,由于人口锐减,经济凋敝,统治者急于恢复,常常采取此类政策,也收到一定效果。而在人口相对饱和或土地矛盾尖锐的情况下,这类政策就不再实行,或者已名存实亡。

（4）禁止杀婴。早在汉代,有的地方官已经采取严厉措施,严禁杀婴,甚至规定与杀人同罪。此后这类禁令常见于史籍记载,如宋朝曾多次制定法令严禁民间"生子弃杀",宋高宗时甚至规定"杀子之家,父母、邻保与收生之人,皆徒刑编置"。[①] 但这类政策的实效是很令人怀疑的,因为直到20世纪前期,民间的溺婴现象一般都不会受到法律的追究。

（5）优待老人。规定在一定年龄以上的老人不再承担劳役或赋税,且能领取若干物质补助,或者给予一定的社会地位以示尊重。但除了免除劳役一条具体实行外,其他优待措施规定的年龄标准一般是70岁以上,甚至只优待90岁以上的,往往形同虚设,实际受惠者极少。

（6）民族间通婚的政策。春秋战国时中原地区还有很多非华夏族系杂居在华夏诸族之间,而父系社会下的男尊女卑已形成习惯,所以对女性的民族成分并不在意,只要她们能为本族生儿育女即可,所以不少国君、贵族的母系都有异族血统。

在实行这些总体上有利于人口增长的政策的同时,另一些政策却起着相反的作用,减少或阻止了人口增长,增加了死亡率。主要包含如下几个方面：首先是赋税制度。在赋税征收以人为单位时,起征点的降低会对人口增长造成很大影响。其次是刑法制度。古代的刑法制度在惩处刑事罪犯、维持人伦道德、稳定社会秩序方面起着积极作用,有利于人口的增长。但在多数情况下对平民的刑罚既严又滥,法外施刑的现象相当普遍。最后是为维护"孝道"而制定的一些法律推迟了正常婚配。

（二）户籍制度

户籍是登记居民户口的册籍。古代亦称"户版""丁册""黄籍""籍账"等。

---

① 黄淮、杨士奇编：《历代名臣奏议》卷一〇八,上海古籍出版社1989年版,第1447页。

人口流动现象自古就有，为了管理人口制定的户籍制度，不仅防止了人口隐匿、擅自迁徙，而且还是分授土地、正科赋税、调派劳役的依据。

秦代在统一六国以前就已经建立了户籍制度，通过商鞅变法又进一步加强了户籍制度。这个时期的户籍都记录在木牍竹简之上。规定民户必须如实登记，且迁徙要向官府办理"更籍"手续，违者将受到处罚。清代的户籍由各县、府等各级地方政府负责实施管理，并通过"上计"① 呈报中央，中央由御史负责管理。

汉代户籍制度和记录方式沿袭秦代。户籍登记内容涉及各户的户主及每一个成员的姓名、年龄、性别、籍贯、职业、爵位、身长、肤色、健康状况等。登记由里魁、什、伍（汉制中里魁掌一里百家，什主十家，伍主五家）、县道户曹主持，每年八月举行。登记完成交由县道地方官府掌管。地方有司即凭户口簿籍编制什伍乡里，征调赋役，并按时上报郡郭，郡郭再按时上报中央。汉代除了有民户户籍外，还有宗室籍、宦籍、市籍等特殊户籍。

三国两晋南北朝沿袭前朝，但将户籍分为"黄籍"和"白籍"。黄籍，大致至迟从西晋开始，由于开始由纸代简记录，黄纸遂成为户籍记录的主要材料，故称为黄籍。自东晋初年开始，出现了一种登记南下北方侨民户籍的"白籍"。登记内容增多，在原来的基础上增加服役情况、官职、乡里清议、士庶门第、户内男口数、女口数、男女人口总数等。有官职的不但登记本人历任官位，还要登记祖、父三代乃至更远祖先的任职。上述内容往往决定一个人的政治命运和家门的社会地位，因而成为户籍的重要内容之一。编造由县完成，送州检查。每三年编造一次。完成的户籍由州、郡、县各级地方政府相应管理执掌，中央由尚书省左户曹管理。中央凭此掌握全国户口情况，以此为征发徭役和赋税的依据。

隋唐五代时期，隋代的户籍制度沿袭北周。唐代初年，就建立了以民户申报的"手实"为基础，编制计账和户籍的制度。"手实"是民户向官方申报该年本户家庭人口、年龄、性别、与户主的关系及田地占有情况的手写材料。官方依据此汇编登记、统计户口和预算应征赋役等的相关文书。"手实"、计账每三年一次。户籍编就以后，缮写一式三份，一份送尚书省，一份留州，一份留县。唐朝宗室、官吏、兵士、屯田、僧道等不在此，各有管属。

从三国至隋唐，一方面是由于长期战乱和分裂割据造成的户口数与实际人口数的巨大差距；另一方面是由于豪强大族大量隐匿荫庇人户和土地，导致赋税征收逐渐变为以户调为主。所以对户的调查已成为朝廷最关心的项目，口数反而居于次要地位。北朝和唐朝的户口统计数中往往缺少口数，正是这种现象的反映。

---

① 也是一种管理方式，不限于户籍，但是户籍是"上计"的重要内容。

在实行户调或均田制的情况下，尽管也存在占有大量土地的地主豪强，但绝大多数农民的土地占有量不会超过官方授予的标准，因此土地量同户数之间还有大致的比例关系。

租庸调制之所以能推行，全要靠"账籍"的整顿。唐初的人口册是极完密的。自小孩出生，到其成丁，直至老死，都登载上。同样造三份，一份存县，一份送州，一份呈户部。政府的租、调都以此为据。但是偌大的一个国家，经常做这种普遍性的调查、登记、校对，并不是长久不变的。古代交通极不便利，政府组织简单，纸张亦贵，书写不便，人事松懈，乃至地方豪强还从中舞弊，这些都是造成租庸调这种税收制度崩溃的因素，也说明了户籍制度对税收政策的影响。

宋代户等的划分有两个分界线，一个分界线是主客户之分，或者说税户与非税户之分，凡是有常产、承担国家赋税的税户，即使税钱仅有一文，也都列入主户之中，无常产、不承担国家赋税的则列为客户。常产主要指的是土地，因而主客户之分，从根本上来说，是有无土地之分。另一个分界线是户等。按照宋朝分户等的标准，主要按财产多少分户，由此逐渐产生了丁账、五等丁产簿、保甲簿、税账和赈济时的户口统计五种户籍簿册，此外还有一些地方性的户籍簿册。五种版籍，有相当一部分相互重复，但为了确保赋税来源，不得不采取各种相互弥补的措施，所以说宋代的户籍制度，不如说是赋税制度。

元代在蒙古草原地区由始至终有一套兵民合一的户籍制度。"诸色户计"是元代对按职业划分的各种人户的统称。色为种类，计为统计。各种"户"隶属于不同的管理系统，一经定籍，便世代相承，不经政府允许，不得擅自改籍。登记的户籍簿册，内容包括户口和财税，由断事官登记入册并掌管。

"户帖"是明朝户口登记凭证。户帖制度、格式及调查项目由中央户部统一规定；户帖由户部印制，颁发给各州县，州县长官领取后，派员按户调查，取得各户口供，然后逐项填入，在户帖左端编列字号，加盖官印，称为"半印勘合"。户帖一式两份，一份交本户收执，一份交回户部，据此编制全国户籍。政府还制定赋役黄册，专为征派赋役而定，是合户口、田产、赋税为一体的户籍文册。因所用为黄纸，故名赋役黄册。明代户籍，中央由户部掌管，户部尚书掌天下户口、田赋之政令。

由于赋税负担不断加重，逃避赋役的人户也不断增加，而其中相当一部分隐匿在有势力的官僚地主门下。这就使未逃亡的人户负担更重，加剧了人户逃亡，形成恶性循环。到了明朝中期，这已经成为国家财政和吏治的最大问题。但是隐瞒土地毕竟不如隐瞒人口那样容易，因此以占有的土地为征收赋税的单位比以户口为单位要有效得多。这种形势发展的结果是明朝中叶"一条鞭法"的实施，以后又演化为"摊丁入亩"，使土地调查成为征收赋税的主要依据。到了清朝中期，户口调查最终从赋税制度中独立出来，逐步成为真正的人口调查。

清初，顺治皇帝下诏进行人丁编审，将造册分为"编审册"和"编审人丁清册"。编审册是人户的户口册，也是政府征派赋役的依据。编审人丁清册分为"简明总册"和"花名细册"两个部分，总册按原额、新增、开除、实在四项，以四柱书写形式记载一县总数，然后逐里逐甲开列总数。细册详细记录各户居住里甲、人户姓名、人丁年龄和丁银数，以州、县为单位造册，经府造总册呈布政司，总督巡抚根据布政司提交的所属各地藉册上报户部。康熙朝"滋生人丁，永不加赋"，与以往各王朝设法获得尽可能多的人丁数量，以增加国家赋役收入的做法不同，这一做法标志着户口登记与赋役征派已经有一定程度的脱离。在此基础上推行"摊丁入亩"政策，标志着人口登记与赋役征派完全脱离，民户人口隐漏已经不重要，从而使得提高户籍登记的精准性成为可能。清代户籍由中央户部掌管，各省户籍由承宣布政使司执掌，布政使司"十年会户版，均税役，登民数、田数，上达户部"。①

中国古代鼓励人口增殖和分家析产的政策，一方面为经济发展提供了充足的劳动力，在不同时期促进了古代社会生产力的不断进步；另一方面由于人口增长速度过快，超过了经济增长的速度，又使得经济出现滑坡，最终通过战争、灾害等达到新的均衡。因此，历代人口政策是加剧古代社会经济波动的重要影响因素。从生产力发展水平和人口增长速度的角度来看，18世纪西方产业革命和中国鼓励人口增殖政策也可以作为近世中西方走向不同发展道路的变量之一。农业作为基础产业和小农经济是户籍制度产生的根源，但是，由于户籍管理的复杂性，行政运作成本过高，在朝代建立初期建立的户籍制度很快便遭到破坏，促使赋税政策从税人逐渐转向税地，反过来又加剧了人口的膨胀。

第三节　生产方式

生产方式是社会发展的决定力量，是社会生活的物质基础。在中国古代社会，以土地私有制为基础、以家庭为基本生产单位、以男耕女织的耕织结构为基本特征的小农经济一直居于传统农业经济生产方式的主导地位。随着生产力不断发展，逐渐形成了地主土地所有制占主导地位，小土地经营为主的生产模式，地主和佃农之间的租佃关系成为最基本的阶级关系和封建剥削的制度根基。

小农经济萌芽于夏商周时期，在春秋战国时期确立下来，随着生产力的进步和社会的发展，这种以一家一户为单位的生产方式被延续下来，并不断强化，成

---

① 赵尔巽等撰：《清史稿》第十二册，中华书局1976年版，第3346页。

为中国古代社会最基本的生产方式。

在小农经济之外，皇室消费所需的手工业品由国家的官营手工业生产，重要的关系国计民生的盐、铁等资源在政府的直接控制下生产，由专卖商人经营销售。民间小手工业的零星存在，起着调剂余缺的作用。

一、小农生产方式的形成与发展

我们现在使用的"小农经济"的概念来自马克思，指的是一种小农生产方式。"是以土地和其他生产资料的分散为前提的。它既排斥生产资料的积聚，也排斥协作，排斥同一生产过程内部的分工，排斥对自然的社会统治和社会调节，排斥社会生产力的自由发展。它只同生产和社会的狭隘的自然产生的界限相容。"① 马克思明确指出："这种小生产者包括手工业者，但主要是农民，因为总的说来，在资本主义以前的状态中，只要这种状态允许独立的单个小生产者存在，农民阶级必然是这种小生产者的大多数。"② 根据马克思的有关论述，可以把小农经济界定为：农业领域内与简陋的手工工具相联系的、以直接生产者的小私有制为基础的、以个体家庭为单位进行的、以劳动的孤立性为特征的小生产。或者说，小农经济是农业中以个体家庭为基础的小生产和小私有的统一。③

就个性而言，不同国家、不同地区、不同历史时期的小农经济有不同的特点和表现形式；同一国家、同一地区、同一历史时期的小农经济因其内部结构和外部关系的差别，也会形成不同的阶层和类型。必须根据具体的历史条件进行具体的分析，不能一概而论。

（一）中国小农经济的起源

小农经济的基本特征之一，是以个体家庭为单位进行生产和消费。因此，小农经济的起源应该追溯到个体家庭的形成。个体家庭，即一夫一妻制家庭。个体家庭不仅是一个共同生活和消费的单位，而且是一个从事生产的独立经济单位。据此，个体家庭的分散劳动和独立经济早在原始社会末期就已出现，这可以视为最早的小农经济。

考古研究证明，中国至迟在距今 6 000 余年前已经出现了私有制，随着私有化的不断加深，土地私有现象开始出现。在此基础上，原始社会末期，具有独立经济的个体家庭已相当普遍。中国中原地区从仰韶文化开始普遍发现小型的住房遗址，不少住房遗址除了有生活工具外，还有生产工具、粮食、窖穴等伴随出土。这种情况到了龙山文化时期更为普遍，并出现在小房子基础上扩展而成的双室或

---

① 《马克思恩格斯文集》第 5 卷，人民出版社 2009 年版，第 872 页。
② 《马克思恩格斯文集》第 7 卷，人民出版社 2009 年版，第 672 页。
③ 李根蟠：《中国小农经济的起源及其早期形态》，《中国经济史研究》1998 年第 1 期。

套间等较大的房子。这些住房的主人显然是具有独立经济的个体家庭。它不但具有消费职能，而且具有生产职能。这不但表明个体家庭已经出现，而且独立经济已有所发展。这一时期的住房遗址中，有些属于个体工匠的住房，但大多数个体家庭则是从事农业生产。

这种情况在古史传说中也可以找到踪影。《淮南子·览冥训》说黄帝治理天下，做到了"田者不侵畔，渔者不争隈"。《说文》中记载："畔，田界也。"这里所说的田界不是指公社间的地界，而是指个体农民所占有和使用的耕地的标界。"畔"的出现及其受到保护表明，当时的农民已从事"小土地劳动"，有自己的独立经济。这种情形延至后世，如《史记·周本纪》载虞芮之人如周，"入界，耕者皆让畔"。夏商时代的"众"和"小人"等，基本上属于小农的范畴。

商代主要的农业劳动者被称为"众"，他们既是井田制下的农业劳动者，又是战士。在商朝建立以前，汤曾征调"亳众"的牛羊和劳力，供相邻的葛伯祭祀之用，并为之耕种，说明这些"亳众"是拥有自己财产的农业劳动者。这些被称为"众"的战士是具有个体经济的农民。从《卜辞》看，"众"虽有沉重的兵役和力役的负担，但并不能抹杀他们是具有独立经济的小农的事实。"众"相对于被称为"君子"的上层贵族来说，地位比较低下，故有"小人"之称。这些"小人"从事农作以养家糊口，以家庭为生产和消费的单位，当然属于小农的范畴。

西周时代农民成分发生了变化。西周的主要农业劳动者已不是本族的下层民众，而是异族土著或迁入的居民。西周小农成分的这种变化，在其称呼中也能反映出来。据《诗经》记载，西周的农民也有被称为"众"的，但更多的被称为"农夫"或"农人"。在西周以至春秋时代，将农民身份与职业统一为一个阶层，其称呼是"庶人"。"庶人"在当时的社会等级阶梯中处于士之下，工商和奴隶之上。"庶"虽然亦有"众"义，有时可以通"众"，但其基本含义是卑贱、渺小、旁出（与正出的"嫡"相对）。

可见，以家庭为单位的个体小农经济的萌芽在原始社会末期就已出现，小农到了西周春秋时期已经固化为社会经济生活中具有身份象征和等级概念的一个阶层。

（二）小农经济的发展

西汉初期100年，在统治中心长安及其周边逐步形成了以自然涌水为水源的郑国渠型的水稻田灌溉模式和白渠"引洪漫地"型的旱地灌溉模式。然而，战国以来大规模的耕地开发、森林采伐引起越来越严重的水土流失，带来狭域气象的干燥化。而且，在全球寒冷化环境下，西北屯田效率逐渐降低。

在此背景下，经济政策发生了大转变。汉代"精耕细作"的生产技术有了较大的发展。出现了提高土地利用效率的代田法，开始使用犁铧、耧犁等能够提高劳动效率的生产工具，以及对恢复因灌溉排水系统设计错误形成的次生盐碱地很有效的旱地农法。同时，把除草、耨耕作为农耕技术体系中不可或缺的环节等。

这一时期，儒家思想逐渐成为中央集权制社会的统治思想。在儒学体系中，汉初以来的"华夷思想"趋向精密。认为"华夏"风俗以谷食、丝衣作为基础，与"兽衣饮血"的夷狄是不相同的。而且，与麻的生产相比，适合栽培桑树的土地的增多使丝绸的生产扩大到全国。秦始皇石刻文中"男耕女织"的目的在于创造民众的"单婚小家族"，以确保军事实力。到了汉武帝时期，可以说把"男耕女织"口号贯彻到了每个民众家庭。在以后的历朝历代，这种以"男耕女织"为特征的个体小农经济模式，在政府政策的倡导和扶植下，一直被延续下来。①

秦王朝虽然只经历十五年，但由于一系列重农及奖励垦荒政策的推行，在一定程度上促进了农业经济的发展。到了西汉，为了巩固政权，恢复战乱后的满目疮痍，在政策上沿袭了秦的"重本抑末"的政策，采取了一系列恢复农业生产的措施，后来的历代王朝沿袭了这种国家治理思想，成为以农为本的中国古代社会生产方式形成和发展的思想基础。

小农经济是中国古代社会经济结构的主体。中国历史上的小农主要包含三种农民，即自耕农、租佃农和依附农民，其中以自耕农和佃农为主。以官营手工业和专卖商业为主体的传统工商业在西汉中期基本形成，成为古代社会经济结构的重要组成部分，随着生产力的进步，商品经济的不断发展，明清时期手工业和商业在经济结构中的比重不断增加，新的生产关系开始萌芽和缓慢发展。但由于国家政治经济制度、传统观念等因素的影响，中国古代社会的手工业和商业始终处于农业附庸的地位。

二、影响小农生产方式发展的因素

小农经济由小农的生产与生活组成。生产即是小农的主业和主要副业——粮食和纺织原料及其成品生产，是小农生活的物质基础，也是小农经济赖以存在的必要条件。

（一）小农家庭的人口规模与生活

在春秋战国时期，由于地域和经济发达程度不同，个体小农经济的人口规模一般为一户五口至八口。到了汉代以后，小农经济基本被认为是五口之家，也有"数口之家"的说法。可见，战国以来的小农经济，虽然五口之家很普遍，但少于或多过这个数目的小农家庭也不在少数。需要说明的是，这样的小农经济，由于生产规模小和生产力水平低下，其所能提供的产品有限，因此其生产和消费是独

---

① 李根蟠：《中国小农经济的起源及其早期形态》，《中国经济史研究》1998年第1期。

立的，但其自给自足的能力不足，须通过市场交换而获得补充。

战国时，一个五口百亩之家，每年收获的粮食（粟），除去什一税和口粮，所剩无多，远不足以应付家庭的正常开支，何况总有不时之需，政府于什一税之外也还有不时之征。这样的小农家庭，通常只能尽量在生产和生活上减少开支，除了缴纳政府的赋税，他们在一般情况下总是尽量压缩对市场的需求，生活过得非常艰苦。五十岁以上的可以穿丝，七十岁以上的可以吃肉，全家可以吃饱饭，这是孟子所期望的他那个时代小农之家所能过上的最幸福的生活。但是，这样的幸福生活对于当时的多数农民来说更多的是奢望。汉武帝的时候实行食盐官营制度，一旦盐价上涨，就弄得贫苦的农民只好"淡食"。这是当时小农生活困苦的一个明证。

（二）农业的税赋

从战国到秦汉，中国的小农经济所具有的最基本的特性，就是低投入和低产出。在其后的中国经济史上，由于高额的租税剥削，这种情况变得更加严重。魏晋的户调制，政府按照土地产量和家庭征税，主要征收的是田租和布帛。唐代在户调制的基础上实行租庸调制，按丁缴纳定额赋税并服徭役，征收物品除了粮食、布匹外，还有绢、缯、纩、麻。安史之乱后，杨炎改革税制，施行两税法，以贫富为差，将租、庸、调和新出现的苛捐杂税合并，一年分夏秋两季征收。明代张居正的"一条鞭法"，又将明初的差役折成银两摊入税收中。清代的"摊丁入亩"彻底将汉代以来的人头税分摊到田亩中，以货币（银）的形式予以征收。

"两税法""一条鞭法""地丁制"（摊丁入亩）从赋税形态演化的先行意义上应该加以肯定，但其中却包含着赋税绝对值的增长。① 事实上，中国古代的每一次税制改革基本上都是将现有的租税与其他新的非法征敛合并。两税规定"量出以制入"而不是"量入以制出"，无疑认定了唐玄宗天宝以来财政开支猛增而加税的事实。到宋代，庸调又从两税中脱出，"两税"成了单纯田租的"二税"。职役杂差又纷至沓来，以致税外有税，税外有役，两税法面目全非。明代中叶，将宋、明以来两税之外累加的各种税、役一概并入一条鞭，又以法律形式肯定下来。以后鞭外又有鞭，原先的银差、力差早已纳入一条鞭之中，新的杂役又不断兴起。

魏晋以降，自耕农所受剥削甚至比秦汉更为严重。西汉时小农受剥削最严重的程度是50%的剥削率。然比之秦朝的"泰半"（66%）之征，则已减轻。就小农的粮食产出而言，在中国古代王朝的正常时期，实际赋税率一直维持在30%以上的高水平，到王朝中、晚期，则常有逼近地租率（即50%）的趋势。上述各项赋税率估计，所根据的是粮食产出，而某些间接税的征收，以及赋税征收的货币化

---

① 杨炎为唐德宗时期宰相，于建中元年（780年）建议颁行"两税法"并用于唐后期至明前期。"一条鞭法"最早由桂萼于嘉靖十年（1531年）提出，由张居正于万历九年（1581年）推广实行。清朝在前朝税法基础上确立"摊丁入亩"制度，在雍正时期开始推广。

和市场化,必然使这一赋税率进一步攀升。但同时也必须看到,一些套种和二熟的农作物,未被计算在内。①

(三) 农桑之外的小农生活依赖

小农的产出,不仅仅是粮食产出,还应当包括各项农副产品的产出。即便是在当时最主要的粮食产区,小农经济本身的维持也必须在很大程度上依赖农桑之外的副业。孟子所谓"五亩之宅,树之以桑",讲的是小农的纺织原料和成品生产。小农的这项副业,于"国用"有莫大关系,即所谓的"布缕之征",却也是其生活的一项重要的"旁入之利"。然而,它还是远不能弥补小农生活的不足。饲养畜禽对小农生计来说也是一项重要的补充。特别是养猪,汉代就有"一豕之肉,得中年之收"的说法。

以农桑为基础的小农家庭生活在青黄不接时以瓜菜水果和其他植物果实甚至野菜来代替粮食。因此,中国古代有在宅地周围培植桃、李、枣、栗之类的惯例。战国秦汉之时,以草木之实为口粮是很普遍的,其中最重要的就是枣、栗。司马迁就曾说,拥有"安邑千树枣,燕秦千树栗""与千户侯等"。在相当长的历史阶段中,枣作为主要的粮食替代物,地位十分重要。至宋元时期,"桑枣"更普遍地成为农民副业的总称。"枣"的地位如此突出,最终反映的是人民为果腹而不得不大量食用各种粮食替代物的事实。除"农桑"并称,又以"桑枣"并称,反映的是中国古代小农在生存状况日益窘迫之下,不得不更多地依赖于副业。

(四) 国家针对小农副业的制度安排

赋税和地租剥削的双重负担,使家庭副业与小农经济的结合越来越紧密。而在相应的历史时期,国家的制度安排促进了小农业与家庭副业的紧密结合。西晋建立在占田制基础上的户调制规定"丁男之户岁输绢三匹,绵三斤,女及次丁男为户者半输"。在占田制的规定中,占田数可以高于课田数,实际上正反映了当时的统治者在战乱之后,鼓励农民垦占荒土,向国家申报户口,在维持和稳定小农经济的同时,对稳定国家的财政经济、维持社会的安定,都具有举足轻重的作用。

北魏均田制对小农的家庭副业做出了更明确的制度安排:桑田之上必须种植桑、枣、榆树若干,甚至"夫给一亩"的园圃之地上必须种植榆树、果树若干,这些都以国家法令的形式予以确定。在均田制实行的过程中,此类规定基本上是始终存在的。唐以后,五代、宋、元、明、清时代,同样也维持着这样的制度。国家围绕小农副业所做的制度安排,实际上有利于国家尽可能多地榨取小农的主业和主要副业产品,这也正是国家做出这一制度安排的目的所在。②

---

① 中国农民战争史研究会编:《中国农民战争史研究集刊》第 3 辑,上海人民出版社 1983 年版,第 27 页。
② 程念祺:《中国历史上的小农经济——生产与生活》,《史林》2004 年第 3 期。

▶ **即测即评**

 请扫描二维码，在线测试本章学习效果

思考题：

1. 试述中国古代资源禀赋与社会生产方式之间的关系。
2. 简析中国古代社会经济结构的特点。
3. 试述影响中国古代小农经济形成的主要因素。

第二章 古代社会的农（牧）业

中国是一个有着悠久历史的农业大国，农业历来是中国社会最基本的生产部门，古代农业以精耕细作的生产方式创造了令世界惊叹的成就。要理解古代社会的经济运行模式，就必须了解农业的发展状况。本章介绍古代社会农（牧）业的起源与发展、国家的农业政策措施、农民与土地、农民与政府之间的关系，阐述中国古代农业的发展历程，分析影响其发展的因素。

第一节 农牧业的起源与发展

农业的产生是人类文明发展的标志，迄今为止，农业文明的演进依次经历了原始农业、传统农业和现代农业等几种不同的历史形态。

中国是一个有着悠久历史的农业大国，农业历来是社会最基本的生产部门。在中国古代社会，农业有着特殊的地位和作用，它奠定了中华五千年文明的坚实基础，有人甚至把农业看作是理解中国古代社会的钥匙。综观古代世界各国的经济发展历史，虽然几乎所有的大帝国都是建立在农业发展的基础之上的，但是，没有哪一个国家或地区有像中国古代社会这样发达的农业经济。

一、古代农业的起源

原始的农业是在采集经济基础上产生的，人类在长期采集野生植物的过程中，逐渐掌握一些可食植物的生长规律，经过无数次的实践，终于将它们培育为人类种植的农作物。中国是世界上最早出现农业的国家之一。黄河中下游地区由于地势平坦、气候温和、雨量适中，加之疏松易耕的黄土冲积层，自然条件适宜农业经营，故从仰韶文化、龙山文化等史前社会开始就出现了原始农业[①]，之后长江流域、珠江三角洲农业的开发奠定了农业在古代中国经济中的主导地位。

大约到了 8 000 年前，原始农业进入新阶段，突出的标志是出现了石制农耕工具，耕作方式有了明显进步，出现了用于砍伐的石斧、石锛，用于平整土地的耒耜，以及用于收割的石刀、石镰和用于脱壳加工的石磨盘、石磨棒等农业工具。与此同时，经过长期的栽培，野生的谷物品质得到改良，初步脱离了野生状态，产量相应提高，农业日益在当时的经济生活中占据主导地位。但当时人们仍不懂

---

① 邹逸麟编著：《中国历史地理概述》（修订版），上海教育出版社 2005 年版，第 241 页。

得对土地进行施肥以提高农作物产量,一般是在一块土地上种植几年,在地力衰退、产量下降之后,将土地抛荒,另辟新地种植,称为抛荒制。黄河流域和长江流域发现的距今七八千年的新石器时代早期遗址中出土的各种农耕工具,都说明这一时期原始农业已经开始脱离"刀耕火种",特别是耒耜等翻土工具的使用,标志着原始农业逐步进入"耜耕农业"的发展阶段。

随着生产经验的积累,农田的开辟,粮食产量提高,可养活更多的人口,人们可以比较长久地在一个地方定居,村落规模逐渐扩大。而人口的增加又迫使人们去耕种更多的土地,生产更多的粮食和饲养更多的家畜,促使原始农业得到较快的发展。农具种类的增加,石制农具制作的精致、实用,提高了劳动效率。农田整治,水利灌溉设施建设,以及田间管理和保护(如铲锄杂草、驱赶糟蹋庄稼的野兽)等都得到进一步加强,这些都是这一时期农业发展的重要标志。黄河流域的仰韶文化、大汶口文化,长江流域的大溪文化、马家浜文化等新石器时代晚期遗址,都出土了大量木、石、骨、蚌等质地精致的农具和数量众多的粮食作物遗存以及畜禽骨骼,更为难得的是发现了如湖南澧县城头山和江苏苏州草鞋山等农田遗址。特别是草鞋山遗址的水田,是由小块水池状的水田串联而成,小者几平方米,大者十几平方米,相互间有水口串联,并有水井、水塘、水沟等配套设施,反映了这一时期的稻作农业已日趋成熟。同时也表明耕作制度已由抛荒制进步到熟荒耕作制,而南方则可能已是连续耕作制,土地的利用率大大提高了。

从5 000多年前开始,中国进入了原始农业的发达时期。农具种类增加,石锄、石镢已普遍使用,石铲更为扁薄宽大,且为精工磨制,出现了有肩石铲、穿孔石铲、石刀等,石镰的制作也较以前进步,粮食加工工具杵臼出现并得到推广,晚期还出现了石犁,这些都标志着生产力的显著提高。农作物的种类增多,粟、黍、稻、麦、豆、麻已成为主要粮食作物,水稻的种植已往北扩大到黄河流域,粮食的产量有较大的增长。畜牧业进一步发展,后代称为"六畜"的马、牛、羊、猪、狗、鸡均已人工饲养。采集、渔猎在经济生活中的地位显著下降。水井的开凿使用为人们的定居生活提供了极大的方便,使人类活动可以向距离河流和泉水较远的地区扩展。

原始农业的发达使得农业生产不但能够供养较多的人口,而且开始有了剩余产品,积累了一定的物质财富,这为制陶等手工业从农业中分离出来创造了条件,也为进入文明社会奠定了物质基础。丰富的考古资料证明,这一时期,中国的原始农业已形成三大经济类型,即以黄河流域为主的北方粟作农业,以黄淮地区为中心的粟、稻混作农业和以长江流域为代表的稻作农业,奠定了中国古代农业经济格局的基础。

二、古代农牧业的发展

畜牧业和农业的分离是人类历史上第一次社会大分工。农业生产工具的改进和耕作技术的提高扩大了耕地面积,增加了粮食产量,使农业生产分工日益明确,也为畜牧业提供了较大的发展空间。

(一) 古代农业的发展

使用木、石砍伐农具,刀耕火种,撂荒耕作,是原始农业生产技术和耕作方式的主要特点。古代农业的发展则以使用畜力牵引或人力操作的金属工具为标志,生产技术建立在直观经验的基础上,而以铁犁牛耕为其典型形态。中国在公元前2 000多年的夏朝即已进入阶级社会,从那时起,农业逐步形成精耕细作的传统,并在以后2 000多年的发展中经历了以下几个阶段:

(1) 夏、商、西周、春秋,精耕细作的萌芽期——以黄河流域"沟洫农业"为主要标志。这一时期是中国历史上的青铜时代。虽然青铜农具,尤其是开垦用的青铜锼、中耕用的钱(青铜铲)和镈(青铜锄)已逐步应用于农业生产,但由于青铜原料产量有限,通常用于铸造兵器、酒具和祭器,用于农业生产的青铜农具很少,农业生产中大量使用的仍是各种木、石、骨、蚌农具,尤其木质耒耜是当时主要的耕播工具。为了防洪排涝,人们开始建立起农田沟洫体系,与此相联系,垄作、条播、中耕技术也出现并获得发展,选种、治虫、灌溉等技术亦已萌芽,休耕制逐步取代了撂荒制。为了掌握农时,人们除了继续广泛利用物候知识外,又创造了天文历。两人协作的"耦耕"成为普遍的劳动方式。沟洫和与之相联系的田间道路把农田区分为等面积的方块,为井田制的实行奠定了基础。耒耜、耦耕和井田制,成为中国上古农业和上古文明的重要特点。不过,这一时期农田的垦辟仍然有限,耕地主要集中在城邑周围,稍远一点则是荒野,是理想的放牧场所。总的来说,虽然这一阶段的农业还保留了原始农业的某些痕迹,但工具、技术、生产结构和布局都有很大进步和变化,精耕细作技术已在某些生产环节出现。

(2) 战国、秦汉、魏晋南北朝,精耕细作技术的成型期——以北方旱地精耕细作体系的形成和成熟为主要标志。大约从春秋中期开始,中国逐步从以封邦建国为特征的领主制社会过渡到以皇帝专制为特征的地主制社会,并在秦汉时期形成中央集权制的统一帝国。与此同时,中国也步入了铁器时代。最初使用天然陨铁,铁器作为奢侈品十分罕见。到春秋晚期随着人工炼铁的发明,铁器的使用开始普遍起来。战国、秦汉至魏晋南北朝时期铁制农具的使用,标志着中国古代农业一个划时代的进步,农业生产力发展到一个新的阶段。伴随着铁制农具的使用,牛耕也被应用于农业生产。最重要的犁地法是二牛抬杠。一些新式耕田法,如代田法、区田法,相继诞生。一方面,牛耕改变了传统人力踩耒耜,减轻了人们的劳动量,大幅度提高了劳动效率。另一方面,牛耕又为大规模开垦荒地和进行深耕细作以及兴修水利工程等创造了物质条件,"在农业生产上引起了一场技术革命"[①],使农业生产迅

---

① 白寿彝总主编:《中国通史》第3卷,上海人民出版社1994年版,第93页。

速发展起来。

黄河流域中下游地区是当时的全国经济重心，铁农具和牛耕在这些地区的普及和推广引起了生产力的飞跃，犁、耙、耱、耧车、翻车、扬车等新式农具纷纷出现，黄河流域获得全面开发，大型农田灌溉工程相继兴建。铁器的普及使精耕细作技术的发展获得新的坚实基础。连种制逐步取代了休耕制，并在此基础上形成了灵活多样的轮作倒茬耕作方式，特别是以防旱保墒为中心，形成了耕、耙、耱、压、锄相结合的旱地耕作体系。施肥和土壤改良受到重视，传统的良种选育技术日臻成熟，农业生物技术也有较大发展，粮食作物、经济作物、园艺作物、林业、畜牧、蚕桑、渔业等均获得了发展。在魏晋南北朝时期，北方的农业生产由于长期战乱而遭到破坏，南方的开发却由于中原人口的大量南移进入新的阶段，精耕细作传统没有中断，各地区各民族农业生产技术的交流在特殊条件下加速进行。作为丰富的农业实践经验的总结，战国时期的《吕氏春秋·任地》记述了当时以连种制代替休耕制的做法；西汉氾胜之著《氾胜之书》则提出了"区田法"的耕作方法，以及"穗选法""浸种法"等选种方法和育种方法；北魏贾思勰著《齐民要术》集秦汉以来黄河流域旱地农业精耕细作技术之大成。起源于殷商时代而到西汉已经完备的二十四节气的划分，更是中国人民在长期的农业生产中根据日月运行位置和天气、动植物生长的自然现象所独创的，把一年平均分为二十四等份的专门指导农事的历法，是中国灿烂的农耕文化的体现。

（3）隋、唐、宋、辽、金、元，精耕细作的扩展期——以南方水田精耕细作技术体系的形成和成熟为主要标志。建立在南方农业对北方农业历史性超越基础上的全国经济重心的南移，是中国古代经济史上的一件大事。它肇始于魏晋南北朝，唐代是重要转折，至宋代进一步完成。"灌钢"技术的采用提高了铁农具的质量，江东犁（曲辕犁）的出现标志着中国传统犁臻于完善。水田耕作、灌溉农具均有很大发展，并在此基础上，形成了耕、耙、耖、耘、耥相结合的耕作体系。这一时期南方小型水利工程星罗棋布，太湖流域的圩田形成体系，梯田、架田等新的土地利用方式逐步发展起来。早前已零星出现的"复种"到宋代有了较大发展，其标志是南方（主要是长江下游）水稻和麦类等"春稼"水旱轮作一年两熟制的初步推广。通过施肥来补充和改善土壤肥力也被进一步强调。农作物品种，尤其是水稻品种更加丰富。水稻跃居粮食作物首位，小麦也超过粟而跃居次席，苎麻地位上升，棉花传入长江流域。茶树、甘蔗等经济作物的种植也有较大发展。猪、羊、耕牛、家禽饲养以外的畜牧业渐衰，渔业有新的发展。这一时期农业科技发展的新成就、新经验也得到了总结。宋代陈敷所著《陈敷农书》是其将几十年亲身体验、刻苦钻研成果总结而成的，包括土地规划、水稻育秧、田间管理、肥料制造等水稻栽培种植方法的水田耕作技术专著。元代王祯所著由"农桑通诀"

"百谷谱"和"农器图谱"构成的《王祯农书》是描述农业耕作、家禽蓄养和农业生产工具的集大成之作。元代初年政府司农司编撰的七卷本的《农桑辑要》作为集以往农书之大成的综合性官书，颁发各地指导农业生产。

（4）明、清，精耕细作深入发展期——适应人口激增、人地矛盾突出的情况，土地利用的广度和深度达到了一个新的水平。复种指数的提高、新作物品种的引进，是这一时期农业生产力发展的标志。

明清时期国家统一、社会稳定。社会经济，尤其是古代农业经济继续向前发展，为人口增长提供了必要的物质基础，而人口的空前增长又导致了全国性的耕地紧缺，以致在粮食单产和总产提高的同时，粮食的人均占有量却呈下降趋势。为了解决民食问题，人们千方百计开辟新的耕地。于是，内地荒僻山区、沿江沿海滩涂、边疆传统牧区和少数民族聚居地区成为主要垦殖对象，古代农牧分区的格局发生了重要变化。结果，在耕地面积有了较大增长的同时，也造成了对森林资源和水资源的破坏，加剧了水旱灾害。与此同时，传统精耕细作方式进一步推广、深化，继续致力于对现有耕地的充分利用，增加复种指数，提高单位面积产量。这一时期江南地区的稻麦两熟制已占主导地位，双季稻的栽培由华南扩展到华中，南方部分地区还出现了三季稻栽培。在北方，两年三熟制或三年四熟制已基本定型。为了适应这些复杂的、多层次的种植制度，作物品种、栽培管理、肥料的积制和施用等技术均有发展，低产田改良技术也得到了创新。在江浙和广东某些商品经济发达地区，出现了陆地和水面综合利用，农、桑、鱼、畜紧密结合的基塘方式，形成了高效的农业生态系统，但农业生产工具却甚少改进。原产于美洲的玉米、甘薯、马铃薯等高产作物的引进和推广，为我国人民征服贫瘠山区和高寒山区，扩大适耕范围，缓解民食问题作出了重大贡献。棉花在长江流域和黄河流域的推广，引起了衣着原料划时代的变革。花生和烟草是新引进的两种经济作物。甘蔗、茶叶、染料、蔬菜、果树、蚕桑、养鱼等生产均有发展，出现了一些经济作物集中产区和商品粮基地，若干地区间形成了某种分工和依存关系。这一时期，明代徐光启著《农政全书》集前人农业科学技术之大成，汇集农作物的种植、农具制造、水利工程等农业科技和农学理论，形成了60卷的鸿篇巨著。

中国古代农业的发展是一部农具与生产力发展的历史。从最初的刀耕火种，到先秦时期的单齿木耒、双齿木耒和铁刃的木耒。耒耜的发明和使用，使中国有了真正意义上的"耕"和耕播农业，开创了中国的农耕文化。而曲辕犁将直辕、长辕改为曲辕、短辕，并在辕头安装可以自由转动的犁盘，这样不仅使犁架变小变轻，而且便于调头和转弯，操作灵活，节省人力和畜力（见图2-1）。在长期的历史发展过程中，中国古代形成了以家庭为基本生产单位、精耕细作，劳动力高度密集型的集约农业。这种集约农业最显著的两大优势是单位面积产量与耕地复种指数都很高，世界其他国家都不能与之相比。

图 2-1　曲辕犁

中国古代农业的发展也是一部农耕技术发展的历史。随着耕播农业的出现，原始的天文、历法、气象、水利、土壤、肥料、种子等知识和技术相应产生。先民们将中国古代农事经验加以记录、传播，使中国古代先进的农耕技术得以不断提高。从同期世界农业发展来讲，中国古代农业在耕作制度、经营方式、利用和改造自然的能力、生产力发展水平上都处于领先位置，经营的规模、范围、深度、广度和水平都具有明显的自然经济特色。

（二）古代牧业的发展

我们的祖先在古代畜牧业生产中，积累了狩猎与驯养动物的经验，创造了畜牧饲养业，培育了许多优良的畜禽品种，也积累了许多经营牧业经济的经验。

1. 放牧与圈养相结合的饲养方式获得发展

商代的祖先"立皂牢"，"皂"是喂牛的槽，"牢"是关牛羊的圈，说明此时已经有放牧与圈养相结合的饲养管理方式，并已种植牧草，各种畜禽已大量饲养，牛和马已被役用。在殷商故都河南安阳，发掘出来的甲骨文中有刍、牧、牢、厩、囵、庠等反映畜牧业生产的文字，并有关于畜牧业生产的简单记载，证明当时牲畜的圈养、厩养已比较普遍，并进行围地放牧，种植牧草饲养牲畜。

周代是以农为主、农牧结合经营的国家。西周是农牧结合经营方式在中原地区奠基的时期，开始建立马政制度，专设太仆一职进行管理。"《周礼》列为夏官司马属官，下大夫，掌供天子舆马"。[①] 西北游牧民族的畜牧业也相当发达。到春秋战国时期产生了以家庭为生产单位、种植业为主、农牧结合经营的农户。随着牛耕法的推广，牛的用途发生变化，由主要用作牺牲变成役用，使肉食的来源转向主要依靠饲养的小家畜、家禽，这样便促进了畜牧业的全面发展。甲骨文及古书中的记载表明，中国夏、商、周三代畜牧业已初步发展起来。

2. 适应自然条件的畜种分布形成

由于牲畜生长对自然条件存在适应性，中国古代社会形成了一定的畜种布局。

---

① 陈洪斌编著：《华夏万年史》，天马出版有限公司 2012 年版，第 573 页。

家畜家禽是有生命的动物，其生长、繁育都受周围环境的影响，不同的畜种、品种所适应的环境往往是不同的。中国人民很早就认识到牲畜的生长繁殖与所在地的自然环境有着密切的关系，知道什么样的地方适宜哪些牲畜生存。从魏晋时期至明代，中国西北地区最适于养马，所以政府都把养马基地建在西北，这一地区的养马业都很发达。

3. 农区畜牧业和牧区畜牧业的分化出现

畜牧业产生之初，饲养方式完全依靠天然饲料，分布在气候、土壤条件比较适宜的地区，集中在江河流域附近。随着人畜增多，若在固定地区饲养、放牧就产生了饲料不足的问题，于是产生了两种扩大饲料来源的方式：一种是发展种植业，另一种是扩大放牧空间。前者因依靠种植业而逐渐增加舍饲，减少放牧，趋向固定；后者则依靠扩大空间，增加流动性。因饲养方式的分化，形成了畜牧业的两大类型，即农田畜牧业与草地畜牧业。在地广畜少的时代，粗放种植业与游牧是可能并存于同一地区的。随着生产的发展，逐渐产生了种植业与游牧争地的矛盾。由于农业和畜牧业生产都是同自然条件密切联系着的，西北、西南的部分高寒地区，不适宜种植农作物，而适宜于利用天然草场放牧牲畜，这样就在狩猎的基础上，逐步发展为纯牧业区。黄河、长江的中下游，适于种植多种农作物，便在采集业的基础上逐步发展为农业区，于是两种类型的畜牧业产生了地区的分化，形成牧区畜牧业与农区畜牧业。这种地区分化是长期逐渐完成的。直到春秋时期，在中原地带，游牧民族仍然活动在农区，两种类型畜牧业的地区分布的界限还是不明显的。牧区因生态条件差，位置偏僻，不能发展种植业，只能发展马、牛、羊等草食家畜的畜牧业，需要吃些粮食的杂食家禽家畜，如鸡、鸭和猪的饲养在纯牧区则很难发展，甚至根本不能发展。所以放牧草食家畜的畜牧业基本是牧区唯一的生产部门，是高度自给性的生产，直到新中国成立前仍基本处于原始状态。农业区的天然水草条件较好，除部分粮食可以作为饲料外，大量的作物秸秆、糠麸、茎根和蔬菜等可作为精料和多汁料，可以饲养大量的猪和家禽。同时，猪和家禽的饲养期短，经济价值大，并可用老、幼劳动力进行饲养，所以猪和家禽很快就成为农区饲养最多的禽畜。但因农区人多地少，耕地主要用于种植口粮，饲料来源少，畜牧业只是作为家庭副业，发展缓慢。

4. 农区畜牧业和牧区畜牧业分化的形成原因

农区畜牧业和牧区畜牧业分化的原因，除自然条件因素外，还有社会因素，主要包括战争和政府的畜牧业政策。历代统治者重视养马业，国家或地方政府经营畜牧业是为了提供军马、官马，但是中原地区的自然条件不适宜马匹的大量繁殖生长，所以官家的畜牧业主要在牧区发展。

中原地区的自然条件虽然适于猪、牛、羊等家畜及鸡、鸭、鹅等家禽生长，但是饲养这类禽畜只能是小农经济的副业，难以成为中原地区农家的主业，一个重要原因是战争对畜牧业的摧残很大。畜牧业经济是一种比较脆弱的经济，容易受到天灾人祸的破坏，而且一旦遭到破坏后，不易在短期内恢复，所以稳定的政局和相适应的经济政策是发展畜牧业的基本条件。

中原地区土地较为平坦肥沃，因此牛耕是古代农业先进的生产模式。养牛是为了种田，是作为种植业的生产资料，而不是作为消费资料，所以养牛是依附于种植业的。历代王朝在取得政权后，为了保持社会安定，恢复社会生产力，常倡导农桑，为此，把耕牛放在重要地位，重视耕牛的保护和繁殖，不准杀害耕牛。这样，适宜中原地区自然条件的牲畜饲养必须适合于中原地区社会条件的要求和当时的生产力发展水平，因而居于农村副业的地位。总的来说，农区畜牧业成为副业，是由当时的历史环境造成的，是社会生产力发展到一定阶段的产物。

以农业和畜牧业的分工而言，广大中原地区既没有单纯从事畜牧业的游牧部落，也没有单纯从事农业的农业部落。农业和畜牧业相结合是当时黄河流域经济的特点，家畜、家禽的饲养是农业的重要副业，这种情况在中原地区一直没有较大的改观。

第二节 国家的农业政策措施

农业政策包括兴修水利、开垦荒地、实施屯田、积谷备荒、减轻赋税等内容。在这些农业政策的指导下，耕种和作物播种面积增加，古代社会的农业经济得到了较快发展。

一、水利措施

水是农业的命脉，没有水就谈不上农业。水利建设在古代中国，一是为了防水灾，二是为了农业，三是为了航运。中国人都知道"夏禹治水"的故事，也知道利用河水、井水灌溉农田。

水利发展最初利用最容易掌控的自然条件，只有少量人为措施。以后人为措施逐渐增多，以人力改变自然条件，水利事业才发展起来。中国历史上的水利工程分别可以从防洪治河、农田水利和航运工程的发展进行概括和分析。

（一）防洪治河

历史上的防洪治河可以分为五个阶段。尽管针对五个阶段的水文现象而采取的工程手段错综交叉，但还是有主有次，可以分别概括为避洪、限洪、防洪、调洪和用洪。

避洪，远古时人类近水草而居，择丘陵而处，既便于利用水，又可以避洪水。择丘陵居高地就是避洪。

限洪，农业发展使人类得以繁衍，土地得到开发，而洪水漫溢，农田是不能完全迁避的，人口众多，迁避也并非易事，因此就产生了利用小规模堤防保护人的生命和防护农田、限制淹没面积的做法。在农田休闲时，可以让水淹没浸泡，有助于来年防旱，多沙河流可以落淤肥田。

防洪，农业进一步发展，人口逐渐稠密，河旁沃土都已被垦为农田，尽管可以局部限制洪水，但洪水一旦到来损失还是巨大的。在春秋战国时代，黄河下游两岸就开始筑有较多堤防，后来发展成多重堤防，有的围护村镇是避洪的演变；民埝围护农田是限洪的演变；两岸大堤等能防御洪水漫流，使水由河槽中行。自西汉以来，在黄河上尽管有人主张迁人民、徙城郭，择高地而处的避洪措施和留宽阔地带用以分洪、滞洪的限洪措施，但可以说都是防洪的辅助手段，实际上仍以防河决溢为主，有决即堵，年年修防，演变出系统复杂的堤防和各种防险手段，这差不多有两三千年历史了。

调洪，即调动洪水，也包括调和洪水，对洪水由防其害进而谋兴其利。人为地指挥洪水，避害兴利的想法也很古老。西汉时期，贾让利用分洪开渠行运、灌溉，并利用所分离的泥沙压碱肥土。在黄河上实行人工分流，截引改道，修建水坝，等等，固然是以防洪为主，但实际上是通过调动洪水带兴水利。

用洪、调洪可以消洪灾、兴洪利，虽然还需要防洪，但在措施上防洪已逐渐退居次要，以至无关紧要，仅为兴洪利的副产品。从充分利用的方面考量，用洪就是充分利用洪水带来的泥沙，通过水土保持等手段对泥沙加以控制，可以减少洪量，甚至可以使得河水变为清流。防洪治河的目的不是将河水变少，而是要由人来支配水量，使其在一定的条件下收获最大效益。因此，洪水携沙要受人为支配，沉积到最有利的地方，而水流则被视为最合适的交通运输工具。

不少技术措施是各阶段所共有的，后一阶段可能含有前一阶段的措施，如调洪阶段仍可采用修筑防洪台等避洪措施。有的措施虽前后相同而作用意义可能有所变化，如滞洪措施在早期可以算作调洪，而在调洪阶段只能算是限洪。因为早期滞洪区损失甚少，后期损失会相当大。

(二) 农田水利

中国农田水利建设历史十分悠久，从夏禹治水算起，至今已有 4 000 年了。4 000 年来，中国农田水利建设的发展，大致和政治、经济的发展趋势相一致。春秋战国时期，铁农具的运用和中央集权制度的形成，为水利建设创造了条件，因而在这一时期先后出现了一批大型的灌溉工程。

秦汉时期，黄河流域是全国的政治经济重心，因而这一时期的水利建设，主要集中于黄河流域，特别是关中平原。黄土高原土质疏松，水土流失严重，修建梯田不仅可以增加种植面积，还可以有效控制水土流失，蓄水保墒。关中地区有战国时期修建的郑国渠，西引泾水东注洛水，长达 300 余里，"溉泽卤之地四万余顷"。汉代在郑国渠之南修建的白渠，"首起谷口，尾入栎阳，注入渭河，中袤二百里，溉田四千五百余顷"。位于四川的都江堰是战国时期秦国太守李冰主持修建的大型水利工程，是中国最古老的水利工程，使成都平原成为"水旱从人，不知饥馑"的"天府之国"。这一时期除大型渠系外，陂塘蓄水、陂渠串联、水库蓄水、坎儿井以及凿井等灌溉工程也相继兴起。在改良盐碱地方面，已经采取了一些比较有效的措施，包括开挖窄而深的农田排水沟以降低地下水位，放淤压碱，施用动物粪便改良土壤等。

东汉至南北朝时期，海河、黄河、淮河、长江、钱塘江诸流域的农田水利建设较为突出。由于东汉末年北方战乱，人口大量南迁，江南水利逐渐兴起。南京附近的句容县赤山塘，规模庞大，灌溉万顷；钱塘江流域的绍兴鉴湖可以调节发源于会稽山的山溪水量，再开渠引水灌溉，旱时开湖溉田，涝时闭湖泄田。此外，长江中游的湖北、湖南都有水利工程，使得水稻一年两熟。西北地区兴建了引黄渠系，华北地区引潮白河、永定河灌溉，山西、山东灌渠也有发展。

魏晋南北朝时期的水利建设总体来看也有一定进展，南方强于北方。到唐宋时期，经济重心转向江南，水利建设也随着转向长江流域，特别是江南地区。灌溉机械发展较快，南方各地普遍使用水车，水力运转机械大量使用。梯田在江南地区也得到大规模的开发。除此之外，农田水利建设的规模发生了重大变化。宋代以前，水利建设一般都以国家经办的大型工程为主。到宋代，由于土地国有制的崩溃和土地私有制的发展，国家难以再进行大规模的农田水利工程建设，一般都以地方举办或民办为主，工程一般都趋向于中小型，当然这和南方的自然条件也有一定关系。①

元、明、清三代的水利建设远不如前朝历代发展快，大型水利工程建设较少，多以修复前朝故道为主。明清时期人多地少的矛盾相当尖锐，开发边疆成为解决这个矛盾的措施之一。为适应这一需要，水利建设也随之在边疆地区，特别是河套和新疆等地迅速发展起来。坎儿井是分布于特定地区的别具一格的水利工程。新疆的吐鲁番、哈密、木垒等地区，气候炎热干旱，地面极端温度高，降水量少，且蒸发量极大，地表渗漏严重。人们在实践中创造了坎儿井这一特殊水利形式。坎儿井的原理是预先测定雪山融水之路线，首先凿若干竖井，于底部横向挖掘使

---

① 卢嘉锡、路甬祥主编：《中国古代科学史纲》，河北科学技术出版社 1998 年版，第 954—955 页。

其以暗渠相通，以形成蓄水暗渠。然后，每隔数十米凿一竖井，相邻竖井对挖互通，即为引水暗渠。此种方法有效地避免了水的渗漏和蒸发，以用于生活和生产，遂出现绿洲。故坎儿井实为绿洲产生和发展之基础。

农田水利的发展，不仅使农业在洪水泛滥落淤的肥土上得以开发，用泛水浸润，用沉积施肥；还能减轻水旱灾害。如水有余、有不足形成涝、旱、碱等灾害，通过水利建设变短为长，变害为利，由简单的散有余，补不足，可以进一步变不利为有利，构成水网，既便排灌，又便运输。全面平衡发展，使农业不完全受自然条件所限制。

（三）航运工程的发展

自远古有独木舟起，人类就开始了水运。春秋时的"泛舟之役"，自渭水通黄河，通汾水，已有大规模船队运粮的记载。后代如长江等河流得天独厚，航运发达。中国东半部河流多为自西向东，南北不能通航，天然河流不能满足水运要求，为了开拓内陆航道，曾不止一次大规模开凿河道，将一些自然河流联系起来。

京杭大运河是世界上里程最长、工程最大的古代运河，最初是公元前486年吴王伐齐为了运兵而开凿，将长江水引入淮河；隋炀帝迁都洛阳后，为控制江南地区，先后三次大幅度扩修，以都城洛阳为中心，连至涿郡（今北京），形成全长2 700多公里的隋代大运河。13世纪末元朝定都北京后，为了使南北相连，不再绕道洛阳，花了10年时间弃洛阳取直至北京，形成贯穿北京、天津、河北、山东、江苏、浙江六省市，沟通海河、黄河、长江、淮河和钱塘江五大水系，全长1 790多公里、南北贯通的京杭大运河，成为中国古代漕运的要道。经历2 500余年的京杭大运河是中国古代水利航运工程技术领先于世界的卓越成就，孕育了一座座璀璨明珠般的名城古镇，积淀了深厚悠久的文化底蕴，是中华民族文化身份的象征。

灵渠又名湘桂运河，位于广西壮族自治区兴安县境。系秦始皇为发兵岭南，运输兵员粮饷，命史禄主持兴建。灵渠将漓江和湘江二水连通，既将长江和珠江两大水系连通，又解决了在水程30公里、落差达32米的河道中航运的问题。

三国时在江南航道筑有堰埭，北宋时邗沟、江南运河已有现代型的船闸，西汉、隋、唐开通黄河三门峡段运道等。这些工程都比较艰巨而意义重大。由于政治经济的需要，政府主张克服困难来开河运或整修运道，按需要充分发展航运。内河航运加上海运，使中国绝大多数省份可以通航，并可连成一个水运网。

水利事业是一个从简到繁，从粗到精，由点及面最后扩展全局的过程。但从中国历史上看，并不是历代统治者都持续兴修水利，有时由于战争、贪腐造成财政困难等原因而造成水利的破坏和年久失修。如唐乾宁三年（896年）夏，宣武节度使朱全忠（后为后梁皇帝）决黄河，水漫数千里。后梁贞明四年（918年），河阳节度使谢彦章为阻晋军的进攻，决黄河水。此后，黄河由于年久失修，历五代至北宋，水灾频频发生，下游两岸人民受尽苦难。清代晚期，官员更加腐败，只顾自己享受，不管人民死活。如道光时，每年治河之费，用于工程者，不及十分之一，余皆为官吏所贪污。

古代水利工程是人民劳动智慧和力量的结晶，但是由于历史的局限性，为了保障运输，忽视了农业灌溉、防涝和排洪方面的建设。另外，很多水利措施很难做到全面规划和综合治理，水利工程的无序开发，也对自然环境造成了较大影响。

二、屯垦政策

屯田是人民勤劳和智慧的结合物，是对人类文明进步的一大贡献，也是中国古代经济政策的一个重要方面。作为一种广泛存在的官营土地形式，它是国家为了某种特定的政治、军事和经济目标，组织和动员社会流动的劳动人口，垦种国有荒地和边陲土地的劳动形式，有军屯、民屯和商屯之分。以屯田为重要手段对边疆地区进行开发和建设，不仅促进了当地经济的发展，还维护了国家的统一。因此历朝都很重视屯田。

屯垦始于秦初。开垦荒地，种植粮食，解决兵食之需，开军垦之始。汉代，开始大规模实行屯田政策。汉代战争对象主要是匈奴，这个游牧于大漠南北广大地区的民族，无论男女，都善骑射，行动迅捷。面对讨伐匈奴的战争，最大的问题就是粮食的供给。为了解决这个问题，政府开始"置校尉，屯田渠犁"。士兵亦兵亦农，边耕种边打仗，随时可以集结成为战斗的力量，也在战争之暇保障了军队后勤粮食供给。战时能打仗，平时能种田的亦兵亦农的屯田之举，既解决了粮食问题，又有利于巩固边防。因此，将这种驻扎在边疆守卫，并同时开垦田地的行为叫作屯垦戍边。

三国时期，施行屯田制度规模大且卓有成效的，首推曹操。作为一名有远见的政治家，曹操认识到光靠高度掠夺和榨取，是杀鸡取卵的做法，不是长久之计。真正要解决这个问题，就要使广大失去土地的农民再回到土地上，开垦荒地，发展农业生产。一方面，将土地还给流民，使其恢复耕作，缓和战争中产生的冲突和矛盾。另一方面，将土地拨给军队进行开垦耕种。

北宋时期，宋与西夏相持于横山之南，范仲淹知延州（今延安）时，在驻军附近，令军士开荒屯田。元代，盛兴屯垦，以军屯为主。明代立军卫法，制定军队屯垦制度，一府设数所，数府设立卫，每卫5 000余人。对卫所配给耕牛和农具，征收屯田子（籽）粒，组织屯垦。明末清初，陕南秦巴山区出现了大规模的移民垦荒。康熙年间，陕西招抚外省农民进山开垦种地。乾隆、嘉庆年间，安徽、湖北、四川、江西等省数以百万计的流民进入山区，垦荒种植粮食。

军屯可分为两种类型：一种是现役军人屯田，这是沿袭汉代的做法，随意开垦，且耕且守；另一种是士家屯田，士家必须世代服兵役，他们的子弟被称作"士息"，有些"士息"在年幼时就得为官府备宿卫，成丁以后就要被国家征发，正式当兵。不过，屯田的士家并不在边防前线，他们只进行生产，没有戍边的职责。士家是全家一起从事农业生产的，他们拥有自己的农具，有的还有耕牛，对屯田的收获物实行分成制，"兵持官牛者，官得六分，士得四分；自持私牛者，与官中分"①。这种为了满足戍边驻军的军事给养、巩固国防、稳定边境而设立的屯田是最常见的，有明显的军事性和强制性。

民屯的基层组织是屯，三国时期，每屯的生产者大约有五十人，设有屯司马来管理。在设民屯的县置典农都尉，各郡、国则依大小置典农中郎将或典农校尉，全国的民屯事务则由大司农统一管理。屯田民被称作典农部民或屯田客。屯田民是在政府经营的屯田土地上耕作。对于农产品的分配，起初是采用"计牛输谷"，即由政府把牛借给农民，到了收割后，根据牛的数量来征收租谷。使用官牛者向政府缴纳六成的收获物，不用官牛者与政府五五中分。除缴纳田租外，屯田民还要在收获完毕的农闲时期服一些比较轻的徭役，如修整道路、桥梁，建造粮仓等。在一般情况下，屯田民是不服兵役的。除此之外还有商屯，也叫盐屯，兴于明初。

从总体上来说，无论是军屯，还是民屯、商屯，都是为了满足军国之需。但出发点各不相同：军屯主要是为解决边区及内地军队的粮饷问题；民屯是为了解决民食；而商屯则是募民在边境地区开荒耕种，收取粮草，以换取食盐。不过商屯的影响远不及军屯、民屯。

三、荒政与仓储

中国是一个自然灾害多发的国家，自然灾害具有不可避免性，人力无法抗拒天灾的"莅临"，只能通过防灾减灾把灾害造成的损失降到最低。有"灾"必"荒"，这在中国历史上几乎成为定例。

关于救荒，历代的中央政府都做出过不懈的努力。宋代以降，虽然灾害救济的管理制度没有发生较大变化，但是救灾措施在细节上不断得到完善。不仅如此，地方政府、民间自发组织也发挥了较重要的作用。董煟说："救荒无定法，风土不一，山川异宜。"② 从宏观的角度来看，我国的灾害救济制度一般分成三个部分：灾前预防、灾时赈济和灾后恢复。

灾前预防措施包括仓储制度、兴水利、劝农桑、设寨堡、制谷赎罪、教别种等。北宋时期苏轼就注意到灾荒与粮价的关系，因为由仓储引起的粮食供给的变

---

① 房玄龄等撰：《晋书》卷四七，中华书局1997年版，第344页。
② 董煟撰：《救荒活民书》卷二，中华书局1985年版，第42页。

化极有可能影响粮食价格。他统计历年不同时段的粮食价格，进行比较后能够判断受灾情况与灾前预防准备是否存在矛盾。岁至清代，随着仓储制度和粮价奏报制度的日臻完善，粮食赈济的举措也更注重细节上的落实，救灾管理日趋程式化。设寨堡用来固生聚、保义仓、行清野之法以困敌，一举三得。制谷赎罪是对犯了罪但情有可原的人，按照买谷以备赈济的数量来上交谷子，不能交银子。他们交上来的谷子被分到各义仓，负责的人将其领下交给当地官员，等到赈粜时按数量取出来分给穷人。教别种实际上是引导农民因地制宜。例如遇到水涝，该地应当种植不怕水的作物；遇到干旱，则应当种植不怕旱的作物。

灾时赈济主要解决两个方面的问题：一是灾民的粮食问题，二是灾民的安置问题。其中，尤以灾民的粮食问题为重。解决灾民的粮食问题主要从粮食的来源和发放两方面着手。北宋时期州县官吏用于灾害管理的粮食主要来源于五条途径，即平时州县的积蓄，如常平仓、义仓和广惠仓；申请截拨上供的米粮，以充赈济之用；疏通买卖渠道，任由商人自由买卖；向中央申请度牒，通过贩卖度牒筹集资金，置办粮食以供赈济；劝诱地方富裕之家出钱出米帮助赈济，即劝分。

粮食的发放，因各地情况不同，针对个人的发放标准也各不相同。政府详细核实户口，不延误发放时间，编户丁牌，区分城乡的发放方式等，都是灾时赈济管理的有效措施。

灾民安置要考虑两方面：一是从地理位置的角度考虑，将饥民安置在哪些场所，要遵循何种原则；二是从灾民自救的角度来看，安置又体现着对不同人群的生存安排。从历代救荒措施来看，灾民安置的措施一般有收养弃子，收买民间草薪、衣服、器用，多置空所以安置流民等。

古人对灾后的恢复和重建已经有了成熟的认识，即"赎难卖以全骨月（肉）"；"怜初泰以大抚绥""必赏罚以风继起""筹匮乏以防荐饥""尚节俭以裕衣食""敦风俗以享太平"。[①] 可见，开仓赈济受灾百姓是救灾的一时之计，使灾民尽快摆脱灾害的影响以开展生产是政府救灾的另一项重要工作。一般的举措有：招诱流民复业，支借种粮、蠲免赋税，重建道路、水利等基础设施，以工代赈等。

仓储制度起源甚早，司马光视之为"三代圣王遗法"，而至汉代形成定制，之后各种名目的仓廪相继而起。在各类仓廪中，调控功能较为强大的有如下几种：

常平仓。首倡之人为汉宣帝时的大司农中丞耿寿昌。《汉书·食货志》记载道：宣帝即位时，"大司农中丞耿寿昌以善为算，能商功利，得幸于上。五凤中奏言：'故事，岁漕关东谷四百万斛，以给京师，用卒六万人。宜籴三辅、弘农、河

---

① 陆曾禹等：《钦定康济录》，见李文海、夏明方、朱浒主编：《中国荒政书集成》，天津古籍出版社2010年版，第1851—1864页。

东、上党、太原郡谷，足供京师，可以省关东漕卒过半'"，"天子从其计"。"寿昌遂白令边郡皆筑仓，以谷贱时增其价而籴，以利农，谷贵时减价而粜。名曰常平仓，民便之。"常平仓的功能在于平抑物价，丰年谷贱时广为收贮，荒年百物腾贵，官府开仓向灾民抑价售粮，尽可能使灾民不致因饥饿流离。常平仓通常由政府委派大司农之类的专官管理。

义仓。始创于北齐，用于临灾赈济。粮谷由百姓以"义租"的形式额外交纳，由官府贮藏管理，故名"义仓"。

社仓。始创于隋朝，亦用于临灾赈济，立足于乡社，由乡社自主管理，或官督民办。粮谷由地方豪富或一般民众自动输供，取之于民，用之于民。

除常平仓、义仓、社仓之外，还有惠民仓、广惠仓、丰储仓、平籴仓等。

作为社会控制的一种手段，仓储制度的广泛建立，对防灾减灾、控制流民的生成具有不可低估的作用。据张弓《唐朝仓廪制度初探》一书考证，唐天宝八年（749年）全国仅太仓、转运仓、正仓、义仓、常平仓五类仓储粮即达 123 702 214 石，相当于当年全国 1/3 人口一年的口粮。其中义仓、常平仓的储粮，据邓云特《中国救荒史》一书提供的数据，约 67 779 880 石，占一半以上，这对安定社会、稳定人心具有多么强大的功能，是可想而知的。

但常平仓、义仓行之既久，弊病丛生。邓云特指出："考历代常平、义仓之弱点甚多，常平之弱点：一、基金过少，其实力于丰收谷贱伤农之时籴买，既不足以提高谷价；而于凶荒之年谷价奇贵时粜卖，又不足以抑平谷价。以致徒具常平之虚名，而无左右米谷常平物价之实效。二、受益者不普遍，盖常平米谷之储存由政府管理，故为管理上之便利，其仓廒皆设置于通都大邑，且为数不多，能享受常平之惠者，充其量不过通都大邑之居民而已。在交通不便时，此种地域之限制，势必减低常平仓之效能。一般乡村贫苦民家自无从享受其利。至于义仓，其根本弱点，较常平尤为不能普济，因义仓亦如常平仓乃由官吏管理，仓廒亦皆设于州、县、城、镇，故遇饥荒开仓赈给之时，受其济者亦仅城郭住民及市井游惰之辈；穷乡僻壤力穑远输之民反无与焉。"这是历代常平仓、义仓存在的主要问题。

至于《后汉书》所云"常平仓，外有利民之名，而内实侵刻百姓。豪右因缘为奸，小民不能得其平"，以及秦蕙田《五礼通考》所云"义仓设于当社，最为近民，其后移之州、县，而官吏得以侵移他用，百姓交纳之苦，又不待言矣""所谓义仓者，名为备荒，实则加赋而已"的流弊，普遍存在。仓储制度的不健全以及低效运行，使其功能大打折扣，同样不可能将流民消融于萌芽状态。尽管如此，其"防患于未然"的功能还是能收到一些实效的，至少可以减少一些流民的数量。晚清时期常平仓、义仓、社仓形同废弃，民国时期更没有健全的仓储制度，流民问题的严重化与此不无关系。

第三节　地权分配与租佃关系

小农经济是我国古代社会经济结构的主要组成部分，对我国古代社会的政治、经济、文化产生了深远影响。我国历史上的小农经济包含三种农民，即自耕农、租佃农和依附农民。自耕农是以小块土地私有制为基础，以单个家庭为经济单位，从事耕织相结合的个体农业劳动的农户，是中国传统社会赋税和徭役的主要承担者。租佃农通常是指地主制经济下没有土地或缺少土地而租种地主土地、受地主剥削的农民，主要是指贫农，广义地说，除贫农外，还包括租种他人土地的部分中农和富农，即佃中农和佃富农。在中国，不同时期又有田客、佃客、地客、庄户、佃户等称谓。依附农民指的是中国地主制经济中佃种土地并终生依附于地主的农民的总称，与领主制经济中农奴的身份地位相类，其来源有三：原奴隶、士兵和家兵、投靠地主的原自由民，除向地主佃田交租外，还承担劳役和兵役的义务。① 其中以自耕农和租佃农为主。这三种农民从事的以小土地经营为基础的综合型经济形态就是小农经济。

一、地权关系及其变动

土地是农业生产不可或缺的生产要素，对农业生产有着决定性意义。在以农业为基本生产部门的中国古代社会中，土地作为最主要的生产资料，成为人们所追求的经济目标，土地占有关系成为古代社会最基本的生产关系。

（一）中国古代社会的土地所有制

中国古代社会的土地占有者主要是国家、地主和自耕农，土地所有制包含土地国有制和土地私有制两种形式。这种古代农业社会土地所有制结构，经历了西周的井田制，战国的授田制，到秦商鞅变法"废井田，开阡陌"，开始在土地国有框架下形成土地私有制，构成中国古代社会的土地所有权制度的总格局，且始终没有发生根本性的改变。

1. 土地国有制

马克思认为，"像在亚洲那样，是既作为土地所有者同时又作为主权者的国家……在这里，国家就是最高的地主。在这里，主权就是在全国范围内集中的土

---

① 《中国百科大辞典》总编辑委员会编：《中国百科大辞典》（第 2 版），中国大百科全书出版社 2005 年版，第 6387 页。

地所有权。但因此在这种情况下也就没有私有土地的所有权,虽然存在着对土地的私人的和共同的占有权和用益权。"① 理论上讲,产权包括财产的所有权、占有权、支配权、使用权、收益权和处置权。根据马克思的理论,土地最终的所有权归属于国家,国家与私人之间存在这样的产权关系:国家将土地的部分所有权让渡给私人,随着土地所有权制度的不断发展,私人在享有使用权的基础上,逐渐享有了部分所有权和全部的占有权、支配权、处置权,并始终与国家共同享有收益权。广义上讲,中国古代土地所有制形式是国家土地所有制。

国家通过部分土地所有权的让渡,来实现成本更为低廉的收益。而承接这部分土地所有权的人便成为事实上的土地所有者,在这样的框架下,土地私有制开始出现并迅速发展起来。与广义上的国家土地所有制相对应的是狭义的土地国有制,即政府通过各种途径和方式参与土地经营活动,并借以影响农业经济的发展,我们称为官营土地。

官营土地主要包括以下几类:一是大量未开垦的土地,如山林、川泽、沙漠、荒地等,这些土地在古代由于经济意义不大,通常不被视作重要的经济资源,国家只是占有而不是经营。二是国家所有的耕地,即官田。这类土地通常由国家负责经营,作为政府财政收入的重要来源和吸纳游民、安定社会的重要手段。正因为如此,经营土地对政府一直有着极大的诱惑力。历史上几乎所有的王朝都多少不等地占有相当数量与规模的土地。政府控制的官田通常包括垦田、营田、官庄、没入田、户绝田等,这部分土地通常以各种方式分配或出租给农民耕种,政府从中获得租、税两种收入。三是屯田。②

2. 土地私有制

土地私有制是建立在国家土地所有制框架下的以国家让渡出的部分土地所有权给予私人,对土地产权进行的进一步分割,实质上是土地所有权、占有权、支配权、使用权、收益权和处置权在国家、地主、自耕农、佃农之间进行分配。

地主土地所有制是中国古代社会中占主导地位的土地私有制形式,也是发展最充分、最典型的土地所有制形式之一。地主土地所有制经历了漫长的发展历程,其经济性质和发展变化对中国古代社会中的政治、经济、文化等都产生过极大的影响。中国古代社会地主土地所有制大致经历了四个发展时期。

战国秦汉时期。战国时期已经开始出现公地私有化,秦商鞅变法,废井田、开阡陌,私有土地合法化,土地私有制确立,并成为中国历史上最主要的土地所有权制度。土地作为古代农业最基本的生产资料,也是财产的集中体现。人们追

---

① 《马克思恩格斯文集》第 7 卷,人民出版社 2009 年版,第 894 页。
② 关于屯田的情况,在本章第二节屯垦政策中已有详细说明,本节不再赘述。

逐土地的热情日甚一日，不惜诉诸武力和金钱兼并土地，地主土地所有制因此发展起来，相继出现了占有大面积土地的贵族地主、军功地主和商人地主。商人地主的产生，标志着商人资本同农业生产的土地资源之间的沟通，开辟了商人通过金钱兼并土地的途径，地产开始非凝固化。土地商品化以及商人资本地产化，对中国古代农业经济产生了深远的影响。

东汉魏晋南北朝时期。这一时期，大地主土地所有制得到充分发展。东汉政权对土地占有采取不抑兼并的自由放任政策。所以，东汉一代，大地主占有土地的势力迅速膨胀，最终形成长期独霸一方的豪强地主。东汉之后，随着中央集权的空前削弱，大地主庄园经济纷纷建立起来，并在此基础上形成了士族门阀地主的统治。

隋唐五代时期。由于隋唐中央集权政府采取削弱和限制大地主土地所有制的措施，门阀士族地主土地所有制受到很大打击，使其经济日趋走向衰落，并开始向以纯粹租佃关系为特征的地主土地所有制经济过渡，这一时期是古代社会地主土地所有制经济的重要转型阶段。

宋元明清时期。以纯粹租佃制为特征的地主土地所有制完全确立起来，土地商品化趋势加剧，土地参与交换的频率加快，各种社会财富地产化倾向十分突出。

（二）中国古代社会的土地产权变化趋势

中国古代社会的土地产权变化趋势不同于世界其他国家和地区，有自身明显的特点。这种土地产权变化趋势对中国的古代农业乃至整个古代社会都产生过相当深远的影响。

1. 土地买卖

土地不仅能够带来农业收益，也可以作为一种商品进入交换领域。所谓"贫富无定势，田宅无定主，有钱则买，无钱则卖"①。由于土地占有与政治权力、社会地位的关系松弛，所以土地转换也并不意味着政治特权的丧失和社会地位的下降。土地买卖是保证中国古代社会土地高度利用的重要条件，经营者在经济条件恶化时便抛售土地以改进生存状态，在经济条件好转时便买进土地以扩大经济收益，从而保证了土地总处于较稳定的经营条件和环境中，这必然导致土地流转带有某种资本运转的特征。

2. 土地兼并

土地兼并是指各种社会财富不断地产化、土地占有不断集中化的机制。土地兼并就是土地的集中化趋势和过程，是各种社会财富（包括商业利润、高利贷利

---

① 袁采撰：《袁氏世范》卷三，《富家置产当存仁心》，见王云五主编：《黑心符及其他三种》，商务印书馆1939年版，第62页。

息、地租以及其他财富）地产化的过程。土地兼并早在秦汉时代就已产生，这种兼并土地的经济活动几千年来始终没有终止。促使土地兼并发挥效益的因素是多方面的。

首先，中国古代社会中，地主、商人、高利贷者往往是三位一体的，经营土地与经营商业、高利贷之间没有严格的社会限制。这种一身兼数任的情况无疑沟通了农业与其他各业的联系，加速了土地的商品化。其次，地产的特殊性质使它具有其他社会财富无法比拟的优势。地产并不是最有利可图的经济投资领域，它所带来的利益并不比商业和高利贷大。但土地是财富的良好的避风港，所带来的利益虽小，但所承担的风险也小，并不需太多精力即可获得相当丰厚的收入。从长远看，地产所带来的利益是稳定持久和坚实可靠的。古训"以末致财，用本守之""理家之道，力农者安，专商者危"就是这种特性的概括和总结。最后，地产并不是财富运动的终点。在时机成熟时，地产又会转化为商人或高利贷资本，这种可逆性也使人们把购置地产当作闲置商业资本或高利贷资本的最佳流向，而这一切均可以通过土地买卖顺利实现。

3. 土地离散

土地离散是指通过土地买卖、分家析产等方式，使土地占有规模日趋小型化、分散化的一种趋势。土地离散是造成中国古代社会一直未能出现稳定的大土地经营的重要原因。造成这种效应的主要因素，一是小农经济的农业生产组织结构的要求。小型化和分散化的土地占有关系最适合于中国古代农业生产方式，从而加剧了土地所有权的集中和使用权的分散。二是中国古代的人口观念（多子多福）造成的人口不断增加、诸子继承制度对财产的分割，其结果必然使土地所有权的集中与分散并存，加速土地占有的小型化和分散化。三是政府沉重的赋役剥削也使自耕农无力或不愿承担超过自己经营能力的更多土地。

总之，在中国古代社会中，土地是被人们无限追求的稀缺财富。土地自由买卖使"富者田连阡陌，贫者无立锥之地"的现象在每个朝代都会反复出现，但是，这种土地所有权的变动始终没有能够使以家庭为基本生产单位的小农经营方式和经济结构发生质的变化，只是造成了土地占有关系的剧烈动荡。

二、租佃关系及其变动

地权转移的频繁使中国古代社会的土地呈现出不断向各类地主集中的趋势。在中国古代社会，农业是最基本的生产部门，土地是资本，购买土地就是投资。在地主制经济下，地主的土地除部分自营生产之外，大部分通过转让土地的使用权，即出租给农民耕种，收取地租，形成租佃制度，即封建剥削制度的基础。

（一）租佃制的变化

中国古代社会的土地租佃关系早在战国时期就已出现，但在秦以前还只是零星的存在。当时的地主大都是采取自营形式，役使庶子、庸奴或奴婢从事生产。西汉自武帝时期开始，土地兼并盛行，许多自耕农破产，地主通过出租自有土地或转假公田，使得土地租佃关系在一定时期得到较快发展，但随即就遭到政府的限制。西汉政权从与地主争夺自耕农出发，把除豪强、抑兼并作为政府的一贯政策，遣刺史巡行郡国，查问强宗豪右田宅逾制、以强凌弱、以众暴寡的情况，所以在此期间，土地租佃关系仍处于初级阶段。

东汉以后的依附农租佃关系是一种超经济强制关系。这种超经济强制关系是在地主占有土地的基础上，凭借国家赋予的政治和法律特权，通过与无地农民建立依附关系而形成的。在当时土地、身份等级、特权和徭役等制度存在而生产力又不够发达的政治、经济条件下，依附农租佃制的产生和发展具有历史的必然性。

三国至东晋，战乱频仍，徭役繁重，更促进了依附农的发展。三国曹魏、孙吴赐客、复客给功臣贵族，是依附农合法化之始。西晋颁布户调式，规定贵族、官吏得荫人为佃客。东晋又颁给客之制，依附农租佃制得到国家政权法律的认可。由此，这种租佃关系发展到它的鼎盛时期。当时，士族门阀地主在整个地主阶层中居于主导地位。主佃之间的关系是佃客"皆注家籍"，附属在地主的户籍之中。佃客耕种地主的土地，交纳分成实物地租，虽不负担国家的赋役，但须为地主服劳役乃至充当私兵。地主对于佃客及其家属的人身，享有管辖、惩处和役使的权力，还有权限制他们的自由，可以迁徙和转让他们。

隋代以来，佃客、部曲大量放免和自赎，保存下来的部曲也退出了农业生产，依附农随着庶民地主的发展更是逐渐消失。而唐代"两税法"的实施和宋代"田制不立""不抑兼并"的土地政策，推动了地主制经济的迅速发展。国家为适应这种社会经济的变化，调整了佃农的社会地位，规定地主和佃农皆属国家的编户齐民，在政治上"非有上下之势"。当然，这并不排除他们之间的政治、经济和法律地位上的明显差别。

佃农社会地位的提高，促进了佃农人身自由的发展。这种人身自由包括租佃、退佃和迁徙的自由等，它使得佃农基本上摆脱了对地主的人身依附关系。

随着佃农社会地位和个人自由程度的提高，租佃契约也应运而生。契约的主要内容是地主以提供土地为条件，要求佃农按时按量交纳地租。这种租佃契约关系，在唐代已开始在某些地区流行，到宋代则已是很普遍的现象了。

唐宋时期，佃农自有经济还不充实，需要地主提供部分生产资料和生活资料，如粮食、种子、耕牛、农具等。与佃农自有生产资料不够充分相适应，分成租居主导地位。在分成租下，地租量与土地收获量直接关联，产量高地租就多，这势必导致地主对佃农生产的干预和指挥。地主的干预通常只限于主要粮食作物的生产，它是由分成租这种劳动者与土地相结合方式所决定的一种经济强制关系，是所有权与经营权还处于一种半分离状态的反映,古代社会前期则是合而为一。

明清时期,租佃制沿着唐宋时期所开辟的道路进一步发展,开创了以定额租为主的契约租佃制的新阶段。定额租始于唐代,宋代江南地区有所发展,明代进一步发展,到清代,定额租已在全国范围内居主导地位。定额租的发展,是以土地一定程度的稳产高产为前提,是农业生产力发展的结果。它又以佃农摆脱对地主除土地以外的依赖、具有比较完备的生产资料和生活资料为前提,是佃农自有经济比较充实的结果。在定额租下,田间耕种之事,田主一概不问,皆由佃农自己做主。地主与佃农之间,除"交租之外,两不相问",这就排除了地主对生产的干预。

在定额租发展的基础上,押租制和永佃制随之发展起来。押租制于明代首先在福建出现,清代日益发展,遍及全国各地。押租制是一种佃农交纳押金才能佃种地主土地的租佃制度。押租制使佃农通过货币获得了更有保障的土地经营权,巩固了土地所有权与经营权的分离状态。

永佃制出现于宋代,明清时期继续发展,到清代已流行于苏、浙、赣、闽、皖诸省的许多地区。在永佃制下,地主的土地所有权发生分解,分割成田底权与田面权。由于佃农投入工本垦辟、改良土地或出资购买,地主用田面权的形式,将土地的经营权和部分土地所有权授予或转让给佃农。地主对于田底、佃农对于田面,分别享有占有、收益和处置的权利。其主要特点是可以分别让渡、出佃并收取地租。在永佃制下,地主无权增租夺佃和干预佃农的生产经营,佃农获得了更完备的经营自由。地主土地的全部经营权和部分所有权向佃农转移,是明清时期土地租佃制最重要和最本质的进步。

上述一系列租佃制关系的发展变化,表明地主对佃农的人身束缚逐渐松弛。从地主利用奴婢劳动自营生产,推进到租佃制度;从具有严格依附关系的佃农,推进到契约关系佃农;从分成租佃农,推进到定额租佃农,再推进到享有田面权的佃农,这是古代社会租佃制适应生产力发展,逐步调整和完善的过程。具体地说,这是一个逐渐改进分配关系乃至所有权关系,逐步分离土地所有权和经营权,使佃农的经营自由不断完备、佃农的自有经济不断充实的过程。

(二)地租形态的变化

中国古代的租佃关系变动还有另一条线索,即地租形态的变化:劳役地租→实物地租→货币地租。秦汉以来,中国古代社会一直存在着多种经济成分并存的经济结构,但地主所有制的主导地位却始终没有改变,地主占有租佃农大部分剩余劳动的情况也没有改变,鉴于地主经济在整个经济体制中所发挥的决定性作用,可称这种经济体制为地主制经济。中国地主制经济相对西欧领主制经济来说,在地权体现形式、封建依附关系、地租形态等方面有自身的特点。其土地产权、封建依附关系的发展变化,尤其是后者,最能突出封建时代的特征和社会经济发展的阶段性及其趋势。①

夏商周时期,在"溥天之下,莫非王土;率土之滨,莫非王臣"的土地国有和分封体制下,由于生产力水平低下,人类开发土地资源的能力较弱。在土地资源丰富、人力资源稀缺的情况下,领主与其获得更多的土地,不如控制更多的人口。因此,劳役地租成为地租的主要形式。西周盛行的井田制是这种地租形式的代表。

随着生产力的发展,人们开发土地资源的能力得到了很大提高,社会财富的增加不再仅仅依靠人力,土地多寡日益成为影响经济增长的主要因素。加之春秋战国时期,由于军备的需要,各诸侯国纷纷采取了鼓励人口生殖的政策,人口膨胀也使得人口不再是稀缺性资源,齐国的"相地而衰征"、鲁国的"初税亩",一直到西晋的"户调式",中国社会呈现出以实物地租为主、劳役地租(徭役)为辅的地租形态。到唐代初期的租庸调制,劳役的形式发生了变化,以"庸"制为标志,农民由必须服一定时间的徭役和兵役发展为可以代役。唐代中叶,国家对户口的控制力下降,两税法的征税标准由以人丁为主逐渐向以田亩为主过渡,人头税在赋税中所占比例越来越少,地租"折色"②的情况日益增多,实物地租向货币地租转化初现端倪。

明代在商品经济高度发展的影响下,1581年,内阁首辅张居正进行赋税改革,将原来的田赋、徭役、杂税合并为一条,折成银两分摊在田亩上,按人丁和田亩的多少来收税,这就是"一条鞭法"。赋役征银的办法,促进了货币地租的发展,适应了商品经济发展的需要,标志着我国古代地租形态由实物地租逐渐向货币地租转化。1712年,清政府规定,以康熙五十年(1711年)的人丁数为基准,以后"滋生人口,永不加赋",即把丁税平均摊入田赋中,征收统一的地丁银。"摊丁入亩"是我国古代赋税制度史上又一次重大改革,进一步促进了货币地租的发展,对这一时期的农业发展起到了积极的推动作用。

地主制的发展与国家的地租形态的变化基本吻合。三种地租形态的时间界限也不是十分明确,清代中期,在一般情况下,经济发达地区地租货币化程度较高。但也有例外,如山西虽然不是经济发达的地区,但是由于商业地主人数较多,为了筹集资金,让佃农缴纳货币的情况也十分普遍。

(三)经营地主的变化

经营地主指占有土地和生产工具,完全或主要靠雇佣劳动经营农业的地主。经营地主出现在传统社会末期。随着生产力的发展,地主逐渐由租赁经营转为雇工经营,从而带有资本主义萌芽的性质。经营地主是逐步向农业资本家转化的一

---

① 李文治、江太新:《中国地主制经济论——封建土地关系发展与变化》,中国社会科学出版社2005年版,第5页。
② 折色,指旧时所征田粮折价征银钞布帛或其他物产,亦用以称俸禄折发钱钞。

个阶层，经营地主不再使直接生产者束缚于土地上，而是借助于商品货币关系，用雇工经营方式来进行剥削。同时，在生产管理上带有浓厚的封建性，如家长制统治，在政治上享有特权等。在旧中国农村，由于商品货币关系很不发达，经营地主的数量不多。①

经营地主与租佃地主相比，其特点为：经营地主自己指挥生产、直接剥削雇工的剩余劳动，而不是以地租剥削为主；采用雇工经营，与雇工之间基本上是一种货币关系；生产目的也在一定程度上是为了获取利润，因此或多或少带有资本主义性质；他们一般经营面积较大，也集中，便于管理，劳动生产率比中农、富农要高，相对租佃地主来说有较大区别。但是经营地主在生产目的上带有自给自足性质，生产管理上基本是封建家长式；全部土地中一般有相当数量放佃收租，兼有租佃地主身份；不少人兼营商业和高利贷剥削；他们和雇工之间一般还带有一定人身依附关系，因此又带有浓厚的封建性。由此可见，经营地主具有封建性质和资本主义性质的两重性：一方面，经营地主本质上仍属于地主经济，经营地主本人仍然过着地主式的剥削生活，这是主要方面。另一方面，又雇工经营，集体劳动，部分地为市场生产而获取利润，具有一定程度资本主义性质。与租佃地主比较，有提高农业劳动生产率的积极作用，因此可以说经营地主是由封建地主经济向资本主义农业经济过渡的一种形式。②

即测即评

请扫描二维码，在线测试本章学习效果

思考题：

1. 如何看待中国传统社会"精耕细作"的农业生产方式？
2. 分析中国传统社会地权变动趋势。
3. 简述导致第一次社会大分工不彻底的原因。

---

① 许涤新主编：《政治经济学辞典》，人民出版社1980年版，第248页。
② 白寿彝总主编：《中国通史》（第2版）第11卷，上海人民出版社2013年版，第299页。

第三章 古代社会工商业的发展

中国古代社会工商业是沿着两条路径发展的：一条路径是作为农业的副业存在的家庭手工业，满足家庭成员生活需要之外的剩余用以交换其他自己不能生产的生活必需品，即调剂余缺以补充生活之必需；另一条路径则是作为为政府服务的官营手工业和由政府直接控制的专卖商业。这些制度安排维护了中央集权统治，并且为古代社会农业的发展创造了条件。在中国古代社会的晚期——明清时期，商品经济发展迅速，在国内外市场需求刺激下，手工业的规模、组织制度以及技术得到长足的发展，商业领域也在明中期涌现出许多地域性商帮，对外经济交流也逐渐频繁起来。本章主要介绍中国古代社会工商业制度的安排及其变迁、工商业与对外贸易的发展状况。

第一节 手工业的发展

一、手工业制度与政策的演变

在中国古代社会中，手工业主要以家庭副业的形式长期广泛存在于个体农民的经济生活中。这种家庭手工业的生产活动基本由家庭成员承担，一般规模较小，大体以采桑养蚕和抽丝纺线为主，也有从事采茶、制茶及其他手工业生产的。作为家庭副业的手工业，最初是为了满足家庭成员的需要，随着生产力的发展，商品交换的增加，其投入市场的产品也日渐增多。但总体而言，家庭手工业的发展，起着巩固自然经济、限制社会分工和维护传统制度的作用，很少受到政府制度和政策的约束。

手工业脱离农业，形成独立的生产部门，则是从官营手工业开始的。早在夏商周时期，手工业就有了较大的发展，逐渐形成了由官府垄断经营的手工业形态，并在春秋战国以后继续发展，直接经营工商业成为中国古代社会中央集权政府诸多经济职能中一个重要的方面。古代中国政府的手工业制度，主要表现在对官营手工业的管理，包括工商食官制度、官营手工业制度和匠籍制度等。

1. 工商食官制度

中国古代官营手工业的历史可以追溯到殷商时期，那时从事专业生产的氏族就是后来官营手工业的原始单位，其在非农业生产方面居于主导和统治地位。

西周时期，土地、山川、矿藏等生产资料归国家所有，官府拥有大量奴隶，驱使他们进行山泽开发和手工业品制造，产品也由官府支配。工商食官制度就是从这时开始的。"工商食官"一词来源于《国语·晋语》中的"公食贡,大夫食邑,士食田,庶人食力,工商食官,皂隶食职",包括两层含义:一是工商业归官府控制掌握,手工业和商业都隶属于官府;二是从事工商业劳动的是由官府供给简单饭食的手工业奴隶和商业奴隶。

春秋前期,工商食官制度继续存在,主要的手工业由官府垄断,手工业生产的很多行业有固定的场所。工商食官制度作为官营经济的一个组成部分,为当时的国家增加了财政收入。但是随着各种矛盾的逐步激化,劳动生产率下降成为普遍现象,尤其是当国家财政短绌之时,工商食官费用颇大,不堪负担。到了春秋中后期,随着社会生产力水平的提高,独立经营的工商业者大量涌现,由于新兴的民营手工业的竞争,以及统治者在政权更替中内部矛盾的发展,工商食官的格局终被打破。

2. 官营手工业制度

秦代各个手工业部门都设有专官管理,体制基本上都是依据《周礼》而定,汉代则继承秦制。秦、汉两代的官制基本相同,只是管理制度较前有所完善。手工业的主管机构主要有:少府系统、水衡都尉、将作大匠、大司农等。少府系统、水衡都尉、将作大匠属于皇室手工业系统,大司农则属于政府手工业系统。

皇室手工业的生产是为了满足皇帝和皇室成员以及庞大的宫廷服务队伍的需要,特别是为了满足皇室的高级奢侈消费需要和皇帝对臣僚、外国使者的大批量高档物品赏赐之需而设置的。该系统的从业人员之多,工艺水平之精巧,生产品之贵重,管理队伍之庞大,都是其他部门所不能比拟的。其中,少府系统主管食品加工、纺织服饰、兵器制作、宫殿整修及管理、药品加工、工艺礼品制作;水衡都尉主管上林苑中的机构和仓库;将作大匠主管各项土木工程、宗庙、宫室、陵园的营造。

政府手工业系统的大司农,在盐铁官营之前主管农业收入,实行盐铁官营之后,大司农主要承担盐铁开采、制作、运输和销售等全部事宜,既是管理机构,又是生产实体。大司农是主管手工业的中央财政经济机构,大司农属官中,主管手工业的有均输令和平准令,还有盐官、铁官、服官、铜官、工官等分别管理着数量众多的生产作坊。

两晋和南北朝,因袭秦汉旧制,只是在生产、管理机构设置上略有增减。

唐代的官营手工业的规模远比前代更为庞大,制度上有了进一步的调整,生产体系更加完备,各行业之间分工更加明确,生产的专业性日趋明显。唐代的官营手工业体系由三大部门组成:一是专为皇室宫廷服务的皇室手工业系统;二是专门生产军队所需各种兵杖器械的军器监;三是政府手工业系统。皇室手工业系统又分为少府监、内廷及将作监三个部门。隋唐时期,国家放弃了对盐铁生产的垄断，除军工、铸币所需金属部分是官方组织采炼之外，其他任私人采铸，国家收取税利，因此中央政府的盐铁业实体已经不复存在。铸钱业是官营手工业的一个重要部门，隶属于少府监。

宋代官营手工业的发展达到了鼎盛时期，但是由于同期民营手工业有更快的发展，所以官营手工业在全部手工业中的相对比重有所下降。宋代官营手工业的组织制度承袭唐制，并在原来的基础上有所扩大，分为四个系统：少府监、将作监、军器监和专为皇室服务的内侍省。少府监是宋代官营手工业中最大的生产和管理部门，下设文思院、绫锦院、染院、裁造院、文绣院，还统管各州的铸钱监。将作监主持皇宫、官邸、城郭等建筑的营造和修缮工程。宋代的军器制造业极为庞大，北宋初年，在京师有南北两作坊和弓弩院，在地方则有诸州作院。

元代官营手工业的组织制度庞大而复杂，分别属于工部、将作院、大都留守司、武备寺、徽政院和储政院。工部是政府的总管机关，各官手工业衙门的主管部门，"掌天下营造百工之政令"，下设管理工匠和营造的机关，以行其事。将作院是专司御前供奉的，属于皇帝私产的分别隶属于将作院和大都留守司，属皇后的归中政院，属太子的隶储政院，诸王公贵族也都有投下路人匠总管、提举。这些机构各司其事，不相统属。由此可见，元代官营手工业中所置局院之多，主管内容之复杂，是前所未有的。

明代的官营手工业较之前代，规模更为缩减，许多政府和皇室需要的手工业产品，都靠"和买"的方式向民间手工业者采办，其管理系统也相应有所变化，分为：工部手工业、内府手工业、户部手工业、都司卫所手工业、地方官营手工业。工部是政府六个最高行政机关中的一个，是管理手工业的主要部门，下设总部、屯部、虞部和水部四个属部，洪武二十六年（1393年）改称"营缮清吏司""虞衡清吏司""都水清吏司"和"屯田清吏司"，各司直接领导或监察官营手工业的行政事务。明代的官营手工业制度的一个重要特点是朝廷建立了一套完整的监察制度，对官营手工业进行监察，消除或防止官吏的舞弊行为，保证生产的顺利进行。监察系统分为两个系统：一个是以监察地方一些特定业务为重点的都察院监察御史；另一个是以掌封驳和监察中央衙门为重点的六科给事中。所谓六科即吏、户、礼、兵、刑、工六个监察部门。凡管理官营手工业的官吏有舞弊行为，以及工匠、灶户等劳动者有违法行为的，一律交所管司按法给予处分。

清代前期的官营手工业组织系统多沿袭明代旧制，但与之相比，已经显得极不完整了。在经营范围和作坊数量上，也都比明代差得多，大多是一些接收过来继续经营的手工业。

3. 匠籍制度

中国古代官营手工业中相沿已久的匠籍制度，从唐代开始发生变化。雇佣劳动的比例增加，后历经宋、元、明三代的发展、演变，至清初，匠籍制度被彻底废除。

秦、汉两代官营手工业的官工主要来源于更卒、刑徒和奴隶，社会地位低下，没有人身自由，绝对禁止与贵族、平民混杂居住，即所谓"士大夫不杂于工商"，并由官府派出专职官吏"工正"进行严格管理。所谓匠籍制度，就是将这些官工按人户编制起来，定期检查，必须专业定居，父子相袭，全部时间由官府支配，不准随便迁徙改业，更不得做官，不得与贵族和平民通婚，对政府处于一种人身隶属的依附关系。

唐代官营手工业中服役的除了官奴、刑徒之外，还有被无偿征调的民间工匠与支付报酬的"和雇"工匠。到宋代，官营手工业工匠中官奴婢之类的贱民已经消失，不再无偿征调民间工匠。匠籍制度趋向松弛，政府允许他们可以以银代役。到了明清时期，官府手工业逐步衰退，许多皇室和政府需要的手工业品都通过购买的方式，向民间手工业生产者采办，其管理系统相应缩减，匠籍制度也逐步废止，所需技术工人改为雇佣方式，即所谓"和雇"，政府按市场上同类劳动力的价格付给报酬。

在中国古代社会，除了官府手工业和家庭手工业外，还有居于两者之间的民营手工业作坊，有的还在古代社会后期发展为手工工场。这种民营手工业作坊是以市场为生产目标的商品生产者，古代政府对他们基本采取一种限制的政策进行管理。但随着生产力的发展，政府对民营手工业的限制也呈现逐渐放宽的趋势。到春秋战国时期，由于生产力的发展和铁质生产工具的使用，民营手工业冲破"工商食官"制度的桎梏而发展起来。在秦汉以迄隋唐时期，政府对民营手工业的政策经历了一个前期放任，中期限制，后期又趋于宽松的演变过程。进入宋代，对民营手工业采取了一些比较灵活的管理措施。特别是在冶金采矿业中放宽政策，允许民间开采，由政府直接经营包揽一切的做法日益减少。元代民营手工业在官府禁止时紧时松的夹缝中求生存。明代由于官营手工业持续萎缩，政府罢废官矿，允许民采，对植棉降低赋税，民营矿业和棉纺织业等手工业发展很快。到清代，政府又先后推行了一系列有利于手工业生产恢复和发展的政策，放宽对民营手工业生产的种种限制，对民间工矿冶金业的经营，政府只征税收买，而不直接干涉其生产，连官府控制已久的四川井盐业，到清代也发生了根本性的改变，废除了官府的直接控制，成为民间的一个自由产业。

二、手工业的技术演变

（一）纺织技术

中国古代纺织产品的质量好、产量高，是与纺织机械、工艺的早期发达相联系的。纺织机械的不断革新和纺织工艺的不断完善起了重要作用。中国最早是用"纺坠"纺纱，操作起来既吃力又缓慢，产品质量也不好。到汉代时，发明了手摇单锭纺车，成为一种普遍的纺织工具，这是纺织工具的一大革命，促进了纺织业的发展。宋末元初的棉纺织革新家黄道婆，在"弹、纺、织"三道棉布生产的主要工序上进行了工具革新，并创造了脚踏三锭纺车，是当时世界上最先进的纺织工具，其对于当时的棉纺业发展起了重大推动作用，在当时世界上是首屈一指的。

此外，花楼提花是中国古代纺织技术的一项重要技术成就，它把复杂的织机提花信息用花本的形式贮存并释放出来，通过花楼提花与织造相配合而生产出精美的织物来。它使一人专司提花，使大型、复杂、多彩织物的出现成为可能。宋应星《天工开物》卷二"乃服"记述了提花机的结构、部分尺寸和安装方法，该卷的"机式""边维""花本""穿经""分名""龙袍"等条都谈到了与提花机有关的内容，其中，以"机式"最为系统。明清时期，缎类织物、工艺美术类织物皆甚为盛行，均与提花机等的使用密切相关。

（二）冶炼技术

中国在战国时代就发明了炼钢技术，而且创造了多种炼钢方法。"炒钢法"发明于中国西汉末年，因在冶炼过程中要不断搅拌，仿佛炒菜一样而得名。工艺过程是把生铁加热到液态，靠鼓风使硅、碳等氧化，使含碳量降低到钢的比例范围。这种炒钢技术到18世纪才被英国重新发明，并在产业革命中发挥了巨大作用。中国发明炼铜比发明炼铁、炼钢还要早，据考证是始于夏代。大约在宋元时期，中国首创了"胆铜法"，是水法冶金的起源，在世界冶金史上书写了光辉的一页。水法炼铜在欧洲出现很晚，据记载，15世纪60年代当欧洲人偶尔看到"胆铜"现象时还感到十分惊讶。中国也是世界上最早炼锌的国家，早在西汉时代就在铜里加锌炼成了黄铜，而欧洲到16世纪才认识到锌是一种金属，17世纪才掌握了炼锌术。

（三）采矿技术

西周时期，已产生了管理采矿业的政府机构，并运用坑采技术进行挖掘采集矿石。到春秋战国时期，坑采技术有了很大的发展。铜绿山古矿井在春秋时期已成功地使用了竖井、斜井、平巷联合开拓，初步形成了地下开采系统。斜井的出现，在坑采技术上是一大进步。因为斜井的掘进施工和支护技术都是难度较大的。战国时期普遍使用铁工具，采掘和支护技术都较春秋时期有进步，基本上摆脱了乱采乱挖的局面。此时的斜井别具一格，呈阶梯式向下延伸，就像是由"浅井"和"短巷"衔接而成。这种斜井，适用于次生富集带的探矿和采矿，还可以作为中段平巷的联络道，斜井支护采用鸭嘴与亲口混合结构建筑。在古代没有抽风设备的情况下，这种设计非常适用。隋唐时期是中国古代采矿业大发展的阶段，其采矿主要通过坑采、井采和露天开采方式来实现。该时期的开采地点增多,规模普遍扩大,不管金属矿中的金、银、铜、铁,还是非金属矿的盐等都是这样,其中的大口井采盐技术已达到了古代世界最高水平。两宋是中国古代采矿技术发展的一个高涨期,不管是金、银、铜、铁等金属矿的开采,还是瓷土、煤炭、石油、井盐等非金属矿的开采,都取得了长足的进步,产量都有较大提高。此期采矿技术上的主要成就是:井盐开采中创造了"卓筒井",日常生活和手工业用煤推广开来,发明了焦炭,对石油的认识有了进一步提高,对金属矿开采中的火爆法有了明确的文献记载。例如中国在公元1700年之前已凿了数以万计的盐井,其深度一般超过450多米,有的盐井超过了1 200多米,可见当时的中国的钻井技术位居世界前列。

(四)造船技术

秦汉时期,中国的造船业就颇具规模。当时的造船中心就有长安、苏州、福州和广州等数十处之多。而且那时的海船尾部已安装了方向舵,这项创造比西方国家早数百年。唐时的船只构造已使用了水密隔舱技术,即使有一两个船舱漏水,也不致全船沉没。欧洲到18世纪才出现同样构造的船舶。宋朝时,中国造船业已经使用"船样"和船坞造船,这也比欧洲早500年。1974年,中国在福建泉州湾发掘了一艘13世纪的宋代海船,排水量达374.4吨,而1492年哥伦布远航船队中最大船只的排水量才只有250吨。中国古船类型也很多,据粗略统计,历史遗留下来的船型在1 000种左右,仅海洋渔船就有二三百种。其中沙船、福船和广船是中国海船类型中的三大名船,在快航性、抗沉性、适航性和稳定性方面各具特色。而尤以沙船和福船蜚声中外,至今仍被很多国家所采用。

(五)制茶技术

中国古代的茶叶技术主要分为栽培技术、采制技术两大类。唐代陆羽在《茶经》中第一次较为系统地记述了茶树栽培技术。从那以后,古籍中关于茶的栽培技术的记载开始增多。经过宋、元、明以至清代,在《四时纂要》《东溪试茶录》《大观茶论》《北苑别录》以及著名农学家王祯的《王祯农书》等重要文献中,都对茶叶栽培技术进行了多方面的论述,形成了完整的茶栽培技术知识体系。茶叶作为一种自然生物,必须经过一定的加工才能为人所品用。人们最初是"采茶作饼",自唐至宋,由于贡茶兴起,推动制茶技术实现了更快地发展,出现了龙凤团茶。唐宋时代以蒸青茶为主,但也开始炒青茶。到了明代,炒青制法日趋完善,大体包括了高温杀青、揉捻、复炒、烘焙至干几个过程。制成的茶均呈绿叶,冲泡后为绿汤,故称绿茶。西湖龙井、洞庭碧螺春等,都是绿茶的著名品种。由炒青工艺变异,还可形成黄茶和黑茶。而以日晒代替杀青,使茶叶萎凋,再进行揉捻,使茶叶叶色变红,经发酵、干燥,制成红汤红叶即是红茶。至迟到清代,我国茶农还发展出一种独特的乌龙茶。它是介于不发酵的绿茶和全发酵的红茶之间的一类茶叶。咸丰、光绪年间，福建政府和乡农还利用白茸毛多的品种制成了白茶。

（六）制瓷技术

陶瓷是在中国祖先制陶技术基础上发展而来，产品享誉世界。从汉代开始，到隋唐时期瓷器逐渐成为重要的日用商品。由于饮茶风俗的盛行，各种瓷茶具成为瓷器产品的大宗，迅速普及到民间。当时"内丘白瓷瓯，端溪紫石砚，天下无贵贱通用之"。[①] 形成了德化、景德镇、内丘邢州（今河北邢台）等历史悠久的瓷都，以及全国各地分布着的大大小小的瓷器生产基地。中国古代的陶瓷制造技术在原材料精选、成型、装烧、窑炉改进、窑温控制、发明和利用釉质和釉色等方面均曾处于世界领先水平。

尽管如此，在中国古代社会，手工业技术在几千年中却很少有质的突破。从生产工具来看，基本上是以竹、木、铁为材料，以牛筋、羊肠、麻绳捆扎而成；从生产动力来看，基本上是以人力、畜力为动力。由于生产工具结构简单，劳动技术不需要特殊培训，每一个劳动者在单位时间内的劳动生产率差别不大，劳动产品产量的多少，主要取决于劳动时间的长短。而现代工业的发展是建立在机器大工业的基础之上，以动力机革命——蒸汽机的发明和使用为标志的。

三、手工业的发展阶段及历史影响

中国传统手工业的发展表现出很明显的历史阶段性，同时随着行业的发展，对社会分工、经济重心的变化产生了巨大影响。

（一）发展阶段

自春秋战国以来，中国古代手工业的发展，在数千年的历史中呈现出了三个重要的里程碑式的发展阶段。

1. 汉代手工业生产技术的进步主要反映在铁器的广泛使用、丝织品的发展与造纸工业的创建三个方面

尽管铁器出现在战国，但其普遍使用却是在汉代。汉代丝织品不仅产量多，花色品种也是丰富多彩。长沙马王堆汉楚墓葬出土的丝织品为其代表，成都的锦江也都得名于汉代。东汉时，还实现了由丝絮造纸向使用植物纤维造纸的转化。

2. 宋代手工业的发展反映在矿冶业、雕版印刷业以及纺织业规模及印染技术的进步等方面

北宋金、银、铜、铁、铅、锡、水银等矿产产量，都达到了历史上前所未有

[①] 崔令钦等撰：《历代笔记小说大观·教坊记（外七种）》，上海古籍出版社2012年版，第83页。

的水平,矿税甚至成为了国家重要的财政收入。雕版印刷业的产生和发展使图书成为重要商品。

3. 明清时期手工业的突出发展反映在制瓷、棉纺织等生产领域

明清时代制瓷工艺水平和产量,都达到了顶峰,并形成了像景德镇那样的全国制瓷业中心。在纺织业中,棉纺织业取代了麻纺织业,并出现了棉纺织业的中心城镇——上海松江,中心地区——长江三角洲杭嘉湖平原、北方直隶的高阳等。

(二) 历史影响

伴随着手工业部门的增加、技术进步和规模的扩大,引起内部分工和社会劳动分工日益细化。而区域发展的不均衡,也在很大程度上加速中国经济重心的南移。

1. 手工业部门的增加与分工细化

在中国手工业发展的历史过程中,手工业部门内的分工是随着部门的增加而进行的。在原始社会,手工业种类很少,只有石器制造、骨角制造、陶器制造、纺织品制造、酿酒、编织等部门。后来逐渐增加了冶铜业(即青铜业)、冶铁、制糖、棉纺织业等部门。手工业部门的不断增加,有的是在生产过程中产生的新的行业,有的则是由某个行业演变分化成的新的部门。另外,某个手工业部门的创立或发展,往往会带动其他有关部门的创立或发展。例如,中国冶铁业的兴起,使农具制造和兵器制造成为独立的手工业部门。随着手工业部门的增加,其内部的分工也不断细化。例如,在纺织手工业的发展过程中,先有丝织业,后有棉纺织业;其后棉纺织业日益发展,又分为轧花、纺纱、织布、印染等部门。同样,在矿冶铸造业方面,也日益分化成为采矿、冶炼、铸造等手工业部门。

2. 手工业技术的进步与劳动分工的细化

任何一个手工业部门,不论早晚,一旦创立,它的生产技术都是在不断进步的。以冶铁技术的发展为例:春秋时期以木炭为燃料,用皮囊鼓风炼铁;西汉时期开始用煤炭做燃料;东汉时期发明了水力鼓风机(水排),提高了炉温;北宋以后,以焦炭为燃料,进一步提高了炉温。同时,坩埚炼铁法的创造和土高炉炼铁技术的进步,使中国古代冶铁生产技术得到进一步提高。

在中国手工业发展史上,不论采取何种经营方式(如作坊、手工业工场),其生产单位内部的劳动分工,都是渐趋细密的。促成手工业生产力提高的各种因素,往往是互相影响的。例如,手工业生产规模的大小,对于劳动分工粗细的程度是有直接影响的,生产规模扩大,往往促成劳动分工细密。在明清时代的某些手工业部门,如制瓷、制糖、矿冶、井盐等行业的部分手工业工场中,都已具有相当细密的劳动分工。这时的手工业工场,已经发展成为一个有机生产体系了。

3. 手工业生产规模的扩大与工场手工业的发展

从手工业经营的方式来说,其发展的一般趋势,是由家庭手工业到作坊手工

业，再到工场手工业。原始社会只能实行简单的协作，进行简单的生产。奴隶社会的手工业生产规模较前有所扩大，在制作手工业产品时，已经有了初步的劳动分工，生产效率较以前提高。秦汉以后，手工业生产的规模又有扩大，劳动分工也渐趋细密；尤其在明代中叶之后，城市手工业生产中产生了资本主义萌芽，出现了工场手工业的经营方式。在这种手工业工场中，一般雇用较多的工匠，在细致的劳动分工之下来扩大生产，使产品的制造进一步发展。例如，矿冶、纺织、制瓷等部门，在江南地区的某些手工业工场具有比较复杂的生产设备，吸收了大量的雇佣劳动者。他们生产出来的商品数量很大。

4. 手工业的发展与经济重心的变化

随着南方经济的开发，有不少手工业生产部门、手工业制品的主要产地，也从北方逐渐移到南方。手工业在南方的快速发展很大程度上加速了经济重心南移。这种情况在中国古代丝织业地区分布的变化中表现得最为明显。在远古时代，中国的丝织生产，以北方的黄河流域为繁盛之地，尤以河北地区为盛。其后逐渐演变为"南盛北衰"，迄至宋代，中国的丝织生产重心已经移到江南地区，尤以苏州、杭州、南京和广州等地为盛，不论官府丝织业还是民间丝织业都是如此。明代初年，政府在全国一些有条件的地方设立官府织染局，长江流域的南直隶（今江苏、安徽）、浙江、江西、四川等处皆有设置，尤以浙江为最多。

第二节　商业的发展

一、商品交换的发展

中国古代商业的发展，在不同历史时期表现出了不同的特点。第一，与历史上整个经济重心转移相适应，商业的重心也逐渐南移。这一过程，三国南朝始见初兆，唐代后期加快发展，到宋代乃告完成。第二，商业活动起先主要在城市中进行，后来农村集市贸易逐渐发展，唐代加快，明清时期突出，出现了专业性的市集（如丝市、茶市、猪市等），以至于逐渐形成了新兴的市镇（有的更是专业性集散市镇），而不是先有农村商业，而后才有城市商业的发展。第三，商业开始时以贩运地区间的土特产品，经营统治阶级所需要的奢侈品为主，到宋代以后，随着商品货币经济的发展，市场商品种类增多，行业进一步细化，为一般人民所需要的主要农副产品以及城市手工业所生产的大小商品逐渐在流通中占主要比重。第四，商品交换在农村开始只是为数不多的、小区域、短距离、产销直接见面的余缺调剂，主要商品通过商业远销于农村的只是少数（如盐、铁），后来才有较多种类的商品销往农村市场，粮食也参加长距离的流转。到明清时期，农村商业也由零星的农副业产品交易越来越多地转为专业化的商品生产的大宗贸易，供手工业使用的农产原料（如棉花、丝等）也进入远途贸易行列。第五，商业开始时一般局限于流通领域，到明清时期才逐渐参与生产过程，如向小生产者预购、订货、贷款、当包买商、开设手工业作坊等。

二、古代商业的产生与发展

（一）先秦时期商业的兴起

周武王灭商后，商朝的遗民为了维持生计，立足商部落积累的商业知识和技术，大量从事商业买卖，之后便形成一个固定的职业。周人就称他们为"商人"，称他们的职业为"商业"，这种叫法一直延续到今天。商朝人使用的货币是贝类，有海贝、骨贝、石贝、玉贝和铜贝。铜贝的出现，说明商代已经有了金属铸造的货币。西周时期，商业逐步成了不可缺少的社会经济部门。当时在"工商食官"的制度下，商业由国家垄断。春秋战国时期，官府控制商业的局面被打破，各地出现许多商品市场和大商人。春秋时期著名的大商人有弦高、子贡和范蠡等；战国时期著名的商人有白圭、吕不韦、巴寡妇清等。商品交换的发展，促进了城市的繁荣。

（二）秦汉时期商业的初步发展

秦始皇统一中国后，为了改变战国时期货币种类繁多，度（长短）量（容积）衡（轻重）不一的状况，决定统一货币，统一度量衡，修建驰道。两汉时期，伴随统一局面的形成、巩固和农业、畜牧业、手工业的发展，特别是两汉政府实行"开关梁，弛山泽之禁"的政策，商业出现了初步的发展。当时的都城长安和洛阳，以及邯郸、临淄、宛（南阳）、成都等大城市都发展成为著名的商业中心。每个城市都设有专供贸易的"市"，同时官府对城市的商业活动采取严格限制的政策。市区与住宅区严格分开，周边筑有围墙。市内设有出售商品的店铺，官府设有专职官员进行管理，按时开市、闭市，闭市后禁止经营活动。市内的物价也由官员统一管理，特别是汉代陆上丝绸之路的开辟，大大促进了古代外贸的发展。

（三）隋唐时期商业的进一步发展

隋唐是我国古代社会的繁荣时期。由于农业经济和手工业的发展，特别是隋朝时开凿的贯通南北的大运河，扩大了商品流通的范围。唐代还出现了柜坊和飞钱。柜坊专营货币的存放和借贷，是我国最早的金融机构雏形，比欧洲地中海沿岸出现金融机构要早六七百年。飞钱类似于后世的汇票。柜坊和飞钱的出现是商品经济发展的结果，它们的出现为商业经营提供了便利，促进了商业的发展。

隋唐时期商业发达的城市，除黄河流域的长安、洛阳外，长江流域的扬州、益州也成为繁荣的商业城市。唐代长安城有坊、市；市有两个，即东市和西市。市与坊用围墙隔开，白天定时开市、闭市。东市肆邸千余，货物山积，商贾云集。

唐朝政府允许外商在境内自由贸易，胡商遍布各大都会。西市就有西域以及波斯、大食商人，"胡风""胡俗"流行。长安城的人口多达百万，这样庞大的人口对商品的需求，促成长安城商业的繁荣。农村集市也有了进一步发展。尤其是在水陆交通要道附近，集市不断增多，有些还发展成重要的市镇。

隋唐时期对外贸易不断发展。唐朝前期陆上丝绸之路畅通无阻，出现商旅不绝的繁忙景象。安史之乱后，对外商业交通的重点由西北陆路转移到东南海路。广州是南方最大的对外贸易港口，是外国商船的聚集之地。唐朝政府在这里设有市舶司，专管对外贸易。

（四）两宋时期的商业繁荣

两宋时期商业的繁荣首先表现为城市商业的繁荣。繁荣的大都会首推北宋的都城开封和南宋的都城临安（杭州）。开封自五代开始日益繁华兴盛，到北宋时期已发展成为超过百万人口的特大城市，商业也空前繁荣。城内既有繁华的商业街区，又有专业交易场所。北宋画家张择端的《清明上河图》形象地反映了开封城内商业的繁华景象。南宋定都临安，全盛时期临安的人口也达百万，取代开封成为当时世界上最大的都市。城内店铺林立，贸易兴隆，早市、夜市昼夜相连，酒楼、茶馆等错落有致。

两宋时期商业的繁荣还表现在商品种类增多以及各种类型的集市出现。许多农副产品和手工业品开始转向市场，成为重要的商品。例如，苏湖地区农民剩余的粮食，南方篾匠所做的竹木器都变成了商品。北宋时商品种类增多，商家不但注重商品的包装，还注意为自己的商品做广告，说明北宋时商人经商的水平大大提高。城市中还出现了定期和不定期、专业性和节令性的各种不同类型的集市。商税收入，也逐渐成为政府的重要财源。

两宋商业空前繁荣，原因是多方面的。首先，北宋建立以后，消除了晚唐、五代十国的分裂割据局面，社会经济得以正常发展。农业、手工业的高度发展，为商业的兴盛提供了坚实的物质基础。其次，政府逐渐放松对商品交易的限制。从唐代后期起，市坊严格分开的制度逐渐被打破，到宋代，店铺已可随处开设，买卖时间也一改"日中为市"的限制，早晚都可经营。再次，宋代市场上虽然仍使用金属货币，但在北宋时期，四川益州的富商开始发行纸币"交子"以弥补地方市场交易中货币的不足，被认为是世界上最早的纸币。后来，官府在益州设立交子务，印制和发行交子。南宋时期，纸币使用的地区更广，发行量也大大增加。纸币的发行使用便利了商业活动的进行，促进了商业的繁荣。最后，两宋时水陆交通便利，特别是海上丝绸之路畅通，有利于对外贸易的发展。

（五）元代商业的继续繁荣

元代实现了国家的空前统一，为经济的进一步发展奠定了基础；重新疏浚了大运河，疏浚后的大运河从杭州直达大都（北京）；开辟了海运，海运从长江口的刘家港出发，经黄海、渤海抵达直沽（天津）；元政府还在各地遍设驿站，横跨欧亚的陆上丝绸之路也重新繁荣起来，这些都促使元代商业继续繁荣。

元代的大都是政治文化中心，也是繁华的国际商业大都会。东欧、中亚、非洲海岸、日本、朝鲜、南洋各地的商队纷纷来到大都进行贸易活动。城内各种集市多达三十多处，居民多达十万户。国内外各种商品川流不息地汇聚于此。"百物输入之众，有如百川之不息。"据说每天仅运入城中的丝即达到千车。杭州是南方最大的商业和手工业中心，"贸易之巨，无人能言其数"。泉州是元代对外贸易的重要港口，经常有百艘以上的海船在此停泊，外国旅行家誉之为世界第一大港。元政府在这里设有市舶司，严密控制对外贸易。

（六）明清商业的兴盛

明清时期，小农经济与市场的联系日益密切，农产品商品化得到发展；城镇经济空前繁荣和发展，许多大城市和农村市场都很繁华。当时在市场上流转的商品量80%以上直接或间接来自农业，农村中商品性生产的发展，农产品商品化程度的提高，为当时商业的较快发展提供了必要的物质前提。

乾隆时松江府属各州县，"种花者多，而种稻者少"，许多村庄"务本种稻者，不过十分之二三，图利种棉者，则有十分之七八"。① 河北冀、赵、定一带，棉农要占农户的十分之八九。本来只会植麻的东北，这时也成为大量输出棉花的产地。其他盛产棉花的地区也非常多。与之相联，棉花的贸易也极盛，成为商业中的一个重要行业。在产棉区，每年"新棉入市，远近翕集，村落趁墟之人，负挈纷如，售钱缗而易盐米焉"。② 南方棉织业发达，所产棉花尚不够用，自明末清初以来北方的棉花就"泛舟而鬻诸南，布则泛舟而鬻诸北"，③ 到清中叶，这种南布北运、北花南贩的对流贸易仍相当繁忙。

烟叶在明万历时开始在闽广种植，到清朝已推广到全国各地。乾隆时福建的产烟区，因"其所获之利息，数倍于稼穑"，"八邑之膏腴田土，种烟者十之三四"。④ 湖南岳州府，"烟叶多种山坡隙地，市卖长（长沙）、衡（衡阳）"。⑤ 陕西安康产烟甚多，大商人坐庄收购，"历金州以抵襄樊、鄂渚者，舳舻相接，岁靡

---

① 高晋：《奏请海疆禾棉兼种疏》，见《魏源全集·第十五册·皇朝经世文编》，《户政十二》，岳麓书社2004年版，第142页。
② 杨钟义撰：《雪桥诗话》，北京古籍出版社1989年版，第350页。
③ 徐光启：《农政全书》卷三五，《蚕桑广类·木棉》，中华书局1956年版，第708页。
④ 王简庵：《临汀考言》卷六，《咨访利弊八条议》，四库未收书辑刊本，北京出版社2000年版，第198页。转自苏文菁主编：《闽商发展史·总论卷》，厦门大学出版社2013年版，第220页。
⑤ 黄凝道等修纂：《岳州府志》卷一二，《物产》，岳麓书社2008年版，第176页。

数十万金",汉中城里甚至"烟铺十居其三四"。①

在全国各地,涌现出许多地域性的商人群体,形成了晋商、徽商、陕商、鲁商、闽商、粤商、宁波商、洞庭商、江右商、龙游商等著名传统商帮,其中人数最多、实力最强的是晋商和徽商。

1. 晋商

晋商即山西商人。晋商的兴起源于盐业经营。晋商在明代初期利用地接北部边防之便,为官府运送军粮,获取贩盐的权利,经营盐业致富,成为富有的大盐商。他们积累起巨额商业资本之后,逐渐扩大经营范围,贩卖丝绸、铁器、茶叶、棉花、木材、铜、粮食、食盐等,经营典当、账局、钱庄等金融机构。到清道光三年,晋商开始兴办金融机构票号,经营存款、放贷、汇兑,也为官府代理钱粮。经过长期的经营和积累,晋商的财力不断壮大,到清代时,资产达百十万者不可胜数,晋商首富亢氏的资产多达数千万两。晋商的活动范围极为广泛,遍及全国各地,有的甚至跨越国界,在西伯利亚、南亚、朝鲜半岛、日本、东欧等地都有他们的足迹。现在国内外很多地区仍保留有大量晋商遗存,尤其是晋商会馆建筑,如全晋会馆、山西会馆、山陕会馆等。

2. 徽商

徽商即徽州的商人,徽商是和晋商齐名的明清时期我国又一大商帮。徽州有经商的传统,徽州人很团结,注重互相帮助。经过几百年的经营,徽商积累起惊人的财富。徽商几乎"无货不居",经营范围很广,但"首渔盐、次布帛",对食盐的经营尤为重视。徽商的兴起就是从经营食盐开始的。明代食盐的生产由官府垄断。为了解决边疆守军粮饷不足的问题,明朝政府允许商人将粮食运到指定的边防地点交纳,然后给予他们贩卖食盐的权利。徽州距边防地点遥远,徽商起初在盐业的经营中不占优势。但到明朝中期以后,明政府将纳粮改为纳银,徽商纷纷投资盐业而暴富。徽商经营盐业积累起商业资本之后,又扩大经营范围,经营茶叶、木材、粮食等行业,活动范围遍及全国各地,民间俗谚有"无徽不成镇"的说法。在海外诸国也留下了徽商的足迹,有"遍地徽商"之说。徽商凭借雄厚的商业资本,经营大宗商品交易和长途贩运;并且插手生产领域,支配某些手工业者的生产活动;还经营典当等金融行业,获取高额利润。徽商从明代初期至清代末期兴盛了数百年,出现了拥有资产百万乃至千万以上的大富商。

3. 其他商帮

明清时期,陕商主要以关中为据点,往来于西北(甘肃、青海、宁夏、新

---

① 岳震川:《府志食货论》,见《魏源全集·第十五册·皇朝经世文编》,《户政十一》,岳麓书社 2004 年版,第 109 页。

疆)、江淮、四川及云贵之间，主要经营食盐、茶叶、皮毛、布匹、药材、典当、水烟及各种杂货。

洞庭商帮形成于明嘉靖、万历年间，发源于今苏州市西南。洞庭商人相当精明，经营手段十分灵活，被誉为"钻天洞庭"，具有"钻天"之术。

明清江西商人则被称为"江右商"，江右商人数众多，操业相当广泛，具有较强的流民特征。

山东商帮大约兴起于明末清初，且主要集中在胶州湾登、莱、青三府一带，山东商人经营项目以"渔盐"为主，"凭负山海，民殖鱼盐以自利"，多"煮海为盐""服贾四方"。

龙游商帮是指以浙江衢州府龙游县为中心的衢商集团，它萌发于南宋，兴盛于明代中叶，以经营珠宝业、贩书业、纸张业著名。明朝万历年间（1573—1602年），它与徽商、晋商以及江右商人在商场中角逐，称雄一时，故有"遍地龙游"之谚，至清代逐渐为宁绍商帮所替代。

三、商业城镇的兴起与发展

（一）战国秦汉时代的商业城镇

中国古代最初的城市只是出于军事防御和政治统治的需要而建立的，和经济发展特别是工商业的发展没有多大关系。从形式上看，春秋以前的城市中除少部分宗族贵族外，大部分人是以农业为生的农民。在城市之内，由于人少地广，还有不少农田，甚至在天子和诸侯首邑之内，也往往是一片片黍麦。故农业经济是当时城市经济的主体。而且当时的城市规模很小，并有严格的等级规定。春秋时代，随着等级制的废弃和争霸战争的日趋激烈，各诸侯国都增强了防御能力，其城池都程度不同地突破传统的约束而有很大发展。

战国时代，是中国古代城市大发展时期。城市建筑规模进一步扩大、数量增多，居民增加。同时，不仅在量上有大的变化，城市性质和职能也发生了变化。城市居民构成改变，只有少量农民居于城市，工商业者成为城市经济的主角。相应地，城市不仅仅是政治、军事中心，也成为工商业生产和贸易中心，城乡关系由原来的政治上的国野对立转变为以生产生活方式差异为基础的官僚贵族工商业者等与农民的对立。战国时代的城市不仅是商品贸易中心，也是商品生产中心，官私手工业大都集中在城市进行，购买原料和销售商品都很方便。在城市规划上，由原来的以宗法等级为核心的指导思想，转而突出经济因素。

战国时代因为城市人口结构和职能的改变，城乡分离，遂产生一套新的管理制度，其中有对旧传统的继承，更多的是因时而设的新制度。具体表现为：沿用官署、居民、工商业作坊分置的历史传统，并予以扩大化；建立严密的市场管理制度；有一套严密的城市居民管理制度；等等。

秦朝末年由于战争的破坏，战国以来繁荣的城市衰败不堪。西汉建立后，随着中央集权统治的逐步稳固和社会经济的恢复，城市又开始出现繁荣的局面，集中表现为商业都会的大量兴起。到了东汉，大规模的商业贸易和巨商大贾已不多见，城市的商业贸易活动也随之日趋枯萎，从商业贸易中心的角度来看，东汉城市确已衰落了。但作为政治统治的中心，东汉城市仍卓然而立，特别是都城洛阳，其繁荣程度仍颇为可观。

（二）魏晋南北朝隋唐时代的商业城镇

东汉末年，天下大乱，群雄逐鹿，一些繁华的城市被劫掠焚烧，城市经济遭到严重破坏。曹魏时期，随着中原地区社会经济的恢复，几乎被彻底毁掉的洛阳又恢复了生机，重新成为北方的政治和经济中心。孙吴的都城建业商业活动也很兴盛，先后设立了大市、东市和北市，置司市中郎将、大市刺奸等官员进行管理。西晋统一后，城市经济进一步繁荣，洛阳设有大市、牛马市、阳市三个市，已有了初步专业化的倾向。

十六国时期，战祸连绵，政权更替，使开始复苏的北方商业再次全面衰退。一度繁荣过的城市经济遭受的破坏最为严重。在此期间北方城市除有短暂的恢复外，基本上是在反复不断的战乱中处于残破状态。东晋南朝时期，由于江南战乱相对较少，城市经济有了一定的发展。北魏孝文帝迁都洛阳后，参考南朝建康及一些北方城市的设计，重新规划了城市布局，以便于商业的发展。北魏分裂后，繁华的洛阳再次成为废墟，但邺城、长安等城市的商业活动仍在继续发展，并取代洛阳成为北方的商业中心。

隋唐时期随着全国的统一和社会经济的发展，城市商业经济再次繁荣。长安与洛阳既是当时的政治中心，又是最为繁盛的国际性商业都会。与秦汉时期一样，隋唐时期对商人的管理十分严格。具体表现一是另立市籍，著市籍者要被差于远役，逃避者依律令治罪；二是实行严格的坊市门禁制度。

（三）宋明时代商业城镇的再度繁荣

两宋时期，由于较长时间的安定环境和社会经济的发展，城市的规模和繁荣程度都超过了前代。在宋代以前，大城市的商业活动主要在官方设置的矩形的市内进行，唐代后期虽然坊市已开始混杂，但没有完全取消。宋代废除了官府设置的市，商业活动可以在除禁区以外的任何地点进行，于是便较多地集中到街道上，形成了繁华热闹的商业街或商业区。这时商业活动的时间限制也被取消，在唐代后期夜市的基础上又出现了早市、鬼市等。

随着商品经济的发展和城市经济的繁荣，宋代开始兴起了镇、市及乡村集市贸易。宋代镇的长官为监镇，可以是武将，也可以是文官，其职能一是负责地方治安，二是负责征收税课。宋代另一种行政建制的市（有时称为墟、步、场、坊等），一般也聚集了较多的居民，通常都是固定的商品交易场所，市与镇的主要区别是居民较少，有些市仅为乡村集市所在地。所以市的规格比镇小，且没有官方委派的监官。总之，镇与市是宋代县以下的特殊行政建制，宋廷对其采取了既有别于州城、县城，又有别于一般农村的管理。

经过明前期社会经济的恢复和发展，明代的城市也呈现出一片繁荣的景象。南、北二京是政治中心，同时有着发达的商业，更是城市发展的龙头。两京商业发展的同时，在元代末期遭到破坏的历史名城，如开封、西安、洛阳到洪武八年经济都已恢复，由明代初期的下府升为上府；破坏最严重的扬州也因盐业和漕运的关系，在这时升为中府。至明代中后期，除了城市呈现繁荣景象外，江南小工商市镇也开始勃兴。江南经济在普遍繁荣的基础上，带有鲜明的专业特色，这一点鲜明地反映在市镇发展中，故而出现许多以蚕丝业生产与销售为专能的市镇。另外，还出现了一些以丝织品的生产与销售为主要功能的丝绸名镇，如嘉兴府的王店镇等。据统计，宣德年间全国较大的商业繁荣的城市共有33个，其中1/4在北方（北京、山东、山西、河南），3/4在南方（包括西南），东南沿海就占了11个，南方的商业远远发达于北方。①

（四）清代商业城镇的发展状况

清代工商业城镇的发展超过以往任何时期，不同层次的工商业城镇在全国蓬勃兴起，主要可分为两大基本类型：一是手工业城镇，二是商业型城镇，而又以商业型城镇为主。商业型城镇又可分为产地市场型城镇、集散市场型城镇、零售市场型城镇，而以集散型城镇的兴起为主要特点。清代工商业城镇以商业城镇为主的特点，一方面反映了清代的商品经济是以农村商品经济为主的特点，与农业相分离的手工业并不发达；另一方面也反映了清代商业发展的水平，各类工商业城镇的兴起，形成了区域性商业中心，商业正向城市化发展，而商业相当繁盛的都会也在全国各地区均有出现。例如，东北的奉天（今沈阳）、吉林、卜魁（今齐齐哈尔）、宁古塔（今宁安），直隶的天津、通州、保定、河间、宣化，山东的济南、临清、聊城、济宁、德州、益都，山西的太原、大同、运城、平阳，陕西的西安、汉中，河南的开封、洛阳、郑州、南阳，安徽的芜湖、安庆、亳州，江苏的江宁、松江、常州、镇江、浒墅、仪征、扬州、淮安，浙江的杭州、湖州、嘉兴、宁波，江西的南昌、九江、赣州、吉安、临川、清江，湖南的长沙、湘潭、益阳、衡阳、岳阳，湖北的江陵、宜昌，四川的重庆、成都、灌县、泸州、康定，福建的福州、建宁、厦门、泉州、漳州，广东的汕头、韶关，广西的南宁、桂林，

---

① 吴慧主编：《中国商业通史》第3卷，中国财政经济出版社2005年版，第581—582页。

贵州的贵阳、遵义，云南的昆明、楚雄、大理等城市，商业都很繁荣。在边疆地区，如西藏的察木多（今昌都），新疆的乌鲁木齐、伊犁、哈密，甘肃的甘州、宁夏（今银川）、武威、西宁，内蒙古的归化（今呼和浩特），外蒙古的库伦（今蒙古国乌兰巴托）等，商业也很繁荣。据统计，清代内地的城市共73个，比明代增加17个，加上边疆最主要的城市，则比明代共增加31个。① 当然，清代商业城镇的发展也有不平衡性，即北方城市的商业不如长江以南尤其是东南沿海城市的商业活跃；边远地区、新起的城市的商业不如开发已久的地区的城市商业繁盛。即便如此，城市商业的发展亦已达到一个新的水平。

四、商业组织与商业网络

（一）商业组织

隋唐时期及至宋代，由于商业发展以及行业的进一步增多，行会制度得到较快发展。行会作为工商业组织出现的标志，是城市行户的贸易垄断权在诏令中出现，它已成为独立于官府之外的组织形式。明清时期，随着地域商帮的兴盛，在全国一些比较重要的商业城镇都设立了商业行会。中国的商业行会可以粗略地划分为地域性商帮会馆、商业公所（也称同业公会、行业会馆或同业公所）和手工业行会。由于组织构成和功能相似，一般将商业公所与手工业行会放在一起介绍。其实各类行业组织时有交叉，如山西颜料会馆既是手工业行会，又是商帮会馆；四明公所既是商业公所，又是商帮会馆。

同业公会或公所是旧时中国都市城镇中手工业者或商人的地域性的或非地域性的同行组织。以带有同乡和同行二重性的为多，但也有纯地域性的同乡组织，这种类型就和地域性会馆无差异了。

在公所出现以前，同业性的会馆已经大量存在。在各市镇同业性的行会早已有之，被称为社的同业组织在北方商业城镇也大量存在，如张家口的行业组织大都称为社。

随着地域性商帮的资本规模、经营范围和地域的扩大，商人组织也发生了变化，总体上呈现会馆、公所、商会的发展过程。

另外，牙人、牙行是中国封建社会商品交换活动中起中介作用的人和组织。他们主要通过中介和为买卖双方服务的活动，向所服务的对象抽取佣金，也称牙佣。他们的活动范围广，涉及行业宽，几乎遍布城市、市镇、集、场、墟的各行各业。即使在房地产业、金融、人口买卖等领域都有牙行介入。

牙行在中国古代的商品流通中，有着悠久的历史和特殊的地位。发展至清代，

---

① 吴慧主编：《中国商业通史》第4卷，中国财政经济出版社2008年版，第169—170页。

特别是康熙中期以后，国家变直接干预经济为利用专商间接控制，这样既保证了政府的各项税收，又相对有利于商品经济的发展。对此清政府便利用榷关、牙行和行会制对民间商业资本进行控制。

牙行有自己的行会组织。如乾隆五十四年（1789年）京师有车行行会。① "江西众广货行"，在湘潭建"财神殿"。② 四川巴县有靛行行会。车行行会、靛行行会、众广货行都是牙行的组织。牙行行会一般只包括经营同类商品，或者有同类服务对象的各牙行，但各牙行不一定都是同乡，所以与会馆、同业行会、帮会等商人组织没有必然联系。据嘉庆六年（1801年）五月浙江会馆碑文记载：公信瓷行，是浙江会馆成员，"粤稽渝城瓷行牙帖有三"。"嘉庆三年众客公举"公信瓷行领帖承充。重庆的瓷业牙行不仅有江浙人领帖，还有湖广人经营的协和牙行。同时期在巴县的山货行牙人，有江西、湖广、福建、广西四省人。

（二）商业网络

我国的传统商业在宋代有了飞跃式发展，宋元时期以后，经济性城镇普遍兴起，其在商道要冲、城市附廓及周围、农副产品集中产地及少数商品生产专业区崛起，逐步打破了坊市制，形成各级市场。

1. 地方小市场

宋代的地方小市场即墟集、草市，已颇具规模，税收几乎占全部商税之半。然而，这种市场交换，主要是小生产之间的品种调剂和余缺调剂，是属于自然经济范畴内的交换。一定程度的地方小市场的发展对巩固一个地方的自给自足经济起到积极作用。这种交换虽采取商品形式，或也经商人之手，但实际上是没有多少货币流通的，它是使用价值的直接交换，自然也没有多少积累货币资本的作用。随着长距离贩运贸易的发展，地方小市场逐渐起着大宗商品集散地的作用，以至于成为真正的初级市场，发挥的作用也会随之不同。初级市场在明代以后首先出现在丝的集中产区，到清代有所发展。

2. 城市市场

城市市场是我国古代社会最为发达的一种市场形式。宋代的汴京和临安，如《东京梦华录》《梦粱录》等记述城市市场已达到高度繁荣。然而，和中世纪欧洲的城市不同，我国古代社会的城市原来都是各级政权统治的中心或军事重镇，集中了大量消费人口，城市手工业也主要是供城市居民消费。因此，在城市市场进行的主要不是生产者之间的商品交换，而是一种以政府和私人的货币收入为对象

---

① 李华编：《明清以来北京工商会馆碑刻选编》，文物出版社1980年版，第206页。
② 张云敖修，周系英纂：《嘉庆湘潭县志》卷一九，祠墓一，祠庙，嘉庆二十三年刻本。转引自方行、经君健、魏金玉主编：《中国经济通史·清代经济卷》，经济日报出版社2000年版，第977页。

的交换，即贵族、官僚、士绅和他们的工匠、士兵、奴仆用他们的收入购买农产品和手工业品。在这种交换中，农村流入城市的产品，尽管也经商人之手，但大半是单向流通，没有回头货与之交换，不是真正的商品。[①] 我国城市市场的消费性特点促使零售商业、铺坊加工业、饮食业和服务业得到有效发展，如宋代《清明上河图》所绘即是真实写照。明清时期以来，随着贩运贸易的发展，在沿长江、运河等商路要道上，逐渐兴起一批商业城市，以至于出现如佛山、汉口这样的巨大城镇，真正反映出商品流通的扩大。同时，还兴起了一批县以下的手工业品产销镇市，如苏州的盛泽镇、湖州的双林镇等。

3. 区域市场

区域市场是由同一自然地理条件和共同生活习惯形成的，是区域内市场联系加强的产物。在唐代以前，由于商业发展的局限，还难以清晰描绘自成一体的区域商业网络。至宋代，以成都为中心，川西平原为区域核心带的蜀川区域市场、北宋以汴京为中心的华北区域市场、南宋以杭州为中心的两浙区域市场都已形成了内部有机联系的网络格局。至明清时期，全国大部分地区都逐渐形成了区域市场，其市场发育程度、商品生产结构、区域自然条件及网络内部格局等方面均呈现出不同特点。

以江南和岭南地区为代表的区域市场，其商品性农业以及与此相关联的手工业发展程度高，与外界经济联系密切，区域内贸易相当活跃。此类区域市场内的综合性大城市，不仅仅是商品集散地，而且是初级产品加工中心，对本区域内各地区具有强大的吸纳力，而且具有足够的辐射力将本区域产品输向外地和远方市场。

华北地区拥有向四面辐射的水陆交通网络，其贸易活动较为活跃，主要表现在传统粮食产品的地区间丰歉调剂。该区域市场内有诸如隋唐东西京、北宋汴京、元明清北京和开封等拥有巨大消费能力的政治性消费城市，而山东临清、河南朱仙镇等地则为大的集散中心与大宗货物转运地。

由于独特的自然地理条件，资源丰富的川蜀地区在唐宋时期已发展到其鼎盛时期。宋元时期以降，兵火涤荡使该区域市场元气大伤，至明清时期则得到恢复并得以继续发展。该区域市场内的农村市场较为活跃，其贸易活动主要体现在以米谷为代表的商品输出和以棉花为主的商品输入。当川陕商道衰落后，该区域市场的贸易孔道转向川东长江航道，其区域中心也由川西平原的成都转向川东航道入口——重庆。

[①] 许涤新、吴承明主编：《中国资本主义发展史》（第2版）第1卷，人民出版社2003年版，第13—14页。

此外，自古有得"天下之中"之势的湖北，其本地的手工业及商品性农业生产并不突出，而是以其地理优势汇聚各地商货，并予以扩散，形成独特的中转集散型区域市场。伴随长江流域经济地位在两宋时期超过黄河流域，其区域中心从鄂西北的荆襄移至鄂州、汉阳，并在此基础上形成"九省通衢"的中心城市——汉口。汉口是全国最大的米市，又是华中地区最大的棉花市场，同时是"淮盐总汇、配运、经销"的枢纽城市，更是服务于全国性商品流通的中转集散地。

4. 全国性市场

由于明代前中期海禁，长江航运也不甚发达，南北贸易以运河为主干，东西贸易主要局限于长江中下游。跨地区贸易主要限于奢侈品贸易和盐铁等少数特殊商品的贸易，诸如粮食和布匹等大众消费品的贸易，则主要限于地方市场上的交易，在跨地区贸易中所占的比重很小，绝对规模也不大。清代前期随着海禁的开放，华北平原、长江中上游诸省的经济发展以及东北、台湾等新区的开发，全国商品流通的范围、品种和数量都有大幅度增长，产销分布也有很大变化，而且市场上工业品总值超过了农产品。① 按照一项比较保守的估计，跨地区贸易中的粮食和布匹的总量，在3个多世纪中增加了3倍，而丝织品的数量则增加了40倍。到了鸦片战争前夕，以粮食、棉花、棉布、生丝、丝织品、盐、茶七大商品为代表，长途贸易量大约占到了国内贸易量的20%。② 但据李伯重的研究表明：若对上述估计中一些明显偏低的情况进行修正，并加入更多种类的商品一同计算，那么长途贸易量所占的比重非常有可能在30%左右。③ 在大宗商品远距离贸易量不断增加的背景下，全国商品流通正在向有相对稳定贸易区域为依托的格局转化，并基本形成江南经贸区、珠江三角洲经贸区、长江上中游经贸区、华北经贸区和西北经贸区等核心经贸区。④

（三）商路的发展演变

商路对于商业，如同人之血脉。随着中国商业的发展和国家对道路网络的建设，中国很早就出现了沟通全国的水陆商路体系。归纳起来可分为国内区域性商路和国际性商路。

---

① 吴承明：《中国资本主义与国内市场》，中国社会科学出版社1985年版，第264页。
② 吴承明：《中国资本主义与国内市场》，中国社会科学出版社1985年版，第251—253、255—264页；许涤新、吴承明主编：《中国资本主义发展史》（第2版）第1卷，人民出版社2003年版，第279—294、329—336页。
③ 李伯重：《中国全国市场的形成，1500—1840年》，《清华大学学报（哲学社会科学版）》1999年第4期。
④ 朱大为：《16至18世纪中国远距离贸易和全国性市场的形成》，《福建论坛·人文社会科学版》2003年第6期。

1. 国内区域性商路

第一，中原商路。中原包括今天河南省的大部，还包括山西省东南部、河北省的南部、山东省的西部、安徽省的西北部和湖北省北部的部分地区，涵盖了卫河流域、黄河中下游、淮河上中游和唐河流域的广阔空间。古代中原商路的兴起与变迁对中原地区经济的发展起了重要的促进作用。中原境内驿道四通八达，水路运销也很便利，江南商货可由淮河经正阳关以达陈州之周家口，山东货物可由京杭大运河之临清以达彰、卫之楚旺、道口，南与湖北、西与陕西。除了陆运以外，也可以通舟船。

第二，江南商路。明清时期，江南地区四通八达的江湖水路，形成了其特有的商品流通频繁、自成体系的水上交通网络。江南各主要商路的连接点或中转枢纽，多为明清时期富有特色的各类米粮、棉纺或丝织业专业市镇。各主要商路的分布走向，明晰地反映了江南地区以市镇为基础的城乡之间、镇与镇之间的工商业活动的空间关系结构以及商品流通的动态轨迹。"密集的河流水道，将星星点点密布于江南水乡平原上的中小市镇，相互贯通，并与陆路交通相结合，形成各市镇平均距离10~20华里的水乡市场网络体系，从而改变了传统的零散分布的市场格局，将江南区域经济联为一体，使其以整体面貌出现。"① 江南商路对江南地区商品市场体系的形成及市场功能的运转，凸显苏、杭两大城市在江南区域经济发展中的中心作用，促进其周围市镇经济的发展，并将苏、杭城市的经济辐射力延伸至全国各个角落，具有无可替代的作用。明清时期，各区域市场贸易网点的分布密度、贸易触角延伸的距离和主要交通要道的利用率，江南地区均居全国前列，这与其密集的河流港汊，独具特色的水乡交通网络密不可分。在这里，商路作为各级市场正常运转的不可或缺的载体，其经济内涵得到了最充分的体现。

第三，西北商路。西北商路的起点为新疆，途经甘肃、青海、宁夏、陕西、山西，到达包头、归化城等地，再到达天津港、东北或其他地区。由于线路绵长，地理条件不同，商人使用驼队陆运、舟筏水运、商号代运三种方式转运商品，将西北所产运往内地，又将内地物资运去西北。这是沟通西北与东部地区商业往来的重要交通干线。

第四，东北商路。东北地区的商路初步形成于16世纪中期，商品流动线路以驿站和驿路为基础，形成以边疆民族与中央王朝的朝贡贸易和互市贸易为重要形式，民间私贩为补充的格局。商品种类主要以东北地区的特产为主，贸易形式主要是以物易物的原始商业运行模式。明代中期后，白银在商品贸易中开始出现，但是限于商品贸易规模，白银在商品贸易中并未广泛流通。

---

① 张海英：《明清江南商路的经济内涵》，《浙江学刊》2005年第1期。

第五，其他区域性商路。除以上商路外，中国古代的其他区域都依托水路、驿站等重要交通网络，形成许多区域性的商路。其基本特点是以当地的特产为主要交易商品，通过长途贩运，追求地区差价，获取商业利润。

2. 国际性商路

第一，丝绸之路。两汉时期正式形成了陆上和海上两条丝绸之路，促进了中外贸易的发展。张骞通西域之后，陆上丝绸之路开通，路线是从长安出发，经过河西走廊，出玉门关或阳关，再经过今天的新疆进入中亚和西亚。汉武帝之后，商人还开辟了与南海诸国及印度半岛等地交往的水上交通线，从事经常性的贸易往来，标志着海上丝绸之路正式形成。

第二，茶马古道。由于唐宋以后在这条古道上贸易的代表性商品是茶和马，故称之为茶马古道。茶马古道的基干路线主要位于四川、云南、西藏三省区境内，其外延可以辐射到广西、贵州、甘肃、青海、新疆，国外则可以直接到达印度、尼泊尔、锡金、不丹和东南亚的缅甸、越南、老挝和泰国，再向外围扩展可延伸到南亚、东南亚和西南亚的其他一些国家和地区。这个庞大的交通网在中国境内形成了三个贸易中心，即四川的康定、云南的丽江和西藏的昌都。

第三，万里茶道。万里茶道是由晋商在清代独立开辟的一条重要的商道，它纵贯中国南北，南起中国武夷山，北达俄国商道的黄金驿站恰克图。连通福建、江西、湖南、湖北、河南、河北、山西、内蒙古、外蒙古、俄罗斯西伯利亚地区等，全长5 000多公里，是继陆上和海上丝绸之路的第三条国际大商道。广义的万里茶道还包括由湖北和河南经陕西、甘肃通往新疆地区的商路和蒙古库伦（今乌兰巴托）经科布多、乌里雅苏台到新疆的商路，俗称"西路"。

第三节　民族贸易与对外贸易

中国始终是古代世界东亚贸易圈的中心，与日本、朝鲜、南洋地区以及印度支那地区由最初的朝贡贸易开始而逐步形成了一个较为广泛的贸易圈。在古代世界经济格局中，与地中海贸易圈、波罗的海和北海贸易圈并称为世界三大贸易圈。

一、对外贸易政策的演变

中国历代政府对海外贸易政策的主导倾向一直是统治和限制。无论是从唐代开始实行的市舶制度，还是明清时期的海禁政策，以及与之相配合的朝贡贸易和公行制度，莫不如此。对海外贸易的统治程度甚于国内贸易，这对中国国内市场的扩大和经济发展无疑是十分不利的。政府在对外贸易方面，一般来说应采取贸易自由化的方针，主动开埠，鼓励人民开展海外贸易。国家垄断对外贸易的体制，较之自由竞争的外贸制度，不利于降低交易费用，而使交易成本上升。中国在古代社会中实行限制海外贸易政策的根本原因在于自给自足的自然经济及其所决定的意识形态的顽固性，而资源的多样性则作为一种客观条件助长了闭关自守、不依赖对外贸易思想的形成。

市舶制度出现于唐代，完善于宋代。所谓市舶制度，就是管理进出口贸易的制度。宋代有《市舶法》，元代有《市舶司法则》。依据法则，国家在通商口岸设立市舶司，其职责为：（1）负责向来华进行贸易的外国商人颁发许可证书，外国商船须持许可证才能进出中国指定的港口；（2）征收舶税，按照货物的种类收取不同比例的进口关税；（3）收买舶货。市舶司是海关和进出口业务结合在一起的职能机构。颁发许可证、征收关税等原是海关的职能，禁榷（专营）和博易（买卖）是进出口业务，但二者都归市舶司掌管。这样，海关与外贸的结合就成为中国市舶制度的一个主要特征。

市舶司对进口的粗细货物先预抽解 10%~20%，余下部分则视其是否属禁榷货物而进行不同的处理。如属禁榷物品，便根据货物的优劣及朝廷的需求而适当收购。收购后的余额和不收购的货物，允许民间贸易。市舶司是亦官亦商的机构，它的资金来源是朝廷贷给的"折博本钱""博易本钱"或"市舶本钱"。市舶司有朝廷作后台，权势显赫，一般商民绝不能与其争高低，厚利独揽，成为国家财政收入的来源之一。

元代市舶制度较之宋代更为完善，尤其是对国人出海的条例有了详细的规定，即：（1）国家外出使臣及大小官吏从海外公干归来，或官本船海上贸易归来，一抵口岸即须向市舶司申报，所带货物均须缴纳关税。如有隐匿，则予论罪。（2）商船出海也须与进口的外商船只一样，申请许可证（"公据""公凭"）。商船出海往何国经商，必须如实申报，不得报东到西。如因风雨所迫停泊其他国家须有证明。商船返国，也只能回原签证地市舶司所在地缴纳进口税。如有谎报，则予以没收。船主申请出海贸易的公据、公凭时，要有舶牙人担保。所谓"舶牙人"就是古代的报关运输行商。申请时要具明船主、纲首（货主）、都领（大副）等的人数和姓名，以及船体吨位、帆樯机桅和高度。市舶司凭验证予以放行出海或允其返港卸货，并派官员登船查验。对无证出海贸易的商舶人员，要予"告不治罪""货物没官"。（3）进出口货物必须详报，如有隐匿货物的，以漏舶法治罪。金银、铜钱、铁货、男女人口不准作为商品出海。（4）出洋下番的人员如不再回国，而住居目的地者，应在申请公据内开明。

明代初期实行朝贡贸易制度。所谓朝贡，是指外国对中国统治王朝的贡纳。自汉唐时期以来对外贸易都具有朝贡的性质，这是由于中国在中世纪时，经济、文化比其他国家发达，一直拥有较高的国际地位。到明代时，这种贸易更加制度化。凡贡舶来朝，由各市舶司负责接待，对朝贡的货物，由官府全部收购，然后以"赏赐"的方式给予朝贡国一定数量的丝绸、锦缎、茶叶、瓷器等作为答礼，其价值大大高于贡品，因而朝贡贸易实际上是国家与国家间的一种不等价的易货贸易。跟随朝贡同来的商船称为附舶，也予以免税，以示"怀柔"。由于实行这种优惠政策，自然引来了更多的贡舶和商船，市舶司也疲于应付。针对这种竞相而来的贡舶，政府决定实行堪合制度，即对贡舶发给堪合，定期定额进行贸易，以示限制。

清兵入关夺取中央政权后，为了与占据沿海的南明势力和据有台湾的郑成功进行军事斗争，以巩固其统治地位，仍沿袭明制实行海禁政策，三令五申"寸板不许下海""片帆不准入口"，严禁商民出海贸易，违者一律处死。在海禁期间，除了在一定贡期内进行小量的贡舶贸易外，正常的海上贸易几乎全部停止。康熙二十三年（1684年）宣布取消海禁。开禁后，清政府虽然允许海上贸易，但限制颇多，实际上实行的是一种有限制的开海贸易政策，主要表现在以下几个方面：

（1）限制贸易口岸。开禁后，清政府宣布广州、漳州、宁波和云台山四处为对外贸易口岸，其他各口不得通商贸易，并分别设立粤海关、闽海关、浙海关、江海关管理来往商船，负责征收关税。至1757年，清政府又决定撤销漳州、宁波、云台山三处贸易口岸，限定广州为唯一的对外贸易口岸。这种政策一直实行到1840年鸦片战争发生。

（2）限制商民出入。清政府于开禁后对出海贸易的商民及船只做了种种规定。凡出海贸易的商民，必须经申请、具保、核准，发给执照，才能凭照出海贸易。政府对出海贸易的船只也有各种限制。最初规定，出海贸易船只仅限于单桅500石以下，以后虽允许双桅船只出海，但梁头不得超过一丈八尺，船工等人员不得超过28名。还规定商民建造出海商船，必须由海关监督并经地方核准。

（3）限制贸易物品。政府在开禁后对于贸易物品及数量也有严格的规定和限制。严禁硝磺、兵器、铁锅、书籍等出口。对于米粮、丝绸、茶叶、大黄、白铅等的出口也有严格规定。

（4）对外商来华贸易的管理和限制。政府规定外商来华贸易或办理其他事务，均须经清政府特许的行商进行，实行垄断。所谓行商是指清政府特许的专门经营对外贸易的商人。承充行商必须是"身家殷实"之人，并须经地方官核准、发给证明，才能充任。这样，经营对外贸易就成了一种专门的行业，从事该项贸易的行商则具有"官商"的性质，从而形成了清朝垄断经营对外贸易的行商制度。在广州的进出口贸易中，除了八种手工业品（如扇、刺绣、瓷器等）由行商加保，允许外商与散商交易外，其他大宗进出口商品完全由行商垄断经营。行商一方面垄断广州进出口的具体业务，进口货物由其承销，内地出口货物由其代购，并且负责划定进出口货物价格及向海关保证缴纳进出口关税。另一方面，行商又代表政府管理外商的活动，负责办理对外商的一切交涉事宜。官府的命令、文书均由行商向外商转达，外商的要求和书信等亦由行商向官府转递。行商成了清政府与外商之间的正式媒介，兼有商务和外交的双重职责。为了加强防范，清政府还颁布了一系列"章程"，对外商在华活动加以种种限制，如禁止外商在广州过冬、外商不得久住澳门、外商不得私雇买办、禁止外商坐轿、禁止外国女人入城，以及不许外商擅自出入商馆等。

总之，清初承袭明末的贸易制度，康熙的开海贸易主张，乾隆相对紧缩贸易港口而又不断绝对外贸易往来，是鸦片战争前清代海外贸易政策的主流，并成为影响该时期海外贸易发展的因素之一。

二、民族贸易与对外经济交流

中国古代的民族贸易，主要是与西北和西南地区少数民族政权之间的贸易。早在秦汉时在边境上与邻国的货物交换就已存在，当时称为互市。到汉武帝时期，中国与西域各国的商务往来更趋频繁，丝绸之路一直达到东罗马帝国。据史书记载，隋朝时中央政府已经有了互市监的设置，但有关这方面的正式规定没有系统的记录。到了唐代，除西北地区的陆路贸易继续有所发展外，东南沿海的海上贸易开始繁荣起来，于是在广州设立市舶司专门管理海外贸易。其后，海上贸易的地位渐趋重要乃至超过了陆路贸易。

（一）两汉时期

从汉朝同西域的贸易看，汉王朝与西域间的大规模贸易是从汉武帝派张骞出使西域、共抗匈奴开始的。随着政治、军事的胜利和西域地位的树立，汉朝同西域的贸易随即发展起来，且规模亦相当可观。从汉朝同周边少数民族的贸易看，汉朝与匈奴的贸易主要通过关市进行。在双方贸易中，汉政府实行严格控制，除在指定地点进行官营贸易外，还绝对禁止有害于自身利益的物品流入匈奴，尤其是禁止贩运出境可供制作兵器的铁。东汉时，虽然数次大规模用兵北地，匈奴的威胁逐渐解除，但此后鲜卑、乌桓等游牧部族随之而起，东汉政府采取同样的羁縻政策，即所谓"岁时通胡市"以适其意。这样汉朝通过与周边少数民族进行贸易，促进了经济文化的交流和民族融合，在经济上也起到了互补作用。

据《汉书·地理志》记载，汉代商人的海上贸易已包括全部南海诸国和整个印度洋区域。中外商人频繁逾越浩瀚的南海、印度洋，建立起经常的贸易关系，汉朝商人以黄金、绢缯等换取明珠、璧、琉璃、奇石、异物等奢侈品。除此之外，汉朝的海外贸易触角还远伸到西亚乃至欧洲。

自东汉末期至隋朝统一期间,除西晋政权曾短期统一外,大部分时间处于分裂割据状态。各政权除通过官府或商人进行区域间的贸易(即互市或交市)之外,还与周围少数民族及西域和海外诸国进行贸易。受地理位置限制,北方诸政权主要与北边、东北、西北地区进行贸易,而江南诸政权主要与海外诸国进行贸易。魏晋十六国时期,除与东北、北边诸民族保持联系外,与西域则一直保持贡奉关系,北魏统一北方后,与之关系更加密切。东晋南朝时期,对海外诸国的贸易呈逐渐上升趋势。

(二) 隋唐时期

隋唐时期与周边各民族的互市贸易比前代更加频繁。隋与西域各国的互市多在张掖进行,据《隋书·食货志》记载,隋炀帝时,派吏部侍郎裴矩前往交市处"监诸商胡互市,啖之以利,劝令入朝",以加强与西域各国政治上的联系。唐代与各族间的互市更有新的发展,与唐互市的有吐谷浑、突厥、吐蕃、西域诸国、回纥、党项、奚等。一般来说,自唐代初期以来与边境诸族互市每年一次,中唐后,一些少数民族自恃力量强大,不遵旧制,多次提请互市,唐廷无奈之下只能依允。

隋唐时期的对外贸易主要通过陆路和海上进行。隋代的陆路交通非常兴盛,丝绸之路除沿袭汉魏时期的南路、北路外,又增加了自伊吾(今新疆哈密)出发的新路,而且南道经葱岭南下以至印度,再转往西海的路线,也是汉魏南北朝所未见的。唐太宗时,灭高昌,击败西突厥,使丝绸商路更加畅通。由此东来的胡人遍及国内各地,他们带来大量金银、珠宝、香药等异域特产,带出大量丝绸、瓷器等。海上贸易路线主要沿两个方向进行。一个是东北方向,包括:(1)自楚州(今江苏淮安)出淮河口北上,沿山东半岛东渡黄海到朝鲜半岛进至日本;(2)由扬州或明州出发,横渡东海至琉球、日本;(3)自山东半岛北端登州(今山东蓬莱)北上可达朝鲜、日本、琉球。另一个是东南方向,主要以广州为贸易口岸。广州自汉代以来长期作为中西海上贸易的重要港口,经年不衰。当时,广州江中往来的各国船只络绎不绝,不计其数。除广州外,扬州、明州等也因对外贸易发达而成为外商汇集之地。

(三) 宋元时期

宋代与周边各政权及海外的贸易极为兴盛。宋与辽、夏、金、蒙的贸易分合法与非法两种形式。合法贸易称为"互市",其通过榷场进行。所谓榷场,是一种受到严格限制的贸易,不但双方政府对商品种类有严格限制,而且其整个交易过程都在官方严密控制或监视下进行。宋朝通过榷场输往辽、夏、金、蒙的商品主要有瓷器、茶叶、丝织品、儒家经典、水果、粮食等,输入马、羊、药品、毛纺织品等。榷场贸易受两国关系影响,时好时坏,有时中断。在正常情况下,双方交易额都是相当高的。由于官方对権场贸易限制过多，因此存在相当规模的走私贸易，百姓通过走私获取马匹、食盐、矿产等，宋境内的茶叶、耕牛等又会走私到上述地区。

宋代通过海上与海外诸国的贸易比唐代有明显扩大。据史料记载，与宋朝有海上贸易往来关系的国家或地区多达60个以上；其中有汉唐时期以来一直与中国保持贸易关系的国家或地区，也有新增加者，如地处北非的勿斯里、阤盘地、遏根陀（均在今埃及境内）等，有的学者认为与地中海西端的国家也有直接贸易往来。与阿拉伯各国，如大食等的往来密切，尤为突出。与之相适应，宋代的海港也有所增加。广州是驶往非洲、西亚、西南亚各国的出发地，驶入的海船及商品数占全宋的一半。明州是北宋与日本、高丽等国贸易的主要基地，地位仅次于广州。南宋时期泉州的地位上升，它兼顾北南，每年进出港海船达上千艘，取代明州成为宋朝第二大港。

元朝政府责成降元的汉人留梦炎、李晞颜等仿宋《市舶法》制定了《大元市舶司刑法》，健全了外贸管理体制，完善了外贸管理法规。这样，中外海上交往，就不仅未因宋元易代而有所中断或有所挫折，相反，却更加蓬勃地发展起来。元代所设市舶司、市舶务或舶场，北起山东半岛的密州、青州，中经古长江口的扬州、江阴、上海、华亭、青浦到杭州湾的澉浦（海盐）、杭州、宁波及温州，南到闽广一带的泉州、福州、漳州、潮州、广州与交州（今越南境内）等，它们奠定了现今沿海沿江城镇的规模，带动了南方经济的发展。这时，与中国有海上交往的国度或地区，有日本、朝鲜、琉球、菲律宾（吕宋）等各国，南洋群岛各国，南亚次大陆各国，阿拉伯半岛各国，东非海岸各国及环地中海各国。

（四）明清时期

明代丝织品、瓷器、棉布、漆器、糖果等出口商品的生产都有增长，造船和航海技术在宋代高度发展的基础上又有改进，是发展海外贸易的良好时机。但是，明开国之初，即严海禁，"敢有私下诸番互市者，必置之重法"。[①] 大运河开通后，并废海运漕粮。虽设广州、宁波、泉州等市舶司，但实行所谓朝贡贸易。对外方来使发给凭证，限两三年以至更长时间来华一次，来时须在港口勘合凭证，所有商货运往京师开市。永乐后，弛禁之议屡起，但总是以禁为主，到隆庆初年（1567年），始"除贩夷之律"，而仍有不少限制。所幸这种政策，实际上并不能阻止经济发展的要求，私人海上贸易并未断绝，但未能得到应有的发展，这是肯定的。

明代的海外贸易路线，主要是南洋，次为日本、琉球和朝鲜半岛。南洋以安南、

---

① 《明太祖实录》卷二三一，洪武二十七年正月甲寅，（台北）"中央研究院"历史语言所1962年版。

占城、暹罗为主，进口主要是香料、花木、胡椒、犀角、象牙、珍玩珠宝等商品；而中国出口则以丝绸、瓷器、陶器、铁器、布、大黄、银器、漆器、银铢等为主。①

与明代相比，清代的边疆贸易也有了很大发展。明代边疆贸易以互市的形式进行，从东北到西北、西南的茶市、马市都是官市。虽然私市有所发展，但终因官方限制，很难有较大发展。清代雍正以降，陆续废止了官方互市，民间商业往来迅速发展。虽然官方对部分地区，如东北和蒙古实行严格的牌票贸易制度（政府特许商制度），但乾嘉以后，限制逐渐松弛，民间贸易有长足进步。至清代中叶形成以北京为中心，包括华北、东北、内外蒙古、新疆的贸易网络；以四川、陕西为中心，形成包括四川、甘肃、新疆、青海、西藏、云南、贵州的西南、西北的贸易网络。内地的粮食、茶叶和棉布、丝绸、铜器、铁器、漆器、金银器、玉器、马具、食品、民族特需品等手工业品源源不断地输往边疆，而边疆地区的特产药材、牲畜、毛皮也源源不断地输往内地，边疆贸易超过以往任何时期。②

清代与朝鲜、琉球、越南、缅甸等国的贸易仍保持在官方朝贡贸易的水平上，与日本、南洋诸国的商业贸易已取代官方朝贡贸易，而同英、美、法等西方国家的贸易则有了空前发展，逐渐成为中国对外贸易的主流。康熙二十八年（1689年），《中俄尼布楚条约》签订后，中俄贸易逐渐展开。俄国商队以尼布楚为基地纷纷来华，双方在北京进行互市贸易。雍正五年（1727年），中俄签订《恰克图互市界约》，双方贸易重心逐渐转移到恰克图。据俄国学者统计：1796—1810年，恰克图贸易额由510万卢布增至1 316万卢布。③ 康熙二十三年（1684年）以后，中英贸易也开始活跃。乾隆五十八年（1793年），乾隆亲自接见了以马戛尔尼为首的英国使团，虽然对其新增港口、独减商税等要求未予满足，但还是热情相待，厚赠礼物。该时期的中西方贸易，尤其中英贸易是不断增长的。④ 在1785—1833年的近50年中，中国进口的商品中，来自英国的占80%~90%，中国输英商品也占65%~80%。1830—1833年中英贸易额为17 285 309两白银，⑤ 比1760—1764年增加了近12倍。在中英的50年贸易中，中国始终处于顺差，但差距逐渐缩小。19世纪初，英国为打开中国市场，向中国非法走私大量鸦片，从而改变了中英贸易关系，中国白银大量外流。据估计，道光十七年（1837年）各海口外流白银达5 000万两以上，中国由贸易顺差变为逆差。⑥

---

① ［日］百濑弘：《明代中国之外国贸易》，郭有义译，《食货志半月刊》，1936年6月1日，第4卷第1期。
② 齐涛主编：《中国古代经济史》（第2版），山东大学出版社2011年版，第242页。
③ 刘秀生主编：《中国经济现代化发展史》，中国商业出版社2000年版，第32页。
④ 吴慧主编：《中国商业通史》第4卷，中国财政经济出版社2008年版，第303页。
⑤ 严中平等编：《中国近代经济史统计资料选辑》，中国社会科学出版社2012年版，第3页。
⑥ 齐涛主编：《中国古代经济史》（第2版），山东大学出版社2011年版，第244页。

► 即测即评

请扫描二维码,在线测试本章学习效果

思考题:

1. 阐述中国古代社会手工业发展阶段及其影响。
2. 简述中国古代社会商路的类型和分布。
3. 试述中国古代社会商业城镇的兴起与发展。
4. 阐述中国古代社会对外贸易政策的演变。

第四章 古代社会的财政与金融

任何时代的国家都需要依靠财政收入来维持其统治机器的运转。本章分析了古代社会的财政、货币金融制度的演变,讲述了财政制度的变迁及其对维持古代中国社会庞大的国家机器所产生的绩效;同时,作为世界上最早使用货币的国家之一,古代中国发展出的独特货币文化和货币制度也对周边的国家和民族产生了深刻的影响,本章将详细介绍这一货币制度的形成和变迁。

第一节 财政制度安排及其变迁

一、财政收入制度

任何时代的国家,当其为了履行各种各样的职能而将统治机器运转起来的时候,便需要一刻不停地消耗社会财富。由此形成的财政分配是社会总需求中的重要组成部分。

财物和劳务是财政分配的基本内容。在传统农业社会,财物主要产自土地,劳务的提供者主要是农民。因此,为了获得财物收入(赋税)和劳务收入(力役),专制国家必须加强对土地和农民的控制。

但由于生产力水平和土地制度的差异,在不同历史时期,中国古代专制国家财政收入的侧重点有所区别。以唐代中期为界,分为人丁为本和地产为本两个阶段。

(一)人丁为本的阶段

赋税和力役是人类历史跨入阶级社会和国家诞生的产物。恩格斯说:"为了维持这种公共权力,就需要公民缴纳费用——捐税。捐税是以前的氏族社会完全没有的。"[①]

如果说赋税和力役的征课对象,本质上都是基于劳动者与土地这两大要素的结合所产生的剩余产品,那么这种剩余产品提供的途径要受当时生产力状况的制约。在中国古代的早期阶段,生产力水平低下,剩余产品有限且不稳定,国家必然以对劳动者人身的直接控制作为获得财政收入的主要手段。

商、周时期,土地制度有公田、私田之分,赋税谓之贡、助、彻,最初是以"借民力以治公田"的力役形态出现的,即生产者被强制地集中在公田上进行集体

---

① 《马克思恩格斯文集》第 4 卷,人民出版社 2009 年版,第 190 页。

劳动，其收获物便是赋税。至于力役（包括兵役和徭役），就更是对劳动者的直接役使。

春秋战国时期，由于冶铁技术的创造发明，铁制工具逐渐应用于农业、手工业生产，牛耕推广，这使得一家一户为单位的家庭经营成为主要生产形式，并显示出较高的经济效率。以此为背景，财政收入制度也发生重大变革，形成税、赋、役的"三征"结构。税，即土地税，履亩而征；赋，即人头税，计丁口而收；役，即兵役、徭役，按人而课。

财政收入制度的"三征"结构体系延及汉唐时期，影响深远，其征敛的对象均表现为人丁重于地产。

例如，两汉时期，履亩而征的土地税被一减再减。汉高祖刘邦时的税率是1/15。汉文帝在位期间，甚至共有12年免征。汉景帝二年（公元前155年）复征土地税，税率降为1/30。此后，"三十税一"成为两汉征收土地税的法定税率，不再更改。这个税率之轻，在中国古代历史上可谓空前绝后。宋代就有人感慨说，田税独两汉最轻，非但后世，即使三代盛世亦所不及。

但是，"赋"这个以人口为征税对象的税种，不仅名目不少，而且税额有加重的趋势。汉代的人头税主要有算赋、口赋、更赋三种。

算赋，凡15~56岁的百姓皆须负担，其基本税率是不拘男女，每人每年120钱。但为了重农抑商和促进人口增殖，还规定商人和奴婢要加倍征收、女子15~30岁未嫁者5倍征收。

口赋，亦称口钱、头钱，是向未成年人课征的人头税。西汉初年定制是7~14岁者，不拘男女，每人20钱。汉武帝时，因连年战争，国库空虚，口赋税率提高到23钱，加征的3钱用作补充军费，而且交税年龄降至3岁。汉元帝时恢复7岁起征的旧制。但到了东汉末年，起征年龄竟又降至1岁。

更赋，是由"更役"的代役钱演变而来的一项正式的人头税。汉律规定，天下之人，不拘男女，每人每年都应戍边三天，是为"更役"。偌大帝国，事实上无法执行。于是规定以税代役，税额为每人每年300钱。

此外，汉代还有名目繁多的杂税，其中对于社会经济生活产生较大影响的是盐铁之税。西汉初年以来，即有盐铁之税。汉武帝为了打击攫占盐铁之利的富商大贾，增加财政收入，实行盐铁官营。其产销皆由官府垄断，完全排斥私商参与。由于盐铁都是必不可少的生活生产资料，这种国家专卖制度本质上属于利用价格形式普征的税收。

汉代的力役有"更卒""正卒""屯戍"等项，是按人头向符合法定服役年龄者派征。汉初沿袭秦制，法定的服役年龄为17~60岁。汉景帝时改为20~60岁，汉昭帝时又改为23~56岁。所谓"更卒"，是指不论男女，只要在法定年龄范围内,每人每年要在本郡县服役一个月(30天)。"正卒"和"屯戍"的征派对象都是男子。其中,"正卒"的服役期限为2年,一年在本郡县当材官(步兵)、骑士(骑兵)或楼船(水兵),接受军事训练;一年赴京师充当卫士。"屯戍"就是戍守边疆,期限为1年。总算起来,汉代的男子一生中必须服3年兵役。

由于汉代占财政收入之大宗的人头税和力役都是按人征派,因此清查户口便是维系这种财政制度的一项非常重要的基础性工作。当时的清查户口叫作"案比",每年八月进行。其通行方式是把百姓无论老幼全部集中到乡或县城,逐一查验。"案比"结束,每家每户下个年度应该缴纳的赋钱和应服的力役就计算出来了,其结果逐级汇总上报。

魏晋南北朝时期,土地税、人头税、力役的总体结构没有变化,但派征的对象更显著地向以人(或户)为单位集中。例如,土地税的演变趋势就是计亩→计户→计丁征收。人头税改名"户调",不再征钱,改征绢、绵或布,按户征收,并逐步向按丁征收转化。

隋炀帝时,废除妇女及奴婢、部曲之课,这是中国古代财政收入制度史上的一个重大变革。从此,妇女在法律上正式免除了赋税徭役,其意义深远,对民户的赋役负担影响也很大。

唐代前期,实行租庸调制。"租"即土地税①,计丁(即男丁)而输,每丁每年纳2石,不论他的土地来源、多寡,也不管有无口分田,一律要课。"调"的征收对象也是丁,税额是每丁每年绢2丈、绵3两,或者布2.5丈、麻3斤。"庸"就是用钱、物代役。唐律规定,凡是男丁,每年服役二旬;不服役,则纳庸,每日三尺。由于租庸调制无论人头税、力役,还是土地税,都一律按丁征收,支撑这些剩余产品的土地等要素反而退居后台,所以有的研究者认为整个租庸调制都具有人头税的性质。

府兵和募兵是唐代前期基本的兵役制度。府兵制就是在全国若干地区设立军府,凡军府所在地的男性民丁都有服兵役的义务,轮流宿卫京师、防戍边境,战时被征从军。府兵免除租调,但须自备衣粮和部分装备。服役期满或从征结束,居家务农。募兵就是招募的雇佣兵,应募期间可免本身租额,资装器械官给,有逐步职业化趋向。

总之,唐代中期以前,尽管财政收入制度多有变化,但其总体特征基本上一致,就是征收对象侧重于人丁而较少依据地产。这种赋役制度本质上是劳动者对

---

① 古代关于财政的文献中,有不少"田租""租税"之类的名词,指的都是捐税即土地税,与私人地主向佃农征收的地租性质不同。

于专制国家的人身依附关系的强化，而且是其前提。

当然，我们强调这个阶段的财政收入制度以人丁为本，并不是说赋役与土地没有关系。两汉时期，拥有土地的自耕农大量存在，计人征收赋役的制度离不开这个基本条件。魏晋南北朝时期和唐代前期按户或丁征收赋役，乃是因为当时分别采取按户或人丁分配国有土地的占田制和均田制，所以赋役制度是与土地制度相配套的。按人丁征收赋役的财政原则，反映了专制国家在物质财富尚不丰富的时代条件下，通过控制劳动者人身来控制社会资源的制度取向。这也表明，人身之自由程度，与经济的发展水平正向关联。

（二）地产为本的阶段

唐德宗建中元年（780年），在宰相杨炎主持下实施的两税法，标志着税收向地产为本阶段的转变。

租庸调制以人丁为本，户籍制度是其首要的基础性环节。为此唐代继承两汉的"案比"之法，三年一造户籍，清查人口，名曰"貌阅"。但由于唐中期均田制度名存实亡、逃避赋役、地主兼并等原因，不少农民离开故土，四处流散，没有固定户籍。当时称仍在原籍者为"主户"，没有固定户籍者为"客户"。据《通典·食货典·历代盛衰户口》载，唐德宗曾遣官到各地清查户口，约计主户有180余万，而客户却多达130余万。客户的大量涌现严重地冲击了赋役征收，造成租庸调制难以维系。两税法在此背景下应运而生。

两税法的制税原则是："户无主客，以见居为簿。人无丁中，以贫富为差"[①]，亦即不分主户或客户，一律就地入籍；不论年龄长幼，全部计资产定税。因此，征税对象没有主客和年龄之别，定税的依据主要是资产（包括土地、桑麻、居宅、牲畜、钱财等）。凡有产者，就必须缴纳赋税。

两税法的征收分夏秋两季进行。法定的征收物品分谷物和钱币两大类，但实际执行中，多数把钱币折成绢帛、谷物等缴纳。

在两税法实行的同时，力役制度也发生重大变革。一是徭役虽依然存在，并且继续据丁征调，但给钱雇佣（时谓"和雇"）的方式推广开来，部分代替了民丁服役。二是随着唐代中期府兵制度的土崩瓦解，募兵制度成为主流。

"惟以资产为宗，不以丁身为本。"[②] 唐代名臣陆贽的这句话精辟地概括了两税法的特点。从此，人丁之征虽不绝如缕，有时甚至泛滥成灾，但中国古代财政收入体系中的赋役制度总体上告别了人丁为本的时代，跨入资产（主要是地产）为本的阶段。

[①] 刘昫等撰：《旧唐书》卷二八，《食货志》，中华书局1975年版，第2093页。
[②] 陆贽编：《陆宣公奏议》卷四，《均节赋税恤百姓第一条》四部丛刊本，商务印书馆影印上海涵芬楼藏宋刊本，1935年版。

两宋时期，财政收入制度在继承唐制的同时增加了一些新的内容。

首先是两税（宋时通常称为"二税"）被明确定性为土地税，全面计亩而征。因此土地的清丈和评定其肥瘠等级成为定税之关键，从北宋初期的度田、千步方田法，到王安石的方田均税法，以及南宋的正经界等，都体现了国家对于"据地出税"原则的贯彻。

宋代的二税也分夏秋两季征收，夏税征钱，秋税征米。但这只是一般之制，实际执行中有很大变通，特别是地域差别较明显。夏税征钱主要行于江浙、福建、广东等地，北方地区多折纳谷物等，这是与财赋调拨及开支需要相适应的，也表明土地税开始从实物税向货币税转化。当时二税制度最突出的问题是附加税名目繁多、税额沉重，成为专制国家非法增收的重要途径。

其次是役法的变革。职役是宋代很有特色的一种役，按户等高低轮流差派，其服役项目繁杂，有看管押运官物、督征赋税、捕捉盗贼等，大都成为百姓的沉重负担。王安石实行募役法改革，令原先服役者出钱，雇人代役，谓之免役钱；原先不服役的城市人口、僧道、品官之家等亦按户等高低出钱，谓之助役钱。两项钱数视当地官府雇人代役所需而定，随二税缴纳；又在应需之外多征20%，以备灾荒减免，谓之免役宽剩钱。这项改革是继隋唐时期以庸代役之后的一大进步，尤其有利于农民从事生产；按户等高下（即家产多少）缴纳免役钱，也体现了负担均平的原则。尤其是免役钱和免役宽剩钱随二税缴纳，实际上开始了摊役（钱）入地税的变革，开明清摊丁入亩之先河。

最后是继唐代中期以后，茶盐酒专卖及商税等成为财政收入的重要来源，比重甚至大大超过二税及其附加税。与此同时，货币性财政收入也持续增长，而谷物、绢布等实物性收入的比重不断降低。这些变化是与商品货币经济的发展相适应的。

但是，宋代也在南方地区继承了五代的"丁口之赋"（又称"身丁钱米"），凡20~60岁者皆须缴纳。这项人头税的出现，对两税法"惟以资产为宗，不以人丁为本"的原则而言，是一种倒退，反映了历史发展的曲折性和复杂性。

辽、金、元时期，这种财政收入制度的反复性愈益加剧。特别是元代一反唐代以来两税法的一贯精神，在北方地区征收人头税性质的丁税，致使已推行了500年之久的两税法在北方中断了一个世纪。力役的征派面也有所扩大，雇佣的成分显著减少，这也与唐宋时期以来力役之征趋于缓和、市场因素逐步增加的发展方向相背离。

明代前期的财政收入制度承元代之余绪而有所变革，呈现出人口与土地并重的特征。明太祖时，清查户口、土地，建立黄册、鱼鳞图册制度。黄册以户为单位，详细登录各户的乡贯、丁口、名、岁、事产等情况，隔十年重编，据以征收赋税徭役，并进而形成一套严密控制基层社会的里甲制度。鱼鳞图册乃土地登记册，以里为单位绘制，乡、县逐级汇总，上报户部。黄册和鱼鳞图册功能各有侧重，但在征派赋役时以黄册为主。这两项制度总结了以往历代的统治经验，因而最为详密。

两税法是明代前期全国统一的赋税征收制度。其名目与唐宋时期相同，分为"夏税"和"秋粮"两种。但内容上颇有变化，所含税目十分繁杂，具有把各种苛捐杂税并入田赋的倾向。另外各地税率差别极大，尤以江南地区最高。据说这与朱元璋痛恨江南百姓支持张士诚与之对抗有关，但实际上是江南地区经济特别发达在财政上的反映，这与唐代中期以来以江南为财赋重地的总体趋势是相一致的。

明代前期的徭役主要有里甲正役、杂泛、均徭等。里甲正役以里甲为单位承担。黄册制度规定110户为一里，推其中丁粮多者10户为里长，其他100户分为10甲，每甲10户，有甲首1人。各里轮流服役，每里一年。其主要任务是催办钱粮、在各衙门听候差遣。杂泛即各种杂役，按户佥派。均徭是从杂泛中单列出来的经常性徭役，以甲为单位，轮流当差。同时，用银代役，官府雇人充役的现象逐步增多。

明代中期，地主为逃避赋役，勾结官吏，通同作弊，黄册和鱼鳞图册伪滥不实，以之为基础的赋役制度也严重隳坏，亟须改弦更张。商品货币经济的空前发展和白银的广泛使用，也成为促进赋役制度变革的重要因素。到张居正执政时，一条鞭法遂走上了历史的舞台。

一条鞭法总结了明代中期众多地方官员赋役改革的经验，总括一县之赋役，悉并为一条，谓之一条鞭，于万历九年（1581年）推广于全国。一条鞭法的主要内容是：第一，将各种名目的赋役和徭役合并征收，并将部分丁役负担摊入田亩；第二，将徭役中的力役改为以银代役，由官府雇工应差，每年编派一次；第三，田赋中除政府需要征收的米麦以外，其余所有实物改为用银折纳；第四，赋役的征收由地方直接办理，赋役外的土贡杂税也逐渐合并征收。一条鞭法是中国财政制度史上继两税法之后的又一次重大改革，它简化了赋役征收项目和手续，并由实物税转向货币税，使赋役合并，以田为纲，以银代役，进一步强化了"摊丁入亩"的趋势。

但一条鞭法的"摊丁入亩"制定得并不彻底，丁役银依然是单独存在的。这就为清代初年通过控制人口增加财政收入留下了方便之门。当时清政府把增审人丁作为考核各级官员的重要项目，许多官员不顾实际，一味追求户籍登录，使户丁编审成为赋役制度的突出问题，官民矛盾加剧。地主富豪勾结官吏，转嫁赋役负担，大批贫困农民无法忍受丁银不均之苦，被迫逃亡。到康熙后期，在籍人丁反而逐步减少。康熙五十一年（1712年），清政府被迫诏令"滋生人丁永不加赋"，将丁役银数额固定下来，为地丁合一创造了条件。

雍正元年（1723年），直隶地区正式推行"摊丁入亩"，各省纷纷仿效，逐步形成全国性的财政收入制度。其基本内容就是取消了按人丁和土地分别征收赋役的双重标准，将丁役完全归并为一，按土地的单一标准征收。

在中国古代，丁役一直是专制国家束缚人民、强化其人身依附关系以榨取财政收入的重要手段。从隋唐时期的租庸调制开始，这种落后的财政收入制度逐步动摇，随着生产力水平的提高和商品货币经济的发展，到"摊丁入亩"，终于归于消亡。这项重大变革意义深远，它不仅简化了税收程序，有利于公平税负，而且使劳动人民获得了更多的人身自由，有助于解放生产力，当然也在一定程度上导致人口激增。

（三）针对工商业的税收

在中国古代，除了从农业领域征收的赋税徭役，针对工商业的税收也是财政收入的重要组成部分。

商税起源于西周时期，税名"布"（是一种铜币，而非以布帛为税）。征税官员叫"廛人"。税种有对市肆房屋征收的商铺税，对商品货物征收的统称"总布"，对契约征收的叫"质布"（类似后来的印花税），还有对存放货物租用仓库、场地征收的"廛布"等。

唐代中期以前，这种面向工商业的税收制度存废不常。有时是轻徭薄赋、恢复和发展社会经济的政策（如西汉前期、唐朝前期）；有时是打击豪商巨贾、增加财政收入的工具。后者以汉武帝的"算缗""告缗"为典型。

汉武帝即位后的连年战争，导致国库严重亏空，朝廷为了摆脱财政困局，除了实行盐铁官营、均输平准等官营工商业政策，还大幅度加重对工商业的税收征管。当时的铜钱为了携带方便，都用绳索串连起来，其绳索谓之"缗"或者"贯"，每1 000枚钱为1缗（贯）。所谓"算缗"，就是向工商业者征收的财产税。其中，商人、借贷业者的税率是6%，手工业者是3%，而当时非工商业者的财产税税率是1.2%，工商业者的税负显著加重。"算缗"意味着工商业者的财产越多，缴税越多。因此这项政策颁布后，工商业者无人愿意主动申报纳税，而是千方百计隐匿财产。汉武帝随即推出了"告缗"，号召人们检举揭发，凡是告发属实，则以被告家产的一半作为奖赏。结果，工商业者中等以上的人家几乎全都遭遇了灭顶之灾，而西汉朝廷发了一笔横财。

从制度化、规范化方面看，宋代的商税制度较有代表性。北宋建立之初，为了改变唐末五代时期商税的横征暴敛、混乱无序，颁布"商税则例"，长期稳定施行。其商税机构，从京师的都商税院，到府、州的都税务，再到县、镇的税务、税场，构建了遍布全国的征管体系。北宋还首次把应当纳税的商品名目、税率等书写在税务、官署和交通要道的墙壁上，公之于众，广泛宣传。其商税主要有过税、住税两大类。过税征收的对象是异地贸易商品，沿途每经过一个税务，缴一次税，税率是货价的2%。住税的对象是当地批发、零售的商品，税率是货价的

3%。此外还有名目繁多的附加税。限于当时的条件，各地税务不可能把每一种商品在每一天的实际交易市价都掌握起来，因此征税所依据的货价，是所谓的"时估"。这种"时估"是各地州县官府组织行会商人根据市场现价预估的未来价，每十天评定一次，它与实际现价出入不大，也体现了物价的地区差别。应官府要求评定"时估"，是行会商人必须承担的一项义务。

在中国古代，被称作"禁榷"（或"专利"）的专卖制度，也是财政收入的重要来源。"榷"是独木桥的意思，就是国家凭借政治权力，把一些生产生活必需的重要物品置于国家控制之下，独占其生产或经营利润，禁止或限制私人插手。强制性、垄断性、独占性等，是这种专卖制度的基本特征。专卖制度表面上是排斥或限制民间资本、由官营资本经营工商业，实际上是国家通过商品买卖的形式，向几乎所有社会成员特别是占人口绝大多数的农民、工商业者普征的一项间接税，是"寓税于商"或曰"寓税于价"的剥削手段。

较早且大规模地被纳入专卖体系的是盐、铁、酒。这些商品具有两大特点：一是消费面广、需求量大，例如铁自春秋战国以后成为重要的生产原料，无论农具、工具、武器都少不了它，盐则是家家户户一日三餐的日用品，酒也是逢年过节、婚丧嫁娶的必需品；二是生产受到资源限制。春秋战国包括西汉前期，盐铁酒的生产经营造就了一大批资拟王公、富可敌国的豪商巨贾。汉武帝为了解决财政困难，利用桑弘羊等人实行了"盐铁官营"政策。盐的专卖，做法是民产官销，也就是官府招募盐的生产者，并提供煮盐的铁锅，严密控制生产过程，生产的盐全部由官府收购，然后官府在各个地方组织销售。铁的专卖，做法是官产官销，也就是在全国各个地方设置铁官，从铁矿的开采、冶炼，到铁器的制造，再到产品的销售，所有环节都由官府一条龙负责。酒的专卖，办法是老百姓可以开酒厂，但是造酒的原料，比如说酒曲、粮食等都必须向官府购买；造出酒来以后，也不能自己卖，必须全部卖给官府，由官府统一销售。

西汉以后，这种专卖制度被长期继承，且不断扩大。唐代，随着饮茶习俗的普及，茶也成了专卖物资。到宋代，海外舶来的香药甚至醋，都成了专卖品。

上述商税、专卖等非农业收入，在一些时期的财政收入结构中还占据了很大比重。典型的如北宋神宗熙宁十年（1077年），财政总收入为7 070万贯，其中农业二税占30%，而来自茶、盐、酒、商税、工矿业等非农业的收入高达70%。[①]

二、财政支出制度

与现代社会相比，中国古代的国家财政支出的种类相对比较简单，主要可以

---

① 贾大泉：《宋代赋税结构初探》，《社会科学研究》1981年第3期。

归纳为军事支出、皇室支出、官俸支出、公共工程建设支出、社会救济支出、文化教育支出等。这些项目历朝历代没有多大变化，但在不同历史时期，开支的具体内容和数量结构却有不少差异。

军事支出通常包括养兵费、军事装备费、国防费以及战争经费四部分，占历代财政支出之大宗。不过，除了大规模战争期间，由于兵制的不同，军事支出在中国古代财政支出中的比重有所变化。战国秦汉以迄唐代前期，与赋役制度相联系，主要实行征兵制。服兵役是那个时代百姓的义务，服役期间，不仅脱离生产，而且必须自备衣粮和部分装备。不服役期间，府兵处于预备役状态，居家务农。因此这个时期国家财政在日常性的军事开支方面数量有限。

唐代中期以后，募兵制成为主流，军官士兵职业化。不仅常备军规模庞大，更重要的是给养、装备等各种费用全部来自国家财政，军事支出成为财政开支的最大项目。例如北宋时期与辽、西夏等政权长期对峙，养兵多达 120 余万人，军费开支竟占财政支出的百分之七八十。明代初年，虽然拥兵 200 余万，但由于实行卫所制度，军士别立户籍，谓之军户，国家分给土地，令其屯田自养，所以财政补贴显著减少。但明代中叶以后，卫所制度遭到破坏，募兵益众，财政开支亦随之激增。到张居正推行一条鞭法的万历年间，军费之需竟达 380 万两，比明代前期增加 9 倍多。崇祯时，为镇压农民起义和防御清军，加派三饷，达 1 200 万两，只此一项，就使国家民穷财尽。清代前期的养兵费用也很庞大，仅八旗、绿营的兵饷用银就相当于当年财政收入的一半。

皇室费用占据重要地位，是中国古代财政支出的一个显著特点。多数王朝建立之初，皇室成员较少，统治者为稳固政权、缓和社会矛盾，比较注意撙节开支。但随着统治者奢侈腐化，皇室经费也与日俱增。这可以说是普遍现象。从秦朝开始，皇室费用和国家财政通常分为两个系统，各自管理。但在皇室收支或国家财政收支不平衡时，它们之间也互相通用，更多的是皇室入不敷出，而挪用国家收入。皇室费用一般包括皇帝本人及后宫的生活费、宫殿陵墓建筑费以及滥赏横赐等。皇室生活费用常常数额惊人。历代皇帝都广选秀女充斥后宫，少者不下数百，多者如西晋武帝司马炎竟然拥有上万之众。养活这些人费用之巨不难想象。西汉和明代，仅直接为皇室做饭者就多达 6 000 余人。宫殿陵墓营造费之巨者首推秦始皇。单阿房宫，就调集了 70 万人。骊山墓的营建，从秦始皇 13 岁时开始，到他死为止，历经 36 年，也动用 70 余万人。

自秦汉以降，从中央到地方，无论官员大小，皆食国家俸禄，因此俸禄成为国家财政的一项重要支出。与俸禄支出相关者，主要是官员数量及其俸禄标准。随着专制统治的强化，国家政治机器有不断膨胀的现象，官员数量愈益增加，这必然导致财政支出增加。中国古代官员俸禄标准的变动如同一条抛物线，秦汉以后，有上升的趋势，以唐宋为顶点。其中，高级官员的俸禄以北宋最高，低级官员的俸禄以盛唐最高。明清时期，总体俸禄水平降低不少，这是官员数量增多、官俸对财政压力加大的结果。汉代因官俸发放粮食，所以习惯上把授给百官的粮食数作为官秩等级。当时官秩分为八等十五级，自万石（每月实领俸禄350 斛）至一百石（每月实领俸禄16 斛）不等。此外还有俸钱和赏赐。据东汉人桓谭所著《新论》，当时官俸支出约占财政岁入的一半。清代前期的官俸支出主要有俸食、公费和养廉银三项。俸是官员之正俸，有银有米。公费属于额外补贴，根据等级按月发放。养廉银，又称公廉，顾名思义是为保证官员廉洁而设立的，按官阶高低发放，基本固定，与正俸无异。乾隆三十一年（1766 年），官俸支出达白银543 万两，占总支出的近18%。

公共工程建设支出包括筑城铺路、兴修水利、疏浚河流等。许多王朝对于这些公共设施建设比较重视。例如，秦代、明代修筑的长城，隋代开凿的大运河等，都是人类历史上著名的伟大工程。秦国修建的都江堰、郑国渠、灵渠等，西汉在关中开凿的漕渠、龙首渠、六辅渠等，都对发展农业生产发挥了巨大作用，有的甚至泽及今人。自西汉以后，黄河经常决口泛滥，因此治理黄河一直是一项重大的水利工程，历代都投入了巨大的人力、物力、财力。

中国是一个自然灾害频发的国度，对于遭受天灾人祸的百姓实施救济，是国家功能的重要体现，因此社会救济费用这项属于转移支付的开支也在财政支出中占有一定比重。社会救济的方法主要有减免赋役、赈济粮食、通过常平仓调节物价等。

重视教育文化自古以来就是我国的一个优良传统，几乎历代都由官府设立学校，培养人才，所需办学经费由国家财政负担。西汉后期，官学在校学生有 3 000 多人，东汉后期，达到 3 万人，没有教育经费不断增加的支持是难以办到的。此外，大型图书的编纂、天文历法的研究和修订、医药卫生的建设等，也都得到了国家财政的支持，对于发展我国辉煌灿烂的传统文化具有不可忽视的重要作用。

当然，在整个财政支出结构中，军事开支、皇室消费、俸禄支出等为统治集团服务的消费性支出始终占据了绝大多数，而公共工程、社会救济、教育文化等方面的生产性公益性支出虽不能说微不足道，却是远远不能与前者同日而语的。

三、财政制度的绩效

财政是经济与政治的连接点——中国古代的财政史印证了这个论断。一方面，财政制度与社会经济相适应，随着经济的发展而演进；另一方面，财政制度又与政治状况高度关联。

在中国古代的早期阶段，生产力水平低下，商品货币经济脆弱，财富剩余有限。以此为基础,财政制度上对劳动者人身的控制多于对土地的控制。财政收入结构表现为:人头税多于土地税;力役之征与赋税之征并重;源自农业者居多,取自工商业者较少;实物性收入较多、货币性收入较少。在财政支出环节则表现为:随收而支,有什么支什么,力役之征的支出即是对服役者人身的直接役使。魏晋南北朝时期一切以户丁计赋役的制度,就集中体现了这个阶段的特征。

随着农业生产的进步和商品货币经济的发展,力役和人头税之征逐渐被摊入土地。在财政收入结构上表现为,直接来自农业的比重有所降低,取诸工商业者不断增加,实物性收入逐渐减少,货币性收入愈益增多。在财政支出环节则表现为,通过市场交换获得国家所需实物和劳务的政府购买制度发展起来。这个过程从唐代中期的两税法开始,到清代前期的摊丁入亩完成。

尽管财政制度的嬗变过程十分缓慢,而且经常遭遇逆转,但是其循序渐进的总体趋势没有改变。

不同的财政收支形式,对于社会经济的影响也颇不同。在力役和实物收支较多的情况下,赋役承担者直接把自己的产品或劳务缴纳给国家,产品不经过市场交换、不转化为商品,国家征敛实物和劳务后直接用于消费,国家与赋役承担者结成的只是赋役关系。这种财政收支形式既是自然经济的产物,也会强化自然经济的存在。

一旦货币性财政收入增加,财政收支各个环节与市场交换的联系就会加深。一方面,国家通过直接税和间接税等渠道聚敛货币,对于赋税承担者来说,他的实物性产品在交税前必须经过市场交换,转化为商品,取得价格形式。另一方面,就国家而言,它对货币形态的收入一般不直接消费,而要通过市场向民众购买实物和劳务。于是,国家以商品购买者的面目出现,民众则是商品的提供者,国家与民众在赋役关系之外又结成了交换关系。尽管官民双方总是不平等的,交换经常是不等价的,政府购买往往带有严重的强制性,但毕竟与单纯的赋役关系有很大区别。这种财政收支形式既是商品货币经济发展的产物,也会刺激和拉动商品货币经济的进一步发展。

财政制度与社会经济是相互作用、彼此制约的关系,但这种关系又经常受到政治状况的影响。

财政政策具有调节经济的杠杆作用,这一点在中国古代很早就为人们所认识。因此许多王朝在立国之初,为巩固政权、缓和社会矛盾、恢复生产,都比较注意抑制铺张,撙节经费。而且新王朝大都非常重视财政制度建设,通过清查户口、清丈土地、强化征管等,革除前朝财政制度的流弊。这些财政政策对于减轻广大民众的赋役负担、公平税负、促进经济的恢复和发展,都发挥过积极作用。西汉的"文景之治"、唐代的"贞观之治"、清代的"康乾盛世"等,无不以这些政策的实施为背景。

但是随着专制政治无一例外地走向腐败和黑暗，财政制度也都无一例外地遭到破坏。统治集团挥霍成风，聚敛无度，将广大民众特别是贫苦百姓推入苛捐杂税的深渊，对社会经济造成了严重破坏。统治者的横征暴敛、巧取豪夺，可以说是历代王朝覆灭的主要原因。虽然早在西周时期，就出现了预算、决算制度，秦汉时期以后，预决算制度更加成熟完备。但在专制政治之下，财政预算只能是软性约束，因为真正决定财政收支的，是各个层次的官员意志。预算、决算制度的严肃性和有效性，只有在现代民主政治之下才能确立。而在有的朝代（例如元朝）落后的生产关系卷土重来，财政制度也在一些方面出现倒退和反复，阻碍社会经济的发展。

总之，中国古代的财政制度虽然总体上顺应社会经济的前进方向，并发挥过显著的促进作用；但也经常阻碍社会经济的正常发展，扮演过恶劣的破坏性角色。

第二节 货币与货币制度

一、货币形态的变迁

（一）战国秦汉的金钱并行阶段

与世界其他地方一样，最初在中国扮演货币角色的也是贝壳。金属在中国虽然使用很早，而且春秋以前，青铜器铸造技术还极其辉煌，但各种支付手段仍多是用贝。用青铜制作货币，是战国时代发展起来的，并出现了布币、刀币、环钱三大系统。布币是由农具演变来的，刀币则明显来自实用的刀，环钱呈圆形，中间有一孔，有人认为仿自纺轮，又有人认为来自玉璧。此外，黄金也逐渐用作贮藏手段和支付手段。《管子·轻重乙》就说："黄金刀布者，民之通货也。"

秦始皇统一全国后，以黄金为上币，单位为镒；以方孔圆形的铜钱（即半两钱）为下币。从此铜钱的形制固定下来，并沿用两千余年。

汉承秦制，黄金改为以斤为单位，一斤黄金通常等于一万个铜钱。但黄金一般只作价值尺度、支付工具和贮藏手段，并不作为流通手段。流通手段专用铜钱。汉武帝发行的五铢钱，因轻重适宜，一直通行到唐代初年，是中国历史上用得最久最成功的币种。

总之，战国秦汉时期，黄金虽是重要货币，但与百姓生产生活关系最密切的还是铜钱。

（二）魏晋南北朝隋唐的钱帛兼用阶段

魏晋南北朝时期，商品经济严重低迷，铜钱除在南方地区使用外，在北方则长时间被排挤出了流通领域,商品交换倒退回了以物易物的原始状态。

隋唐帝国建立后,商品经济逐步恢复,国家重视铜钱的铸造和统一,铜钱的流通日趋活跃。但由于商品经济的总体水平依然较低,各种实物充当交换媒介的现象仍十分普遍。韩愈就说:"除城郭外,有现钱氽盐者十无二三,多用杂物及米谷博易。"① 各类实物中,绢帛作为交换媒介和价值尺度的地位最为突出,大宗的商品交易、政府征收赋税等皆以绢帛计价,出门在外的盘缠也大都是绢帛。敦煌残卷中保存了不少唐代前期的借据,凡不离本乡的,通常是缺啥借啥;若要去外地,则一律借的是绢。豪富们积攒家财用的是绢,炫示富裕用的也是绢。富商王元宝向皇帝夸耀说:臣在终南山上,每一棵树上挂一匹绢,树可尽而臣绢未尽。杨国忠靠着杨贵妃的裙带关系当上宰相后,招权纳贿,积攒下的家财达 3 000 万匹绢。绢帛充当货币的状况还得到了国家的维护,唐玄宗曾针对市场交易愿用铜钱不愿用绢帛的现象而下令:"绫、罗、绢、布、杂货,交易皆通用。如闻市肆必消见钱,深非道理。自今已后,与钱货兼用,不遵者准法罪之!"②

然而绢帛终究不是完整意义上的货币,充其量只能算是一个客串货币的"临时工"。因为就某一匹绢而言,它不能分割得太细小,也不能在交换中使用次数太多,否则它就丧失使用价值而一文不值了。绢帛充当货币是与商品经济落后情况下的简单交换相适应的,一旦商品经济发展到一定程度,它就会自然而然地退出货币的行列,让位于真正的货币,即使皇帝下令,也挽留不住。从唐玄宗的诏令看,这个变化在唐代中期就出现了。

(三) 宋至明初的钱钞共存阶段

北宋继承唐代中期以后的制度,以铜钱为主。绢帛已逐渐退回日用品的地位。纸币的产生和推行,是此时最大的特点。

纸币是在信用汇兑和"交引"等有价证券广泛使用的基础上发展起来的。北宋四川地区特殊的货币形态则是纸币诞生的催化剂。与其他地区不同,北宋在四川行用铁钱。铁钱比铜钱还要笨重,而四川的商品经济又较发达,货币状况与商品流通的矛盾尤其尖锐。民间遂发明了楮纸制作的货币代用券。"蜀民以钱重难于转输,始制楮为券。表里印记,隐密题号,朱墨间错,私自参验,书缗钱之数,以便贸易,谓之交子。"③ 开始时,交子的发行由成都的 16 家富户主持。但由于私人家境兴衰不定,影响了交子的信用。宋仁宗天圣元年(1023 年),朝廷在成都设置"交子务",将交子发行权收归政府。其特点是:有一定的发行额度,每界为 1 256 340 贯;有一定的流通期限,大抵三年一界,界满以旧换新;备有发行准备

---

① 韩愈撰:《昌黎先生文集》,上海古籍出版社 2013 年版,第 866 页。
② 王钦若等编:《册府元龟》卷五〇四,中华书局 1960 年版,第 6050 页。
③ 费著撰:《楮币谱》,见《全蜀艺文志》,线装书局 2003 年版,第 1701 页。

金，即所谓"本钱"，大凡每造一界，备本钱 36 万贯；有一定的流通区域，主要限于四川等地。至此，交子作为铁钱的符号和代表，成为完全意义上的纸币。

南宋、金、元时期，纸币获得了广泛发展。南宋和金朝都把纸币的流通范围扩大到了其整个辖区，纸币的流通量也逐步超过铜铁钱而成为主要的货币，对促进商品经济的繁荣发挥了巨大作用。但南宋的纸币制度也存在严重缺陷，一是纸币不统一，其流通具有显著的地域性；二是为了解决财政困难，南宋中后期拼命扩大纸币的发行量，导致了严重的通货膨胀。南宋末年，纸币贬值，几乎贱如粪土，威信扫地。

元朝把纸币确定为流通全国的主要货币，并借鉴宋金纸币的教训进行了改革。元世祖忽必烈于中统元年（1260 年）发行"中统元宝交钞"和"中统元宝钞"，简称中统宝钞或中统钞。在中国古代货币史上，中统钞是最稳定、最完善的纸币。它以银为本位，有充足的准备金，发行量也得到严格控制，因而信誉昭彰，不但终元之世通行全国，而且在今朝鲜半岛、越南、泰国等地也将中统钞当硬通货使用。但元朝后期，纸币的准备金被大量挪用，发行量也急剧上升，造币场每天开足马力印刷，究竟印了多少都不可计数，终于招致了恶性通货膨胀和元朝的灭亡。

明代初年，曾仿效元制，用钞不用钱，禁止民间以金银交易。但不久就加以变通，钱钞兼用，以纸币为主，铜钱为辅。明代的纸币制度，有一点值得称道，就是两百多年间，只用一种钞票，谓之"大明宝钞"。这从根本上改变了宋元以来纸币不统一的问题，是前所未有的。明代中期以后，因发行泛滥，纸币暴跌，逐渐退出流通领域。但经过几百年使用，钞字已深入人心。到明代末年，还用钞字来代表货币，虽然实际支付的是银或者铜钱，却仍或称钱钞，或称钞银。

（四）明中期至清的银钱并用阶段

白银的货币化，发端于南宋时期。经过几百年的酝酿，特别是随着对外贸易的发展，日本、南美等地的白银大量输入，到明代中期以后，白银终于排挤了纸币并取代了铜钱而成为主要的流通手段，从而确立了中国古代后期以白银为主、以铜钱为辅的货币制度。

马克思指出："随着商品交换日益突破地方的限制，从而商品价值日益发展成为一般人类劳动的化身，货币形式也就日益转到那些天然适于执行一般等价物这种社会职能的商品身上，即转到贵金属身上。"[①] 白银货币化的完成，无论对于国内贸易，还是海外贸易，都是划时代的重大进步。然而明清时期的白银货币制度却非常粗陋。

明代的白银以锭为主，大小不一。最大的重五百两，普通的大元宝每锭五十

---

① 《马克思恩格斯文集》第 5 卷，人民出版社 2009 年版，第 108 页。

两,其他有若干小锭。清代银的名称、形状、重量等,也是千差万别,种类繁多,皆以重量为单位,所以每次支付,都须秤称。商人买卖,除了银锭,秤、天平之类的工具也必不可少。但称重的砝码照样不统一,各地差别很大。确定重量十分不便,辨别成色更是复杂,这无疑增加了交易成本。市场对于货币制度的需求极大,但国家对于货币制度的供给严重滞后。

欧洲的金银币,在中世纪的时候,也不是整齐划一的,虽然铸成金币,在流通时也要秤称授受。但从 15 世纪后半叶开始,为适应市场经济发展形势的需要,欧洲以枚为单位的币制发展起来。其银圆大量流入中国,在市场上广泛流通。在交易成本方面,银圆这种货币形态显然优于以两为单位的货币制度。清代时,外国银圆在中国很受欢迎,其作价甚至超过银两。清末,各地开始仿照外国银圆铸造银币。

二、货币制度的变迁与特征

人类历史上,曾经主要有两种货币文化,一是希腊体系,二是中国体系。中国不仅是世界上较早使用货币的国度之一,而且货币制度和文化独立发展自成系统,对周边许多国家和民族产生了深刻影响。正如英国著名经济学家约翰·希克斯所言:"中国历史上的货币制度是唯一有别于希腊祖先的这一惯例的重大例外。中国的货币制度是在同样漫长的时期中发展起来的(真不可思议),但其特征明显不同,完全独树一帜。它似乎从一开始显然就不建立在贵金属的基础上。"① 归纳而言,古代中国的货币和货币制度主要有如下特点:

(一)货币形态多样,货币的职能不集中于一体

最早用贝壳作为货币,是人类历史上的普遍现象。但在欧洲和阿拉伯等地区,自从金银币出现之后,货币便逐渐以金银之类的贵金属为主了。中国古代虽然长期以铜钱为主要的流通手段,但铜钱不是唯一的,也不能说铜钱是主币。因为在铜钱之外还长期存在其他重要的货币形态。如果纵向来看,在漫长的历史过程中,货币形态多种多样并不奇怪。问题是即使在同一个时段,货币依然五花八门。

例如宋代,用作流通手段的货币和准货币就种类繁多。有传统的铜钱,有贱金属的铁钱,有贵金属的金银,还有世界上最早的纸币。铜铁钱当中又有所谓小平钱、折二、折三、当五、折十钱和夹锡钱等名号;纸币当中又有交子、钱引、会子、关子等花样。另外,绢帛等实物,茶引、盐钞等有价证券,甚至和尚、道士出家的证明文书——度牒等,也都经常扮演货币的角色。

货币主要有三种职能:一是交换媒介,这是货币最基本的职能;二是价值尺

---

① [英] 约翰·希克斯:《经济史理论》,厉以平译,商务印书馆 1987 年版,第 63 页。

度，即用它的单位来表示其他一切商品的价格，这是货币作为交换媒介的必要前提；三是贮藏手段，即作为保存财富的一种形式，这是货币作为交换媒介的延伸。正由于货币形态多样，在中国古代，这几种职能并没有集中于一体。

铜钱所负载的货币职能是最多的，尤其是作为流通手段和价值尺度的场合，基本上主要是铜钱。可是有些职能，主要不是用铜钱，甚至有时完全不用铜钱。例如贮藏手段，自古以来主要是金银，铜钱只在一定程度上取得这种职能，而且限于合乎标准的铜钱，不合标准的铜钱，人们绝不用作贮藏手段。在魏晋南北朝隋及唐代前期，铜钱作为流通手段和价值尺度的地位，甚至比不上绢帛。

金银虽然有时也作为价值尺度和价格标准，但除了明代中期以后，基本上不用它们作为流通手段。历代也不乏铸造金银钱的例子，但这种金银钱只具备货币的形式，目的不是用于流通。

由于货币的职能分别由各种物品承担，而这些物品之间又没有一定的关系，所以历史上的常见现象是，各种货币没有主辅之分，都可以无限地使用，且彼此之间没有固定的比率，皆随市价盲目波动。有些朝代，也曾规定比价，但很难维持。

(二) 货币的铸造和流通具有显著地域性

中国自古疆域辽阔，各地情况千差万别，更重要的是自然经济长期居于主导地位，造成了区域间经济联系的松散和封闭。这种经济状况反映在货币形态上，就是地域性特征十分显著。

古代钱币的铸造，通常由各地办理。政治上分裂的时期，列国各自为政，自不必说，即使在一些大一统王朝，依然如此。唐代会昌年间的开元钱、明代的大中洪武钱等以及整个清代两百多年的钱币，都是由各州、各省或各局分铸，钱背有州名、省名或局名。这种传统延续下来，就连清代末期到民国年间的新式货币如银圆、铜圆和钞票等，依然是各省铸造发行，上面也有地名。

这种情况加上一直是手工生产货币，用泥范作模具，几乎范范不同，使得货币形制根本无法统一。即使同一个名号的钱，其穿孔大小、轮廓阔狭、钱身厚薄等也都有很大差别。例如，宋神宗元丰年间，只有八年时间，但铸造出的元丰通宝，单是日本出版的《昭和钱谱》所收集到的，就有近三百种。

货币形制的不统一，方便了私铸，是导致私铸盛行的原因之一。汉武帝时，犯私铸罪判死刑者有几十万人。唐肃宗乾元二年（759 年），单是长安城中因盗窃寺院铜像、铜钟用于私铸铜钱而被打死的就有八百多人。

在流通方面，货币的地域性也非常突出。例如宋代，无论北宋还是南宋，都把全国分为几个不同的货币流通区。北宋时，四川主要流通铁钱和交子，陕西、河东等地一度铜钱、铁钱、交子混通，其他地区主要通用铜钱。在南宋，一方面令两淮江北地区使用铁钱,禁止使用铜钱;另一方面又把全国割裂为四个纸币流通区,四川用"川引"、淮南用"淮交"、湖北用"湖会",其他地区使用所谓的"行在会子"。宋代又继承了前朝的短陌法,以不足一百钱当百钱用。虽然官方规定以77钱为陌,但实际上民间交换时的短陌比例一直五花八门,随俗而异,始终未能统一,甚至在同一个地方的不同行业中,其比例都不一样。

(三) 货币制度与政治、财政状况密切关联

货币是商品交换的产物,随商品经济的发展而演进。但货币在其自身发展的一定阶段,又同政治和国家财政状况有密切联系,国家的财政行为对货币经济具有广泛而又深刻的影响。可以说,这个特点贯穿于中国古代货币史。

首先,币制变化与王朝更迭直接相关。朝代更换,币制多有所改革;朝代若不更换,则改革属于例外。这使得历代钱币风格迥异。

更重要的是,中国古代的货币制度尽管混乱复杂,变化多端,却有一项根本性的政策原则基本不变,这就是把货币作为控制国家经济的重要工具和解决财政问题的重要手段。国家财政构成了货币流通的中心,货币政策实际包含在以收支为核心的财政政策之中,属于财政制度的一部分。

正是由于这一点,古代货币无论是制造、发行、投放、回笼、贮藏等流通过程,还是币制、币值、币种、发行量、流通区域等制度要件,都常常不是按照社会经济发展对于货币的客观要求调整,而是依财政需要为转移的。

关于货币供应量和流通量,可以宋代为例。北宋时年铸钱额一般都在百万贯以上,最高年份铜钱铸造额超过500万贯。① 其所以如此,除了商品经济发展、商业繁荣,还与财政开支恶性膨胀所导致的财政货币化有关,而财政货币化则是基于财政支出压力下的管理需要。多铸一文钱,就等于多增加一文钱的财政收入,铸钱越多,财政收入就越多。因此,宋代铸钱量激增,从某种意义上可以说是由财政作为"催化剂"催出来的。如果说铜铁钱的铸造要受原材料和铸造条件的制约,成本较高,对于扩大财政收入尚有一些制约,那么,在宋代造纸业和印刷术空前发展的条件下,纸币的制造却是极其简单便捷的事情。于是,南宋后期,在蒙古强大军事压力之下,为筹集战费,便最大限度地调动造纸业和印刷业发达的优势,制造出无穷无尽的纸币,最多时一天增印15万贯,② 把货币的财政手段痛快淋漓地发挥到了极致。

关于货币发行和币种选择,可以王莽为例。王莽掌握政权,只有短短的十几年,却进行了4次币制改革。先是发行大泉、错刀等,分别值汉武帝以来通行的五

---

① 漆侠:《宋代经济史》下册,上海人民出版社1988年版,第602页。
② 脱脱等撰:《宋史》卷一三四《食货志》,中华书局1977年版,第4409页。

铢钱的 500 倍和 5 000 倍。2 把错刀就值黄金一斤。继之又推行宝货制，其钱币共有五物六名二十八品，光怪陆离，在世界货币史上都堪称一种破天荒的制度。这些钱币皆制作精美，堪称艺术珍品。例如，错刀铸有"一刀平五千"5 个字，其中的"一刀"2 字是用黄金错成的，所以又称金错刀。这使得王莽被后世的钱币收藏家赞誉为中国头号铸钱能手。尽管如此，王莽的货币改革仍以导致物价飞涨、彻底破产而告终。历史上的币制失败，多有别的原因，而不是制度本身的缺点。唯独王莽的失败，完全是制度所致。而王莽之所以热衷于制造稀奇古怪的钱币，不是出于艺术创作或美学的追求，纯粹是为了搜刮民财。除了王莽，古代其他频繁发行新币者，也大都基于同样目的。

总体来说，中国古代的货币制度能够适应社会经济的需要并发挥了其应有作用。但如果说货币制度有什么弊端，则这些弊端多半是从货币与财政的关系中衍生出来的。

第三节 借贷与信用

一、古代社会的借贷活动

"金融"意指资金融通，包括货币、信用以及和货币、信用有关的各种经济活动。中国古代没有"金融"一词，这个词是近代从日本传入的。而且古代的信用行为对象并不限于货币，还包括实物（如粮食）的借贷等。

借贷是应人们生产生活之需而出现的，历史悠久，几乎无时不有、无处不在，是中国古代最基本的金融活动，其行为主体为私人和国家。

私人从事借贷经营者非富即贵，西汉时被称为"子钱家"。汉景帝时爆发吴楚七国之乱，准备从军出征的列侯封君纷纷向长安的子钱家借钱。多数子钱家因战争胜负难测而不敢出借，只有无盐氏借出千金。三个月后吴楚之乱平定，无盐氏一年中收息 10 倍，一下子"富埒关中"。魏晋南北朝佛教兴盛，寺院经济发达，因而僧尼和寺院放债牟利成为该时期的突出现象。中国最早的当铺就是此时的寺院所创。

私人经营的借贷活动，在古代经常以高利贷的面目出现。但这只是一般性的说法，借贷利息究竟有多高，因时因地有所不同。《管子·轻重丁》说齐桓公曾派人调查各地百姓的负债情况，利率有 10 分、5 分、2 分三种。这虽是一个故事，却反映了现实中的利率高低之别。著名的田氏代齐的故事中，田桓子为了笼络人心，放贷粮食时用较大的容器，收回时用较小的容器，非但没有利息，连本钱也没有全部收回。明代万历年间李乐《见闻杂记》卷九记载，江苏武进人唐顺之的宗侄调查市场，发现商人十有六七的资本是借来的。这种借贷资本的利率也不会很高，通常不会高于商业利润，因为如果商人无利可图，就不会借债经商了。

不过，借贷利率较高，终究是古代社会的一个普遍现象。汉文帝时，晁错说农民为了交纳急征暴敛，有物产者被迫半价而卖，无物产者只得借债，负"倍称之息"，也就是付等倍的利息，年息10分（100%）。吐鲁番的出土文物中有不少唐代的借贷契约文书，其中月息有高达20分、15分者，但多数是月息10分。元代西域回鹘商人放高利贷，也是一年利息一倍，所不同的是按复利计算，谓之"羊羔利"。如同母羊生下羊羔，羊羔又长成母羊生小羊羔。明代弘治《吴江志》卷六《风俗》介绍当地高利贷的情况说："小民乏用之际，借富家米一石，至秋则还二石，谓之'生米'。其铜钱或银，则五分起息，谓之'生钱'。或七八月间，稻将熟矣，而急于缺食，不免举债，亦还对合。故吴中有'出门加一'之谚。"这说明，年息100%是古代社会长期普遍存在的一种利率标准。越是灾荒年景或者社会动荡之际，高利贷越是猖獗。

放高利贷，尤其是乘人之危巧取豪夺，在中国古代往往被视为一种不仁、失德的行为。对于社会经济而言，高利贷具有双重作用。它既对社会经济、特别是贫困农民的生产生活构成了严重冲击，也适应了社会经济活动中融通资金的客观要求。而古代社会利率普遍较高，则是资金供求状况和信用保障机制综合作用的结果。

为了降低高利贷的消极影响，历代都制定了控制利率的政策。西汉时就有贵族因放贷取息超过法律规定而被处罚的事例。唐代禁止按复利计算利息，最高利率不得超过一倍。宋代进一步规定，收取利息超过一倍者，其所得没收入官；禁止强夺土地、牲畜抵债。元代中期以后，回鹘"羊羔利"在众多朝臣反对下受到一定限制。国家的规定是月利率以3%为限。类似政策在明清时期也继续实行。

国家经营的借贷活动大致有两类。一类是为救济灾荒、扶助生产而举行的赈贷。西汉出现"赈贷"一词，并成为经常性的政策。赈贷的内容主要是口粮、种子、钱币，有时还贷给农具、耕牛等。所贷钱物一般要归还，但国家也经常宣布免除债务。这种活动属于国家经济政治功能之一，大体相当于财政分配中的转移支付。

另一类是国家为获得财政收入而进行的借贷，形式与私人借贷相似。例如，唐代的"公廨本钱"，就是朝廷拨给京官和各地官员一笔经费，让他们经商或放债，利率月息自7分至3分不等，收入公用。清代谓之"生息银两"，由官营当铺运营。总体而言，官营借贷的利率水平略低于私营借贷利率，其经营方式有官吏自营，也有不少募人承包经营。

二、商业活动中的信用关系

商业活动中的信用关系有民间商业信用和国家信用两种情况，广义上也属于资金融通的范畴，它的出现和发展，反映了商品经济的进步和市场交易手段的高级化。

民间商业信用的方式主要有赊买、赊卖和预付货款等。赊买或赊卖其实是同一买卖行为的两种说法，都是交易的延期付款。刘邦当泗水亭长时，就经常赊酒。出土的汉代简帛中，也有大量赊买、赊卖的记载，说明商业信用已比较盛行。唐代以后，预付货款发展起来。吐鲁番出土文书中就有一些预付货款的契约。宋代对于赊买、赊卖制定了详细的法律，规定必须由有产业者担保、订立契约、写明还钱日期等，到期不还要由保人代偿，没有保人的契约发生纠纷时官府不予受理，商家和保人合伙欺蒙客户者要受严惩。宋代的赊买、赊卖和预付货款、预付定金等已十分普遍，特别是一些大宗买卖中，现钱交易反而较少。赊买、赊卖有利于加快商业资本的周转、降低交易成本，而预付货款、预付定金则有助于扶持生产，保障市场供给。

商业活动中的国家信用也主要有赊买、赊卖和预付货款等形式。汉武帝时开辟通往西南夷的道路，参与工程者达数万之众，官府运粮难以接济，于是招募商人就地开荒生产，产品赊卖给官府，然后到长安领取报酬。这就是典型的国家信用。商业活动中国家信用的大规模发展是在宋代，国家买卖盐、茶、粮食、绢帛、矾、酒等商品，都广泛采取赊买、赊卖、预付货款或预收货款等方式。例如，北宋给驻扎在北部沿边地区的数十万军队筹措给养物资，其主要办法就是招募商人输送粮草，根据道路远近，以高于市价的价格付给称作"交引"的取款凭证，商人凭"交引"到京师取钱，或到江淮等地领取茶、盐等物。整个过程认票不认人，完全是靠国家信用支撑。"交引"还可以转让，汴京等地的一些富商大贾开设"交引铺"，专门经营"交引"的买卖，形成了有价证券的交易市场。这样，"交引"就可以从具体的商品—商品的流通过程中游离出来，成为一般性的支付手段。"交子"这种纸币的诞生与"交引"有着内在联系。

在中国古代信用性的金融活动之中，还有一项非常有特色的业务，就是信用汇兑。信用汇兑起初是民间自发的，始于唐中期。当时铜钱成为主要流通手段，虽比绢帛有利于交换，但携带流通起来却异常笨重。开元钱每1 000文的标准重量是六斤四两（约合今4 000克），这样算下来，一万贯的铜钱相当于今天的40吨重，铜钱如此笨重，于是周转成本极其高昂。唐德宗建中年间，江淮地区铸造的钱运往长安，合计每贯钱的运输费用竟花了2 000文。长距离大规模的贸易中，且不说成千上万贯，即使只有几十几百贯的铜钱，也非得车载船运不可。这在今人看来实在匪夷所思，古人也嫌其麻烦。于是一种称作"飞钱"（又称"便换"）的新事物应运而生。外地到京师做买卖的商人赚了钱后，并不是自己把钱运回去，而是把钱款交给本道驻京的办事处——进奏院或者本道驻军、节度使、富商在京师的家中，由其开给一张票券，票券一般分为两半，一半给交钱者，另一半由收钱者寄回本道。商人返回本道后，到当地官府或者军官、节度使、富商的家中，两半票券核对无误，就可以领回钱款了。

"飞钱"是一种典型的此地存彼地取的汇兑业务，通过这个办法，尽管铜钱并没有从此地运到彼地，却仿佛长了翅膀一样实现了跨地区的流动。从地方向京师汇款亦然。它给商人交易尤其是远距离贸易带来的便利是显而易见的。更重要的是，"飞钱"的办法是"合券乃取"，两半券合与不合是能否兑取到钱款的唯一凭据。因此，"飞钱"的出现不仅是基于进奏院、节度使、富商等在社会上的信誉，而且通过"认券不认人"树立起了票券的权威，从而把信用制度推进了一大步。

"飞钱"完全是民间的创造发明，后来收归官营，有利于保证其信用，也有利于扩大其使用范围。

宋代的信用汇兑有了更大发展，以汴京为中心形成了一个联络全国各地的汇兑网。京师便钱务经手的汇兑业务量，北宋初期是每年170余万贯，相当于此时年铜钱铸造量80万贯的2倍有余；北宋中期增加到了每年283万贯，相当于此时年铜钱铸造量105万贯的2.7倍。

南宋以后纸币流通扩大，汇兑逐渐消失。明代中叶开始银钱并行，汇兑又重新兴起，多由私人经营，取款凭证改称"会票"。清道光三年（1823年）山西商人创设的票号，主要业务之一也是汇兑。

三、金融机构的形成与变迁

中国古代的金融机构以当铺、钱铺、票号等较有代表性。

当铺在唐代发展为独立的金融机构。贷款者把财物抵押或质押给当铺，换取通常大大低于财物实际价值的金钱，按约定负担利息并赎回财物，若逾期不赎，则财物归当铺所有。赚取差价和利息，是当铺的基本赢利方式。唐宋时期，当铺通常谓之"质库"。明代当铺成为主要的金融机构，是有钱人理想的投资场所，当时的小说中介绍富人财产时往往说他们开着当铺。清代还出现了"账局""钱铺""钱庄"等放贷机构，徽州商人的主要经营领域之一也是当铺。

明代出现了主要经营货币兑换的钱铺，到清代有了显著发展，业务范围扩展到存款贷款等，在金融机构中的地位超过当铺，已经俨然有银行的样子了。清代的官营钱铺，遍布全国各省，揽储社会资金，发放实业贷款，发行纸币，是各地重要的金融机构。民营的钱铺（其中一部分称为钱庄），业务范围与官营钱铺大致相同，也可以发行纸币性质的钱票、银票、会票等。上海的民营钱庄在乾隆年间还成立了钱业公所。"宁波帮"商人经营的钱庄影响最大，占上海钱庄的半数以上，在其他都会也不少见。加入钱业公所的钱庄，都是资本实力比较雄厚者，实行过账（转账）制度。大体做法是，凡与这些钱庄有业务往来的商户，每天在账簿上写明应收和应付的金额及商号，隔日将账单交给钱庄，由钱庄负责过账，并计算利息。如要向某店取银钱，只需将单据交给钱庄，由付款方的财务负责人认可，就会按时交付。这种制度大大节省了交易成本。钱庄还经常向外资银行、票号拆借资金。钱铺无论官营、民营，发行钱票、银票等纸币通常都需要相应的准备金，但因超额滥发、失信倒闭而引起的金融风潮也时有发生。

在中国土生土长的金融机构中，诞生于清代中期的票号颇值圈点。明清时期的各地商帮，尤以山西商人财厚名高，其规模较大者通常采取集团式连锁经营，总号多设于山西，各地遍设分号。由于资金往来的需要，一些中小商人往往托大商号代为汇兑，依例付些手续费。平遥县商号西裕成，原主营颜料生意，大掌柜雷履泰窥见商机，遂改行专营汇兑业务，于道光三年（1823 年）前后创办了第一家票号日昇昌。此后的票号大多由晋中一带的商人兴办，按其籍贯分为祁县帮、平遥帮、太谷帮。外省商人亦办票号，但为数很少。票号仍采取总号—分号体制，总号多设于山西，分号遍布各大都会，有的甚至在日本的东京、神户、大阪以及朝鲜的仁川等地设有分号。

票号最值得称道的制度创新，一是股份合伙制，二是所有权与经营管理权的彻底分离，三是员工激励机制。其投资者（东家）通常由若干人构成，主要负责任命总经理（大掌柜）、主持分配、承担无限责任风险等。日常管理工作，包括分号负责人、员工的聘任等，皆由大掌柜全权负责。属于投资者的股份，被称为"银股"。包括大掌柜在内的高管，除了基本薪酬，还可以根据业绩等获得"身股"。由于"身股"不能转让、继承，负盈不负亏，因此严格说来，它不算股份，不属于产权范畴，而属于分配手段，是员工凭其人力资本的贡献而获得的一种可以参与分红的权利。山西商人之所以雄踞众商帮之首，与这些制度创新有直接关系。

票号的经营内容与钱铺类似，主要有汇兑、存放款。与钱铺不同的是，票号汇兑的服务客户主要是清政府，并且直到清代末期中国银行业兴起以前，官款都主要通过票号汇兑。票号的存款，也以官款为大宗，放款只借给钱庄、官吏、大商人。而钱铺的放款对象主要是一般商人。因此票号与工商业的关系不如钱铺密切，却与清政府休戚相关。这既为票号异军突起提供了机会，也使票号与清政府损荣与俱。随着清王朝油尽灯枯，外商银行挟不平等条约之优势排挤倾轧，票号决策者又错失了将票号转型为银行的机遇,终于使票号无可挽回地相继凋零。

欧洲的银行,从十五六世纪时的货币兑换起步,发展出了存放款和汇兑业务。日本金融界迄今举足轻重的三井,亦发端于江户时代,从兑换发展为存贷。反观明清时期的钱铺、钱庄、票号,可以说这些土生土长的金融机构都已经具备了银行的基本职能和雏形,但它们终究没有发展成为近代银行。中外金融机构的这种同途而殊归,再次启发我们要注意金融发展的制度环境问题。

▶ 即测即评

请扫描二维码,在线测试本章学习效果

思考题:

1. 中国古代的财政收入制度为什么会经历从以控制人丁为主到以控制地产为主的演变过程?
2. 中国古代的国家消费为什么会出现从实物征调向市场购买的演变?
3. 试从制度需求和制度供给的角度,分析中国古代货币制度的变迁。
4. 中国古代的信用经济发展较早,水平也不低,但为什么没有发展出欧洲那样的金融业?

第五章 古代社会经济发展的特征与成就

从上古到鸦片战争前的中国社会经济,经历了几千年的发展历程。农业、手工业、商业和对外贸易都达到了相当高的发展水平。不仅取得了工业革命以前世界上最辉煌的经济成就,创造了绚烂多彩的文化,而且以当时世界上较为经典而完备的传统经济制度独树一帜,显示出一种难得的超稳定性。这种超稳定的结构虽然维持了中国古代相当长历史时期内的传统经济发展,却也使其错失了诸多可能产生的经济变革。本章论述中国传统经济的特征与成就,社会经济发展的连续性与周期性波动。

第一节 经济结构与运行机制

一、小农经济为主体的社会经济结构

(一) 小农经济的特点

中国古代社会在几千年的发展中形成了耕织结合的自然经济特质,精耕细作的集约化经营,以家庭为基本生产单位、小农经济为主体的社会经济结构,其具体表现为:

第一,耕织结合的自然经济结构。中国古代社会经济是一种极为典型的自然经济结构。无论是从个体、局部对小农经济、地主制经济、地区经济联系进行考察,还是从整体、全局对国家经济、国际经济联系进行考察,都同样表现出强烈的自然经济特质。在这种经济形态内,作为社会基础的多数农民小生产者,他们的主要生活和生产资料都是在经济单位内得到满足的。一个经济单位不是为了交换,而是为了自身的需要进行生产。农民不但生产自己需要的农产品,而且生产自己需要的大部分手工业品,这是古代中国社会经济的基本特征。

第二,以家庭为基本生产单位,分散的小生产经营模式。中国古代基本的经济单位是家庭,以土地为基本生产资料,以个体农业为主,辅以家庭手工业和副业的小生产经营方式。小农经济成为几千年中国传统社会的基本特征。以家庭为基本生产单位,生产力水平低,积累少,再生产和扩大再生产的能力十分有限,抵御天灾人祸的能力很差。但是中国的小农经济是建立在土地自由买卖、人身依附关系松弛的基础上的、自主性很强的经济。中国古代社会较早出现了西方封建制解体的许多特征,无论是地主、自耕农还是佃农,都不存在依附关系,种植什么、如何种植,都可以自主选择。他们生产的农产品和手工业品在满足自己和家

庭的需要、完纳租税之后，还向市场出售，转变为货币，购买土地和其他生产资料用于扩大再生产。小农经济的这种自主性，一定程度上也具有潜在的竞争性，激励自耕农生产致富成为地主，小地主成为大地主。中国古代社会经济整体态势在这种土地的集中与分散交替循环中呈现稳步而持续性的发展。

第三，精耕细作的集约化农业。中国传统农业的类型属于大陆集约型农业，即所谓基本农业区处在一个互相关联且不断扩展的大陆农业区中间；以精耕细作、高投入高产出，土地少休耕，不断提高单位面积产量及复种指数为主要特征。与欧洲相比，中国虽然国土面积辽阔，土壤种类繁多，但农业可资利用的具有良好蓄水性和可耕性的土地比例很低；中国山脉纵横交错，地形复杂，气候种类繁多，降雨量分布不均，与农业生产密切相关的气候条件较差，自然灾害频发；历史上，中国人口数量与欧洲人口总量相近，但可耕地面积却远少于欧洲，耕地面积和人口数量之间的矛盾十分突出，采取精耕细作的集约化农业经营方式有效地解决了不利的人地比例关系，从而使中国古代农业社会长期存在。

（二）小农经济与国家财政制度

以个体小生产农业为主体的大陆集约型农业的发展模式，是中央集权国家制度的社会经济基础。

中国古代的国家通过发达的官僚机构和村社组织，在小农经济的基础上建立起中央集权的制度，行使其大一统的社会管理和经济管理的职能。政府的经济职能包括河流的治理、土地的再分配、组织手工业生产、管理城乡市场、协调各经济主体的关系等。特别是中国古代一直拥有庞大的官僚机构和军队，产生巨大的需求，为满足这种需求，要求政府参与经济的管理。政府对社会经济的管理，除利用官僚机构和其他国家机器外，还利用地方的古代村社制度。中国古代的政府组织一直深入到基层，即村社。村社本身既是村民自发组织的形式，也是政府机构的延伸，完成政府赋税、组织兵役与劳役、建设基础设施、管理正常农业生产，都离不开村社组织。中国古代政府组织的基层组织建设，在其他任何国家历史上都是没有过的。通过这种发达的官僚机构和遍布全国各个角落的村社组织，将分散的地主经济和小农经济组织起来，形成一个复杂而又庞大的国民经济体系。

中央集权制的国家，通过财政掌控国家的经济。自然经济占主导地位的中国古代社会，唐代以前国家财政收入主要来自以产出为征收对象（以农产品为主）的租税、以人身为征收对象的劳役和兵役。从唐代开始，随着商品经济的发展，一部分税收中的实物部分采用了和籴、和买等方式，对其中征调人力的部分采用了和雇、雇募等方式。初期的和籴、和买还带有抑配等政府强制行为，此后，政府采购份额逐渐增加，对市场的依赖更多。从某种意义上讲，这促成了由产品交换向商品交换的转化，深化了商品交换的层次，同时也就完成了这部分农产品的商品化。明代的一条鞭法、清代的摊丁入亩等税收政策的实行,在简化了税收项目的同时更进一步推进了税收的货币化进程,推动了商品经济的发展。

(三) 小农经济的经济影响

中国农业所具有的分散性和个体性,以及农业生产的集约化(即密集型的生产),使得一家一户除了解决日益增长的农业人口的吃饭需要外,能为社会提供的农业剩余产品是极其有限的,但由于农业人口的基数大,人口数量发展的总趋势是不断增长的,因此,农业剩余产品的绝对量也必然逐渐增加,也就是说,能投入交换的农产品的总量是巨大的。为适应始终存在大量分散和零散的产品交易和商品交易活动的需要,各级、各类集市普遍分布。先秦的史籍中就有记载,广大农民生产的农产品主要用于满足自身生存基本需要和维持简单再生产,再加上缴纳赋税、地租,承担徭役,用于交换的比例很少,但并不等于没有交换。少量的分散的交换,由于基数大,全国的数量也是相当可观的。

随着全社会总人口数量的增长,农业人口的绝对数量也有明显的增长,毋庸置疑,农业能比前代提供更多的农产品。同时,农业也就能为社会提供更多的剩余产品用于交换。农业人口本身交换需求的总量也不断增长,农业人口就会有更多的人转向种植经济效益更高的经济作物,从而促进交换领域的活跃,从事非农业生产的人数(包括工商业和服务娱乐性行业)也会有所增加。中国商品经济的发展水平、发展规模乃至发展速度正是建立在农业能为社会所提供的剩余产品的绝对量和人均占有剩余产品相对量的基础之上的。

二、区域性商品市场的形成与发展

中国古代社会经济虽然具有浓郁的自然经济色彩,但交换是经常发生的。《荀子·王制篇》描述了战国时期全国商品流通的情况:"北海则有走马、吠犬焉,然而中国得而畜使之;南海则有羽翮、齿革、曾青、丹干焉,然而中国得而财之;东海则有紫紶、鱼、盐焉,然而中国得而衣食之;西海则有皮革、文旄焉,然而中国得而用之。故泽人足乎木,山人足乎鱼,农夫不斫削、不陶冶而足械用,工贾不耕田而足菽粟。"[①] 总的趋势是从产品交换向商品交换发展,出现了三次商品经济发展的高潮,商品市场在三次浪潮中不断发展和逐渐成熟。

中国古代社会的市场基本是从三级向四级发展的市场体系。第一级是地方性的小市场,以农村不定期集市为主,很大程度上具有产品交换的性质,"氓之蚩蚩,抱布贸丝"[②],再如史籍记载的"草市""墟市"等;第二级是以地方城市为

---

① 王先谦撰:《荀子集解》,中华书局1988年版,第161页。
② 《诗经·卫风·氓》,《十三经注疏》(附校勘记)上册,中华书局影印本1980年版,第324页。

中心形成的区域性市场，商品集散和经营以城市为中心展开；第三级是以都城和经济发达地区中心城市为主形成的更大的区域性市场；第四级是在形成全国性商业网络后的具有全国性意义的市场。

《史记·货殖列传》云："汉兴，海内为一，开关梁，弛山泽之禁，是以富商大贾周流天下，交易之物莫不通，得其所欲。"① 《史记》中还提到这时出现的明显具有较强经济职能的六大城市，即长安、洛阳、南阳（宛）、邯郸、燕、成都，正好覆盖了当时经济较为发达的主要地区。长安由于是都城所在地，具有覆盖、沟通全国市场以及宏观调控对外贸易的经济职能，同时也是关中地区的经济中心城市（与经济职能为主的城市尚有重大区别），正可谓"四方辐辏"之地。洛阳，具有全国意义，亦属河南及周边地区的中心城市，因其地理位置及经济发达的优势，往往与长安形成东西并峙、互相呼应的全国政治、经济中心。其他如南阳（宛）、邯郸、燕、成都等都是地区性的中心城市。汉武帝在上述六大城市设均输官，正是缘于它们在经济和商品物资流通中举足轻重的地位以及覆盖全国或地区性市场的作用。但上述城市仍属于以政治军事职能为主要特征的传统城市，带有封闭性，逐渐严格的市制以及商业活动往往在城圈之外，即关厢一带进行，如汉长安七市、九市，其中大部分都在主要城圈外，这种状况无疑对商业经营的广度和深度带来不利影响。

中国古代社会的多层次性商品市场具有以下特点：其一，形成时间在唐代后期到北宋，包括地区中心城市和运河沿线、沿海港口、经济发达的江南地区普遍兴起的经济型城镇；其二，三级市场关系紧密，有的没有清晰的边界，市场等级和覆盖区域也会因政治、经济等原因发生变动；其三，商品结构的变化对区域性商品市场形成的促进作用日益凸显，中心城市和港口城市也是民族贸易和对外贸易的主要市场；其四，农业和手工业商品生产的区域专业化，形成了若干以地区商品特色为主的专业化市场，如陕西、四川的马市，浙江、江苏、江西、福建的粮食市场（米市），东南沿海和长江港口城市如扬州、鄂州、泉州等的造船业，对外贸易诸如广州的番市等。在经济重心南移后，南方地区的区域性市场更具有专业化的趋向。到清代，在大宗商品远距离贸易量不断增加的背景下，全国商品流通向有相对稳定贸易区域为依托的格局转化，并基本形成江南经贸区、珠江三角洲经贸区、长江上中游经贸区、华北经贸区和西北经贸区等核心经贸区。

三、经济发展的运行机制

中国古代社会经济结构以个体小生产农业为主体，由此而逐步形成的经济发

---

① 司马迁撰：《史记》卷一二九，《货殖列传》，中华书局2014年版，第3958页。

展的运行机制，主要包括三大要素，即农民、地主和国家。在生产、交换、分配、消费的循环过程中，他们之间的相互关系以及由此形成的经济制度和经济结构是古代中国社会的经济基础。在经济运行中，社会分工的出现和发展使得农业、手工业的产品交换成为必需和经常性的活动，商业部门的出现，则促使这些交换活动向逐渐开放的商品交换转变和发展，这种交换包括商品交换，也包括劳动力和土地买卖等。虽然中国古代社会是自然经济占主导地位，但商品经济的发展使交换活动处于经常性的动态中，同时具有开放性，推动了社会经济的运转和发展。

在中国古代社会的经济运行中，农业和手工业所形成的生产力，经过商品交换（产品交换为初始形式），趋向较好的资源配置，从而进一步推动生产力的发展。对于这样一种运行机制，商品经济的发展水平成为关键因素。虽然在某些时期商品经济的发展出现滞后或超前的情况，但总趋势反映了整个社会经济发展水平，并促进社会经济不断向前发展。

中国古代农业是以家庭为基本单位的个体小生产农业，生产力水平很低，具有浓厚的自然经济色彩，抵御天灾人祸的能力极低，除去缴纳地主和国家的租税外，大部分只能维持简单再生产，扩大再生产的能力很低。但中国的小农经济具有很大的弹性和韧性，再生产能力很强，农民数量庞大，在正常而相对安定的社会环境下，涓涓细流保证了社会生产总值的增长，成就了历史上诸如"文景之治""贞观之治""开元盛世""康乾盛世"等的辉煌。从总的发展趋势看，农产品中作为商品投入市场用于交换的比重和绝对值逐渐加大，虽然这种增长伴随的是农民艰苦的劳动，甚至在很大程度上剥夺了他们的必要生活资料。这是个体小农经济自身运转的内在需求，也是整个社会经济能够发展的基础。商品经济的发展也成为促使个体小农追求成为自耕农、获取自由的土地所有权的内在驱动力。宋代以来契约和租佃关系的发展，明清时期土地所有权和使用权的分离，都是其具体体现。

中国古代社会的地主是一个宽泛的概念，以收取地租为主要特征，但与普通农民一样需要承担国家的赋役，是社会流动中最不稳定的群体。地主收取的地租除了自用外，投入市场的总量占有较大的比重，他们一般不干预生产过程。但明清时期以后，在经济发达地区，特别是经济作物产区，出现了一些经营性地主。他们积极参与和主动承担有利于生产和生活的公益活动，并将一部分积累作为公共活动的开支，是乡村基层社会的中坚力量。地主、商人、官僚的三位一体，保证了地主集团政治经济利益的最大化，但也制约了农业的发展和农业资金的转移，并往往以个体小农的破产为代价。

国家政权作为社会经济的管理者，为维持国家机器运转而征收的赋役，属于地租的转化形式。国家在经济运行中所起的主导作用，即税收制度的制定与施行，各级机构和官吏的执行力,往往会对社会经济运行产生决定性的作用。国家的财政税收具有暴力强制色彩,这从不断加征的赋役量和繁多的名目中即可窥见一斑。同时,政府的财政税收也具有浓郁的自然经济色彩。在唐代以前,以征收直接生产税为正税,主要是以农民的人身和土地为主要征发对象,征收内容以劳役和实物(粮食和纺织品)为主。经过农民战争洗礼后建立的王朝,往往都经历了初期的恢复发展,社会财富的积累达到顶峰,统治阶级趋于腐朽,国家赋税在社会生产总值中所占有的比重逐渐增大,国家与地主的征取最终超过了个体小农所能承受的负担,于是社会经济走向全面崩溃的全过程。1945年黄炎培访问延安与毛泽东的窑洞谈话,就涉及了中国历史上历代王朝兴衰周期律,正所谓"其兴也勃焉,其亡也忽焉",反映出社会经济运行中的制约机制不仅影响了中国传统社会几千年的王朝更替,也制约了中国古代社会经济最终走向资本主义的可能性。

第二节 经济的波动与发展的阶段性

一、周期性的波动

周期性的波动是中国古代社会经济发展过程中的重要特征,中国历史上曾经形成过商品经济发展的三次浪潮,也正是周期性波动中的登峰时期。

一般认为,造成中国古代经济周期性波动的因素有气候、民族、战争、人口迁徙等,而且这些因素又往往具有连锁效应或交织在一起。

(一)气候原因

据前述竺可桢的研究[①],中国历史上五千年的气候变迁,大致可分为若干大小寒冷期。中国在五千年前的新石器时期,气候比现在温暖潮湿,但与黄河流域相比,长江流域比现在潮湿酷热,不利于较大规模的开发和交往。此后的几千年,古代中国所在的东亚大陆,趋于干燥寒冷,中间有若干起伏,几个寒冷期和温暖期交替出现。而每次寒冷期(或称"冰期")都是从东向西、从北向南的波动,北方草原民族的多次南下浪潮恰恰与这几次寒冷气候的波动时间基本吻合。这种大范围的气候波动,在很大程度上影响了民族格局和人口迁徙的走向。

古代中国所处的东亚大陆是各种自然灾害频发区,并具有周期性波动的特点。

[①] 竺可桢:《中国近五千年来气候变迁的初步研究》,《考古学报》1972年第1期,第15—38页。

尤其是以农业生产为主的东部地区，自然灾害的影响更为显著。《史记·货殖列传》总结了自然灾害与天象运行之间的关系，"岁在金，穰；水，毁；木，饥；火，旱……六岁穰，六岁旱，十二岁一大饥"。① 中国历史上自然灾害如旱灾、水灾、虫灾、风灾等频发且强度大，受灾范围广，据研究表明，秦汉以来自然灾害的周期还具有不断缩短的趋势。"耕三余一"即是农民应对频繁而又具有周期性特点的自然灾害所采取的措施。由此，也可以知道由于气候的周期性变动及自然灾害的周期性暴发，而个体小生产农业抵御能力极其微弱，农民常常处于艰辛困苦的境况。

（二）民族及战争因素

在较长时段、较大范围内气候变迁的影响下，北方草原游牧民族的屡次南下，不仅形成波浪式的民族人口迁徙浪潮，而且往往伴随着战争，如东汉末年的军阀混战，西晋末年的五个少数民族相继入主中原及永嘉之乱，南宋末年的蒙古族南下，明朝末年的清兵入关等，再加上统治集团争夺权力的战争，以农民为主的下层民众不堪忍受沉重的剥削和压迫而爆发的农民战争。中国历史上发生战争的频率之高，规模之大，涉及范围之广，都是世界罕见的。战争对社会经济造成巨大的破坏，史不绝书。如东汉末年经过黄巾起义和军阀混战，人口锐减，满目疮痍，"出门无所见，白骨蔽平原"② "白骨露于野，千里无鸡鸣。生民百遗一，念之断人肠"③。唐代末年战乱给百姓带来极大的困苦，即便是富裕家庭也是"千间仓兮万斯箱，黄巢过后犹残半"④。战争带来的是人口锐减，三国时期，曹魏人口，"承丧乱之弊，计其户口不如往昔一州之民"⑤。而明末清初，清兵入关后，为了惩罚英勇抵抗的江南民众，制造了"扬州十日""嘉定三屠""江阴三日"等惨案。中国内地人口统计数字，从明天启三年（1623年）的5 165万锐减至清顺治十七年（1660年）的1 908万，减少了近2/3。正如民谚所言"贼来如梳，兵来如篦，官来如剃"⑥。战争和北方民族南下造成的经济凋敝，北方民众的大量南迁，对中原地区社会经济影响最大，也成为经济重心南移的重要因素。

（三）王朝兴衰周期变化的影响

个体小生产农业基础之上的专制主义中央集权王朝更迭频繁，正如司马迁所

---

① 司马迁撰：《史记》卷一二九，《货殖列传》，中华书局2014年版，第3952页。
② 王粲：《七哀诗》，见《王粲集》，中华书局1980年版，第6页。
③ 曹操：《蒿里行》，见《曹操集》，中华书局1959年版，第4页。
④ 韦庄：《秦妇吟》，见《韦庄集笺注》，聂安福笺注，上海古籍出版社2002年版，第351页。
⑤ 陈寿撰：《三国志》卷一六，《魏书·杜畿传附杜恕传》，裴松之注，中华书局2011年版，第417页。
⑥ 鲁迅：《南腔北调集·谈金圣叹》，引四川民谚，《鲁迅全集》第四卷，人民文学出版社2005年版，第543页。

说:"三王之道若循环。"① 新旧王朝的更迭,除了统治集团内部的"禅让"外,往往还伴随着持续的自然灾害,同时在经历了大规模的战争之后,社会经济陷入崩溃的局面,如秦朝末年、东汉末年、西晋末年、隋朝末年、元朝末年、明末清初,莫不如此。而在新王朝建立之初,一般也都会吸取前朝惨痛的教训,减省民众的租税徭役负担,减轻刑罚,澄清吏治,使社会经济得到恢复和发展,如西汉初年、唐朝初年、明朝初年,为盛世的到来奠定了基础。

历史上几个有名的盛世,其社会经济繁荣的主要原因,可以归纳为以下几方面:一是创建王朝的统治者在吸收前朝灭亡的惨痛教训的基础上,通过采取积极恢复和发展经济的一系列措施,以达到巩固政权的目的,同时也为盛世的形成打下坚实和良好的基础;二是盛世的形成与当时统治者具有雄才大略、能励精图治有密切关系,如西汉的武帝,唐朝的玄宗,清朝的康熙、乾隆;三是制度、措施相对合理,并能根据社会经济的发展进行调整和改革;四是盛世形成需要良好的国际环境,没有出现大规模的外敌入侵,边疆地区相对安定;五是政治秩序相对稳定,官员素质和行政效率都比较高,能保证中央政令的有效贯彻和实施。

同样,由盛而衰也是历代王朝没能逃脱的命运,这正是我们必须汲取的历史教训。但政治的衰亡并非都与社会经济的衰败同步,各王朝既有同一性,也有各自的特殊性。如秦朝仅二世而斩,盛衰转换非常快,几乎没有过渡期,最主要的原因就是不恤民力,实行暴政所致。连年征伐、大肆兴造、强征暴敛、严刑酷法,使社会经济迅速崩溃,并引发了中国历史上第一次大规模的农民起义,最终埋葬了大秦帝国。唐朝的由盛而衰,导火索是发生在唐玄宗天宝十四年(755年)由边镇节度使安禄山、史思明发动的叛乱。历经八年,叛乱虽然平定,但中央权威受到严重削弱,各地藩镇林立,黄河流域社会经济遭到破坏,人口大量流散,这种状况一直延续到五代。但同时,南方经济却有了长足的发展,以各割据政权和半割据政权为基础的区域经济、沿海港口城市有了显著发展,商品经济日趋活跃,完成了经济重心的南移,为宋代社会经济的高度繁荣和发展奠定了基础。再如清朝出现的"康乾盛世",是中国古代社会经济发展和繁荣的又一高峰,但放在世界经济发展的视域下,西方资本主义正在迅猛发展,康乾时期的盛世,在世界经济发展的进程中,已然成为"落日余晖"。

二、社会经济发展的阶段性

马克思说:"超过劳动者个人需要的农业劳动生产率,是全部社会的基础。"②

---

① 司马迁撰:《史记》卷八,《高祖本纪》,中华书局2014年版,第493页。
② 《马克思恩格斯文集》第7卷,人民出版社2009年版,第888页。

"社会的物质生产力发展到一定阶段,便同它们一直在其中运动的现存生产关系或财产关系(这只是生产关系的法律用语)发生矛盾。于是这些关系便由生产力的发展形式变成生产力的桎梏。那时社会革命的时代就到来了。随着经济基础的变更,全部庞大的上层建筑也或慢或快地发生变革"①。

根据马克思主义政治经济学理论,生产力的水平和劳动者所能提供的物质财富,是一切社会发展的基础;当生产力和物质水平达到一定程度时,必将引起社会的变革。这也是探讨和分析古代中国社会经济发展具有阶段性的依据。

中国古代社会经济在周期性的波动中,经历了多次高峰和低谷,也有着阶段性的演进和发展。以下几个方面是我们考察中国社会经济发展阶段性特征的基本依据:一是农民的土地所有权和自由化程度,包括土地所有制变化及人身依附关系深化或减弱的问题;二是农产品的商品化程度及商品经济发展程度,包括商品结构和大宗贩运商品品种的变化问题;三是国家财税收入和支出的来源和结构。这些方面既有从社会经济发展变化层面的考察,也有对制度层面进行改革与调整的回应。中国古代商品经济出现过三次高潮,也应该同社会经济发展的阶段性结合起来进行考察。比较具有典型意义的历史时期可分为三个阶段:

(一)战国至秦汉时期

这一时期,牛耕和铁器促进了生产力的发展,乃至引起生产关系的变化,是大陆集约型农业也就是个体小生产农业开始成型的时期。随着井田制、分封制和宗法制的崩溃和瓦解,以地主经济为代表的土地私有制走上历史舞台,并且出现商品经济发展的第一个高潮。"工商食官"的格局被打破,工商业和城市经济呈现前所未有的繁荣。个体小自耕农成为国家徭役、兵役、赋税征发的主要来源,亦是政府重点扶植的对象。虽然个体小农满足基本生活和再生产需要后能用来从事商品交换的商品非常少,但农民基数大,投入市场的商品流通量积少成多,总量不少。这是中国古代社会经济不同于西方社会的特点。如西汉初年,经历了秦末农民战争,自耕农比重大大上升,"未有兼并之害"②。

对于个体小生产农业来说,"土地的所有权是这种生产方式充分发展的必要条件",而自耕农的自由所有权"显然是土地所有权的最正常的形式"③。中国古代社会自耕农的土地所有权虽然仍要受到生产关系的不同程度的束缚,但与半自耕农、佃农、雇农等与土地的关系相比,更接近于自由的土地所有权。因此自耕农所占的比重、享受的待遇和生活状况,常常可以作为测定当时社会经济发展水平程度的晴雨表。春秋战国时期,鲁国实行的"初税亩",秦国实行的"初租禾",

---

① 《马克思恩格斯文集》第2卷,人民出版社2009年版,第591—592页。
② 马端临撰:《文献通考》卷一,《田赋考一》,中华书局1986年版,第33页中栏。
③ 《马克思恩格斯文集》第7卷,人民出版社2009年版,第911—912页。

秦统一后"令黔首自实田",都是承认土地私有权的表现。

这时期的赋役征收主要是对人身的征发,按人头分派的比重比较大,兵役和徭役成为农民的主要负担,土地兼并加剧,失地和破产农民增多,这往往成为农民起义爆发的导火索。自东汉末年的军阀混战,开始了长达近400年的分裂割据(中间出现过西晋的短暂统一)局面,商品经济和城市经济衰落,自然经济占据主导地位,农民人身依附关系深化,加上北方民族的南下,连绵不绝的战争,使中国社会经济步入低谷。

(二) 隋唐五代宋时期

从北朝后期开始的6—13世纪即隋唐五代两宋时期,中国经济出现了商品经济发展的第二个高峰时期。土地所有制从北朝到唐代初期实行的均田制,即国有私有混合型的土地制度逐渐转向允许乃至放任土地买卖的纯私有制。两宋"田制不立,畎亩转易"①"千年田换八百主"②,正是土地所有权转换频繁、农民身份也有了相当自由的写照。土地所有制转换引起的重要变化是,租佃制经济逐渐占据主导地位,土地私有化的程度逐渐加深,商品经济更深地渗入农村,手工业产品的商品化程度比农产品更为显著,品种扩大,工艺水平高度发展,分工程度提高,内部管理和技术水平提高。

农业区域向南方的扩展及重心的南移、东南移(包括农业和手工业)。《史记·货殖列传》云:"故关中之地,于天下三分之一,而人众不过什三,然量其富,什居其六"③,但到唐代,已经是关中地狭,所出不足以供所需了④。"苏湖熟,天下足"⑤的民谚,足以表明当时江南农业经济的高度发展。

城市商业进一步繁荣,在一些经济发达的城市里,有别于欧洲的市民阶层开始形成,并开展了各种形式的维权斗争。南方经济发展超过北方,国家对经济的管理和控制逐渐松弛,完成了经济重心自西北向东南长江流域的转移,经济重心与政治重心开始分离。城市的发展具有代表性的是"扬一、益二"⑥,扬州——位于长江下游,益州——位于长江上游,成为当时最繁荣的两个大都市。这时期的城市化进程明显加速,为与近现代出现的工业化过程中的城市化相区别,我们可称之为"古典城市化",其明显特征有:一是城市的普遍发展;二是人口向都城和地区中心城市集中的趋势;三是城市商业和文化的繁荣;四是市民阶层的逐渐形

---

① 马端临撰:《文献通考》卷四,《田赋考四》,中华书局1986年版,第57页下栏。
② 辛弃疾:《最高楼》,《稼轩长短句》卷六,上海人民出版社1975年版,第76页。
③ 司马迁撰:《史记》卷一二九,《货殖列传》,中华书局2014年版,第3958—3959页。
④ 欧阳修、宋祁撰:《新唐书》卷五三,《食货志》:"唐都长安,而关中号称沃野,然其土地狭,所出不足以给京师、备水旱,故常转漕东南之粟",中华书局1975年版,第1365页。
⑤ 范成大撰:《吴郡志》卷五〇,江苏古籍出版社1999年版,第660页。
⑥ 司马光编著:《资治通鉴》卷二五九,"唐昭宗景福元年",中华书局1956年版,第8430页。

成；五是城市布局与管理制度出现新的变化，即从封闭走向开放。城市化程度提高，与城市发展相关的配套行业如修理业、服务业、餐饮业、环境卫生、消防等行业蓬勃发展。各种日用品"无远弗届"，市场提供的可进行交易的种类大大增加。"百里不贩樵，千里不贩籴"的旧有格局已经被打破。唐朝中后期，财政税收的结构和比重也发生变化，主要有：一是流通税的权重增加，如交易税、工商税及盐、酒、茶、其他经济作物的税所占比例提高，税额明显增加，后来又专门为对外贸易设置了海关税（此前唐代已经设立市舶司，也对外来商业船舶征收落地税和交易税）；二是随着城市人口的膨胀、城市商业和经济的繁荣，政府加大了对城市税收的力度，专门制定了针对城市居民和城市经济的税收，如房地产税、经营税等，在户籍管理制度上也从此前的城乡一体化改为城乡分治，分为乡村户和坊郭户。城市居民的财产比重已经发生变化，或者说财产积累和扩张的来源已经不同于乡村。

与战国秦汉时期形成的第一个高峰期相比，这时期商品经济开始冲破地区樊篱，向全国性的大市场网络体系迈进（当然，这一过程仍然是漫长的），中原王朝与周边地区以及更大范围的国际性的商贸往来不仅有量的显著增长，在很大程度上也有了质的变化，即商品经济的发展已经逐步深化，商品结构中的第一部分（即消费资料和生产资料）商品的交换日益成为国内商品交换的大宗（如粮食、瓷器、纺织品等），在国际贸易上也逐渐占据越来越重要的地位；官府垄断的盐、铁在一定程度和某些环节上由产品交换逐渐向商品交换转化（如榷盐，放宽了对民间边境贸易的限制，而边境贸易中铁器的出口占了很大的比重），增加了商品的流通量，加大了日用品在商品交换中的数量；以茶为代表的经济作物成为国内和出口商品交换中的大宗，虽然不能从整体上改变农业的生产结构，但必然使农业与市场的联系更为密切，农业商品化与近代社会的接轨正是以经济作物为突破口的。

商业资本和高利贷资本流入生产领域，加速了生产者和经营者的分化，加速了土地的流转，即所有权的流转，也加速了财富的转移，正所谓"贫富无定势，田宅无定主，有钱则买，无钱则卖"。宋人刘跂的"贫不必不富，贱不必不贵"[1]，正是因目睹了昔日繁华而今败落的马氏园亭有感而发。唐人刘禹锡的著名诗句"旧时王谢堂前燕，飞入寻常百姓家"，一是感叹曾显赫一时的门阀士族的辉煌不再，二是感叹贫富无定势的时代变迁。社会结构和财富流散在这一时期都发生了重大变化。

"田制不立"在先，才有"兼并不抑"在后，这都是土地所有权自由化程度加深的进程或表现，并由此带动了整个社会阶层的变化。科举制产生和确立，最终成为占主导地位的选官制度；门阀士族衰落并最终退出历史舞台；租佃制发展，

---

[1] 刘跂撰：《学易集》卷六，《马氏园亭记》，见王云五主编，《学易集》二册，商务印书馆1939年版，第71页。

雇佣劳动从民间走向官府（普遍化）。这些都是建立在土地所有权自由化程度加深的基础之上的，贵贱、贫富观念的变化亦是由此而衍生的。

唐人所撰《独异志》记录了一段唐玄宗与长安富商王元宝的对话，玄宗问王元宝拥有多少家财，元宝回答，"臣请以绢一疋系陛下南山树，树尽，臣绢未穷"，于是玄宗感慨道"朕天下之贵，元宝天下之富"，并由此得出"富可敌贵"① 的结论。

宋代的"贫不必不富，贱不必不贵""千年田换八百主""贫富无定势，田宅无定主""田制不立，畎亩转易"，既表明了社会阶层变动、财富转移的频繁，也表现了这种变动对人们思想观念的巨大冲击。

这时期，国税征收主体和内容也发生变化，对人身的征发更多地采用转化形式，如庸和雇。唐代中叶以后，以丁身为主要征取对象的租庸调制转成了以土地财产为征税主体的两税法。

（三）明清时期

伴随着航海（地理）大发现和经济全球化时代的到来，面临着资本主义完成原始积累后向东方的殖民化的推进，中国经济缓慢发展，在有可能转型的同时，却面临新的世界挑战。

就中国社会经济本身的发展来看，这时期，形成了第三次商品经济发展的高峰。农业生产力提高，使得经济作物的种植面积扩大，这在明清时期的江南地区尤为明显。"一个民族的生产力发展的水平，最明显地表现于该民族分工的发展程度"②。国家对经济的控制和管理进一步松弛，从明代的"一条鞭法"将赋税徭役统一征收，并从征取实物改为全部征银，到清代康熙规定"从此滋生人丁永不加赋"，再进而至雍正时期的"地丁合一""摊丁入亩"，赋税的征收全以土地为单位，徭役及从徭役转化来的代役税及人口税，从此基本上从赋税制度中消失了。

契约形式的租佃制得到进一步发展，农产品商品化程度加深，农民更多地卷入商品生产的浪潮中，尤其是长江三角洲、太湖周边、浙东地区、珠江三角洲等地区，随着经济重心的东南移，形成专有经济作物区，商品经济的比重逐渐增加，甚至可能超过了自然经济。经济发达地区的经营性地主增加，市民阶层已经形成。传统经济结构中新经济因素出现，虽然其发展趋势不甚明朗，但仍然成为走向近代的重要特征。值得注意的是，在古代社会的后期，新的超越原有的经济因素总是在工商业和城市中率先产生，而不是在原有经济的基础和主干——农业经济中产生。商品经济的发展虽然和社会经济发展的水平不完全同步，但商品经济的发展无疑对新经济因素的出现发挥了重要的促进作用。明清时期商品经济进一步发

---

① 李昉等编：《太平广记》卷四九五，中华书局1961年版，第4062—4063页。
② 《马克思恩格斯文集》第1卷，人民出版社2009年版，第520页。

展，远距离的贩运贸易相当频繁，燕、赵、秦、晋、齐、梁、江、淮之货，蛮海、闽广、豫章、楚、瓯越、新安之货，南北商人南来北往，与此相应，国家财政税收的结构中，流通税的比重也逐渐加大。

三个阶段，土地所有权和农民身份的变化，反映在国税变化上，可以勾勒出一条基本脉络：第一阶段，以人身为主——繁重的兵役和徭役，按人头征收的部分比重大——口赋、算赋①，成年男子还要服兵役和徭役。第二阶段，以丁身为本逐渐向以户等、财产为据转变（主要是土地），从租庸调制到两税法；征收内容逐渐减轻对人身的征发，赋税以实物为主，并开始走向钱物均收、以货币计租的历程，丁役则更多地采取出钱雇役的方式（即和雇）。第三阶段，简化赋役，丁身和土地合一，从征收实物彻底转为征收货币，征收对象完全以土地为单位，正式废除了丁役（即对人身的征发，包括从徭役转化而来的代役税和人口税）。

社会阶层的变化，也有一条基本脉络可循：春秋战国社会变化，如何兹全所言"'贵'的没落和'贤'的升起"②；唐宋时期，一是"旧时王谢堂前燕，飞入寻常百姓家"，二是"贫富无定势，田宅无定主"；明清时期，以工商业者为主体的市民阶层的兴起，引起了社会阶层和社会结构的重大变化。

三、经济重心的南移

自秦始皇统一中国后，中原王朝的政治重心、军事重心都偏在西北，黄河流域的北方地区由于优越的地理条件和与政治中心的关系，也是中原王朝的经济重心。这一格局的形成与北方草原民族的活动方式也有密切关系。北方草原以游牧经济为主的民族，由于气候的变化和生存的需要，不断追逐更丰美的草场和水源，他们倏起倏灭，不断崛起新的民族，形成一波一波的南下浪潮。

最早兴起的草原民族除匈奴外，来源尚未有定论，基本发展态势是在迁移中逐渐东移的三条线，即：偏西北的阿尔泰山的西线，呼伦贝尔草原的中线，大小兴安岭、长白山的东线。隋唐以前，中原王朝的三大重心（政治、经济、军事）都偏在西北。隋唐时期，这一格局已经出现变化。

一是东北亚民族格局的变化。北方草原新崛起民族重心东移，从阿尔泰山一线转移到大兴安岭一线，使得中原王朝的政治、军事重心也随之转移。隋炀帝修大运河，其实已经有向东北进行战略倾斜的考虑，但因内外因素而导致隋朝的倾覆。正如清代学者赵翼所言："地气之盛衰，久则必变。唐开元、天宝间，地气自

---

① 秦汉时期按人头征收的税。
② 何兹全：《中国古代社会》，北京师范大学出版社2001年版，第130—136页。

西北转东北之大变局也。"① 赵翼所谓的"地气",就包括我们所说的"政治经济重心"。地气自西北转向东北,其实就是指政治和军事重心自唐中叶发生的转变趋势。

二是以丝绸之路为主要对外交通线的格局,随着东北亚民族格局的变迁,中原王朝政治和经济重心的东移,走向衰落,东南海路交通线日益兴盛。

三是政治和军事重心的东移及东北移的同时,却是经济重心的南移和东南移。经济重心与政治和军事重心的分离,有多种因素,如民族因素、战争因素、气候因素等。中国古代的地理格局,一般以秦岭淮河一线作为划分南北的分界线。北方自秦以来,一直是中原王朝和北方游牧民族、中原王朝内部各势力争夺的主要战场,每一次惨烈的战争都给北方地区的社会经济造成极大的破坏,同时造成不同程度的人口大迁徙。一方面是北方游牧民族进入中原地区,纷纷建立政权,如两晋南北朝时期、宋辽金对峙时期,另一方面是北方原居住的以汉族为主的人口大批南迁,形成人口南下的浪潮,如西晋末年的永嘉之乱、唐中叶安史之乱、辽金南下侵扰,都导致中原人口的南迁。人口的南迁不仅给南方地区带来了充足的劳动力,也带来了北方更先进的农业生产技术。气候的变迁,也是经济重心东南移的重要原因。南方地区气候逐渐温暖湿润,水网纵横,更有利于农业生产的发展,水利的兴修,也为发展农业生产创造了更好的条件。而北方地区气候转趋寒冷干燥,多风,降雨量不平均,人口的密集造成过度的开垦,都带来了生态环境的破坏,水土流失日益严重。因此,气候、民族、人口、战争都促使经济重心向南方主要是长江中下游地区转移,长江中下游自唐中叶以后,成为经济发展最快、最发达的地区,也成为中央财政收入倚靠的主要地区。

由于有了沟通南北的大运河,解决了物资运输的部分问题。从大运河走向的变化,也可以看到自隋朝以来历代政府力图解决三大重心分离造成的运输问题的努力。隋唐时期的运河呈西北—东南、西南—东北之字形,中间由于淤塞而停运,继而元代运河的走向变为南北走向,河道也得到重新疏浚,运河继续发挥着连接南北的重要作用,标志着政治重心和经济重心转移的最后完成。大运河从西北—东南走向,变为南北走向,正是中原王朝三大重心格局变化的反映。唐安史之乱(755—763年)后,长江流域的发展已经明显超过黄河流域地区。西北既远离了政治中心,衰落已成为不可避免的趋势。隋唐时期,人口增长的特点,是南方人口增长的速度和人口数量逐渐超过了北方,城市人口的增长超过了农村,人口向城市集中的趋势极为明显。《太平广记》载:"时四方无事,广陵为歌钟之地,富商大贾,动逾百数。"② 北宋以后,土地、耕地面积、人口数量、手工业、商业、工

---

① 赵翼撰,王树民校正:《廿二史札记校证》,中华书局1984年版,第443页。
② 李昉等编:《太平广记》卷二九〇,中华书局1961年版,第2304页。

商业型城市和新兴市镇、海外贸易等方面，南方都全面超过了北方。

经济重心的南移成为历史发展的必然趋势，在长江流域及其以南取代了黄河流域成为全国的经济重心后，文化重心也随之发生了相应的转移。战国秦汉时期，三大重心即经济、政治、军事重心基本重合，主要集中在黄河流域，自东汉末年到唐中期经济重心逐渐向长江中下游转移，而政治和军事重心向东北方向转移，两宋完成并巩固了这一历史过程。

经济重心的转移，影响了此后中国近2 000年的历史。至今，这种格局还在影响和制约着中国社会经济的布局和发展。

四、古代中国经济发展的局限性与主要制约因素

古代中国经济发展虽然取得了巨大成就，但其局限性与制约因素的存在也是不容忽视的，主要表现在：

第一，传统经济的局限。以个体小农经济为主的传统经济结构，其局限性主要表现在：一是自足的自然经济与人力资源的巨大耗费，以及农业生产特点造成的隐形剩余劳动力问题引发的周期性生产危机和社会危机；二是广义农业中，畜牧业和林业等的发展较为落后，尤其是作为核心地区以农耕为主的东部地区；三是忽视林业和水土保持，尤其是北方地区黄河流域水土流失日益严重，甚至影响到全国经济格局及经济重心的变迁。

第二，个体小农经济具有脆弱性和不稳定性，扩大再生产能力极其有限，生产的细小和分散性，使得农业资金的积累和转移受到限制，从而也制约了农产品商品化程度的扩大，制约了以农业为基础的整个社会经济的发展。

第三，地主的地租剥削，国家财政的巨大耗费，社会奢侈性的消费占据了大量的人力、物力、财力和技术力量。在一个王朝的后期，地主奢侈型消费增长，地主官僚皇族等人口的膨胀速度远远超过社会平均增长率，使得土地兼并加剧，造成农业经济的萎缩，虽然城市和商业会出现畸形繁荣，但农业危机导致整个社会出现危机，最终通过农民起义和农民战争或者是统治阶级内部的争夺，进行了改朝换代的大变动，社会经济得到恢复和发展，并再一次走向高峰。

第四，手工业的发展在纺织、瓷器、玉器、金银器、建筑、雕塑等行业都取得巨大成就，达到工艺技术的顶峰，但奢侈性的手工艺产品、建筑及雕塑等，占据了大量的人力、物力、财力。生产和消费需求的导向，社会经济结构的自循环特征，使得手工业的发展无法突破传统的藩篱而走向近代工业文明之路。

第五，商品经济的发展从农产品卷入商品化，到全国性市场网络的初步形成，从商品的种类、交易量的扩大，到国家税收中流通税（即间接税）比重的增加，以及明清时期以来南方新经济因素的出现，虽然经历了三次高潮，但"以末致富，

以本守之"观念的固守，不仅形成三位一体（官僚、地主、商人）甚至四位一体（再加高利贷者）的中国特有群体，也使得工商业所获利润大量流向土地和官场，无法更多地投入扩大再生产之中。

第六，精耕细作是中国农业传统的优势，但受人口与土地比例关系失调的制约，人多地少逐渐成为以农业为主的广大核心地区进一步发展的制约因素，从而在传统农业达到其所能达到的高度繁荣的同时，生产工具和生产技术的发展也受到制约，难以实现通过技术革命突破传统经济模式的藩篱与桎梏。历史上，中国农民的自给自足经营，始终没有完成向商品经济的转化。这直接延缓了中国封建农业的转化，也决定着历史上的中国农业本身无力进行大规模的技术改造，更不可能出现欧洲历史上曾经出现的以农业积累促进工业化进程的现象。中国农业的进步与改造有待于手工业的发展。

社会经济运行机制的特点，加上古代中国特有的人口持续增长的巨大压力，都使得农业、手工业和商业所创造的财富，不能实现走向资本主义的原始积累，这是中国社会结构无法发生根本性突破的重要原因。

也有学者从专制主义中央集权体制、自然资源特点、文化传承与思想意识等方面论述，还有学者将中国近代以后的落后和停滞归结为超稳定系统或内卷式[①]的发展模式。应该说，是综合因素制约了古代中国经济发展，理解古代中国经济的发展，主要还要从中国传统社会的内部机制进行分析和探讨。

第三节 经济发展的成就与在世界经济发展中的地位

一、古代中国经济发展取得的辉煌成就

1. 古代农业成就

农业及其生产技术达到个体小生产农业所能达到的最高水平，处于世界领先地位。古代中国农业是最基本的生产部门，以个体小农经济为基础，养活了日益增长的庞大人口，其成就是巨大的。

古代中国的传统农业，以隋唐时期为界限，此前以扩大耕地面积为主，此后逐步转向扩大耕地面积与提高单位面积产量并重的道路，农业生产水平和农业生产技术与前代相比有了明显的提高，也促进农业生产的更深层次的精耕细作。

（1）中国传统农业在利用土地方面创造了当时世界的最高水平。在传统农业

---

① 参见［美］黄宗智：《华北的小农经济与社会变迁》，中华书局2000年版；［美］黄宗智：《长江三角洲小农家庭与乡村发展》，中华书局2000年版。

社会，提高土地利用率主要通过扩大耕地和开展集约经营两种基本方式来实现，但在不同地区、不同时代又分别有所侧重。人多地少的中国，很早就选择了精耕细作、集约经营的农业生产模式，成为世界上土地利用率较高的国家之一。中国古代农业生产中广泛地运用了轮作、连作、间作套种和混作等耕种方式，几乎没有休耕，复种指数高，尤其是南方地区普遍实现了两年三熟、一年两熟甚至三熟，单位面积产量得到大幅度提高，粮食作物的投入与产出比始终居于世界前列。正是因为土地得到较为充分而又合理的利用，才使得中国古代社会后期因人口增长所导致的粮食需求紧张有所缓和，亩产量有不断递增的趋势，粮食作物的投入产出比始终居于世界前列。

（2）农业生产工具的改革与创新。以曲辕犁为代表的生产工具改革在犁耕农业发展史上具有划时代意义，筒车、水排、龙骨水车等灌溉和排水工具的发明和不断改进，使得以精耕细作为主要特征的个体小生产农业达到其所能达到的顶峰。

（3）完善的灌溉制度和灌溉系统提高了土地利用率，使农业具备了更多的防御、抵御自然灾害的能力，也使农作物的品种有了更大的选择余地。中国古代政府和民间都非常重视水利灌溉，各地成规模并且因地制宜开展水利兴修，如战国时期的郑国渠、白渠、都江堰，秦朝修建的灵渠，五代十国时期的安丰塘、捍海塘，宋代的圩田，隋唐和元明清时期的大运河以及历朝对黄河的治理等，都是世界水利史上堪称经典的工程。

（4）注重田间管理、维护和增进土地肥力是传统农业发展过程中取得的又一个突出性成就。在充分而合理地利用土地的同时，培育并增进地力是农业实现高产稳产的重要条件。中国传统农业在古代数千年的发展过程中之所以一直未出现地力衰竭的现象，主要归功于古代农民特别注意护养耕地、细心施肥，中国的土地因而至今仍能维持密集人口的生存。

战国时期的人们就已相当普遍地认识到"多粪肥田"的重要意义。随着土地集约而又合理利用，施肥的意义及作用就更为突出。古代人们先后开辟了粪肥、绿肥、泥肥、饼肥、骨肥、灰肥、矿肥和杂肥等多种肥源，创造了沤肥、堆肥、熏土等一系列肥料配制方法，从而使土地肥力得以长期维持和提高。到了清代初期，中国传统农业的施肥技术几乎达到经验知识的极限。注意培育和增进地力是中国传统农业发展过程中取得的又一个突出成就。

人们在注重通过施加农家肥改良土壤的同时，还重视中耕除草等田间管理，土地潜力借此可以得到更好的开发、利用。

（5）培植野生植物，引进和培育优良品种。中国传统农业在其发展过程中培植了大量的野生植物，培育了数以万计的优良品种，从而使中国成为世界上植物栽培规模最大的、最独立的重要发源地和食物品种资源最丰富的国家。据统计，目前世界上1 200多种栽培植物中有200余种直接发源于中国，这些起源于中国的为数众多的栽培植物后来陆续传播到世界各地，为丰富人类的物质生活作出了自己独特的贡献。同时，注重培育良种和不断改良作物品种，还陆续引进和推广玉米、甘薯、马铃薯等高产作物，推广水稻的种植，很大程度上缓解了持续增长的人口压力；推广棉花的种植，引起衣料的变革。在中外交流的基础上，不断引进各种植物品种，丰富了古代中国民众的饮食生活和对衣料的需求。

(6) 中国是世界上拥有农业典籍最丰富的国家。历代农书共达500余部，留传至今的有300余部，充分体现了对农业生产经验的总结的重视，如西汉时期的《氾胜之书》、东汉崔寔的《四民月令》、北朝贾思勰的《齐民要术》、元代官修的《农桑辑要》、元代王祯的《王祯农书》、明代徐光启的《农政全书》等，系统地记录了古代中国农业的发展历程和光辉成就。

2. 古代畜牧业的成就

古代中国的畜牧业包括北方草原民族的大规模畜牧业和农业地区以农业为主、家庭畜牧业为辅两种类型。农业地区通过与游牧地区民族之间的交往和交流，促进了牲畜品种改良，也促进了牲畜管理和饲养等方面的改进和提高，为农业地区充实了大量用于生产劳动和军事用途的马匹。

(1) 在畜禽饲养管理方面，有许多重大的发明创造，许多技术流传世界各国，沿用至今，产生了巨大的经济意义。阉割术，不仅可以淘汰劣质种畜，保持畜群的优良种性，而且还有利于畜禽的优质育肥，缩短育肥期，提高育肥的经济效益。蹄铁和马镫的发明，使马匹作为交通工具的重要性和实用意义普遍提高，促进了养马业的发展。英国著名的科技史学家李约瑟曾高度评价蹄铁和马镫的发明，认为发明虽小但普及面广，大大推进了世界经济的发展、文化的交流和社会的进步。再如养禽业上的人工孵化、强制换羽、填鸭术等，都是为世界赞赏、接受的传统技术，也展示了中国人民的智慧。

(2) 中国古代在饲养管理和品种选育中积累了丰富的经验，最突出的是出版了许多畜禽外貌鉴别、品种鉴定的著作。如春秋战国时代的孙阳、宋伯乐的著作《相马经》，流传中外，影响颇大。继后，东汉马援的《铜马相法》、卜式的《养羊经》等，都是名扬四海的畜牧著作，对中国和世界畜牧业的发展都有重大影响。

(3) 在兽医科技上中国古代也处于领先地位。黄帝时代就有"马师皇善医六畜"之说，到了盛唐时代，中国的兽医针灸术也取得相当大的成就。到了明代末期更有喻本元、喻本亨兄弟所著的《元亨疗马集》闻名于世。

畜牧业在与农业共同发展的基础上，不断总结经验，在有关的农书中，辟有专门篇章进行阐述。尤其是与家庭畜牧业有关的饲养、管理、医疗、鉴别等方面的经验和成就，都达到很高的水平。

3. 古代手工业的成就

古代中国具有特色的官府手工业，是手工业技术进步和发展并取得重大成就的主要推动力量。尤其是秦汉到唐代中期，在官府的组织和管理下，规模庞大，占有最好的民间优秀技术工匠和拥有最高的技术水平的官府手工业集合了优质资源、优质材料，致力于技术的改造和创新，在开发和生产高端精良的手工业制品方面作出了巨大贡献。产品种类繁多的古代手工业，工艺制作水平精良，尤其是纺织、陶瓷、制茶、造船、冶炼、印刷等行业很长时间居于世界领先地位，丝织品和陶瓷以及宋代以后的茶叶成为对外贸易的主要商品，"丝绸之路""陶瓷之路"等的命名也源于对输出商品的高度评价。

官府手工业还承担着皇室、官府、军队所需日常物资的供应和重大、繁多的营建工程。很多宏大壮观、堪称建筑艺术典范的建筑都与政府的组织有关，尤其是在都城、宫殿、陵墓、水渠等尚存的遗址，以及遗留的壁画和绘画中，还可窥见往日的规模与辉煌。

私营手工业是以商品生产为目的的生产，从小型作坊到大型手工业作坊再到手工工场的发展趋向，酝酿着新经济因素的出现和形成，北宋时期已初露端倪，但始终没有凝聚成改造社会的力量。官府手工业衰落以后，大量的工匠获得不同程度的人身自由，对工匠的身份控制和管理趋于松弛。随着和雇、和买、和籴等政府采购方式的推行和普遍实施，在社会经济发展、城市和商业繁荣的前提下，皇家、官府和民间对手工业制品的需求大为增加，使私营手工业获得进一步发展的契机。从业人数逐渐增加，生产范围和生产规模逐渐扩大，新的手工业部门也不断增加，出现了很多新兴的手工业城市。随着手工作坊的扩大、手工工场的出现，在雇佣关系的发展、分工协作的深化、新技术与工具的利用、与市场的联系等方面出现新的经济因素，促使传统手工业向近代手工工场转型。

4. 古代商业发展的成就

古代中国商业发展成就主要体现在五个方面。

（1）各级市场的不断培育和发展，形成从农村集市到具有全国性意义水陆联运的市场网络。随着新商路的开辟、长途贩运的发展，全国性的市场网络有了长足的发展，如清代前期形成的分布在全国东南西北的四个市场中心，时人称为"四大聚"，即"北则京师，南则佛山，东则苏州，西则汉口"。

（2）农业和手工业的商品化程度不断深化，农业出现多种经营，出现专门化生产，很多手工业也已经从农业中分离出来，投入市场的农产品和手工业产品种类增多，商品流通的范围逐渐扩大。

（3）商人集团的活跃和商业资本的积累，形成以地域为中心的商帮，商业行会组织的发展逐渐成熟，商业利润不断提高，商税（包括对进出口商品征税）在国家财政税收中的比重不断加大。随着商业的发展，商品经济的繁荣，作为最早使用货币的国家，中国的货币形态及商业信用也不断完善。

（4）商业的发展，新兴工商业城镇的兴起，尤其是运河沿线，沿海地区，水陆交汇处，经济发达地区，形成很多具有专业特征的商业市镇。

（5）民族贸易与对外贸易的发展，促进了古代各民族的交流，增强了民族凝聚力，边贸地区也往往成为对外经济交往的中介。古代中国在很长时间里都处于亚洲经济的领先地位，一直到唐代中期都主导着对外经济贸易。有学者将以中国为中心、以朝贡方式开展的政治经济交往，称之为纳贡或朝贡体系。唐代中叶以前以陆路丝绸之路为主，宋代以后随着海上丝绸之路的兴盛，新商路的开辟，河运、海运、陆路交织成的商业运输道路网络的发展，对外贸易和民族贸易更为活跃。据记载，1602—1682年（明末清初），中国出口到欧洲的仅瓷器一项就达1 600万件。①

5. 古代科技成就

中国古代最发达的天文学、历法、农学、医学、数学、地理学等科学，都与经济发展有密切关系，同时也不断促进社会经济进一步的发展。很多科学技术对人们的生产和生活有重大影响。被誉为"四大发明"的指南针、造纸、印刷术和火药的发明，对世界科学技术文化发展和进步作出巨大贡献。

中国古代科学技术的发展，对农业、手工业、畜牧业和商业发展都发挥了重要作用，在社会经济持续发展、科学技术不断进步的基础上，中华民族灿烂辉煌的文明，一直延续了数千年。

二、对外经济交往与在世界经济中的地位

（一）对外经济交往

古代中国对外经济交往主要通过官方和民间两种途径，除了战争、人口迁徙、具有政治意义的和亲等因素和方式起到了推动和促进与周边国家及地区的经济交往外，还有各种官方和民间的陆路与海路对外贸易等方式。

据史书记载，与唐朝政府发生联系的国家和地区有三百多个，包括周边少数民族政权，周边内附少数民族部众，与唐有藩属关系的国家、独立政权，远在"绝域"的国家。很多内附民族和羁縻地区，他们和中央的关系是以朝贡的方式联系的。不在唐有效管辖区的国家和政权，他们所派出的数量不等的使团，除日本、

---

① 陈万里：《宋末——清初中国对外贸易中的瓷器》，《文物》1963年第1期。

新罗有遣唐使的称呼外，一般都称作朝贡使。据统计①，有关文献记载的南亚、中亚、西亚使团来唐共三百多次，每团少则数人，多则可达数百人，很多都是以朝贡的名义来华开展贸易交流活动。以西北和东北的商团（队）规模最大，频率最高。这种以中国为中心、以朝贡方式开展的政治经济交往，一直到唐代中期在对外经济贸易中都占有主导地位。随着经济重心的南移，沿海对外贸易的兴盛，政府自唐代起在广州设立市舶司，主要管理海上进出口贸易，并负责征收关税。随着海路贸易的重要性逐渐超过陆路贸易，市舶司制度也不断完善。唐代通过朝贡这种形式与东南亚、东北亚、中亚和西北亚以及南亚的印度建立起一种贸易网络的关系，也联结着毗邻的贸易区，如印度、欧洲等。一直延续到清朝，朝贡贸易仍然发挥着对外经济交往的重要职能。

据《新唐书·地理志》记载，宰相贾耽考方域道里之数，描述了从边地通往周边国家及地区的七条主要陆路和海路道路。此外，还记有从长安分别通往南诏的南诏道和通往吐蕃的吐蕃道。这些道路是内地连接"四夷"的交通干道，是唐朝也是中国内地与朝鲜半岛、蒙古高原、西域、中亚、西亚、南亚、东南亚、东非和海上交通的干线。上述道路，西向可通往西域，穿越帕米尔高原和天山的各个山口，到达中亚、南亚、西亚，远至欧洲，即著名的陆路和海上"丝绸之路"。尤其是"广州通海夷道"，由广州起航，途经100多个国家和地区，直通波斯湾的奥巴拉港和巴士拉港，全长共14 000公里，是当时世界上最长的国际航线。裴矩所撰《西域图记》将通西域之路分为三条，"发自敦煌，至于西海，凡为三道"，②北道经伊吾可达地中海，中道经高昌可达波斯湾，南道经于阗可达印度洋。③ 水路交通则可借环绕城周的水系、渠道、运河、河道沟通包括今四川、华北、江南、湖南、福建、广东等广大区域。唐人崔融形容道："天下诸津，舟航所聚，旁通巴、汉，前指闽、越，七泽十薮，三江五湖，控引河洛，兼包淮海。弘舸巨舰，千舳万艘，交贸往还，昧旦永日。"④ 宋代以后，对外经济贸易联系更为活跃和频繁，陆路贸易逐渐有向海洋转向的趋势。如明代的交通线，南北向主要有三条，第一条是南北大运河，第二条是江西到广东，第三条是北京到东北地区；东西向主要有两条，第一条是长江及其主要支流，第二条是江西到西安还可继续向西走原丝绸之路，形成河、海、陆联运网，尤其是运河沿岸、长江沿岸和东南沿海的码头、港口，成为对外商品交易的主要集散地。西北的陆路丝路，东南的海上丝路，西南丝路与茶马古道，北方沿海港口与朝鲜半岛和日本的联系与交往，构成

---

① 张泽咸：《唐代工商业》，中国社会科学出版社1995年版，第469页。
② 魏征、令狐德棻撰：《隋书》卷六七，《裴矩传》，中华书局1973年版，第1579页。
③ 程喜霖：《从唐代过所文书所见通"西域"的中道》，《敦煌研究》1988年第1期。
④ 刘昫等撰：《旧唐书》卷九四，《崔融传》，中华书局1975年版，第2998页。

了一个以中原为核心向长江流域和珠江流域不断扩展的对外经贸交通网。

（二）在世界经济中的地位

古代中国在世界经济中无疑占有非常重要的地位，以 15 世纪地理大发现为界限，可以分为两个阶段，此前的旧世界（即亚欧非大陆，不包括美洲和大洋洲等地理大发现后形成的新世界）范围内，与其他古代文明区域比较，古代中国同时拥有多个核心经济区，而且这个核心地区面积广大并不断扩展。最早是在黄河中下游，春秋战国时期开始向长江流域扩展，与周边地区连成一片，继续向东南沿海和珠江流域扩展，形成了世界上最大的以农业为主的经济区，也是东亚大陆的核心区，经济文化长期处于世界领先地位，并对周边地区包括东亚、东南亚具有辐射性影响。周边地区的游牧经济、原始农业经济乃至采集渔猎经济与核心地区的农耕经济和手工业经济有互补作用。这个地区内部的经济具有很大的自给性质，而贸易则具互补性质，基本需求在地区内部都可以得到满足。而对西方、南方的长途贸易，输出的主要是丝绸以及后来的茶叶、瓷器，输入的则是珍宝香药等，大多属于当时的奢侈品。这种奢侈品贸易在历史上很著名，但是在东亚经济贸易总体中所占的份额并不大，影响也有限。这一时期从汉到唐，对外贸易主要是通过西北陆路，即著名的"丝绸之路"，以及东北陆路和海上丝绸之路北段的沿海港口进行。唐代中叶以后，丝绸、瓷器、茶叶以及日用品加入长途贩运的行列，改变了大宗商品结构和商品种类，促进了对外经济的进一步发展。

中国古代国家的形成虽然晚于尼罗河流域、两河流域、印度河流域以及中东地区的古代国家，但那些古代国家并没有延续下来，民族和文明也都因种种原因中断了。而后来形成的横跨洲际的大帝国，如波斯帝国、马其顿帝国、罗马帝国、拜占庭帝国、阿拉伯帝国等，由于核心区都比较小，也没有广阔的经济核心区的支持，这些曾显赫一时的大帝国都没有逃脱分崩离析的命运。世界上延续时间最久、始终保持文明传承的大国只有中国。作为东亚核心地区的中国，经济文化长期处于世界先进水平，与其他大国和文明地区都有着交往和文化贸易往来。中国的隋唐和元朝堪称世界性帝国，疆域辽阔，国力强盛，文明程度高，经济繁荣，人口增长幅度大，大城市人口可达上百万，成为东亚地区最具影响力、最具有典范意义的国家，并由此形成东亚文化圈。幅员辽阔，民族众多，历史悠久，使中国古代经济发展既有深厚的积淀，又有较大的回旋余地和相互辉映的多种经济形式并存。中国古代社会经济发展水平到清代前期，一直处于世界领先地位。中国传统农业精耕细作的水平、手工业、商业、城市发展是同时代其他国家不能比拟的，中国古代四大发明对世界历史的发展进程产生了深远影响。中国古代历朝的经济制度也堪称当时世界上最完备的制度。中国在与世界其他国家和民族的经济文化交往中，融汇吸收。中国古代社会经济的发展虽然也有曲折，也有波澜，但在不断局部调整生产关系、发展生产力的过程中，始终具有不断向前的活力。

15世纪开始的大航海和地理大发现加强了世界范围的联系，为世界市场的形成准备了条件。资本主义的迅猛发展，对世界上相对分割的经济区和各自相对独立的经济秩序产生了强大的冲击波。由此，一些西方学者认为，世界经济的重心和中心都已经从东方转移到了西方新兴殖民主义和资本主义的欧洲。① 事实上，郑和七次下西洋展示的造船技术、航海规模，展现了当时中国所拥有的强大经济实力，世界经济的中心仍然在亚洲，中国在亚洲和世界经济体制中继续占据支配地位。一直到鸦片战争前后（19世纪中叶），中国仍然凭借丝绸和瓷器的出口在世界经济中处于主导地位，对外出口始终保持顺差。

明清两代耕地面积、粮食总产量、人口数量都在不断增长，私营手工业发展显著，商品种类增加，商品总量明显增长，工商业城镇繁荣，国内市场发育更加成熟，对外贸易和经济交往也更为扩大和频繁，因此也有学者认为社会经济发展整体水平超过此前历朝，清代前期出现了中国社会经济发展的新高峰。② 但不可否认的是，这时期的社会生产工具没有根本的改进，劳动生产率没有显著的提高，人口的增长和官府的赋税，很大程度上抵消了生产的增长，其生产力的发展空间日渐缩小，政治体制和经济结构也成为新经济因素成长和突破传统桎梏的最大障碍。在世界市场逐步形成，近代工业文明已经启动的历史阶段，如何与世界发展的大趋势接轨，成为19世纪中叶以后中国社会经济发展面临的最大问题。

▶ 即测即评

请扫描二维码，在线测试本章学习效果

思考题：

1. 如何认识中国古代社会的经济结构与运行机制？

---

① 关于此问题的讨论，可参考美国学者彭慕兰著《大分流：欧洲、中国及现代世界经济的发展》（江苏人民出版社2003年版）；德国学者贡德·弗兰克著《白银资本——重视经济全球化中的东方》（中央编译出版社2000年版）等著作。

② 方行、经君健、魏金玉主编：《中国经济通史·清代经济卷》，经济日报出版社2000年版，"绪论"页。

2. 中国古代社会经济发展的主要成就和制约因素是什么?
3. 引起中国古代社会经济周期性波动的主要原因是什么?
4. 如何评价古代中国在世界经济发展中的地位?

中篇 近代中国的经济发展

工业革命后,在资本主义世界市场全球扩张的冲击下,原本相对独立的中国经济融入了世界市场体系。西方列强用武力打开中国的大门之后,西方机器制造的商品和资本的输入,使中国传统的自然经济向近代市场经济转变。自19世纪60至90年代的洋务运动,中国经济开始了经济近代化的进程。同时,外国资本的入侵也使中国沦为半殖民地半封建社会。本篇在经济全球化的大背景下,以传统的自然经济向市场经济的转变为中心线索,分析中国传统经济向近代市场经济转化,即中国经济近代化开始起步和发展的过程中生产方式、产业结构和管理方式演进的历史过程。

第六章 世界市场的扩张与中国经济近代化的起步

从 18 世纪 60 年代开始，以机器代替手工工具，以蒸汽机的广泛使用为标志的工业革命，在欧美国家先后发生。这场范围广阔、影响深远的革命不仅引起了生产技术的革新，使生产力获得前所未有的巨大发展，而且引起了生产关系的重大变革，开创了人类物质文明发展的崭新时代，世界市场逐渐形成并最终得以确立。同时期的中国创造了古代农业的辉煌，某些手工业的技术位居世界一流，商品经济有一定发展，为近代工业的发展提供了有利的基础条件。但是落后的社会制度、生产方式的差异以及西方资本主义的入侵使得中国走上一条不同于西方资本主义国家的曲折的经济近代化道路。

第一节 资本主义世界市场的扩张与世界经济格局的变化

一、资本主义世界市场的扩张

18 世纪 60 年代，最先在英国发生的以机器代替手工工具、机器大工业代替工场手工业为标志的产业革命，既是生产技术上的革命，又是社会生产关系的重大变革，不仅带来了社会生产力的巨大发展，而且由于地理大发现和新航路的开通，促进了世界市场的形成。世界市场的形成和发展是资本主义生产方式扩展的历史结果。

1. 地理大发现

14 世纪后，随着地中海沿岸贸易的发展，最先在意大利的城市兴起并随后扩展到西欧各国的文艺复兴运动，冲破神学的禁锢，实现了对知识和精神的解放，迎来了科学革命。15 世纪末到 16 世纪初，随着海上贸易的发展，由于拓展新航路和对贵金属币材——黄金追求的驱动，加上中国发明的指南针传到欧洲，以及航海知识、造船技术的提高，西班牙、葡萄牙等国相继由国家出资组织了远航探险。欧洲人横渡大西洋发现美洲大陆、绕道非洲南端好望角开辟到达印度的新航线，东进闯入太平洋到达亚洲，完成第一次环球航行，历史上称之为"地理大发现"。

地理大发现为世界市场的形成准备了地域上的条件。地理大发现以后，新航路的开辟，打破了世界各大洲分隔、孤立发展的局面，西欧新兴的资产阶级在重商主义的驱使下，奔走于世界各大洲之间，并在各地建立了广泛的经济联系，把欧洲原有的区域性市场同亚洲、美洲、非洲、大洋洲的许多国家和地区的地方性市场联结起来。同时，随着世界贸易中心从地中海转向大西洋，在大西洋沿岸形成若干繁盛的国际贸易港口和国际贸易中心。亚洲的香料、美洲的金银、非洲的奴隶和欧洲的工业品纷纷卷入国际性商品流通过程，并在世界各个地区逐渐形成了与欧洲商业中心相联系的区域性商品市场。到 18 世纪，欧洲的资本主义工场手工业和美洲的奴隶种植园都有了较大发展。欧洲的工业制品、美洲的原料、非洲的劳动力这样一个洲际三角贸易逐渐发展起来，世界市场开始出现。

2. 产业革命

18 世纪 60 年代在英国发生的以工具机的发明和使用为起点，大机器生产取代手工劳动的产业革命，其直接后果是建立了近代机器大工业生产体系和资本主义生产方式。机器大工业以其雄厚的物质基础和巨大的生产能力，对开拓世界市场具有势不可当的推动力。技术的进步成为资本主义在世界范围内进行扩张的有力武器，为世界市场的形成提供了强大的动力。

以追求利润最大化为目标的资本主义机器大工业不断地扩大再生产，从而要求不断扩大市场。机器大工业不仅需要不断扩大海外销售市场，同时也需要日益扩大原料供应来源。当这些原料在国内市场不能得到充足供应或者完全不能得到供应时，这些资本主义国家就会越来越多地转向世界市场，特别是到经济落后但资源丰富的国家去取得。

随着机器大工业对世界市场的开拓，进入世界市场的商品数量和种类也大幅度增加。世界市场供求关系和行情的任何变动，对于各国的经济生活都会产生不同程度的影响。一旦商品在世界市场上的流通受到阻碍，资本主义的生产过程就不能顺利进行，商品的价值和剩余价值就不能顺利实现。因此，这一时期的世界市场已成为资本主义扩大再生产的必不可少的条件，这也是它区别于早期世界市场的特征之一。

3. 贸易组织的变化

地理大发现后，新商路的开通使商业和贸易的空间得到发展，复式记账的采用，银行业和信贷业的发展，股份公司的出现，各种贸易组织形式的正规化、大型化和专业化，为国际贸易的发展和世界市场的形成提供了组织和制度的保证。19 世纪以后，国际贸易的规模越来越大，商品交易所的数量越来越多。过去只是偶然进行商品交易的场所逐渐变为经常性的营业机构，成为某一类商品的交易中心。随着商品种类的增加和商品结构的变化，商品交易所也日益专业化，从综合性商品经营转变为单一商品经营。19 世纪中叶以后，世界各地出现了一批经营单一商品的交易所。1848 年芝加哥出现了第一个谷物交易所，1862 年在伦敦成立了有色金属交易所，还有在新奥尔良成立的棉花交易所，等等。在这些交易所中，交易方式也发生了重大变化，原来现场看货物交易的传统方式已经让位给凭样品或根据凭证签约的方式。为了避免签约与发货期间受到市场价格涨落的影响，期货交易盛行起来。同时,证券交易也开始从过去的街头、路旁、咖啡馆和梧桐树下迁入营业大楼,并在伦敦、纽约、巴黎、苏黎世、法兰克福等地形成具有一定规模的证券交易中心。贸易组织形式的变化,有力地促进了商品的流转,使世界市场成为各国经济赖以发展的巨大舞台。

4. 交通通信的变革

19世纪六七十年代交通运输和通信事业的革命是世界市场形成的物质基础和重要推动力。铁路、轮船、电报等近代交通通信工具,在19世纪前半期就已经出现,到了70年代,英、法、德、美等国的主要铁路干线都已经建设起来并投入运营,印度以及拉美的落后国家也出现了建设铁路的热潮。由于铁路从港口延伸到大陆腹地,大量人口移居内地,因而使许多国家的草原、森林以及矿山得到开发和利用。铁路是联系港口和内地的陆路交通工具,而轮船又把世界各地的铁路系统连接起来,形成一个庞大的国际生产、流通和消费网络,把各大洲的地方性、区域性市场联结为一个统一的世界市场。

1869年,连接亚、欧、非三大洲的海上重要通道苏伊士运河的通航,使欧洲到亚洲的距离缩短了7 000多公里;从英国运往东亚的商品的流通时间,由原来至少需要12个月缩短到12个星期左右,对世界市场的形成具有特别重要的意义。

1866年,横贯大西洋的第一条海底电报电缆建成;1870年,通过苏伊士运河,经亚丁湾到孟买的海底电报电缆建成;1871年,上海与伦敦之间也建立了海底电报电缆联系;1874年,从伦敦到巴西的佩南布科的海底电报开始营业。这样,通过电报信息的传递把棉花产地、黄麻产地、丝茶产地和咖啡产地与世界市场中心直接联系起来。同时,国内电报在英国、美国以及欧洲大陆的一些先进国家已大为普及,其中仅美国正式运营的电报线路,在1861年就达5万英里之多。海底电报使电汇取代了汇票,便利了国际贸易和国际支付。交通通信的革命加强了各国间的经济联系,它像一副催化剂,把越来越多的国家和地区卷入到世界市场中去。[①]

5. 世界货币的产生

19世纪,黄金逐渐演变为单一的世界货币,主要资本主义国家的货币制度相继过渡到金本位制,是世界市场形成的重要标志。世界货币的产生是世界市场和国际贸易发展的必然结果,同时它本身也有助于世界市场的稳定和世界贸易的扩大,有助于各国经济贸易联系的加强。"金银帮助了世界市场的形成,因为金银在自己的货币概念中已经预示着世界市场的存在。"[②] 早期的世界货币是黄金和白银并用,称为复本位制。1816年,英国最早过渡到单一金本位制。接着葡萄牙于

[①] 宋则行、樊亢主编:《世界经济史》(修订版)上卷,经济科学出版社1998年版,第220页。
[②] 《马克思恩格斯全集》第31卷,人民出版社1998年版,第547页。

1854年，德国、丹麦、瑞典、挪威、法国、比利时、意大利、瑞士、荷兰、西班牙等国先后都在19世纪70年代过渡到金本位制。美国国会于1873年颁布法令废止铸造银币，因各派势力对实行金本位制存在激烈的斗争，直到1900年才正式采用金本位制。因此，到19世纪70年代末，世界上主要的资本主义国家都实行了金本位制。尽管这一时期统一的国际金本位货币体系还没有形成，但居于世界市场中心国家的货币都有了确定的含金量，它们之间存在固定的比价，便利了国际支付和国际结算，使世界市场的机制更加完善。

随着世界市场的逐步形成，被纳入世界市场的国家日益增多，到19世纪六七十年代，除了非洲内陆以及亚洲、拉丁美洲的极少数国家和地区外，都已卷入世界市场的网络。人类历史上第一次形成了通过国际分工和世界市场把各国的生产、流通、分配融为一体的世界经济。这样，由资本主义机器大工业的发展和扩散所带动的世界市场的形成，标志着一个以资本主义生产关系占主导地位的世界经济体系的建立。

二、世界经济格局的变化

工业革命在英国取得胜利之后，在空间上向欧洲、北美洲扩展，资产阶级革命和改革运动以空前的深度和广度迅速展开。世界市场的形成，加速了世界经济近代化的进程，欧美发达国家开始从古代的农业社会向现代的工业社会转型。

英国率先完成了产业革命，成为当时无与伦比的工业强国，18世纪至19世纪，它是世界发展的领头羊，它的领先地位一直保持到19世纪70年代。1870年英国工业总产值在世界工业总产值中占32%，美国占23%，法国占13%；采煤量占世界采煤量的51.5%，生铁产量占50%，棉花消费量占49.2%；贸易额占世界贸易总额的25%，几乎相当于法国、美国和德国贸易额的总和；① 英国的首都伦敦是世界金融中心；英国还是世界上最大的资本输出国和拥有殖民地最多的国家。英国国运盛极一时，号称"日不落帝国"。② 19世纪末的时候，它的殖民地曾遍及亚洲、非洲、美洲、大洋洲所有大陆板块，总面积达930万平方公里，统治着世界上3亿多的人口。

英国的近代化首先塑造了现代社会的原型，其他国家纷纷引进英国的技术和设备，也试图在自己的国家内实现工业革命。美国在18世纪末，法国在19世纪初，德国在19世纪30年代，俄国、日本在19世纪中后期也相继开始了工业革命，加入了世界近代化国家的行列，形成了近代化的第一次高潮。

---

① [德]库钦斯基：《资本主义世界经济史研究》，陈东旭译，生活·读书·新知三联书店1955年版，第41页。
② 王珏：《世界经济通史》中卷：经济现代化进程，高等教育出版社2005年版，第143页。

已经完成产业革命的欧洲强国沿着自己开辟的航路开始了征服与扩张之路。一方面，他们依靠长枪、火铳、大炮等强大的军事武装，对亚洲、非洲和美洲进行殖民掠夺，开始了血与火的资本原始积累。另一方面，他们用廉价的机器大工业商品摧毁落后国家的手工产品，从而使这些国家不得不依赖于强加在它们头上的国际分工，变成西方工业国的棉花市场、羊毛市场、黄麻市场、咖啡市场等。广大亚、非、拉美国家沦为西方国家商品销售市场和原料产地的过程，也就是这些国家日益卷入世界市场的过程。世界经济形成了西方发达的工业化国家为宗主国，东方的落后国家沦为殖民地和半殖民地的世界经济新格局。

第二节　半殖民地半封建经济的形成

地理大发现后，伴随着工业革命带来的社会结构变化，西欧资本主义国家的经济异军突起。相对于欧洲的发展，帝制下的中国的经济变化显得落后而停滞。清政府沿袭明制实行海禁政策，广州一口通商和十三行制度以防海盗滋扰，以及防止中国人与外国人的相互勾结，即害怕"民夷交错"，不利于清王朝的统治。但是地理大发现后，中国广阔的市场已经成为西方列强觊觎已久的对象。18世纪下半叶，产业革命后的西方资本主义经济飞速发展，他们对中国的经济侵略逐渐从早期殖民时代的海盗式掠夺转变为向中国倾销商品和掠夺原料，他们迫切要求清政府打开大门，与之"文明"通商。

然而，英国的机制工业品迟迟打不开中国的市场，而英国又迫切需要中国的商品，这必然导致英国对中国的贸易连年逆差。从白银流向来看，中国在对外贸易中处于优势地位，中国受惠于国际贸易毋庸置疑。为了平衡中英贸易逆差，英国资产阶级积极寻找问题的症结。除了武力恐吓和外交活动外，他们最终找到了一件能为中国市场所接受，且赢利水平足以平衡中英贸易的商品——鸦片。鸦片走私给中国带来了深重的灾难。鸦片贸易改变了中国在国际收支中的地位，中国因为鸦片走私进口而流出大量白银，两百多年的中国贸易顺差逆转为白银外流。不仅如此，鸦片吸食成瘾使人体力衰竭，丧失劳动能力。鸦片的泛滥使中国生产力遭受严重破坏。从1729年开始，清政府先后15次颁布禁烟令，禁止鸦片进口。1838年，道光皇帝任命林则徐为钦差大臣，赴广东查办禁烟。英国资产阶级及其政府都不愿意放弃鸦片贸易带来的利益，强烈反对中国的禁烟措施，于1840年发动鸦片战争，用武力打开了中国的大门。

一、不平等条约与口岸开放

1840年鸦片战争之后，资本主义列强是通过一系列侵华战争、不平等条约和攫取特权在中国立足的。鸦片战争后所订立的中英《南京条约》(1842年)是中国与外国列强订立的第一个不平等条约。此后(1843年),作为《南京条约》附约签订的中英《五口通商章程:海关税则》和《五口通商附粘善后条款》(又称《虎门条约》)等,进一步扩大了英国在中国的经济特权。美国和法国趁机要求清政府缔结中美《望厦条约》和中法《黄埔条约》(1844年),取得了与英国同样的特权。1843—1847年,葡萄牙、比利时、瑞典、挪威、荷兰、西班牙等资本主义侵略者先后援例与中国订约,取得通商贸易的特权。

不平等条约贸易体系的形成,使中国沦为半殖民地国家。资本主义列强在中国攫取的经济特权,危害程度最大者主要体现在以下几个方面。

1. 沿海和内地通商口岸贸易权

通商口岸绝大多数是资本主义列强根据不平等条约,强迫中国开放的。这些口岸不仅分布在沿海省市,更沿长江深入中国内地,另有一些分布在东北、新疆、蒙古、西藏、云南等地。

《南京条约》规定开放广州、厦门、上海、宁波、福州五处为商埠。《天津条约》又规定开放潮州(后改汕头)、天津、牛庄(后改营口)、镇江、汉口、九江、南京、登州(后改烟台)、淡水(今台北县)、台湾(今台南)、琼州11处为商埠。在此前后,沙俄强迫中国在内陆边疆开放伊犁、塔尔巴哈台(今塔城)、喀什格尔(今疏勒县)、库伦、肃州、吐鲁番、乌鲁木齐、乌里雅苏台、哈密、古城10处为商埠。19世纪70年代后通过中英《烟台条约》等不平等条约,外国侵略者强迫中国开放宜昌、芜湖、温州、北海、拱北(澳门)、龙州、蒙自、亚东8处为商埠。自两次鸦片战争之后至甲午中日战争前,中国对外开埠达34处。甲午战争后至全国解放,中国又对外开埠67处。[①] 除少数为自开商埠外,绝大多数是在列强胁迫下开放的,称之为"条约口岸"。

在任何独立国家的领海内,外国商船只限于一定口岸的跨国贸易,而不能做沿海口岸的转口贸易。《南京条约》中规定,允许英国人在五口"贸易通商无碍",含有允许英国商船可以自由航行于五口之间之意。1844年的中美《望厦条约》则规定,"其五口之船只,装卸货物,互相往来,具听其便",正式承认了外国商船在通商口岸之间转口而不必重复课税的特权。与此相比,中国自己的商船反而不能享受此种便利。

外国人不仅在通商口岸有自由贸易权,《南京条约》还规定英国人可携眷在五口居住,《虎门条约》规定英国人可在五口租赁房屋地基,遂成为列强设租界的张本。上海通商后不久,英国第一任上海领事巴尔福即提出要在上海开辟租界,于

---

① 严中平等编:《中国近代经济史统计资料选辑》,中国社会科学出版社2012年版,第37页。

1845年11月订立了《上海租地章程》，划定约830亩土地为英国租用范围。上海租界的出现，标志着资本主义列强以一个新的方式对中国进行政治和经济侵略。租界口岸成为中外贸易的据点。

2. 协定关税和海关行政权

关税的税则和税率的制定是一个国家用以限制或鼓励某些进出口商品，以便保护本国工商业利益的手段。一个独立的国家，必然根据本国的利益自主订立关税税则。然而鸦片战争以后，外国侵略者凭借不平等条约侵夺了中国的关税自主权和海关行政管理权。

协定关税与关税自主权的丧失，使中国失去了保护本国工商业利益的基本手段。第一次鸦片战争后，1842年签订的《南京条约》规定，英国商人在通商口岸应纳的进出口货税、饷费"均宜秉公议定则例"。这一条款使中国丧失了关税的自主决定权，变成"协定关税"。1843年的协定税则规定进口税率大致在5%~6%，比鸦片战争前大大降低，同时还为未列举的进出口货物明文规定了"值百抽五"的征税原则。1858年中英《天津条约》重新修订了税则，一些主要进口商品的税率再次降低。在实际征收关税时，大都是从量计税。1858年以后物价普遍上涨，中国长时期征收的关税从未达到5%的税率，时常不到3%，成为世界上最低的海关税率。① 各国保护关税都是进口税重，出口税轻，我国关税却反其道而行之。协定关税使中国在对外贸易中陷入十分被动的地位。

中国不仅海关关税受协定税则的束缚，内地税制也受到列强的侵害。1858年的《天津条约》规定洋货进入内地销售或外商从内地收购土货出口，只需缴纳一次2.5%的"子口税"即可通行全国。中国内地关卡林立，多重征税，子口税作为一种不平等的特权，使洋货的税赋较轻，导致土货无法与之竞争。

通过协定关税攫取了关税税率利益的同时，以英国领事为首的外国领事们，还设法获取中国海关行政管理权。1853年，小刀会起义占领上海县城，位于外滩的江海关被捣毁，江海关无法正常完成征税工作。1854年夏，英国领事阿礼国借机提出一个中外合组海关的方案。6月20日，两江总督派苏淞道台吴健彰与英、美、法三国驻沪领事会晤，规定：三国领事各提名一人，由中国任命为税务监督，与中国共同管理江海关的征税事宜，从此江海关的管理权被外国人把持。1858年清政府与英、美、法签订的《通商章程善后条款》对这一办法作了修改："任凭总理大臣邀请英（美）人帮办税务，毋庸英（美）官指荐干预"，并"各口划一办理"。1863年，英国人赫德任总税务司，次年制定《募用外人帮助税务章程》，各

---

① 许涤新、吴承明主编：《中国资本主义发展史》（第2版）第2卷，人民出版社2003年版，第60页。

地海关的行政管理权全部落入外国人手中。

3. 沿海和内河的航行权

鸦片战争后，根据不平等条约，资本主义列强逐步取得了沿海和内河通商口岸之间的航行权。1844年，中美《五口通商章程》规定外商拥有"自雇引水"特权；1858年，中英《天津条约》又规定外国船进港，船主可由该国领事馆通告海关结关，不经中国官署。中国自此无权过问外国商船在中国沿海和内河的航行。

虽然《五口通商章程》还规定"五港口外，不得有一船驶入别港，擅自游弋"，但事实上，外国船通过走私、贩毒、掠卖华工、"护航"和贩运土货等方式渗入所有需要进出的港口。《天津条约》第十款规定"自汉口溯流至海口各地，选择不逾三口，准为英船出进货物同商之区"，但实际上沿江各处城镇均可上下客货，并无口岸数目的限制。实际上，外国列强通过各种合法和非法的手段，在中国取得了最大程度的航行自由。

4. 在华投资设厂权

19世纪末20世纪初，自由资本主义进入垄断阶段后，为了解决过剩资本，他们不满足于对外输出商品，而要输出资本，作为获得最大限度利润的有力工具。在中国投资的外国资本并不是来自其母国，而是来自西方列强通过战争赔款和勒索、鸦片走私和占有租借土地等在中国所牟取的暴利，以及外商在中国发行的股票和债券、外国银行在中国吸收的存款和发行的纸币等。外国在中国设厂的权利始于中日甲午战争后，1895年4月7日中国与日本签订的《马关条约》。但实际上，早在甲午战争前，随着外国商品的输入，外商已在中国陆续设立了100多家工业企业。

《马关条约》中规定："日本臣民得在中国通商口岸城邑，任便从事各项工艺制造，又得将各项机器任便装运进口，只交所订进口税。日本臣民在中国制造一切货物，其于内地运送税、内地税、钞课、杂派，以及在中国内地沾及寄存栈房之益，即照日本臣民运入中国之货物一体办理，至应享优利豁除，亦莫不相同。"[①]这项规定使日本获得了在华投资设厂权，而且给他们在中国制造的商品和进口洋货同样的特权和优惠。这样的片面最惠国条约，使其他列强也同样享受中日条约有关设厂权的规定。

除以上所述之外，西方资本主义列强还通过《南京条约》《天津条约》《北京条约》《马关条约》《辛丑条约》等一系列不平等条约的签订，在中国攫取了领事裁判权、租界行政权、鸦片贸易合法化、在华筑路开矿设厂驻军等侵略性特权。在不平等条约贸易体系的作用下，中国自给自足的自然经济受到严重破坏，新生

---

① 王铁崖编：《中外旧约章汇编》第1册，生活·读书·新知三联书店1957年版，第616页。

的官僚资本和民族资本工业也面临严峻挑战。不平等的条约贸易体系对近代中国经济的发展造成了深远的影响。

二、自然经济的进一步解体

小农业与家庭手工业相结合、自给自足的自然经济结构,是中国古代社会的经济基础和基本特征。小农业与家庭手工业的结合,主要是耕与织的结合,虽然商品经济有所发展,但这种耕织结合的小农经济,在鸦片战争前的社会经济中占主要地位。鸦片战争以后,由于外国资本主义大量机制品的输入,自然经济开始加速分解。

第一次鸦片战争后,自然经济分解过程还相对较为缓慢。当时虽然广州、厦门和上海几个通商口岸附近地区的手工棉纺织业受到进口洋纱、洋布的打击,但就全国范围来看,耕织结合的经济结构没有显著的改变。第二次鸦片战争以后,列强继续在同中国签订的一系列不平等条约中获得种种政治特权和经济特权,耕织结合的自然经济,终于敌不过输入品的价格优势,从19世纪60年代以后开始逐步分解。

随着西方国家的纺纱技术的提高,棉纱的成本显著降低,1887年在牛庄每包300斤重的洋纱售价银57两,而当地同量土纱价格则达到87两,① 每包洋纱价格比土纱低30两。农民自己从事棉纺织业生产的优势已不复存在。19世纪60年代以后,价格低廉的进口商品彻底击溃了中国农村"最顽强的抵抗",大量输入中国。1873年棉纱输入量仅为67 833担,至1890年就激增至1 081 495担,其中洋纱进口量18年中竟增加了21倍多。农民经过仔细斟酌,发现买纱织布比自己纺纱织布成本低得多,于是绝大多数农户开始放弃纺纱这道传统工序,而改用进口洋纱织布。这一过程被称为"洋纱取代土纱"的过程。

此后,农户的手工织布业被进口洋布彻底挤垮,即"洋布取代土布"。最初洋布在中国的消费者仅限于城市里的富裕阶层。由于其价格一再降低,一般平民也逐渐加入其消费者的行列。在某种程度上,洋布低廉的价格抵补了其不耐用的缺点。为了抢占在中国的棉布市场,外国商人通过限制价格来增强洋布的竞争力,一步步挤垮中国农民的手织业。如烟台,进口的本色布在1866年(每匹)售价是二两九钱至四两(白银),1867年是二两五钱至三两,而1868年的价格在二两二钱到二两五钱之间。② 价格低廉的洋布契合了中国市场低消费水平的需求,于是洋布的输入量激增。洋布的进口抢占了中国土布的部分市场份额。到19世纪90年

---

① 严中平:《中国棉纺织史稿》,科学出版社1955年版,第77页。
② 彭泽益编:《中国近代手工业史资料(1840—1949)》第2卷,中华书局1962年版,第220—221页。

代,郑观应说:"自洋纱布进口,华人贪其价廉质美,相率购用,而南省纱布之利,半为所夺。迄今通商大埠,及内地市镇城乡,衣大布者十之二三,衣洋布者十之八九。"① 在此情况下,农家手工棉织业必然趋于没落,逐渐与农业分离了。

甲午战争后,自然经济的分解过程进一步加快。列强取得在中国投资设厂的特权后,在其瓜分的势力范围内进行投资,大量外资企业在中国设立。外国在华投资不仅是一种资本剥削制度,更是一种资本掠夺制度。这种制度的意义在于它占有了殖民地、半殖民地国家的可利用的资本,补充帝国主义国家的资本输出。中国的重要产业如机器制造、机械采矿、铁路、钢铁等,都是由中国自筹资金创办,引进西方技术和设备;而外国资本投资于这些关键性产业,都是在中国人创业15年以至30年以后;外国资本在中国并没有起到先驱或示范的作用,反而是有害而无益的。外国资本在中国的企业投资,密切配合其本国在华政治、经济和军事的侵略活动,获得了超额的利润,加深了中国社会的贫困。

外资纱厂在华纷纷设立,华商纱厂亦有发展,中国的农民家庭棉手工业遭到比较严重的排挤和破坏。1895年进口洋纱113.2万担,逐年递增,到1913年达到268.5万担,增长速度远远超过甲午战前。同时,中外纱厂纷纷设立,总计全国纱厂开工锭数,1894年为170 388枚,1913年为835 872枚。1920年以后,农民家庭织布业再度衰退,但工场手工织布厂则继续发展,并与农民家庭织布业展开竞争,包买商制度也逐渐兴盛,控制着农家商品土布的生产。中国农民家庭手工业的破坏和这种自然经济分解的历史过程,先是受到外国资本主义进口洋纱洋布的剧烈冲击,再加上国内资本主义机器棉纺织工业的压力,还受到手工棉织业自己分化出来的资本主义手工工场的竞争和资本主义商人资本的控制。小农的棉手工业自然经济的分解不断加深。

在城市资本主义经济关系得到发展的同时,农民的家庭手工业遭到破坏,农产品的商品化过程加快。在外商垄断中国出口贸易的条件下,中国出口产品丧失了价格决定权,完全听命于国外市场。19世纪70年代以后,中国贸易陷入长期逆差的局面,其中输出棉花而进口洋纱、洋布,是典型的殖民地贸易形态。尽管如此,近代中国的农业从总体上看仍是传统的生产关系占统治地位。甲午战争后,不仅农产品的商品化进程大大加速,商品结构也发生一定的变化。原占出口值半以上的丝、茶两项,到1920年仅占20%,而豆类、花生、芝麻、油类四项出口总值竟超过了丝茶总值。此外,蛋品、皮毛等农家副业产品增长也较快。外贸作用伴随着国内市场的扩大,共同促进了中国农产品的商品化。

鸦片战争后自然经济的分解,不是生产力的发展和相应的社会分工导致的,

---

① 郑观应:《盛世危言》,中州古籍出版社1998年版,第385页。

而是西方列强的商品入侵造成的。这种分解，虽然客观上有利于近代工业的发展，但它未能触动传统的土地所有制，未能改变小农经济的生产方式。自然经济的分解是被动的、不彻底的，形成的国内市场带有半殖民地性质，商品量和价格水平受国际市场支配。农业生产的经济效益鲜有增进，反而增加了不稳定性和对国际市场的依赖。所以，中国自然经济的解体没有直接促进资本主义经济的发展，而是使中国变成了西方列强倾销商品的市场和掠夺原料的基地。

在中国耕织结合的自然经济逐渐解体的同时，外国资本经营的、官僚资本经营的和民族资本经营的近代化企业相继出现。原来以个体生产为基础的传统的中国逐步演变为半殖民地半封建的中国。

第三节　中国经济近代化的起步

一、开眼看世界与工业文明的传入

世界走向中国的同时，中国也开始融入世界。为了应对数千年来未有之变局，闭关锁国心态开始向近代开放意识转变，对西方近代文明从排斥转向有选择地吸收，中国近代化思路由此发端。与英、法等国通过建立资本主义制度而逐步完成从农业社会向工业社会过渡的近代化发展模式不同，中国的近代化不是社会内部的近代性成熟和积累的结果，其最初的诱发和刺激因素主要来自外部世界的生存挑战和先进国家的示范效应。

中国向西方学习的过程是一个由表及里、由浅入深的动态过程。中国的近代化首先表现为对西洋器物技能层次的学习和接受，其次是对西方制度层次的借鉴，包括政治、法律、财务、学校以至思想文化的广泛讨论。甲午战争后，先知先觉的知识分子更是将注意力聚焦到西方列强的历史发展、立国规模及改革制度有关的理论上来。

中国最早开眼看世界的是清政府官员中的开明派，其目的是学习西方的先进技术以巩固清王朝的统治。1839年，林则徐在广州严禁鸦片的同时，积极探求域外大势，派人收集、翻译外文资料，编译成了《四洲志》。这部在翻译基础上编成的著作，在闭塞的社会中打开了一扇眺望世界的窗户，也使林则徐被称为"开眼看世界第一人"。魏源受林氏嘱托，以此为蓝本，编著成《海国图志》。该书为以夷攻夷而作，为以夷款夷而作，为师夷之长技以制夷而作，在近代史上正式提出了向西方学习的历史命题。

除此之外，姚莹的《康輶纪行》、徐继畬的《瀛寰志略》都是介绍世界历史地理的名作。近代化早期的这几部世界史地著作，真实完整地展现了世界的大致面貌，传播了与中国文化迥然不同的西方文明信息，给中国人带来了新的世界观念，同时，它们也向国人展示了西方侵略者向东方扩张的格局和趋势，并力图唤起民族生存的危机感。但这些先觉者的著作在当时不仅并未引起整个中国社会的重视，反而受到一些责难。总的来说，这些早期著作对中国近代化的影响力有限。

太平天国运动和第二次鸦片战争的双重打击使一部分富有改革意识、眼界开阔的清朝官僚开始认识到中国与西方列强之间的差距，他们出于各种原因，其中最主要的还是为了改变中国的落后地位，试图通过调整统治政策，以改革挽救统治危局。19世纪60年代后，这部分有实权的官员开始酝酿推动中国第一次工业化浪潮——洋务运动。具有新思想的洋务派利用手中的权力，致力于引进西方的机器生产及某些科学技术，倡办新式机器工业，开矿山，修铁路，办新式学堂，在中国近代化的道路上迈出了可喜的一步。然而，在鸦片战争后的20余年间，国人的着眼点只是西方的先进科技。从林则徐、魏源提出"师夷长技以制夷"的主张，到洋务运动将"师夷长技"付诸实践，学习西方的内容仅仅停留在技术层面。

在中国近代化道路的选择上，早期存在两种主张，一种是全盘西化，另一种即是洋务派所倡导的"中学为体，西学为用"。"中学为体，西学为用"源于郑观应提出的"主以中学，辅以西学"。郑观应以资产阶级改良主义者的身份，希望在资本主义刚刚生长，还没有取得合法自由的发展权力与地位时，能够以封建主义为主，资本主义为辅，两种经济制度并存，以使中国资本主义获得一席之地，借以生存和发展，这在当时无疑是进步的。

"中学为体，西学为用"，强调的是在不变革传统专制体制和传统思想的前提下引进西方的先进技术。然而，西学的"体"与"用"，即制度与技术，是一个统一的整体。日本明治维新成功的经验正是既变"体"又变"用"，俄国、日本等国家通过改革，虽然保留了大量封建残余，但都成功步入资本主义。然而中国的改良主义者目的在于维护清王朝的专制统治，只学技术，不学制度、思想和文化，不能从根本上改变中国社会的落后状态。

随着洋务运动的深化，经济近代化遇到制度的困窘。甲午战争后，中国的有识之士认识到，仅有西方科学技术、坚船利炮并不能救中国，只有作政治制度上的变革，技术的学习才能行之有效。

从早期维新派提出学习西方政治制度的理论，到维新志士系统而具体的君主立宪主张，向西方学习的注意力开始转移到深层次的制度层面。清政府认识到外交的重要性，于1861年设总理各国事务衙门，主管外交、通商和关税等事务，后来管辖领域不断扩大，实际上成为办理外交和总揽洋务新政的中枢。在此阶段，中国人对于西方的译著内容，也由原来的地志、火器、工业技术知识扩大到公法外交、通商总则等方面。

与此同时，李鸿章、冯桂芬主张省察中国制度的缺陷，从教育开始改革制度。1862年，洋务派创办了学习外语和自然科学知识的京师同文馆。京师同文馆翻译了不少"西学"书籍，包括法学、经济学、物理学、数学、天文学、生理学、外交知识等门类。这些书籍大多是入门书籍，内容浅显，但对当时中国的知识界来说，却都是新学问。此后，各类西式学堂在全国纷纷创设，对于语言、工艺、造船、海军等，均设有教育训练机构，提供更深入全面的西方科学知识。中国向西方的学习不再局限于器物技艺层面，而是在制度上做出相应的变革。

1898年的戊戌变法即为制度变革的试行。在戊戌变法以前，中国的知识分子已开始讨论西方议会政治，比较中西方的法律，有改革中国政治制度和法律制度的倡议。戊戌变法虽然失败了，但变法所开拓的历史道路不可逆转。清末新政，清政府推动君主立宪，制定若干现代化的法律，部分地将改革者的主张贯彻下去，从而将制度变革推进到一个新的层次。

在经济和政治近代化的努力中，人们的思想观念、伦理道德、风俗习惯、生活方式等也逐渐发生变化，向现代化迈进。康有为的《实理公法》一文，以"天地生人本来平等""人人皆有自主之权"为讨论主题，个人主权的主张已非常明确。严复翻译的《天演论》介绍"物竞天择、适者生存"的理念，结合介绍达尔文的生物进化论及西方哲学思想，极大地影响了国人的思想观念。天赋人权、自由平等的观念深入人心，妇女解放和"不缠足"的风俗变革也在这一时期悄然盛行。

二、洋务运动与中国经济近代化的起步

两千多年来，中国一直处在以农业文明为特征的自给自足的自然经济状态中。鸦片战争后，中国社会的发展进程被突如其来的外来因素所打断。在西方工业化浪潮的冲击下，旧经济结构开始瓦解，中国逐步脱离了原有发展轨道，向工业化、资本主义化的方向转变。

中国人口众多，劳动力供给充分；自然资源总量大、种类齐全；古代农业生产技术居于世界先进水平，对工业化具有重要意义的煤、铁蕴藏丰富，有色金属矿藏更居世界前列；农业生产技术比较先进，是一个具有较好工业化条件的国家。中国资本主义生产关系的萌芽虽然在16世纪中叶已经出现，但直到鸦片战争前仍没有发展起来。

经过鸦片战争的失败，中国由闭关锁国变为门户洞开，资本主义列强瓜分中国的野心使中华民族空前危急。在清朝统治集团中的有识之士中形成了洋务思潮。咸丰十年十二月初一（1861年1月11日）恭亲王奕䜣，会同桂良、文祥上奏的《通筹夷务全局酌拟章程六条》，分析了列强各国的特点，设南北口岸管理大臣；

添各口关税；要求将军督抚办理国外事件互相关照，避免歧误；要求广东、上海各派两名懂外语的人到京以备询问；将各国商情和报纸汇集总理处。当年12月10日总理各国事务衙门设立，自此，总理衙门取代理藩院，成为政府中枢机构中专门的外事机构，并在其领导下与掌握地方实权的官僚在"求强""求富"的愿望下开始了洋务运动。

在洋务派提出的"自强以练兵为要，练兵以制器为先"的口号下，从1861年曾国藩创办的安庆内军械所，任用中国工匠，仿制西式枪炮开始，洋务派采用西方先进生产技术，创办了一批近代军事工业。江南机器制造总局、金陵制造局、福州船政局、天津机器局、湖北枪炮厂等一批大型近代化军事工业相继问世。短短几年中，中国就已经具备了铸铁、炼钢以及机器生产各种军工产品的能力，产品包括大炮、枪械、弹药、水雷和蒸汽轮船等新式武器，装备了一些军队。同时他们还开办了天津北洋水师学堂、广州鱼雷学堂、威海水师学堂、南洋水师学堂、旅顺鱼雷学堂、江南陆军学堂、上海操炮学堂等一批军事学校培养军事人才。

洋务运动早期创办的这些军事企业的资金来源于清廷的财政拨款，产品并不投入市场，而是为清军提供新式装备。洋务派的军用企业是中国人最早经营的近代工业，引进了西方资本主义先进的生产力，用机器生产代替手工劳动，开启了中国资本主义近代化的历程。

官办军事工业对燃料、原材料的需要，带动了与之相关的工矿业兴起和发展。但是清政府的财力有限，不得不向民间资本开放；商人为了获取利润也愿意投资兴办。于是双方采取官督商办、官商合办的形式陆续在轮船、煤矿、冶铁、纺织、铁路、电报等领域建立了民用企业，代表性企业有轮船招商局、开平矿务局、上海机器织布局和华盛纺织总厂、湖北织布官局及纺纱局、缫丝局等。

洋务派民用企业是从航运业开始的；煤矿企业的数量较多，以开平煤矿规模最大。这些民用企业可分为官办、官督商办、官商合办三种，其中官督商办为主要形式。官督商办来源于历届政府的"招商"政策，官商矛盾是企业内部的最大矛盾。由于创办时招股困难，官督商办企业的官款垫借比例较高，并负有大量外国借款。这类企业中并无商股代表，也没有官商协商制度，官方大权在握，商股只能听命，造成经营管理上的低效。官督商办制度成为中国近代企业发展中的一大障碍。

洋务运动掀起的向西方学习的运动，启动了中国早期由政府主导的自上而下的工业化进程。洋务企业是中国人创办最早的近代化企业，中国近代第一个煤矿、第一个钢铁厂、第一个近代纺织厂、第一条铁路、第一条电报线都是洋务派创办的。洋务运动最初的主观目的在于运用西方的先进技术保护现有的社会制度和生产方式，不是旨在把中国引向资本主义，实现工业化，也没有使中国走上独立富强的道路；但它客观上引进了一些西方先进的技术和机器设备，创办军事工业、民用工业，开启了中国走向近代化、工业化的大幕，对中国封建经济解体、对抵制外国经济势力的渗透与扩张也起了一定的作用。铁路、电报、新式航运业的出现也在渐渐改变着古老社会的面貌，中国社会在由传统向近代转轨的路途上迈出了艰难的第一步。

▶ 即测即评

请扫描二维码，在线测试本章学习效果

思考题：
1. 论述世界市场形成的过程。
2. 论述鸦片战争后中国与世界市场的关系。
3. 论述中国与西方国家经济近代化的道路。

第七章　近代国家经济政策和制度的变化

在中国近代化过程中，为了适应发展资本主义的要求，国家在经济政策制定方面表现出前所未有的改革力度。自晚清以来，各届政府围绕振兴实业的目标，不断改革近代经济管理机构，转变政府职能，移植西方法律，增加制度的供给，国家的经济职能和制度向近代化转变。虽然这些政策仍存在许多制度上的漏洞，但也在一定程度上鼓励和保护了近代资本主义的发展，并取得一定实效。本章介绍国家经济政策和制度变化的过程，分析其在经济近代化中的作用。

第一节　经济管理机构的变化

鸦片战争后，由于外国资本主义的入侵，中国社会开始发生重大的变化。为了使潜在的获利机会变成现实，越来越多的人要求改革旧的经济制度。在这种压力下，中国政府从19世纪末期开始参照西方各国的样板，制定一系列新的工业、商业、金融业、税收政策。这些新制度促使中国经济在20世纪早期有了较快的发展。其中，经济管理机构的变革是近代中国制度变迁的重要组成部分，主要表现在逐步由一种依靠习俗或指令来分配资源的自然经济转变为一种依靠市场配置资源的市场经济，以及在组织形式和制度安排上的重组和变迁。

一、政府经济管理机构的变化

19世纪60年代以前，清政府掌管全国工商与财政经济事务的职能机构分为两大系统：一是工部、户部等政府机构，即国家工商管理体系；二是负责宫廷、皇族工商经济事务的内务府系统。第二次鸦片战争以后，为了适应与外国通商、交流以及发展国内工商业的需要，清政府着手改组原有政府部门，设置了一些近代经济管理机构。首先是设置总理各国事务衙门和南北洋通商大臣，然后于20世纪初对近代工商管理机构进行全面的革新，设立了度支部、商部、邮传部等，管理财政、税收、铁路、邮电、矿务、制造、商业等近代经济部门。北洋政府和南京政府在此基础上不断进行改革和整合，使这些机构的职能得以完善。在这一过程中，近代政府职能特别是对社会经济的管理职能逐渐得以增强。

（一）晚清时期

1. 洋务运动时期的商务管理机构

（1）总理各国事务衙门。咸丰十年（1860年），咸丰帝下谕批准正式设立总理各国事务衙门（简称总理衙门），这是清廷设立的处理涉外事务的专门机构，打破了此前礼部和理藩院的旧工作规范，将以前分散于各部管理的涉外事务进行集中统一管理。总理衙门最初设置英国、法国、俄国、美国股，后来逐渐添设海防股、司务厅、清档房，并另设同文馆、总税务司等。其职掌范围也从对外通商和交涉事务，扩展到兼管对外贸易（实际上是外国对华贸易）和海关税务，之后职权进一步扩展，凡有关洋务的铁路、电报、关税、矿务、制造、海军等诸方面均由该衙门管理。总理衙门"兼综合六部"而行事，已具有"洋务内阁"的性质。①光绪朝刑部官吏沈瑞琳曾评价说："凡策我国之富强者，要皆于该衙门为总汇之地，而事较繁于六部者也。""出洋大臣期满，专由该衙门请旨，海关道记名，专保该衙门章京，而吏部仅司注册而已。……指拨海关税项，存储出洋公费，悉由该衙门主持，而户部仅司销核而已。……各国公使联翩驻京，租界约章之议，燕劳赍赐之繁，皆该衙门任之，而礼部主客之仪如虚设矣。海防事起，……采购战舰军械，创设电报邮政，皆该衙门专之，而兵部武库、车驾之制可裁并矣。……自各国以公法相持，凡交涉词讼之典直，……或教案一出，……皆向该衙门论理，而刑部初未与闻也。……迄今开办铁路，工作益繁，该衙门已设有铁路、矿务总局矣，而工部未遑兼顾也。是则总理衙门之事……实兼综合六部矣"。②

（2）南北洋通商大臣。第一次鸦片战争之后，清廷委派钦差大臣办理五口通商事宜，因驻沪之故，也称"上海通商大臣""上海钦差大臣"。总理衙门成立以后，正式设立南、北洋通商事务大臣。按照恭亲王等人所提出的"六条章程"，南北口岸分设大臣，长江和东南沿海各口归原五口钦差大臣办理；而北方则专设三口通商大臣，不加钦差字样，专驻天津，办理牛庄、天津、登州（后改烟台）三口通商事务。南洋大臣的职能是管理长江和东南沿海各口岸的通商事宜及部分中外交涉事务，"凡交涉之事，则督所司理之，待其上以裁决，疑难者则咨总理衙门，大事则奏闻"，"急事用电奏，由总理衙门代陈"。③ 但实际上，各省通商事宜，各有关督抚直接对皇帝负责，不一定随时知照南洋大臣，也就不奉行他的指示，所以南洋大臣并不能统辖南方一切新旧通商口岸。

北洋大臣"掌北洋洋务、海防之政令，凡津海、东海、山海各关政悉统治焉，……凡招商之务，则设局派员以经理之。其安设各路电线亦如之"。④ 北洋大

---

① 钱实甫：《清代的外交机关》，生活·读书·新知三联书店1959年版，第164—173页。
② 参见国家档案局明清档案馆编：《戊戌变法档案史料》，《添裁机构及官制吏治》，中华书局1958年版，第179—180页。
③ 昆冈等修：《钦定大清会典》卷一〇〇，见《续修四库全书》，上海古籍出版社2002年影印版，第931页。
④ 昆冈等修：《钦定大清会典》卷一〇〇，见《续修四库全书》，上海古籍出版社2002年影印版，第932页。

臣的实权远远超过了南洋大臣，除统办直隶省内交涉、三口通商之外，还另掌北洋洋务、北洋海防，以及招商和各路电线的安设等具有全国性质的事务。"凡交涉之务，则责成于关道而总其大纲，以咨决于总署"，"通商交涉洋务事件，统归关道管理。地方官遇事察闻，由关道察总督（即北洋大臣），以咨商总理衙门定义。各国领事有事，则会商关道，大者察总督，剖断不决者，咨呈总理衙门"。①

总理衙门和南北洋大臣是顺应列强入侵而产生的，这一机构虽然在新形势下不得不肩负起办洋务的任务，但清政府的国家机构直至19世纪末并未进行相应的改革，近代工商业虽然已经产生并有所发展，但清政府并无专门机关负责这方面的事务来为其提供服务和保护。由于中国传统社会的政治势力和意识形态仍有着很大的权力和根深蒂固的影响，"洋务运动"仍是在"中学为体，西学为用"的原则指导下进行，虽然引进了西方先进的技术和设备，建立了新式工矿交通事业，但并未在移植西方先进技术的同时，主动、同步、彻底地移植包括近代经济管理组织及其管理方式在内的制度安排②。

2. 清末时期新式工商管理机构的设立

为了改变内外交困的窘境，清末最后十年，清廷先后推行"新政"和"筹备立宪"，开启了一系列近代化的改革。

（1）清末"新政"时期。1901年1月29日，清廷颁布变法上谕。"新政"中设置和改组的新机构首先是外务部。1901年年初，美国公使和西班牙公使先后提出改组总理衙门的要求，7月24日，清廷发布上谕，正式将"总理衙门改为外务部，班列六部之前"，以奕劻充任总理大臣，王文韶为会办大臣，瞿鸿禨为会办大臣兼尚书。外务部下设四司即和会司、考工司、榷算司、庶务司，一厅即司务厅，五处即俄、德、法、英、日五国处。考工司"专司铁路、矿务、电线、机器、制造、军火、船政"；榷算司"专司关税、商务、行船、华洋借款、币财、邮政"。③

这次新政改革中，设立的一个重要工商管理机构是商部。为振兴商务，1903年7月设立商部，任命载振为商部尚书，伍廷芳、陈璧分别为商部左右侍郎，聘张謇为商部头等顾问。下设保惠、平均、通艺、会计四司，以及商律馆、商标局、公司注册局、工艺局、商报局等专门业务机构，之后进一步附设高等实业学堂和艺徒学堂。"实业之有政策，以设立商部始"，④ 商部的设立，标志着清末振兴实业

---

① 昆冈等修：《钦定大清会典》卷一〇〇，见《续修四库全书》，上海古籍出版社2002年影印版，第932—933页。
② 张东刚：《论晚清工商管理机构的改革和管理方式的近代化》，《烟台大学学报（哲学社会科学版）》1996年第3期。
③ 钱实甫：《清代的外交机关》，生活·读书·新知三联书店1959年版，第268—274页。
④ 伧父：《中国政治通览：上编通论》，《东方杂志》1913年9卷7号，第28—29页；高劳：《中国政治通览·实业篇》，《东方杂志》1913年9卷7号，第87页。

的开始,也凸显了工商业在近代经济中的重要地位。与此相适应,地方各省设立商务局,具体负责各省的振兴工商业事务。商务局最初受各省督抚管辖,后改受商部和地方督抚双重管理。

1903年,清政府还设立财政处,由奕劻为总理,瞿鸿禨、那桐为参办。1905年12月,按照山西学政宝熙的奏请,设立学部。户部尚书宋庆调任学部尚书,熙瑛、严修分任左右侍郎。下设总务、专门、普通、实业、会计五司。这一时期同时还设立练兵处和巡警部等新式机构。

(2) 预备立宪时期。1905年,清政府开始"筹备立宪",派载泽等五大臣分赴英、法、德、日、荷等11国考察宪政。1906年,载泽等五大臣回国,认为各国所以富强者,实由于实行宪政。于是,清政府宣布"仿行宪政"。立宪改革的基本原则为立法、行政、司法"三权分立",设立带有议会性质的资政院,掌管立法;取消军机处与旧内阁,设11部;司法之权专属立法部,以大理院任审判,而法部监督之。但直到1911年,清廷才被迫成立责任内阁,将旧设内阁、军机处、会议政务处一并裁撤。同时将原有11部调整为10部,分别为外务部、民政部、度支部、学部、陆军部、海军部、司法部、农工商部、邮传部、理藩部。裁撤吏部,将礼部改为典礼院,新设海军部。内阁下设承宣厅、制诰局、叙官局、统计局、印铸局,一厅四局。① 在新设各部门中,与工商实业密切相关的管理机构主要有度支部、农工商部和邮传部。

度支部由户部改称,并将1903年设立的财政处并入,新设承政和参议两厅。承政厅负责执行事务,参议厅负责立法事务,并设田赋、漕仓、税课、筦榷(盐课)、通阜(货币)、库藏、廉俸、军饷、制用、会计十司和一个金银库。度支部"综理全国财政,管理直省田赋、关税、榷课、漕仓、公债、货币、银行及会计度支一切事宜,……并可随时派员调查各省财政"。② 其所属有宝泉局、崇文门税关、大清银行、造币总厂及仓场总督衙门等单位。

1906年改商部为农工商部,归并部分工部事务。设尚书一人,左右侍郎、左右丞相、左右参议各一人。分设农务、工务、商务、庶务四司。1907年设立邮传部。先是船政、招商局属北洋大臣,内地商船属工部,邮政属总税务司,路政、电政另派大臣管理。至此,统归邮传部职掌。分设承政、参议两厅及船政、路政、电政、邮政四司。所属有邮政总局、铁路总局、电政总局、电话局、交通银行等单位。

机构的改变是社会经济结构变革的反映。晚清时期,政府对于经济的管理由

---

① 佚名辑:《清末筹备立宪档案史料》,文海出版社有限公司1981年影印版,第571—573页。
② 《度支部奏厘定职掌事宜及员司各缺折》,《南洋官报》1907年第80期。

原有代管或兼管的部门向专门化部门转变，逐渐建立了从中央到地方的垂直式工商管理系统，工商控制权上移中央，加强了近代意义的经济集权体制，并出现了近代意义的分科治事的机构组织形式。但这些新式经济管理机构的出现不是自发地产生于传统社会内部，而是被动引进的，这就造成了机构的演变及其管理方式的近代化具有很大的局限性，从而制约和阻碍了中国近代化的历史进程。具体表现为：第一，经济权利始终未摆脱政治权力的束缚，导致政治与经济的不同质和不协调。究其原因就在于中国没有经历过西方那样一个私有财产权利转化为政治权力的斗争和确立过程。第二，新的经济机构中仍存在旧式衙门的种种旧习，国家公务员制度远未完善，表现出改革的不彻底性。第三，虽然建立了从中央到地方的垂直的经济管理系统，但长期以来，中央并不能号令全国，政令仍难以统一，从而使中国近代经济管理制度呈现出二元性特征，即西方近代的制度安排和中国传统社会内部的旧有制度沉淀并存和相互冲突。①

（二）北洋政府时期

民国初年，对清末新政时期的新型经济管理机构进行了改组和完善。北洋政府时期设立和运行的经济行政机构，主要包括农林部、工商部、农商部、农工部、实业部以及财政交通部等。

在袁世凯政府初期，中央经济行政机构主要为农林部和工商部两大机构。农林部最初设农务、林务、渔务三个司，后调整为农务、垦牧、山林、水产四个司，主要管理农林、畜牧、渔猎、水产、垦殖事务。工商部下设工务、商务、矿务三司，分别主管工商矿事务。1913年9月，张謇出任农林、工商两部总长。为推行实业计划，于该年12月呈请将农林、工商合并为农商部，下设矿政、农林、工商、渔牧四个司，管理各类事务，并规定农商总长隶属于大总统。1914年7月，增设总务厅，管理内外劝业会事务。1927年6月，张作霖在北京组织安国军政府时，将原农商部的有关职责划归新设立的实业部、农工部分管。实业部管理商矿及其他实业，农工部管理农林、工务及渔牧水利事务。

1912年8月成立的交通部，下设路政、邮政、电政、航政四个司及一个总务厅，负责管理铁路、邮政、电政、航政及交通电气事业。此后，交通部的机构设置也在不断调整。1912年，将度支部改为财政部，最高长官为财政总长，首任财政总长为熊希龄，1912年11月由周学熙接任。财政部下设赋税司、会计司、泉币司、库藏司、公债司和总务厅六个部门。1913年撤销了泉币、库藏、公债三司，增设制用局取代三司职掌。之后，又在财政部下增设了许多署、局、处机构，来

---

① 张东刚：《论晚清工商管理机构的改革和管理方式的近代化》，《烟台大学学报（哲学社会科学版）》1996年第3期。

管理具体的财政事务，如盐务署、烟酒公卖局、官产局、币制局、公债局、印花税处等。对于地方的财政事务，则由中央政府派驻地方的财政厅来负责。

由于北洋政府时期政治紊乱，内阁人员更换频繁，各部历任总长的任职时间也比较短暂。主管官员的频繁更替，严重影响了经济政策的连续性和有效贯彻。

（三）南京国民政府时期

1927年南京国民政府成立后，进一步加强组织法律法规建设，健全经济管理体系，并建立了一系列专门的经济管理委员会。国民政府的中央政治组织，分为行政、立法、司法、考试、监察五院及合议委员会，其主要经济管理机构为行政院下的财政部、实业部、交通部、铁道部。同时还成立了一个独立于财政机构的主计处，总揽全国岁计、会计和统计等事务，以利于对政府财政收支进行有效的监督与管理。此外，还有直属国民政府的一些专门的经济管理委员会，以及中央银行、四联总处等金融管理机构。在地方，除中央直属的派出机关外，也逐步建立了一系列与中央相对应的财政和经济管理机构。

1. 财政部

财政是政府最重要的职权，国民政府财政部成立于1927年5月，是管理全国财政事务的最高行政机关，主管全国库藏、税收、公债、钱币、国库、会计、政府专卖金银及一切财政收支事项，并监督所辖各机关及公共团体的财政。国民政府财政部，先后由孙科、宋子文、孔祥熙担任财政部长。宋子文和孔祥熙是在担任行政院副院长的同时兼任财政部长，孔祥熙还一度兼任中央银行总裁。财政部的内部组织也随着部长的更迭而有所变动，到1934年其设置基本趋于完备，形成一厅、一处、三署、六司的格局，即参事厅、秘书处、关务署、盐务署、税务署、总务司、赋税司、公债司、钱币司、国库司、会计司，以及一些委员会、特派员公署和造币厂、印刷局等附属机构。为监管地方财政，中央派出财政特派员、关监员、盐运使、统税局、印花烟酒税局等专门处理国家收支的机构。并在各省设财政厅，各县设财政科，综合地方财政收支。并根据国家与地方财政的划分，重新调整、设置地方财政管理机构。抗日战争时期曾经设置了许多临时性的管理机构，但战争结束后便陆续撤销或合并。

2. 实业部

实业部最早由民国元年的临时政府设立，受大总统管辖。1928年，实业部改称工商部，1930年年末农矿部、工商部合并，重新称实业部。南京国民政府时期，实业部是管理全国工业、矿业、农林渔牧及商业的最高行政机构，下设总务、工业、矿产、商业、农业、渔牧、劳工七个司和林垦署。

实业部建成的企业有中央机器制造厂、中国酒精厂和中国植物油料厂三个直属工厂。中央机器制造厂于1932年承办，1936年投产，资本310万元，由英国庚子款项内拨付，厂址设立于上海，机器设备购买于英国。中国酒精厂由实业部和商人合办，1933年筹办，1935年投产，资本130万元，其中官股15万元，厂址设立于上海。中国植物油料厂成立于1936年，资本200万元，由实业部与川、鄂、湘、浙、皖、赣6省政府及油商合组，主要经营桐油出口。①

3. 交通部与铁道部

1927年南京国民政府成立，5月16日在国民政府之下组设交通部，接管全国交通运输事业，管理经营路政、电政、邮政、航政，并监督民营交通事业。1927年8月，规定因事务上之必要可设立委员会，之后先后设立技术委员会（后改为技术官室）、交通职工事务委员会及购料审核委员会。10月，交通部由国民政府改隶行政院。1928年5月，第三次修正《交通部组织法》，交通部内设路政、电政、邮政、航政四司及秘书、总务二处。11月，将铁路行政划出，撤销路政司，另成立铁道部。之后，陆续在各地设置邮政管理局和邮政局、电政管理局和电报电话局、航政局和办事处，以及交通公报处、交通图书馆、国际电信局、交通年鉴编纂委员会等。②

1928年10月，国民政府下令设立铁道部，并令交通部"将关于铁道行政一切事宜"移交该部办理。并任命孙科为部长，连声海为政务次长，王征为常务次长。11月1日铁道部正式成立，隶属行政院，负责管理并建设全国国有铁道，规划全国铁道系统，并监督商办铁道。下设总务、业务、财务、工务四个司和铁道设计委员会、法规编订委员会、技术委员会、债务整理委员会、购料委员会等专门机构。铁道部下属单位和监督机关包括各铁路管理局、各铁路工程局、各交通学校及东北交通委员会等。1935年，张嘉璈接任部长，曾养甫任政务次长，吕苾筹、曾镕浦先后任常务次长。③

全面抗战开始后，为集中交通力量，适应军事需要，国民政府决定调整交通机构，于1938年1月将铁道部裁撤，其管理、经营铁路的职能仍归入交通部。同时，全国经济委员会管辖的公路处，归并于交通部，改组为公路总管理处。军事委员会所属的水陆运输联合办事处，亦归并于交通部。同时设立战时交通员工管理委员会（1943年改为训练委员会）及各类办事处等组织。抗日战争胜利后，公路工程及运输逐步恢复平时状态。1946年1月，战时运输管理处撤销，公路复归交通部管理，仍设公路总局主持。④

---

① 许涤新、吴承明主编：《中国资本主义发展史》（第2版）第3卷，人民出版社2003年版，第111—112页。
② 陈长河：《国民党政府交通部组织概述》，《民国档案》1992年第3期。
③ 陈长河：《国民政府铁道部组织概述》，《民国档案》1993年第4期。
④ 陈长河：《国民党政府交通部组织概述》，《民国档案》1992年第3期。

4. 中央银行

中央银行具有管理全国金融、发行货币和调控宏观经济的职能，即银行之银行。南京国民政府的中央银行成立于1928年11月1日。资本额定为2 000万元，由国库一次拨足。第一任总裁为当时任财政部长的宋子文。中央银行直辖于"国民政府"，而非隶属于财政部。宋子文在开幕典礼上说，成立中央银行的目的就是为统一全国之币制，为统一全国之金库，为调剂国内之金融。国民政府中央银行的初期业务重点是发行钞票、铸造硬币、代理国库收支，经办公债的发行和还本付息，以及外汇业务等。后来逐步增加办理再贴现、收管各银行存款准备金、实施外汇管理等。但因中央银行本身实力不够，中国银行、交通银行和中国农民银行三家特许银行也承担了部分国家货币和经济政策职能。中国银行为国民政府的国际汇兑银行；交通银行为发展全国实业的专业银行；中国农民银行为供给农民资金，复兴农村经济，促进农业生产的专业银行，并都可以发行银行兑换券。1942年7月，中央银行、中国银行、交通银行、中国农民银行四家银行重新进行业务分工。中央银行的职能是集中钞票发行，统筹外汇收付，代理国库，汇解军政款项，调剂金融市场。此后钞票由中央银行一家发行，外汇由央行统筹收付。

5. 四联总处

全面抗战爆发后，为加强国家行局的联系和协调，集聚金融力量应付危局，1937年8月，财政部函令中央银行、中国银行、交通银行、中国农民银行四行在上海成立四行联合办事处，由四行筹备资金1亿元，设立四行联合贴放委员会，办理普通贴放和专案贴放。南京和汉口沦陷后，四行联合办事处随政府迁移至重庆。1939年3月，设政策、业务、考核、事务四组，逐渐具有管理银行的职能。1939年10月，按照国民政府最高委员会《战时健全中央金融机构办法纲要》改组成立四行联合办事总处，即通称的四联总处，并成立理事会。下设战时金融委员会（设有6个专业处）和战时经济委员会（设3个专业处），另设秘书处主管日常事务。四联总处在改组以前，除最初开展的贴放外，已开始办理收兑金银、推行储蓄、调拨钞券、统筹四行业务等项工作。改组之后，则成为一个对全国金融政策有决定权并对全国金融机构有考核和监督权的组织。直到1948年10月四联总处撤销为止，一直由蒋介石担任理事会主席。①

1942年9月，四联总处按照国防最高委员会第85次会议通过的修正案，实行第二次改组。在机构设置上，原战时金融委员会和战时经济委员会合并为战时金

---

① 许涤新、吴承明主编：《中国资本主义发展史》（第2版）第3卷，人民出版社2003年版，第488—489页。

融经济委员会。原两委员会下所设各处一律撤销,在战时金融经济委员会下改设储蓄、放款、农贷、汇兑及特种业务5个小组委员会,分别审查各项有关案件,秘书处增设发行、储蓄、放款、农贷、汇兑5科。在工作任务和职能范围上,由以前的14项减为10项,主要是监督指导国家行局的业务。至于其他金融事宜,则协助财政部进行管理。四联总处第二次改组后,为统一各行局业务建设,采取了一系列措施,业务组织也有所调整。

1945年12月,四联总处进行第三次改组,改组后的总处机构大为紧缩,原战时金融经济委员会改称金融经济委员会,保留特种、放款两小组委员会,将储蓄、农贷、土地金融、放款考核四小组委员会合并改组为普通业务小组委员会。秘书处原下设的发行、储蓄、农贷等七科合并改组为总务、业务两科,裁撤会计处,会计处下统计科改隶秘书处。正如宋子文所说,"本处原为适应非常时期之组织,兹战事虽告结束,而复员期间政府各项金融经济设施仍须赓续协助推进,惟为适合当前环境起见,此后工作应以审核放款及研讨物价为主"。四联总处的作用逐渐消退。①

6. 建设委员会

国民政府建设委员会设立于1928年2月,1938年1月因战时机构调整而撤销,并入经济部。建设委员会委员长一直由张静江担任。根据《中华民国建设委员会组织法》,建设委员会的宗旨和职权主要是研究、筹备并实行关于全国的建设计划,进行交通、水利、农林、渔牧、矿冶、垦殖、商业、国营事业的设计和创办。1932年,建设委员会进行改组,内部设置总务、设计和事业三处,主要管理材料采购、调查设计、鉴定指导、管理试办事业。下设电气事业指导委员会、振兴农村设计委员会、公务员补习教育委员会等委员会。

建设委员会经营的事业主要在电气和煤矿方面,其所属企业主要有首都电厂、戚墅堰电厂、长兴煤矿、淮南煤矿、淮南铁路,以及电器试验所、矿业试验所等机构。1937年春,建设委员会以该会负债超过投资一倍为由,经国民党中央政治委员会决议,将所办首都电厂、戚墅堰电厂、淮南煤矿、淮南铁路委托给中国建设银公司招商经营。中国建设银公司创办于1934年6月,资本1 000万元,由宋子文担任董事长。该公司属投资公司,接办上述企业后,分别将其改组为扬子电气公司和淮南路矿公司。②

7. 全国经济委员会

全国经济委员会成立于1931年,是南京国民政府统筹全国经济事业的最高机

---

① 黄立人:《四联总处的产生、发展和衰亡》,《中国经济史研究》1991年第2期。
② 许涤新、吴承明主编:《中国资本主义发展史》(第2版)第3卷,人民出版社2003年版,第110页。

构，按照1932年通过的《全国经济委员会组织条例》，全国经济委员会为经济计划与施行机关，统筹国营经济。其职掌为：凡国家一切经济建设或发展其经费由国库负担或辅助者，应经全国经济委员会审定呈请国民政府核准之；施行国营事业建设或发展计划时，全国经济委员会须审核其工作及其费用；组织各种专门委员会研究各项专门问题，并得派专门人员视察或指导各种计划之实施。全国经济委员会最初隶属于行政院，蒋介石为委员长，1933年9月起改为国民政府直辖，由宋子文主持。委员会的委员由国民政府特派，内政、铁道、交通、实业、教育各部部长及其他有关经济建设的中央机关主管长官为当然委员。下设工程专门委员会（1932年8月成立，1935年1月划归水利委员会）、公路委员会（1932年11月成立，1936年12月撤销）、卫生委员会（1932年8月成立，1936年12月撤销）、教育委员会（1932年11月成立，1936年12月撤销）、农村建设委员会（1932年11月成立，1936年7月划归实业部）、棉业统制委员会（1932年10月成立，1937年7月划归实业部）、蚕丝改良委员会（1934年2月成立，1937年7月撤销）、水利委员会（1934年10月成立，1937年12月撤销）、合作事业委员会（1935年10月成立，1936年7月划归实业部农业司、合作司）。经济委员会内部还设置有公路处、水利处、卫生实验处、农业处、信托处以及江西办事处和驻沪办事处。

全面抗战爆发后，为战时需要，全国经济委员会于1937年12月撤销，其下各事业并入经济部、交通部、卫生署等部门。1946年6月，中华民国行政院决议设立最高经济委员会，由行政院长宋子文出任委员长一职。1947年5月，最高经济委员会扩大改组成立全国经济委员会，仍隶属于行政院。行政院长张群出任委员长，行政院副院长、各部部长、资源委员会委员长、主计长、中央银行总裁等为委员会的当然委员。1948年8月撤销。①

8. 资源委员会

1935年4月，国民政府将1932年11月成立的国防设计委员会（隶属国民政府参谋本部）与兵工署资源司合并改组成为资源委员会，直接隶属于国民政府军事委员会。资源委员会设有主任委员（委员长）、副主任委员（副委员长）各一人。资源委员会内部机构设秘书厅，厅下设秘书、设计、调查、统计四处和专员、矿业、冶金、电气四室。资源委员会是南京国民政府办理工矿事业的最重要机构，其主要职能是关于资源的调查研究、资源开发、资源动员。1936年资源委员会开始进行工业建设，经过一年多的时间，成立厂矿单位21家，其中包括煤矿、石油矿、铁矿、铜矿、铅锌矿、锡矿、金矿、炼钢

---

① 李军萍：《全国经济委员会组织机构介绍》，《民国档案》1990年第1期。

厂、炼铜厂、钨铁厂、机器制造厂、电工器材厂、无线电机制造厂、电瓷制造厂、水力发电厂等。

最初，资源委员会主要是经办钨锑的对外贸易，并建立了二十多家企事业单位，其发展主要是在抗日战争中。1938年3月，资源委员会由军事委员会改隶国民政府经济部，由翁文灏兼任主任委员，钱昌照担任副主任委员。资源委员会接管了原建设委员会的电力企业和原实业部经办的企业，内部机构设秘书、电业、工业、矿业四处，会计、技术、购料和经济研究四室。主要职能变化为：创办和管理经营基本工业，开发和管理经营重要矿业，创办和管理经营电力事业。其经费来源主要为政府预算拨款、银行贷款和外汇收款三个部分。到抗战胜利前夕，资源委员会所属企事业已经达到125家。①

1946年5月，资源委员会直接隶属国民政府行政院，钱昌照担任委员长，孙越崎担任副委员长。内设机构改为业务委员会和秘书、财务、总务、会计四处，参事、人事、统计三室。资源委员会除了管理重工业外，还管理轻工业的糖、纸两个部门，至1947年4月，资源委员会下辖有电力、煤炭、石油、金属矿、钢铁、机械工业、电器工业、化学工业等部门，直到1949年，基本上没有太大变动。1949年4月，资源委员会又归隶经济部。资源委员会历任委员长为翁文灏、钱昌照和孙越崎。②

二、工商业组织的建立与发展

在中国历史上，同乡、同业行会性质的组织很早就已经出现。明清时期的商业会馆、公所是工商业者自愿联合组织起来的团体，具有地域性、民间性的特点。虽然会馆也有以行业为基础组成的，如北京的平遥颜料会馆、临襄油粮会馆、洛阳的潞泽布商会馆等，但也是以地域籍贯的划分为前提。鸦片战争以后，商业的同业性组织逐步得到加强，出现了以名为"公所"的工商组织取代会馆的趋势。公所即同业商人办公之所，而会馆则是同乡商人办公之所。会馆与公所是商人组织的两个不同历史发展阶段的产物，也可以说是两种不同类型的商人组织。公所打破了狭隘的地域概念，不分籍贯，无论外地本地凡从事同一行业的商人都可加入。从分籍贯到不分籍贯是一个很大的变化，也正是会馆与公所的分野。如上海的"振华堂洋布公所""四明公所"，北京的"织云公所"（由丝绸业商人组成），汉口的"六帮茶叶公所"（由广东、山西、湖南、湖北、江西、江南商人组成）等

---

① 许涤新、吴承明主编：《中国资本主义发展史》（第2版）第3卷，人民出版社2003年版，第113、504、505—507页。
② 郑友揆、程麟荪、张传洪：《旧中国的资源委员会（1932—1949）——史实与评价》，上海社会科学院出版社1991年版，第158—161页。

都是以行业为基础建立起来的。这些行业组织的继续发展，为20世纪初期的商会及商人同业公会组织的发展打下了基础。

商会是一种不分籍贯和行业的新兴工商业者的联合社团组织，最早出现于1599年的法国马赛，18世纪中叶以后，在英美等国相继设立和发展。在中国自设商会之前，外商已经在中国设立多家商会。

由于在传统的抑商政策下，工商同行不通声气，漫无组织，所谓"不特官与商隔阂，即商与商亦不相闻问；不特彼业与此业隔阂，即同业之商亦不相闻问"。① 除传统意义上的工商业行会组织外，中国近代缺乏类似西方各国的保商组织，中国商人内受封建官府的压制，外受西方列强的侵略，难以适应世界资本主义的挑战，也缺乏团结一致的阶级组织。随着甲午战争后中国国门完全洞开，外资蜂拥而来，"商战"愈演愈烈，被惨败惊醒的中国先进分子和开明官员，纷纷主张广设商会，与西方进行"商战"。

清政府也开始注意到商会的作用，认为东西诸国"以商战角胜"，"实皆得力于商会"。② 为消除官商隔阂，商商联合，增强与外国资本竞争，清政府鼓励工商业界筹设商会。1903年，新成立的商部奏定、发布《奏定商会简明章程》二十六条③，劝办商会。凡各省、各埠各行众商，公立有"商业公所"及"商务公会"等名目者，应即遵照现定部章，一律改为"商会"，以归画一，其未立会所之处，亦即体察商务繁简，酌筹举办。原来官立之保商各局，由各督抚酌量留撤；具有官方色彩的商业会议公所均改组为商会。1904年，上海商业会议公所正式改组为上海商务总会，这是中国的第一个正式商会。从1904年开始，各省原有的商业会议公所相继改组为商会，新的商会也不断设立。1904—1911年，全国各省市共设立商会840所，其中商务总会53所，商务分会、分所787所，会员近20万人，其中入选商会上层会董的也达到2万多人。到1912年全国已有商会998所，除蒙藏外，每个省都设立了数目不等的商会，1924年达到1631个。1934年，上海商会所属同业公会已有217个，其中属于商业的有155个。商会建立后，许多地区原来的商业会馆、公所仍然存在。

商会组织分为商务总会和分会两级，分会亦称分所、分局，凡属商务繁富之区，不论系会垣、系城埠，宜设立商务总会，而于商务稍次之地，设立分

---

① 刘锦藻撰：《皇朝续文献通考》卷三九一，见《续修四库全书》，上海古籍出版社2002年影印版，第143页。
② 参见《商律》《商部奏劝办商会酌拟简明章程折》《奏定商会简明章程》，《东方杂志》1904年第1卷第1期。
③ 《奏定商会简明章程》，《东方杂志》1904年第1卷第1期。本节中有关商会设立、组织等各项原则规定，若无特别说明，均援引自《奏定商会简明章程》二十六条。

会。商务总会主要设立于省市或一些大城市,而分会则设立于县镇以至乡村。总会与分会虽属隶属关系,但"实质在联络,不在统辖",其应行提倡整顿各事,则就近与会董议妥办理,移知总会备案。商部下达分会公文,也须经总会转递。至关商务重要及紧急事宜,随时先行函电商部,一面移至总会。凡遇与官府交涉,内部无法决断的纠纷,以及发生的重大事情,均可向总会报告或咨询。

商会的设立需要政府批准并给发印信,总会到商部报批,分会到各地总会报批,再由总会上呈商部备案,报批备案后方可开会。各地商会均须遵循商部所定章程,但因各处商情不同,各商会总理应就地与各会董议定便宜章程,禀呈商部核夺,以有裨商务、无悖商部定章为标准。分会办事章程与总会相同,商会开办之始,先由地方官体察情形,借给公房一所,以资办公,等到积有余款,再建造办公场所,并逐渐扩充,以臻完备。商会领导层及成员主要分为总协理、会董、会员、会友几个层次。

商会延续了会馆、公所调停商务纠纷的职能,但范围更广、更为深化和规范。商会章程规定,凡商人不能申诉各事,商会总理、协理宜体察属实,于该地方衙门代为秉公申诉,如不得直,或权力有所不及,即禀告商部核办。华商之间的各种纠纷,可赴商会告知,总理定期邀集各董,秉公理论,从众公断,如果当事人不能折服,准其具禀地方官核办。华商与洋商之间的纠纷冲突,商会应令两边各举公正人1人,秉公理处,酌行剖断,如未能允洽,再由两边公正人合举众望夙著者1人,从中裁判。若愿具控地方官或该管领事,悉听自便。如果地方官、领事等判断未尽公允,仍允许被屈人告知商会,代为申理。案情较重者,由总理禀呈商部,会同外务部办理。各商会成立伊始,就设有评议处、理案处,或由会董兼理,或专设评议、理案、中证会董,通过开会集议,调息纠纷。商会的宗旨是"专以商务为问题",其活动以振兴和保护商业为出发点,联络工商,调查商情,兴办商学商贸,维持市场运行,受理商事纠纷,保护工商利益。商会作为一个新型的社团组织,也参与了国家工商业法规的制定、诸多社会公共管理和政治事务,极大地推动了我国近代工商业的发展。

与此同时,随着大量新行业的涌现,新型的同业公会也大量产生。1918年,北京政府农商部颁布《工商同业公会规则》,1923年进一步颁布《修正工商同业公会规则》,同业公会逐渐成为行业组织的通称。作为新型的行业管理组织,工商同业公会大都具备完备的章程、组织和符合现代经济要求的社会功能。据统计,至1936年年底,上海工商业各业公会总数达236个,其中工业同业公会为40个,商业同业公会为196个。1947年1月,上海工商同业公会的总数为269个,其中工业同业公会60个,商业同业公会209个。1949年新中国建立前夕,上海工业同业公会有 86 个，商业同业公会有 220 个，共计 306 个。①

第二节 政府经济政策法规的制定与演变

一、工商业政策法规的制定与演变

1. 晚清时期

制定商法，最早为早期改良派提出，但未能引起清朝统治者的重视。"新政"期间，随着清朝重商政策的确立，这一问题才被提上日程。刘坤一、张之洞在著名的《江楚会奏变法三折》中论述了制定商法的必要性，而清朝统治者也鉴于长期以来各口岸华洋交涉总是"华商吃亏"，其原因之一在于无商律，"无商律则办事无所依据"，于是也主张"酌定商务律例，以卫华商"。② 1903 年 4 月，商部成立，派载振、伍廷芳等"修订商律"，陆续制定并颁布了一系列商事法规。

最先制定出来的是《商人通例》和《公司律》。《商人通例》共 9 条，规定："凡经营商务、贸易、买卖、贩运货物者均为商人。"③ 以法律形式确认商业活动以赢利为目的，确认商人的合法地位。《公司律》共 131 条，其主要特点为：（1）给予商办企业合法的法律地位，使得商办企业同官办、官商合办企业处于同等的地位，同享"一体保护之利益"；（2）确定近代股份制经济运作的基本法律规范，并确立了不同性质公司享有的不同法律责任和义务。此后，以《公司律》为核心，清政府又陆续颁布了一系列近代商事法规。如 1903 年 12 月，颁布了《公司注册试办章程》18 条，规定公司须经合法注册"方可享一体保护之利益"，并对如何注册作了具体规定。④ 1904 年 7 月，又颁布了《商标注册试办章程》及细目。1906 年 5 月，又颁布《破产律》，明确规定对"破产之商不得涉及其兄弟叔伯及妻并代人经理之财产"，⑤ 从而摒弃了封建时代动辄株连九族的反人道律例。

重商政策推行后，清廷决定"立奖励实业宠以爵衔之制"，⑥ 陆续颁布了一些奖励实业发展的章程和法规。1903 年年底，商部首先颁布《奖励华商公司章程》，

---

① 朱英主编：《中国近代同业公会与当代行业协会》，中国人民大学出版社 2004 年版，第 149 页。
② 盛宣怀撰：《愚斋存稿》卷三，见《续修四库全书》，上海古籍出版社 2002 年影印版，第 124 页。
③ 参见《商律》《商部奏劝办商会酌拟简明章程折》《奏定商会简明章程》，《东方杂志》1904 年第 1 卷第 1 期。
④ 《商部奏拟订公司注册试办章程折》，《东方杂志》1904 年第 1 卷第 5 期。
⑤ 《破产律》，《法政杂志》1906 年第 1 卷第 1 号。
⑥ 荼圊：《中国最近五年间实业调查记》，《国风报》第 1 年第 1 号。

规定官商绅民投资兴办公司，凡能集股 50 万元以上者，按集股数目分别给予不同品级的顶戴或顾问官、顾问议员等荣誉称号，以刺激人们投资实业的积极性。由于授奖条件过高，农工商部于 1907 年又颁布《改定奖励华商公司章程》，规定获商部头等顾问官加头品顶戴者，由原定集股 2 000 万元改为 800 万元，获头等议员加五品衔者，由原定 300 万元改为 100 万元，其余授奖条件依次降低。同年，农工商部还颁发《华商办理实业爵赏章程》，规定凡集股创办企业的华商，根据资本额多少，分别授予一、二、三等子爵、男爵及三品卿、四品卿等爵赏。为奖励发明创造，农工商部还颁布了《奖给商勋章程》，规定凡能制造轮船、机车、电机等新式机器者，奖以三至一等商勋，赏加四至二品顶戴；凡在中国原有工艺基础上翻新花样，精工制造者，奖以五至四等商勋，赏加六至五品顶戴；对有特别发明创造者，给予破格优奖。① 奖励实业法规的颁布，有助于改变"贱商"的社会习俗，促进商人对近代工业的投资。

2. 北洋政府时期

北洋政府农商部于 1914 年颁布《公司条例》（251 条）、《商人通例》（73 条）及其相应的施行细则。《公司条例》规定了公司的各种形式、设立条件、集股手续、股东的权利和义务、对外营业之法律责任以及解散清算等事项。《商人通例》虽以"商人"为名目，实际上涵盖了买卖、制造、水电、出版、印刷、银行、信托、保险、运输、牙行等一切工商业主体。这两项条例确立了公司这一新兴经济组织的形态和范围，强化了公司受国家法律保护的法人地位，并确立法人代表的资格和条件，有利于公司制度和工商业的发展。与此相适应，北洋政府还颁布了《公司注册规则》《商业注册规则》，明确了呈请注册的条件，并严格限定审批日期，提高了政府的办事效率。

北洋政府还推出各类奖励、保护章程，对工商业发展进行扶持和保护。1912 年 12 月颁布《暂行工艺品奖励章程》，规定凡发明或改良之制造品，经部检验合格者，分别等次给予奖励。同时规定，对发明或改良的制造品工艺给予五年专利保护。1915 年在此基础上颁布《农商部奖章规则》。1917 年颁布《农商部奖励实业办法》及其各类具体奖励条例、办法，将重点放在振兴国货、替代洋货，补救货源短缺并加强对外贸易等。为保护中小工商业和为新设公司募集资金，减轻招股负担，1914 年 1 月制定颁布了《公司保息条例》，政府拨出 2 000 万元保息基金，每年以其利息，对于新设立的特定公司进行公司股本保息。

1918 年，北洋政府公布《同业公会法》，要求按行业类别组织同业公会，同业

---

① 《农工商部奏遵议拟订华商办理实业爵赏章程折》，《东方杂志》1907 年第 4 卷第 12 期；汪敬虞编：《中国近代工业史资料》第 2 辑（上册），科学出版社 1957 年版，第 642—643 页。

公会加入商会成为商会的基层组织，其主要任务是贯彻商会的决定，控制本行业的价格水平等，有的还代政府经征税款甚至包税。

3. 南京国民政府时期

从 1929 年 5 月到 1930 年年底，南京国民政府以民法形式统一民商法典，先后颁布了《中华民国民法》总则、债、物、权、亲属和继承五编，并以单行法规形式，制定或修订了公司法、票据法、海商法、保险法、破产法、矿业法、统计法、会计法、铁道法、船舶法、商业登记法、审计法、交易所法、银行法，等等。1929 年，南京国民政府还颁布了近代中国第一部通行全国的《工厂法》77 条，以协调劳资关系。同时颁布新的《商会法》，推出首部正式的《工商同业公会法》及实行细则，进一步规范了同业公会的宗旨、设立条件、组成等。要求传统的公所、行会、会馆及其他名称工商同业团体均在一年内改组为同业公会。1932 年，颁行《奖励工业技术暂行条例》，鼓励工业技术创新和发明创造。同时还推出《小工业及手工业奖励规则》《工业奖励法》等，奖励和扶持民营工业企业的发展。

二、工矿交通业政策法规的制定与演变

甲午战争以后，中国的路矿利权成了列强攫夺的重要对象，中国路矿利权大量丧失。清政府被迫改变原先禁止筑路开矿的禁令，先后制定和颁行了一系列路矿法规，向民间开放路矿，借此抵制西方日益扩展的侵略。这些法规有：1898 年 10 月，颁布《矿务铁路公共章程》22 条，将铁路与办矿采取同一规章进行管理，允许民间集股兴办路矿，并对华人承办路矿独立出资 50 万两以上者给予优奖。同时对洋商进行诸多限制，规定："凡办路矿，无论洋款洋股，其办理一切权柄，总应操自华商，以归自主。"[①] 1904 年 3 月，商部制定《矿务暂行章程》38 条，进一步对领照开矿作了明确限制，规定："集股开矿，总宜以华股占多为主，倘华股不敷，必须附搭洋股，则以不逾华股之数为限。"[②] 1907 年，农工商部会同外务部制定了更为详细的《大清国矿务正章》共 15 章 74 款，该章程从总要、管理、矿产分类、地权、以地作股、请领执照、矿租、外人合股等方面作了具体规定，同时对外商掠夺中国矿产开采权作了更多的限制。

在铁路立法方面，1903 年 12 月颁布的《商部重订铁路章程》24 条[③]对于华商请办铁路，仍予以支持和奖励，如第 9 条规定：华人请办铁路，如原独立资本至 50 万两以上，查明路工实有成效者，由商部专折请旨给予优奖，以资鼓励。其招

---

① （台北）"中央研究院"近代史研究所编：《矿务档》第 1 册，精华印书馆 1960 年影印本，第 45—48 页。
② 《奏定暂行矿务章程》，《东方杂志》1904 年第 1 卷第 3 期。
③ 《商部重订铁路章程》，《东方杂志》1904 年第 1 卷第 3 期。

集华股至 50 万两以上者，俟路工告竣，即按照商部奏定三十二等奖励章程核办。同时该章程修改了原矿务铁路公共章程中"华三洋七"的有关条款，规定"集股总以华股获占多数为主，不得已而附搭洋股，则以不逾华股之数为限"。

1914 年 3 月，北洋政府颁布了《矿业条例》及其实行细则，同年 5 月又颁布《矿业注册条例》及其实行细则。《矿业条例》一改清政府《矿务章程》重地主之权而轻矿商之利的政策，对矿商的利益进行保护。如开采金银铜铁煤等矿，"无论地面业主与非地面业主，应以呈请矿业权在先者，有优先取得矿业权之权"。开采水晶、石棉、石膏、大理石等矿，虽"地面业主有优先取得矿业权之权，但地面业主声明不愿取得矿业权，或注册一年以后尚未开工者"，"得另准他人取得其矿业权"。矿区若占用他人之土地，只需给予合理的赔偿金。矿业税则由原来的 3%～10%降为按产地平均市价的 1%～1.5%。同时规定"凡与中华民国有约之外国人民，得与中华民国人民合股取得矿业权，但须遵守本条例及其他法律"。[①] 这极大地鼓励了商民投资矿业的热情。1930 年，南京国民政府颁布《矿业法》以及施行细则，进一步明确了国家矿产的勘探、开采、纳税等权限，规范了矿商、矿工的诸多权益。

三、农业政策法规的制定与演变

在"修农政""兴农政""兴农学""垦荒地""广种植"等近代"兴农"思想的影响下，历届政府推行了许多农业政策和法规，以推动农业的发展。1902 年清政府谕令特派大臣"专办商务"，且责成各地督抚"及时振兴"农工要务。同年 10 月，载振向清政府提出设立商部，以官权加强对全国农工商各业的统一擘画。1903 年在中央设立农政机构的同时，地方的农政机构也逐渐设立起来。戊戌变法期间，在朝廷的督饬下，设立商务局或农工商分局的省份渐趋增多。这些机构成为地方上的农业行政机关，负责开垦、蚕桑、畜牧等一切农务中生利之事。行政组成系统的发展，打破了传统社会那种决策做出后因缺少从中央到地方的垂直领导系统与固定机构而无以贯彻执行的流弊，同时也扭转了在传统"抑商"政策下，农工商各产业间不通声气、"各自为谋"的状况，初步显现了各业间在行政管理上的协调性和水平整合迹象。

商部意识到"欲修农政，必先兴农学"。创设农务学堂，并随时悉心指导奖掖，以开启民智，是商部和农工商部改良农业的一个重要措施。从 1903 年到 1904 年，商部共办 8 所农务学堂。这些农务学堂都以"授农业所必需之知识艺能，使

---

① 西北政法学院法制史教研室编：《中国近代法制史资料选辑（1）》，西北政法学院法制史教研室编印，1985 年版，第 446—447 页。

养成将来实能从事农业之人才"为宗旨,根据商部的要求制定详细的学堂章程,详细厘定了农务学堂的开设办法,对科目及课程的安排也进行了较为全面的规划。清政府还要求各中小学堂或实业学堂附设实业补习普通学堂,分为农业、商业、水产等科,农业科开设农具、害虫、园艺、养蚕、家畜等14门课程。同时,为推动农务学堂和农业教育的快速发展,商部还鼓励、督导地方各府州县创办农务学堂。各地因地制宜开办了普及、中等和高等各式各样的农务学堂。各学堂教学方式各有区别,培养目标各不相同,多样化的学堂适应了农业多方面、多层次的需要,为基层的农业经济注入了新的活力。政府教育方针的转向及相关教育政策的推动,促使了清末农学教育的高涨。农学教育的兴起、农业人才的培育和教育内容的专门化、"实业化",为中国传统"无学之农"向近代"有学之农"的过渡准备了最初步的人力资源。

为了开通风气,推广普及先进的农业技术,商部在开办农务学堂的同时,就在全国选址创办农事试验场。1902—1906年,保定、武昌、济南、福州、沈阳等地相继开办了省属的农事试验场。1906年4月,农工商部成立了农工商部农事试验场,内分农林、蚕桑、动物、博物、畜牧、会计、书记、庶务八科,选购并进行谷麦、蚕桑、蔬菜、果蔬、花卉等作物品种的试验与改良,标志着全国性农事实验机构的产生。[①] 到1911年,全国规模较大的农事试验场已达20余处,至于民间创办规模较小的试验机构更是不胜其数。值得注意的是,当时各类农业科学试验机构往往是与地方农业学堂联动,开办各种农务培训班,或者派员下乡演讲、辅导新式耕种技术;同时还进行农产品的改良试验,引进良种及西方新型农具,研究土壤,出版农书和报刊,设立农产品陈列所等,将科学试验与教育活动有机地融为一体,不但增加了农事活动中的科学因素和科技含量,改变了农人在征服自然过程中的盲目、被动状态,还有力地促进了农学新知的传播。它们启迪了民智,开通了风气,给中国农业注入了生机和活力,标志着中国近代农业科研的正式起步。

1907年,农工商部正式奏准颁布《农会简明章程》23条,详细界定了农会的宗旨、组织、会员条件及任务,为农会组织的设立提供了制度上的保障。这样,在政府政策的激励下,农会组织在各地迅速推行,至清末民初已遍布全国县以上的各个地区。各地农会组织成立后,在商部的指导下,开展活动的指导思想就是"开通农民知识,因地制宜,改良种植,一切冀农业之发达"。农会组织的活动不仅涉及农林各个方面,还成为官民沟通的桥梁和中介。农会还通过各种奖励政策

---

① 李文治编:《中国近代农业史资料》第1辑,生活·读书·新知三联书店1957年版,第875页。

和措施，借以开启人们创造新式农具、试验新品种来改良农业的心智，促进了农业的进步。总之，在农工商部的倡导和组织领导下成立的农会，其活动是宽泛的，影响是多方面的，它的创立具有积极作用和进步意义，它壮大了农基，厚殖了农力，加速了农业改良的步伐，促进了传统农业向近代农业的转型。

为了切实推进农业改良，商部开始重视农业政策和农业法规的制定工作。在制定颁行一系列工商业经济法规的同时，也制定颁发了一部分农业经济法规，主要有《改良茶业章程》《农会简明章程》《推广农林简明章程》《奖励棉业章程》等。虽然这些农业方面的立法是为了推陈出新，鼓励仿造西式工艺，以替代进口洋货，减少利源外溢，基本上都是应一时之需而制定的，缺乏系统性，但是，商部和农工商部制定的上述农业法规却是中国历史上首次颁行的具有近代意义的专项农业法规，它对当时农业经济的发展起到了促进作用，对此后的农业法制建设具有开创意义和奠基作用。

1914年，北洋政府农商部先后颁布《国有荒地承垦条例》和《边荒承垦条例》，鼓励人民承垦荒地，特别是各省边荒地，优惠地价，以促进农业发展。同年还颁布《植棉制糖牧羊奖励条例》，对于扩充或改良植棉者、种植甘蔗和甜菜者以及牧场改良羊种者给予不同程度的奖励。为改良推广农副业生产，还确定筹设棉糖林牧实验场。1914年4月，农商部会同财政部拟定《劝业银行条例》，规定劝业银行的放款"于农、林、牧、垦、水利、矿产、工业等事业为目的"。1915年，又专门拟定《农工银行条例》，确定农工银行"以通融资财、振兴农工业为宗旨"。

南京国民政府成立后，先后颁布《佃农保护法》《土地法》《租佃暂行条例》等法令，以调整农村阶级矛盾，试图挽救当时的农村危机。1927年5月公布的《佃农保护法》规定地主向佃农收取的租额不得超过收获量的40%。1930年6月颁布的《土地法》进一步将地租率的最高限额降低至37.5%，还对土地税的征收办法及土地改良等事宜作了具体规定。但直到1936年3月才推出《土地法实施细则》，后又因战争爆发而被搁置。

第三节　财政金融政策与制度的变化

财政是国家的经济命脉，是维持国家政权正常运转的血液。财政在传统社会是经济运行的核心，货币金融依附于政府财政体系。王朝的更迭一般是由自然灾害的冲击与政治腐败所造成的社会动荡而引发，战乱循环在经济上首先表现为财政收支的波动，王朝的盛衰总是同政府的财力联系在一起。统治者所追求的"盛世"主要表现为国库储存钱粮的充裕，供养军队与社会人口的不断壮大。在不影响社会稳定的条件下，人均产量、劳动生产率等现代经济中的效率指标似乎并不为统治者所关注。因此，虽然任何社会的财政都具有资源配置与收入再分配的职能，但古代社会的财政体系是整个经济运行的大动脉，而现代经济中的财政只是经济运行中的一个职能部门。

近代财政制度安排的核心在于，货币金融从传统的财政制度中独立出来并成为社会经济运行的基础。由传统的行政权力与宗法义务所支配的财政收支体系，逐渐转变为通过货币金融市场的运作来实现。欧美先进资本主义国家的近代化历程表明，货币金融领域的革命性变革不仅包括征税权利和赋税种类方面的变化，而且包括财政收支机构与债务管理方面的变革。政府财政状况的公开与透明以及债务市场的形成，不仅大大加强了近代民族国家的综合国力，推动了铁路、公路等基础设施的建设，而且通过金融市场将政府财政与私人金融连为一体。①

一、财政政策与制度的演变

财政是古代经济运转的核心，到清代前期，古代财政管理制度已经相当完善，可以说几乎集中国几千年来财政制度之大成。从清后期开始，随着近代化进程的加快，财政制度也经历了相应的变迁。

1. 晚清时期中国财政制度的转变

晚清时期，伴随着国外财政经济思想的不断涌入以及国内经济的萧条和一系列社会动荡所带来的日益深化的财政危机，中国财政体系开始发生转变，古代财政制度逐渐解体，近代意义的财政制度逐渐发展起来。

清代前期的财政主要是通过解协饷制度、奏销制度和与之配套的库藏制度来进行运转的，但这些制度的实施必须以全国财政的基本平衡和中央对全国财政的绝对控制为前提。在财政危机深化的形势下，无论是解协饷制度还是奏销制度都无法正常运行。清后期的解协饷制度已是徒有虚名，传统的"起运""存留"款项已经发生了质的变化。此时的中央仅仅规定一些项目的经费总额，然后分摊到各省，实行一种专项经费制度。虽然在形式上仍然表现为指拨的方式，但只是在承认地方财政利益的前提下，用以确保中央财政需要的一种变通措施。同样，从19世纪60年代开始，由于地方督抚对款项的自筹自用和地方财政的形成，"各直省款项，内销则报部尽属虚文，外销则部中无从查考"，② 从军需奏销到一般性奏销逐渐名存实亡，中央政府既无法掌握各省的财政收支状况，也无法获得足额上解京饷，更难以进行各省间的协饷调拨。另外，由于解协饷制度、奏销制度的运转

---

① ［美］查尔斯·普尔·金德尔伯格：《西欧金融史》（第2版），徐子健、何建雄、朱忠译，中国金融出版社2007年版，第171—189页。
② 佚名辑：《清末筹备立宪档案史料》，文海出版社有限公司1981年影印版，第1022页。

失灵，晚清政府的库藏制度也处于解体之中。主要表现在各地的实物库藏逐渐缩小，政府将大量现金款项分储于票号、钱庄和银行等各种金融机关以获取利息或者便于急用时进行透支。与此同时，随着西方势力的深入，鸦片战争以后清政府的财政自主权逐渐丧失，确定关税税率以及海关行政管理的权力均落入外国列强手中。对于一些主要的税收项目，如关税、子口税在中央财政与地方财政之间的分配份额，也由不平等条约来规定。

为了增加中央的财政收入，并尽可能地对全国财政进行控制，清政府从对田赋、厘金、各项浮费与差徭的整顿到剔除中饱、涓滴归公、裁厘加税、漕粮改折，再到币制改革、创设银行、举借外债、发行公债，进行了各种努力尝试，但终因缺乏明确的改革方向和理论指导，以及中央权力的涣散和各个阶层、各种利益集团的阻力，导致财政清理、整顿和制度改革工作并没有取得明显效果。

甲午战争之后的对日赔款，辛丑条约之后的庚子大赔款使得全国财政经济状况急剧恶化，各省拖欠京饷的情况日趋严重，省际之间的协拨完全瘫痪，各省上缴的各项专项经费也常常被移作他用，专项经费制度也逐渐瓦解。清末的最后十年间，清政府不得不谋求全方位的政治经济改革，史称清末新政。从清末新政中的财政管理方面来看，清政府于1906年5月设立税务处，1906年9月将户部改名为度支部，1909年又分别设立了清理财政处和督办盐务处，从而形成了"一部三处"的管理体制，使中央财政事权达到基本统一。这次改革对地方财政机构进行了裁撤与调整，在各省设立财政局或财政公所，下设分科治事。试图以科层官僚制度取代原来的幕僚体制，确立现代意义的科层管理体制。

清末财政改革的基本目标是以度支部为财政中枢，划分国家税和地方税，并实行预算决算制度。根据1908年出台的《逐渐筹备事宜清单》，财政改革的基本进程为：1908年由度支部颁布清理财政章程；1909年调查各省岁入岁出情况；1910年复查各省岁入岁出，并厘定地方税章程；1911年厘定国家税章程；1912年颁布国家税章程；1913年试办全国预算；1914年颁布会计法；1915年确定皇室经费；1916年确定预算决算，制定次年的确定预算案。[①] 随着统计调查的开展和1910年秋季各省财政说明书的完成，以及预备立宪改为五年后，财政改革的步骤也加快进行，改为1911年厘定国家税、地方税各项章程，1912年确定预算决算案。[②] 于是，在了解1908年各省收支的基础上，1910年年初开始试办1911年的财政预算案，出台了近代第一份财政预算。1911年又编制了1912年的财政预算，但因清朝迅速灭亡而未能实施。这一时期清政府还对会计年度

---

① 佚名辑：《清末筹备立宪档案史料》，文海出版社有限公司1981年影印版，第61—67页。
② 《宣统政纪》卷五，见《清实录》中华书局1987年影印版，第86—88页。

的确立、国家和地方收支的划分和税制改革等问题进行了讨论，并形成了一些初步意见。虽然清末时期的财政改革还不完善，大多数措施也没有来得及贯彻实施，但它毕竟确立了现代意义的财政雏形，并为民国时期财政制度的进一步发展奠定了基础。

2. 民国时期近代财政制度的发展与完善

清末民国时期财政制度的转变主要表现为国家财政与地方财政的划分，财政预决算的编制、实施及其相关制度的确立过程，其具体的财政建设是在清末预备立宪基础上的一个具体实施与完善过程。早在清末筹备立宪时，就有了划分国家与地方税收的建议。民国初年颁布了《国家费、地方费法（草案）》和《划分国家税、地方税法（草案）》，1914年又通过了《税法修正案》。但在实践中，一方面国家与地方税的划分向着中央倾斜，地方财政徒具形式；另一方面，由于军阀割据，地方财政实际又被地方军阀完全操纵。国民政府成立后继续推进国家与地方财政的划分，逐渐形成了中央、省、县三级财政划分。在残酷的战争环境中，1941—1946年国民政府将全国财政划分为国家财政与地方自治财政两级，省作为代表中央监督领导地方自治的续级，与中央政府归于一体，而县市才是真正的自治单位。1949年6月，重新恢复三级财政划分，县一级财政的独立性大大增强。总体来看，国民政府时期国家与地方财政的划分取得了重大进展，但其基本原则仍然是以统一全国财政、保证中央财政的增长为基础。

财政预决算的编制、实施是财政会计公开、透明并受民众监督的基本条件，也是财政原则由"量入为出"向"量出为入"的转变。北洋政府在清末有关预算的基础上，于1914年正式公布《会计条例》，对预算年度、科目和预算的编制程序等问题进行了明确规定。此后，财政部先后制定了预算编制例言、书式和编制简章等规章制度，作为会计法的补充规定，并在相应的预算编制中得到遵行。在建立预算制度的同时，北洋政府也拟定了决算规章，对各个机关决算报告书的编写、审计审定程序等进行了规定，并将其写入1914年的《会计法》。但由于军阀割据和国家与地方财政划分不清，北洋政府时期财政预算表的质量很低，预算编制的具体方案及其相关制度规定也没有得到落实与实施。国民政府成立后继续致力于预决算管理体制的发展与完善，1931年11月公布《预算章程》，1932年颁布了《预算法》，使得预算制度更为完备。在决算方面，1929年制定的《编制十七年度决算章程》和1938年8月正式公布的《决算法》，使决算制度也得到了落实。同时，国民政府还成立了一个独立于财政机构的主计处，总揽全国岁计、会计和统计等事务，以利于对政府财政收支进行有效的监督与管理。需要强调的是，虽然在国民政府时期，预决算制度的建设取得了重大进展，并纳入了法律轨道，但由于军费不断膨胀，政治权力没有制约，这一时期的预决算制度也没有得到严格遵守和有效实施。

3. 税制改革进程

鸦片战争以后，西方侵略者强迫中国接受了一系列不平等条约，中国关税性质发生了根本的变化。从独立自主的国定关税变成半殖民地性质的协定关税，税则的制定和修改不得不听命于西方列强，中国政府的关税自主权丧失。另外，清政府开征厘金以补财政之不足，但厘金制度实行后，弊端丛生，苛扰奇重，实际上是加重了国内关税。由此可见，关税自主权丧失与开征厘金对市场的发育都是极端不利的。

北洋政府统治时期，受军阀割据的影响，没有建立起一个统一的税收制度。中国的主要税收为帝国主义所控制，继关税以后，1913年又丧失了盐税管理权。地方军阀截流税源，并日益形成财政独立，使中央财政收入短绌，收支陷于混乱。为增加财政收入，保证税源，北洋政府努力进行税制改革，曾先后三次整理税制：（1）1912年11月公布国有税和地方税税法草案，明定国家（中央）和地方两级税收的划分，并拟定将来准备新设的税种；（2）1914年6月明令取消国家税和地方税的划分，租税仍归各省财政厅直接管理，恢复向中央解款制度；（3）1923年12月重新提出划分国家税和地方税，并以关税、盐税、印花税及其他消费税等全国税率应划一的税种为国家税，田赋、契税及其他各税为地方税。另外，北洋政府还新开征了印花税、营业税（烟酒牌照税）和登录税（契税）。就税收制度而言，北洋政府时期出现了一些近代化的迹象，具体表现为：划分中央和地方税收分配体系；税收来源逐步由以农业税为主转变为以工商税为主；征收税种逐渐由间接税向直接税转化，从而为中国近代税制体系的确立奠定了基础。

南京国民政府成立后，再次提出关税自主的问题，1928—1930年期间通过谈判与各国签订新的关税条约，废除了这些国家在关税方面的特权，并于1931年1月正式实行国定税则，实现了由协定关税向国定关税的转变。此后，在1931—1934年陆续修订税则的过程中，主要体现出以下特征和变化：（1）绝大多数商品由从量计征改为从价计征。（2）提高进口税率。（3）出口税率维持原来水平，有些商品的税率陆续降低，免税出口商品的范围有所扩大。这些改革有保护民族工商业的作用，主要表现在减免一些民族工业产品，如生丝和丝织品的出口税方面，但主要目的还是增加财政收入。因为进口的税率提高主要是在日用消费品方面，这些商品是生活必需的，需求弹性小，税率提高也不会减少进口，所以可以增加关税收入。与此同时奢侈品的税率相对降低，这样就刺激了进口，目的也是要增加关税收入。关于进口关税是否有保护民族工业的作用问题，郑友揆先生曾指出：与民族工业产品没有竞争性的进口商品的税率比有竞争性的进口商品税率高，这说明修改税则的目的主要是出于财政上的考虑,而保护民族工业则是处于从属的地位。①

总的来说,国民政府时期税法日益完善,建立起了一套较为近代化的税收体系,对税款的征收办法、管理、检查都有了明确的规定。但实际上,税收机构并未统一,税法往往流于形式,有法不依的现象随处可见。另外,国民政府自1936年开征所得税后,在税务的合理化方面虽有进步,但直到中华人民共和国成立,中国的税收仍以间接税为主。这种税收结构,总的来说不利于低收入阶层。

二、货币金融政策与制度的变迁

经济近代化的过程中要解决的主要金融问题是从金属货币向信用货币转化的问题,并确立与此直接相关的基本制度规则。实物货币与金属货币主要反映了传统社会的实物经济,在社会的基本制度规则中仅处于从属地位;现代货币金融体系则直接联系着经济的基本特征与人们之间的相互关系。

鸦片战争之后,在传统因素的积累和外力的冲击下,中国经济的近代化正式启动。从19世纪四五十年代开始,钱庄、票号、银行等金融机构不断发展壮大,它们与政府及官员之间的经济关系,逐步改变了长期以来"官民不相往来"的传统,也逐步突破了传统社会权力归诸上、义务归诸下的等级秩序与伦理规范。汇票、庄票、银钱票、银行券以及储蓄存款等金融工具大大拓展了货币基础,利率与贴现率也可以在一定程度上调节流通中的货币量。放款与汇兑业务在中国出现得很早,但储蓄存款直到清代中叶以后才正式发展起来,最初是为商业融通资金,到19世纪60年代开始适应投资的要求而发展,而投资则是形成资本的基础。证券与股票的出现及其交易量的扩展,也使得连接银行、企业、家庭等经济主体的资本市场逐步形成。政府公债的发行不仅改变了其财政收支体制,而且使得透明的、有效率的政府债务市场逐渐形成。

与此同时,19世纪中后期到民国初年,一系列近代意义的货币规则与制度安排先后确立起来,大体上形成了形式上的银本位制度,并初步建立了现代意义上的银行体系。19世纪60年代以前,清政府迫于财政与经济压力,进行了一次货币改革尝试,但除造成严重的通货膨胀之外,在货币制度方面并没有取得任何进展。19世纪90年代之前,虽然传统的银钱并行的货币体系已经开始动摇,但没有发生实质性的改变。直到清朝最后20多年间,政府对货币与金融制度的改革步伐才大大加速。甲午战争之后,新式的机铸银圆、铜圆与各种纸币逐渐在经济中取得支

---

① 每次修改税则的保护性不尽相同,详细参见郑友揆:《中国的对外贸易和工业发展》,程麟荪译,上海社会科学院出版社1984年版,第80—85页。

配性地位。清朝末年最终确立了银本位货币的运行原则,银两与制钱并行的货币体系最终被取代。

银行是近代资本主义工商业经济发展的产物。清廷为摆脱日益严重的财政危机,开始积极筹设国家银行。1904年3月,财政处奕劻上奏试办大清户部银行。随即,户部草拟了《试办银行章程》32条,这是我国近代第一部国家银行法规。该章程规定,户部银行开办之初,参照股份有限公司办法,额定股本为库平银400万两,户部认股半数,其余一半准私人自由入股。但私股只以本国人民为限,外国人不得入股,也不得将股票转卖于外国人。该章程还规定了户部银行的营业项目为:"专作收存出放款项,买卖荒金荒银,汇兑划拨公私款项,折收未满限期票及代人收存紧要物件。"① 章程还规定,国家授予户部银行铸造货币、代理国库、发行纸币之特权,凡该行发行之纸币,不论公私出入款项及解库官款,一律通用。同时还规定该行有统一币值之权。所有这些,说明户部银行是中国最早的中央银行。

1908年,户部改为度支部,户部银行改称大清银行,添招股本600万两,并拟定《大清银行则例》24条,明确规定了该行八大业务,即:"短期拆息、各种期票之贴现或卖出、买卖生金生银、汇兑划拨公私款项及货物押汇、代为收取公司银行商界所发票据、收存各种款项及保管紧要贵重物件、放出款项、发行各种票据。"② 这样,大清银行作为中央银行的职能更趋完善和加强。

大清银行成立后,各地银行如雨后春笋般涌现。为了加强对银行的管理,1908年度支部奏准颁发的《银行通行则例》15条,规定银号、票号、钱庄及各省所开之官银号、官钱局等经营金银划汇贸易者,皆为普通银行,一体遵守该则例。对凡欲创立银行者,均须预定资本总额,取具殷实商号保结,呈由地方官查验,报"度支部优加保护",并规定"未注册者统限三年均应一体注册","各省官办之行号或官商合办之行号统限于本则例奏定后六个月内报部注册"。③ 此外,还对银行结账办法、营业时间等进行了规定。《银行通行则例》的颁布,使中国第一次实现了对银行业的管理,银行业开始走上依法发展的道路。

为加强对银行业发行纸币的管理,1909年6月颁布《通用银钱票暂行章程》20条,这是中国第一部关于纸币发行与管理的金融法规。章程首先规定了暂准发行银钱票行号的条件:"必须有殷实同业五家互保,担任赔偿票款之责,方准发行。"并规定该章程颁发后,新设官商行号不准发行银钱票。其次,该章程还规定

---

① 《户部奏试办银行酌拟章程遴派委员折片》《试办银行章程》,《东方杂志》1904年第1卷第4期。
② 周葆銮:《中华银行史》,文海出版社有限公司1984年影印版,第11页。
③ 《银行通行则例》,《北洋法政学报》1908年第70期。

建立发行准备金制度,"无论官商行号,必须有现款十分之四做准备,其余金数可以各种公债及确实可靠之股票、借券储作准备,另外存库立账,不得与寻常营业账目款项相混,以备抽查"。此外,该章程还明确规定,除大清银行外,"凡准发行此项纸票各行号,自宣统二年起,每年须收回票数二成,限于五年全数收尽"[①],以后不准再行,从而把纸币发行权集中于国家银行,以便币制的划一。《通用银钱票暂行章程》是制止滥发纸币、加强纸币法制管理的重要法规之一。

另外,针对清朝末年币制混乱的局面,清政府于1910年4月颁布了《奏定币制则例》24条,规定以元为单位,定银圆为国币,将铸币权收归中央。这是晚清货币制度的一项重大改革。银圆由于成色好(每元含银七钱二分),信用足,使用方便,逐渐成为一种通用货币,并开始取代过时了的银两制度。

辛亥革命的爆发,使得清末币制改革与统一货币的政策措施大都没有来得及实施。北洋政府《国币条例》(13条)及其实行细则于1914年2月颁布,大体上确定了与清朝末年《奏定币制则例》相同的原则与精神。1915年10月,北洋政府还公布了《取缔纸币条例》,对流通中的纸币进行清理。1920年又发布了《修正纸币取缔条例》14条,对纸币的发行进行取缔与限制。从20世纪20年代开始,中国货币的发行、流通以及管理逐步趋向统一。

南京国民政府成立后,1928年成立了中央银行,以统一国家币制、统一全国之金库、调集国内之金融。以1929年的世界经济大危机和30年代初期美国的"白银法案"为契机,1933年国民政府进行了"废两改元",随后于1935年进行了"法币改革",最终实现了从金属货币向信用货币的转化。随着货币化的发展,有关金融市场运行的各种法律法规也逐渐建立和完善起来。当然,1937—1949年间,由于战争对经济的影响与随之而来的通货膨胀,不仅法币的外汇本位和信用受到破坏,信用货币替代金融货币的进程,各种金融机构、金融工具的发展也均出现了逆转。金融市场上不正常的投机盛行,各种金属货币又回到流通领域,广大农村则重新或仍旧使用物物交易。

尽管在上述货币体系与金融结构的发展变化过程中存在各种局限,统一、完善的资本市场、货币市场与政府债务市场还远远没有形成,在经济活动中存在各式各样的违规行为,且带有种种前现代时期"权力支配"特征,但从19世纪到20世纪中期的100年间,基于信用与竞争的现代经济体系毕竟逐渐建立起来,经济中的货币化程度不断扩大。这不仅反映了近代经济关系的产生与发展,也代表了中国经济的近代化进程。

---

① 《度支部奏谨拟通用银钱票暂行章程折(附章程)》,见财政部钱币司编:《币制汇编》第二册,1919年版(出版单位不详),第109—114页。

从发展路径来看，货币金融的发展演变与经济近代化也是一致的。鸦片战争以前，中国经济中的近代化因素主要是在经济体内自主累积与发展的。而鸦片战争以后，中国经济的近代化则是在外部冲击催发内部变化的情况下，通过学习、模仿、试验与多种方案、决策的相互竞争中不断演进的。一方面，在螺旋式的发展变迁中，中国经济近代化进程曾一度出现停滞、中断，甚至倒退，如清道光时期的经济危机，抗日战争的影响等。另一方面，适应货币经济从通商大埠向广大内地，从大城市向中小城镇再向农村，从国家、省级层面向县级及其以下基层的渗透过程，中国经济也表现出了一个典型的二元化经济的发展模式。

政府财政的发展与变迁过程，直接影响乃至决定着金融发展与经济运行方式的转变。对于经济近代化与特定时期的经济发展，国家与政府的作用无疑是非常重要的。由于传统经济主要是依托政府财政得以运转的，因而经济运行方式的转变也就是现代财政制度的建立、完善过程，也就是货币金融从传统的财政制度中独立出来并成为社会经济运行基础的过程，也就是政府债务市场与私人金融市场相互作用、共同成长的过程。金融的大发展首先是以财政制度变革为基础的，它不仅包括征税权利和赋税种类方面的变化，而且包括财政收支机构与债务管理方面的变革。政府财政的公开与透明，有效率的债务市场的形成，乃是现代金融市场得以产生与发展的基本前提。中国近代以来，金融的缓慢发展很大程度上是由政府的财政制度所决定的。

即测即评

请扫描二维码，在线测试本章学习效果

思考题：

1. 论述近代中国政府的转变与经济近代化之间的关系。
2. 论述政府对近代工商业管理的发展变化及其局限性。
3. 基于史实论述财政制度变迁与金融发展的关系，以及货币金融制度与经济近代化之间的关系。

第八章　近代农业经济的发展

1840—1949 年的一百余年间，中国农业生产有一定的发展，主要表现在农业技术的进步和推广，耕地面积和粮食产量有一定增加，种植业结构的改善和畜牧业的发展，农产品商品化的发展，以及资本主义性质的经营方式的产生等方面。但由于各种内外因素的影响，近代中国农业的近代化并没有实现，传统的土地制度和租佃关系仍然被保留下来，农业劳动生产率并没有发生质的变化，政府对农业的推动及其所采取的农业政策所取得的效果也是非常有限的。农业经济的发展模式和特点，也决定了整体经济的结构和近代化发展进程。

第一节　农业生产的发展

一、农业技术的进步与推广

农业技术的进步体现在许多方面，近代中国政府发展农业生产的措施主要体现在改良品种、使用化肥、推广农业机械，以及对农村的金融扶持等方面，对近代中国农业的发展起到了一定的促进作用。

1. 农作物品种的改良

选种育种和种植方法的改进是农业增产的一个重要途径。自 20 世纪初以来，全国各地纷纷兴办农事试验场，意在倡导改良种子，改进种植方法。虽然总体来讲收效甚微，但相对而言，棉花、水稻、小麦、花生和烟草等作物在引进和选育良种方面是较为成功的。

美国棉种最为先进，早在 1867 年清政府就曾派人赴美采购棉花良种。到 19 世纪末，为适应机器纺织业发展的需要，中国开始以一定的规模引种美棉。例如，张之洞创办武昌机器织布局之后，在英国工程师的建议下，从美国引进棉种数十担。① 1893 年，张之洞又引进了第二批棉种百余担，还译印《畅种美棉说》《美棉种法》，并在江夏、汉阳、黄冈等县分发，帮助棉农按照章程试种，以便取得更为显著的成效。1905—1907 年，山东地方政府也分批购入大量美国棉种，分发给棉农试种，这一举措使鲁西地区发展成为美棉集中产区之一。② 此外，一部分有远见的纺织企业家和棉花商人，在采用进口美棉的同时，也开始通过政府的支持而引

---

① 严中平：《中国棉业之发展》，商务印书馆 1944 年版，第 286—287 页。
② 李文治编：《中国近代农业史资料》第 1 辑，生活·读书·新知三联书店 1957 年版，第 894 页。

种美棉。

引进和推广良种在当时受到各方面的重视,成为发展近代农业的一项重要措施,也取得了一定的成效。例如,芜湖农务局和四川农事试验场,在清朝末年即曾引种和选育水稻良种。① 据不完全统计,1892—1907 年,中国从外国正式引种达 40 余次,引进的良种计有 20 余类,几乎包括种植业中的各种作物。大田作物有棉、麦、稻、玉米、烟草、马铃薯、甜菜等;蔬菜有洋葱、生菜、椰菜、荷兰豆、萝卜等;果树有葡萄、苹果等;经济林木有油桐、桑等。②

振兴农业、改良品种也与国内工商实业家的切身利益有关。这一时期,参与改良农业技术、推广优良品种的工商团体和企业家不计其数,他们也成为推广农产品新品种的一支主要力量。上海农务总会在清朝末年也曾引进诸多良种试种,包括在海宁引种美棉,在瑞安引种日本水稻,在淮安引种外国葡萄、洋葱、西果、湖桑,在如皋养蚕和种麦,均取得了良好的效果。③ 上海机器面粉公司公会曾委托南京高等师范学校(东南大学的前身)农业专修科,在校内拨地 50 亩开办小麦试验场,研究改良小麦品种。1921 年后又在南京大胜关开辟占地 1 300 亩的实验场,由东南大学农学院主持从事筛选和改良小麦、水稻品种,并取得良好成绩。筛选出的小麦优良品种有武进"无芒"、南京"赤壳"、日本"赤皮"等,水稻良种有江宁"洋籼""东莞白"等。④ 中国植棉改良社由穆藕初、聂云台等纺织企业家发起组织,他们在上海杨思乡设立植棉试验场,引种美棉,推广良种,参加试验的棉农近百户,取得明显成效。⑤ 上海华商纱厂联合会专设棉作改良推广委员会,聘请专家,培养人才,兴办植棉试验场,并捐款资助东南大学和金陵农学院进行棉种改良试验。1920 年又出资从美国购进脱字棉、郎字棉等棉种 10 吨运赴河南、陕西发放。⑥

2. 引进化肥

施用肥料是保持和更新土壤肥力的重要手段。化肥的引进是近代时期农业生产技术方面出现的一个新的因素。在生产过程中,肥料的重要性不言而喻。农民在耕种时,除大量使用饼肥外,从 20 世纪初就开始使用进口的化肥,如硫酸铵在

---

① 李文治编:《中国近代农业史资料》第 1 辑,生活·读书·新知三联书店 1957 年版,第 897 页。
② 闵宗殿、王达:《晚清时期我国农业的新变化》,《中国社会经济史研究》1985 年第 4 期。
③ 《淮兴农业》,《农学报》卷二二,光绪二十四年(1898 年)二月上。
④ 章有义编:《中国近代农业史资料》第 2 辑,生活·读书·新知三联书店 1957 年版,第 173 页。
⑤ 穆藕初:《穆藕初文集》(增订本),上海古籍出版社 2011 年版,第 25 页。
⑥ 上海华商纱厂联合会、中国棉产改进会编:《中国棉产改进统计会议专刊》1931 年版,演讲专栏第 10 页。

东南沿海地区就取得了很好的效果。以农业集约化最发达的无锡为例，据 1933 年对 3 个村 121 户生产成本的调查，如果不考虑土地价格和家工成本，肥料一项竟占一半以上，而雇用农工、畜工、机器工合计只占 1/3，具体情况参见图 8-1。

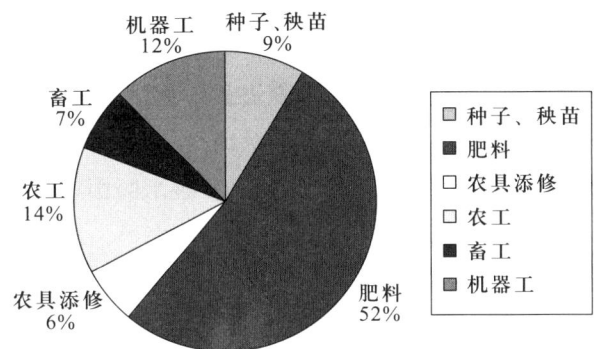

图 8-1　农业生产成本构成（不包括土地价格和家工成本）

资料来源：韦健雄：《无锡三个农村的农业经营调查》，《中国农村》1935 年第 1 卷第 9 期。

当时使用的化肥几乎全部进口，从化肥的进口量看，根据各埠报告载，西洋化肥和新式农机具大体相似，一直都没有在中国打开销路，即使是 1927—1931 年间，化肥进口的高峰时期，年均输入量也不到 266 万担。而当时全国耕地总面积约为 15 亿亩，平均每亩仅为 0.2 市斤。而且从 1931 年起，化肥进口量又开始下降，1932—1936 年，平均每年还不到 158 万担。① 因此，化肥的使用仅仅局限在个别项目和个别地区，对于整体农业生产所起的作用依然无足轻重。

3. 生产工具的进步

生产工具的进步是农业发展的重要标志之一。晚清时期农业生产工具已经出现了值得重视的发展变化，开始使用机械化和半机械化的农具，但此时的新式农具，大都是从国外引进的，只有少量系国内制造。这主要是因为近代中国机械工业不发达，制造农业机械的工厂为数甚少，尤其是在民族机器工业初步发展的晚清时期，这种现象更为突出。

19 世纪末，有识之士对使用先进的农业机具已日趋重视，并呼吁中国亟应仿效西法，以促进中国农业发展。1880 年天津即有客民采用机器开荒，② 这是晚清时期中国应用近代机械农具的发端。19 世纪 90 年代，开始有更多的地区陆续采用机械化或半机械化农具从事农业生产及农产品加工。1897 年，浙江温州、福建福州

---

① 章有义编：《中国近代农业史资料》第 3 辑，生活·读书·新知三联书店 1957 年版，第 878 页。
② 李文治编：《中国近代农业史资料》第 1 辑，生活·读书·新知三联书店 1957 年版，第 680 页。

已引进制茶机进行机器制茶,浙江镇海引进抽水机进行机器灌溉,1898年湖南、福建等省也相继引进抽水机。到20世纪初,引进并采用的农机具种类进一步增多。及至1908年,中国引进的西方近代农机具已有洋犁、马耙、玉蜀黍播种机、抽水机、刈麦器、刈草器、玉蜀黍自束器及脱粒器、缫丝机、制茶机、渔轮等。从1915年买进第一台拖拉机("火犁"),到1949年止,全国共有拖拉机总数为401台。机器灌溉在长江下游有一定的发展:发展最快的无锡,抗日战争前机灌面积已占耕地总面积的62%~77%。在武进一带,1924年开始电力灌溉,到1929年,电灌面积有4.3万亩。① 此外,割草机、脱粒机、碾米磨面等机械也已经进入一些农户。1930年,进口农机149万海关两。②

除引进机械外,这一时期国内也开始有人创制和改良新式农具。例如,扬州铁匠自制的提水器,"一人运之,计每日所出水可抵十人";常熟老农踏砻"用二人以足踏之,可省一人,而出米较多三分之一",但这些尚不属完全机械化的农具。③ 到1910年,上海求新机械厂已经成功仿制出可用作农机动力的25匹马力火油内燃机,从而为农业生产工具的进步创造了更加便利的条件。这些新制造的农具,有的甚至还超过了进口的同类机具,如"东洋轧棉花机器,颇利民用。近来沪上制造此器者日多。兹有上海许君锦春,悟得新法,制一机器,每日出花之数,较日本轧花器可多十之二三。现拟属其制造多具,以利民用"。④

4. 农业金融的发展

在中国传统乡村借贷体系中,高利贷始终占据主导地位,同时,高利贷也几乎是农民获得资金支持的唯一来源。但是高利贷固有的特性使得农民在获得资金支持时付出了极高的成本,而且这种资金支持大多用于生活类开支,而非生产性开支。所以,农民在发展生产过程中可以获得的资金支持是微不足道的。在20世纪的二三十年代,由于连年天灾和战争,许多地主、富农、商人携带大量资金流入城市,传统借贷形态受到了严重的危机和挑战,也给农民发展农业生产带来了资金枯竭的问题。面对当时中国农村呈现出的金融枯竭状态,国民政府通过农业信贷等手段来挽救农业金融,于是近代农村金融随之产生。

近代农村金融是中国乡村借贷关系转型与近代化的重要标志。与私人、店铺信贷、典当业借贷等传统高利贷形式不同,近代农村金融主要是指专业农业银行

---

① 王方中:《旧中国农业中使用机器的若干情况》,见黄逸平编:《中国近代经济史论文选》,上海人民出版社1985年版,第840—853页。
② 章有义编:《中国近代农业史资料》第3辑,生活·读书·新知三联书店1957年版,第876页。
③ 闵宗殿等:《晚清时期我国农业的新变化》,《中国社会经济史研究》1985年第4期。
④ 彭泽益编:《中国近代手工业史资料》第2卷,生活·读书·新知三联书店1957年版,第238页。

以及商业银行、政府银行的农贷和与此相关的其他形式的借贷，如农民借贷所的借贷、合作金库借贷、合作社借贷等。1915年以后，农业银行建立并有所发展，其他金融机构也向农村逐步渗透，近代农村金融进入转型和初步近代化阶段。

政府农业金融支持在实际推行的过程中遇到了很多实际操作上的困难，只是在某些地区一定程度上取得了一些效果，对于整个近代农业的发展而言是微不足道的。从农业信贷业务实际开展的情况看，不论是银行，还是农村信用社都未承担起解决农村资金不足，挽农村经济狂澜于不倒的重任。

二、种植业的发展

中国是一个农业大国，传统农业经济的特点是精耕细作，在土地利用、地力保持和单位面积产量方面都达到了一个很高的水准。近代时期，中国的农业生产在精耕细作方面仍然保持了一个较高的水平，并在耕地开垦、粮食总产出乃至农业产值方面都有一定的进步，但在人均产出和整个农业生产率方面并没有得到改善。

（一）耕地面积及其增长

近代时期，人口和耕地的矛盾仍然是农业经济中的一个主要突出问题。一方面有因战争、水旱灾害和市场波动等因素造成的抛荒问题，另一方面也有政府鼓励的招垦和土地开发，使耕地得以恢复和增长。根据吴承明的研究，1812年的耕地面积大约为7.915亿亩，1873年为11.451亿亩，1887年为9.457亿亩，1893年为11.889亿亩，1933年为14.047亿亩，1949年增长至14.813亿亩。从1873年至1949年的76年间，耕地面积增长幅度为29.4%，年均增长率大约为3.4‰。具体如表8-1所示。

表8-1 近代耕地面积的增长

时期（年）	1812—1887	1873—1893	1893—1913	1913—1933	1933—1949	1873—1949
年数	75	20	20	20	16	76
增长幅度（%）	19.5	3.8	6.6	10.8	5.5	29.4
年平均增长率（‰）	2.3	1.9	3.2	5.1	3.3	3.4

资料来源：吴承明：《中国近代农业生产力的考察》，《中国经济史研究》1989年第2期。

表8-1中的数据是全国耕地面积的整体变化情况，但还存在很大的区域差异。分省区来看，1873—1933年间，耕地减少者有9省，其中福建减少19%，浙江减少22%；增加者有11省，其中青海增加1倍，云南增加2.3倍。特别是东北和西北地区边区的耕地具有明显的拓展趋势。[①] 清王朝将东北作为"龙兴之地"而长期封禁，禁止汉民开垦东北蒙古的荒地，也不准满蒙王公贵族私自放垦。而到清末

---

① 吴承明：《中国近代农业生产力的考察》，《中国经济史研究》1989年第2期。

民初时期则由封禁转为鼓励,给予各种补贴和优惠,这些地区的土地开发和农业发展大大加速。1887—1927 年,东北三省耕地面积增加了 1.4 亿亩,增长了 4.7 倍。其中,吉林增加耕地最多,增量达 6 472 万亩;黑龙江增幅最大,达 614 倍;奉天因原有基数大,增幅不到 1 倍,但也增长了 2 687 万亩。①

(二) 粮食产量

农业生产中最重要的是粮食,常占种植总面积的 80% 左右,粮食总产量、人均产量和单位面积产量(亩产量)无疑是衡量农业生产的最核心的指标。表 8-2 为近代时期粮食生产的总产量和亩均产量的具体数值,这里的粮食统计包括了稻米、小麦、高粱、小米、玉米和其他杂粮的合计。1840 年时,全国粮食总产量为 2 521.6 亿斤,亩均产量为 217.3 斤;粮食总产量到全面抗战前超过了 3 000 亿斤,比 1840 年增长了 20%,之后逐渐下降。亩产量则以 1910 年的 223.1 斤为最多,比 1840 年并没有大的变化,而民国时期则出现了较大下降。太平天国战争时期农业生产出现了明显的衰退,无论总产量还是亩产量都持续了长达半个世纪的递降,直到 19 世纪 90 年代才逐渐恢复并超过太平天国战争之前的水平。20 世纪以来粮食的总产量是增长的,并于 1936 年到达高点,其增长速度大体可以与人口的增长相当。农产品剩余最多的东北地区,1931 年被日本帝国主义入侵,粮食和大豆生产大受影响。1937 年后,广大华北和华中地区也遭日寇蹂躏,农业生产衰退。全国粮食产量的最低谷 1949 年比 1939 年时减少 20%,经济作物损失更多。

表 8-2 近代时期粮食生产的总产量和亩产量

年份	1840	1850	1860	1870	1880	1890	1900	1910	1914—1918	1931—1937	1949
粮食总产(亿斤)	2 522	2 547	2 388	2 384	2 487	2 590	2 674	2 798	2 833	3 038	2 161
粮食单产(斤/亩)	217.3	217.3	206.5	204.7	209.9	215.1	218.9	223.1	198.4	192.2	141.8

资料来源:1840—1910 年见吴慧:《中国历代粮食亩产研究》,农业出版社 1985 年版,第 198 页;1914—1918 年见〔美〕德·希·珀金斯:《中国农业的发展,1368—1968 年》,宋海文等译,上海译文出版社 1984 年版,第 357、377、379 页;1931—1937 年见吴承明:《中国近代农业生产力的考察》,《中国经济史研究》1989 年第 2 期;1949 年见中华人民共和国农业部计划局编:《中国与世界主要国家农业生产统计资料汇编》,农业出版社 1958 年版。

按照许道夫的统计和估算,1914—1918 年稻、麦、杂粮的合计产量为 1 861 035 千市担,② 1924—1929 年为 2 549 474 千市担,1931—1937 年为

---

① 刘克祥:《清末和北洋政府时期东北地区的土地开垦和农业发展》,《中国经济史研究》1995 年第 4 期。
② 市担(0.5 公担)属废弃单位名称,为了保持历史资料的准确性,本书暂时使用。

2 195 306 千市担，1938—1947 年为 2 061 378 千市担。① 由图 8-2 可以看到，稻、麦、杂粮各自的产量以及它们的总产量在 1924—1929 年处于高峰时期。

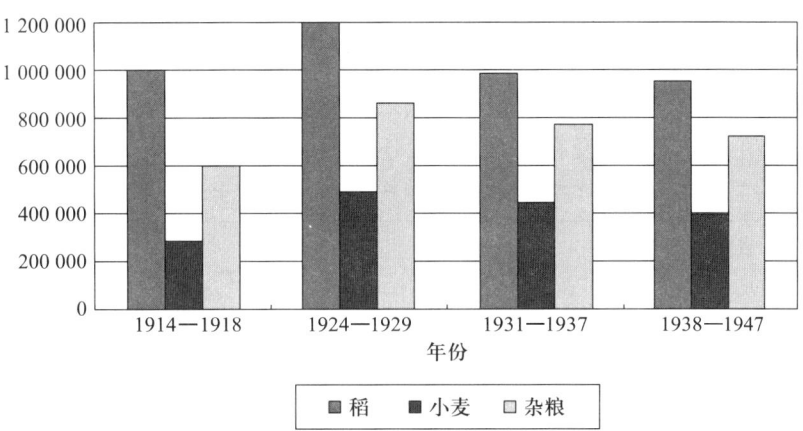

图 8-2　1914—1947 年主要农产品产量变动（单位：千市担）

资料来源：许道夫编：《中国近代农业生产及贸易统计资料》，上海人民出版社 1983 年版，第 339 页。

就人均粮食产量而言，1924—1929 年谷物、豆类、甘薯的人均产量为 2 046 市斤，1931—1937 年为 1 668 市斤，1938—1947 年为 1 456 市斤。20 世纪 20 年代依旧是农业发展最好的时期，此后的 30 年代和 40 年代都呈现衰落的态势。图 8-3 显示，主要粮食作物稻、小麦和杂粮的人均劳动力产量也是在 1924—1929 年达到这一时期的最高点。

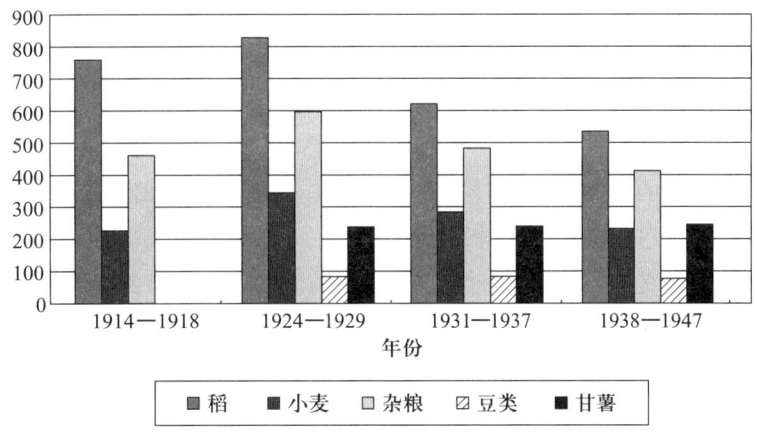

图 8-3　1914—1947 年的人均劳动力粮食产量变动（单位：市斤）

资料来源：许道夫编：《中国近代农业生产及贸易统计资料》，上海人民出版社 1983 年版，第 341 页。

---

① 许道夫编：《中国近代农业生产及贸易统计资料》，上海人民出版社 1983 年版，第 339 页。

(三) 劳动生产率与人均粮食产量

19世纪中后期中国的农业生产的平均劳动生产率在1860年为711.79千卡路里/人，1870年为727.14千卡路里/人，1890年为723.87千卡路里/人；进入20世纪后，1920年农业的平均劳动生产率为709.17千卡路里/人，1930年为722.63千卡路里/人（见表8-3）。上述数字说明近代农业虽然总产值有一定程度的增长，但农业的劳动生产率不仅没有增加，反而还略有下降。

表8-3　1840—1930年中国大陆农业生产、人均和边际劳动生产率（低估值）

年份	农业生产 数量（10亿卡路里）	农业生产 增长率（‰）	平均劳动生产率（1000卡路里/人）	平均土地生产率（1000卡路里/亩）	劳动的边际生产率	土地的边际生产率
1840	264 503	4.52	642.00	226.46	256.80	135.87
1850	272 282	2.94	660.88	225.03	264.35	135.02
1860	268 346	-1.45	711.79	216.93	284.72	130.16
1870	260 316	-2.99	727.14	216.57	290.86	129.94
1880	261 353	0.40	710.20	222.81	284.08	133.68
1890	275 070	5.25	723.87	222.73	289.55	133.64
1900	281 638	2.39	704.10	229.72	281.64	137.83
1910	306 220	8.73	723.92	228.35	289.57	137.01
1920	334 729	9.31	709.17	234.57	283.67	140.74
1930	353 368	5.57	722.63	234.48	289.05	140.69

资料来源：Paul K. C. Liu and Kuo-shu Hwang, "Population Change and Economic Development in Mainland China since 1400"（刘克智、黄国枢：《1400年以来中国大陆的人口变化与经济发展》），载《中国近代经济史会议论文集》，（台北）"中央研究院"经济研究所1977年版，第116页。

由于近代人口的年均增长率大约为6.7‰，而年均耕地的增长率只有3.4‰，人口的增长远远超过了耕地的增长，必然造成人多地少、人口压力日益严重。再加上农业技术发展缓慢，农业劳动生产率处于停滞状态，因此人均粮食产量必然呈现下降趋势。如图8-4所示，1822—1833年的人均产量为558市斤，太平天国战争时期及之后有所下降。19世纪末至20世纪初开始恢复和增长，并在20年代到达最高的578市斤。抗日战争和解放战争时期则低至440多市斤，多处饥馑。

通过以上分析，我们可以看到，近代农业生产总量及其增长率，虽有一定程度的增长，但就人均产量来讲，增长十分缓慢，相应的土地和劳动的边际生产率也几乎没有什么发展。我国农业发展的特点是高复种率和精耕细作，即以最少的土地生产最多的农作物，从而必然会导致劳动生产率的下降。近代时期农业生产率的停滞，人均产量和亩产量的下降，很大程度上是由天灾人祸等外部原因造成的，但也明显显露出农业生产本身的危机。

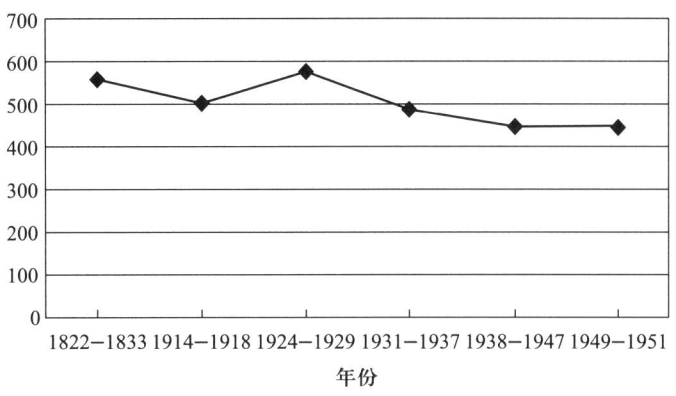

图 8-4 近代粮食的人均产量（市斤）

资料来源：吴承明：《中国近代农业生产力的考察》，《中国经济史研究》1989 年第 2 期。

三、畜牧业的发展

在欧洲，畜牧业与种植业结为一体，畜牧业所需劳力少而土地较多，从而使其劳动生产率相对较高，但单位土地的产出率却比较低。农耕与游牧在生态上也存在极大的互补性。畜群定期地到农业区，可以使游牧人得到相对廉价的粮食，农耕民族得到廉价的肉、奶类食品，实现营养的互补。生产上也有互补性，农区休闲地的杂草和作物秸秆可以作畜群的饲料，而牲畜遗留于地上的粪便则可以培肥地力。如在 15—16 世纪，欧洲地中海地区的游牧民便赶着牧群到农区，实现农业与游牧业的互补。而中东地区的游牧民，与农业甚至灌溉农业密切结合。我国的情况迥异，长期的民族斗争形成农区与牧区的对立、分割局面，广大牧区与农业区长期以来都是相分离的。广大西北地区的各少数民族始终过着"逐水草而迁徙"的游牧生活。

1. 牧区的发展变化

中国的牧区主要分布在蒙古、新疆、甘肃、青海、宁夏、西藏等西北的广大地区。近代时期，中国游牧区发展变化的主要特征就是内地农业和近代商品经济渗透，传统的游牧地区逐渐发展为半农半牧、农牧交错的地区农业，游牧业本身也逐步走向集约化。例如，在清代，中原和蒙古地区的经济交流已经基本畅通，商人和汉人纷纷进入草原，贸易和农业在草原地区展开。到近代，在经济开发和农业的影响下，农牧交错带进一步扩展。20 世纪初，热河大部已为汉农业同化，原来的游牧交错带北移至东蒙中部。不但汉移民进一步北移，热河等地的蒙古族人也北移农垦。农业使东蒙中部的游牧业发生了变化，放牧越来越向村边放牧发展，这种村边放牧实际上就是农区放牧，是汉农业的畜牧业形态。在农业比重较大的村庄，游牧已不存在。在中蒙地区，因气候干旱，一直到民国时期，农业化程度仍然很低，且粗放落后。但即使是北部的纯牧业，也在市场体系的作用下与南部地区的农业和半农业社会相适应。游牧业在活动规律、畜群结构、集约化以及放牧制度方面都发生了很大的变化。①

近代时期，虽然各地畜牧业发展的道路和进程不尽相同，内部的发展也存在很大的差别。但中央和各地方政府都不同程度上对畜牧业的发展进行了规划，通过设立国营牧场、草场垦殖，以及给予技术、人才、资金上的支持，逐步建立了近代畜牧防疫机构、引进和培养专门畜牧技术人员、利用近代医药技术防治畜疫和采取近代基因技术进行畜种改良等，表明西北各地的畜牧经济已开始逐步走向集约、精细发展模式，步入了近代化历程。

同时，交通运输业和外部经济关系的发展，也使得近代西北地区畜牧业的发展具有一定的外向性。19世纪中期以后，与西北地区经济发展密切相关的一些沿边、沿海口岸，如伊犁、塔尔巴哈台、喀什葛尔、库伦、迪化等地陆续被辟为商埠。这样，一方面西方列强可以通过口岸将进口商品倾销到西北地区，另一方面也促进了畜牧业的商品化和近代畜牧经济的开发。据天津海关统计，1934—1936年，天津山羊毛、山羊绒、绵羊毛、骆驼毛等对外出口，每年都占全国毛类出口总额的96%以上，而这些产品基本上都产自于西北地区。当然，由于在商业化和畜牧经济的开发过程中，过度放牧和采集，也造成了草原和土地资源的破坏。②

2. 农业区的养殖业

在农耕地区，畜牧业的经营与北方牧区存在很大不同。由于人多地少和人口压力，农民通常以种植农作物为主，并通过饲养家禽等副业来补充种植业的收入。农民饲养的家畜主要是牛、猪、鸡、鸭，间或有羊、驴、骡等，饲养牛、驴、骡主要是为了役用，饲养猪、鸡、鸭、羊等主要是为了肉食和禽蛋。另外，牛、猪、羊、鸡等家畜家禽可充分利用农业生产的副产品，如农作物秸秆、糠麸、饼渣类以及农民家庭的剩菜剩饭等，同时还为农业生产积贮大量有机肥料，为农业生产的发展做出了贡献。

由于养殖仅为副业，每户农民家庭饲养畜禽数量不多。例如，苏南农村，人均耕地还不足1亩的无锡、苏州市郊，约为每5户养1头猪、1头牛，6户养1只羊、1只鸭，每户养3只鸡；在人均耕地稍多的上海嘉定松江，则平均2户养1头猪。中原地区，根据1928年对河南许昌的调查，这里户均12亩耕地，养牛0.3

---

① 王建革：《农业渗透与近代蒙古草原游牧业的变化》，《中国经济史研究》2000年第3期。
② 樊如森：《开埠通商与西北畜牧业的外向化》，《云南大学学报（社会科学版）》2006年第6期。

头、驴 0.3 头、马 0.02 匹、骡 0.04 头；辉县户均耕地约 21 亩，养牛 0.63 头、驴 0.24 头、马 0.15 匹、骡 0.45 头。河北定县户均约养猪 1 头，养鸡 2.45 只。这一时期，猪的饲料基本为糠麸、渣饼加蔬菜、野菜，鸡基本上为自由散放，牛在白天大多被牵入草地放牧，羊也主要是拴养。①

近代新型养殖业，主要表现为在城市或城市近郊的乳牛、养猪、养鸡等新式养殖公司的建立和发展。例如，北京在 1860 年左右，即有人创办以营利为目的的奶牛场，至 1930 年，奶牛场已发展到 50 多家，规模从数头奶牛到 70 头不等。上海亦从 1865 年前后开始有人创办奶牛场，至 1933 年，奶牛场已发展到 90 多家，养奶牛共 2 900 多头，并已引进黑白花奶牛等国外优良品种，使用配合饲料、机械挤奶等先进饲养管理技术及设备。1923 年，虞振镛在北京创办北京模范奶牛场，并从外国引进黑白花奶牛。1924 年，汪德章在南京创办南京鼓楼奶牛场。

1916 年，福建人何拯华在上海宝山县创设江南养鸡场，集股三万元，圈地 27 亩，仿德国式鸡场，建筑铁网鸡场及新式鸡舍百余间。畜鸡一万余只，洋种居多，平均统计，每只鸡一年可产鸡蛋 160 枚。之后，新式养鸡场得到了快速发展，仅江苏和上海两地就有民生养鸡场、立达养鸡场、德园养鸡场、青年养鸡场、曙园养鸡场、中国实用养鸡场等 10 多家。这些养鸡场饲养的鸡主要为从国外引进的"来航鸡""洛克花""黑米诺加"等，常年对外出售种蛋、鸡苗，帮助地方农户养鸡。

1924 年，陈宰均在青岛创办新式禽畜场，不仅引进"巴克夏猪""来航鸡"等优良畜禽品种，而且采用新法饲养。当时全国较大的畜牧企业有江苏三友垦牧合资公司（江苏吴县）、上海畜殖公司（宝山江湾）、达生牧场（上海县）、江苏吉金树畜公司（溧阳）等 20 多家。到 1933 年，仅上海一地就有大小牧场 90 多家。1936 年，杭州有奶牛场 30 多家。这些畜牧企业也主要集中于获利较快的奶牛业和养鸡业。②

这些个人或民间合资企业以营利为目的进行经营，以近代科学技术为指导，应用新型经营管理观念，其饲养管理都很讲究，注重饲料的科学搭配，代表了我国新式养殖业的发展。

第二节　地权分配与经营方式的变化

在近代百余年的时间里，中国农业生产力水平有了缓慢的提高，同时，随着

---

① 李群：《中国近代畜牧业发展研究》，南京农业大学 2003 年博士学位论文，第 50—51 页。
② 李群：《中国近代畜牧业发展研究》，南京农业大学 2003 年博士学位论文，第 51—52 页。

商品经济的发展,农业生产中自给自足的自然经济状态也逐渐改变,农业生产逐渐被纳入到市场经济的大潮中。但相对于工业化而言,近代中国农业的近代化进程是迟滞的,也是不成功的。

一、地权分配与农业生产方式

鸦片战争以后,中国农业经济中的地权关系、租佃关系与赋役制度均发生了一定程度的变化,但就趋势而言,农村中原有的土地兼并和集中并没有得到遏制,封建的土地租佃关系仍然是基本的生产关系,地租与赋役仍然是农民身上沉重的负担。恰如毛泽东所言:"封建时代的自给自足的自然经济基础是被破坏了;但是,封建剥削制度的根基——地主阶级对农民的剥削,不但依旧保持着,而且同买办资本和高利贷资本的剥削结合在一起,在中国的社会经济生活中,占着显然的优势"[①]。

就地权的占有情况而言,首先,地主土地所有制仍然是近代时期土地占有的主要形式,只是土地占有者的身份发生了一定的变化。近代的军阀和官僚,依靠政治和军事暴力进行赤裸裸的强买和抢占土地,高利贷和商业资本更广泛地介入了土地兼并过程,投资兴办近代产业的中外资本家也加入了兼并土地的行列。据统计,到20世纪二三十年代,占农户人口10%的地主富农占有土地总面积的53%,而占农户人口90%的贫农、中农则只占有土地总面积的47%。[②] 也就是说,在全部土地面积中,约有一半的耕地属于地主所有,相当于其他各类土地占有数量的总和,包括官田、公有土地和自耕农所拥有的土地等。其次,国家占有的土地特别是官田大为减少,官田私化加速发展。清代前期,清王朝拥有极大数量的官田,如官庄、旗地、围场、牧场和官荒等,大约占全国耕地面积的36.43%。近代以后,政府宣布旗地买卖合法化,大部分国有土地开始走上了私有化的进程。进入民国,北洋军阀政府更彻底地推行出卖官田、放垦官荒政策,公开对旗地、屯田、牧场、围场和官荒进行定章拍卖。黑龙江、辽宁、吉林、热河、察哈尔、绥远等省的大部分官地,迅速变为私产。至1929年,黑龙江耕地面积95%转入私人所有。到1931年时,官田仅占全国耕地面积的0.48%。同时,在一些地区公有土地仍然占有一定的比例,主要为学田、庙田、族田等形式。最后,由于土地逐渐集中到少数地主手中,他们将土地分割成零星小块出租给农民耕种以收取地租,土地租佃制度仍然是中国农村中占统治地位的经济制度。从全国来看,土地租给农民耕种的一般占到80%左右,而地主和富农雇工经营的仅占20%左右。不过由

[①] 《毛泽东选集》第2卷,人民出版社1991年版,第630页。
[②] 吴文晖:《现代中国土地问题之探究》,《新社会科学》1935年第1卷第4期。

于农业生产发展的不平衡,各地情况不尽一致。据 1930 年统计,纯佃农农户在东北三省及内蒙古平均为 30%,黄河流域陕、晋、豫、鲁、冀等省平均为 13%,长江流域苏、皖、鄂、川、黔、滇、湘、赣、浙及珠江流域的闽、粤、桂 12 省平均为 40%,其中以福建最高,为 69%。[①]

近代时期,地租形态仍然以实物地租为主,其中分成租占有相当重要的地位,货币地租则有增加的趋势。据调查,1924 年江苏等 11 省 153 县的实物地租占到了 74%,而 1936 年在河南、山西、河北、宁夏、青海、山东、甘肃、陕西、察哈尔、绥远等省份中,征收实物地租的地块平均为 68%,货币地租为 30%,其他为 2%,尤其是山西省的货币地租比重增加迅速。除了正常的地租之外,由于人地矛盾突出,押租、预租、转租和各种附加租在近代进一步普遍化。押租早在明代就已出现,是佃农在订立租约时向地主缴纳的押金。预租即预付地租,是佃农在耕种土地以前向地主预付的定额租金,这实际上是一种变相增租。转租就是通过中间人转而租得耕地。附加租名目异常繁多,各地均有不同的规定。永佃制和折租制也是近代中国租佃关系中值得注意的一个方面。永佃制在宋代即已出现,到明清特别是清末达到兴盛,其推行范围大大扩展。永佃制是将土地的所有权与使用权分割为两个完全独立的权利,可以分别持有和占有。一般而言,地主不能随意撤佃,也不能收回自种,但可以出卖或转让所有权。折租制是以原定额的实物地租,按市价折成货币再向地主交纳的地租,是实物地租向货币地租过渡的一种形式。与此同时,帮工佃种制在近代时期,特别是甲午战争以后,在北方一些地区得到了流行和发展。在帮工佃种制下,佃农与地主之间大多是一种契约关系,有关权利和义务由双方议定。但是,这种制度对佃农的剥削仍是十分残酷的。

此外,由于政局不靖、战乱频仍、政治腐败,田赋中的各种附加税、兵差和其他各种力役名目繁多、税量繁重,不仅造成了农民极端沉重的负担,也严重影响到了中国近代农业经济的正常发展。

二、资本主义经营方式

甲午战争以后,中国农村经济仍然是小农经济占优势地位,农业经营的主要形式是分散的小农经营。但是,农村自然经济的加剧解体和农产品商品化的发展,也使中国农村产生了一些资本主义因素。从一般情况来说,农业经济日益商品化,必然会导致农业资本主义的增长,并发展到资本主义社会。这就是说一般资本主义国家发展的规律都是由于城市工场手工业和机器大工业的发展,使得自然经济迅速破坏和农产品日益商品化,从而导致资本主义农业的产生和发展。然而近代

---

① 冯和法编辑:《中国农村经济资料》,上海黎明书局 1933 年版,第 125—130 页。

中国农业商品化的发展主要是帝国主义掠夺原料和倾销商品而引起的，并受帝国主义和传统势力的联合控制。所以旧中国农业经济的商品化，虽然也促进了资本主义因素的滋长，但却不可能沿着正常的资本主义道路发展。近代时期中国农村资本主义生产方式的发展主要表现在以下几个方面。

1. 经营地主

经营地主是指地主购置牲畜、农具，雇工经营的生产方式。经营地主是带有资本主义性质的生产方式，但是中国近代的经营地主并不是把其占有的土地全部雇工经营，而是将一部分土地出租，其余部分土地雇工经营，地主本人不参加劳动，由管家代为经营。这种经营方式产生的原因在于在商品经济发展的背景下，采用雇工经营的方式比出租土地更为有利。经营地主经济比较好地实现了规模经济效益和降低了管理成本。此外，经营地主经济比传统的租佃地主经济有着明显的进步性。其生产目的已不再是自给自足，而是以供应市场为目的，商品化程度有了很大提高。同时，其内部出现的较高程度的分工和协作，促进了劳动生产率的提高。因此，从这个角度讲，经营地主的出现和发展有利于近代中国农业资本主义生产方式的发展和进步。但是这种经营方式在近代中国并不普遍，没有成为农业经营的主要方式。从地域上讲，北方多于南方，到20世纪30年代约占全国耕地面积的5%。

经营地主的出现，使地主的社会性质有所变化，他们既不再是完全的封建地主，又不足以称为农业资本家，而是带有资本主义性质的地主。具体来讲，其资本主义性质主要表现在：一方面，这种经济拥有较充裕的生产资金，雇用较多的雇工，使用较为先进、完备的农具，在面积较大、质量较好的土地上从事较大规模的农业经营，所生产的大部分产品作为商品出售；另一方面，其生产目的还带有相当的自给自足性，使用的雇工带有封建奴役性质，其经营规模虽然较大，但是并没有新型农业组织的出现，积累的财富往往用于购买土地以扩大地租剥削，或者从事高利贷活动，而并非用于购置新式农具与肥料以改进耕作方法、改良土壤，进行农田基本建设，以扩大再生产。整个农业生产力和劳动生产率的下降在很大程度上阻碍了经营地主向资本主义农业企业发展演进。

2. 富农经济

富农是由农民内部分化出来的富裕农民，按其经营状况的不同，通常分为旧式富农和新式富农两种。所谓旧式富农，是指自己占有一部分土地，拥有比较先进的生产工具，自己或家属虽参加劳动，但主要依靠雇工劳动来为其财富增值。所谓新式富农，即马克思所说的租地农场主或农业资本家。他们与旧式富农的根本区别在于他们并不借助于土地的所有权，而是凭借自己手中握有的货币资本，向地主租种土地，而后通过雇用一定数量的劳动力，投资于农业生产，以获取高额利润。新式富农投资农业的目的就是为市场而生产,生产使用价值只是其获取更多价值的一个手段。因而,其投资农业的资本量的多少直接受农业投资利润率高低的影响。到新中国成立前夕富农约占全国人口的 5%,占耕地面积的 10%~15%。

虽然新式富农具有完全意义上的资本主义性质,但从数量上看,中国近代农业中资本主义经营的主要形式是旧式富农经济。总体而言,无论新式富农还是旧式富农,都具有区别于其他农民的显著特点,如拥有较多、较好土地,且家庭人口和劳动力较多,拥有生产工具和劳动资本,有些富农还购置并使用改良工具,甚至使用农业机械等,其中最为主要的一点,就是富农经常依靠剥削雇佣劳动作为其部分生活来源。与经营地主相比,富农家庭人口数量相对较少,但是参加生产的劳动力数量却要多于经营地主,即在劳动力的构成中,其参加劳动的家庭成员所占比例较之经营地主经营方式中的比重要大,而雇工所占比重则较之经营地主经营方式中的比重要小。

3. 农牧垦殖公司

近代时期,中国农业经营方式的又一变化就是出现了新式农垦公司,它的出现标志着中国传统的农业向近代农业迈出了重要的一步。近代中国农垦公司的产生,始于 19 世纪末的戊戌变法,但当时为数甚少,规模很小。以 1901 年张謇开办通海垦牧公司为主要标志,规模较大的农垦公司才真正在全国各地陆续诞生。

新式农垦公司可以分为三类:一是非生产性的垦务组织,一般由官僚、豪绅、巨贾或地方垦务机关组成,承担大面积官荒,或转手买卖,或由公司稍加整理后边垦边卖,卖完后即行解散,这类农垦公司纯属土地投机组织;二是兼有自垦和出租双重业务,主要由商人投资在土地上进行一定的水利、交通工程建设后,部分由公司雇工垦殖,大部分则出租给农民,或者直接分给股东再自行出租,这种类型的垦殖公司数量最多;三是主营园艺、果树以及饲养等业务的公司,由商人出租,雇工经营,专供城市所需,此类垦殖公司的规模一般较小。

农垦公司规模大小不一,经营范围各异,经营方式多样,但其总体发展趋向却标志着西方的资本主义农场已开始在中国出现。首先,许多农垦公司直接仿效西方资本主义企业的模式,采取集股商办的方法兴办。其次,许多农垦公司从事专业性的商品化生产。由于大多是合股创办,资本较雄厚,在经济实力和生产规模上大大超过小农经济,因而更有利于进行专业性的商品化生产。其产品不是为了自己消费,而是为了在市场上销售获利,或者是作价供应业主所办的工厂,因此可以说是一种农业商品生产,是具有资本主义特征的以商品化生产为目的的近代农业经营。

农垦公司引进了西方资本主义农场的经营方式，促使中国落后的传统农业向较为先进的近代农业转化，其资本主义性质的经营特点更为突出，尤其是许多新式农垦公司实际上已具备了资本主义农场的性质与规模；同时，新式农垦公司在经营管理、生产规模与改良品种和耕作技术，以及使用新式农用机械等各个方面发挥了积极作用，是近代中国农业由旧趋新的发展。但是这种新的经营方式在近代中国农业中所占比例很小，最多的时候也仅占耕地总面积的1%，有一些农垦公司仍旧采用了出租土地的经营方式；而且，其在近代中国呈现规模萎缩的趋势，因此它对中国农业近代化的作用不容高估。

第三节 农业生产结构和农产品商品化

一、农业生产的结构

（一）主要农作物的种植面积和产量

按照表8-4和表8-5中的统计数据，从20世纪初到1937年，粮食种植面积递增，增加幅度为10%（B估计）以至30%以上（A估计）。抗日战争时期有所减少，减少幅度不到2%（A估计）。而从生产最低谷1949年看，粮食种植面积与30年代并无上下。农业恢复的1952年，粮食种植面积为16.8亿亩，比20世纪初增加18%（B估计）以至90%（A估计）。粮食种植面积的扩大会挤掉一部分经济作物的耕地，不过这种现象似乎只出现在抗日战争时期。这以前，无论A或B估计都显示在粮、油、棉三类作物总种植面积中，粮食所占比重是下降的，由20世纪初的87%~88%降至30年代前期的80%~81%，说明我国农业生产结构有所改善。抗日战争全面爆发后，情况逆转，这时只有牺牲其他作物以保障民食，但这种逆转在新中国成立后旋即恢复。①

表8-4 主要农作物种植面积　　　　　　　　单位：万市亩

年份	估计者	粮食	油料作物	棉花	合计
1914—1918	A	88 354	8 882	2 678	99 914
	B	142 761	13 979	6 981	163 721
1924—1929	A	117 807	17 905	5 798	141 510
1931—1937	A	118 363	23 440	5 647	147 450
	B	157 464	29 287	7 950	194 701

---

① 吴承明：《中国近代农业生产力的考察》，《中国经济史研究》1989年第2期。

续表

年份	估计者	粮食	油料作物	棉花	合计
1938—1947	A	116 215	22 384	3 646	142 245
1949	C	152 460	17 872	4 155	174 487
1952	C	168 449	24 605	8 364	201 418

说明：A 为许道夫的统计和估算；B 为珀金斯的数据；C 为中华人民共和国农业部计划局编《中国与世界主要国家农业生产统计资料汇编》（1958 年统计）中的数据。

资料来源：吴承明：《中国近代农业生产力的考察》，《中国经济史研究》1989 年第 2 期。

表 8-5　主要农作物的产量　　　　　　　　　　　单位：亿市斤

| 年份 | 估计者 | 粮食 | 油料作物 | | | | | 棉花 | 烟叶 |
			大豆	花生	油菜籽	芝麻	小计		
1914—1918	A	1 861.0	86.4						
	B	2 833.1	109.7	45.4	38.0	6.7	199.8	16.1	15.9
1924—1929	A	2 738.3	275.3	50.8				19.2	
1931—1937	A	2 413.8	204.0	53.8	48.0	16.8	322.6	16.1	
	B	3 037.7	168.6	52.5	50.8	18.1	290.0	18.9	18.3
1938—1947	A	2 287.4	166.5	40.7	59.8	10.2	277.2	9.4	
1946	D	2 381.4	168.0	44.8	64.7	14.4	291.9	7.4	13.0
1949	C	2 161.9	101.7	25.4	14.7	6.5	148.3	8.9	8.6
1952	C	3 087.9	190.4	46.3	18.6	9.6	264.9	26.1	44.3

说明：A、B、C 同表 8-4，D 为严中平等编《中国近代经济史统计资料选辑》中的数据。

资料来源：吴承明：《中国近代农业生产力的考察》，《中国经济史研究》1989 年第 2 期。

虽然在整个近代时期，经济作物的增长更快些，农业生产的结构略有改善。但无论从单位亩产还是人均生产的角度来看，粮食和经济作物的趋势都是下降的。

（二）经济作物的主要生产区域

（1）棉花。在鸦片战争前，江苏、河北等省已经成为重要的棉产区。鸦片战争以后，棉花的种植有所扩展，但是仍主要集中在以江苏为中心区域的省份。据统计，1922—1926 年，江苏省的棉田面积占十省棉田面积的 28.2%，江苏省的棉花产量占十省棉花总产量的 29.3%。①

（2）大豆。大豆的主要产区在东北。据统计，1914—1918 年，东北大豆的种植面积占全国大豆总种植面积的 41.4%，东北大豆总产量占全国总产量的 36.6%；

---

① 章有义编：《中国近代农业史资料》第 2 辑，生活·读书·新知三联书店 1957 年版，第 221 页。

1924—1929 年，东北大豆种植面积占全国大豆种植总面积的比重稍有下降，为 31.3%，但是产量所占比重却有所上升，为 37.1%；1931—1937 年，东北大豆种植面积所占比重又有所回升，为 41.8%；1938—1947 年，种植面积所占比重继续上升，高达全国总面积的 51.7%，产量也继续上升，为 48.3%。由此可见，大豆生产的专门化趋势非常显著。①

（3）花生。花生的种植主要集中在山东、河北、河南等省。据统计，1914—1918 年，山东、河北、河南三省的花生平均种植面积相当于包括山东在内的十七省种植总面积的 33.8%。1924—1929 年，这一比重增加为 50.1%，产量占十七省总产量的 54.5%。1931—1937 年，三省花生种植面积占十七省种植总面积的比重有所下降，为 46%；产量也稍有下降，为 49.2%。1938—1947 年，种植面积所占比重和产量所占比重都有所下降，但是仍分别达 35.5% 和 38.7%。②

（4）烟叶。河南、山东和四川是烟叶的重要产区。据统计，1936 年，河南、山东和四川三省的烟草种植面积占全国烟草种植总面积的比重为 43.6%，产量占全国总产量的 45.1%。③

（5）茶叶。茶叶的生产主要集中在浙江等东南省份。据统计，1915 年，浙江、湖南、福建、江西、江苏、安徽等省的种茶农户占全国种茶农户总数的比重高达 79.3%，茶叶产量占全国茶叶总产量的比重为 45.9%。④ 1919 年，浙江、福建和安徽三省种茶农户占全国种茶农户总数的比重为 24.6%，产量占全国总产量的比重为 25.9%。⑤ 到 30 年代中期，仅浙江一省的茶叶产量占全国茶叶总产量的比重就高达 52%。⑥

（6）蚕丝。中国生产蚕丝的历史悠久。近代时期，蚕丝的生产主要集中在浙江、江苏、四川等省。据统计，20 世纪 40 年代，浙江省从事养蚕业的农家占到总农家数量的 25.2%，江苏为 22.9%，四川为 14.0%。⑦ 说明华东地区的太湖流域仍然是蚕丝生产高度集中的区域。

---

① 许道夫编：《中国近代农业生产及贸易统计资料》，上海人民出版社 1983 年版，第 182 页。
② 许道夫编：《中国近代农业生产及贸易统计资料》，上海人民出版社 1983 年版，第 195—196 页。
③ 许道夫编：《中国近代农业生产及贸易统计资料》，上海人民出版社 1983 年版，第 214—217 页。
④ 农商部总务厅统计科：《第四次全国农商统计表》，国民政府农商部 1917 年，第 172—179 页。
⑤ 农商部总务厅统计科：《第八次全国农商统计表》，国民政府农商部 1923 年，第 110—111 页。
⑥ 许道夫编：《中国近代农业生产及贸易统计资料》，上海人民出版社 1983 年版，第 239—241 页。
⑦ 中华年鉴社编辑：《中华年鉴》，中华文化服务社 1948 年版，第 1293 页。

（三）罂粟的种植与鸦片生产

在鸦片战争之前，国内并没有鸦片生产。鸦片战争之后，在罂粟商品化发展过程中，国内的种植很快便替代了从国外的进口。19世纪50年代西南云、贵、川三省已经有大量种植。至六七十年代，种植罂粟的区域已经扩展至甘肃、陕西、山西，以及东北、山东、河南，以至安徽北部、江苏徐州地区、浙江温州地区，福建北部亦有不少人家种植。[①] 1891年，清政府公然解禁，听任种植。各直省"相率仿种，甚如川、黔、全境皆是"，[②] 各地"烟苗广植，无地无之，惟其处处繁滋，遂至人人癖嗜"。[③] 据估计，1900年，中国鸦片产量为37.6万担，其中四川一省就产25万担。广植罂粟，必然占据良田沃土，侵夺农田，造成粮食生产的锐减。以平均每亩产鸦片3市斤计算，30多万担的烟土侵占耕地则达1 000多万亩。

北洋军阀统治时期，鸦片与各地军阀的财政有着紧密的关系。各地方政府都在原则上强调禁烟，实则实施鸦片专卖，对鸦片生产、运输、销售、吸食实施排他性管理。国民政府从1927年年底开始，逐渐对实际控制地区实施禁烟政策，但是在军阀割据势力较强的地区和边疆省份，依然在大量种植罂粟、生产鸦片。四川仍然为最大的罂粟种植和鸦片产地。刘文辉控制成都时，其防区内鸦片种植税每年超过300万元，运输、销售费用达每年200万元。在刘湘的防区内，每年涉及鸦片的收入达8 000万元以上。据国民政府军事委员会发布的资料，四川省1934年鸦片种植面积54.7万余亩，产量8 117万两。贵州省也是当时的罂粟种植大省，其鸦片产量的60%运销省外，出境税每两0.2元。通过对鸦片种植征收亩税和出境税，每年获得360万~700万元的收入。陕西省政府对种植鸦片，每亩征收禁烟费10元，向省外运销时每两征收0.2元印花税。每年可获得500万~700万元的禁烟税和印花税收入。热河临时行政区自从汤玉麟主政后，一直是东北、京津等地吸食用鸦片的产地，包括休耕地在内，鸦片种植涉及的耕地面积达70万亩左右，1929—1932年，汤玉麟申请到国民政府有关戒烟用鸦片生产地的许可，年产最高可达烟土1 000万两。每年靠禁烟税和保护运输的税收获得400万~700万元的收入。在晋绥两省，其鸦片的主要产地为绥远和晋北，生产面积也达四五十万亩之多，每年通过征收种植税和运销保护获得数百万元的养兵费用。为增加财政收入，山西还到京津地区收购西北和绥远运来的鸦片，作为制造"禁烟丸"和"料子"的原料。其收购甚至影响了京津地区鸦片价格，可见其规模之大。据估计，通过

---

① 许涤新、吴承明主编：《中国资本主义发展史》（第2版）第2卷，人民出版社2003年版，第301页。
② 郑观应：《盛世危言》卷四，《禁烟上》，远方出版社2001年版，第108页。
③ 樊楚才编辑：《樊山公牍》卷一，《代边抚军禁种罂粟示》，广益书局1936年版，第2页。

"禁烟制度"仅山西一省鸦片带来的年收入就达 1 000 万~1 500 万元。

二、农产品商品化的发展

我国农业生产中，主要农产品的商品化，是推动经济作物种植乃至整个种植业结构变化的主要动力。根据吴承明的研究（见表 8-6），粮、棉、大豆、烟叶、茶叶、蚕茧几种主要农产品的商品值，1840 年前为 19 243.8 万两，1894 年为 49 946.5 万两，1919—1920 年为 144 914.2 万两。而就包括粮食作物、经济作物、园艺及林牧渔业在内的农业商品量而言，1920 年的商品总值为 390 883 万元，1936 年则达到了 753 320 万元，按当年价格计算，1920—1936 年的年增长率为 3.81%，按可比价格计算其年增长率也达 2.54%。[①] 总体而言，1840—1936 年的近百年间，我国农产品的产值、商品量和商品值，都得到了很大增长。

表 8-6　农产品商品化程度

项目	1840 年前		1894 年		1919/1920 年	
	商品量（万担）	商品值（万两）	商品量（万担）	商品值（万两）	商品量（万担）	商品值（万两）
粮食	23 300.0	15 533.3	37 250.0	37 250.0	52 683.0	105 366.0
大豆			1 644.7	1 905.5	4 744.2	12 155.6
棉花	211.2	1 277.5	270.8	2 715.0	876.2	11 277.5
烟叶			400.0	1 470.5	638.0	4 477.6
茶叶	215.3	2 433.0	386.9	5 330.0	276.7	6 110.3
蚕茧			72.3	1 275.5	217.8	5 527.2
合计		19 243.8		49 946.5		144 914.2

资料来源：吴承明：《中国的现代化：市场与社会》，生活·读书·新知三联书店 2001 年版，第 299 页。

由于自然条件、经济发展进程、政治历史条件以及人文环境的差异，近代时期农产品的商品化和农业生产在区域上表现出来的特点可以归纳为以下几点。[②]

第一，东部地区农产品商品化程度较高。东部沿海地区自然资源比较丰富，对外贸易也较为发达。鸦片战争以后，外国资本以这里为基地，向中西部地区推销商品，收购农副土特产品，加上南粮北调、北煤南运，使这里成为东西南北商品交流的中心。尤其是蚕桑、棉花、茶叶、烟草、花生等专业化种植区域和专业户的出现，大中城市的崛起和农村镇集的涌现，更反映出东部地区较高的商品化

[①] 吴承明：《中国的现代化：市场与社会》，生活·读书·新知三联书店 2001 年版，第 109—110，301 页。

[②] 丁长清、慈鸿飞：《中国农业现代化之路》，商务印书馆 2000 年版，第 195—197 页。

程度。

第二，江南较之华北农产品商品化程度要高。江南早在清朝前期就形成了濒江沿海以棉为主或者棉稻并重的棉稻产区、太湖南部以桑为主或者桑稻并重的桑稻产区、太湖北部和运河东北部的水稻产区等，而且江南丝棉纺织业发达，以流通为主的市镇经济发达。与之相比，华北的农产专门区域出现得较晚，而且集中程度不如江南，农副产品加工业发展和市镇经济发达程度都略逊于江南。

第三，沿江地区和铁路沿线农产品商品化程度较高。长江是东西贸易的大动脉。长江上游由于川江主要支流都在粮食和棉花、糖、盐产区，因此这些农产品可以顺流而下，汇集到宜宾、泸州和重庆；长江中游由于洞庭湖流域的开发，从而使九江成为四大米市之一；在农产品顺流而下的同时，其他工业品则可以沿江逆流而上，由此形成了强大的商品流通流，使长江沿岸地区成为全国最大的农产品输出基地。与长江的作用相似，铁路也在商品流通中发挥着日益重要的作用，同时促进了铁路沿线的农产品商品化的发展。

第四，经济作物集中种植区比粮食作物集中种植区农产品商品化程度高。李文治把明清各地区的农户分为四类，并具体估算了各类的商品率。买布而衣地区的农户，出售产品占农副产品总值的 30%~35%；以粮为主兼事植棉纺织类型的农户，售麦、售棉、售布三者合计占总产值的 35%~40%，其中只出售麦类或者只出售棉布的农户，出售棉花和棉纺织品占总产值的 20%~30%；植棉纺织专业区和专业户，出售棉花和棉纺织品占总产值的比重则在 60%~70% 之间，甚至高达 80%；而棉、蚕外其他经济作物同粮食作物混合种植类型区，则一般在 30% 以上，50%~60% 者占大多数，高者达 80%。① 从中可以看出，经济作物种植区比粮食作物种植区农产品商品化的程度要高很多。

中国传统农业经济的特点是土地耕种（种植业）与家庭手工业尤其是纺织业的密切结合，即"男耕女织"的自然经济。农民的家庭手工业包括三个方面的环节和特征，一是植棉和纺织相结合，即"棉与纺"结合；二是纺纱和织布相结合，即"纺与织"结合；三是纺织和粮食生产相结合，即通常所说的"耕织结合"。② 鸦片战争之后，特别是 19 世纪 70 年代以后，由于进出口贸易的扩大和国内工商业的发展，传统的自然经济逐渐分解。首先是洋纱对土纱的替代，机制纱排挤土纱，纱与织相分离，结果使得原来自己种植、自纺、自织、自用的农户，不得不从市场上购买洋纱，农村耕织结合体中的手工纺纱这个环节被破坏。其次是洋布排挤土布，耕与织也有所分离，但由于机器织布和土布之间劳动生产率差异保持在一

---

① 李文治：《论明清时代农民经济商品率》，《中国经济史研究》1993 年第 1 期。
② 许涤新、吴承明主编：《中国资本主义发展史》（第 2 版）第 2 卷，人民出版社 2003 年版，第 269 页。

定的范围内，机制布对土布仅仅是部分的替代。

虽然传统的"耕织结合"的自然经济逐渐解体，农产品的商品化得到很大发展，农民不得不依赖于各层级的市场，但直到 1936 年，以农业为代表的传统产业在整个经济中所占比例仍然高达 86.4%。农业在全部国民生产中一直占有绝对优势。

总体来看，中国是一个农业大国，农业、农村与农民问题是一个关乎国计民生的核心问题，对于近代时期农业和农村经济的研究与评价不仅是中国经济史学界的一个重要课题，而且具有重要的现实意义。一方面，由于中国各地的差异性很大，各地的发展进程又很不一致，按照不同地区的材料进行研究，所得出的结论也必然存在差异。另一方面，关于中国近代农业与农村经济的发展状况，无论是官方还是民间的记载均非常有限，且不成体系；20 世纪 20 至 40 年代的一些社会调查不仅覆盖范围有限，而且口径不一，从而使得不同学派、不同背景的学者依据不同的数据或修正值所得出的结果也必然不同。近代中国农业技术的进步、农业生产的提高和农民收入的增长无疑是非常缓慢的，甚至在一些时期还出现了明显的下降，陷入了比较严重的危机。在中国近代时期，农业和农村经济并没有突破传统的模式，农业的近代化并没有实现。

▶ 即测即评

请扫描二维码，在线测试本章学习效果

思考题：

1. 在近代时期，政府出台了哪些推动农业发展的新政策？其效果如何？为什么？
2. 近代农业技术的进步体现在哪些方面？
3. 近代时期的农业经济出现了哪些新的变化？

第九章　近代工业的发展

本章阐述工业在近代的发展变化。关于工业化的研究已经逐渐达成了这样的共识：只有成功实现近代工业化的国家，才能为经济的起飞铺平道路。由于工业化起源于西欧（特别是英国），在研究工业化道路的时候，西欧模式常常被作为一种普遍经验。但若忽略本国的历史背景，我们将很难理解我国近代工业化的曲折历程。

第一节　手工业的发展变化

中国的手工业有着悠久的历史。至 1840 年鸦片战争爆发前，国内虽未出现大机器工业，但传统的手工业十分发达，由官府手工业、民间的手工作坊和手工工场、农村的家庭副业构成。鸦片战争之后，中国成为世界市场体系的一部分，国内的手工业生产也开始朝着不同的方向发展：一部分成功实现近代转型，由传统手工业发展为机器大工业；一部分则沿着平行的轨道运行，继承了传统的生产方式和经营特点。先进的机器工业与传统的手工生产并存的特点在很长时间内保持不变，由此出现了近代中国经济结构的二元特征。

一、市场扩大与传统手工业的发展和分化

中国古代社会特别是在明清时期，国内就已经形成了较为发达的商业网络。两次鸦片战争之后，市场体系由于洋行和买办建立的商业网络而逐步扩大，外国工业品也通过新建立的商业网络打开了销售渠道。同时，市场规模的扩大创造了新的需求，传统手工业开始逐渐转变为世界市场而进行生产，传统的自然经济也开始逐步瓦解。一些既不用与西方机器制造业产品争夺市场，又未与国际市场发生联系的传统手工业，大多仍旧沿着传统轨道运行。而一些面临外国工业品激烈竞争的手工行业，则在生产技术各方面都有了一定的发展。还有一些传统的手工业因为在国际市场上的竞争失利而衰落。

手工业中生产工具发展最快的是手工棉织业。中国传统的棉织机称为投梭机或者抛梭机，一般一天只能织幅宽 1 尺的幅布 2 尺左右。清代末年，棉织业中出现了拉梭机，布幅加宽到了 2 尺左右，工作效率比投梭机提高了 1 倍以上。拉梭机出现不久后，铁轮织布机又引入中国，1 机 1 天可织幅宽 2 至 3 尺的棉布 100 多尺，进一步提高了工作效率。

缫丝业和丝织业的生产工具也有了很大的进步。过去手工缫丝工具有足踏丝车和手摇丝车两种，需要两人同时操作，十分笨拙。机器丝厂建立后，各地相继有人模仿机器丝车制成改良足踏丝车，其特点是运转轻快，一人即可使用，产品细而均滑，生产效率和质量都有很大的提高。

从鸦片战争到甲午战争的50年间，在中国市场上具备竞争优势的是外国机器工业在中国生产的工业品，如洋纱、洋钢、洋针等。这些近代机器工厂在生产工具、经营管理等方面都起到了示范作用，致使一部分传统手工业作坊开始直接引进新式机器，成为近代机器工业企业。

（一）向机器工业转变的手工行业

中国近代机器工业的发生，有其独特的道路。在一般西方工业国家中，近代机器工业发展无非经历简单协作、手工业工场、产业革命后出现的机器大工业三个紧密联系的阶段。与此不同，中国的近代工业并非自生自发地演化而来，而是鸦片战争之后从国外直接"移植"进来的。洋务运动产生了中国第一批拥有"制器之器"的近代工业企业，包括江南制造总局、福州船政局、湖北枪炮厂等。

洋务运动后建立的民办机器工业，有很多是在原有的手工业作坊的基础上引进新式机器而建立的。如规模较小的船舶和机器修造厂都是在原有手工作坊的基础上添置少量机器设备转化而成的。其他规模中等的机器榨油厂、轧花和棉纺织厂、火柴厂、面粉厂、造纸厂等也基本上是手工生产和机器生产并存。缫丝手工工场向近代机器缫丝工厂的过渡，就是一个很突出的例子。中国第一家蒸汽丝厂的创办人陈启源，"创设足踏机械，以人力代火力，所制生丝，较之法国所产无多逊"，① 这种足踏丝车的功效远比旧式手摇丝车优胜，价格又相对便宜，很快就在南海、顺德流行起来。到甲午战争之后，使用这些丝车的工场才逐渐发展成为使用机器动力的缫丝工场。

除了工具机和动力外，新的原料、辅助材料和新工艺的使用也有助于手工业生产技术的发展。例如，纺织业中用的机纱，人造丝做原料，用化学药品处理蚕茧；造纸业中用化工原料处理纸浆等。总之，新技术的引进和发明，大大降低了劳动成本，工作效率明显提升，对手工业的发展起到了积极的推动作用。

（二）趋向没落的传统手工业行业

中国在引进西方先进技术后，在工业部门中出现了传统手工业与机器工业并存的二元结构。据统计，在这种二元结构中，中国的手工业产值由1887年的

---

① 马君武：《三十年来中国之工业》，载彭泽益编：《中国近代手工业史资料》第2卷，生活·读书·新知三联书店1957年版，第44页。

554 249 640元①增加为 1933 年的 1 359 374 000 元②，增加了近 1.5 倍，但由于前后的统计口径不同，可比性很差。1933 年中国手工业产值近 14 亿元中，三个主要的行业分别为磨粉业（产值为 24 597.6 万元）、碾米业（产值为 19 243.4 万元）、棉织业（产值为 15 434.6 万元）。由于前两个行业在 1887 年的手工业产值中比重很少而根本没有包括在内，但作为农民家庭副业的磨粉和碾米那时无疑是存在的，这种劳动所创造的价值也是不应当被忽略的。另外，1933 年在这三个行业中，虽然有一小部分是工场手工业或个体手工业，但绝大部分是农民家庭为自己吃饭、穿衣而从事的家庭副业，其产品不是商品，也不到市场上出售。而作为 19 世纪后半期传统手工业支柱的丝织、制茶、制糖和陶瓷业的变化情况如表 9-1 所示。

表 9-1　中国丝织、制茶、制糖和陶瓷业的产值（1887 年、1933 年）

单位：1933 年币值（元）

年份	丝织	制茶	制糖	陶瓷
1887	81 947 880	32 162 340	25 113 060	13 217 400
1933	91 349 000	24 814 000	22 005 000	31 832 000

资料来源：1887 年产值见张仲礼：《19 世纪 80 年代中国国民生产总值的粗略估计》，王玉茹、赵津译，《南开经济研究所季刊》1987 年增刊第 1 集，原为银两数，现折合为 1933 年币值；1933 年产值见巫宝三主编：《中国国民所得（一九三三年）》上册，中华书局 1947 年版，第 64-69 页，各业产值均包括机器、手工两种生产。

从表 9-1 不难看出，除陶瓷业生产在 50 年间有较大发展外，丝织业产值略有增长，茶、糖两业产值不但没有增加，反而有不同程度的下降。另外，19 世纪后半期作为中国出口大宗产品的茶叶亦受到印度、锡兰等国的排挤，到 20 世纪初期出口也明显下降。

其他行业，如铁制品在中国一直是手工生产，在国内销售甚好并有出口。19 世纪 60 年代以后，洋铁代替土铁日益增多。外国商人运来的多是旧铁、铁条、铁片，品质不及中国土铁，但洋铁价格便宜，使用方便，易于加工，逐渐排挤了土铁。与之相关联的许多铁器制造业，比如制钉、制针业等也逐渐衰落。

（三）新兴的手工业行业

鸦片战争后，中国出现两类新手工业。一类是原来国内没有而由国外引进的，但因市场尚狭小，改用手工生产，如针织、火柴、制皂、搪瓷、电器、电池、胶轮人力车、西药、化妆品等。由于这类工业国内原无，所以可称作近代工业。但它们大都一开始就是手工工场生产，亦用散工制进行生产的。另一类是因为对外

---

① 张仲礼：《19 世纪 80 年代中国国民生产总值的粗略估计》，王玉茹、赵津译，《南开经济研究所季刊》1987 年增刊第 1 辑，原为银两数，现折合为 1933 年币值。
② 巫宝三：《〈中国国民所得，一九三三年〉修正》，《社会科学杂志》1947 年第 9 卷第 2 期。

贸易的发展，为了满足出口需要而形成的，如出口地毯、出口裘皮革、制蛋、肠衣、猪鬃、花边、抽纱、草帽及草帽缏、发网等。其中一些行业逐渐发展成为出口主导型的行业。在新兴手工业中，针织业非常有代表性。针织业原来兴起于抵制洋货，该业主要生产袜类、毛巾以及内衣衫裤。1896年上海设立了景纶衫袜厂，20世纪由沿海普及内地，以江苏、浙江最为兴盛，上海仍然是中心。第一次世界大战期间，针织业发展最快，除高级针织品外洋货几乎绝迹，唯织袜所用细纱及人造丝仍依赖进口。在出口产品中，由于国外需求增加而发展较快的行业是草帽缏、棉花和制糖业。从1867年至1894年，草帽缏出口数量和产值的增加情况是：从1 361担、28 018海关两，增至120 609担、2 531 219海关两，各增加了8 761.79%、8 934.26%；增至最高年份1887年的150 953担、3 738 310海关两，各增加了10 991.33%、13 242.53%，并成为唯一的数量和价格同时增长的出口品。① 这也反映了新兴手工业部门的成长情况。

另据吴承明估计，② 至1936年，新手工业总产值达38 417万元，其中针织业产值达16 400万元，占42.7%。新出口的手工业产值一共达到了6 984万元，其中最重要的草帽、花边业产值达到3 478万元，占全部出口手工业的49.8%；猪鬃整理及打包为2 223万元，占31.83%。这两个主要出口行业基本都以工场手工业的方式进行生产；出口裘、皮、革以及革制品行业则绝大多数都采用工场手工业的生产方式生产。

二、手工业的家内性质

众所周知，家庭农业和手工业的结合是中国传统经济的基础，这种结合的紧密程度在世界上是无与伦比的。近代大机器工业出现之后，传统的手工工业部门并没有全部发展成为近代工业，而是出现了手工业与机器工业并存的局面。手工业的生产方式中工场手工业、包买主制手工业、小商品生产的城镇独立手工业以及农民家庭手工业同时并存。正如前文所述，由于中国农民的兼业行为特征，中国直至近代机器纱厂出现以前，纺纱始终是家内劳动，没有资本主义经营性质的工场手工业出现。近代纺织业的发展虽然很快，但中国农民自己纺纱始终没有绝迹。农民家庭织的商品布虽然为近代工厂的产品所代替，但自己穿的衣服仍然主要来源于家内织的布。此外，近代面粉厂的建立也无法取代农村的土磨。据巫宝

---

① 根据姚贤镐编：《中国近代对外贸易史资料（1840—1895）》第3册，中华书局1962年版，第1606—1607页有关数据计算。
② 许涤新、吴承明主编：《中国资本主义发展史》（第2版）第3卷，人民出版社2003年版，第794页。根据《中国资本主义发展史》（第2版）对1936年手工制造业产值的估计方法，此处新手工业总产值核算以巫宝三：《中国国民所得（一九三三年）》（外一种：国民所得概论）》，商务印书馆2011年版，附录三中数据为基础计算得出。

三等的估算，1933年全国面粉产量中，机制粉仅占10.8%。另据《中国近代面粉工业史》估算，1936年全国面粉总产量中，机器面粉厂产量占18.4%，机器磨坊及小厂的产量占2.2%，土磨坊产量占25.7%，农家自磨占53.7%[①]，随着对外贸易发展起来的花边、抽纱、草帽及草帽缏、发网等手工业基本上都是采用包买商形式，农民按照外贸商人提供的要求在家庭生产的。

20世纪20年代后，中国的机器工业不断发展，使用蒸汽、电力和内燃机动力的企业有所增加。但是，机器工业与手工业的企业和劳动者数量的结构关系并无显著变化。据统计，当时从事大型机器工业的劳动者人数约为350万人，与此相对，从事手工业的人数则有1 750万，为前者的5倍[②]。到1933年时，手工业的产值在全部制造业中的比率仍高达72%以上，为近代工业产值的2.7倍，从业人数达1 000万人[③]，为工厂工人数的13.5倍，所以其在工业中的地位是不可忽视的。

1920年与1933年的手工业产值和机器工业产值相比较（见图9-1），吴承明、章长基估计的1920年机器工业产值为88 287万元，只及当年手工业产值的19.11%；巫宝三估计的1933年的机器工业产值为218 617.6万元，这个数字包含全部工厂法所界定的工业产值，包含外资厂，也包含东北在内，但也只不过是当年手工业产值的一半。

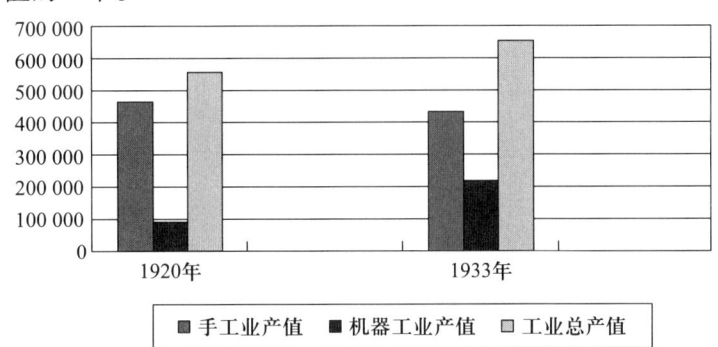

图9-1 手工业与机器工业产值比较（1920年、1933年）　　单位：万元

资料来源：许涤新、吴承明主编，《中国资本主义发展史》（第2版）第2卷，人民出版社2003年版，第1103—1104页。

第二节　近代工矿业的发展变化

工业化问题一直是经济学家关注的重要问题。一个国家（或地区）的经济能

[①] 上海市粮食局等编：《中国近代面粉工业史》，中华书局1987年版，第111页。
[②] 汪敬虞主编：《中国近代经济史（1895—1927）》下册，人民出版社2000年版，第1846页。
[③] 巫宝三：《〈中国国民所得，一九三三年〉修正》，《社会科学杂志》1947年第9卷第2期。

否实现工业化,主要取决于其内部所具备的各种条件,其中最重要的是该国(地区)以往经济发展所创造的基础。而中国的近代工矿业是在比较特殊的历史条件下发生发展的,从无到有,经历了一个复杂而缓慢的过程,工业化的进程远没有完成。

一、近代工矿业的发展

中国近代工矿业的产生与西欧国家(主要指英国)的经典模式截然不同。后者的机器工业是由本国原有的手工业自发演化而来;与此相比,中国近代工矿业的产生不是内生型的,更多是从外部"移植"而来,是在外国资本侵入和中外矛盾加剧过程中,清政府出于"自强""求富"目的而兴办起来的。对于近代工矿业的产生过程,本教材第六章第三节已经有具体阐述,此处重点分析工矿业在20世纪之后的发展演化,不仅包括民族资本,也包括外国资本和根据地的工矿业发展情况。

(一)外国在华资本的扩张

中国最早出现的近代工矿业是由外国资本投资创建的。据不完全统计,从1845年英商在广州开建修理船舶的柯拜船坞起,到1895年正式取得在中国的设厂权,外国资本在华非法设立的工厂已有100多家,其中英商开办的约63家,美商开办的约7家,俄、法、德商开办的约33家[1]。这些工业主要集中在上海,大体分为五类,一是航运业,二是船舶修造业,三是各种加工业,四是轻工企业,五是各国租界开办的公用事业。

1895年后,列强各国取得了在华设厂制造的合法权利。20世纪初,外国在华投资一度以较快的速度增长,掀起了筑路和开矿的高潮;此时期外国在华资本扩展体现在外国投资大量增加,仅1895—1913年的19年中,外国在华兴办的资本在10万元以上的大型工业企业及所有矿业企业达136家,创业资本1.03亿元。1920—1936年外国在华投资增加速度更快,投资增长了95%,达39.4亿美元。由表9-2可知,这一时期外资的增长主要是直接投资,政府借款仅增加36%。外资投资在早期主要集中于贸易及航运业,后来逐渐转向银行业,并出现修建铁路和采矿高潮,不过到20世纪初,仍然主要集中在贸易、金融业上。20世纪30年代后,中国提升进口税,外国在华工业投资有所增加,但增加最多的是在已沦为日本殖民地的东北地区。特别是抗日战争全面爆发之后,日本在伪满实行发展重工业的五年计划,制造业和矿业投资也有显著增加。外国投资在电力、煤矿、铁资源等行业都占据重要地位,控制着中国的经济命脉。例如,在电力行业,20年代,

---

[1] 孙健:《中国经济通史》,中国人民大学出版社2000年版,第708页。

美商上海电力公司一家的设备容量、发电度数和投资额就超过400余家中国资本电厂的总和。到1931年,关内有452家华资电厂,设备容量236 464千瓦;有11家外资电厂,设备容量242 241千瓦,外资占50.6%。但同时东北有49家华资电厂,设备容量仅36 549千瓦,而41家外资电厂,设备容量达152 005千瓦,占80.6%。①

表9-2 外国在华投资的扩展(1902—1936年)

单位:百万美元

年份	1902	1914	1920	1930	1936
总计	812.7	1 672.4	2 017.7	3 648.8	3 941.4
直接投资	528.4	1 096.4	1 418.9	2 751.6	3 127.3
借款	284.3	576.0	598.8	897.2	814.1
日本	1.0	224.0	466.4	1 489.7	1 818.3
直接投资	1.0	186.6	351.9	1 116.4	1 560.1
借款	—	37.4	114.5	373.3	258.2
英国	264.4	626.9	745.7	1 008.9	1 020.8
直接投资	155.0	431.2	555.2	846.0	870.7
借款	109.4	195.7	190.5	162.9	150.1
美国	27.0	61.2	121.1	264.4	328.2
直接投资	22.5	53.9	90.0	213.6	263.8
借款	4.5	7.3	31.1	50.8	64.4
法国	97.8	193.9	197.7	246.3	276.3
直接投资	36.8	74.0	94.9	143.6	185.4
借款	61.0	119.9	102.8	102.7	90.9
德国	171.3	264.7	164.1	174.6	136.4
直接投资	93.0	137.6	68.8	81.0	47.0
借款	78.3	127.1	95.3	93.6	89.4
俄国(苏联)	246.2	258.2	213.1	230.9	26.1
直接投资	220.1	213.1	213.1	230.9	26.1
借款	26.1	45.1	—	—	—
其他国	5.0	43.5	109.6	234.0	335.3
直接投资	—	—	45.0	120.1	174.2
借款	5.0	43.5	64.6	113.9	161.1

资料来源:许涤新、吴承明主编:《中国资本主义发展史》(第2版)第3卷,人民出版社2003年版,第39页。

---

① 关内据《中国经济年鉴》,1936年版,第L.143页;东北据东北物资调节委员会:《电力》,1948年版,第16页。转引自许涤新、吴承明主编:《中国资本主义发展史》(第2版)第3卷,人民出版社2003年版,第48页。

（二）华商工矿业的发展

洋务运动之后，商人独立投资工矿业企业的行为也开始活跃起来，投资近代机器工业的人数明显增加，不仅越来越多的买办、商人、华侨独立兴办企业，而且部分手工作坊也开始使用机器生产，发展成为近代工业。在船舶修造、缫丝业最先出现民间投资的现代工业，随后火柴、造纸、印刷各业兴起，民办采矿业在19世纪80年代后期也出现了短暂高潮，90年代时，轧花、棉纺织业兴起。然而与洋务派企业相比，民间工厂规模仍属小型，技术设备亦多简陋。

甲午战争之后，中国政府和民众都进一步意识到民族的生存危机，对工业化的主观追求日益强化，逐渐形成寻求官民合作谋求国家富强的潮流。其中，官营的军工企业方面有扩充又有新建，如新设立的有江西子弹厂、山西制造局、河南机器厂、湖南枪厂、北洋机器局5家。民用工业也进一步发展，1897—1913年间设立的资本在1万元以上的新式工矿企业达549个，资本总额达2 949.6万元，约占新增加厂矿资本总额的1/4。[①] 另外，这一时期还出现了丝纺织、制革、水泥、印刷等一些新的产业，相应地成立了湖北织布、缫丝、制麻、纺纱四局，南洋印刷官厂，汉口度支部造纸厂等。

1914年第一次世界大战爆发后，中国民营工业进入一个短暂的快速发展时期，达到中国工业发展的第一次高峰。这一时期发展速度最快、幅度最大的当推轻工业；其中，纺织和面粉工业发展成为民族工业的两大支柱。据统计，1912—1928年，新建华资棉纺织厂70家，其中1921年和1922年成立最多，分别为11家和10家。由于面粉工业的发展，中国面粉远销英、法、土耳其、日本、俄国及东南亚等地。除上述两大支柱外，榨油工业和火柴工业的发展也十分突出。这一时期政府制定和颁布了一系列扶植和奖励政策以促进工矿业发展，如北洋政府制定的《公司保息条例》有助于民营公司募集资金、减轻招股负担；《矿业条例》则废除了清政府对矿业开采权的种种限制；南京国民政府则在《施政纲领》中将"提倡保护国内之实业"作为一项重要内容，尽管大多停留在纸上，实际行动较少，但客观上仍对工业起到了一定的推动作用。南京国民政府成立初期尚无力举办工矿业，主要是接收北洋的官营企业。1928年成立专门办理国营企业的机构建设委员会，经营的事业主要有煤矿和电厂。矿冶业和军事工业在此期间也得到政府的重视，南京政府于1930年年末将农矿、工商部合并为实业部，到抗日战争前，实业部建成的企业有中央机器制造厂、中国酒精厂以及中国植物油料厂三个。到1935年，南京政府又设立资源委员会，负责开发工矿企业，同年资源委员会拟订五年计划，分冶金、燃料、化学、机器、电子五个部门，均利用外资和外国技术。到

[①] 汪敬虞：《中国近代工业史资料》第2辑下册，科学出版社1957年版，第869—919页。

抗日战争全面爆发前，资源委员会陆续设立了 25 个企事业单位，抗日战争全面爆发后，其中 9 个结束或停办，5 个迁往内地。这一时期，机器工业企业的数量迅速增加，一批较大型的企业发展起来，如大隆机器厂，1937 年的资本达到 100 万元。

在 20 世纪二三十年代，资本主义世界爆发了持续四年之久的经济大危机，相比之下，中国较少受到影响，致使外资在中国市场的投资急剧增长。据估计，1919—1936 年中国近代工业固定资产投资的年平均增长率为 6.5%，不包括东北为 5.7%。① 面对外资激烈的竞争，华商企业之间也出现集中与兼并的现象，形成较大的资本集团。

从增长速度来看，1914—1936 年中国近代工业的发展速度在世界各国工业发展史上都是比较快的，如美国在 1915—1929 年工业增长速度为年率 4.5%，1912—1937 年只有 2.6%，除第二次世界大战期间以外，其历史上发展最快的是 1874—1890 年，工业增长率也只有 5.2%。英国 1921—1937 年工业年增长率为 2.2%，历史上发展最快的 1851—1873 年的年均增长率只有 3.3%。德国工业发展史上增长速度最快的为 1921—1929 年，平均增长率为 7.1%。法国 1921—1937 年工业增长速度只有 2.9%。② 无论就相同时期还是历史上相应时期进行比较，除德国之外，这些国家的工业发展速度都低于中国。

总的来看，抗日战争全面爆发前，近代工业有了较大发展，但中国民间私人资本企业产生的特殊历史背景，决定了其具有鲜明的时代特点：第一，工业结构不合理，民间资本工业多为轻工业，主要集中在缫丝、轧花、棉纺织、造纸和印刷业等，重工业非常少，只有采矿业和机器修造业。第二，民间资本工业分布极不平衡，主要集中在上海、广州等通商口岸，以及福州、厦门、汉口、天津等主要城市。第三，私人资本大多投资少、规模小、技术落后，在与外国同类商品的竞争中经常落于下风。

（三）抗日战争的全面展开和国家垄断资本工业的发展

随着抗日战争的全面展开，国民政府开始推行和实施国家资本主义工业化政策和发展战略，通过建立资源委员会等专门机构，对矿冶业、机电制造等行业进行大力投资建设，走上了国家垄断资本工业发展道路。

1935 年，国民政府建立了资源委员会，其主要投资的事业集中在冶矿业和机电工业上，其中在电力工业的投资生产上最见成效，先后自办或与地方合办电厂 19 家，新增发电容量 27 891 千瓦，发电量年增长率达 51.4%，1945 年占后方总发电量的 36%。资源委员会的经营范围还涉及油矿开采、油料厂开设、机电工业等

---

① ［美］托马斯·罗斯基：《战前中国经济的增长》，唐巧天等译，浙江大学出版社 2009 年版，第 251 页。
② 刘佛丁主编：《中国近代经济发展史》，高等教育出版社 1999 年版，第 136 页。

方面。到 1945 年抗日战争胜利前夕，资源委员会所属企事业已达 131 家。胜利后裁并部分企业，又由军政部等移交资源委员会一些企业，至 1945 年年底共有 125 家。这些企业中由资源委员会独资经营的有 70 家，参加经营并主办的有 38 家，参加经营但不主办的有 17 家；其中生产性企业 110 家，矿产管理、贸易及服务事业 15 家。[①]

抗日战争全面爆发后，除了资源委员会所属的企业系统有很大发展，国民政府还设立了一系列强化国家经济统制的管理机构，如经济部的工矿调整委员会、军政部的兵工署、行政院的战时生产局等，并制定了许多经济法规和条例。1938 年，南京国民政府颁布《非常时期农矿工商管理条例》，开始了对战时经济的全面统制，规定凡战时所必需的矿业、军事工业、电力工业等重工企业，必须收归国家资本所有，而对日用品工业企业，经济部亦可随时直接经营。通过中央和地方经营的官办工矿企业，国家资本在国民政府统治区的工业垄断地位很快就确立起来。抗日战争结束后，国民政府接管了大批日伪工矿企业，同时还建立了一大批新的全国工业垄断组织，主要有中国纺织建设公司、中国纺织机械公司、中央造船公司、中国石油公司、中国植物油料厂等。与民营企业相比，这些企业规模大、设备先进，在同行业中居于垄断地位。但在内战和恶性通胀的大环境下，到 20 世纪 40 年代末，无论是民营工业还是官营工业，都已陷入瘫痪状态。

抗日战争爆发后，沿海工业一部分转入外国租界，一部分内迁。据国民政府经济部统计，当时大约有 600 家民营工厂迁往后方，到 1938 年年底，共迁出 304 家，1939 年再迁出 114 家，内迁的工厂直到 1940 年才安置就绪。这些工厂在战时的蓬勃发展，对于西南地区产业结构、生产力布局和民生状况改进都有重大贡献。表 9-3 对内迁工厂的状况进行了简单说明。

表 9-3　1940 年内迁工厂状况

最后迁往地	四川	湖南	广西	陕西	其他省区	合计
内迁工厂数（A）	250	121	25	42	14	452
冶炼	1	—	—	—	—	1
机械	103	50	14	8	6	181
电器	18	6	1	—	—	25
化学	40	9	2	3	6	60
纺织	28	53	3	19	—	103
饮食品	10	1	1	8	1	21
文教用品	32	1	3	—	1	37
杂项工业	14	—	1	3	—	18

---

① 许涤新、吴承明主编：《中国资本主义发展史》（第 2 版）第 3 卷，人民出版社 2003 年版，第 511 页。

续表

最后迁往地	四川	湖南	广西	陕西	其他省区	合计
矿业	4	1	—	1	—	6
内迁器材吨数	90 000	10 000	4 000	15 000	1 000	120 000
内迁工厂数（B）	254	121	23	27	23	448
内迁技工数（B）	8 105	2 777	532	432	318	12 164

资料来源：许涤新、吴承明主编：《中国资本主义发展史》（第2版）第3卷，人民出版社2003年版，第545页。

内迁的工厂数量不多，但对于工业基础极为贫乏的后方来说，这十余万吨的新式器材和万余名的熟练技工，立即成为发展工业的骨干力量。这些厂的资方和技术、经理人员大都有专门学识和经验，又具有爱国热忱，迁厂后能迅速复工，努力生产。如余名钰创办的大鑫钢铁厂，迁重庆后与卢作孚合作，改名渝鑫，成为后方最大的民营钢铁厂；范旭东、侯德榜组织入川的工程技术和管理人员不低于200人，在四川建立化工和科研基地，实验完成举世闻名的侯式制碱法；胡厥文迁新民机器厂、合作五金厂于重庆，复设厂于湖南、广西；支秉渊以拓荒者精神，将湖南小县祁阳建成煤、铁、钢、电、机器制造的新工业区；沈鸿别具慧眼，将利用五金厂器材运往延安，加入陕甘宁边区机器厂，为抗日战争做出重要贡献。

（四）爱国企业家和近代民族工业发展

近代工业发展过程中，一批有爱国情怀和社会责任担当的民族企业家也成长起来，他们立志通过发展实业改变近代中国积贫积弱的面貌。例如，清末状元张謇以"实业救国""教育救国"为理念，在江苏南通创建大生纱厂等，为中国近代民族工业的兴起、教育事业的发展做出了独特贡献。又如，近代航运工业中最大的民族航运企业民生公司的创始人卢作孚，在抗日战争中指挥船队抢运了大量工业设备、物资和人员到四川，从而保存了中国民族工业的命脉。他们不仅是杰出的企业家，更体现了忧中国民族工业之忧、图中华民族工业振兴的深沉真挚的爱国之心。新中国成立之后，张謇、范旭东、卢作孚和张之洞一起，被毛泽东赞誉为发展我国近代工业不能忘记的四位实业界人士。

二、近代工矿业的结构变化

1840年以前，中国大部分地区都没有或很少有机器工业，洋务运动以后，随着机器工业的引入，近代工业开始了曲折的发展，产业结构开始发生变化。

（一）工业产业结构的变化

就近代中国产业结构总体而言，在19世纪80年代至20世纪30年代期间变动并不大，工业和服务业在国民收入中的比重只由30.38%上升为35.5%，中国仍然是一个落后的农业国，远未实现国家的工业化。但随着近代工业化进程的推进，近代生产方式和传统生产方式产值的比重也发生了进一步的变化，图9-2反映出了这一变化过程。可以看到，1887—1936年，近代工业部门实现从无到有，只是所占比重仍然十分有限。

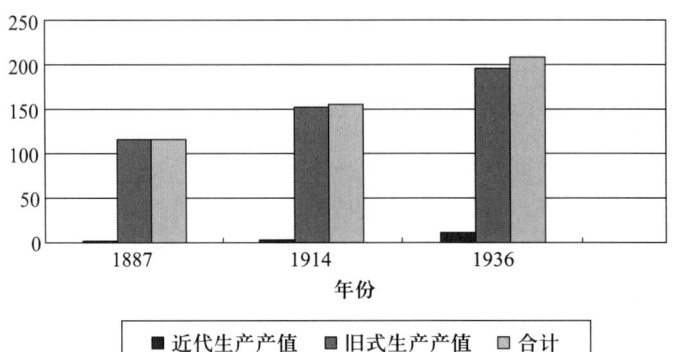

图9-2 中国近代生产与旧式生产的增长及其比重变化（1887—1936）（1936年币值：亿元）
资料来源：刘佛丁主编：《中国近代经济发展史》，高等教育出版社1999年版，第244页。

（二）所有制结构的变化

按照惯例，我们将近代中国工业生产分为外国资本、官僚资本和民族资本三个部分进行考察，说明其各自的增长速度和相对比重的变化。

1. 民族资本与外国资本

根据估计，甲午战争前，制造业中外国资本为2 791.4万元，占全部工业资本的62.57%，而中国资本为1 669.6万元，占37.42%，外国资本在我国近代工矿业中明显处于垄断和支配地位。但从1914年开始特别是1920年之后，情况有所变化，如图9-3所示。

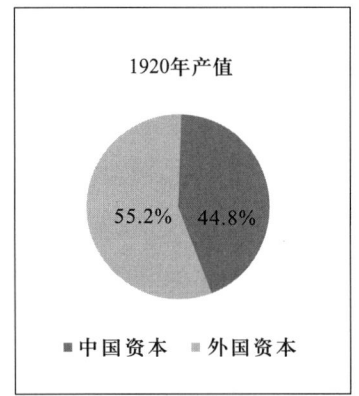 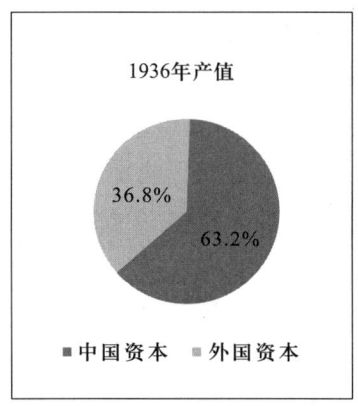

图9-3 中外产业资本产值的增长及比重变化（单位：亿元）
资料来源：刘佛丁：《中国近代经济发展史》，高等教育出版社1999年版，第267页。

到1920年，外资产值仍然超过中资企业的产值，占全部近代工矿交通业产值的55.2%。其后的16年间外资企业的产值增长到15.16亿元，但在全部工矿交通运输业中的比重则下降到只占 36.8%，同一时期中国资本企业的产值比重则由 44.8%上升为 63.2%，可以看到中国企业的生产较外资企业有更快的增长。抗日战争爆发后，英、法、美等国投资纷纷转移，留在中国的企业则为日资所吞并或为日伪政权所控制。特别是 1941 年 12 月太平洋战争爆发后，少数仍在支撑的外资企业也被侵华日军当局实行军事管理。自此以后，所有在中国的外国资本几乎全部变成了日资。1945 年 8 月日本投降，中国政府接收了日伪经营的企业。其后虽有少数外国资本的企业由中国政府发还，但外国资本企业在中国近代工矿交通业中的地位已经微不足道，而中国资本则居于绝对优势的地位。

2. 民族资本和官僚资本

中国近代官办和民办的工业企业自 19 世纪六七十年代相继产生后，到 1894 年时官办企业仍处于明显的优势地位。但经过 19 世纪末和 20 世纪初的初步发展以及第一次世界大战期间的进一步发展，民族资本在中国资本企业中的地位发生了变化。20 世纪初，尤其是国民政府成立以后，由于一系列保护私有财产和工商业发展的法律的颁布，加上政府对民办工业的扶持，私人资本企业有了迅速的发展。而洋务派企业由于其在产权运作上的种种缺陷，1895 年后有些停办、垮台，有些改归民办，有些被外国人控制甚至吞并，剩下来的大多在北洋政府的管理下勉强维持。

1920 年后，随着创办和经理人员政治上的失势，北洋政府和官吏所办的官僚资本企业多数转为私人资本，只有少数企业在 1927 年后成为国民政府官办企业的一部分。以 1936 年与 1920 年相比，官僚资本工业产值仅由 1.84 亿元增加为 2.22 亿元，年增长率只有 1.18%，而民族资本工业的产值却由 2.51 亿元猛增为 16.32 亿元，年增长率高达 12.41%，其在中国资本工业生产中的比重也上升至 88%，而官僚资本工业产值的比重则下降为 12%。[1]

抗日战争爆发后，由于特殊的战争环境所促使，官僚资本不仅在交通、金融等方面继续保持和扩大了其垄断地位，在工、矿业方面也迅速膨胀。到 1949 年时，约占了中国全部工业资本的 2/3；由于官僚资本企业管理腐败，许多设备闲置，生产效率很低，所以其在工业产值中的比例应低于上述比例。在抗日战争和解放战争时期，民族资本主义经济无论在工矿业，还是在第三产业方面都处于一种停滞甚至衰退的境遇。

综上所述，从 19 世纪后半期在中国的各种经济成分的发展来看，先是外国资本居于优势地位，这种状况一直持续到第一次世界大战结束。由于民族资本从 20 世纪初年以来发展迅速，其在国民生产中的地位不仅超过了官僚资本，也超过了外国资本，到 1936 年，其在中国工业生产中一度居于主导地位，但这种发展势头由于日本帝国主义的入侵和抗日战争的全面爆发而被打断。利用战时经济的环境，

---

[1] 刘佛丁主编：《中国近代经济发展史》，高等教育出版社 1999 年版，第 272 页。

作为外国资本的日本资本和国民党的官僚资本迅速膨胀。1945年后由于日本战败，国民党官僚资本在接收日本资本后在国民经济中居于明显的优势和垄断地位，外国资本在中国工业生产中的地位已微不足道，民族资本也大为削弱。

（三）工矿业内部结构的变化

第一次世界大战结束以后，中国工业经济仍不断增长，工业结构得到进一步改善，工业资本日益向新兴工业部门转移，工业生产技术和劳动生产率不断提高。在整个工业体系中，纺织、食品等轻工业部门的资本额、工人数、工业产值所占比重逐步上升，重工业部门所占比重相应减少。据统计，1911—1913年期间，全部本国工业资本总额中，消费品工业为15 084万元，其比重达52.1%；资本品工业为13 848万元，比重达47.9%，纺织、食品等行业产业工人数占全部产业工人总数的66.24%，机械五金、冶炼、铸铁、水泥、化工等新兴行业所占比重为33.76%。

到了20世纪30年代，中国纺织、食品等消费品工业生产能力已实现较强国产化，其在工业结构中已跃居绝对优势地位，两大行业企业数达1 302家，产值占工业总产值的66%，工人数占全部产业工人总数的57.7%，电力、钢铁、化学等新兴工业部门出现并在整个工业体系中地位逐步上升，工业部类增多，企业总数增加，使整个工业经济结构比以前有较大改善，工业经济结构已由原来的重型结构转变为轻型结构。抗日战争期间，南京国民政府为加强军事力量，开始注重与军事工业有密切关系的各种矿业生产，以及日本帝国主义在中国东北大力发展钢铁、煤炭等行业生产，使中国在当时特定的历史条件下重工业部门生产又以更快的速度增长，如1942年资本品工业工厂数、工人数和资本额分别占全国总数的36.9%、33.7%和50.03%，消费品工业的相同指标则分别占全国的63.19%、66.3%和49.97%，动力设备相同指标分别为64.6%和35.4%。①

总的来看，中国近代工矿业结构在1911/1913—1942年期间，资本品工业生产比消费品工业生产以较快的速度增长。消费品生产在此期间所占全部本国工业生产比重由52.1%下降为49.9%，年平均增长率为6.6%；而资本品生产所占比重却由47.9%上升为50.1%，年平均增长率达6.9%。另据美国学者章长基研究，进入20世纪以来，中国经济发展过程中以金属品为代表的生产资料生产的增长速度也比以纺织品为代表的消费资料生产以较快速度增长。消费品生产在全部工业生产所占比重呈波动的下降趋势，1912年占21.9%，到1921年上升为44.1%，这个比重一直维持到20世纪30年代初期，以后迅速下降至1945年的5.3%。同时，金属、矿产、电力等生产资料生产所占比重不断上升，电力部门占总生产的比重由1921年的3.3%增加到1936年的22.1%，到1945年更增至50.4%。以1933年为基期

---

① 陈真编：《中国近代工业史资料》第4辑，生活·读书·新知三联书店1961年版，第93页。

编制的中国工业生产指数变动状况表明：消费品生产指数1912年为8.3，1937年为68.2，1942年下降为22.7；而金属品生产指数由1912年的4.7增至1937年的283.0，1943年达最高点595.3，电力工业指数亦尤为突出，由1912年的2.5增至1943年的251.8。① 这样的变化也从侧面体现了近代化工业的发展水平。

（四）区域结构的变化

近代工业的发展从一开始便显示出了区域发展不平衡的特点。由于外国资本首先进入的是沿海、沿江的通商口岸城市，这样就使得工业相对集中在这些地区。例如，华东地区的近代工业，主要集中在以上海为中心的沪宁杭三角地区以及胶济铁路沿线少数城市。1913—1921年，面粉工业23.5%集中在上海，22.7%集中在哈尔滨，面粉主产地河南、河北、山东却极少。1922年全国共有150万枚纱锭，41.8%集中在上海，37.9%集中在天津、武汉、无锡、南通。1931年以前，帝国主义在华的投资中，有42.8%集中于上海，33.9%集中于东北。② 工业分布呈现出地域的集中性。在东北和沿海地区，工业也集中于少数省市，东北的工业主要在辽宁，沿海地区主要分布在上海、天津、青岛、广州、无锡等城市。抗日战争时期，国民政府规划及协助将沿江、沿海的厂矿迁移至后方，四川、云南、陕西、湖南等地成为战时新工业建设的地区。这些有限的工业同样集中于少数地方，如武汉、重庆、太原等地。占全国土面积1/3的大西北，近百年来始终未能形成一个真正的工业基点。

从表9-4可以看出，1933年上海、天津、广州三个沿海大城市占全部制造工业（不包括采矿工业）工人总数的40%左右，工业资本额的一半以上，全年生产总值的约62%；其中上海一地占全部工业生产总值的一半。由于这个调查不够全面，上述比重可能偏高一些。值得注意的是，抗日战争全面爆发后，由于租界遭受战火侵袭较少，更多工商企业向租界集中，使得工业集中于沿海大城市的情况更加明显。新中国成立以后，民族资本出现了向内地转移的趋势，但直到1953年，在雇用工人和职员十人以上的私营工业中，上海、天津、广州仍然占全部生产总值的59%左右。

表9-4 中国资本主义工业的地区集中

项目	上海	天津	广州	三地合计
1933年全国性调查：				
占工人总数	31.30	4.42	4.09	39.81
占资本额	39.62	5.02	6.67	51.31
占生产总值	50.01	5.12	6.97	62.10

---

① 张仲礼主编：《中国近代经济史论著选译》，上海社会科学院出版社1987年版，第314—315页。

② [美] 雷麦：《外人在华投资》，蒋学楷、赵康节译，商务印书馆1959年版，第72页。

续表

项目	上海	天津	广州	三地合计
1933年12个城市调查:				
占工厂总数	36.01	12.65	11.41	60.07
占工人总数	53.27	7.53	6.96	67.76
1947年12个城市调查:				
占工厂总数	59.99	9.39	3.67	73.05
占工人总数	60.80	9.54	4.15	74.49

资料来源：吴承明：《中国资本主义与国内市场》，中国社会科学出版社1985年版，第43页。

中国近代工业的分布除了显现出沿海地区与内地工业发展不平衡的特点外，工业结构中的轻重工业比例也严重失调。另外工业主要集中于沿海、沿江通商口岸，脱离了本国原料产地和销售市场。以上种种区域发展的不平衡性使得工业结构呈现出一种畸形的状态。

三、近代工矿业的发展与不发展

洋务运动之后，近代中国工矿业开始建立起来。1895—1913年，受甲午战争的刺激，工矿业上出现了投资高潮，民间投资远超过政府投资，逐渐成为本国工业资本的主体。近代工矿企业发展最快的时期出现在两次世界大战期间，这一时期近代工矿业的增长率为7.7%，近代工业产值较1914年增加了4.1倍，究其原因，主要可以归纳如下：首先，政府制定和颁布一系列扶植和奖励政策措施，无论清政府、北洋政府还是南京政府，在减免厘税、疏通金融、整顿度量衡方面，都采取了某些有利于民族工业发展的措施。其次，两次世界大战之间的有利的市场竞争环境及相对稳定的国内政局，也是近代工业发展的一个重要因素。第一次世界大战期间，投资少、见效快、利润丰厚的轻工业得到迅速的发展，其中棉纺、面粉、卷烟、火柴等工业尤为突出。1895—1920年，民族工业的发展比国家资本工业发展速度更快，到1920年，民族工业总额已经超过国家资本总额3倍多。这一时期的发展主要是由于第一次世界大战期间出现的进口减少、金贵银贱以及由此引发的工业品价格上升幅度超过农产品原料价格及工资上升等一系列因素造成的。这一时期的工业利润有较大提高，利润率的提升也是刺激民族工业发展的一个直接因素。

近代工矿业虽然有所发展，但近代半殖民地半封建社会结构的形成，使得工矿业发展也面临着很多制约因素。究其原因主要有：

首先，工矿业创立之初的洋务企业，力图在军工、机器、船舶制造上打开近代工业的发展局面，但由于缺乏基础工业，工矿制造业所需钢材、钢配件、铜料以致船用木料都需依赖进口,制造成本要比购买外国成品高得多。加之在官僚体制下,管理腐败,不能正常生产,甲午战争后即陷于停滞,唯一有所发展的只剩下纺织工业。

其次,近代工矿业发展受到国际市场条件的制约十分明显。资本主义是市场经济,其盛衰受市场因素支配,但若有了强大的资本力量,或者国家的保护政策,就能有效地利用市场有利因素,抵抗不利因素。中国没有这种条件,就只好任凭国际风云支配。中国工矿业在1921—1922年,国际市场条件尚可,借"五四"运动抵制洋货的努力,民族工业有持续发展。但到1923—1924年,则受国际银价、汇率波动作用影响,中国物价下跌,陷入经济萧条。自1931年起,资本主义国家相继放弃金本位,银价回升,中国市场物价下落,进入空前严重的经济危机。其中,东北广大市场和资源的丧失,洋货跌价倾销和日货走私进口是十分重要的原因。面对变动的市场环境,政府宏观经济政策所起的作用甚微,故在激烈变化的国际市场条件下,近代工矿业发展一度停滞不前。

最后,民族资本的近代企业产生较晚,一开始就受到外国资本的压迫和官僚资本的排挤。例如中国的机械采矿行业,从经济上说,外国投资的矿大都是中国资本已经开采略有成效的矿,西方(这时包括日本)一般以武力为后盾,加入资本,并取得管理权。而许多近代企业在创立初期,不仅机器设备和部分原料要向外国购买,生产技术也要依赖外国(如聘请外国技师),有时要向外商银行借贷资金,不少企业的生产还直接与外商的农副产品加工出口有关,它们对封建势力也有多方面的依附关系。因为在创办企业初期,需要获得政府的批准和某些官僚的支持,不少投资者本身也是官员,在企业经营管理中附带的封建性,也是制约现代工矿企业发展壮大的原因之一。

而抗日战争期间,国民政府实行的国家垄断资本工业政策,建立了大量的政府企业机构,这些工业对民营工业的排挤是战时民营工业难以成长的重要原因。不过,在内战和恶性通胀等大环境下,到20世纪40年代末,无论是民营还是官营工业,都无一例外处于瘫痪或崩溃的状态。

总之,虽然中国的工矿业在近代有了一定发展,特别是新兴的近代工矿业发展速度很快;但由于近代不平等条约体系的建立、市场条件的变动以及错综复杂的政治环境,近代的民族工矿业在整个国民经济中的比重很小,对工矿业总产出的结构影响力十分有限。

第三节 近代企业的组织形态

一般来说,企业制度的发展大致经历一个由独资、合伙到公司,并由无限责任到有限责任的发展过程。在西欧，现代意义的股份资本产生于 17 世纪中叶，发展于 19 世纪 60 年代。1855 年英国议会认可了公司的有限责任制，1862 年英国已有股份公司 1 014 家。其后，股份公司在西方世界迅速发展，到 19 世纪末已成为资本主义经济占主导地位的企业组织形式，从而在市场制度上实现了一个伟大的变革。20 世纪以后，国际托拉斯组织相继进入中国，在中国市场上开始居于主导地位，股份公司制度开始在中国兴起。这些股份公司，虽然并不是直接起源和脱胎于前近代中国社会的合伙制生产，但是前近代中国社会的合伙、合股制度对于近代中国公司制度的演进却有着潜移默化的影响，并且使近代中国公司制度在其演进过程中表现出与西方公司制度不尽相同的一系列中国式的特点。

一、传统企业组织形式

传统社会的工商业组织形式一般表现为业主制、合伙制两种基本类型。

（一）业主制

独资经济组织在现代条件下往往又被称为"业主制企业"，在传统社会中，业主制作为一种最简单、最普遍的资本组织形式，不仅大量存在于手工业中，同时也存在于规模较大的工商业资本中。

业主制在传统社会中具有多样化的实现形式。首先是独资资本的结伴合帮经营，它们大多发生在贩运商人资本中，即若干个独资商人结伴而行，结伴贩运。其次是贷本经营的独资商人。在借贷经营的状况下，资本的运营者不论其资本的营运状况如何，都必须按照事先约定的利息率向债权人支付借贷利息（一般情况下年息率多在 20% 左右），至于经营过程中的盈亏则全部由资本的营运人负担。

由于中国社会中分家析产传统的普遍存在，一些较大规模的独资企业在经历了创业年代之后，由于第一代创业家长的过世，本来为一个业主所有的独资企业往往会转变成为由数个具有亲缘关系的合伙者共同拥有。这样，原来的独资企业也就转化成了合伙企业。

（二）合伙制

合伙制从最一般的意义上来说，是两个人或者两个人以上的群体，发挥各自的优势，一同去做可以带来经济利益的事情。然后凭他们贡献的资本，或者其他力量的数量，对可能得到的利益进行分配，以协议形式组织并承担无限责任的经济组织。合伙制经营常常会在合伙人间签订协议，协议可以是书面形式，或其他形式，如口头约定等。从史料记载可以看出，凡能成为合伙者，最理想的条件不外乎是合伙人在平时就有比较密切的交往和人际联系，或者合伙人本来就具有一定的亲缘联系或乡缘联系。

在前近代中国社会中，股份合伙普遍存在于晋商、徽商等地方商人的商业经营以及各地的手工采矿业中。例如，云南铜矿业中就存在着一种"亲身弟兄"的矿工与投资者合伙的形式。矿工在未采得矿石前，不领取工钱，等到矿井开采出矿石之后，就按一定的比例与矿主分成。这种矿工即被称为"亲身弟兄"。

值得一提的是，对于更加复杂的工业生产，我国劳动人民还从生产实践中总结出有别于业主制和合伙制的方式组织生产。例如，四川自贡井盐业中就出现了股份合伙的组织形式。这一组织形式有别于传统的合伙制度，自贡盐场的经营者，一般将全部资本都划分为均等的基本股份单位，土地所有者拥有"地脉日份"（即地权股）、出资人的"工本日份"（即资本股）以及经营管理者的"承首日份"（即人力股）。这些基本的股份又可以析分乃至多级析分，形成若干更小的股份单位，便于股份的灵活转让，其股份所有权的成立及转让都依赖契约实现，同时还实行债务有限责任原则和所有权、经营权相分离的委托经营。由于井盐生产的产业链包括凿井、开采盐卤和天然气、熬盐等一系列复杂的工序，单就前期准备阶段凿井而言，由于不确定性和耗时长久，具有很大的风险，很难保证有效的前期资本投入。通过契约的方式确立投资人的利益，使得各方资本、人力都能有效地被组织起来。这种生产中契约股份制的创新，体现了自贡盐场经营者的企业家创新精神。

近代工业企业出现之后，这些传统的企业组织形式在中国社会也仍然存在，其在组织上显示出家族特性等特点，也对近代企业产生了较为直接的影响。

二、现代企业组织形式的产生与发展

1895 年以后，特别是 20 世纪初以后，很多大型的跨国公司侵入中国，这些国际资本都是采取股份制经营的，可以说是世界范围内的股份制资本。面对这种新的形式，1904 年我国也仿效西方颁布了第一部《公司律》，共 131 条，对公司的种类、创办呈报、股份、股东权利、董事、股东会议等项作出规定，这是我国关于资本主义近代工商企业设立、组织、活动等方面的最早的立法。根据该项法律，公司分为合资公司、合资有限公司、股份公司、股份有限公司四种。后来又据此制定颁行了《公司注册试办章程》。

1914 年 1 月北洋政府颁布了《公司条例》，条例共 5 章 251 条。对各类公司的建立、股东权利、义务，公司的清算、解散等进行了更详细和明确的规定。1914 年北洋政府还公布了《公司保息条例》，对某些行业的公司以贷款的形式给予扶植。

在上述各项政策的鼓励下，我国的公司制度也有了迅速的发展：据统计，1921 年我国注册的各类公司共 296 家，1928 年增加为 716 家，从 1929 年 2 月到 1935 年 6 月又增加 1 966 家。这组数字中不仅包括工业，还包括商业、金融业等。单就制

造业而言，据刘大钧的调查，1933年在2 435家工厂中，独资的561家，占23.04%；合伙的994家，占40.82%；公司形式的682家，占28.01%。这里公司形式所占比重不是很大，但不能据此断定公司不占重要地位，因为公司的规模一般较大，资本较多。根据1931年秋对我国最重要的工业城市上海的调查，在1 883家工厂中，公司330家，只占工厂数的17.53%，但却占了全部资本数的71.48%；其中股份有限公司281家，只占工厂数的14.92%，其资本却占了全部资本的63.11%[1]，这说明股份制企业这一新式资本组织在民族资本主义企业中的地位日益重要。

但从全国范围看，由于当时工业发展总水平的低下，个体手工业和工场手工业还占着明显的优势，工厂的平均规模小于发达的资本主义国家，所以在此基础上出现的股份制企业一般也规模较小，家族关系在很多公司中仍起着支配的作用。

三、企业集团和跨国公司

股份制的发展与资本的集中是同时进行的，其结果是大资本集团的形成和垄断的出现。

（一）民族资本集团的出现

在20世纪初到30年代中期，中国市场上都出现了民族资本进一步集中的趋势，并产生了一批拥有大量资本与大规模生产能力的企业集团。这些企业集团中，有的广泛投资于纺织、燃料、建材、采矿、火柴、运输、金融等多种行业，从而形成跨行业、进行多元生产和经营的大型企业集团，如张謇的大生企业集团、周学熙企业集团、刘鸿生企业集团；有的重点投资于面粉、纺织两业，并使两业齐头并进，最终形成较大规模的企业集团，如荣家企业集团；有的重点投资于某一行业并兼顾其他，如经营纺织为主的裕大华企业集团。此外还有经营化工为主的永久黄企业集团和吴蕴初企业集团，等等。

这些大的企业集团基本都属于家族经营，如荣家兄弟以无限公司形式创建的茂新、福新、申新公司，1913年福新机器面粉合资公司在商部批准注册时，股本为4万元，其中荣宗敬、荣德生兄弟占有50%的股份，拥有对公司的控股权。以后，当福新一厂陆续以盈余投资设立福新二厂、三厂时，荣氏兄弟同样又取得了对新建企业的控股权。再如郭氏兄弟发起创办的上海永安公司，虽然作为发起创始人的郭氏家族的投资仅及股本总额的5.6%，但由于永安公司的大多数投资者都是远在南洋等地的华侨，股权分散，中小股东居多，由此而造成了郭氏家族以极

---

[1] 刘佛丁：《我国民族资本企业资本集中问题初探》，《南开经济研究所年刊》1983年，南开大学出版社1984年版，第225页。

少的股份就轻而易举地取得了永安公司的决策经营权,并逐渐将永安公司造就成为与郭氏家族密不可分的家族公司。

企业集团的出现,改变了中国产业资本的结构,民族资本占据了中国产业资本的主导成分,而企业集团的崛起无疑是导致这种变化发生的重要原因。从中国工业中的纺织、水泥、火柴等重要行业来看,企业集团在这些行业中的地位十分突出,如大生纱厂在 1922 年时,集团的资本总额达到 3 000 多万银圆,纱锭数占全国纱锭总数的 7% 左右。1936 年申新、永安、裕大华三个集团的纱锭和棉纱、棉布的产量在全国纺织业中要占到 1/3 以上,企业集团的创办者提倡实业救国,在发展实业的同时,注重发展地区的文化、教育、医疗、福利等社会事业和慈善事业,起到了影响社会、促进社会发展的作用。

(二) 跨国公司

20 世纪初年以后,来华投资的外国企业大多是国际性的垄断组织。如中国肥皂公司(1909 年)是属于英国利华兄弟托拉斯的,东方修焊厂(1918 年)属于法国液化气体公司,慎昌机器厂(1925 年)属于美国通用电气公司,美光火柴厂(1928 年)属于瑞典火柴大王的泛美火柴公司,华铝钢精厂(1931 年)属于瑞士标准铝业公司,上海电力公司属于摩根财团,上海电话公司和中国电气公司则属于美国国际电报电话公司。最为典型的是英美烟公司,这个托拉斯是 1902 年由英国和美国的烟草公司合并组成的,1903 年吞并了在上海的英美卷烟厂,又陆续在汉口、沈阳、天津、青岛等地设立卷烟厂,并收买了哈尔滨俄商老巴夺烟厂。1934 年英美烟公司在中国的机构改为颐中烟草公司,资本增至 25 000 万元。1936 年它和它的 14 个主要子公司的账面资产共达 77 700 万元。[①] 长期以来英美烟公司凭借其雄厚的资力在中国卷烟市场上一直雄踞垄断的地位,1936 年时年销量达 60 万箱,超过全部华商烟厂。

这些外国企业通过互相之间的集中加强了在中国市场上的垄断力量。例如,在船舶修造业中,1912 年,德国瑞记洋行创办于 1900 年的瑞镕船厂兼并了创办于 1905 年的万隆铁工厂,经营良好。但到了 1936 年,这家船厂被实力强劲的英资耶松船厂兼并,成立了英联船厂,这是当时上海最大的船厂。

再以航运业为例。1898 年日本大阪轮船公司开辟长江航线,1900 年增设沿海航线,资本 1 650 万日元。1899 年日本邮船公司也开辟长江航线,并航行华北沿海,资本 2 200 万日元。1900 年和 1903 年又有日资大东轮船公司和湖南轮船公司先后成立于上海和长沙。1907 年日清轮船公司成立并接办了大阪轮船公司和日本邮船公司在中国的业务,而且将大东轮船公司和湖南轮船公司并入。长江航运几

---

① 吴承明:《中国资本主义与国内市场》,中国社会科学出版社 1985 年版,第 23 页。

乎为日清、怡和、太古三公司所包办。1914年日清在长江航线上有轮船总吨位25 260吨，怡和有19 173吨，太古有17 250吨，中国的招商局有18 704吨，日清处于领先地位。日清实际上是日本半官方的托拉斯组织，其在长江航运中的垄断地位是靠资本集中的手段形成的。

外国资本在其相互集中的同时，还通过吞并华资工厂来加强其垄断地位。在这方面仍以日资在纺织业中的扩张较为典型，如日华纺织会社1925年吞并上海宝成一、二厂，后改为日华第五厂、第六厂、第七厂。1926年又吞并上海华丰纱厂，改为日华第八厂。天津裕元一、二厂和天津华新纱厂则被日本钟渊纺绩会社收买，改为公大。前述日本内外棉公司则借对方债务无法清偿的机会吞并了上海裕源纱厂，而天津的裕大和宝成三厂则为日本东洋拓殖会社所接收。

外国在华资本的集中和垄断程度是相当高的。吴承明在《帝国主义在旧中国的投资》一文中指出，英国对华投资主要集中于怡和、太古、沙逊三大集团和亚细亚火油公司、颐中烟草公司、卜内门洋碱公司、中国肥皂公司。这些资本集团在上海的投资约占英商在华全部资产的60%。据美国人调查，1930年17家大公司的投资占全部美国在华财产的82%，而其余336家只占18%。[①] 而日本的南满铁道株式会社，经营包括工、矿、交通、贸易、港口等十几种行业，它的财产在1914年占日本在中国全部企业投资的55%。1929年美孚石油公司和德士古石油公司在中国的投资占美国在华资产总额的38%；靠贩卖鸦片起家，历史悠久的怡和洋行，到1914年已拥有30多家重要企业，其经营范围，从进出口贸易到保险、航运、铁路、房地产、棉纺、缫丝、制糖等多个行业。

以上简要回顾了近代中国市场上几种主要的企业组织形式，在整个近代企业发展的历程中，并未像西方国家（如美国）那样，出现经理式资本主义取代家族式资本主义的企业组织演变趋势。恰好相反的是，从总体上看，在近代中国市场上活动的民营企业，绝大多数仍然是分散的小规模经营者，工商企业的平均规模小于发达的资本主义国家，民族资本所建立的股份制企业一般规模较小，家族关系在很多公司中仍起支配作用。

任何一个国家的历史发展轨迹都有自己的独特之处。如本章所述，中国作为后进国家，由于劳动力过剩，人均收入水平低下和资本短缺，在着手实行工业化后，必然会出现二元的经济结构，即传统生产和近代生产并存。而在相当长的时期里，引进先进的技术和设备，由于受到资金的限制，只能在有限的范围内进行，所以在近代和传统产业部门之间，生产率以不同的比例增长是不可避免的。西方一些国家之所以不曾出现明显的二元结构，是由于这些国家是在一个长时期内逐

---

① ［美］雷麦：《外人在华投资》，蒋学楷、赵康节译，商务印书馆1959年版，第210页。

渐发展起来的。

在二元经济结构下，农村存在大量潜在的过剩劳动力，这些劳动力能够从农业中分离出来，从根本上来说是取决于第二和第三产业发展的速度和达到的水平，而非取决于农业部门自身的需要。由于不发达国家在其工业化时人均收入水平低，资金缺乏，在相当长一段时间内，通过引进先进技术建立的近代工业吸收的劳动力是十分有限的。为了减轻迅速增加的人口对土地的压力，能否发挥传统工业的优势，在迅速建立近代工业部门的同时，发展劳动密集型的中小企业就成为该国能否发挥二元结构的优势，使经济起飞并迅速成长的一个关键问题。中国在机器大工业发展的同时，传统的工场手工业部门没有相应地得到发展，而且有的行业反而由于种种原因在国际市场竞争中丧失有利地位而衰落下去。大量的农村过剩劳动力不能被工业吸收，大工业的发展又不能依靠自身积累起国家工业化所需的资本，故中国的工业化道路，也必然与其他国家不同。

▶ 即测即评

请扫描二维码，在线测试本章学习效果

思考题：
1. 试述近代工业发展的特点及其对近代社会的影响。
2. 试述近代工业发展的条件。
3. 试述家族式经营在中国近代长盛不衰的原因。
4. 试述近代公司立法对于企业组织形式产生的影响。

第十章　近代第三产业的发展

第三产业也称服务业，泛指除第一、第二产业以外的所有行业，本章所讲的第三产业主要包括商业（含对外贸易）、金融业、交通运输业。近代以来，西风东渐，中国在汲取西方现代工业文明的基础上，涌现出一批现代第三产业组织，成为近代新生经济力量，而传统第三产业组织也未退出历史舞台，它们中的一部分与现代第三产业组织长期共存，对近代经济发展表现出了极大的适应性。在现代产业组织与传统产业组织的共同推动下，中国近代第三产业初步发展，据巫宝三估算，时至 1933 年，本章所述的商业、金融业、交通运输业净收入约占国民生产净值的 18%。[①]

第一节　商业与对外贸易的发展

一、国内贸易发展与结构变化

近代之前，中国传统社会已有一定规模的商品流通，鸦片战争后，西方资本主义的商品入侵，加速了中国自然经济的分解，促进了贸易的发展。19 世纪末 20 世纪初，伴随农产品的商品化、近代工业的发展、国内交通运输条件的改善、电信产业的建立、金融体系的逐步形成，国内贸易出现很大变化。

（一）商贸格局的改变

鸦片战争后，中国的商贸格局发生深刻变化。在西方"船坚炮利"的威吓下，中国被迫开放通商口岸，外国资本主义列强凭借不平等条约所取得的种种特权，对中国展开以商品输出为中心的经济侵略，导致近代中国逐步形成了以口岸城市为中心的商贸体系。

首先，贸易中心转移。以往中国大都市以政府行署所在地为主，清代前期全国涌现出一些因手工业发达或地处流通枢纽而兴起的工商城市，形成各个区域的商贸中心。开埠以后，上海以其优越的地理位置取代广州的外贸地位，雄踞中国对外贸易的首位。受对外贸易的拉动，国内农产品、手工业品流向上海，进口货物也由上海发送到内陆城市，上海因之迅速崛起，成为全国的商贸中心。

[①] 根据巫宝三：《中国国民所得（一九三三年）（外一种：国民所得概论）》，商务印书馆 2011 年版，第 721 页数据计算。

其次，主要商品流通路线改变。清代前期远程贩运贸易以大运河、长江、沿海航线为主要交通线路，五口通商后，进出口贸易中心转移到上海，致使长江的商品运载功能增强，大运河水系的长途运输则因种种原因衰落，沿海航线的运输量也有变化，东北的麦、豆不再运往上海，改为直接出口。19世纪末兴起的铁路建设为陆路运输提供了方便，铁路运输的发展开通了新的商品流通线路。

再次，构建以口岸城市为中心的商贸网。在进出口贸易的带动下，机械工业品从口岸流向内地，农产品及农产加工品从内地流向口岸，口岸城市的商业功能日渐增强，相继成长为区域或地方商品集散地。除广州仍是岭南地区商品集散地外，天津、大连相继成为华北及东北的商品集散中心，汉口则是长江中游重要的商品中转市场与商品集散地。通过市场辐射力，口岸密切了与腹地的联系并促进内地城市的商业发展，进而构建了全国的商品流通网络。

最后，商贸分布的梯度差异。由于通商口岸多设于沿海及长江流域，由进出口贸易带动的市场扩展导致中国商贸发展的严重不平衡。从沿海、沿江地区的商业大城市，到内地中小城市，商品流通量呈现明显的梯度差异。据海关对埠际贸易40个商埠的统计，在1936年各埠输出/输入贸易总值中，上海一埠独占各埠输出贸易总值的39.1%与输入贸易总值的36.2%，长江中游的汉口则分别占输出与输入贸易的16.7%与10.1%，西南边疆的各埠如梧州、南宁、雷州、琼州、北海、龙州、蒙自、思茅、腾越（今腾冲）等合计仅占输出、输入总值的1.5%、4.2%①，国内贸易的不平衡由此可见一斑。

（二）国内贸易的发展

鸦片战争前夕，国内商品流通总额约为5.5亿元，其中远程贩运贸易约占20%，约1.1亿元。②

近代初期，受外贸的拉动，茶叶、丝织品等农产品、手工业品进入大规模商品流通，进口机制品则经口岸城市向内地销售。19世纪末20世纪初，中国出现民族资本投资现代工矿业的热潮，棉纺织业、机器缫丝业和面粉业率先发展，产品销路不断扩大，尤其是机制棉纱，逐渐替代土纱，进入农村市场。1920年，现代化工业品的商品量约8.83亿元，1936年增加到28.31亿元，按可比价格计，年均增长6.29%。与此同时，农产品的商品化迅速发展，粮食商品率提高，从1840年的10%提高到1920年的21.6%；棉花、茶叶、蚕茧、大豆、烟叶等大宗农产品的销量大幅增加，上述六种商品值（含粮食）合计，从1894年的4.99亿两白银，增加到1920年的14.49亿两，年均增长1.68%。手工制造品商品值也有增长，从

---

① 章有义：《〈中国埠际贸易统计，1936—1940〉说明》，载《明清及近代农业史论集》，中国农业出版社1997年版，第223—224页。
② 吴承明：《我国半殖民地半封建国内市场》，《历史研究》1984年第2期。

1920年的38.75亿元增至1936年的54.41亿元，年均增长0.95%。这一时期国内贸易的发展呈明显的阶段性，据吴承明估算，清代晚期，国内商品总值（包括进口洋货）年均增长率不足5%。20世纪以降，国内市场迅速扩大，1908—1920年商品量年均增长率10.46%，达到前所未有的高峰；而1920—1936年间，商品总值从101.46亿元增至178.62亿元，虽因受世界经济危机的影响，年均增长率降到3.60%①，但仍高于19世纪下半叶的增长水平。如将1936年商品量与鸦片战争前相比，1936年比鸦片战争前夕增加数十倍。

近代长途贩运贸易也有很大发展。1870—1894年，埠际贸易中国内产品总值从1.2亿元增长到2.9亿元，增长1.4倍。② 20世纪后，埠际贸易国内产品总值增速加快，长期保持约8%的年增长率，时至1930年，埠际贸易国内产品的总值增至25亿元。③ 此后受1929年世界经济危机以及1931年东北沦陷的影响，1936年国内（不含东北）产品的埠际贸易总值下降到11.8亿元。④

近代国内贸易虽有很大发展，但受政治局势、市场制度的制约，市场发育程度不高。首先是军阀混战，没有安定的社会环境，加之封建割据势力建关设卡、横征暴敛，严重阻碍商品流通；其次是国内市场流通的货币种类繁多，形成不同的比价关系，造成内地汇兑成本高昂，增加了交易费用；最后，近代中国市场没有统一的度量衡，各个地方的称重及量度标准不同，也不利于大规模的商品流转。

（三）商品结构的变化

与中国传统社会相比，近代商品结构有很大变化。鸦片战争前，在国内商品流通中，名列前5位的依次是粮食、棉布、盐、丝与丝织品，鸦片战争后商品结构逐渐变化，机制工业品从无到有，在商品总值中的比重不断上升。

如将国内商品分为农产品、手工业品、现代化工厂产品、矿冶产品、进口洋货5大类，1920—1936年，农产品在国内商品总值中的比重从38.5%上升到42.2%，手工业品的比重从38.2%下降至30.5%，现代化工厂产品从占8.7%提高到15.8%，矿冶产品变动不大，从占2.9%略降至2.8%，进口洋货则从占11.7%下降到8.7%。⑤

---

① 吴承明：《中国的现代化：市场与社会》，生活·读书·新知三联书店2001年版，第291、301、303页。
② 据许涤新、吴承明主编：《中国资本主义发展史》（第2版）第2卷，人民出版社2003年版，第764页"国内埠际贸易各关土货运出总值"计算，原文为海关两，按1∶1.558折算为元。
③ 据许涤新、吴承明主编：《中国资本主义发展史》（第2版）第3卷，人民出版社2003年版，第224页"各关运出土货"计算。
④ 郑友揆、韩启桐：《中国埠际贸易统计1936—1940》，中国科学院1951年印行，第3页。
⑤ 据吴承明：《中国的现代化：市场与社会》，生活·读书·新知三联书店2001年版，第301页表四数据计算。

近代长途贩运贸易的商品结构也出现明显变化，首先是贩运贸易中进出口货值和国内国货运销货值比重的改变。海关资料显示，1920年后，进口洋货与出口国货在埠际贸易中的比重下降，国内运销的国货货值所占比重上升，从1920年的22.5%升至1936年的42.1%。[①] 其次是运销的主要商品改变，1936年占比居前的10种主要商品依次为棉布、棉纱、桐油、粮食、纸烟、棉花、面粉、煤、茶叶、糖，原来占据重要市场位置的盐、丝、丝织品已排到10位以后。1936年埠际贸易中，机制工业品占34%，手工业品占42%，农产品占24%。[②]

商品结构是各类产业部门相互关系的反映。上述商品结构的变化表明：

（1）在1920—1936年的十几年中，现代化工业品在商品总值中所占比重从8.7%增至15.8%，在1936年的埠际贸易中占34%，折射出国内机械工业有较大发展，现代化工业产值在国民经济中的地位上升。不过，现代工业品包括外资与华资工矿业两部分，在国内工厂产值中，外资厂所占比重超过35%，可见现代化工业产品市场在一定程度上是由外资拓展的。

（2）工业品中大部分是手工业品，手工业品在商品总值中的比重从1920年的38.2%下降至1936年的30.5%，既是中国近代化进程中的表征，同时也与乡村手工业，如最令人瞩目的缫丝业、土布业，受世界经济危机、东北沦陷等因素的影响明显衰落有关。20世纪30年代中期手工业生产总值是机制工业生产总值的2.35倍，而手工业品占1936年埠际贸易总值的42%，仅为机制工业品的1倍多，则反映相对于机制工业品而言，手工业品的流转额较低。

（3）直至20世纪30年代，农业仍是国内最重要的产业。1933年，农业净产值占国内生产所得的比重是制造业的6倍多，但在商品总值中农产品所占比重仅为现代工业品的2倍多，在1936年的埠际贸易中，农产品所占比重仅为24%，足见农产品的流通率依然很低。

二、对外贸易的发展与结构变化

在19世纪40年代后的半个多世纪里，清政府在世界资本主义列强的武力威逼下，与资本主义国家签订了50多项有关对外商务的不平等条约。中国近代的对外贸易就是在条约制度下发展的。

（一）对外贸易的发展

鸦片战争前，欧美国家的对华贸易仅限于在广州进行，战后清政府被迫开放广州、福州、厦门、宁波、上海5处为通商口岸，中国对外贸易中心渐由广州移至

---

① 郑友揆：《中国的对外贸易和工业发展》，程麟荪译，上海社会科学院出版社1984年版，第47页。
② 章有义编著：《明清及近代农业史论集》，中国农业出版社1997年版，第222页。

上海。此后，清政府又被迫在长江流域、北方沿海、东北地区增设许多商埠。1842—1930年，中国约开（根据条约开放）与自开（中国自行开放）的通商口岸达110处，中国沿海与内陆几乎无处没有外商的足迹。

近代对外贸易初期，即五口通商时期，外国工业品在中国市场严重滞销。当时中国的工业技术虽落后于欧美，但生产力仍保有相当水平，同时，中国的经济形态没有改变，全国4亿人口的消费需求基本可由本国的生产满足，进口工业品难以打开销路。英国是当时主要的对华贸易国，约占对华贸易总额的70%。英国输入中国的工业品以棉制品为主，而中国人习惯穿坚实耐用的土布，致使运到中国的英国棉布大量积压、滞销，只能贱价出售。这一时期，中国出口英国的货物总值远远超过自英国输入的货物总值，1851—1856年，输入中国的英货总值1 090.9万镑，年均181.8万镑；输往英国的华货总值则达5 584.4万镑，年均930.7万镑。[①] 但这并没有使中国处于有利的地位，英国为弥补贸易逆差，向中国输入大量鸦片，对中国人民造成巨大的伤害。

19世纪下半叶，资本主义世界的技术革命大大提高了生产效率，苏伊士运河的通航与欧洲至上海海底电缆的敷设，又降低了运输费用与交易成本，加之第二次鸦片战争后世界资本主义列强在华特权扩大，并新辟大量通商口岸，增强了进口工业品的市场竞争力，导致自19世纪80年代中期起，进出口贸易增长速度加快，对外贸易总值从1878年的13 997.6万海关两，增至1895年的31 499.0万海关两，增长125%；其中出口贸易净值从6 717.2万海关两增至14 329.3万海关两，增长113%，进口净值从7 080.4万海关两增至17 169.7万海关两，增长142%。值得注意的是，此时无论进口净值的绝对值，还是进口增长速度都超过了出口。进入20世纪，中国对外贸易迅猛发展，外贸总值迅速攀升。1896年对外贸易总值为33 367.1万海关两，1930年增至220 460.0万海关两，增长5.6倍；其中出口净值从13 108.1万海关两增至89 484.4万海关两，增长5.8倍，进口净值从20 259.0万海关两增至130 975.6万海关两，增长5.5倍。其后，受20世纪20年代末世界经济危机与1931年日本帝国主义入侵东北的影响，中国对外贸易趋向衰落，1936年的外贸总值只有105 730.8万海关两。[②]

1937年日本帝国主义发动全面侵华战争，华北、东南等地区相继沦陷，对中国对外贸易的发展造成极大危害。1937—1941年，中国对外贸易总值从52 573.7万美元增长到75 980.4万美元，但在1938—1941年的年均贸易总额中，沦陷区占

---

① 根据许涤新、吴承明主编：《中国资本主义发展史》（第2版）第2卷，人民出版社2003年版，第68—69页表2-13计算。
② 郑友揆：《中国的对外贸易和工业发展》，程麟苏译，上海社会科学院出版社1984年版，第334—337页。

极大比重，国统区仅占19%。①

综观近代中国对外贸易，自19世纪40年代到20世纪30年代基本呈不断发展的态势，以1868年与外贸峰值年份1931年相比，外贸总额从12 510.8万海关两增为234 296.5万海关两②，后者比前者增加17.7倍。不过，这是以白银计算的结果，如改用美元计算，63年间对外贸易总额仅增加3倍多。这是因为同期国际市场的金银比价发生变化，白银的黄金价格迅速跌落，导致用白银表示的物价高于用黄金表示的价格。

那么，中国对外贸易在世界贸易中处于什么地位呢？20世纪20年代，在世界56个主要贸易国中，中国进口、出口贸易分居第12位、13位③，中国贸易额占世界贸易总额的2.31%，中国的人均贸易额则只有3.38美元。④

(二) 对外贸易商品结构的变化

对外贸易的商品结构反映对外贸易的性质，也反映国家的工业化程度。在近代中国百余年间，对外贸易的商品结构发生了显著变化。

1. 进口商品结构的变化

近代中国的进口商品结构变化明显，呈商品种类逐步多样化的发展趋势。19世纪70年代初期，鸦片、棉布、棉纱、棉花、染料油漆、糖、米、钢铁8种主要商品占进口贸易总值的78.1%，其他商品仅占21.9%；到1936年，棉布、棉纱、棉花、染料油漆、煤油、糖、米、小麦、面粉、钢及铁、机器及工具11种主要商品占进口总值的比重为37%，其他商品的比重上升到63%。⑤

19世纪90年代前，鸦片、棉布、棉纱是中国进口的主要商品，三项合计占进口总值的65%~70%。其中，鸦片占据进口商品的首位，1871—1873年间，进口鸦片占中国进口总值的37.7%，90年代后鸦片所占比重下降，20世纪20年代在海关统计中已微乎其微。棉织品与棉纱是仅次于鸦片的重要进口商品，其中棉布进口从1868年的2 000万海关两，增至1913年的11 000万海关两，常占进口总值的1/5到1/4；同期棉纱进口增长更快，在进口商品中名列第三，占进口总值的10%~15%。⑥ 第一次世界大战后，由于国内外资、华资纱厂出纱量增多，棉织品所占比

---

① 郑友揆：《中国的对外贸易和工业发展》，程麟荪译，上海社会科学院出版社1984年版，第197页。
② 郑友揆：《中国的对外贸易和工业发展》，程麟荪译，上海社会科学院出版社1984年版，第334、337页。
③ 武堉干编纂：《中国国际贸易概论》，商务印书馆1930年版，第15页。
④ 刘佛丁主编：《中国近代经济发展史》，高等教育出版社1999年版，第297页。
⑤ 严中平等编：《中国近代经济史统计资料选辑》，中国社会科学出版社2012年版，第55页。
⑥ 郑友揆：《中国的对外贸易和工业发展》，程麟荪译，上海社会科学院出版社1984年版，第21页。

重下降，对棉花的需求激增，1929—1931年，进口棉花达214.2万公担，占进口总值的10%，其后进口量下降，1936年仅占进口总值的3.8%。① 煤油进口量自19世纪80年代后迅速增长，1887年进口煤油1 200万加仑，20世纪20年代年进口突破2亿加仑，常占进口总值的5%~7%。② 粮食进口也在进口商品中占有不小的比重，从19世纪70年代到20世纪30年代，大米进口呈增长趋势，小麦与面粉的进口则在20世纪30年代增多，受国内经济恐慌的影响，1933年进口大米、小麦、面粉三项合计约占进口总值的19.8%，1935年国内经济形势好转，米、麦、面合计占进口总值的比重遂降至14.3%。

钢铁与机器等商品的进口稳步增长。钢铁进口从1871—1873年的14.3万公担，增至1929—1931年的581.8万公担，增长了近40倍，其后仍保持增长的势头。到1936年钢铁进口占进口总值的9.8%。③ 直到1886年，海关贸易统计中还没有对机器进口单独列项，1887年，机械及机器进口仅39.8万海关两，1921年增至8 952.7万海关两，约占进口总值的9.88%。④

2. 出口商品结构变化

20世纪前，中国的出口商品种类比较单一，20世纪后商品种类逐步多样化。中国出口商品主要有茶、丝、豆、豆饼、花生、棉花、棉纱、桐油、猪鬃、蛋、锡与钨砂等，各个时期出口的主要商品有所不同。

19世纪，茶与丝是中国主要出口商品。1868年，茶、丝两项的出口值合计占中国出口总值的94%，此后它们所占比重不断下降，1913年降至33.7%，1936年则只占12%。19世纪前，茶叶是中国出口的首要商品，几乎占出口商品总值的一半，后因在国际市场上遭遇印度与锡兰茶的竞争，出口绝对值持续下降，到1936年降至4.3%。自19世纪80年代后期起，丝与丝织品的出口值超过茶叶，位居出口商品的第一，约占出口总值的1/3，20世纪后，丝及丝织品在出口总值中的比重下降，30年代更降至7.8%~13.3%。随着东北对外贸易的开放，大豆与豆饼在出口中的比重不断上升，至20年代末30年代初，大豆及豆饼已成为中国最重要的出口商品，二者合计占出口总值的20%左右。⑤ 花生、猪鬃的出口量也不断增加，

---

① 严中平等编：《中国近代经济史统计资料选辑》，中国社会科学出版社2012年版，第53、55页。
② 徐雪筠等译编：《上海近代社会经济发展概况》，上海社会科学院出版社1985年版，第358—359、364页。
③ 严中平等编：《中国近代经济史统计资料选辑》，中国社会科学出版社2012年版，第55页。
④ 徐雪筠等译编：《上海近代社会经济发展概况》，上海社会科学院出版社1985年版，第358、364页。
⑤ 郑友揆：《中国的对外贸易和工业发展》，程麟荪译，上海社会科学院出版社1984年版，第19、40、43页。

1935 年分别占出口总值的 3.5%和 2.8%。20 世纪第一个 10 年，棉花出口约占出口总值的 5%，1936 年降为 4.0%。桐油出口自 1912 年打开国际市场，20 年代后加速增长，1936 年占出口总值的 10.3%。从 1928 年起，棉纱的出口量超过进口量，1934 年，占出口总值的 5.8%。①

3. 对外贸易的基本性质

将 1878—1936 年进出口商品做分类统计显示，在进口商品中，"消费资料的进口远大于生产资料的进口，而直接消费资料的进口又较消费品原料的进口为巨"。② 1873 年进口货物中，消费资料占 91.9%，其中直接消费资料即占 83.4%。进入 20 世纪，情况有所变化，1903 年消费品资料所占比重下降到 85.0%，但直接消费资料仍占 62.7%。20 世纪二三十年代，中国的机械工业有了一定程度的发展，带动进口商品中生产资料所占比重增大，1936 年，生产资料占比达到 44.4%，其中机器及工具占比为 6.1%。在出口贸易中，原料出口，尤其是农产品原料出口所占比重逐步扩大，制成品与半制成品出口逐渐缩小。1873 年原料、半制成品与制成品（主要是手工制品）分别占出口总值的 2.6%、97.4%，19 世纪 90 年代后，农产品原料所占比重大幅增加，1920 年占出口总值的 36.4%，手工业产品所占比重下降，从 1893 年的 81.8%降至 1920 年的 39.4%，而机器制成品占出口总值的比重有所增加，从 1893 年的 2.5%增至 1920 年的 8.3%。③

由此可见，近代中国进出口贸易的商品结构虽有很大变化，但进口以直接生活资料为主，出口以农产品原料及手工业制品为主的外贸格局没有根本改变，带有后发展国家外贸的特质，同时彰显了中国工业化初期的某些特点。

三、商业组织与经营

外国资本主义的商品入侵与国内近代产业的兴起与发展，促进了中国商业组织与经营的变化，新旧商业组织相互交织、相互影响，是近代中国商业发展的重要特征。

（一）国内商业的发展

1. 新式商业的兴起与传统商业的演进

中国近代的新式商业于五口通商后兴起，它与传统商业的根本区别在于它是资本主义生产方式的组成部分。传统商人资本游离于产业资本之外，新式商业则为国际产业资本与本国产业资本服务，是产业资本再生产过程中的职能资本。另

---

① 严中平等编：《中国近代经济史统计资料选辑》，中国社会科学出版社 2012 年版，第 56 页。
② 严中平等编：《中国近代经济史统计资料选辑》，中国社会科学出版社 2012 年版，第 50 页。
③ 严中平等编：《中国近代经济史统计资料选辑》，中国社会科学出版社 2012 年版，第 51—52 页。

外，在新式商业的发展过程中，商业组织越来越多地采用了资本主义的经营方式和管理制度。

通商口岸开放后，在与进口贸易相联系的领域率先出现了新兴商业行业，如经销进口商品的棉布业、西药业、五金业、百货业等，达 20 多种。这些新式行业或由买办投资，或由外地商人投资，或由旧式商业转化而来，大多采用资本主义的经营方式。新式商业最初崛起于进出口贸易中心上海，继而推广到内地城市，成为中国商业中的新生力量。20 世纪以来，国内机械工业日趋发展，一些新式商业行业，如棉布、百货等业，货源发生变化，国产工业品逐渐取代进口货，成为店家经销的主要商品，天津、北平、济南、西安等地还出现了专门经销国产工业品的国货商店。这时的新式商业已主要不是为外商服务，而更多从属于国内产业资本了。

中国城市原有的传统商业在对外贸易的冲击下命运各不相同。在新式商业崛起的同时，一些传统行业相继衰落，如洋铁、洋针、火柴等洋货的进口，挤垮了中国的土铁、土针、火石等，致使经营这些土产的商业迅速衰败；一些城市传统商业机构由经营土货改为经营洋货，或兼营洋货，如北京的洋布店就是以绸缎庄、土布店为基础，同时经营洋布，部分城市的杂货店、绒线店发展成百货店。这些商家改变经营方式，提高了经营素质，加快了资本主义化的步伐。一些传统牙行纷纷转而自营大宗商品买卖，转化为新式批发商。

2. 经营方式的改进

随着贸易的发展、商品种类的增加，商业企业的经营方式也有所改进。一是一些百货商店、大型绸布店注重店面设计，使之符合顾客选购与店家销售的需要。如永安百货商场的销售厅有四层楼，其中一层销售日用品，二层售卖绸缎布匹，三层卖珠宝首饰、钟表乐器，四层则为地毯、家具等由店家送货的商品。二是树立顾客至上的理念，为顾客提供周到的服务。如永安百货公司提出"顾客永远是对的"口号，采取送货上门、代办邮售、发行礼券与结算"折子"等方便顾客的措施。三是一些商家采用"明码实价""货不二价"的标明货价制度，改变传统商业"暗码虚价""漫天要价，就地还钱"的经营方式。四是重视对商品的宣传，促进销售。一些商家开设商品陈列橱窗，吸引顾客的注意。如老字号商家北京瑞蚨祥 1911 年开始定制玻璃货架，陈列商品。1924 年该店经理到上海参观商品陈列后，又布置橱窗陈设。不少商家力图通过广告宣传，创造消费需求。明清时期已有分送仿单、张贴招纸图片等广告宣传方式，近代广告种类增多，主要有印刷品广告、游行广告、灯具广告、电汽车广告、播音广告、报刊广告等，其中尤以报刊广告发展迅速，20 世纪后，《申报》刊登的广告已占全部篇幅的十分之六七。

3. 新型商业组织的产生

（1）公司制商业组织。传统中国的商业企业组织形式只有独资和合伙两种，1903年清政府制定中国首部公司法——《公司律》，对公司的种类、资金组织、经营管理、盈亏责任作了规定。《公司律》颁行后次年，全国各地掀起了创办公司的高潮，至1909年，向农工商部注册的商业公司已有15家。1914年，北洋政府农商部又颁行《公司条例》，对推动公司制度的发展产生了积极作用，1915年，全国的商业公司已增加到202家，资本1 795万元。①

（2）大型百货公司。进入20世纪后，中国商人相继在国内部分大城市兴建大型百货公司，成为零售业的新业态。这些大型百货公司在进货规模、商品销售、柜台组织、场地照明、温度调节、防火制冷等方面都表现出不同于前的特点。如永安公司商场面积6 000多平方米，开业时就备有1万个品种，分为40个商品部，每个商品部相当于一家专业性商店。一些大型百货公司还兼营酒店、餐厅、游乐场、浴室等业务，成为多功能的综合型商业实体。

（3）商品交易所。商品交易所是大宗物品的交易场所，也是近代中国出现的全新商业组织。1913年，日本人首先在大连建立农产品交易所，主要经营大豆、豆饼、豆油、高粱及其他谷物交易。进入20年代，上海等城市的交易所相继兴起，仅上海一地就有各种交易所100余家，后来大部分倒闭。截至1936年，全国的商品交易所尚存8家，主要交易物是粮食、面粉、棉花、棉纱、棉布、金块等。1921年开业的上海华商纱布交易所是国内最大的棉花、棉纱、棉布交易所，交易方式分为现期与定期两种，其中期货交易比重较大，交易所的成交价格直接影响全国市场。哈尔滨的滨江粮食交易所主要经营大豆、小麦、面粉、豆油及杂粮，设有现货买卖、期货买卖、约期买卖，交易方式也有相对买卖、投标买卖、竞争买卖3种，定期买卖以3个月为限，约期买卖现期6个月。

（4）报关行。随着对外贸易的发展，以代客报关纳税为主要业务的报关行应运而生。近代报关行有3种：一是普通报关行，专门代客办理报关手续；二是轮船公司兼营报关行；三是轮船公司特约报关行。20世纪初，报关行遍布中国的各大通商口岸，仅上海一地的报关行就有48家。为适应商品流通的需要，报关行的业务不断扩大。一些报关行除代客报关外，还代客装卸货物、寄送邮件；设置客栈和堆栈，供客商住宿与堆放货物。有的报关行更设有转运公司，办理储运业务。近代报关行的建立与发展有利于商品流通，但它多为洋人或买办控制，又有很大的局限性。②

---

① 阮湘等：《中国年鉴》第一回，商务印书馆1924年版。转引自王相钦编著：《中国近代商业史稿》，中国商业出版社1990年版，第305页。
② 王相钦编著：《中国近代商业史稿》，中国商业出版社1990年版，第279—280页。

（二）对外贸易组织的变化

1842年的中英《南京条约》废除了"公行"制度，外国商人可在通商口岸自由交易。自此，外国商人接踵而至，外国洋行从19世纪40年代初不足40家，增至19世纪50年代中期的200余家，垄断了中国的对外贸易。

1. 买办制度下的贸易组织

外国洋行初到中国，语言不通，也不了解中国的商情，它们大多雇用中国人做买办、通事，建立与华商的联系，经营对外贸易。买办最初是在外国商船、商馆服务的仆役头目，负责为外商采买物料和食品、办理各种杂务。后来随着对外贸易的发展，买办的职能不断扩大，成为洋行对华贸易中的重要人物。洋行买办的主要职能有二：代洋行推销进口洋货或收购国产土货；管理洋行内的日常事务。买办定期从洋行领取薪俸，并按交易额收取一定比例的佣金。于是，买办一身兼有两种身份，既是洋行的雇员，又是外商对华贸易的代理人。

在洋行雇用买办开展业务的过程中形成了买办制度，该制度由三个方面构成：首先，洋行雇用买办一般要签订合同，把双方的权利与义务用契约形式固定下来，并报领事馆备案。其次，为规避市场风险，洋行要求买办提供现金、实物、信用等担保，对经手所在洋行的交易以及华商的信用、付款等负保证责任。最后，为便于开展业务，买办在洋行内设有账房，也称"买办间""华账房"，是买办的职能机构，华账房有专职业务人员，分别负责购买、销售、关税、仓库、会计等事务。

2. 贸易组织的多元化

19世纪中期，洋行大多依靠雇用买办开展国内业务。进入20世纪，洋行对中国商情逐渐熟悉，伴随洋行业务的拓展，一些洋行相继废除买办或变革买办制度，代之以高级职员制、经销制与代购制。高级职员制是洋行取消买办的保证金与佣金，雇用华籍职员担任"华经理"或"华账房主任"，洋行与华籍职员的关系变为单纯的雇佣关系。经销制也称地区包销制，是把中国商品行销市场划分为若干地区，每个地区物色一名总代理商，总代理商再与下一级经销商、批发商、零售商等建立销售关系，构成商品的销售网。当时的一些大公司，如日本三井物产株式会社、英荷壳牌公司、英美烟公司、美国美孚石油公司等都实行了经销制。代购制又称直接代购制，由外商与经营出口贸易的中国大商人直接交易，外商预先订购产品，并给予代理收购商品的中国商人融通资金方面的支持，最后按收购数额给付代理人佣金作为报酬。20世纪初期兴起的桐油、猪鬃等出口贸易，不少采用直接代购制。

（三）中国近代商业的三重结构

清代后期，中国商业已经形成由外资商业、城市华资新式商业、内地乡镇传统商业构成的三重结构。在整个近代时期，尽管不同类型的商业组织相互竞争、相互影响、相互作用，但这一结构没有发生根本改变。

洋行作为外资在华商业的主体，始终在中国的进出口贸易中居主导地位。最初洋行主要依靠买办建立与中国商人的联系，操控进出口商品价格，介入中国市场。20世纪后，一方面，洋行与进入中国的外国大制造商改变洋货经销方法，在中国各地建立自己的销售网；另一方面，洋行深入中国内地设立土产收购站，直接收购中国农副产品，直接楔入了中国的商业流通网。

城市新式商业与民族工业的兴衰关系密切，它的发展是一个空间拓展的过程。19世纪末20世纪初，上海和其他口岸已经形成的一系列新兴商业行业，逐步向内地城市扩散，催生了内地的一些区域商业中心，而大小商业中心的相互贯通，加强了沿海通商口岸与广大腹地城市的联系。同时，各个商业中心向农村市场的辐射，又沟通了各个地区内部城乡之间的商品流通。

由于中国内地乡镇原有的商业流通网几乎不加改变就能适应新的商品流通需要，所以近代中国广大农村乡镇仍沿用传统的商业渠道和交易方式进行交换。19世纪末20世纪初，随着中国经济的进一步开放，交通条件的改善，中国内地乡镇和乡村市场已经不同程度地与进出口贸易相关联，传统商业与在华外资商业、口岸城市的华资新式商业形成环环相扣、彼此呼应、相互制约的关系，并在这种关系上重构了中国商业网络。中国近代的三重商业结构，集中体现了中国商业发展的过渡性与复杂性。[①]

第二节　金融业发展与金融市场

中国传统金融机构主要有钱庄、票号、典当、账局等，其中以钱庄在经济生活中的影响最大。进入近代社会，随着传统市场的发展变化，为商品流通提供资金融通服务的传统金融也在发生变化，出现了仿效西方商业模式而设立的新式金融机构如银行、信托、储蓄会、保险公司、证券交易所等。

一、传统金融机构的发展变化

（一）钱庄

钱庄产生于明代中后期，由传统的经营钱币兑换与金银器饰的钱铺、金店等

[①] 汪敬虞主编：《中国近代经济史（1895—1927）》下册，人民出版社2000年版，第2118—2161页。

发展而来。钱庄活动具有很强的地域特征，在各地的称谓也不统一。一般在长江流域称为钱庄，在华北和华南的许多地区叫作银号，广大农村或城市中的一些较小钱业机构仍然统称为钱铺。早在鸦片战争之前，钱庄的业务活动已经相当广泛，其最基本的业务是钱币兑换，后来逐渐发展出存放款、发行兑换券、票据结算与汇划等业务。

到了近代初期，更多的洋商开始与华商进行贸易活动，由于对传统交易方式、信用状况、市场行情都很生疏，双方信任感的缺乏使得商业贸易活动受到很大限制。在此情况下，一些通商口岸的钱庄便向华商提供信誉卓著的庄票作为信用工具，从而促成交易的顺利进行。庄票是由钱庄签发有若干金额的票据，可以代替现金，起支付手段和流通手段的作用。1846 年，洋商在与华商的交易中首次接受上海钱庄的庄票，此后，钱庄在对外贸易中逐渐发展起这项新业务。19 世纪 50 年代之后，庄票已经成为外商普遍接受的结算工具。但随着中外贸易的扩展，中外商人要求钱庄提供更多的资金，钱庄往往需要借入资金进行补充，1869 年，汇丰银行首次以钱庄庄票作为抵押，向钱庄提供贷款，此后，外国银行的信用放款开始成为钱庄运营资金的重要来源之一，钱庄对外资银行的资金依赖也日益加深。进入 20 世纪之后，钱庄由于与商业关系密切，庄票信誉良好，在新式银行大量设立之后仍然继续发展。

据统计，1912—1920 年间，中国钱庄、银号的总家数为 4 000 多家，资本额在 6 000 万~7 000 万元之间，包括资本、公积金、存款和发行纸币在内的资力也从 1.2 亿元发展到 1.6 亿元。① 到 1925 年，钱庄的总资力已从 1920 年的 1 亿多元激增至 8 亿元，约占本国银行的 55%，② 但如果加入股东的后备资金，其实力或许并不亚于银行。

20 世纪 30 年代，随着国家银行、各省银行分支机构的拓展和县级银行的发展，以及政府货币制度的改革和对钱庄业务的限制，加之本身的制度缺陷，在市场条件日益复杂的情况下，钱庄开始走向衰落，最终未能实现向现代金融机构的成功转型。根据当时对各地钱业的调查，具有一定资力和规模的钱庄、银号共近 1 100 家，若将调查中漏列的正式钱庄计算在内，估计总数当不下 1 500 家，资本可达 1 亿多元。但同 20 世纪 20 年代中后期相比，其实力已经大为减弱。

（二）票号

票号是清代金融业的主要组成部分之一。它起源于长途贸易发展对远距离汇兑业务的需要，是专门经营汇兑业务的一种独立金融组织，起着促进商品流通的

---

① 杜恂诚：《中国金融通史》第 3 卷（北洋政府时期），中国金融出版社 2002 年版，第 233 页。
② 唐传泗、黄汉民：《试论 1927 年以前的中国银行业》，转引自中国近代经济史丛书编委会编：《中国近代经济史研究资料》第 4 辑，上海社会科学院出版社 1985 年版，第 82 页。

作用。从 1823 年第一家票号的产生到 1940 年，随着最后两家票号改组为银号，票号经历了百余年的发展历程。早期票号的主要活动区域在黄河流域和华北各省，后期活动范围扩大到全国各大省份，业务也从专业汇兑发展到全面经营存放款和汇兑活动，成为完整形态的金融组织。关于票号的具体业务和组织特点，本书第四章第三节已经做了详细介绍。此处简单论述票号在清末的发展演变。

在票号初期的汇兑活动中，总分号之间开始形成了关系密切的汇兑网络。太平天国运动爆发之后，各省向北京解运京饷发生重大困难，迫使清政府放弃历来奉行的严禁京饷交商汇兑的规定，这一变动使得票号利益和清政府异常紧密地结合在一起。19 世纪后半期，票号为清政府提供了汇兑官款和垫解京协饷的服务。此后，各省协饷也交由票号汇兑。此外，票号由于自身资力的雄厚，还对商业贸易和其他经济事业提供金融周转。

在经历了 19 世纪中后期的重大发展后，就票号业的实力而言，包括汇票发行量、存款与资本（正本）在内的总资力，在 19 世纪 50 年代就已经达到了 5 000 余万两，到七八十年代进一步发展到 2.4 亿两，清末最盛时期则高达 7.7 亿两。这还不包括具有纸币性质的银钱票的发行。进入 20 世纪之后，新式金融机构、全国官钱银号向汇兑业务的扩张也对票号的汇兑业务造成极大冲击，辛亥革命之后，随着清政府的灭亡，票号也开始转向衰落。

（三）典当

典当业以抵押放款为主要业务，在中国是一个历史悠久的行业。历史上，对于这些机构的称谓很多，一般均带有"典、当、按、质、押"等字。中国典当业的发展在明代后期到清代中期达到鼎盛，之后首先被钱庄、银号所超越，并随着一系列近代新式金融机构的出现，其在整个金融市场的地位和作用也日趋削弱。

从全国范围来看，典当业在清代中期达到鼎盛，鸦片战争后即走上下坡路，其衰落早于票号和钱庄。虽然典当业近代以来呈现衰落之势，但它仍然是金融结构中的有机组成部分，在广大农村与城市的基层经济中占有重要地位。由于近代中国经济发展的不平衡，当铺仍然是广大小生产者进行资金融通和赖以借贷的主要金融机构。据 1933 年和 1934 年分别对 22 省 785 县与 850 县农民借贷情况的调查报告，平均而言，典当业在农村借贷中的份额为 8.8%，但在广西、广东、四川、江苏、山西等省份均达到了 18% 以上。同时，对商店、地主、富农、商人的借款大多属于亲人、熟人之间的借贷范畴，而就银行、合作社、典当与钱庄四大金融机构而言，其所占的份额分别为 12.4%、13.5%、45.6% 和 28.5%，由此可见典当业在农村金融中的重要地位。

除此以外，传统金融机构里还包括了账局、合会等。账局产生在清前期，多分布在北方的商业城市，且开办者多为山西商人，最早的一家祥发永账局即由山西汾阳商人王庭荣所开设。账局既对工商业放款，也贷放京债，同时也吸收存款以扩大资本来源。合会又称"钱会""摇会"，是一种民间互助合作性质的信用机构，会员共同储蓄，分期轮番借贷，在中国有悠久的历史。进入近代之后，钱庄、票号、账局等传统金融机构尽管在外来力量的推动下，经过自身努力，其经营范围都更加广泛，但由于受到内外部各种因素制约，最终未能演变为新式金融企业，而是逐渐走向了衰落。

二、新式金融机构的产生与发展

近代中国出现的新式金融机构，主要包括新式银行、保险公司、信托公司（除经营一般信托业务之外，兼营房地产和有价证券买卖业务）、证券交易所、储蓄会（专门经营储蓄业务的机构）和银公司等。

（一）新式银行

近代中国新式银行业兴起于19世纪末20世纪初。最早出现在中国的都是外国银行，其出现时间与各资本主义国家侵略中国的时间一致。鸦片战争之后，外商银行陆续在中国设立，19世纪70年代初以前，除一家法国的东方汇理银行外，其余都是英商银行，如丽如银行、麦加利银行（今渣打银行）等。以后则有德、日、俄、法、比、荷等国银行。1864年时，中、英、美、德等国商人合设汇丰银行，后来因为中美等国的资方退出，汇丰银行最终成为一家纯粹的英商银行，其总行设在香港，在全国主要的商业城市都设立了分行，它在中国银行史上占有极为重要的地位。几十年间，中国的关税收入和盐税收入都由它独家保管，作为英国的代理人，对中国财政金融起着重要的支配作用。例如，国际汇兑是外商银行成立以来的第一项主要业务，汇价的决定完全受汇丰银行的控制。

此外，外商银行在中国可发行纸币，开展存、放、汇等银行业务。它们在中国吸收社会闲散资金，将它转化为资本，为资本主义国家的商品输出和资本输出服务。同时外商银行通过对清政府的放款，以期掌握中国的财政大权。它们不仅从借款中获取高额利息，并且要以中国的财政收入为担保，进而干涉中国内政。

对于国内新式银行的发展，一般认为，1897年由盛宣怀在上海设立的"中国通商银行"是中国第一家完全按照西方银行组织形式建立的新式银行，该银行由政府创设，以汇丰银行为蓝本，经理也聘请英国人担任。在此之后，一些国家资本银行和私人资本银行也相继成立，主要有大清银行、交通银行、四明银行、浙江兴业银行等。据不完全统计，到辛亥革命前，中国资本银行至少有17家，实收资本额为2 290万元左右。这一时期虽然出现了中央银行的雏形，并有专门以发展交通、兴办实业为目的的银行设立，但事实上，各个银行的业务活动主要局限于官款调拨，与产业发展并无太多的联系。在整个金融结构中，新式银行业的实力不仅远远低于外国在华银行，而且与票号、钱庄、典当业相比也没有明显优势。

辛亥革命后，银行业发展速度加快，各种省立银行大量出现。据《全国银行年鉴》（1933年）统计，1912—1927年期间设立银行多达313家，资本总额为20 663万元。北洋政府成立后发行了大量内债，中国银行和交通银行作为国家银行，成为北洋政府财政支柱。这一时期各种商业银行的业务活动也以政府放款与投资公债为主，大多数银行均拥有大量的政府公债券与库券。银行与民族资本主义工业很少直接发生联系，对产业放款数量有限。这一时期，私营银行中发展较好的有"南三行"（上海商业储蓄银行、浙江兴业银行、浙江实业银行）和"北四行"（金城银行、盐业银行、大陆银行、中南银行）。随着银行的发展，银行业同业组织也相继出现，银行公会成为各地商会中最活跃的组织。

1927年南京国民政府成立之后，由于国内政治局势相对安定，中国银行业的发展大大加速，到20世纪30年代中期，已经初步形成较为完善的银行体系。除地县级银行之外，从国家银行到省市立银行，各种商业储蓄银行、农工银行和专业银行均发展起来。各地的银行同业组织、准备金库、各种银行法规也先后建立与完善。这一时期，政府层面也建立了由中国银行、中央银行、交通银行、中国农民银行、邮政储金汇业局、中央信托局组成的"四行二局"国家垄断金融体系。

全面抗战期间，中国银行业的发展势头并没有停止。从数量上来看，银行数目仍不断增加，从1937年7月到1942年年底全国共新设银行108家，到1945年8月抗日战争胜利时，中国银行的实存家数达到416家，比战前增加了2.54倍。同时，南京政府为了进一步加强对金融业的控制，由中国银行、中央银行、交通银行、中国农民银行四大银行在上海组成"四行联合办事处"（简称"四行总处"），后随战局变化迁至重庆，于1939年改组为中央集权机构，担负起筹划与推行政府战时经济、金融政策的任务。

总之，清末十多年间是中国新式银行的产生时期，民国初年中国的银行业虽然有一定的发展，但在20世纪20年代以前，其整体实力仍然非常有限，从20年代后期开始，其发展才大大加速，在全国金融结构中逐步占据优势地位。抗日战争期间，虽然中资银行的数量仍然不断增加，地域分布更为合理，银行业的体系也更为完善，但它在金融市场上的实力还远不能和外商银行相抗衡。

（二）保险公司

保险是人们为应付自然灾害和意外事故造成的经济后果所采取的一种必要补偿机制。保险公司作为近代出现的新式金融机构，也是外资保险业先于华资保险业。1835年，英商宝顺洋行为适应海运保险需要，在澳门开设於仁洋面水险保安行（亦称"保安保险公司"或"友宁保险公司"），经营水火险业务。1862年，旗昌轮船公司设立保家、扬子两家保险公司经营水火保险。中国人自营的保险公司始于 1876 年的保险招商局和 1886 年的仁济和保险公司。之后几年，新公司不断出现，到 1917 年，累计设立保险公司 27 家，大多经营水火险。

民国时期中国保险业的资力也得到了很大增强。据北洋政府农商部统计，1915 年华商保险公司共有 59 家（应为总分公司合计），资本总额 959.6 万元，保险费收入为 656 万元。抗日战争期间，中国保险业的发展势头有增无减。到 1946 年 6 月，保险公司的数量已从 1935 年的 40 家增至 122 家，1947 年 6 月进一步增加到 139 家。同时，从 1946 年 6 月到 1947 年 6 月的一年间，保险公司的分支机构也从 114 家激增至 391 家。①

（三）信托公司

信托公司原是商品经济发展、金融事业兴旺发达的产物，而中国产生于 1921 年的大批信托公司和交易所则主要是投机驱动的结果。1921 年 5 月至 11 月底，上海开设的信托公司和交易所达 112 家，但多数都因投机失败而破产、倒闭。但 1928 年后，各大银行多附设信托部，信托业又有所发展。从 1930 年开始，先后有国安、中国、上海、通汇、东南等十余家信托公司设立。1935 年 10 月，国民政府成立中央信托局，垄断了信托业务。

抗日战争胜利后，信托业得到恢复与发展。按照 1945 年的财政年鉴，抗日战争胜利前后全国共有信托公司 15 家，其中成都 1 家，西安 1 家，其他 13 家均在上海。据中央银行金融机构业务检查处对战后全国各省市金融机构的统计，1946 年 6 月，全国共有信托公司 21 家，有分支机构 7 家。同时，银行对信托业的兼营，以及信托公司对储蓄、保险等业务的经营也更为发达。

（四）证券交易所

证券交易所是专门经营有价证券买卖的机构，和近代中国其他新式金融机构类似，也是由外国商人率先设立。1891 年，欧美商人中一些专门从事证券买卖的经纪人组成了"上海众业公所"，1904 年改组为上海证券交易所，采取会员制，第一次世界大战之后由于外货大量倾销，在沪外商企业获利倍增，众业公所的股票交易十分兴盛。

1918 年，中国人自己设立的第一家证券交易所——北平证券交易所正式成立，此后上海一地的交易所成立风起云涌。如 1920 年由虞洽卿等人发起的上海证券物品交易所以及 1921 年开业的上海华商证券交易所等。究其原因，第一次世界大战期间中国的工商业和金融业都有很大程度发展，但随着战后外国资本卷土重来，实体工商业发展有所停滞；而上海证券物品交易所开业后却以 125 万元实收资本在

---

① 《金融周报》1946 年第 15 卷第 21 期，第 4 页；《金融周报》1947 年第 17 卷第 3 期，第 30 页。

半年内赢利 50 余万元,其他交易所在 1921 年上半年也获利甚丰,各业无不仿效成立交易所。至 1921 年夏秋之际,上海各类交易所已达 130 多家。

1921 年,很多交易所和信托公司以自己发行的股票在交易所大量上市买卖,暗中哄抬价格,形成投机狂潮。一些较为稳健的银行和钱庄开始逐渐收缩银根,大量靠借款从事股票投机者,资金运转失灵,证券价格暴跌。至 1921 年年底,大批交易所和信托公司纷纷倒闭,也即"信交风潮"。"信交风潮"过后,上海留下的交易所只有 6 家,就全国而言,20 世纪 20 年代后期存在的证券交易所主要有北平证券交易所、上海华商证券交易所、上海证券物品交易所 3 家,30 年代又有四明证券交易所(位于宁波)、青岛物品证券交易所、汉口证券交易所、重庆证券交易所等相继设立,但证券交易的中心主要集中在上海。

(五)储蓄会、银公司

随着银行、信托公司等金融机构的发展,一些专业化的储蓄与投资机构也逐渐产生并发展起来。北洋时期设立的储蓄会主要有外资开设的万国储蓄会,华资开设的四行储蓄会和中法储蓄会。其中尤以 1921—1922 年间由金城、盐业、中南、大陆四家银行联合创办的四行储蓄会最为著名。其他储蓄会、储蓄部对于工农业、商业的发展也起到了积极的推动作用。

银公司也是近代新式金融机构中的一种,和银行相比,其重在投资,营业范围重在放款而非存款。早在晚清时期,外商在上海就设有集成、统一、东方、济美等银公司,经营房地产,后也兼营存放款。中国从 20 世纪 20 年代前后开始筹设银公司,先后出现了中华、上海、瑞康、生生、建设、四川兴业等十余家公司,但除 1934 年成立的建设银公司外,其他公司存在的时间都非常短暂。

总之,在近代中国,除银行之外,保险公司、证券交易所、信托公司、各种专业储蓄机关、银公司等新式机构也先后出现并发展起来。虽然这些金融机构的发展层次各异,许多仍然处于萌发和初步发展阶段,但它们的出现与发展却标志着现代意义的金融体系的逐渐形成。

三、信用组织与金融市场

金融市场是指具有一定规模的资金融通、货币借贷和买卖有价证券的场所。在传统经济中,只有一些非常简单的金融机关,以满足钱币兑换或者高利贷放款,而唯一的金融工具则是各种形式的实物货币。现代意义的金融市场主要以公债和公司股票的出现、交易为标志,因而近代中国的金融市场大体上是从 19 世纪 60 年代以后才逐渐发展起来的,主要包括同业拆借市场、内汇市场、黄金(包括白银)买卖市场、证券市场、票据贴现市场、外汇交易市场等。

(一)同业拆借市场的发展

同业拆借主要是金融机构同业间相互拆借资金头寸的一种短期融资行为。关于各种金融机构及同业间的资金拆借,早在鸦片战争前就已经存在,到清末民初时期已经比较成熟。

钱庄同业间的拆借历史悠久,其中上海钱业市场最为发达。在很长的时间内,钱业市场的交易概况即代表了上海金融业的交易概况,其挂牌行市成为金融市场的标准行市。拆息行情是金融市场资金供需最敏感的反映,金融市场中其他资金借贷利率也是以拆息行市为基础来制定的。

相比于钱业拆借市场,银行同业拆借市场建立较晚,银行拆借市场直到1932年"上海银行业联合准备委员会"成立才建立起来,初期多数银行仍在钱业市场进行拆借。

（二）内汇市场的发展

内汇市场是指国内汇兑市场,经营国内汇兑业务。鸦片战争之后,随着国内贸易的发展,钱庄利用其信用工具汇票,在埠际商业活动中充当支付手段,与内地商埠之间的联系已逐渐形成。到19世纪末,以上海为中心的全国性汇兑网络——申汇市场已经形成。申汇亦称申票,是各地同上海之间汇票的简称。它的广泛性、深入性和适应性,远胜于银行。申汇主要包括钱庄汇票、庄号汇票和庄客汇票三种形式。上海作为全国最大的商货集散地,每日每时发生大量款项收解,内汇市场十分活跃。以各地钱业市场为依托,上海钱业把全国重要商埠的钱庄敛成一片,申汇流通倍增,在天津、汉口、重庆、郑州、长沙、南昌、杭州以及其他一些重要的商业城市都有规模不等的申汇市场。

申汇的独特作用适应了客商对埠际贸易的需要,上海也在无形中成为埠际贸易的清算中心,各地的申汇市场成为上海内汇市场的重要组成部分。在近代中国的金融市场中,这是一个不可或缺的组成部分。

（三）黄金（包括白银）买卖市场的发展

各地金融市场都有金、银货的交易,而上海是全世界最大的黄金交易市场之一。上海各种金货交易初期并无固定地点,到1905年金业公所成立,入会金号30余家,开始有了固定交易场所。1921年成立的上海金业交易所,专门从事黄金买卖,同时1920年成立的上海证券物品交易所也经营金货买卖。1934年证券交易所的标金部分业务合并于金业交易所,金业交易所便成为上海唯一的黄金市场。

金业交易所规定上市交易的黄金有四种:国内矿金、各国金块及金币、赤金、标金（即标准金条）。而实际上交易的主要是标金,其余三种数量甚微。因此,习惯上也称上海的黄金市场为标金市场。据统计,上海金业交易所标金买卖总额,1924年为2 870万条,1925年为4 689万条,1926年为6 232万条。[①] 交易之巨,

---

① 杨荫溥:《中国金融论》,黎明书局1931年版,第528页。

虽不能与伦敦、纽约相比，但其组织、规模、每日交易额均已超越法国、日本等，一度成为远东最活跃的标金市场。

（四）证券市场的兴起

证券市场是发行和交换公债、股票、公司债、金融债等各种有价证券的场所。主要资本主义国家的金融市场或者证券市场的发育进程，一般都经历了一个由政府债券交易到公司债券与股票交易的过程。中国近代意义的金融市场的形成则是从股票与企业债券的交易开始的。1891年成立的"上海众业公所"是中国第一家证券交易所，以买卖外商在华设立公司的股票为主。到北洋政府时期，由于实业、金融业的发展，特别是政府公债的大量发行，出现了一批中国人自己建立的证券交易所。同时，一批规范证券交易的法规也相继颁行，如1914年的《证券交易所法》《物品交易条例》等。

近代中国证券市场上，交易的对象有股票、债券和公债，但股票和债券的成交额很少，公债是主要交易对象。上海华商证券交易所98%的交易都是公债，而公司股票、债券仅为2%。在20世纪二三十年代，公债交易量大约占到市场交易额的98%，信誉较高的公债可以稳定市场，而信誉较差的公债则可以使市场陷于停顿。如北洋政府时期所发行的"九六公债"、1936年的统一公债等就曾对证券市场造成了很大影响。因此，近代中国政府债务市场既推动了金融市场的繁荣，又决定着其发育水平。

（五）票据贴现市场的发展

票据贴现是短期资金市场的重要组成部分，但近代中国票据贴现市场形成和发展十分缓慢，最初"贴现"二字见于《1920年上海钱业营业规则》，其中指出钱业贴现可付现款、即期庄票或转存活期账上，贴息也称贴水，按日拆计算。说明钱庄业的贴现业务在北洋时期开始有所发展。银行业的贴现业务在20世纪20年代前甚为微小，总体特点是数额不大，但贴现票据种类很多，如钱业各类远期票据、商业期票、未到期的存单、未到期的政府借款契约等。

近代票据贴现市场不发达的原因主要是产业不发达，而公债交易旺盛，贴现不获重视，同时工商业亦不习惯使用票据，使得票据的承受性和流通性受到限制，票据市场难以进一步发展。

（六）外汇交易市场的发展

外汇交易是近代金融市场上的一项主要内容，以上海、天津、青岛、厦门等通商口岸最为活跃。外汇交易一般无固定场所，多在银行柜台或电话中进行，但有经常性的大量外汇交易。外汇交易按交易性质可分为商业交易、银行间外汇头寸抵补和投机交易几种。经纪人代顾客交易时收取佣金，一般商业交易最低。外汇行市常常涨落不定，有时还发生极大波动。

（七）农村金融机构和金融市场

鸦片战争后，中国农村几乎仍是传统金融机构一统天下，农村金融市场上基本上是典当、钱庄、商店等机构以及私人融通资金，多数具有高利贷的性质。进入 20 世纪二三十年代后，中国广大农村的借贷机构也出现了相应的变化，一些新式银行开始涉足农村金融问题，新式银行涉足农村金融的渠道有两个：一是通过信用合作社，一是举办农业仓库以接受农民的抵押贷款申请。20 世纪二三十年代的中国农村金融还只能算是一个起步，新式银行对农村的放款额数量也十分有限。抗日战争爆发以后，农村金融遭到极大破坏。战后虽然重新推行信用合作社，但时局震荡，通货恶性膨胀，全国经济遭遇颠覆性打击，农村金融也未能幸免。

总之，近代中国的金融市场经过了将近一个世纪的发展，已经形成了一个具有相当规模的体系。但总体而言，金融市场与产业资金联系薄弱，金融市场发育极不平衡，主要集中在东南沿海城市，尤其是上海。内地金融市场不仅出现晚，发育程度也低。在广大的农村地区，二三十年代甚至出现了金融枯竭现象。抗日战争爆发后，随着政治中心向西南转移，西南、西北地区的金融市场一度发展，但随着战争结束，金融市场中心仍然很快回到上海，体现了金融发展与经济发展水平相辅相成的一般规律。

第三节　交通运输与邮电业

一、轮船航运业

中国近代轮船航运业是在与外商航运企业激烈竞争的情况下产生与发展的。鸦片战争后，西方资本主义国家凭借不平等条约，先后攫取了中国沿海贩运贸易全权、减免船钞税饷权、内河航行权、自雇引水权等一系列特权，纷纷在中国投资兴办轮船公司，自此直到 20 世纪 30 年代，外国航运势力始终在中国领水的轮船航运中占优势地位。

由于外国资本的竞争与清政府的限制，中国轮船航运业起步异常艰难。19 世纪六七十年代，华商向清政府呈报创办轮船公司的申请常常得不到批准。1872 年，洋务派筹建的轮船招商局成立，成为中国轮船航运业发展的开路先锋。在与外商轮船运输势力的竞争中，招商局顶住外商联合跌价竞争的压力，获得较大发展。1874—1893 年，招商局的轮船数量从 6 艘增至 26 艘，增加 3.3 倍，吨位从 0.4 万吨增至 3.5 万吨，① 增加 7.8 倍，打破了外商对轮船航运的垄断，尤其是 1877 年

---

① 聂宝璋编：《中国近代航运史资料》第一辑下册，上海人民出版社 1983 年版，第 1000 页。

招商局收购外商旗昌公司的全部船只后,国内通商口岸进出的中外轮船数量与吨位发生明显变化,中国轮船的吨位达 400 万吨左右,占中外轮船吨位总数的 36.7%。①

甲午战争后,清政府为筹谋"杜洋轮之攘利",允许中国民间兴办轮船公司,民间长期被压抑的投资热情被释放,致使 19 世纪末 20 世纪初,中国出现了兴办轮船公司的高潮。1895—1911 年的 16 年间,中国民族资本创办的小轮公司从 3 家增至 499 家;海关登记的中国轮船数量从 145 艘增至 901 艘,增加 5.2 倍,吨位数从 32 708 吨增至 90 169 吨,增加 1.8 倍。不过,尽管轮船总艘数与总吨位数都有很大增长,但每艘轮船的平均吨位却下降了,海关登记的轮船吨位从平均每艘 225.5 吨下降到 100 吨左右。② 这些轮船公司资本薄弱,无法与外商轮船公司较量,主要在长江、珠江支流以及内河内港运营,而在江河干流中,外资公司仍占有优势。1892—1907 年,在进出各关的船只吨位中,外国轮船所占比重从 77.8%增至 84.4%,③ 中国轮船航运业的发展仍困难重重。

进入民国时期,中国轮船航运业续有发展,航运体系初具规模。主要表现在:

第一,中国轮船运输能力增加。1912—1936 年,从进出中国通商口岸的中外轮船吨数比重看,中国轮船所占比重虽在 20%~30%徘徊,但吨数已从 1912 年的 1 728 万吨增加到 1936 年的 4 417 万吨,④ 增加了一倍多。其中千吨以上轮船的增加尤其瞩目,从 1913 年的 47 艘增加到 1924 年的 149 艘,万吨级巨轮也在此时出现,1921 年已有 6 艘万吨轮。截至 1936 年,中国拥有 5 000 吨级以上大中型轮船的企业有 27 家,其中拥有万吨轮的企业有 14 家,⑤ 中国民族资本航运公司的运力大大增强了。

第二,中国轮船公司积极开辟远洋航线。19 世纪 80 年代,轮船招商局曾短期开辟北美、欧洲及南洋航线,但很快以失败告终。进入民国,尤其是第一次世界大战爆发后,中国轮船公司积极开辟远洋航线,一些大公司相继开通了自中国本土到新加坡、仰光、泰国、印度、日本、海参崴等地的航线。据统计,1924 年中国已有 42 家企业从事远洋航运,拥有轮船 73 艘、13.1 万吨,⑥ 活动区域主要在南洋与东海。

第三,大型航运企业的崛起。晚清大型航运公司仅只招商局 1 家,辛亥革命

---

① 严中平等编:《中国近代经济史统计资料选辑》,中国社会科学出版社 2012 年版,第 154 页。
② 朱荫贵:《中国近代轮船航运业研究》,中国社会科学出版社 2008 年版,第 23—25 页。
③ 严中平等编:《中国近代经济史统计资料选辑》,中国社会科学出版社 2012 年版,第 154 页。
④ 汪敬虞主编:《中国近代经济史(1895—1927)》上册,人民出版社 2000 年版,第 706 页;朱荫贵:《中国近代轮船航运业研究》,中国社会科学出版社 2008 年版,第 50 页。
⑤ 吴承明、江泰新主编:《中国企业史·近代卷》,企业管理出版社 2004 年版,第 458 页。
⑥ 吴承明、江泰新主编:《中国企业史·近代卷》,企业管理出版社 2004 年版,第 458 页。

后，一批拥有数千吨以至万吨轮船的大型航运企业迅速崛起，提升了航运业的整体水平。其中较著名的有虞洽卿创办的三北轮埠股份有限公司、鸿安商轮有限公司，卢作孚创办的民生实业公司等。

第四，航运人才的成长。自中国出现新式轮船运输业后，业内的高级技术职位几乎都被外籍人士占有。民国后上海设立了吴淞商船学校，培养航运业的技术人才。到1936年，累计有4 039人获得高级与中级船员证书，在一定程度上改变了原来外籍人士垄断高级职位的情况。①

中国近代轮船航运业的发展过程，也是轮船航运逐渐替代传统木船航运的过程。据巫宝三等人估算，20世纪30年代，全国仍有木船98.8万艘，年收入4.9亿元，② 木船的年收入仍是轮船收入的3倍多。这些民船主要用于短途运输，或江河支流的运载。

二、铁路运输业

铁路运输是中国近代新式交通运输手段之一，对中国近代经济的发展发挥了重要作用。

（一）铁路建设

中国的第一条铁路是1875年英商擅自修建的窄轨铁路——吴淞铁路，全长15公里，次年被清政府购回并拆毁。中国自办铁路运输始自1880年，最初筑路进展极其缓慢，到1894年，只建成唐山—胥各庄（唐胥铁路）、基隆—新竹两条铁路，共计447公里。甲午战争后，清政府认为缺乏铁路迅速运兵是战败的原因之一，于是发布上谕，广筑铁路，准许各省商人筹资创设铁路公司，由此，出现中国铁路建设的第一次高潮。

这一时期，就修筑铁路的筹资方式而言，主要有外资、国有、民办三种形式。早在19世纪60年代，外国资本主义就向清政府提出筑路要求，但被清政府以种种理由拒绝。甲午战争后，外国资本主义列强竞相攫取中国铁路建筑权，包括投资、筑路、经营管理、收益分配等权利，将其作为划分势力范围与资本输出的手段，其中外国资本直接投资的铁路被称为外资铁路。清政府兴建的铁路，即国有铁路，大多依靠外国贷款修筑，而每项借款都附有不同程度的向债权人让渡权利的条款，如购料、工程、财务监督、用人以至经营管理权力等。民办铁路实行官督商办，由商人集资兴建。迄1911年清廷灭亡，全国共修筑铁路9 292公里，其中外资修

---

① 吴承明、江泰新主编：《中国企业史·近代卷》，企业管理出版社2004年版，第458—460页。
② 巫宝三：《中国国民所得（一九三三年）（外一种：国民所得概论）》，商务印书馆2011年版，第123页。

筑 3 718 公里，政府修筑 4 773 公里（含甲午战前的 447 公里），民办铁路受清政府的牵制，仅约 800 公里。①

1911 年，清政府宣布铁路"干路国有"，引发四川人民的保路运动。北洋政府上台后沿袭清政府的政策，提出"统一路政"，推行铁路国有化，不仅将各省民办铁路公司收归国有，而且极力阻止民办铁路建设，继续采用举借外债的方式筑路。由于当时军阀混战，北洋政府借来的铁路外债大量被拿去支付军政费用，铁路建设举步维艰。自 1912—1927 年，全国新增铁路只有 3 422 公里，平均每年 213.9 公里。② 1928 年南京政府设立铁道部，次年铁道部提出拟在 6 年内利用庚子赔款和关税盈余发行公债，筹集资金 4 亿余元，修建 4 000 余公里铁路。然而，南京政府对铁路的投资仍未脱出借债筑路的窠臼，在大量举借外债的同时，又募集内债，截至抗日战争全面爆发前，南京国民政府为修筑铁路举借的内、外债共约 2.34 亿元，其中外债占 60% 以上。政府还多次发行公债，作为各项内、外借款的基金，1934—1937 年，财政部与铁道部发行 5 笔公债，合计金额 1.45 亿元。③ 政府的大规模投资，推动了铁路建设的发展。1927—1931 年，全国新建铁路 1 232 公里，平均每年 246.4 公里。④ "九一八"事变后，日本帝国主义占领东北，为掠夺东北资源，在东北大力兴修铁路；国民政府积极备战，促使关内再次出现修建铁路的热潮，全国铁路里程的增速明显加快。1932—1937 年，关内修建铁路 3 543 公里，平均每年 591 公里；日本人则在东北新修铁路 4 258 公里。⑤ 到 1937 年年底，全国铁路通车里程计约 2.18 万公里，其中外国直接投资兴建的铁路占 52.5%，外国贷款修建的铁路占 38.5%，中国资本修建的铁路只占 9%。

抗日战争时期，铁路运输业发展受阻，时至 1946 年，全国铁路里程 2.6 万多公里，⑥ 比 1937 年增加约 0.5 万公里。

（二）铁路运输的管理与运营

1. 管理

铁路一经引进，便面临如何管理的问题。1885 年经李鸿章奏准，由清政府设

---

① 许涤新、吴承明主编：《中国资本主义发展史》（第 2 版）第 2 卷，人民出版社 2003 年版，第 471—472 页。
② 严中平等编：《中国近代经济史统计资料选辑》，中国社会科学出版社 2012 年版，第 124 页。
③ 刘克祥、吴太昌主编：《中国近代经济史（1927—1937）》中，人民出版社 2010 年版，第 1174 页。
④ 据宓汝成：《帝国主义与中国铁路（1847—1949）》，经济管理出版社 2007 年版，第 531 页数据计算。
⑤ 许涤新、吴承明主编：《中国资本主义发展史》（第 2 版）第 3 卷，人民出版社 2003 年版，第 88—89 页。
⑥ 宓汝成：《帝国主义与中国铁路（1847—1949）》，经济管理出版社 2007 年版，第 531、532 页。

立的总理海军衙门管理路政。甲午战争后"海署"撤销，路政先后由商部下属的通艺司、邮传部下属的路政司管辖。民国成立后改邮传部为交通部，仍设路政司。直到1928年，南京政府设立铁道部掌管铁路事务，中国才有了专管铁路的部级职能机构。

中国铁路的法制化管理始自清朝末年，1903年清政府商部制定的《铁路简明章程》是中国首部铁路法规。1932年南京政府颁行《铁道法》，铁道部也制定了一系列法规、章程，包括对总务、路务、工务、运输、车务、技术、教育、财务等方面的规定，加强了对铁路的管理。政府对铁路技术人员的专业培训、职工教育也有相应的措施，尤其重视对技术人员的培养，1927年后，新建铁路的工程技术人员，基本都是中国人，各路的管理人员，也以中国人为主。

2. 国有铁路的运营

进入20世纪后，铁路是新式交通运输的主力，承担大部分中途和长途客货运输任务。铁路运输由牵引机车和运载客货车完成，车辆的多寡反映铁路的运力大小。从1915年到1935年，铁路的运力不断增强，机车挽力吨数、客车客座容积与货车载重吨数分别增加140.9%、77.5%与82.5%。与此相应，铁路运输量也呈上升趋势，客运量从1912年的16.2亿人/公里，增至1936年的43.5亿人/公里，货运量从24.3亿吨公里增至64.9亿吨/公里，① 都增加了近1.7倍。

自铁路运营以来，国有铁路的经营状况变化很大。北洋政府时期，国有铁路的年营业收入从1912年的4 672万元增加到1925年的12 752万元，扣除营业支出，账面盈余常在3 000万~5 000万元，但因政府公务欠款、提款与偿付外债常常占账面盈余的50%以上，② 造成国有铁路负担沉重，以致自1926年起，偿债就成为问题。1928—1935年，国有铁路的账面收入又有增长，年收入从1928年的1.17亿元增加到1935年的1.71亿元，但同期应付借款利息达2.249亿元，平均每年2 811万元，共占本期账面盈余的55.8%，而本期政府提款又占营业净收入的30%以上，③ 由此，铁路积欠债务增多，难以偿还，更何谈发展！

三、公路建设和运输

（一）公路建设

在现代公路修筑之前，中国已经拥有驿道交通体系，清朝末年最初通行汽车

---

① 严中平等编：《中国近代经济史统计资料选辑》，中国社会科学出版社2012年版，第132、143页。
② 汪敬虞主编：《中国近代经济史（1895—1927）》下册，人民出版社2000年版，第1988—1989页。
③ 许涤新、吴承明主编：《中国资本主义发展史》（第2版）第3卷，人民出版社2003年版，第94页。

的公路，多由驿道修整而成。中国近代修筑的第一条公路，是 1906 年修筑的龙州至镇南关公路，全长约 50 公里。1913 年修建的长沙至湘潭公路，已符合一定的技术标准。此后，其他地区也开始修筑公路，公路里程逐年增加。

民国初期的公路建设，有官办、兵工、商办和以工代赈等多种方式，以官办为主。20 世纪 20 年代前后，各省开始有较大规模的公路建设，至 1927 年前，全国共有公路 1.8 万公里，其中官办（均系各省自筑）4 412 公里，兵工修筑 3 196 公里，商办 4 328 公里，以工代赈修建的公路 5 990 公里。加上其他可以通行汽车的道路，通车里程达 2.6 万公里。①

南京国民政府成立后，加强了对公路的统筹规划与组织管理，改变了北洋政府时期各自为政的状态，促进了公路建设的大发展。1929 年，铁道部会同东南、华中、华北、西北地区的 10 个省政府组建国道设计委员会，拟定 12 条国道干线，总长约 6.7 万公里；同年又制定《建筑国道筹款计划大纲》，规定以指拨税款和发行公债及债券为筹措公路经费的基本手段。1932 年全国公路建设改由全国经济委员会主管，1932—1936 年间，经委会向江苏等 15 省拨借筑路基金 1 265 万元。在南京政府的扶助下，20 世纪 30 年代公路建设迅速发展，到 1937 年，全国新修公路约 8.8 万公里，公路通车里程激增至 11.1 万公里。②

（二）公路运输

公路运输以汽车为载体。民国时期，中国没有石油工业与汽车工业，公路运输所需汽车与燃料全靠进口。1901 年，上海租界内始有汽车行驶，此后汽车陆续输入中国。随着公路通车里程剧增，公路运输也急速发展，有登记的机动车数量从 1928 年的 34 466 辆增至 1937 年的 68 917 辆，③ 进口石油则从 1927 年的 1 300 万加仑增至 1936 年的 4 600 万加仑。④

中国汽车运输的商业性经营，始于 1907 年德国商行在青岛开办短途客运，此后渐有汽车运输公司。据不完全统计，1908—1927 年相继成立商办汽车行或公司 300 家，拥有客货汽车 2 400 多辆，官办运输机构则有汽车 100 多辆。1927 年后，南京中央政府及地方政府建筑了不少国道、省道，主要由省市公路局及公用机构经营的官营运输业随之发展，截至 1936 年年底，各省官营运输机构至少有营业汽

---

① 刘克祥、吴太昌主编：《中国近代经济史（1927—1937）》中，人民出版社 2010 年版，第 1278 页。
② 刘克祥、吴太昌主编：《中国近代经济史（1927—1937）》中，人民出版社 2010 年版，第 1287、1291 页。
③ 刘克祥、吴太昌主编：《中国近代经济史（1927—1937）》中，人民出版社 2010 年版，第 1299 页。
④ 许涤新、吴承明主编：《中国资本主义发展史》（第 2 版）第 3 卷，人民出版社 2003 年版，第 96 页。

车 3 000 辆。同期商营汽车运输发展更快，1937 年商营汽车增至 15 300 多辆。①

总体而言，时至 20 世纪 30 年代，中国的公路建设与汽车运输都还处于起步阶段，在短途陆路运输中，人力与畜力运输仍占有重要地位。

四、民用航空业

1909 年，法国人范朗（Vallon）驾驶飞机在上海试航，是中国领空第一次出现飞机。次年，清政府出于军事考虑，在北京南苑修建飞机场，创设飞机试行工场，并购买 1 架法国苏默（Sommor）式双翼飞机，练习飞行。民国初年，陆军总长黎元洪创办航空学校，同时添置 12 架高德隆（Condron）双翼飞机，供教学使用。1921 年北洋政府设航空署，规划全国航空干、支线 25 条，并开办北京地区的航空旅游业务与北京—济南之间的旅客、邮件运输，几年后又设立筹办西北航空线委员会。但由于军阀混战，航空运输无法正常运营。

中国民用航空业的发展是在 1927 年以后。1929 年，南京国民政府成立沪蓉（成都）航空线管理处，购置 4 架飞机，先后开办上海—南京航线与沪蓉线京沪段的运营。同时，交通部创建中国航空公司，与美国航空发展公司合作经营，由中方提供机场地勤，美方负责飞行，中方按里程付酬。1930 年，该公司改组为中美合资公司，原交通部的沪蓉线改归中国航空公司经营。1929—1935 年，中国航空公司先后开辟了沪蜀线（上海—成都）、沪平线（上海—北京）、沪粤线（上海—广州）、渝昆线（重庆—昆明）4 条航线，至 1936 年，拥有飞机 17 架，当年飞行 246.6 万公里，载运乘客 18 567 人，邮件 70 806 公斤。

1930 年，交通部为缩短中国到欧洲的邮运时间，与德国汉莎航空公司签订航空邮运合同，于翌年成立中德合资的欧亚航空公司。但是由于种种原因，公司开通中欧航线的愿望没能实现。

除上述两家航空公司外，1933 年由广东、广西、福建、云南、贵州五省合组西南航空公司，经营华南、西南航空运输，该公司还与法国航空公司合作，租用法航飞机飞往越南河内。1938 年，因广州沦陷，公司被迫停业。

五、邮电业

（一）邮政

传统中国社会有较完备的官府"邮驿"系统与民间"信局"邮传机构，1888 年台湾巡抚刘铭传创办台湾邮政总局，改驿站为邮政，是中国人办新式邮政之始。

---

① 刘克祥、吴太昌主编：《中国近代经济史（1927—1937）》中，人民出版社 2010 年版，第 1280、1304、1315 页。

大陆新式邮政最初由海关代办，1896年清政府在海关邮局的基础上开办大清邮政，又于1906年成立邮传部，下设邮政司，专门掌管邮政，但邮政的高级官职仍沿袭海关兼管时期的状态，几乎都被洋人把持，这种情况持续到民国初期。1927年南京国民政府成立邮政总局，统一邮政管理，邮政总办改由中国人担任，外籍人士独揽中国邮政大权的情况初步改变。

自开办大清邮政到20世纪30年代中期，中国近代邮政无论营业规模还是业务范围、经营能力都有很大发展。1911年年底，全国有邮政总局、分局、代办支局6 201处，各种邮路总长19万公里。① 进入民国后，邮递区域进一步扩展，到1927年，全国邮政局所1.2万处，各种邮路46.2万公里，分别比1911年增加近1倍和1.4倍。1931年东北沦陷，东北邮政被日军劫夺，1936年关内邮政局所达1.5万处，各类邮路总长达58.5万公里。② 同期邮局的业务范围也不断扩大，1898年大清邮政开始兼办汇兑业务。辛亥革命后，大清邮政改为中华邮政，于1919年起兼办储蓄存款业务，20世纪30年代，成立邮政储金和汇业总局，并兴办人寿保险与代办业务。在1896—1936年的40年间，中国邮政从最初的主要邮递信件包裹，逐步发展到拥有邮件传递（包括信件、包裹）、储金和汇兑、简易人寿保险、代办业务（含代办电话电报、代收税款话费、代订刊物、代购图书等）四大类主要业务。与此相伴，邮政的经营能力与收入显著增长，从1912年到1927年，投递邮件从1.3亿件增至5.8亿件，汇兑额从596万元增至8 670万元，营业收入从357万元增至2 780万元，分别增加3.5倍、13.5倍、6.8倍。1930—1936年，年均递送邮件7.83亿件，年均营业收入4 070万元。③

新式邮政开办后，传统的民信局并未很快消失，而是形成与国家邮政长期并存、相互竞争的局面。时至1933年，关内地区仍有3 033家民信局，总收入达758万元。④ 1935年，南京国民政府颁布《邮政法》，规定邮政由国家经营，一举宣告民信局的终结。

（二）电信

中国近代电信业分为电报与电话两项业务。19世纪70年代，洋务派以官办、官督商办等方式筹办电信。1879年李鸿章奏请架设天津—大沽电线，开中国自办

---

① 许涤新、吴承明主编：《中国资本主义发展史》（第2版）第2卷，人民出版社2003年版，第633页。
② 刘克祥、吴太昌主编：《中国近代经济史（1927—1937）》中，人民出版社2010年版，第1365—1366页。
③ 许涤新、吴承明主编：《中国资本主义发展史》（第2版）第3卷，人民出版社2003年版，第101页。
④ 巫宝三：《中国国民所得（一九三三年）（外一种：国民所得概论）》，商务印书馆2011年版，第135—136页。

有线电报之先河。此时电报分为官线与商线,官线由各省经营,商线由中国电报总局经营。1902 年,清政府下令将电报收归国有,1911 年邮传部又将各省官线收归部办,据统计,收归国有的商线及各省官线共 6 万多公里,电报局所 560 余处。①

1912 年北洋政府将设在上海的电政局与交通部电政司合并,由电政司长执掌电政局之权,并将全国分为 13 个电政区,分设电政管理局和电政监督。南京国民政府成立后,裁撤各省电政监督,改设电政管理局,全国分为 21 局,由省城电报局长兼任管理局长。

民国时期,有线电报、电话、无线电通信事业都有较大发展。民国前期,电信仍以有线电报为主,1912—1927 年,电报局所数量增加了 1 倍,线路长度增加 0.59 倍,机器设备增加 2.1 倍。1927 年国民政府执政后,加强对无线电台、电报的规划管理,无线通信发展很快。据不完全统计,1928—1935 年,无线电台从 26 座增加到 63 座,收报机从 65 部增至 207 部,发报机从 39 部增至 143 部。② 电话分长途电话与市内电话,截至 1937 年,全国长途电话线约 5.3 万公里,基本覆盖各省,市内电话较完备者有 25 个城市,电话交换机总容量 10.4 万多门。③ 交通部还在上海建立国际无线电台,开通上海与世界主要城市间的无线电报。

▶ 即测即评

请扫描二维码,在线测试本章学习效果

思考题:

1. 中国近代商业流通的三重结构是怎样形成的?
2. 中国近代对外贸易发展的主要特征是什么?

---

① 许涤新、吴承明主编:《中国资本主义发展史》(第 2 版)第 2 卷,人民出版社 2003 年版,第 631 页。
② 刘克祥、吴太昌主编:《中国近代经济史(1927—1937)》中,人民出版社 2010 年版,第 1380 页。
③ 许涤新、吴承明主编:《中国资本主义发展史》(第 2 版)第 3 卷,人民出版社 2003 年版,第 101 页。

3. 第一次世界大战后中国金融业繁荣、发展的原因是什么？
4. 中国近代金融市场发展有哪些特点？
5. 中国近代交通业的发展主要表现在哪些方面？

第十一章 近代中国的经济增长与在世界经济中的地位

近代中国,特别是1887—1936年间,经济总量有了一定程度的缓慢增长,产业结构也有所提升,区域经济和市场规模逐渐发展壮大,城市化进程明显加快;但中国的经济发展程度也受到了来自国外因素的严重制约,城乡之间和各地区之间的收入差距不断扩大,还伴随有大量资金流向海外,经济波动也呈现出对发达国家的从属性特征。总体而言,近代中国并未能实现对西方发达国家经济的赶超,基本仍处于世界市场体系的边缘和国际分工体系的低端。

第一节 近代中国的经济增长

一、近代中国经济增长的阶段性特征与总趋势

一个国家的经济增长状况通常可以用国民收入和人均国民收入来进行衡量。我国的国民收入研究始于民国时期巫宝三主持的1933年的核算和刘大中对1929—1932年的核算工作,综合学界以往的研究成果,我们可以得到1850年、1887年、1914年、1936年、1949年国民收入和人均国民收入估计值,见表11-1。

表11-1 近代中国的国民收入与人均国民收入(1850—1949年)

单位:法币,1936年币值

年份	1850	1887	1914	1936	1949
农业(亿元)	—	99.87	128.01	166.41	98.00
工矿交通业(亿元)	—	14.49	24.91	40.06	23.20
服务业(亿元)	—	29.07	34.72	51.51	68.28
国民收入(亿元)	181.64	143.43	187.64	257.98	189.48
人口(千人)	429 931	400 000	455 243	510 789	541 670
人均国民收入(元)	42.25	35.86	41.22	50.51	34.98

资料来源:各年度国民收入和1949年人口数据转引自刘佛丁、王玉茹、于建玮:《近代中国的经济发展》,山东人民出版社1997年版,第70—71页;1850年、1887年人口数据转引自姜涛:《中国近代人口史》,浙江人民出版社1993年版,第411、76页;1914年、1936年人口数据引自章有义:《近代中国人口和耕地的再估计》,《中国经济史研究》1991年第1期。

从表11-1中可以看出,虽然自鸦片战争被英国用武力打开大门开始,中国就步入了近代社会,但直到19世纪80年代以前,中国传统的社会经济结构和生产方

式并没有发生根本性变化，只是随着欧美国家劳动生产率的提高，苏伊士运河和海底电缆带来航运和通信能力的增强，以及洋行势力的不断扩张和从中国攫取了越来越多的政治经济特权，欧美国家工业品在中国的竞争能力才得以不断增强，并促使中国传统耕织结合的自然经济逐渐趋于分解。清政府虽然在 1860 年后推行了引进西方机器设备和技术的洋务运动，但近代工业形成的生产能力还非常有限，而太平天国运动等战争又造成了极其严重的经济损失，直到 19 世纪 80 年代以后，因战乱而荒弃的土地才得以重新开垦，经济基本恢复。从表 11-1 中可以看出，中国的人口和国民收入分别从 1850 年的 4.3 亿和 181.64 亿元下降到了 1887 年的 4 亿和 143.43 亿元，人均国民收入也下降了 15% 以上。

在表 11-1 中，第二阶段的 1887—1914 年，是中国近代工业初步发展和帝国主义在中国大量投资的时期。19 世纪 80 年代中期以后，洋务派经营的企业从官办向官督商办、官商合办，乃至完全商办的方向转变，政府投资近代企业的规模也从数百万两白银扩大到 1 000 万两左右。甲午战争后，列强取得在华设厂的权利，在修建铁路、开发矿藏等领域掀起了对华投资的高潮，并逐渐成为中国产业资本的主要组成部分；而这些投资活动所造成的对中国主权的侵犯，也激励了越来越多的士绅投身于收回利权运动，形成了一些地区商办铁路矿务的热潮。国外机制品和外资企业的加速入侵进一步加剧了中国自然经济的分解，这一方面使得农村对工业品的需求不断增加，从而为工业生产带来了丰厚的利润，也吸引了更多的官绅和商人参与兴办工业；另一方面，又将一些农村地区引向了专业化的手工业生产，其产品销售日益超越本地市场，而通过包买商和洋行服务于外省区乃至国际市场。到 20 世纪初，清政府又推行新政，颁布了一系列工商法规和振兴商务、奖励实业的措施，对政府的经济管理部门也进行了改组，保障了工商业者的利益和地位，为中国资本主义经济的自由发展提供了法律保障和制度基础，进一步促进了社会风气的变化和资本主义经济的发展。不过总体而言，这一时期中国的工业化虽然已经起步，经济也走出了低谷，但无论国民收入还是人均国民收入的增长都还十分有限，前者由 143.43 亿元增至 187.64 亿元，增加了 30.8%，年增长率仅为 1.0%；后者从 35.86 元增至 41.22 元，增加了 15%，年增长率不过 0.5%。

相比之下，在第三阶段的 1914—1936 年，中国国民收入和人均国民收入分别由 187.64 亿元和 41.22 元增至 257.98 亿元和 50.51 元，国民收入增加 37%，年递增 1.4%；人均国民收入增加 23%，年均增长 0.9%，无论增长幅度还是增长率都大大超越了前一阶段，成为近代中国经济增长最快的时期，而抗日战争全面爆发前的 20 世纪 30 年代前中期通常也被认为是近代中国经济发展水平的最高峰。在第一次世界大战期间，由于列强无暇东顾，中国的进口减少而出口增加，民族资本工商业得以迅速发展，大量购进新型机械设备，推广蒸汽动力和电力的使用。在

1840—1913 年共 74 年间，中国创设的万元以上工矿企业总数仅有 1 117 家，创办资本额累计 2.28 亿元；而 1914—1922 年仅 9 年间，新成立的企业就达 1 212 家，总资本额 3.32 亿元。① 一些企业主还积极引进西方和日本的先进技术和现代生产管理方法，加强对工人的技术培训，进一步提高了劳动生产率和产量。南京国民政府时期也颁布了一系列有利于经济发展的法规政策，从 1928 年起基本收回了关税自主权，随后 4 次提高进口税率，在一定程度上起到了保护本国工业的作用；裁厘改统、法币改革等重要经济政策，也对稳定经济秩序和促进经济发展发挥了较为积极的作用，中国产业资本总额从 1914 年的 17.88 亿元，增长到 1920 年的 25.79 亿元，到 1936 年更达到了近 100 亿元（其中关内 55.46 亿元）。②

在全面抗日战争和国民党发动的内战时期，我国国民收入和人均收入均出现了大幅度的下降，分别从 257.98 亿元和 50.51 元减少到了 189.48 亿元和 34.98 元，在 1937—1949 年这 13 年间，国民收入减少了 26.6%，年递减 2.4%；人均收入减少了 31%，年均减少 2.8%。对日全面抗战期间，原来的经济中心城市基本都沦为敌占区，日本相继成立了兴中公司和华中振兴公司来垄断军工、矿冶、交通通信等产业的经营，其他产业则将中资企业收归军管，再委托租赁给日本民间工商财团经营。大批的中资企业纷纷内迁到西南等地区，虽然得以在大后方重建，但均因搬迁和战事而遭遇了不同程度的干扰；国民政府又实行统制经济政策，通过资源委员会、中国建设银公司等国营经济部门不断兼并民族资本企业；再加上抗战后期的恶性通货膨胀，都对中国经济产生了非常严重的破坏性影响，据巫宝三估算，1946 年中国的国民收入较 1936 年下降了 10% 左右。抗日战争结束后，日伪掠夺来的资产大多被官僚资本所接收而没有归还给民族资本家，通货膨胀仍在不断加剧，而国民党又挑起内战，使中国经济再一次遭到了空前严重的浩劫，以国民收入而论，其破坏程度甚至要比太平天国战争更大，以致 1949 年的人均国民收入下降到了近代中国的最低点。

总体而言，在 1850—1949 年的百年间，中国国民收入从 181.64 亿元增加到 189.48 亿元，增长非常有限；由于同期人口增加了 1.1 亿多，所以人均产值反而下降了 17% 以上。如果只看首尾两个年份，我们就会发现，历史虽然走过了翻天覆地的一个世纪，但我国人民的平均生活水平不仅没有提高，反而大幅度下降了。不过，如果我们把 19 世纪 80 年代以前和 1937 年以后这两个因战乱而遭受严重干扰的特殊时期分开考察，就会发现在经济社会较为正常的 19 世纪 80 年代到 20 世

---

① 杜恂诚：《民族资本主义与旧中国政府》，上海社会科学院出版社 1991 年版，第 105—106 页。
② 许涤新、吴承明主编：《中国资本主义发展史》（第 2 版）第 3 卷，人民出版社 2003 年版，第 741 页。

纪 30 年代这 50 年的时间里，中国国民收入还是从 143.43 亿元增加到了 257.98 亿元，增长了近 80%，年均增长率为 1.2%；人均国民收入也从 35.86 元增长到了 50.51 元，年均增长 0.68%，仍然有缓慢但明确的提高。

不过，近代中国的经济增长速度如果与同时期的日本相比，就显得非常缓慢了。中日两国的近代化进程几乎同时起步，两国在历史背景、起步条件和发展过程中也都有着很多相似或可比之处，以 1883—1887 年日本和 1887 年中国的人均国民收入相比，日本仅相当于中国的 1.2 倍，可以说差距很小。但到 20 世纪 30 年代时，日本已经成功地实现了工业化并显著缩小了与欧美发达国家之间的差距，而中国则远未进入现代化国家的行列。在 1883/1887 年到 1933/1937 年这 50 年左右的时间里，日本的国民收入和人均国民收入分别增长了 7.29 倍和 3.6 倍，年增长率分别为 4% 和 3%，[①] 远远高于中国的 1.2% 和 0.68%。

二、近代中国总需求与国民收入分配的变动

社会总产品扩大再生产的实现和国民经济的协调稳定发展，均有赖于生产资料、消费资料两大部类间的比例协调和社会总需求与总供给在总量与结构上的平衡。因此，在对近代中国经济增长和宏观经济运行的考察中，总需求也构成了一个非常重要的侧面。

从国民收入核算的角度出发，近代中国的总需求可以分为消费需求、投资需求、政府支出和净出口 4 个部分。其中，政府支出包括政府消费需求和政府投资需求，而消费需求仅对应个人消费需求，投资需求也只包括民间投资需求，净出口则是出口与进口差额和外债本息，由此推算出的近代中国若干年份的总需求情况，如表 11-2 所示。从中我们可以对近代中国总需求的变动趋势及其特征作以下几点归纳：

表 11-2　近代中国总需求与人均总需求（1887—1936 年）

单位：亿元法币，1933 年币值

年份	消费需求	投资需求	政府支出	净出口	总需求	人均总需求（元）
1887	131.94	5.46	2.63	-0.72	139.31	36.90
1917	132.45	9.33	3.92	-2.64	143.06	32.45
1922	166.96	13.27	4.33	-6.00	178.56	40.13
1927	224.96	12.29	2.21	-1.94	237.52	52.57

---

① Kazushi Ohkawa, *The Growth Rate of the Japanese Economy Since 1878*, Tokyo: Kinokuniya Bookstore Co., 1957, pp. 7, 19.

续表

年份	消费需求	投资需求	政府支出	净出口	总需求	人均总需求（元）
1931	265.90	12.70	8.32	-4.94	281.98	59.39
1932	273.90	14.80	7.88	-7.30	289.28	60.92
1933	273.20	15.00	7.95	-9.38	286.77	56.34
1934	252.90	11.20	11.33	-7.41	268.02	52.59
1935	267.60	15.90	10.28	-7.72	286.06	56.07
1936	279.80	19.40	12.38	-5.47	306.11	59.93

资料来源：张东刚：《中日经济发展的总需求比较研究：1886—1936》，生活·读书·新知三联书店 2005 年版，第 304—306 页。

首先，自 19 世纪 80 年代中期经济近代化起步以来，中国总需求变动的总体趋势是不断缓慢上升的。从 1887 年的 139.31 亿元增加到 1936 年的 306.11 亿元，共增加了 1.2 倍，年均增加额为 3.40 亿元，年均增长率为 1.62%。如果扣除掉人口变动因素，我们会发现中国近代人均总需求也呈现逐步上升的趋势，不过人均增速相对于总额增速更为缓慢，增长幅度也更小，1887 年时人均总需求额仅有 36.90 元，进入 20 世纪以后略有增加，也仅为 40 元上下，直到 1930 年前后才达到 50 元以上，1936 年增至 59.93 元，累计增长了 62%，年均增加值为 0.47 元，年均增长率仅有 0.99%。

其次，中国经济近代化过程中的总需求上升并非均匀的直线运动，而是呈波动不居的逐步上升趋势，各阶段的总需求增长幅度不尽相同。在 1887—1917 年间，总需求年均增加 0.13 亿元，年均增长率仅 0.09%；而人均总需求年均反而减少 0.15 元，年均递增 -0.4%。到 1917—1927 年间，总需求平均每年递增 9.4 亿元，年均增长率高达 5.2%，人均总需求年均增长 4.9%。1927—1932 年的总需求年均递增 10.4 亿元，年均增长 4.0%；人均总需求年均增长 1.7 元，年均增幅 3.0%。而 1932—1934 年间，受世界经济大危机和日本占领东北等因素的影响，总需求和人均总需求的年均增加值和增长速度又转为负值，总需求年均增加值为 -10.6 亿元，年均增长 -3.7%，1934 年人均总需求则比 1933 年减少了 3.8 元，增长幅度为 -6.7%。1934—1936 年间，随着国内外经济的恢复，社会总需求迅速上升，平均每年增加额为 19 亿元，年均增长率高达 6.9%；人均总需求也同样表现出上升态势，年均递增率为 6.7%。

最后，从总需求的构成来看，消费需求是其最主要的组成部分，大体占总需求的 2/3 以上，它的变动对总需求变动具有重要影响，从表 11-2 中也可以看出，近代中国的个人消费需求与总需求几乎呈同步波动态势；但消费需求占总需求的份额总体上呈较弱的下降趋势,其比重由 1887 年的 94.7% 下降至 1936 年的 91.4%,年平均降低了 0.07%。政府支出对总需求变动的贡献力虽然很小,但总体呈现上升趋势,由 1887 年的 1.89% 增加到 1936 年的 4.04%,体现了政府参与经济活动能力的逐渐提高。投资需求作为总需求变动的一个内在"助推器",占近代中国总需求的比重由 1887 年的 3.9% 逐渐升至 1936 年的 6.3%,年均增长率为 2.6%,高于总需求的年均增长率,而且投资需求的扩张或收缩总会直接造成总需求的相应变动,两者波动的方向和频率几乎完全相同,这也表明近代中国总需求的变动在很大程度上是由投资波动引发和推动的;不过与同时期欧美发达国家和日本 20% 以上的比重相比,近代中国投资需求在总需求中的比重或贡献率还是太低了。

国民收入分配是指国民收入在国民经济各部门、各生产单位和非生产单位以及居民中的分配情况,既包括资本、劳动、土地等生产要素在国民收入中所占的份额,也包括从家庭或个人收入情况来衡量的社会不平等程度。总体而言,近代中国的国民收入分配有以下五方面的主要特点:①

第一,从近代中国总体来看,国民收入分配的差距是趋于扩大的,这主要体现为城乡之间、城市各阶层之间和各地区之间差距的扩大。以城乡差距而言,近代工业化、城市化的发展和农村社会秩序的恶化,促使乡村富有阶层和知识精英纷纷涌入城市,而农村经济则总体趋于恶化,社会秩序也更加崩坏;以城乡低收入者群体进行比较,我们也会发现 20 世纪 30 年代城市工厂工人的平均年收入约为 150 元,而雇农年工资仅 40 多元;工厂工人消费的平均恩格尔系数约为 55%,处于温饱水平,而农村底层的恩格尔系数则高达 67%,属于绝对贫困。

第二,在近代中国的农村地区,不同阶层之间存在一定的收入差距,但没有证据表明这种收入差距出现了扩大化的趋势;相对而言,农村不同地区间的收入差距比阶层间的差距更为明显。民国时期农村常住人口按收入水平计算的基尼系数略低于 0.5,由于地主大量离村和部分地区雇农工资的上升,阶层间的收入差距可能还有所缩小;从消费水平来看,与农村底层相比,富有阶层的恩格尔系数也高达 57%,二者之间只是温饱与贫苦之别,即使是农村富有阶层也达不到小康水平。相比之下,不同地区的农家总收入和雇农工资往往却有着三四倍以上的差距,有些地区的农户收入水平在 20 世纪前三十多年获得了不断的改善,而另一些农村地区的经济状况则出现了持续的恶化。造成这种地区间差异的原因,既包括自然地理和交通等因素,也与近代农村家庭副业发展的不均衡和国际市场的波动有关。

第三,与农村地区内部的收入差距相比,更为明显的是农村人口整体的日趋

---

① 具体案例资料和数据分析参见关永强:《近代中国的收入分配:一个定量的研究》,人民出版社 2012 年版。

贫困化，特别是农村底层人群的极度贫困问题。如前所述，农村富有阶层和底层农民的消费恩格尔系数分别属于温饱与贫苦；而对农村收支和借贷状况的研究也表明，有约 1/3 的农户收不抵支，超过 40% 的农户负债经营，而农民借贷资金中又有近 40% 是用于生存糊口的，生产投资性借贷仅占总借贷的 1/4 左右。造成中国农村地区绝对贫困状态的根本原因在于其经营规模的狭小，而前述地主城居化和政府财政恶化所造成的农村社会秩序与保障的严重缺失，又加重了这一状况，使得经济状况处于最底层的农民随时可能面临着倾家荡产的危险。

第四，在近代中国的城市中，阶层间收入差距是不断扩大的。从资本和劳动的收入份额来看，近代中国民族企业的年平均利润率约在 10% 以上，外资企业年均利润率更超过了 20%，而工厂工人的工资收入年均增长率却只有 1% 左右。一方面，民国时期的政府官员和高级知识分子的收入均较清代更高而且继续有增加，其他如律师、医生、经理人、工程师等中产阶级也正在逐渐形成；而另一方面，工人的工资增长率却微乎其微，特别是非技术工人的工资在平减掉物价上涨后，几乎没有什么增长；而且，由于工业化滞后于城市化和二元经济转型不成功，近代中国的城市中还存在大量生活水平低于工厂工人的底层劳动者和无业人员。

第五，相对于中国国内收入差距的扩大而言，更严重和值得我们关注的是国民收入的流出问题。近代以来的侵华战争、外商投资利润汇回和国际贸易逆差等因素都造成了中国国民收入的大量流出，合计在 100 亿两海关银以上，按 1936 年价格折算超过 160 亿元法币，相当于前述 1936 年中国国民收入的 62% 或所有民族资本总额的 2.1 倍。国民收入的大量外流、外国势力的入侵和洋行买办的剥削，不仅严重抑制了民族资本企业的发展，破坏了近代中国的经济社会秩序，还严重侵蚀了中央政府的财政能力，使政府无力支持现代产业的发展和二元经济的转型，也无法对经济波动中的破产群体和贫困人群提供应有的社会保障。

第二节　产业结构调整、城市化与区域经济发展

一、近代中国产业结构的变迁

产业结构即国民经济各产业部门之间以及各产业部门内部的构成。一般认为，随着经济的发展和人均国民收入水平的提高，第一产业国民收入和劳动力的相对比重会逐渐下降，第二产业国民收入和劳动力的相对比重则会上升；经济的进一步发展，又会伴随着第三产业国民收入和劳动力相对比重的上升。

从表 11-1 中，我们可以看到 1887—1936 年间三次产业在国民收入中比重的变化情况，农业所占比重由 69.63% 下降至 64.51%，工矿交通业的比重则从 10.10%

上升到了15.53%，服务业由20.27%略微下降至19.97%。再参考张仲礼的《中国绅士的收入》和前述巫宝三研究中分别对1878年和1936年就业人数的估算可知，同期农业就业人口的比重也从80%减少到了75.52%，而工业和服务业就业人口的比重则从20%上升到了24.48%。

一方面，近代中国的产业结构的确实现了一定程度的提升，从国民收入来看，1887—1936年间中国工业的年均增速达2.1%，农业则为1.05%，工业以高于农业一倍的速度增长；从资本总值来看，产业资本总值也从1894年的1.22亿元增加到了1936年的5.55亿元（其中关内地区4.44亿元），扩大了3.55倍；从国内市场的商品结构来看，农业产品价值1920—1936年增长了92.71%，手工业产品增长了47.42%，而工矿业产品则增长了183.39%。① 但另一方面，近代中国产业结构的升级又过于缓慢，农业在大部分时间里都占据了国民收入的60%以上，直到1936年，中国仍没有改变农业国的状况，还远未实现国家的工业化。相对而言，同时期日本已经完成了从农业国向工业国的转变，农业在国民收入中的比重从52.65%下降到了19.52%，工业和服务业的就业人口比重也已从22.05%上升到52.79%。②

我们知道，在近代化过程中的产业结构调整不仅表现为第一、二、三产业之间比重的变化，还包括各产业内部的结构变化和近代生产方式与传统生产方式之间的消长。

在近代中国的农业部门中，一些近代化的生产技术如化肥、农机、电力等虽然也已在少数地区被采用，但从全国来看还是凤毛麟角，直到新中国成立时，基本还都在使用传统的农业技术和生产方式，单位面积的劳动生产率也没有发生质的变化；相对而言，更显著的变化还是经济作物种植面积的扩大。如前所述，随着中国被纳入国际市场和自然经济的解体，茶叶、生丝、棉花、大豆、花生、烟叶等农产品的商品化程度得到了迅速的发展；而现代交通运输能力的提高，又进一步提高了东部地区和铁路沿线以及沿江地区经济作物的市场交易和专业化种植水平。根据许道夫的估算，1914—1937年，中国粮食作物占所有作物种植面积的比例从88.43%下降到了80.27%，油料作物和棉花的种植面积比例则从11.57%上升到了19.73%；③ 而美国学者珀金斯的研究也发现，同期中国粮食作物的产值占农业总产值的比重从74.59%下降到了70.06%，而经济作物和家畜的产值比重则

---

① 许涤新、吴承明主编：《中国资本主义发展史》（第2版）第3卷，人民出版社2003年版，第747—748页。
② Kazushi Ohkawa, *The Growth Rate of the Japanese Economy Since 1878*, Tokyo: Kinokuniya Bookstore Co., 1957, pp. 245—247.
③ 许道夫编：《中国近代农业生产及贸易统计资料》，上海人民出版社1983年版，第338页。

从 25.41% 上升到了 29.94%。①

与近代农业对机械、化肥使用极少相比，工矿交通等业的近代化则取得了一定程度的发展，我们可以将工矿交通部门分为近代生产方式和传统生产方式两大类。如前所述，1887 年以前，近代工矿交通生产方式虽然已经出现，但产值在国民经济中的比重几乎可以忽略不计，国产工业品基本都是手工生产，交通运输业也仍主要依赖传统运输工具。但到 1936 年，新式工矿业的产值已经达到了 8.01 亿元，占工矿业总产值的 28.93%；新式交通运输业的产值也达到了 3.16 亿元，占交通运输业总产值的 30.37%。② 特别是 1914—1936 年，新式生产方式取代传统生产方式的趋势尤为明显，机器开采煤矿、铁矿和新式冶铁的产量分别增加了 3.2 倍、4.8 倍和 4.2 倍，而土法开采煤炭、铁矿砂和冶铁都出现了绝对数量的下降；新式轮船的吨位数增长了 5.2 倍，而旧式帆船数量则以年均 4.4% 的速度递减；1937 年铁路通车总里程较 1912 年增长了约 1.2 倍，新式公路通车里程和航空公司通航里程均从零开始，分别发展到了 6 万英里和 168 万英里。③抗日战争期间，大后方的很多工矿业产量虽然因搬迁和战事影响而出现了严重的下降，但生铁和钨、锑、锡等近代矿冶业还是取得了进一步的发展。④

近代中国的商业、金融业等第三产业也存在类似的传统经济和近代经济并立的二元结构。近代商业中的旧式官营商业机构和特权商人虽然趋于衰落，但很多传统的商业习惯、商人组织和交易规则仍然在继续发挥着十分重要的作用；外商洋行的买办制度逐渐向华经理制度转变，无限责任的组织形式让位于有限责任的股份公司，百货公司、商品交易所等新式商业组织也蓬勃发展起来。在金融业，传统的票号在清朝末年发展到了历史最好水平，只是在辛亥革命的冲击下才趋于衰落；钱庄和典当机构的业务虽然有所收缩，但直到 1936 年时仍然在金融市场中占有重要的份额；新式银行一度发展艰难，进入 20 世纪 20 年代以后才得以加速扩张，到 20 世纪 30 年代中期初步形成了较为完整的县—省—国家各级银行体系；而保险公司、信托公司、投资（银）公司等新式金融机构也都取得了一定程度的发

---

① 据 [美] 德·希·珀金斯：《中国农业的发展（1368—1968 年）》，宋海文等译，上海译文出版社 1984 年版，第 385 页表 4-32 数字计算。
② 王玉茹、燕红忠：《世界市场价格变动与近代中国产业结构模式研究》，人民出版社 2007 年版，第 186—187 页。
③ 严中平等编：《中国近代经济史统计资料选辑》，中国社会科学出版社 2012 年版，第 75—76，124，155，160 页；Chi-ming Hou, *Foreign Investment and Economic Development in China: 1840-1937*, Cambridge, Mass: Harvard University Press, 1965, p.171；郑友揆：《中国的对外贸易和工业发展》，程麟荪译，上海社会科学院出版社 1984 年版，第 39 页。
④ 许涤新、吴承明主编：《中国资本主义发展史》（第 2 版）第 3 卷，人民出版社 2003 年版，第 552—556 页。

展,各地证券交易所更是因政府滥发公债和战时投机盛行而经历了繁荣膨胀的发展阶段。

二、近代中国的城市化进程

与工业化和产业结构升级的缓慢发展相比,近代中国的城市化进程则更加快速和明显。对近代中国城市人口占全国总人口的比重的估算始于美国学者施坚雅关于区域经济和城镇的研究,综合国内外学者的各项研究,1840年中国的城市人口比例约为6.7%,到1893年增长到8.2%,1920年发展至10.6%,1936年进一步提高到11.2%,此后由于战争等原因又下降为1949年的10.6%。①

近代中国城市的出现和初步发展,在很大程度上是开放商埠与开辟租界的结果。从《南京条约》开始,清政府和北洋政府先后在列强的迫使下开放口岸72处,又为促进商业发展和增加财政收入而自开口岸36处,② 在将中国纳入世界市场体系、改变传统贸易路线与格局的同时,也促进了这些口岸城市工商业的发展和人口的聚集,逐渐形成了中国最早的一批近代化城市。而设置在一些口岸城市的租界地在因经济利益的驱动而不断扩张的过程中,也将道路修筑、供水照明、下水管道系统等基础设施建设规范和公共卫生、城市治安等管理制度引入了中国,并为各地城市所纷纷仿效,推动了中国城市的整体发展。

铁路和工业也对近代城市化的进一步发展起到了关键性的推动作用。随着清末以来铁路网络铺设速度的不断加快,很多原本比较偏僻的村落都因位于铁路沿线而逐渐开启了城市化和人口聚集的进程,郑州、徐州、石家庄、哈尔滨等一批规模较小或并不发达的市镇,更因其铁路交通枢纽地位和货物吞吐能力的提高而迅速发展成了地区性的经济中心;与此同时,扬州、淮阴、临清、镇江等一些传统的水路大商埠则逐渐衰落了下去。甲午战争以后,中国迎来了一次兴建工矿企业的热潮,特别是在1914—1936年间,中国工业更取得了前所未有的发展,而这些工业企业又大都集中在沿海沿江的近代口岸城市中,从而进一步推动了这些城市商业、金融业等的全面发展和人口的增加。根据1933年刘大钧主持的中国工业调查结果,工厂数最多的上海、天津、北平、广州、南京5个城市,就占到了全国工厂总数的79%、工人总数的74%、资本总额的84%和生产净值的85%;而其中规模最大的上海一地就已经拥有了全国工厂总数的36%、工人总数的53%、资本

---

① 李蓓蓓、徐峰:《中国近代城市化率及分期研究》,《华东师范大学学报(哲学社会科学版)》2008年第3期。
② 张海鹏编著:《中国近代史稿地图集》,中国地图出版社1987年版,第83—84页;张洪祥、周德喜整理:《近代中国自开通商口岸史料》,见中国社会科学院近代史研究所近代史资料编辑部编:《近代史资料》第85册,知识产权出版社2006年版,第62—63页。

总额的 60% 和生产净值的 66%。① 与 1843 年相比，1933 年上海、天津和南京的人口分别增长了 14 倍、5 倍和 1.6 倍；② 到 20 世纪 30 年代中期，中国城市中除上海人口超过 200 万以外，还有人口数在 100 万~200 万的城市 4 个，50 万~100 万的城市 5 个，20 万~50 万的城市 19 个以及 10 万~20 万的城市 48 个。③

然而，值得我们注意的是，在中国传统的农业社会中，城镇和乡村是人员与经济资源双向流动的统一体，地主和富农往往在市镇兼营商业和金融，富商也会到乡间购买土地，而近代中国的城市化则在很大程度上将这种双向联系变成了农村向城市的单向流动。由于工商业的利润和工资均高于农业，而农村地区又因兵匪相接而治安不宁，富裕乡绅与农村精英阶层纷纷携资迁入城市而不再返乡，从而加剧了资金在城市的集中和城乡经济差距的扩大。与此同时，近代新式高等教育也不断地促使农村的资金和人才向城市转移，城市里的大量知识分子人浮于事，而农村的人才短缺和资金匮乏问题却日益严重。因此，在一定意义上，近代中国的城市化又是以农村地区经济恶化、金融枯竭和地方精英流失、社会严重失序为代价的。

最后，在城市化进程显著发展的同时，近代中国的二元经济转型却是不成功的。如前所述，近代新式工业虽然取得了一定程度的发展，但速度十分缓慢，导致大量迁入城市的农村人口无法被正规部门所吸收，很大一部分都处于失业状态或者只能从事人力车夫、苦力、杂役等低收入的非正规职业。民国时期的多项社会调查表明，1926 年北京市民中的极贫户、次贫户和下户合计占到了市民总户数的 3/4；二三十年代北京、天津、上海、广州均有乞丐万人以上乃至数万人，20 世纪 30 年代初上海的乞丐人数就占到上海总人口的 5%；1935 年北平、天津、南京、青岛四个城市的无业人口均占到了总人口的约 50%；1947 年上海、北平、青岛三地的无业人口也在 40%左右。④ 而这些人群消费的恩格尔系数往往高达 60%以上，换言之，他们虽然在城市生活，但消费和生活水平与在农村时相比并没有多少改善。

三、近代区域经济的发展与国内市场规模的扩大

近代通商口岸的开放和交通通信与工业的发展，在推进中国城市化进程加速的同时，也促使传统中国的区域经济结构发生了很大的变化。很多传统的贸易路

---

① 严中平等编：《中国近代经济史统计资料选辑》，中国社会科学出版社 2012 年版，第 79 页。
② 胡焕庸、张善余：《中国人口地理》上册，华东师范大学出版社 1984 年版，第 260 页。
③ 沈汝生：《中国都市之分布》，《地理学报》1937 年第 4 卷第 1 期。
④ 转引自关永强：《近代中国的收入分配：一个定量的研究》，人民出版社 2012 年版，第 180—183 页。

线和区域中心所在城市都发生了变迁，新兴中心城市对边缘地区的辐射能力和不同区域之间的经济联系也有了较大的提升，商品流通的种类和数量大幅增加，国内市场的规模明显扩大。

对于工业化之前的传统中国，学界大多采用美国学者施坚雅提出的区域体系理论，将全国分为华北、西北、长江上游、长江中游、长江下游、东南沿海、岭南、云贵和东北九大经济区。① 每个经济区内部又都有其中心区和边缘区，中心区通常是人口众多、交通运输和贸易比较发达的城市，除云贵、西北和东北外，其他几大经济区的核心区基本都在水路运输便利的河流沿岸；而边缘区则是人口密度较低、经济相对落后和联系较为松散的农村地区。

近代中国的市场格局是被列强打开国门之后，因应世界市场体系而非本国传统经济发展需要而形成的，因此也就有着与传统市场不同的商品流向，主要表现为工业品从沿海城市流向内地，而农、矿产品和手工业品从内地流向沿海，以通商口岸都市为中心并与内地相联系的东西向商业流通日益繁荣，而传统商业网络中南北流向的渠道及沿线城市则呈现逐渐衰落之势。在中心区东移的过程中，最重要的是上海取代苏州成为长江下游经济区乃至全国的经济中心，到1936年，上海的埠际贸易额几乎相当于全国埠际贸易第二至七位六个城市的总和。作为华北经济区中心的天津，原本主要是漕粮北运和芦盐南运的集中地，开埠以后也迅速崛起成为仅次于上海的第二大商业城市，市场上的进口洋货由1873年的115种增至1913年的800余种，出口土货也从57种增至400余种。② 营口港开埠后也同样很快成为东北区的第一大港和经济重心，但由于中东铁路支线（南满铁路）的修筑和大连港口设施与工业的迅速发展，在1910年以后又逐渐被大连所取代。在西南经济区，19世纪早期的中心都会仍然是成都，但随着上海、汉口开埠和轮船取代帆船运输之后长江航线的日益繁忙，重庆的商业贸易也迅速发展并成为新的经济中心。此外，各地铁路线的不断延伸也促使诸如包头、石家庄、郑州等成为新的地区性经济中心。商业路线也随之发生变化，海运的发展和津浦铁路的通车导致了大运河被废弃，运河沿线的很多城市都纷纷陷入衰落；中俄贸易中经过河南、山西或甘肃、新疆的传统陆路部分也被汉口到上海的海运所取代，或从上海直接海运海参崴，或北上天津后再经北运河转陆路运往俄国。

随着中外贸易的扩大和交通运输能力的提高，近代一些新兴中心城市对于边缘地区乃至其他经济区的辐射能力也得到了显著增强，并随之带来了一些边缘地

---

① ［美］施坚雅主编：《中华帝国晚期的城市》，叶光庭等译，中华书局2000年版，第244—247页。
② 张利民：《论近代华北商品市场的演变与市场体系的形成》，《中国社会经济史研究》1996年第1期。

区经济结构的变化。上海作为全国性的经济中心，不仅从长江下游地区和皖、豫、湘等省收购丝、茶等农产品，而且从远至四川、重庆等内地省份采购桐油、籽仁、猪鬃、皮革等各类产品，同时通过与汉口、重庆等口岸城市的埠际贸易，在吸纳土货、原料的同时也向边缘地区输出大量的进口品和上海生产的机制品。① 天津在开埠以前与内地的市场往来很少，但到 20 世纪 30 年代时已经与北方几乎所有的省份都建立了经济联系，天津出口的棉花产自河北、山东、河南、山西、陕西甚至新疆，皮毛则来自河北、山西、陕西、河南、山东、东三省、热河、察哈尔、绥远、新疆、甘肃和蒙古等地区，而天津的进出口贸易和工业发展也拉动了这些地区畜牧业的发展、棉花种植的推广乃至乡村土布业的兴盛。② 传统的岭南贸易主要是广西向广东运销谷米、食用油、牲畜等日用品，在近代则通过广州和香港将广西出产的大量桐油、矿产品、牛皮、桂皮、桂油及鸭毛等土特产品运销欧美和日本，同时又将进口和广东生产的棉布、棉纱、服装、瓷器、火柴、文具等销往广西；而且，近代广东还进一步将市场辐射能力从广西延伸到了云贵地区，以百色、南宁与梧州为中转地，将云南产的大锡、木材、猪鬃、药材和贵州产的木材、桐油、米、牲畜等商品销往广东，而将广东的洋杂百货等日用机制品输往云贵。③

中心区辐射能力的增强和中心城市间联系的日益密切，带来了近代商品流通量的增加和国内市场规模的扩大。从海关统计数据来看，近代各口岸城市间的贸易总额自 1872 年的 2.52 亿海关两增加到 1931 年的 25.3 亿海关两，年增长率达 3.99%；④ 而全部国内市场的商品流通量也从 1840 年的约 5.5 亿元增加到了 1936 年的 178.62 亿元，年增长率达 3.69%。⑤

然而另一方面，由于是服从于由西方列强主导的世界市场体系而不是本国国民经济的需要，近代中国区域经济和市场体系的发展又具有严重的不平衡性，具有半殖民地的特点。沿海口岸城市在市场习惯和交易方式等方面日益与国际市场接轨，产品价格也多取决于伦敦或纽约而不以国内的供求关系为转移；但中心区向边缘区的辐射是缓慢而有限的，中心城市与内地市场之间仍然缺乏统一和顺畅的网络。在边缘地区，农村集镇市场数量和交易的工业品种类虽然有所增加，但

---

① 潘君祥、于顾道：《近代长江流域城市经济联系的历史考察》，《中国社会经济史研究》1993 年第 2 期。
② 樊如森：《环渤海经济区与近代北方的崛起》，《史林》2007 年第 1 期。
③ 陈炜、杨辉：《近代珠江流域上下游地区之间的经济交往》，《学术论坛》2007 年第 11 期；韦国友、陈炜：《近代广西城镇工商业经济发展中的"广东经济因素"》，《中南民族大学学报（人文社会科学版）》2008 年第 5 期。
④ 王水：《中国近代国内贸易统计》，《中国经济史研究》1987 年第 1 期。
⑤ 吴承明：《中国的现代化：市场与社会》，生活·读书·新知三联书店 2001 年版，第 166、301 页。

主要交易商品和交易组织、交易制度以及区域内的层级结构并没有多大的变化，与外界的市场联系也并不频繁，传统运输工具仍然占据着很大的比重。① 对部分经济区边缘地区的一些研究也表明，近代的商业化发展虽然引起了边缘地区收入的增加，但主要被军阀和官绅所获取，用于养兵和生活享受而极少用于工商业，对小生产者也基本没有什么明显的裨益，仅仅是养活了更多的人口，并没有带来生活水平的提高。

第三节　近代中国在世界经济中的地位

一、近代中国经济的周期波动及其从属性

从图 11-1 中可以看出，近代中国经济大致经历了两次中长期周期波动。自 19 世纪 80 年代中期至 1916 年前后为第一个周期，其中 1887 年至 1910 年前后是经济初步发展时期，此后至 1916 年前后为经济下行期；1916 年以后至 20 世纪 30 年代

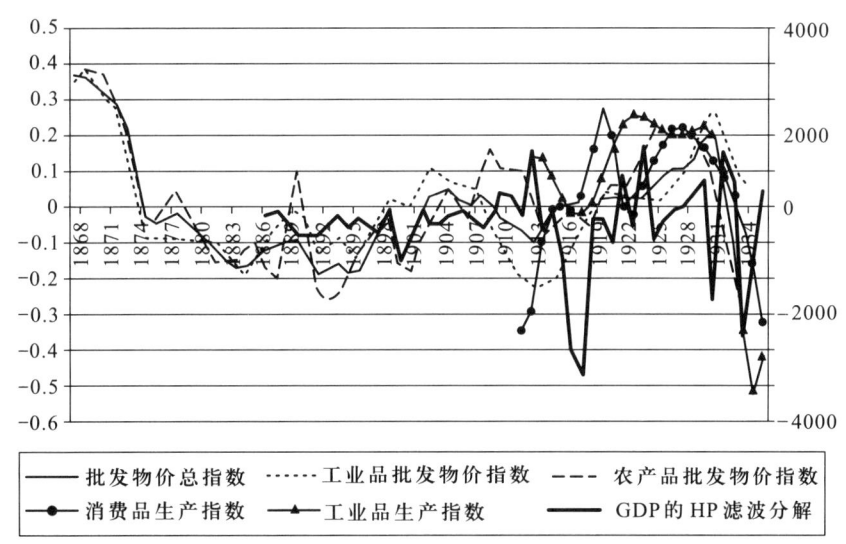

图 11-1　近代中国经济的周期波动（1867—1936 年）

资料来源：批发物价总指数、工业品批发物价指数和农产品批发物价指数引自刘佛丁、王玉茹、于建玮：《近代中国的经济发展》，山东人民出版社 1997 年版，第 126—127 页；消费品生产指数和工业品生产指数引自王玉茹：《中国近代的经济增长和中长周期波动》，《经济学（季刊）》2005 年第 4 卷 2 期；GDP 的 HP 滤波分解引自陈昭、刘巍：《经济一体化亚种：近代中国经济周期的从属性》，《财经研究》2009 年 5 月。

---

① 张利民：《中国近代交通环境变革中的传统运输——以华北区域为例》，《城市史研究》2010 年第 26 辑。

中期为第二个周期，其中1918—1931年是近代中国经济增长最快的时期，1931年以后再度陷入衰退。

通过国际比较，我们还会发现，近代中国周期波动的趋势和长度都与主要资本主义国家基本一致，具有较明显的从属性。世界资本主义经济在1882年危机后进入了一段兴盛时期，中国近代化也起步于19世纪80年代中期；而近代中国第一轮周期的衰退期也与1907年世界主要资本主义国家发生经济危机基本一致；第一次世界大战导致外国来华商品减少，而世界市场对中国需求则有所增加，这也成为中国第二波经济繁荣的重要原因；众所周知的是，1929年世界经济大危机和1931年日本侵占东北更是中国20世纪30年代经济萧条的基本原因。

造成这种经济周期波动从属性的根本性原因在于，中国近代经济的发展本身就不是传统经济自发生长的产物，而是外国资本主义入侵并将中国经济强行纳入世界市场的结果；自近代化进程开始之时起，中国就处于国际分工链条的低端和世界市场的边缘位置，在国际贸易、投资和货币金融等方面都严重受制于人，因而也就不可避免地会被西方列强的经济周期波动所影响。在对外贸易中，近代中国主要出口农产品和手工制品，进口工业制品，不仅处于被动和边缘地位，而且进出口贸易在很长时间里都受到外商洋行的操控；在投资领域，中国产业资本的很大一部分比重都来自于国外，民族资本的投资方向也往往追随外商而动，而外商在华投资的波动在很大程度上则是由母国经济周期决定的；在货币金融领域，中国对外贸易长期使用白银进行结算，而白银的流动和国际金银比价又是受美国等发达国家所操控的。因此，在发达国家的经济上行阶段，从中国进口的商品和流向中国的投资也会随之增加；而发达国家遭遇经济危机而陷于衰退时，通过贸易、投资和白银政策向中国转嫁危机也就不足为奇了。

二、外资企业对中国近代经济的制约

1840年以来，由列强挑起的一系列侵略战争和与之相伴随的不平等条约都对中国经济和社会造成了巨大的破坏，除了直接的军事侵略外，外资洋行和企业也从中国攫取了大量的资源和利润，并严重制约了中国经济的发展。因此，经济史学家严中平就坚持认为，帝国主义与中华民族的矛盾是中国近代经济史的中心红线。[①]

早在鸦片战争以前，英美等国的商人就已经在广州开设了一些代理洋行，但均受到清政府和公行制度的严格限制；《南京条约》签订后，外商洋行得以在口岸

---

① 严中平、汪敬虞：《关于中国近代经济史中心线索问题的通讯》，《中国经济史研究》1990年第4期。

自由贸易并享有减税特权和领事裁判权的庇护；随着口岸开辟的增多，洋行势力也不断向内地扩张，经营业务从洋货进口、土货贩出的商业贸易逐渐扩展到航运及配套的仓栈码头和船舶修造，以及银行、保险等；19世纪70年代以后，苏伊士运河通航、海底电缆铺设带来的交易便利和西方国家经济的膨胀，促使在华洋行数量迅速增加，并通过参股、贷款等方式从流通领域向煤矿、铁路、棉纺织等生产领域拓展。特别是甲午战争后，清政府允许各国在通商口岸投资设厂，掀起了外商对华投资的热潮。到1914年，外国资本已经占到了中国产业资本总额的57.16%，而且外资总额的62%都投入到了百万元以上的大企业；民族资本则仅占产业资本总额的16.08%，且其中55%都是十万元以下的小企业。① 法国学者白吉尔曾对此评论道："二十世纪初的中国，就其受帝国主义列强控制的半殖民地经济而言，是不会有诸如独立的民族企业之类的事物的……所有中国的任何规模的企业，都是这样或那样地在外国控制下经营的。"②

洋行对近代中国经济的控制首先体现在进出口贸易方面。借助于本国军事力量和买办体系，洋行不仅垄断中国的机制品进口，而且控制中国茶叶、生丝等农产品和草帽辫、花边等手工业品的收购和出口，"一二洋商居奇垄断，即足制千百华商之死命"。③ 直到20世纪30年代中期，上海从事进出口贸易的商行中，外商仍占据80%以上。④ 清末学者欧阳昱在《见闻琐录》中生动地描述了当时中国在对外贸易中的被动境地："夷见头春茶至者少，则故倍其值以买之，人闻得利，遂争往，及二春至者多，则价骤贱，如值银一百两，仅出银五六十两，非令其大亏其本而去不休。如是而三春至者必少，则又就最后者五六人，数倍其利以欣之，以诱华商未死之心，庶明年人方踊跃来办……华商犹如鸟在笼中，闭放由人，不能自主矣。"

此外，由于洋行享有治外法权和很多民族资本无法获得的便利，华商买办多附股于外资企业而不投资于中资企业，外商也趁机吸纳华商资金以扩张自身势力。整个19世纪华商附股资金总额在四千万两白银以上，此外还有约一亿两买办们交存洋行的押金。⑤ 而中资企业如轮船招商局、汉阳铁厂、湖北纺纱局、武昌织布局、大生

---

① 许涤新、吴承明主编：《中国资本主义发展史》（第2版）第3卷，人民出版社2003年版，第741页；汪敬虞编：《中国近代工业史资料》第2辑上册，科学出版社1957年版，第399—403页。
② 张仲礼主编：《中国近代经济史论著选译》，上海社会科学院出版社1987年版，第90页。
③ 伍廷芳：《美国费城商务博物会记》，转引自彭泽益编：《中国近代手工业史资料》第2卷，生活·读书·新知三联书店1957年版，第296页。
④ 郑会欣：《国民政府战时统制经济与贸易研究（1937—1945）》，上海社会科学院出版社2009年版，第47页。
⑤ 汪敬虞：《十九世纪外国侵华企业中的华商附股活动》，《历史研究》1965年第4期；许涤新、吴承明主编：《中国资本主义发展史》（第2版）第2卷，人民出版社2003年版，第760页。

纱厂等则在资本筹集上陷入困境而被迫举借外债。① 这无疑又强化了外商洋行的垄断地位，也制约了民族资本的发展。

这种垄断局面不仅造成大量商业利润外流，而且抑制了中国民族工商业的赢利和成长空间，也使近代中国长期都处于世界市场体系的边缘地位和国际分工体系的低端；一旦出现国际市场波动，这些洋行还会转嫁危机，让中国的农民、手工业者和商人替他们承受损失。②

在民国时期特别是 1914—1936 年间，民族资本虽然取得了较快发展，但外资在华投资额也不断上升，外资企业在现代经济部门中的优势甚至垄断地位并没有发生根本性改变。20 世纪 30 年代外资企业在中国采煤、冶铁、石油和电力工业的总产量中分别占到了 56.8%、95%、100% 和 77.1%，在自来水、电车和煤气中的产量份额也分别高达 50.7%、82.8% 和 100%；截至 1936 年，外资企业在产业资本总额中的比重仍占 57.22%，而民族资本的比重尚不足 21%。③

这些外资企业虽然在客观上也起到了技术、产品乃至商业文化等方面的先导和示范作用，但对中国经济的负面影响更为强烈，④ 它们所获取利润中的很大一部分都被汇回了母国，由此造成的 1902—1936 年间中国资金净流出（利润汇回总额减去外商投资额）接近十亿美元。⑤ 同时，外资企业凭借自己在资本、经营乃至政治上的优势，不仅赚取了比同类民族企业更高的利润，还常常打压和兼并民族资本竞争对手，如英美烟公司就先后挤垮了近二十家中资烟草企业；在 1917—1931 年间，有 18 家中资纱厂被外国资本以借款抵押等方式吞并。⑥

三、近代中国在世界市场中的地位

与古代中国经济长期处于世界领先水平和朝贡贸易中心地位不同，近代中国始终未能实现对西方发达国家经济的赶超，也一直未能改变自身在世界经济中的落后地位。

---

① 汪敬虞编：《中国近代工业史资料》第 2 辑下册，科学出版社 1957 年版，第 1052、1063 页。
② 例如，在 1929 年世界经济大危机时期，各地洋行就趁机大幅压低生丝收购价格和数量，给从事蚕桑业的农民带来了巨大损失，茅盾的《春蚕》就为我们描绘了这一具体的情景。
③ 吴承明：《帝国主义在旧中国的投资》，人民出版社 1955 年版，第 94—96、105 页；许涤新、吴承明主编：《中国资本主义发展史》（第 2 版）第 3 卷，人民出版社 2003 年版，第 747 页。
④ 关于外国投资对近代中国经济发展的影响，可参见梁华：《外国在华直接投资与近代中国经济发展》，中国社会科学出版社 2011 年版。
⑤ 吴承明编：《帝国主义在旧中国的投资》，人民出版社 1955 年版，第 91 页。
⑥ [美] 高家龙：《中国的大企业：烟草工业中的中外竞争（1890—1930）》，樊书华、程麟荪译，商务印书馆 2001 年版，第 81 页；严中平：《中国棉纺织史稿》，商务印书馆 2011 年版，第 249 页。

这种落后状况突出体现在对外贸易方面。如前所述，近代中国的进出口贸易在绝大部分年份都处于逆差状态，赤字规模从 19 世纪中期的年均白银数百万海关两扩大到了 20 世纪 30 年代的年均过亿两，1867—1936 年的贸易逆差累计达 75.76 亿海关两，按 1936 年币值计算约为 172 亿元，而 1936 年中国全部产业资本总额还不足 100 亿元。① 从贸易结构上来看，中国近代的主要进口商品中除鸦片和粮食外，均为工业制成品，但这些进口工业品中消费资料和直接消费品的比重又远大于生产资料，因此对中国工业化的作用十分有限；而主要出口商品又几乎全都是农、矿和手工业产品，除棉纱在 20 世纪 20 年代后逐渐占有一席之地以外，基本没有其他工业制成品的出口。②

相比之下，日本虽然在近代化起步时也是初级产品出口国，但由于能通过灵活的贸易和产业政策，借助殖民地资源仿制发达国家的工业品，再以低廉的价格销往更落后的国家，从而推动本国产业结构升级，迅速发展成为新兴工业化强国。③ 而近代中国之所以未能像日本那样成功实现工业化，除了政府财政能力不足和行政效率低下外，一个很重要的原因就是前述进出口贸易被外资洋行把持，从而无法有效地运用外贸政策来推进产业结构的提升。

近代中国的进出口贸易规模虽然有了明显的扩大，外贸依存度（进出口贸易总额与国民收入的比值）也从 1887 年的 6.44% 提高到了 1931 年的 12.05%，④ 但在世界市场中的贸易条件（出口产品价格与进口产品价格的比值）却是不断趋于恶化的。发展经济学家普雷维什和辛格曾提出发展中国家长期贸易条件恶化理论，认为从长期来看，发展中国家出口的初级产品价格相对于发达国家的工业制成品价格呈现下跌趋势，因而在国际贸易中处于不利的地位。近代中国就是如此，国际贸易条件 1867—1936 年下降了大约 30%，这就意味着 19 世纪 70 年代中国用一个单位本国商品所能购买到的外国产品，到 20 世纪 30 年代时则需要支付 1.3 个单位；在与居于国际市场中心和国际分工高端地位的国家进行贸易的过程中，近代中国需要提供越来越多的本国商品和劳动才能交换到等量的外国产品。

根据经济史学家保罗·贝洛赫的研究，1860 年的中国还能凭借庞大的手工业部门而占据世界工业总产值的 19.7%，位居世界第二位；到 1913 年时，中国在世界工业总产值的比重和排名已下降到了 4% 和第七位；而同期中国工业总产能相当

---

① 刘佛丁主编：《中国近代经济发展史》，高等教育出版社 1999 年版，第 292—294 页。
② 严中平等编：《中国近代经济史统计资料选辑》，中国社会科学出版社 2012 年版，第 55—56 页。
③ ［日］西川俊作、［日］山本有造编：《日本经济史 5：产业化的时代》（下），裴长洪、连湘译，生活·读书·新知三联书店 1998 年版，第 135—143 页。
④ 刘佛丁主编：《中国近代经济发展史》，高等教育出版社 1999 年版，第 299 页。

于英国的比例也从 98% 下降到了 26%。① 在整个世界商品市场中，近代中国的进出口额也显得无足轻重，根据美国商务部和国际联盟的统计，在 1925 年世界 56 个主要国家中，中国的进出口贸易额分别排在第 12 位和第 13 位；1933 年中国进出口额在世界贸易中的比重分别仅占 2.91% 和 1.69%。②

国际投资市场的情况也是如此。虽然如前所述，列强从 19 世纪末和 20 世纪初开始不断扩大在华投资，外资企业也在近代中国的产业资本中占据了明显优势，但如果从世界资本市场来看，近代中国远非海外投资的重要对象国。截至 1930 年时，英、法、美、德四国对华投资额分别仅占其对外总投资的 5.9%、4.8%、1.3% 和 4.3%；③ 1914—1938 年，各国对华直接投资总额虽然有所增长，但在世界总投资额中的比例却从 7.8% 下降到了 5.8%；④ 如果按照人均外商投资额计算，1938 年的中国更是全世界人均外资额最低的国家之一。⑤

总体而言，近代中国的市场化、工业化和城市化程度虽然都有所提高，同时逐渐融入了由欧美发达国家主导的世界市场体系，经济总量也有了缓慢的增长，但在世界经济中的地位并没有发生根本性的变化，仍然处于世界市场体系的边缘和国际分工体系的低端。

▶ 即测即评

请扫描二维码，在线测试本章学习效果

思考题：
1. 试述中国近代经济发展的总趋势和阶段性特点。
2. 试分析中国近代国民收入及其分配的变动趋势和特征。

---

① Paul Bairoch, "International Industrialization Levels from 1750 to 1980", *The Journal of European Economic History*, Vol. 11, No. 2, 1982, pp. 269-333.
② 武堉干编纂：《中国国际贸易概论》，商务印书馆 1930 年版，第 15—20 页；何炳贤：《中国的国际贸易》，商务印书馆 1937 年版，第 17—18 页。
③ [美] 雷麦：《外人在华投资》，蒋学楷、赵康节译，商务印书馆 1959 年版，第 57 页。
④ 赵津主编：《中国近代经济史》，南开大学出版社 2006 年版，第 275 页。
⑤ Chi-ming Hou, *Foreign Investment and Economic Development in China: 1840—1937*, Cambridge, Mass: Harvard University Press, 1965, p. 98.

3. 试分析近代中国产业结构变迁和城市化发展中取得的成就和存在的问题。
4. 试分析近代国际因素对中国经济的影响和中国在世界经济中所处的地位。
5. 近代中国经济发展的中心线索是什么？

下篇 | 当代中国的经济发展

经过抗日战争和解放战争，新中国建立初期百废待兴，人口多、底子薄、经济发展不平衡是当时中国的基本国情，与此同时国家安全和统一也受到威胁。加快工业化、赶上和超过世界经济发达国家，成为新中国经济建设的目标。在这样的背景下，中国经济实现了产业结构的升级和经济体制的转变。本篇阐述新中国成立以后在中国经济现代化的道路选择、中国特色社会主义道路的探索和实践中实现经济快速发展，同时在世界经济中的地位不断提高的历程，进而总结中国特色社会主义经济建设的成功经验，展望中国经济现代化的未来。

第十二章　当代中国经济发展的起点与制度选择

为了尽快摆脱贫穷落后的状态，新中国选择了优先发展重工业的社会主义工业化道路。在实施国家工业化战略的进程中，中国共产党迫切希望加快工业化步伐，但必须面对经济基础薄弱、国家财力有限的约束。通过建立高度集中的计划经济体制，新中国的经济开始按照一种不同于以往的全新方式运行。计划经济时期独立工业体系的建立和人才的培养，为改革开放以后中国经济的快速发展奠定了坚实的基础。但计划经济体制本身也存在一些难以克服的缺点。改革开放开始以后，中国共产党在充分吸取过去经验教训的基础上，解放思想、实事求是，实现了对传统社会主义理论的重大突破和创新，引导中国走上了中国特色社会主义市场经济发展道路。

第一节　当代中国经济发展的初始条件

经过长期战争的破坏，原本就非常落后的国民经济，在新中国建立前夕更加残破。在"冷战"格局和朝鲜战争爆发的国际形势下，新中国开始了恢复经济的努力。政府采取较为稳健的举措，调动各种积极因素，允许有利于国计民生的私人资本主义经济和个体经济继续发展，从而推动了经济的恢复与发展。"新民主主义经济"是中国共产党做出的一次非常有益的尝试和对中国发展道路的宝贵探索。

一、西方的经济封锁与新中国面临的国际经济环境

1949年10月刚刚成立的新中国面临着复杂的国际环境。第二次世界大战结束之后，世界上形成了以苏联为首的社会主义阵营和以美国为首的资本主义阵营。两大阵营之间的对峙成为当时世界格局的突出特征。在经历了长期的社会动荡与战乱之后，百废待兴的新中国并不排斥与各个国家的交流与合作。但是，在复杂的国际局势中，1949年的中国"面对的是一个冷战已成型的两极世界。美国和苏联都不承认在这种国际体系中实行中立的可能性"。① 在新中国成立后的第二天，中国就收到了苏联政府承认中华人民共和国并愿意双方建立外交关系的照会，苏

---

① [美]李侃如：《治理中国——从革命到改革》，胡国成、赵梅译，中国社会科学出版社2010年版，第98页。

联由此成为最早与新中国建立外交关系的国家之一。1949年年底,毛泽东访问苏联,中苏两国于1950年2月签订了《中苏友好同盟互助条约》。

而与此同时,以美国为首的西方国家对苏联、中国以及所有社会主义国家的贸易管制和封锁禁运正在拉开帷幕。1949年11月,以美国、英国、法国、意大利、比利时、荷兰6国为创始国的"巴黎统筹委员会"成立,协调并决策所有成员国对共产党国家的出口管制政策是该委员会的核心职能。1949年12月,新中国被列入"巴黎统筹委员会"管制的国家行列。1950年2月,美国要求英国禁运战略物资给新中国;3月,美国宣布《战略物资管制办法》,包括机器、交通工具、金属制品、化学原料等660余种物资的出口受到了严格管制,美国要求所有接受其"马歇尔计划"援助的国家禁运战略物资给中国,随后还声称将对不执行禁运的国家削减贷款;5月和6月,美国分别颁布《1946年禁止输出令的修改法令》和《1950年输出统治法令》,规定煤油、橡胶、铜、铅、银等11种货品,如果没有特别输出许可证则不得输出至中国内地和澳门地区。朝鲜战争的爆发和中国"抗美援朝",加剧了中国与西方国家的对立,美国对中国的封锁禁运全面升级,不仅严厉管制运输与物资出口,还冻结了中国在美国的全部资产。1952年9月,"巴黎统筹委员会"增设中国委员会,开始对中国实行比苏联、东欧各国更为严厉的禁运封锁政策,1952年"巴黎统筹委员会"的禁运物资种类几乎占当时全世界国际贸易商品项目的一半。[①] 所有这些都促使中国不仅在对外政策上采取了"一边倒"的对外战略,而且在经济上也加入了以苏联为首的社会主义阵营。这一选择对新中国日后的发展产生了重要的影响。

二、新中国建立时的经济发展基础和条件

1949年建立的新中国就产业结构而言,依然是一个农业国家。在1949年中国的国民收入总额中,只有12.6%来自工业,68.4%来自农业。[②] 到1952年国民经济恢复任务完成时,在第一产业中就业的人员占中国总经济活动人口的比例仍高达83.5%,在第二产业中就业的人员所占的比重仅有7.4%。[③] 除了原煤、纺织等工业还稍有基础外,新中国成立时,几乎在工业生产的各个领域内都乏善可陈。

长期与落后的产业结构和低下的生产力水平相伴随的,还有城乡之间、区域

---

① 董志凯:《应对封锁禁运——新中国历史一幕》,社会科学文献出版社2014年版,第7、11页。
② 国家统计局编:《建国三十年国民经济统计提要(1949—1978)》,国家统计局1979年印行,第38页。
③ 国家统计局国民经济综合统计司编:《新中国六十年统计资料汇编》,中国统计出版社2010年版,第7页。

之间发展的极度不平衡。最为突出的是工业布局不够合理，工业生产大多集中在东部沿海地区。1947年的调查资料显示，在全国的14 078家工厂中，设在上海的有7 738家。上海、天津、青岛、广州四个城市的工厂总数占全国的70%，工人数占全国工人总数的69%。[①] 于是，一方面是少数东部沿海城市工业生产和商品经济的畸形繁荣；另一方面却是广大内地仍处于自然经济或是半自然经济的落后状态，市场发育程度和农产品的商品化程度都很低。在城市，经济凋敝，困顿失业的底层劳动者大量存在；在农村，生产资料与资金匮乏，很多农民不得不依靠借贷维持基本的生活和简单再生产。众多的人口、落后的经济、发展的失衡、连年的战乱，在所有这些因素的影响下，新中国成立时的经济基础十分薄弱。

三、新民主主义经济体制的确立

所谓"新民主主义经济"，是指在社会主义性质的国营经济领导下的、多种经济成分并存发展的过渡性经济；是介于资本主义经济和社会主义经济之间的一种社会经济形态。它是中国共产党将马克思主义基本原理与中国具体实际相结合的产物。新民主主义经济由国营经济、合作经济、个体经济、私人资本主义经济和国家资本主义经济五种经济成分构成，在运行机制方面实行政府计划管理与市场调节相结合，并实行"公私兼顾、劳资两利、城乡互助、内外交流"的基本经济政策。

新民主主义经济思想形成于抗日战争时期，在中国共产党领导的抗日根据地以及后来在解放区的实践中都获得了成功。新中国成立前夕，新民主主义经济被中国人民政治协商会议确定为新中国的基本经济体制。在解放战争时期及新中国成立后，中国共产党通过实行没收官僚资本归新民主主义国家所有、没收地主土地归农民所有、保护民族工商业"三大经济纲领"，形成新民主主义经济，并通过"统一财经"、"调整工商业"、实行"贸易统制"等举措，建立起新民主主义经济体制。

新中国成立之初，中国共产党努力调动各种有利因素，采取了多方面的举措促进经济的恢复和发展。

第一，完成了农村的土地改革。1946年，在中国共产党发出《关于土地问题的指示》（即著名的"五四"指示）之后，解放区的土地改革就已经开始。1950年6月28日，中央人民政府颁布《中华人民共和国土地改革法》，随后华东、中南、西北、西南等新解放区的土地改革相继展开。到1952年年底，除了西藏等部

[①] 中国人民大学国民经济史教研室编辑：《中国近代国民经济史参考资料（一）》，中国人民大学1957年印行，第174页。

分民族地区和台湾地区之外，全国农村的土地改革基本完成，真正实现了"耕者有其田"。土地改革前，占全国总人口 4.75% 的地主拥有全国 38.26% 的耕地，而占全国总人口 52.37% 的贫雇农所占有的耕地仅占 14.28%，平均每户贫雇农拥有的耕地为 3.55 亩，地主平均每户拥有耕地 144.11 亩。土地改革完成后，这一局面彻底改变，52.2% 的贫雇农占有的耕地比重上升到 47.1%。在整个土改过程中，约有 7 亿亩（约合 4 700 万公顷）土地被没收和征收，并被分给约 3 亿无地和少地的农民[1]。

土地改革的完成极大地调动了广大农民的生产热情，也促进了农业生产的恢复。1949—1952 年，粮食产量年均增长 12.6%，棉花产量年均增长 43.1%，[2] 农业生产的发展使城市的粮食和工业原料供应状况都得以改善。更为重要的是，土地改革既是一场深刻的经济变革，也是一场深刻的社会和政治变革。它的完成不仅调动了农民的积极性，还最大限度地增加了中国共产党在农村基层的凝聚力和号召力，为农村基层人民政权的建立和巩固发挥了重要的作用。

第二，《中国人民政治协商会议共同纲领》明确地肯定了社会主义国营经济领导下多种经济成分并存的经济发展方式。从解放战争后期开始，中国共产党就已经在一些地方没收接管国民党政府的官僚资本，没收和接管的企业涉及工业、商业、交通运输、金融等方方面面。数量庞大的官僚资本企业的收归国有，连同在解放区公营经济基础上组建起来的国营金融体系和国营商贸体系，为新中国国有经济体系的快速形成奠定了坚实的基础。国营经济领导下的多种经济成分并存是国民经济恢复时期的一个重要特征。

第三，统一国家财政经济，稳定国内市场。新中国成立前后，上海等重要城市在物资供应、物价平抑、人民币流通等诸多方面都面临着重重困难。市场上投机盛行，很多商家通过囤积居奇、买空卖空牟取暴利，致使北京、天津、上海等地物价波动剧烈，给经济恢复工作带来沉重打击。同时，解放战争的不断推进和全国的基本统一，使中央政府需要承担的财政支出规模日益扩大。由于通货膨胀、物资匮乏、金融波动、财政赤字、钞票发行过多等诸多问题的存在，整个社会的经济形势并不稳定，中央政府作出统一管理财经工作的决策。

1950 年 3 月，政务院作出《关于统一国家财政经济工作的决定》，决定在全国范围内统一编制、清查物资、厉行节约，对于当时政府最主要的财政收入来源作出明确规定："全国各地所收公粮，除地方附加粮外，全部归中央人民政府财政部

---

[1] 吴承明、董志凯主编：《中华人民共和国经济史（1949—1952）》，社会科学文献出版社 2010 年版，第 178 页。
[2] 当代中国研究所：《中华人民共和国史稿》第 1 卷，当代中国出版社、人民出版社 2012 年版，第 62 页。

统一调度使用";"除批准征收的地方税收外,所有关税、盐税、货物税、工商税的一切收入,均归中央人民政府财政部统一调度使用。"① 很快,政务院又发布《关于统一管理一九五〇年度财政收支的决定》。根据这一决定,不仅财力上移,连同财政管理权限也一并集中在中央政府手中。统一财经工作的完成极大地充实了中央政府的财力,财政收支迅速走向平衡;政府计划调拨、供售物资能力的增强则促进了当时金融和物价的稳定;同时,也缓解了由于抗美援朝战争所造成的财政支出压力。

第四,调整公私工商业之间的关系、劳资关系和产销关系,全面恢复生产。随着国营经济的不断壮大和同一时期统一财经工作的完成,市场上的商品供求与物价日趋稳定,不再有大规模的投机与抢购风潮。然而,不少私营工商业却陷入了需求不足、商品积压、资金短缺、生产停滞的困境。为了贯彻《中国人民政治协商会议共同纲领》中"凡有利于国计民生的私营经济事业,人民政府应鼓励其经营的积极性,并扶助其发展"的方针,新中国政府通过行政、税收、利率等各种手段,开始了对私营工商业的调整工作。调整主要围绕着公私工商业之间的关系、劳资关系和产销关系三个方面进行。政府通过扩大国家对私营工业的加工订货和收购包销,调整公私商业的经营范围,改变价格、税收、信贷等政策拓展私营商业的发展空间;通过调整私营工商企业中的劳资关系缓和劳资矛盾;通过协调供求双方之间的关系解决产销失衡、流通不畅的问题。

作为政府大力调整的结果,各地的经济情况很快就发生了变化。各城市私营工商业户,自1950年6月份起,歇业户数逐月减少,而开业户数则逐月增加。其中尤以上海的变化为最大,其8、9、10月份平均工业申请开业户数较4月份增加了28倍,商业申请开业户数亦有4月份的17倍。其他中小城市私营工商业户的开歇业变化,一般亦自1950年6月份起,由3、4、5月份的歇多开少,转变为开多歇少。在这一过程中经济活跃起来,不论是市场成交量,还是私营工商业户的产值和利润都大幅度增加。② 一个多种经济成分并存的格局由此逐步形成,政府对经济的调控能力在这一过程中也逐步增强。

这一时期,一场广泛调动群众参与的增产节约运动在全国范围内开展起来。为了惩治和打击干部队伍中的贪污浪费和官僚主义,1952年1月,中共中央发出《关于立即抓紧"三反"斗争的指示》,一批贪污腐败人员在"三反"运动中受到严厉惩处。几乎同时,针对不法资本家的以反对行贿、反对偷税漏税、反对盗骗

---

① 财政部综合计划司编:《中华人民共和国财政史料·第一辑·财政管理体制(1950—1980)》,中国财政经济出版社1982年版,第33页。
② 中国社会科学院、中央档案馆编:《中华人民共和国经济档案资料选编(1949—1952)》综合卷,中国城市经济社会出版社1990年版,第776页。

国家财产、反对偷工减料、反对盗窃国家经济情报为核心内容的"五反"运动也在各地展开。"三反""五反"运动的开展对打击当时社会经济中的不良现象发挥了不小的作用,但在快速推进的过程中存在打击面过大和处理失当等问题,在一定程度上影响了一些资本家的预期和私营工商业的生产。1952年下半年,政府通过调整加工订货、税收、贷款等方式开始了对私营工商业的第二次调整。

新民主主义经济政策的实施调动了各方面的积极性,极大地解放了生产力,使得国民经济的恢复发展十分迅速。1949—1952年的短短三年时间里,国民收入总额由1949年的358亿元增加到1952年的589亿元。1950年、1951年、1952年三年的国民收入总额增速分别达到了19.0%、16.7%和22.3%。[①] 工农业生产明显改善,按当年价格计算,全国农林牧渔业总产值由1949年的326亿元增加至1952年的461亿元。粮食、棉花、油料、黄红麻等主要农作物的播种面积和总产量都有了大幅度的提高,粮食、棉花、烤烟、黄麻、甘蔗等农产品产量相继超过新中国成立前的最高年产量。[②] 在工业方面,1950—1952年全国工业总产值的年平均增长速度达到了34.8%[③],纱、原油、原煤、钢、生铁、水泥、烧碱、切削机床等工业品的产量与1949年相比显著增加。统一财经工作的完成不仅改善了中央政府的财政收支状况,还为一个独立的、自主的财政体系的构建奠定了基础,政府财政汲取能力的提升使新中国突破了长期以来难以解决的资金瓶颈,为此后很快开始的大规模经济建设创造了条件。

第二节 工业化战略与社会主义经济制度的建立

为了快速改变贫穷落后的状态以及为国家的安全提供保障,在苏联的示范与直接影响下,新中国选择了社会主义工业化道路,其特点就是在经济落后、资本短缺的条件下,通过单一公有制和计划经济实现"高积累"和优先快速发展重工业。1953年,当中国转入以"一五"计划为标志的大规模经济建设后,对农业、手工业和资本主义工商业的社会主义改造也随之大规模推进。社会主义改造的一

---

① 国家统计局编:《建国三十年国民经济统计提要(1949—1978)》,国家统计局1979年印行,第35、36页。
② 国家统计局国民经济综合统计司编:《新中国六十年统计资料汇编》,中国统计出版社2010年版,第34、37页。
③ 中国社会科学院、中央档案馆编:《中华人民共和国经济档案资料选编(1953—1957)》工业卷,中国物价出版社1998年版,第1147页。

个重要结果是社会主义生产资料公有制的全面建立。与此同时，高度集中的计划经济体制也逐步形成。

一、工业化战略与过渡时期总路线

在鸦片战争后一个多世纪的时间里，为了实现救亡图存和国富民强的理想，中国人进行了实践与理论层面的不懈探索。如何才能走上自强和发展的道路，成为中国人最为关注的命题。

在旧中国的工业生产体系中，轻工业始终占据绝对优势，重工业占的比重很低。因此，在编制新中国的第一个长期经济建设计划时，重工业的发展成为中央政府优先考虑的问题。"我们必须以发展重工业为大规模建设的重点……以有限的资金和建设力量，首先保证重工业和国防工业的基本建设，特别是确保那些对国家起决定作用的，能迅速增强国家工业基础与国防力量的主要工程的完成。"①

1949—1952年，国有经济体系逐步建立，国营经济在工业、商业、金融、对外贸易等领域中所取得的绝对优势，意味着社会主义因素的增长和政府干预经济能力的增强，这成为政府推动大规模经济建设的前提条件。

经过国民经济的恢复和近一年的酝酿，1953年过渡时期总路线被正式提出，即"从中华人民共和国成立，到社会主义改造基本完成，这是一个过渡时期。党在这个过渡时期的总路线和总任务，是要在一个相当长的时期内，逐步实现国家的社会主义工业化，并逐步实现国家对农业、对手工业和对资本主义工商业的社会主义改造"。② 同年，第一个五年计划启动，重工业的发展被摆在了突出而重要的位置上。重工业优先的工业化路线的确立与迅速推进，直接影响和决定了中国在随后几十年中的经济运行方式和发展轨迹。

二、社会主义改造

中国要在农业剩余非常有限、资本严重不足，即所谓"贫困陷阱"条件下加速工业化，并在相当短的时期内完成工业体系的构建，政府必须具有强大的调动和配置资源的能力，而高度分散的农业个体经济、城镇私营及个体工商业和手工业经济，显然不能满足政府"高积累"和"集中力量办大事"的要求。因此，对农业和手工业个体经济以及私营工商业进行公有制改造，就成为政府获取这种能力，并重塑整个社会的经济运行机制和经济结构最为直接和有效的途径。

---

① 参见《中共中央关于编制1953年计划及五年建设计划纲要的指示》，中共中央文献研究室编：《建国以来中央文献选编》第三册，中央文献出版社1992年版，第449页。
② 中共中央文献研究室编：《建国以来重要文献选编》第四册，中央文献出版社1993年版，第700—701页。

1. 农业生产合作化的推进

在进行土地改革的同时，全国的互助合作运动稳步推进，农业生产互助组由1950年的272.4万个增至1952年的802.6万个。① 同一时期的农业生产合作社基本上处于试办阶段，数量很少。1953年作为一个转折点，初级农业生产合作社开始以极快的速度发展。1955年以后，高级农业生产合作社快速发展。

农业生产合作化运动的开展经历了一个不断调整的过程。1953年上半年，一些地方在试办农业生产合作社的过程中产生急躁冒进倾向，使农民出现了消极抵触的情绪。针对这一情况，不少地方及时地进行了整顿，整顿曾得到中央的认可。过渡时期总路线、统购统销等政策的出台加快了农业生产合作化的进程。1953年12月，中共中央发布《关于发展农业生产合作社的决议》（以下简称《决议》），《决议》指出，为进一步提高农业生产力，"逐步实行农业的社会主义改造，使农业能够由落后的小规模生产的个体经济变为先进的大规模生产的合作经济，以便逐步克服工业和农业这两个经济部门发展不相适应的矛盾"是党在农村中工作的最根本的任务。②

该《决议》发布后，全国农村的互助合作运动快速发展起来，1954年3月，各地农村已经建立和正在建立的初级社达到7万余个，到1955年年初，全国的初级社数量已经达到了48万个。由于推进过快，合作社的质量参差不齐，各地农民变卖农具、宰杀牲畜、要求退社的现象时有发生。③ 虽然此后又进行了短暂的调整和压缩，但调整持续的时间很短。1955年10月召开的中共七届六中全会就农业生产合作化的速度问题达成了一致。此后，农业生产合作化开始突飞猛进，与此相伴随的是农业生产互助合作组织规模的日益增大。

1955年以后高级农业生产合作社快速发展。1955年，全国的高级农业生产合作社只有1 000个左右，1956年数量达到54万个④。1956年年底，全国农村的高级社入社农户占农户总数的比重为87.8%。1957年年底，全国农村的高级社达75.3万个，入社农户占农户总数的比重已经达到96%以上。⑤ 全国基本实现高级农业合作化。

---

① 中国农业年鉴编辑委员会编：《中国农业年鉴（1980）》，农业出版社1981年版，第4页。
② 中共中央文献研究室编：《建国以来重要文献选编》第四册，中央文献出版社1993年版，第662页。
③ 《当代中国》丛书编辑部编辑：《当代中国的农业》，当代中国出版社1992年版，第100—102页。
④ 国家统计局编：《建国三十年国民经济统计提要（1949—1978）》，国家统计局1979年印行，第15页。
⑤ 《当代中国》丛书编辑部编辑：《当代中国的农业》，当代中国出版社1992年版，第110页。

2. 公私合营的逐步实现

在国民经济恢复时期，为了支持和促进私营工商业的发展，政府采取了加工、订货、包销等措施调整工商业。在 1953 年过渡时期总路线颁布前，公私合营已经有所发展。

在实施过渡时期总路线之后，对私营工商业的社会主义改造逐步加快。就产值而言，1955 年私营工业中完成公私合营的和尚未完成公私合营的各占一半。而同年在煤炭开采、钢铁冶炼、化学加工、橡胶、火柴、造纸、日用纺织品、食盐、烟草制造业等诸多工业领域，公私合营工业的产值已超过或远远超过了私营工业的产值。同时，私营商业所占的比重也出现了大幅度下降。在城市的商品零售总额中，社会主义性质和国家资本主义性质的商业所占的比重已经达到 3/4。在整个社会商品零售总额中，国营零售商业（包括城市消费合作社）占 52%，各种形式的国家资本主义商业占 23%，私营商业只占 25%。[1]

农业生产合作化高潮的到来，加快了对私营工商业的社会主义改造进程。1956 年 1 月，从北京市开始的私营工业的社会主义改造热潮很快席卷全国，仅一个月内全国实行公私合营的企业就达到了 5.54 万户，上海、北京、天津等 118 个大中城市的私营工业企业，几乎都在这一个月内实现了公私合营。1 月和 2 月，中共中央相继颁布《对目前资本主义工商业改造应注意的问题的指示》《关于资本主义工商业改造问题的决议》，这些文件的出台都加快了工商业的改造，1956 年第一季度内，全国省辖市以上的私营商业也基本上实行了公私合营，或组成合作商店（小组），广大农村的私营商业也有 60% 以上纳入了各种国家资本主义或合作化轨道。[2] 1956 年年底，全国私营工商业全行业的公私合营基本实现。

3. 个体手工业的社会主义改造

个体手工业规模小而分散，生产能力也十分有限。新中国成立后，个体手工业的合作一直在平稳推进，国民经济恢复时期中华全国合作社联合总社先后召开了两次全国手工业生产合作会议，推动各地手工业合作组织的发展。过渡时期总路线出台不久，第三次全国手工业生产合作会议于 1953 年年底召开。这次会议明确地提出了手工业社会主义改造的原则、方针和步骤。

随后的两年中，手工业合作化在更大范围内铺开。到 1955 年，手工业合作组织的人数由 1952 年的 25.25 万人增至 220.58 万人，其占手工业总人数的比重由

---

[1] 中国社会科学院、中央档案馆编：《中华人民共和国经济档案资料选编（1953—1957）》商业卷，中国物价出版社 2000 年版，第 526 页。
[2] 中国社会科学院、中央档案馆编：《中华人民共和国经济档案资料选编（1953—1957）》商业卷，中国物价出版社 2000 年版，第 534 页。

1952 年的 3.9% 上升至 29.1%①。与对私营工商业的社会主义改造一样，对个体手工业的社会主义改造也在农业生产合作化的高潮到来之后迅猛加速。1956 年 1 月，北京市采取了全市按行业一次批准合作化的办法，当月 11 日、12 日两天内，就有 5.38 万手工业者参加了各种形式的手工业合作社，全市手工业者基本上实现合作化。天津、南京、武汉、上海等大城市相继在几天之内完成了手工业合作化。2 月 20 日，全国有 143 个大中城市（约占全国大中城市的 88%）和 691 个县的手工业全部或基本上实现了合作化。到 1956 年 6 月，除一些边远地区外，全国基本上实现手工业合作化。②

由此，新中国基本完成了对生产资料私有制的社会主义改造，同时基本实现了生产资料公有制和按劳分配，社会主义经济制度得以确立。与新中国成立初期相比，国民收入中各种经济成分的比重发生了巨大的变化，全民所有制和集体所有制在整个国民经济中占据了绝对优势的地位。对农业、手工业、资本主义工商业社会主义改造的完成，重塑了社会主义中国的微观经济主体。

三、计划经济体制的形成

1. 计划管理机构的建立

从国民经济恢复时期开始，中国经济运行中的计划因素逐步增加。为了统筹安排即将开始的大规模经济建设，1952 年 11 月，国家计划委员会成立。1953 年 1 月到 5 月，国家计划委员会参考苏联计划机构的经验，成立了 16 个工作部门，主要工作就是编制国民经济的年度计划和五年计划。③ 其间，中共中央于 1953 年 2 月下发了《关于建立计划机构的通知》，要求"中央一级各国民经济部门和文教部门，必须迅速加强计划工作，建立起基层企业和基层工作部门的计划机构"。④

1954 年 2 月，中共中央发出《关于建立与充实各级计划机构的指示》，强调"中央人民政府所属各国民经济部门和文教部门，必须建立和健全计划机构，并应把计划机构逐级建立到基层工作部门及基层企业单位"。这些计划机构的主要任务是根据直属主管上级的指示，编制年度的和长期的生产、基本建设、事业、财务等各个方面的计划，并检查计划执行情况。同时，"各大区行政委员会，各省

---

① 中国社会科学院、中央档案馆编：《中华人民共和国经济档案资料选编（1953—1957）》工业卷，中国物价出版社 1998 年版，第 934 页。
② 中华人民共和国国家经济贸易委员会编：《中国工业五十年（1953—1957）》上卷，中国经济出版社 2000 年版，第 81 页。
③ 中国社会科学院、中央档案馆编：《中华人民共和国经济档案资料选编（1953—1957）》综合卷，中国物价出版社 2000 年版，第 354 页。
④ 中国社会科学院、中央档案馆编：《中华人民共和国经济档案资料选编（1953—1957）》综合卷，中国物价出版社 2000 年版，第 347 页。

（市）、省属市及县（旗）人民政府"也应设立计划委员会，各个层级的计划委员会负有编制本地区国民经济综合计划、制定各种必要措施以确保国家计划完成、检查本地区所属经济、文教等部门计划执行情况等责任。① 在1955年国务院发布的《地方各级人民委员会的计划委员会暂行组织条例（草案）》中，对地方各级计划委员会的任务、职责、工作做了更为详细的规定。

到1957年，全国省、直辖市、自治区都成立了计划委员会（西藏为计划局），132个省属市有126个成立了计划委员会，全国191个专署有153个成立了计划委员会，2 311个县或相当于县的行政单位有1 835个设置了计划委员会。② 各级计划管理机构的成立为计划的制定、上传下达和贯彻执行提供了保障。

2. 投资和生产经营管理方式的重构

随着大规模经济建设的展开，投资、建设、生产、积累几乎成为中国经济发展过程中最核心的要素。这种重积累轻消费的理念一直持续到1978年。高积累是与政府对工业生产和各项投资的严格控制相辅相成的。为了快速推进工业化，在苏联的直接影响下，中国的计划管理方式逐步确立。早在1950年6月，中央重工业部计划司在《国营工业经济计划工作的组织与方法》中就已经明确提出了工业经济计划需要包括七个部分，强调"所有一切与生产及建设相关的全部经济内容都包括在内"。政务院先后成立了重工业部、燃料工业部、纺织工业部、轻工业部、第一机械工业部、第二机械工业部等工业管理部门，这些部门的设立为各个行业的集中管理奠定了基础。

社会主义改造完成之后，单一公有制使实行指令性计划管理的范围扩大到整个国民经济。在"一五"期间，接受政府指令性计划管理的国营企业数量不断上升，对于国营企业的总产值、主要产品产量、新种类产品试制、重要的技术经济定额、成本降低率、成本降低额、职工总数、年底工人人数、工资总额、平均工资、劳动生产率和利润等内容，都由政府直接下达指令性生产指标。由国家计划委员会统一管理、直接下达计划指标的产品由1953年的115种增加到1956年的380余种。③ 而"计划一经批准，一般不予修改"④，以免整个国民经济的平衡因此

---

① 中国社会科学院、中央档案馆编：《中华人民共和国经济档案资料选编（1953—1957）》综合卷，中国物价出版社2000年版，第350—351页。
② 中华人民共和国国家经济贸易委员会编：《中国工业五十年（1953—1957）》下卷，中国经济出版社2000年版，第1435页。
③ 董志凯、武力主编：《中华人民共和国经济史（1953—1957）》上，社会科学文献出版社2011年版，第436—437页。
④ 《国务院关于下达、修改与检查国家计划的几项具体规定（初稿）》，见中国社会科学院、中央档案馆编：《中华人民共和国经济档案资料选编（1953—1957）》工业卷，中国物价出版社1998年版，第46页。

而受到影响。

除了生产环节的全程控制，国营企业的财务也受到政府的严格管理。虽然时有调整，但基本上实行高度集中的统收统支的管理体制。国营企业日常生产经营中所需的各项资金，多由各级财政支付。1953年10月，财政部下发《关于编制国营企业1954年财务收支计划草案各项问题的规定》，明确规定燃料、重工业、一机、二机、纺织、轻工业、交通、铁道、民航等各个部门所属的国营企业"基本建设支出，技术组织措施费，新产品试制费，零星固定资产购置及各项事业费，均属经济拨款之范围，应悉数列入财务收支计划'预算拨款'的有关项目内"。①

统一财经工作的完成，使政府巨额的建设投资成为可能。1952年1月，政务院财政经济委员会公布了《基本建设工作暂行办法》，其中明确规定了基本建设计划的编制过程，从这时起，固定资产建设项目的决策权被集中在中央政府手中。投资的规模、布局、结构及管理均受到政府相关部门的严格控制。尽管在整个计划经济时期，中国的政府投资体制不乏放权与集权的调整，但这种调整只是权力在中央与地方不同层级政府之间的分配，而政府在全社会固定资产投资中的主体地位并没有变化。

3. 市场调节机制的逐步消失

新中国成立之初，由于多种经济成分并存和个体私营经济所占的比重很高，政府还是尽可能利用市场机制，市场调节在很大范围内发挥作用。以最重要的物资之一粮食为例，征收公粮和市场收购是政府获取粮食的两个重要渠道。然而，随着大规模经济建设的展开，国家所能掌握的粮食与其必须负担的城乡粮食供应量之间产生了越来越大的缺口。为了摆脱粮食供求难以平衡的困境，1953年10月，中共中央作出《关于实行粮食的计划收购与计划供应的决议》；同年11月，政务院通过《关于实行粮食的计划收购和计划供应的命令》，详细地规定了粮食统购统销的具体办法，粮食统购统销制度正式确立。

在执行过程中，农产品统购统销的品种不断增加。棉、油、烤烟、黄洋麻、苎麻、大麻、甘蔗、家蚕茧、茶叶、生猪、羊毛、牛皮及其他重要皮张、土糖、土纸、瓜子、栗子、木材、部分中药材、水产品等都被纳入统购统销的范围，一个庞大的统购统销体系逐渐形成。除对农产品实行统派统购制度外，国家还对重要生产资料在全国范围内实行计划分配管理。1953年，国家统配物资和部管物资的种类分别为112种、115种，两者合计为227种，到1957年，国家统配物资和部

---

① 财政部工业交通财务司编：《中华人民共和国财政史料·第五辑·国营企业财务（1950—1980）》，中国财政经济出版社1985年版，第195—196页。

管物资种类已经分别上升到了 231 种和 301 种，两者合计达到 532 种。① 这些物资的统一分配为工业生产的进行提供了保证。

与对农副产品购销和主要生产资料供给实行管理相伴随，政府也开始了对价格的计划管理。1955 年召开的第五次全国物价工作会议，明确提出商业部的主要职责之一是掌握全国物价总水平，制定和调整全国各主要产、销市场关系国计民生的重要大宗商品的标准规格品的收购和批发销售牌价。② 在社会主义改造完成后，私营商业所占的比重已经微乎其微。1957 年 8 月，国务院发出了《关于各级人民委员会应即设立物价委员会的通知》，对中央与地方政府在物价确定中的权属做出分工。在产品市场中，市场所能发挥的调节作用越来越小。

对农副产品和统购物资定价权的控制确保了工业生产原材料价格的低廉和稳定。而要启动大规模的经济建设，还有两种生产要素必不可少。一个是劳动力。从第一个五年计划时期开始，政府对就业和工资进行了越来越严格的控制和管理，劳动力的自由流动逐步消失，而这一时期中国的工资制度慢慢走向集中化和统一化③。在整个计划经济时期，为了确保高积累率，政府一直维持着较低的工资水平。值得一提的是，尽管收入水平不高，但不同群体、不同区域之间的分配却是非常平均的，没有显著的贫富差距和地区差异。这种分配上的高度平均与低收入水平的维系压低了工业化的成本。

另一个必需的生产要素是资金。资金是中国开展大规模经济建设最稀缺的资源之一。新中国成立后私营银钱业很快退出历史舞台，1952 年年底即率先完成了全行业公私合营，被纳入中国人民银行统一管理，成为新中国第一个完成社会主义改造的行业。"一五"计划开始实施不久，中国人民银行就提出了"银行的主要任务是在国家统一的政策计划下，与财政部门密切联系，使预算与信贷结合，努力为国家积累建设资金"。此后，银行的信贷计划以及信贷资金的分配与管理充分配合国家的各项政策。④ 为了解决经济建设所需要的外汇缺口，中国除了依靠大量农副产品出口换取外汇之外，还开始推行高度集中的外汇管理体制。所有这些都标志着高度集中的计划经济体制逐步确立。

---

① 中国物资经济学会编：《中国社会主义物资管理体制史略》，物资出版社 1983 年版，第 2—3、91 页。
② 中国社会科学院、中央档案馆编：《中华人民共和国经济档案资料选编（1953—1957）》商业卷，中国物价出版社 2000 年版，第 809 页。
③ 董志凯、武力主编：《中华人民共和国经济史（1953—1957）》下，社会科学文献出版社 2011 年版，第 823 页。
④ 中国社会科学院、中央档案馆编：《中华人民共和国经济档案资料选编（1953—1957）》金融卷，中国物价出版社 2000 年版，第 3、119 页。

第三节　计划经济向社会主义市场经济的转变

计划经济时期的高积累政策保障了中国重工业的快速发展和独立工业体系的建立。1952年中国国内生产总值仅为679亿元，人均国内生产总值为119元，到1978年时国内生产总值已经增加到3 679亿元，占世界经济比重为1.8%，居全球第11位。中国的产业结构亦发生了明显的改变，1978年第一产业所占比重降至27.7%，第二产业所占比重为47.7%，第三产业占比24.6%。① 但是，单一公有制和高度集中的计划管理模式也表现出了一些弊端，从计划经济时期起中国就已经开始了对自身发展方式的独立探索。改革开放后，中国突破了前30年形成的发展模式，逐步走上了具有中国特色的社会主义市场经济发展道路。

一、计划经济的运行与主要特征

在计划经济体制逐步形成的过程中，新中国第一个五年计划的编制与实施也在推进当中。1950年，中央财经委员会已经开始了编制年度国民经济计划的探索和尝试，只是这时的经济计划并不像后来那样详尽完备。1951年11月，中财委召开全国计划会议，会议提出编制长期建设计划。1952年7月，第一个五年计划的轮廓草案基本形成，同年年底，中共中央发出《关于编制一九五三年计划及五年建设计划纲要的指示》，就编制计划中若干应注意的问题作了指示。此后，第一个五年计划的轮廓草案在相关部门的配合和苏联国家计委以及苏联顾问的建议下，多次充实修改调整，数易其稿，1955年正式被全国人民代表大会审议通过。同年8月，国家计划委员会开始编制第二个五年计划。

与此同时，国民经济年度计划的编制工作也在不断推进。1952年7月，政务院财政经济委员会布置了编制1953年国民经济计划的主要控制数字的工作，随后即向各部颁发工业、农业、交通运输与基本建设的控制数字，向各大区颁发地方国营工业、城市公用事业的控制数字。在经过各部门和各地区的意见反馈后，《1953年度国民经济计划提要》于1953年3月定稿，内容涵盖工业生产、农业生产、基本建设、交通运输与邮电事业、贸易、劳动工资及干部培养、文教卫生事业、国民经济拨款等各个方面。② 1954年12月，中共中央下发《关于进一步作好编制地方经济五年计划纲要的工作的指示》，地方计划的编制工作也随之启动。

---

① 《辉煌70年》编写组编：《辉煌70年——新中国经济社会发展成就（1949—2019）》，中国统计出版社2019年版，第2页、第365页。
② 全文参见中华人民共和国国家经济贸易委员会编：《中国工业五十年（1953—1957）》下卷，中国经济出版社2000年版，第1113—1138页。

经过各个部门和中央地方各级政府共同讨论确定的计划成为新中国经济发展的重要依据,几乎所有的生产、投资、建设都在计划的指导下进行。1953 年启动的第一个五年计划,涉及基本建设、工业、农业、运输业、邮电业、商业、贸易、教育、人民生活等社会经济的方方面面,提出的任务和发展目标具体明确。在统一财经工作完成之后,中央政府财政收入的快速增加使大规模经济建设的推进成为可能。为了实现优先发展重工业的工业化目标,改变新中国落后的生产力水平,政府的投资开始大幅度向工业特别是重工业倾斜。

第一个五年计划的基本任务是"集中主要力量进行以苏联帮助我国设计的 156 个单位为中心的、由限额以上的 694 个建设单位组成的工业建设,建立我国的社会主义工业化的初步基础"。由苏联援助建设的第一批 50 个单位早在 1950 年就已经确定并陆续进入了施工阶段①,其余援建项目在第一个五年计划期间相继开工或投产。"一五"时期,中国的工业生产能力获得了突飞猛进的发展,这不仅表现在许多工业品产量的大幅增加、技术水平的明显提高,还表现在工业部门内部结构的跳跃式调整,一些行业从无到有,从薄弱到强大,为工业体系的全面构建奠定了坚实的基础。1952—1957 年,重工业产值增长 2.1 倍,轻工业产值增长 83.3%,两者的年均增长速度分别高达 25.4% 和 12.9%。重工业在全部工业中的比重由 1952 年的 37.3% 上升到 1957 年的 45%,而同期轻工业的比重由 62.7% 下降到 55%。②

由于"大跃进"等运动的影响,第二个五年计划期间国民经济的增速明显低于"一五"时期。随后启动的第三个五年计划和第四个五年计划都是在"战备"的指导思想下进行的,尽管中间时有调整,但仍出现了政府投资向重工业倾斜以及盲目追求过快发展等倾向。在这样的背景下,国防工业获得了较大的发展。而第五个五年计划开始于改革开放前,结束于改革开放开始后,和之前相比,这一时期制定国民经济计划的指导思想和原则已经发生很大变化,然而 1977 年年底通过的《国家计委关于 1976—1985 年国民经济发展十年规划纲要(修订草案)》在实施之初,仍表现出基本建设投资规模过大、积累率偏高等问题。

通过高积累来推进工业化进程是整个计划经济时期国民经济运行的突出特征。在 1978 年以前所实施的四个五年计划中,积累率最低的是"一五"时期,为 24.2%,其余三个五年计划的积累率都在 25% 以上。而在积累总额中,又有相当高的比重(除了"一五"时期是 59.8% 以外,其余三个五年计划均在 70% 以上)是

---

① 李富春:《关于发展国民经济的第一个五年计划的报告》,《人民日报》1955 年 7 月 8 日第 2 版。
② 中国社会科学院、中央档案馆编:《中华人民共和国经济档案资料选编(1953—1957)》工业卷,中国物价出版社 1998 年版,第 4 页。

用于生产性积累。① 以工业为主的第二产业一直是政府投资的重点。以基本建设投资为例,从1953年直至改革开放初期,在三次产业中,政府对第一产业的基本建设投资最低,除了1963—1965年期间短暂达到7.6%,其余时期均在4%以下。而在1980年以前的五个五年计划中,对第二产业的基本建设投资占全部投资的比重最高时达到61.7%,最低的"一五"时期也达到了46.2%,基本上一直保持在50%以上。对第三产业的投资除了在"一五"时期达到51.1%之外,其余时段均在40%左右。

在对工业的投资中,对于轻工业的基本建设投资虽然整体上略高于农业,但一直未超过7%,该比重在1976—1980年最高时也只占总基本建设投资的6.7%;对重工业的投资占全部基本建设投资的比重在"一五"时期为36.2%,这是改革开放前几个五年计划中这一比重最低的一个时期,其余时期均在45%以上。1953—1980年,如果以对工业部门的总投资额为100%,那么其中重工业投资所占的比重在"一五"时期最低,为85%,1963—1965年间最高,为92.2%,"三五"时期为92.1%。②

这种投资倾向带来的直接后果是产业结构的快速变化。在第一个五年计划完成之后,中国的产业结构已经发生了明显的转变,第二产业产值(包括工业和建筑业)占国内生产总值的比重由1952年的20.9%上升至1957年的29.6%,其中工业产值占国内生产总值的比重由1952年的17.6%上升至1957年的25.3%,建筑业产值占国内生产总值的比重由1952年的3.2%上升至1957年的4.3%(第一产业占国内生产总值的比重由1952年的51%下降为1957年的40.6%,第三产业比重未发生明显变化,1952年为28.2%,1957年为29.8%)③。计划经济时期一批基础工业的建立,为中国工业体系的全面发展奠定了坚实的基础。1978年,中国已拥有相对独立完整的工业体系,三次产业比重分别为27.9%、47.6%、24.5%,与1949年相比发生了巨大的变化。在高度集中的计划经济体制下,我们依靠强大的政府干预和自我积累启动并支撑了一个后发大国的工业化进程。

二、计划经济体制的问题与探索

生产资料的单一公有制和高度集中的计划管理体制不仅极大地增强了政府动员和配置资源的能力,也保证了在高积累下的社会稳定。然而,对政府干预的过

---

① 国家统计局编:《建国三十年国民经济统计提要(1949—1978)》,国家统计局1979年印行,第39、40页。
② 国家统计局固定资产投资统计司编:《中国固定资产投资统计年鉴(1950—1995)》,中国统计出版社1997年版,第103页。
③ 国家统计局编:《新中国60年》,中国统计出版社2009年版,第612页。

度倚重很快就产生了一系列问题，比如由于信息不充分而导致计划的滞后与不合理，"计划赶不上变化""一年计划，计划一年"等已经成为常态；由于微观经济主体的积极性受到抑制而带来的生产的低效率，"职工吃企业的大锅饭，企业吃国家的大锅饭"也成为常态；政府行政成本不断上升，"一统就死，一放就乱"也成为难以摆脱的怪圈；此外，对积累的过分强调，也导致农业以及轻工业发展缓慢、人民生活水平长期得不到改善等；更为严重的是，这种经济发展中的问题还经常伴随政治斗争和大规模的群众运动。在第一个五年计划执行过程中，这些问题已经引起了新中国领导者的关注和思考。

1956年4月，毛泽东发表了著名的《论十大关系》讲话，对重工业与轻工业、农业的关系，中央与地方的关系，经济建设与国防建设的关系，中国与外国的关系等一些核心问题都进行了比较深刻的阐述。同年召开的中国共产党第八次全国代表大会前后，新中国的第一代领导集体对社会主义计划经济体制不乏反省和力图改进的探索和尝试。当时的反思与探讨主要围绕社会主义经济成分的多样性与单一公有制的关系、计划经济的施行方式以及计划与市场的关系、中央集权与分权的关系、产业结构与政府投资结构的调整等计划经济体制中最核心的问题展开，提出了指令性计划与指导性计划相结合，以国家计划许可范围内的自由生产作为计划生产的补充，中央与地方分级管理、在集中统一的前提下注重因地制宜，适当调整重工业和农业以及轻工业的投资比例以确保国民经济平衡发展等一系列重要思想。其中有些认识今天看来仍不失为宝贵的思想资源。

1956年，为了改变对市场管理过严的做法，国务院还一度发出指示放宽对农村市场的管理。1957年，陈云为国务院起草了《关于改进工业管理体制的规定》《关于改进商业管理体制的规定》《关于改进财政管理体制的规定》三个文件。这三个文件的主要内容可以概括为两点：其一，适当扩大企业主管人员对企业内部的管理权限，在计划管理方面减少指令性的指标；其二，适当扩大地方在工业、商业、财政管理方面的权限。除了将一些原本由中央直接管理的企业下放给地方领导外，增加了地方政府在物资分配、商品定价、财政收入支配、人事管理等许多方面的权力①。三个文件总的指导思想是克服此前经济运行权力过度集中的弊病，通过一定程度的"放权"调动地方政府和企业的积极性。然而，中共八大前后中央领导层对计划经济体制的反思并没有得到持续而正确的贯彻。

1958年，片面追求生产与建设高速度的"大跃进"运动在全国范围内展开，在大炼钢铁、以粮为纲、超英赶美等一系列不切实际的目标指引下，国民经济的正常运行受到了严重的破坏和影响。与此同时，全国农村掀起了大办"规模大、

---

① 《陈云文选》第3卷，人民出版社1995年版，第88—104页。

公有化程度高"的人民公社的高潮，在很短的时间里基本实现人民公社化。同一时期中央政府对计划经济管理体制的调整也具有了"跃进"色彩。从1957年年底开始到1958年6月15日止，冶金、第一机械、化学工业、煤炭等9个工业部门陆续下放了8 000多个单位。中央各工业部所属企业事业单位80%以上交给了地方管理。中央各部所属企业和事业单位，从1957年的9 300个减少到1958年的1 200个，下放了88%。中央直属企业的工业产值占整个工业总产值的比重，由1957年的39.7%下降到1958年的13.8%[①]。中央财政收入占全国的比重在1959年发生了跳跃式的变化，由原来的70%以上锐减到20%左右。除此以外，商业、信贷、投资审批等各个重要领域的管理权都相继大量下放。高指标、浮夸风在各地愈演愈烈。

1958—1960年间，一大批工农业生产项目快速上马，基本建设投资规模不断攀升。"大跃进"运动不仅造成国民经济各项重大比例的严重失调，还带来了人民生活的异常困难，严峻的形势促使中央领导者做出新的决策。1961年1月召开的中共八届九中全会，正式确立了"调整、巩固、充实、提高"的八字方针，"大跃进"由此告一段落，国民经济进入了长达5年的调整时期。经过1961年8—9月举行的中共中央庐山工作会议、1962年年初召开的"七千人大会"和"西楼会议"等一系列重要会议，人们的认识逐步达成一致。国家计委全面压缩各项生产计划指标，关于农业、工业、商业、教育、劳动人口等方方面面也都陆续出台了新的政策和规定，以促进生产和正常的经济秩序的恢复。

为了尽快扭转"大跃进"期间管理上的分散与混乱，国民经济调整初期开始了中央的再度集权。1961年，中共中央做出《关于调整管理体制的若干暂行规定》，其中明确强调了两三年之内中央对各部属国营企业、重要物资、财政、生产计划、基本建设等各项工作的统一管理，收回此前大量下放的权限。[②] 直到调整后期，才慢慢减少集中统一的管理，适度增加地方政府与企业的自主权。同时，农村的人民公社逐步确立了"三级所有，队为基础"的制度，彻底纠正此前的"一平二调"，并在一定程度上恢复了社员的自留地和家庭副业生产。经过几年的调整，农业以及轻工业产值在工农业总产值中所占的比重出现了小幅度上升，经济形势日趋好转。

但值得注意的是，新中国经济的发展还受到非经济因素的重要影响。在国民经济调整后期，城市的"五反"与农村的"四清"声势浩大，社会主义教育运动在全国各地广泛开展起来。"以阶级斗争为纲"的认识以及随后越来越左的政策倾

[①] 董辅礽主编：《中华人民共和国经济史》上卷，经济科学出版社1999年版，第329—330页。
[②] 中共中央文献研究室编：《建国以来重要文献选编》第14册，中央文献出版社1997年版，第102—105页。

向干扰了国民经济的调整工作。1966年5月，中共中央通过《中国共产党中央委员会通知》（即"五一六"通知），"文化大革命"由此开始。"文化大革命"引发的社会动乱对经济发展造成了巨大冲击，给党和国家带来了灾难性的后果，特别是"文化大革命"爆发的最初三年，由于"大串联""造反""武斗""夺权"的影响，一些工业交通部门的生产和运转近于停滞。极"左"思潮的出现使经济建设以及经济体制都遭到了破坏。

1969年，新中国开始了经济管理体制上的第二次大规模的"放权"改革。1970年3月5日，国务院拟定《关于国务院工业交通各部直属企业下放地方管理的通知（草案）》，要求国务院各部把直属企事业单位的绝大部分下放给地方管理，并要求下放工作必须在年内（1970年）完成。此次下放后，中央各部属企事业单位仅剩500家，和1965年相比减少了86.5%。[①] 与此同时，财权、物资管理权、投资管理权纷纷下放。快速而盲目的下放与改革带来了管理上的混乱与无序。1972年，在周恩来的主持下，中央政府一度展开对国民经济的调整工作，压缩了投资规模与偏高的生产计划指标，加强国家的计划与调控，这使经济形势出现一定程度的好转。1975年，恢复主持工作的邓小平再一次启动国民经济的调整，整顿从铁路交通部门开始扩大到工农业生产的各个领域，很快取得了明显的效果，这为日后经济的恢复和发展奠定了基础。

"文化大革命"的十年中，虽然我国在国防科技等方面取得了一些重要成就，但整体而言，经济建设遭受了巨大损失。从1977年起，不论在思想领域，还是在社会实践中，人们都开始了对"文化大革命"时期错误做法的反思。1978年，全国范围内关于"真理标准"的大讨论将这种反思推向了高潮。更为重要的是，为了尽快恢复工农业生产，从中央到地方都开始了新的探索，所有这些都为1978年十一届三中全会的召开做了良好的铺垫。

在改革开放前的30年里，中国共产党的探索虽然出现失误，但是也形成了不少正确的认识和积累了成功的经验。例如，在宏观经济方面，提出了"以农业为基础，以工业为主导，农、轻、重协调发展"的思想；提出了调动中央与地方"两个积极性"的主张；提出了国民经济发展的"四大平衡"理论；提出了指令性计划和指导性计划相结合的管理思想；提出了计划经济为主，市场经济为辅的思想。在实现对微观经济主体的有效激励方面，提出了要处理好国家、集体、个人关系；要处理好积累与消费的关系；要处理好按劳分配与多劳多得的关系。在实践方面，则有过农业"包产到户"的经验；恢复个体经济和自由市场的经验；技

---

① 武力主编：《中华人民共和国经济史》（增订版）上卷，中国时代经济出版社2010年版，第529页。

术引进的经验；处理中央与地方经济关系的经验（如分灶吃饭），等等。这些反思、探索与尝试在方法论上所具有的意义可能比它们当时发挥的作用更重要，它们代表着中国共产党对社会主义经济建设道路的独立探索。不论是当时，还是以后，中国都需要按照适合自己的方式去完成每一次重要的变革。

三、改革开放与社会主义市场经济目标的确立

1978 年 12 月，中共十一届三中全会在北京召开，会议确定了解放思想、实事求是的路线，并做出从 1979 年起把全党工作重点转移到社会主义现代化建设上来的重要决策，这一正确的认识为日后的发展指明了方向。这次会议以后，中国共产党在充分吸取过去经验教训的基础上，解放思想、实事求是，与时俱进，很快就突破了前 30 年形成的发展模式，实现了对传统社会主义理论的带有根本性的突破和创新，引导中国走上了特色社会主义市场经济发展道路。

十一届三中全会拉开了改革开放的序幕，全会明确提出权力过于集中是我国经济管理体制的一个严重缺点，应在国家统一计划的指导下赋予地方和企业更多的管理自主权。① 对于原有体制的变革首先从农村开始。20 世纪 70 年代末 80 年代初，安徽、四川等地的地方政府和农民开始尝试包产到户，但由于长期实行集体经济的历史惯性，人们对于包产到户、包干到户等形式的生产责任制能否在全国推广还存在争论。为了将改革推向深入，1982 年 1 月中共中央批转了《全国农村工作会议纪要》，这是改革开放后的第一个中央"一号文件"。文件明确地肯定了多种形式的责任制，指出当时已被各地采用的诸如包产到户、包干到户、联产到劳、专业承包联产计酬等模式都是"社会主义集体经济的生产责任制"。这一理论上的创新与突破使农村改革进入了一个新的阶段。

1982—1986 年，中共中央连续发出五个"一号文件"，一再肯定包产到户政策长期不变，并审时度势地把体制改革推向农村的各个方面。1983 年 1 月，中共中央"一号文件"《当前农村经济政策的若干问题》高度评价了家庭联产承包责任制，同时提出改革人民公社体制，实行政社分设。1984 年 1 月，"一号文件"《关于一九八四年农村工作的通知》提出要逐步推动农业生产向商品生产转化。1985 年 1 月，中共中央、国务院联合发布的"一号文件"《关于进一步活跃农村经济的十项政策》正式提出取消执行了 30 余年的农产品统购统销制度。除个别品种外，从 1985 年起，国家不再向农民下达农产品统购派购任务。1986 年 1 月的"一号文件"《关于一九八六年农村工作的部署》不仅肯定了农村改革方针政策的正确性，

---

① 中共中央文献研究室编：《三中全会以来重要文献选编》上，人民出版社 1982 年版，第 6 页。

还进一步提出了增加投入、深化改革、调整工农城乡关系等举措①。

城市经济体制的改革也随之起步。城市改革从扩大企业自主权开始，在四川开展了试点之后，逐步扩大到更多的地区和企业。1979 年，国务院相继颁布了一系列文件、规定，重新对国有企业的责、权、利进行明确，这些新的规定在生产计划、产品销售、利润分配、人员聘任等多个方面都赋予企业更多的权力，以解决原有计划经济体制下对企业激励不足的问题。根据对 5 777 个试点企业统计，1980 年比上年工业总产值增长 6.8%，实现利润增长 11.8%，上交利润增长了 7.4%。② 随后的两年中，经济责任制开始在企业内部普遍推行。同时，政府还适时地启动了所有制结构的调整，在确保以公有制为主体的前提下，鼓励多种经济形式的发展，城镇集体经济、个体经济、中外合资企业、外商独资企业等形式的经济成分都开始慢慢成长起来。多种经济形式、经营方式的出现，不仅缓解了改革初期中国城镇中所面临的巨大的就业压力，也为日后经济的繁荣奠定了基础。

从"放权让利"和农村改革开始，长期受到抑制的市场因素再度发挥作用。随着改革开放的深入和所有制结构及公有制实现形式的多样化，市场机制调节的范围和配置资源的作用越来越大。如何正确处理政府与市场的关系，成为中国改革开放进程中的核心命题。在长期的探索之后，中共十三大提出了"国家调节市场，市场引导企业"的经济体制改革目标。1992 年召开的中共十四大进一步明确提出将"建立社会主义市场经济体制"作为我国经济体制改革的目标。在这一改革目标确立后，各项改革驶入了快车道。

1997 年，中共十五大报告中明确提出："公有制为主体、多种所有制经济共同发展，是我国社会主义初级阶段的一项基本经济制度。"③ 1999 年 3 月，经第九届全国人民代表大会第二次会议通过，"国家在社会主义初级阶段，坚持公有制为主体、多种所有制经济共同发展的基本经济制度，坚持按劳分配为主体、多种分配方式并存的分配制度"④ 被写入《中华人民共和国宪法修正案》。此后，中国经济的所有制结构不断调整和优化，市场体系建设全面展开，与社会主义市场经济体制相适应的宏观调控体系也逐步健全和完善，社会保障体系逐步建立，对外开放的深度和广度不断拓展。社会主义初级阶段基本经济制度的提出和确立，社会主

---

① 中共中央文献研究室，国务院发展研究中心编：《新时期农业和农村工作重要文献选编》，中央文献出版社 1992 年版，第 170、224、326、371 页。
② 武力主编：《中华人民共和国经济史》（增订版）上卷，中国经济出版社 2010 年版，第 695 页。
③ 中共中央文献研究室编：《十五大以来重要文献选编》上，中央文献出版社 2011 年 6 月第 1 版，第 17 页。
④ 中共中央文献研究室编：《十五大以来重要文献选编》上，中央文献出版社 2011 年 6 月第 1 版，第 711 页。

义市场经济体制的初步建立与不断完善,为中国经济的繁荣发展提供了有力的制度保障。

▶ 即测即评

 请扫描二维码,在线测试本章学习效果

思考题:
1. 新中国面临着怎样的经济起点?为什么会确立社会主义计划经济体制?
2. 社会主义计划经济体制的内涵及主要特征是什么?
3. 计划经济体制是如何向社会主义市场经济体制转变的?
4. 中国社会主义初级阶段基本经济制度的基本内容是什么?

第十三章　当代中国农业的发展

新中国成立以来,农业发展取得了巨大成就,不仅以占世界总耕地面积9%的耕地,养活了占世界人口总量22%的人口,[①] 也为国家的工业化、城市化做出了巨大的贡献。尽管其间有着种种曲折,但由于政府的重视,通过调整农业经营制度和政策,推进农业科技进步,总体上保持了农业生产的稳定,存在的一些问题也逐步得到解决。

第一节　农业经营制度

新中国的农业经营制度经历了从私有土地基础上的家庭经营,到私有土地上的互助经营、私有土地上的合作统一经营、集体公有土地上的集体统一经营,再到改革开放后公有土地上的家庭承包经营为基础、家庭经营和集体经营相结合的双层经营体制的变化。

一、土地改革和农业合作化

土地是农业生产中最基本的生产资料,也是农民赖以生存的基本保障。新中国成立伊始,中国共产党延续了解放区的土地改革政策,并结合新情况,在全国范围内开展了一场大规模的土地改革运动。土地改革是在政府的领导下,通过各级农民组织,无偿没收地主的土地和富农非自耕的土地分配给无地或少地的农民,从而达到消灭地主阶级和真正实现"耕者有其田"的目的。到1952年年底,全国除新疆、西藏等民族地区和台湾地区外,大部分地区都完成了土地改革。经过土地改革,全国有3亿多无地或少地的农民分得了7亿亩耕地和大量牲畜、农具等生产资料,这标志着长达几千年的地主土地所有制的终结。农民成为独立经营的小生产者,农业领域变为清一色的小农家庭经营,极大地调动了农民的生产积极性,农业生产力得到快速的恢复和发展。

土地改革后,农业生产恢复发展,农民生活改善,同时也出现了一些新情况。小部分经济上升较快、农具牲畜配备较全的农户希望发家致富,继续维持家庭经营,而大部分因缺乏资金、牲畜等生产资料经营困难的农户,则愿意组织起来,实行生产互助合作;另外,极少数经济情况较好的农户开始买地、雇工、扩大经

[①] 瞿长福、乔金亮:《把饭碗牢牢端在自己手上》,《人民日报》2016年3月1日。

营,成为新富农,另有极少数农户因天灾人祸等原因则开始卖地、借债和受雇于他人,沦为赤贫,从而出现贫富"两极分化"现象。如何看待农民的单干和互助合作两种倾向,允不允许富农经济的发展,这是摆在中国共产党和政府面前的现实问题,尽管党内有不同的意见,但引导农民走合作化道路并限制富农发展的意见占了主导。其原因有二:一是中国共产党领导革命取得胜利,最终的目标是要在中国建设社会主义制度,对于个体农民,则希望通过合作化引导他们走上社会主义道路;二是实施重工业优先发展战略的需要,为实施工业化战略,需要将有限的农业资源集中到国家手里,而分散的农业个体经济显然不利于资源的集中。

1953年10—11月,在中共中央召开的第三次农业互助合作会议上,毛泽东提出,要解决农产品的供求矛盾,就必须解决所有制与生产力的矛盾,个体所有制的生产关系与大量供应是完全冲突的。个体所有制必须过渡到集体所有制,过渡到社会主义。其方式就是通过互助组、初级农业生产合作社和高级农业生产合作社等由初级到高级的形式,逐步实现由土地私有基础上的家庭经营向土地公有基础上的集体经营过渡,这个过渡被称为"农业合作化",也被称为"农业社会主义改造"。到1956年,农业合作化在中国迅速得到实现。

农业合作化的实现,改变了农业的家庭经营方式。在互助组阶段,农民只是在具体的生产过程中打破了家庭的界限,在各个生产环节上实行互助,各户的土地则没有合到一起,各户土地上的农产品还是归各户所有。这是一种不改变生产资料的归属,劳动者通过生产过程中的协作,来解决生产要素分配不均匀的经营形式,对于缺少农具、牲畜、劳动力的农户来说,有着重要的意义。

初级社与互助组不同,虽然农民的土地、耕畜、大农具的所有权仍属私有,但加入初级社,农户必须将这些生产资料以折价入股的方式交由社里统一经营,收入按劳动为主和土地等生产资料的股权多少进行分配。初级社尽管保留了农户土地的私有权,但农户实际上已经失去了对土地的直接控制权,而到了高级社,则实行了土地集体所有和完全的按劳分配。从组织规模来看,一个互助组平均不到10家农户,而初级合作社平均有农户30户左右,到了高级社,拥有的农户又有所扩大,但一般来说,仍然不超过100户。

从互助组到初级社,生产的组织方式和劳动成果的分配方式,都发生了变化,但土地私有的性质没有改变。高级农业合作社实行土地集体所有,耕畜和大农具也作价归公,收入按劳动分配,不仅收入分配方式进一步改变,土地也由私有变为集体所有。高级社的建立,确立了我国改革开放以前农业经营制度的基本形式,即在生产资料集体共有的基础上统一经营、共同劳动、统一分配。

二、人民公社制度

农业合作化刚完成不久,农村又掀起了人民公社化运动。人民公社化的前奏是小社并大社。1957年冬到1958年春，全国掀起了大搞农田水利基本建设的高潮，在高潮中，有些地方打破合作社的界限开展联合协作，同时还出现了把几个小社并成大社的现象。这种现象引起了毛泽东的重视，在1958年1月的成都会议上，他重新提出他在1955年讲过的并大社的主张。成都会议后，全国各地迅速开始了小社并大社的工作。各地并起来的大社，初期名称多种多样，有的叫集体农庄，有的叫合作农场，有的叫国营农场或共产主义农场。8月6日，毛泽东在视察河南新乡七里营人民公社时，说人民公社名字好。9日，在山东历城县视察时说："还是办人民公社好，它的好处是，可以把工、农、商、学、兵结合在一起，便于领导。"①8月29日，中央政治局通过了《中共中央关于在农村建立人民公社问题的决议》（以下简称《决议》），指出"人民公社是形势发展的必然趋势"，这个决议吹响了从高级合作社向人民公社过渡的号角，由此在全国范围内掀起了公社化的浪潮。同合作化运动相比，人民公社运动发展速度更快。1958年9月底，全国已建立起人民公社23 384个，加入农户1.12亿户，占全国农户总数的90.4%。同年11月参加人民公社的农户比重上升到99.1%，总户数达到1.27亿户。短短几个月，我国农村就全面实现了人民公社化。

与高级社相比，人民公社制度有如下特点：②

第一，"政社合一"，即国家基层政权机构与农民集体所有制经济组织合二为一。按照《决议》，乡党委就是公社党委，乡人民政府就是社务委员会，管理本辖区内的工农业生产建设、贸易、文教卫生、治安等工作，人民公社成为经济、文化、政治、军事等的统一体。

第二，"一大二公"。"大"就是盲目地追求大规模，认为公社规模越大越有优越性。据统计，1958年全国共建成23 630个公社，平均每社有5 992个农户、23 706人，其中有的社拥有农户1万~2万户，有的达到10万户，有些甚至还是一县一个超大型公社。"公"就是公有化程度高，即把一切生产资料乃至部分生活资料收归公有，实行公社统一核算和分配。

第三，生产组织军事化管理。公社实行高度集中的组织化，男女劳动力均仿照军队编制全部编入组织。这种生产组织由公社统一指挥、调配。农业生产采取集体劳动的方式。

第四，分配制度上实行工资制与供给制相结合。社员分配首先支付社员的口粮，然后支付社员的工资。其中按照公社人口平均分配的供给制占分配总额的60%，甚至70%~80%。工资制部分是将劳动力分为等级，按照劳动力的生产劳动

---

① 薄一波：《若干重大决策与事件的回顾》下卷，中共中央党校出版社1993年版，第740页。
② 张晓山、李周主编：《新中国农村60年的发展与变迁》，人民出版社2009年版，第219—220页。

日支付工资，工资差距很小，与劳动成果不联系在一起，平均主义现象严重，缺乏激励机制。

第五，社员生活集体化。每个公社创办公共食堂，社员按照统一标准就餐，公社不再向社员分配粮食、柴草、蔬菜等，而是分到各个食堂。此外，许多公社还建立托儿所、敬老院、医院、理发室、商店等。

人民公社制度建立后不久，毛泽东等就对人民公社制度安排上的问题有所觉察，并采取措施加以纠正。1958年11月的第一次郑州会议上，明确指出社会主义与共产主义、集体所有制与全民所有制是相互区别的，由集体所有制变为全民所有制并不等于由社会主义变为共产主义；集体所有制向全民所有制过渡需要相当长的时间，由社会主义变为共产主义需要更长得多的时间。农村人民公社是社会主义集体所有制，不但要发展自给性生产，还必须广泛地发展商品性生产，实行必要的商品交换；对社员要"各尽所能，按劳分配"；对人民公社应当实行统一领导、分级管理的制度。

1959年2—3月，中央政治局召开第二次郑州会议，确定了整顿和建设人民公社的方针和方法，起草了《关于人民公社管理体制的若干规定（草案）》，对人民公社实行统一领导、分级管理的制度做了进一步的界定和概括，提出人民公社应"统一领导，队为基础；分级管理，权力下放；三级核算，各计盈亏；分配计划，由社决定；适当积累，合理调剂；物资劳动，等价交换；按劳分配，承认差别"。此后，中共中央进一步采取措施纠正"左"的错误，落实人民公社的分级管理制度。

1962年9月，中共八届十中全会正式通过了《农村人民公社工作条例修正草案》。通过上述努力调整，我国农村基本确立了"三级所有，队为基础"的人民公社制度；坚决纠正了"一平二调"的共产风，对无偿调拨的物资财产进行了退赔补偿；对人民公社实行商品等价交换原则，取消工资制和供给制，解散公共食堂，实行按劳分配；恢复农民的自留地和家庭副业，允许社员拥有小农具等生产资料；恢复和开放农村集贸市场，允许公社、大队、生产小队和社员个人在完成国家规定的交售任务后，将其生产的除粮棉油等主要农产品以外的产品拿到集市上交易。

"三级所有，队为基础"的人民公社制度中，"三级所有"是指公社内部由生产队、生产大队、公社三级所有制经济组成。生产队、生产大队、公社三级集体经济组织分别拥有各自独立的土地和其他生产资料，在经济上分别各自独立核算。"队为基础"是指生产队作为公社体制下的农业经营基本单位，独立核算、自主经营。生产队直接组织社员开展生产经营活动。生产队范围内的土地和其他生产资料归生产队集体所有；劳动力由生产队统一组织支配、管理；收益分配由生产队自主进行，实行按劳分配，同工同酬。在上交国家税金、提取了公积金、公益金后，根据社员的劳动工分进行分配。社员可以耕种自留地，规模一般占生产队耕地的 5%~7%。

生产大队在公社的领导下，管理本大队范围内各生产队的生产和行政工作。在生产方面，一是负责指导、检查、监督生产队的生产活动、财产管理和收益分配，以及按时完成国家的农产品征购、派购任务；二是组织开展兴修水利建设和其他农田建设；三是管理好生产大队所有的大中型农机具、山林、企业。在行政方面，一是贯彻中央的政策、法律；二是负责本大队范围内的公共福利事业和文化教育卫生事业，以及社会治安等。

公社仍是"政社合一"的组织。一方面行使国家基层政权的职能，管理公社范围内的生产建设、粮食、贸易、文教、卫生、民政、治安等各项事业，根据国家下达的粮食和其他农产品征购、派购任务，在各生产队之间进行分配，并督促生产队完成国家任务；另一方面，负责管理经营归公社一级所有的企业、山林、大型农机具、运输工具等。

"三级所有，队为基础"的人民公社制度一直持续到改革开放初期的 1983 年。①

三、家庭联产承包责任制

农业生产的合作化、人民公社的统一经营持续了 20 多年之后，随着 1978 年开始的以实行家庭联产承包责任制为核心的农村经济体制改革的推进而结束，家庭经营重新确立了其应有的地位。

以包产到户为主要形式的生产责任制，早在 1956 年秋天高级社刚刚普及时就出现过，1959 年夏天、1959 年到 1961 年的三年困难时期又曾两次出现，但最终都被当作"闹单干""破坏集体所有制""走资本主义道路"加以批判。中共十一届三中全会后，"包产到户"再次出现，这次则如火如荼，迅速普及各地农村，被誉为"中国农民的伟大创造"，并作为我国农村经济中的一项基本制度而确立下来。

1978 年秋天，在安徽、四川等省由农民自发兴起的包产到组、包产到户的生产责任制，一开始就取得了很好的效果，这也进一步推动了各种形式的责任制在全国农村的发展，但全国范围内对包产到组、到户的认识却存在严重分歧，反对者指责包产到户是"分田单干""走资本主义道路""同中央对着干"，支持者则认为包产到组、到户并没有改变农村所有制性质，土地等生产资料仍然是集体的。

面对农业生产责任制的各种疑虑和争论，中共中央和政府充分尊重农民的首

---

① 张晓山、李周主编：《新中国农村 60 年的发展与变迁》，人民出版社 2009 年版，第 221—222 页。

创精神,支持农民实行各种形式的生产责任制,又根据实践的发展不断改进政策。中共十一届三中全会强调尊重农民的自主权,重新肯定农民自发开展的按工记分、联产计酬等各种生产责任制。

1979年4月,中共中央在肯定各种生产责任制的同时,又强调不论使用哪种办法,除特殊情况经县委批准者外,都不许包产到户。1979年9月的中共十一届四中全会则将三中全会的"不许包产到户",改为了"不要包产到户",并允许一些副业生产或交通不便的单家独户可以例外。1980年9月,中共中央召开的省、市、自治区党委第一书记座谈会,首次明确肯定了包产到户,指出"在社会主义工业、社会主义商业和集体农业占绝对优势的情况下,在生产队领导下实行的包产到户是依存于社会主义经济,而不会脱离社会主义轨道的,没有什么复辟资本主义的危险,因而并不可怕"。1983年1月,中共中央高度评价了包产到户为主的联产承包责任制,指出"党的十一届三中全会以来,我国农村发生了许多重大变化。其中,影响最深远的是,普遍实行了多种形式的农业生产责任制,而联产承包制又越来越成为主要形式。联产承包制采取了统一经营与分散经营相结合的原则,使集体优越性和个人积极性同时得到发挥"①。

在中共中央和政府的领导和支持下,各种形式的生产责任制得到迅速发展,其中又以包产到户、包干到户最为突出。1980年年底,全国561.1万个基本核算单位中,93%实行了各种形式的生产责任制,其中包产到户(占9.4%)、包干到户(占5%)所占比例不高,到1983年年底,实行包干到户的生产队为576.4万个,占全国总队数的97.8%,1984年年底又进一步上升到98.9%。②

包产到户与包干到户虽只有一字之差,但内涵却有重大差别,最为显著的是经营方式的变化,包产到户虽然农民实行分户劳动,但产品统一支配、集体统一核算、收入统一分配,生产队仍然是基本核算单位,农户并没有成为真正的经营主体;包干到户基本上变为分户经营、自负盈亏,用群众的话说,就是"大包干,大包干,直来直去不拐弯,交够国家的,留够集体的,剩下全是自己的"。包干到户的经营方式,不仅彻底打破了以生产队为单位统一支配产品、统一经营核算、统一收入分配的"大锅饭"体制,而且使农户真正变成了农业和农村经济的经营主体。③

到1983年年底,随着包干到户在全国的普及,农村基本上实行了以家庭承包经营为基础、统分结合的双层经营体制。1991年,《中共中央关于进一步加强农业和农村工作的决定》提出,"把以家庭联产承包为主的责任制、统分结合的双层经

---

① 中共中央文献研究室编:《十二大以来重要文献选编》上,人民出版社1986年版,第253页。
② 杜润生:《当代中国的农业合作制》下,当代中国出版社2002年版,第39—40、60页。
③ 陈锡文等:《中国农村制度变迁60年》,人民出版社2009年版,第32—33页。

营体制,作为我国乡村集体经济组织的一项基本制度长期稳定下来,并不断充实完善"。

首先,包干到户制度的充实完善稳定了土地承包关系,使土地使用权长期化。早在1984年,中共中央"一号文件"就明确规定,"土地承包制一般应在15年以上。在延长承包期以前群众有调整土地要求的,可以本着'大稳定、小调整'的原则,经过充分商量,由集体统一调整"。这是第一次以中央文件的形式规定了农村土地承包的承包期。同时,为了满足优化土地资源配置、提高土地生产效率的需要,文件还提出了"鼓励土地逐步向种田能手集中"。1993年10月,中共中央在中央农村工作会议上提出,在农村15年的土地承包期满以后,将土地承包期再延长30年不变;开垦荒地、营造林地、治沙改土等从事开发性生产的,承包期可以更长;针对土地调整过于频繁的情况,提出在承包期内实行"增人不增地,减人不减地"的办法;对于土地流转,提出在坚持土地集体所有和不改变土地用途的前提下,经过发包方同意,允许土地使用权依法有偿转让。1998年10月中共十五届三中全会再次强调了延长30年不变的土地承包政策,并提出要制定相关法律法规,赋予农民长期而有保障的土地使用权。

1999年3月九届全国人大二次会议修订的《中华人民共和国宪法》规定:"以家庭承包经营为基础、统分结合的双层经营体制"是我国农村集体经济组织的基本经营体制,将农村基本经营体制写入了我国的根本大法。2002年《中华人民共和国农村土地承包法》、2007年《中华人民共和国物权法》的通过,使农村这一基本经营体制得到了国家法律的保障。2013年11月,《中共中央关于全面深化改革若干重大问题的决定》进一步提出,"稳定农村土地承包关系并保持长久不变,在坚持和完善最严格的耕地保护制度前提下,赋予农民对承包地占有、使用、收益、流转及承包经营权抵押、担保权能,允许农民以承包经营权入股发展农业产业化经营。鼓励承包经营权在公开市场上向专业大户、家庭农场、农民合作社、农业企业流转,发展多种形式规模经营"。

其次,充实完善统一经营层次。所谓统一经营层次,最初是指对一些不适合农户承包经营或农户不愿承包经营的生产项目和经济活动,由集体统一经营和统一管理。它是通过改革人民公社、生产大队和生产队来承担这些职能。1983年中共中央"一号文件"提出要改革人民公社体制,实行政社分设。生产队或大队在实行联产承包以后仍然是劳动群众集体所有制的合作经济,它们还应当继续履行完成国家生产项目安排、保证完成交售任务,管理集体的土地等基本生产资料和其他公共财产,为社员提供各种公共服务。1984年中共中央"一号文件"提出,一般应设置以土地公有为基础的地区性合作经济组织,其基本目标是为农户服务,包括"做好土地管理和承包合同管理;管好水利设施和农业机械,组织植保、防疫，推广科学技术，兴办农田水利基本建设以及其他产前产后服务"。1987年，中共中央在《把农村改革引向深入的通知》中，将地区性的合作经济组织具体化为乡、村合作组织，其基本职能进一步拓展，除"承担生产服务职能、管理协调职能和资产积累职能"外，"有条件的地方，还要组织资源开发，兴办集体企业"。随着农村市场化改革的深入，各种类型的农民专业合作组织发展起来，20世纪90年代初，全国以成员交流、技术合作为主的农村专业技术协会达13万个，其中有1万个拥有经济实体。会员农户500万户，占全国农户的2%左右。① 与此同时，在发展农业产业化经营中，涌现出了农产品销售专业合作社。于是，为农民提供统一经营服务的除乡村合作组织、政府的专业服务部门外，还有农民专业合作组织、社会化的农业服务组织以及产业化经营中的龙头企业等。

第二节 农田水利建设和科技进步

农业首先是一个自然再生产过程，物质生产条件的改善和技术进步能够促进人类拓展利用自然资源的空间和深度，从而扩大农业生产规模。新中国成立以来，在改善物质生产条件、推进农业科技进步上取得了巨大的成就，为我国农业的长久发展奠定了重要基础。物质生产条件的改善以农田水利建设、农业机械化最为突出，农业科技进步则主要表现在品种改良、化肥农药的广泛使用等方面。

一、农田水利建设

水利设施是农业发展的重要保障，近代中国因长期战乱，不仅新建水利工程极少，且大多已有设施也年久失修。新中国成立后，兴修水利成为农业发展的要务。政府十分重视农田水利建设，经过60多年的努力，农田水利事业取得了举世瞩目的成就。

国民经济恢复时期，水利和农业被列为恢复工作的重点之一，国家用于水利建设的财政支出约7亿元，占同期预算内基本建设投资额的10%。除开展群众性农田水利建设外，水利建设的重点是开展大规模的江河治理、修建灌溉排水工程，对历史上有名的害河——淮河、沂河、大清河、潮白河等都进行了全流域的根本治理，对长江、黄河也采取了一些有效的防御措施，建设了引黄济卫工程、苏北灌溉总灌区、洛惠渠等280余处排灌工程。据统计，三年的水利建设共计扩大灌溉

---

① 农业部农村合作经济指导司、农村合作经济经营管理总站：《引导农民进入市场的新型经济组织——农民专业协会》，中国农业出版社1995年版，第22页。

面积 4 600 多万亩，并在原有 2.1 亿亩的农田上，改善了灌溉排水设施，对农业生产的恢复起了显著的作用。①

"一五"时期，全国农田水利建设的重点由整修恢复原有灌排工程，转为兴修新的水利工程设施。这一时期，中央政府对农林水利建设仍然保持高比例投入，实际完成投资 41.9 亿元，占 5 年内经济建设支出的 7.6%，② 其中最突出的是水利建设，5 年间投资达到 25.51 亿元。农田水利建设的普遍开展，极大地改善了农业基础设施，有效增加了农田灌溉面积，国家投资修建和扩建的灌溉工程增加了灌溉面积 4 100 多万亩，加上农民自己投资兴修数以千万计的塘坝渠和小型水库所增加的，到 1957 年 7 月，全国总灌溉面积已由新中国成立前的 2.3 亿亩和 1952 年的 3.1 亿亩，增加到 5.2 亿亩。③

新中国成立初期兴修水利的热情，到"大跃进"时期发展到了高潮。1957 年下半年起，水利建设除继续开展群众性的农田水利建设外，包括密云水库、郑州岗李引黄灌溉工程等全国 10 余处大型水利工程也相继开工。1958 年冬至 1959 年春，全国每天出动六七千万人，1958—1960 年，我国修建了数以万计的水利工程，其中蓄水量超过 1 亿立方米的工程数十处，还建成了淠史杭、三盛公、京密引水等一大批枢纽工程。这一时期水利建设成就显著，但也产生了不少问题。过高的目标、"大兵团"式的"作战方式"导致严重的人力、物力浪费；过分强调以"蓄小群"为主（以蓄水为主、以小型工程为主、以群众自办为主），在淮北平原和冀鲁豫平原上，片面强调蓄水灌溉，不注意排水，甚至层层堵水，造成了严重的涝碱灾害和地区间的水利纠纷；片面追求高速度，违背科学规律、瞎指挥，造成一些工程设计标准低、质量差。

"大跃进"高潮过后，国家对"蓄小群"为主的治水方针进行了部分调整，将"以蓄为主"改为"配套为主"，并将水利建设的重点转移到水利配套工程建设及发挥水利工程效益上来。全国各地不仅进行了大中型水库配套工程的续建工作，而且着力发挥水利工程的效益，下大力气消除"大跃进"时期水利建设的遗留问题，在控制华北地区次生盐碱化、治理松辽平原洪涝灾害、发展江南机电排灌事业、对黄河中游地区进行大规模的水土保持工作等方面，均取得了突出成效。举世闻名的红旗渠就修建于这一时期。

---

① 《中央人民政府水利部关于农田水利工作的报告》，见中国社会科学院、中央档案馆编：《中华人民共和国经济档案资料选编（1953—1957）》农业卷，中国物价出版社 1998 年版，第 616 页。
② 《陈云文选》第 2 卷，人民出版社 1995 年版，第 368 页。
③ 《第一个五年计划期间水利建设的成绩巨大，工程总量可筑"长城"四十多座，灌溉面积增长速度占世界首位》，《人民日报》1957 年 10 月 4 日。

"文化大革命"给水利建设带来了严重的影响,也带来了发展的机会。"文化大革命"开始后的全面动乱,难以支出的国家计划建设经费被用于水利建设。1968年,国务院部署华北地区打机井的工作,此后每年以30多万眼机井的速度持续建设,大大改变了华北平原十年九旱的状况;20世纪60年代初至70年代末的根治海河,彻底解决了海河灾害频发的问题。另外,"文化大革命"期间,以"农业学大寨"为契机,搞以治水、改土为中心的农田基本建设,将水利建设与农田整治结合起来。① 1970年冬和1971年春,全国有近百万名干部、1亿多农民参加的水利建设再掀新高潮,此次水利建设不仅兴修了大量小型水库、水渠、塘堰和水井,还修建了一大批大中型水利灌溉工程。

20世纪70年代末80年代初,我国农田水利系统基本建成,初步控制了洪水灾害,全国的有效灌溉面积大幅增加。30年来农田水利事业巨大成就的取得,首先,在于政府在思想上高度重视水利建设,在资金上给予大力支持;其次,人民公社政社合一的集权模式和以生产队为基础的集体经济提供了动员广大农民所必需的政治、经济和文化资源;国家全方位介入农田水利管理,将其置于国家的日常管理之中,同时,农田水利建设与农业灌溉组织相结合,形成了水利工程专管与群管相结合,大中小型水利设施相配套的农田水利建设与管理体制。②

改革开放初期,水利建设遭遇挑战。一是社会上乃至政府内普遍对水利工程持怀疑态度,认为投入大,浪费大,以至在20世纪80年代初国民经济的调整中,水利资金被大大削减。③ 二是实行家庭承包经营后,人民公社解体,原有的农田水利建设的组织基础弱化,水利建设的劳动投入明显减少,同时水利改革滞后,水利工程建设管理和用水管理主体出现缺位和错位。三是过去水利建设工程设计标准低、质量比较差,又缺乏经营管理,以致水利设施老化失修、抗灾能力下降等问题越来越严重。针对这些情况,国家对原有的农田水利建设模式进行了改革:一方面,对水利工程单位进行企业化改制,大力推进水利体制改革;另一方面,改革农田水利收费制度,提高农业灌溉水的价格,将农田水利工程的管理、运行费用转化成农民的生产费用,同时,通过"两工"(劳动积累工和义务工)的形式,将农田水利建设作为农民负担的一部分由地方政府进行统筹安排,以弥补由于国家投入的减少而可能出现的问题。④ 1989年10月,国务院提出试行农田水利劳动积累制度,规定每个农村劳动力每年投入10~20个劳动积累日用于兴修农田水利。之后,全国掀起了农田水利基本建设冬春兴修高潮,从而扭转了20世纪80

---

① 钱正英、马国川:《中国水利六十年》下卷,《读书》2009年第11期。
② 罗兴佐:《论新中国农田水利政策的变迁》,《探索与争鸣》2011年第8期。
③ 钱正英、马国川:《中国水利六十年》下卷,《读书》2009年第11期。
④ 罗兴佐:《论新中国农田水利政策的变迁》,《探索与争鸣》2011年第8期。

年代灌溉面积减少的趋势。这一制度一直延续到农村税费改革前。为广泛动员社会力量投入水利建设,1996年国家鼓励单位和个人按"谁投资,谁建设,谁所有,谁管理,谁受益"的原则,采取多种形式参与兴修农田水利工程,激发了水利建设活力,农田水利建设主体多元化,投资主体基层化。但20世纪90年代中期后,农民大量外出务工,"两工"组织困难,基层政府和乡村组织越来越难以介入农田水利建设,而采取企业化经营和运作的水利工程单位,由于缺乏基层政府和乡村组织来组织农民进行常规性的农田水利建设,水利设施长期得不到及时有效维护,已有的农田水利系统渐趋衰败。

试行农村税费改革以后,国家开始进一步进行创新农村水利投入机制的探索,制定了一系列水利建设规划,大幅度增加了农村水利的投入,实施了大中型灌区续建配套与节水改造、小型农田水利、节水灌溉示范、中部四省大型排涝泵站更新改造和牧区水利试点等一批重点农村水利工程,中央和省级财政建立了农田水利建设补助专项资金。同时,为减轻人员负担,提高运转效率,根据公益性与非公益性分开的原则,2002年推动国有大中型灌区、泵站管理单位的体制改革。2003年小型农田水利工程产权制度改革取得了明显进展。2005年用水管理机制加快完善。2011年中共中央"一号文件"《中共中央国务院关于加快水利改革发展的决定》(简称《决定》),是新中国成立以来中央首个关于水利的综合性政策文件,《决定》从战略和全局高度出发,将农田水利建设提升到国家粮食安全的战略高度,这是对近30年来我国农田水利政策的深刻反思,是我国农田水利政策的一个重大转折。①

二、农业机械的使用

农业机械化是用各种动力和配套农机具装备农业,实现农业生产工具的现代化。实现农业机械化,可以减轻劳动强度,大幅度提高劳动生产率,促进农村经济和社会的发展。

新中国成立以后,中共中央和中央政府首先着手于增补旧式农具和推广新式农具的工作。为推广新式农具,1950年国家开始在各地建立新式农具推广站;在推进农业机械化方面,创办国营机械化农场、试办国营拖拉机站、建立农机工业。1951年年底全国农机具制造厂约170家,1957年年底发展到276家。在苏联帮助下,洛阳第一拖拉机制造厂于1955年10月动工兴建。②

"大跃进"时期,在赶超战略的影响下,1958年国家提出7年内、争取5年内

---

① 罗兴佐:《论新中国农田水利政策的变迁》,《探索与争鸣》2011年第8期。
② 武少文:《当代中国的农业机械化》,中国社会科学出版社1991年版,第28页。

基本实现农业机械化和半机械化的目标,成都会议提出"农业机械的制造以地方为主"的方针,各地推进农业机械化的热情高涨,突击大办农机厂,1957年全国农机厂仅276家,1959年就达到2 000家。尽管存在浮夸风等问题,但在提高农业机械化程度上还是取得了一些成绩,1957—1960年,农业机械总动力由12.1亿瓦增加到58.87亿瓦;大中型拖拉机由14 674台增加到45 536台;联合收割机从1 789台增加到5 837台;农用载重汽车从4 084辆增加到6 673辆。①

国民经济调整时期,国家加大了对农机工业的支持力度。在增加钢材等生产资料供应的同时,对不具备生产条件的企业实行关停并转,以加强农机工业企业的发展基础和提高产品质量。1965年,我国相继建成了第一拖拉机厂等7个大型拖拉机厂,改扩建8个大型内燃机制造厂,并新建和改扩建了一大批专业农业机械制造厂。全国生产拖拉机1.3万台,农机产品达到1 000多种,基本上可以满足国内需要。全国农村拥有大中型拖拉机7.26万混合台,大中型牵引农机具25.8万部,分别比1960年增加59.4%和54.5%。联合收割机6 704台、农用排灌动力机械55.8万台、农用载重汽车1.1万辆,分别比1960年增长14.5%、88.5%、65.7%。机耕面积达到1 557.9万公顷,占耕地面积的15%,分别比1960年增加1.17倍和提高8.2个百分点。②

1966年7月,中共中央、国务院在湖北武汉召开全国农业机械化会议,会议提出了"1980年基本上实现农业机械化"的设想。此后直到1978年,多次会议强调要保证到1980年基本实现农业机械化。为此,国家和社队加大投入,从1966年开始国家投资53亿元,主要用于农村集体购置农业机械;每年约9亿元的农业生产设备贷款,主要用于社队购置农业机械和小水电设备。在集体投资方面,社队将收入的1/3用于购买和维护农业机械;1977年规定人民公社基本核算单位的公积金平均以30%到40%用于购买农业机械。③ 发展壮大农机工业,从1966年到1980年,国家对农机工业的投资增加到46.61亿元,重点扩建现有企业,并提高现有企业的生产能力,有计划地新建农机制造、配件生产企业,基本上建成了农机制造、维修、配件生产大致适应,门类比较齐全的农机工业体系。1980年,全国农机生产企业达到1 829家,形成了年产农用拖拉机13.85万台、手扶拖拉机35万台、联合收割机6 000台的能力。④ 尽管到1980年基本实现农业机械化的目标没

---

① 陈锡文等:《中国农村制度变迁60年》,人民出版社2009年版,第92页。
② 陈锡文等:《中国农村制度变迁60年》,人民出版社2009年版,第92—93页。
③ 农业部农村经济研究中心编:《当代中国农业史研究文稿》,中国农业出版社2010年版,第347页。
④ 晓琳:《与中国农机行业同行——从50年的〈农业机械〉看中国农机行业的发展》,《农业机械》2008年第6期。

有实现，但农业机械化确实有较大的进展。1965—1980 年，全国农业机械总动力增加 1 364.7 亿瓦，增加 12.4 倍；农用大中型拖拉机增加 187 万台，增加 472 倍；农用机电排灌总动力增加 482.3 亿瓦，增长 7.2 倍；农用载重汽车增加 12.7 万辆，增长 11.4 倍；渔业、林业和牧业机械水平也得到快速提高。1980 年，机耕面积占耕作面积的比重达到 41.3%，机电排灌面积所占比重达到 56.4%。①

实行家庭承包责任制后，农业机械化面临新的环境，农村对大型农业机械的需求一度下降，农机具的使用一度减少。同时出现一些新的情况，农村开始改革不久，一些地方出现农民私人购买拖拉机的现象，自主从事农业生产和运输经营。1983 年，中共中央"一号文件"提出，应当允许农民个人或者联户购置农副产品加工机具、小型拖拉机和小型机动船。从此，国家、集体、农民个人及联户等多种形式经营农业机械的局面开始形成，农民逐步成为农业机械化投资、经营的主体。适应农户经营的需要，价格低廉、功能明确、操作方便的小型农机具得到快速发展。以运输、作业兼用型为代表的小型拖拉机得到迅速发展，成为广大农村不可或缺的生产生活工具。1993 年，农用运输车产量达到 130 万辆，超过拖拉机产量，成为农机制造业的第一大行业。1995 年小型拖拉机达到 865 万台，比 1978 年的 174 万台增长了 397%，而大中型拖拉机 67.2 万台，仅比 1978 年的 55.7 万台增长了 21%。总的来看，1978 年以来，农业机械化事业在调整中发展。1995 年，我国农机总动力达到 3.61 亿千瓦，比 1978 年的 1.17 亿千瓦增长了 208%，年均增长率为 6.8%；全国机械化耕地、播种、收获水平分别达到 56.3%、20.0%、11.2%，农业耕、种、收综合机械化水平达到 31.9%。②

1996 年以后，农村劳动力转移的速度明显加快，对农机具的服务需求快速增加。这一时期农机具的发展有两个突出特点：一是大功率、高效、高性能的拖拉机、联合收割机等大型农机具数量快速增加，大中型拖拉机保有量从 1996 年止跌回升，2003 年比 1995 年增长 31 万台。联合收割机成为发展最迅猛的农机产品，2003 年达到 36.5 万台，与 1995 年相比，年均增长 22.2%。这表明，我国农机具的利用和服务模式发生了重要变化，家庭经营与农业机械化、大型农机具的推广并不矛盾。二是农机具服务的社会化和市场化进程明显加快。为适应这一新的情况，国家出台了鼓励农机开展跨地域服务的有关政策措施。每年"三夏"期间几十万台联合收割机在千里麦海"南征北战"，成为"农业现代化的一道亮丽风景线"。我国的农业机械化有了新的发展，并在探索新的模式。到 2003 年，我国农机总动力达到 6.04 亿千瓦，比 1995 年增长了 67.3%，年均增长率为 6.6%。全国

---

① 陈锡文等：《中国农村制度变迁 60 年》，人民出版社 2009 年版，第 93 页。
② 陈锡文等：《中国农村制度变迁 60 年》，人民出版社 2009 年版，第 107 页。

机械化耕地、播种、收获水平分别达到46.8%、26.7%和19%，农业耕、种、收综合机械化水平为32.5%，其中小麦机收水平达到72.79%，小麦成为我国第一个基本实现生产全程机械化的粮食作物。①

2004年11月，《农业机械化法》颁布实施。这一法律的实施，标志着我国农业机械化进入了一个全新的发展阶段，国家开始采取有力措施推广普及农机具。2004年，中央"一号文件"要求，"提高农业机械化水平，对农民个人、农场职工、农机专业户和直接从事农业生产的农机服务组织购置和更新大型农机具给予一定补贴"。中央财政农机具购置补贴资金从2004年的0.7亿元增长到2012年的215亿元，带动了农民对农业机械化的投入，形成了多元化的投入机制。与此同时，中央和地方不断加大对农业机械化的扶持力度，极大地调动了农民发展农业机械化的积极性。由于国家的支持和政策的引导，我国农机装备总量持续快速增长、装备结构不断优化、农机社会化服务向广度和深度扩展，农业机械化走上了良性发展轨道。一大批设施农业设备、农副产品加工机械、畜牧业机械、林业机械、植保机械、运输机械、农田基本建设机械等迅速增长。2007年，我国农机具制造企业达到8 000多家，规模以上企业达到1 849家。目前，我国已经能够生产拖拉机、联合收割机、播种机、耕作机械、植保机械、农用水泵、农副产品加工装备等14大类、95小类、3 000多种农机产品。到2012年，我国农机总动力达到10.26亿千瓦，比1978年增长7.73倍；大中型拖拉机485.2万台，比1978年增长7.71倍；小型拖拉机1 797.2万台，比1978年增长12.09倍。2012年，我国累计完成机耕16亿亩、机播10.9亿亩、机收面积9.9亿亩，所占比重分别达到58.9%、34.4%、28.6%，耕、种、收综合机械化水平达到57%。②

三、品种改良和化肥、农药等的广泛使用

新中国成立以来，一个由农业院校、科研院所和各级技术推广站组成的农业教育、科研和农业技术推广体系不断发展和壮大，积极推进土壤改良、耕作制度改进、优良品种选育和推广、化肥农药使用、动物疫病防控、植物保护、生物资源保护利用等，为推动农业技术进步和农业现代化做出了贡献。技术进步对农业增长的贡献率大幅度提高，"七五"时期为27%，到"十五"时期已达56%，30年间提高了近20个百分点，③ 为农业增长、促进传统农业向现代农业的转变，提

---

① 陈锡文等：《中国农村制度变迁60年》，人民出版社2009年版，第107—108页。
② 农业机械使用量数据见国家统计局农村社会经济调查司编：《中国农村统计年鉴（2013）》，中国统计出版社2013年版，第36页。
③ 赵芝俊、袁开智：《中国农业技术进步贡献率测算及分解：1985—2005》，《农业经济问题》2009年第3期。

供了有力的支撑。

1. 农业育种和推广

早在1950年8月,全国种子工作会议就决定,要开展群众性的选种育种活动,建立良种繁育推广制度。据估计,1950—1959年,全国共推广各种农作物优良品种1 200多个。改革开放前,我国自育的优良品种在主要作物中取得了主导地位,尤其是杂交水稻的成功培育,使我国水稻育种走在了世界前列。杂交水稻的研究始于1964年,20世纪70年代初取得重大突破,在世界上首先用于大面积生产,比常规水稻平均每亩增产50公斤左右。到1987年,杂交水稻播种面积达到1.54亿亩,占水稻总播种面积的34%。棉花、小麦、玉米等良种的研究和推广,也为提高我国农业产量和质量起到了重要作用。同时,牲畜和鱼类的品种改良工作也取得了较明显的进展。

2. 化肥、农药的使用

直到20世纪70年代,全国的化肥施用量都很有限,1965年仅194.2万吨。20世纪60年代开始,国家加强了对化肥工业的建设,1961年中央专门成立化肥小组,以加强对发展化肥的指导。20世纪70年代初起,在加快地方"五小"工业发展中,各地普遍兴办小化肥厂,到1978年,全国小氮肥厂发展到1 533个;1972年,国家恢复中断几年的成套设备和新技术的引进工作,其中引进13套化肥成套装置,化肥生产水平快速提高。改革开放后,化肥工业进一步得到发展,除继续大量生产氮肥外,大力发展高浓度磷复肥和磷、硫、钾矿。20世纪90年代中期以后,化肥行业由量的增长转向结构调整期,氮肥厂的数量减少,硝铵产量比例下降,高浓度磷铵、重钙等复合肥的产量比例大幅度提高。目前,化肥工业的发展,除了钾肥70%需要靠进口满足需要外,其他主要肥料我国已经基本能自我满足。1979年,化肥施用量首次超过1 000万吨,达到1 086.3万吨,此后一直稳步增长,1988年达到2 141.5万吨,1998年为4 083.7万吨,2012年达到5 839万吨。从各种化肥的使用比例看,20世纪90年代以来,氮肥使用的增速趋缓,磷、钾、复合肥增速较快,其中以复合肥的增长最为显著,2012年与1990年相比,化肥施用总量增加了1.25倍,氮肥增加了46%,磷肥增加了79%,钾肥增加了3.18倍,复合肥增加了4.83倍。①

1949年,我国只有4家小的农药厂。1952年,我国成功研制出杀虫力极强的六六六,开启了制造有机合成农药的大门。20世纪60年代,又开发出滴滴涕、一六零五、敌百虫、敌敌畏、乐果等农药,化学农药品种快速增加,达到50多种,

---

① 化肥施用量数据见国家统计局农村社会经济调查司编:《中国农村统计年鉴(2013)》,中国统计出版社2013年版,第43—44页。

农药生产厂家增加到 200 多家，年生产原药达到 30 多万吨。20 世纪 70 年代，我国农药工业发展水平大为提高，农药品种数量尤其是低毒高效品种快速增加，生产能力快速加强。到 1980 年，农药品种达到 100 种左右，农药制剂超过 150 种；农药生产厂（点）达到 400 多家，生产能力提高到 70 万吨；原药产量达到 38.7 万吨，销售成药 115 万吨。1983 年，我国停止生产和使用对人类健康危害很大的六六六、滴滴涕等农药品种，开发出大量农药新品种，包括有机磷、氨基甲酸酯、拟除虫菊酯剂等，农药行业进入一个新的发展阶段。进入 20 世纪 90 年代，农药产量达到 70 万吨以上。与此同时，农药生产结构发生明显变化，最为突出的是除草剂的迅速发展，除草剂品种不断增加。农药使用量 1990 年达到 73.3 万吨，2000 年为 128 万吨，2012 年达到 180.6 万吨。①

3. 农膜的使用

农膜技术在我国的起步比较晚，20 世纪 60 年代初，我国才开始生产农膜。1964 年，全国农膜产量 1 132 吨。此后，农膜生产量和使用量都快速增加。到 1977 年，全国农膜产量达到 17.4 万吨，2007 年达到 96.6 万吨，已经成为最大的农膜生产国。农膜使用量，1990 年为 48.2 万吨，2000 年为 133.5 万吨，2012 年达到 238.3 万吨。② 农膜的使用，对实行反季节周期生产和更好地利用农业生产资源起到了非常重要的作用。

第三节　农业发展的成就和问题

新中国成立 60 多年来，中国农业发展取得了巨大成就，改革开放以来更为显著，不仅农业产值、主要农业产品产量有巨大增长，农业结构也不断优化。曾经凸显的"三农"问题，随着农业和农村经济的发展，政府政策的调整，也逐步得到解决。

一、农业的增长与波动

（一）改革开放前的农业增长与波动

从新中国成立到改革开放前的近 30 年，农业生产总体上保持稳定，其间在

---

① 农药使用量数据见国家统计局农村社会经济调查司编：《中国农村统计年鉴（2013）》，中国统计出版社 2013 年版，第 43—44 页。
② 陈锡文等：《中国农村制度变迁 60 年》，人民出版社 2009 年版，第 94—95、111 页。国家统计局农村社会经济调查司编：《中国农村统计年鉴（2013）》，中国统计出版社 2013 年版，第 44 页。

"大跃进"后的三年困难时期有过大幅度下滑,"文化大革命"期间增长速度降低甚至几次出现负增长。

首先,从总量看,1949年全国农林牧渔业总产值为326亿元,1952年为461亿元,1978年达到1 397亿元,以当年价格计,1978年比1952年增长2.02倍,以不变价格计则增长1.06倍,年均增长3.04%。新中国成立之初的三年,农业生产得到全面恢复,"一五"时期增长较快,1957年农业总产值537亿元,比1952年增长28.7%,年均增长5.22%。1959年开始连续三年出现大幅度减产,1960年农业总产值比1957年下降22.7%,年均增长-8.2%,其中畜牧业比种植业下降更严重,1960年全国畜产品产值比1957年减少63.9%;渔业和林业产值分别比1957年增长49%和2.93倍,但这种增长是以破坏资源为代价取得的,没有持续增长的后劲,从1961年开始都出现大幅度下滑,直至1969年和1971年才分别恢复到1960年的水平。调整时期农业在调整中恢复,1965年农业总产值为833亿元,比1960年增长42%,比1957年增长9.9%。"文化大革命"期间,农业生产停滞不前。1969年全国农业总产值948亿元,相比1966年基本没有增长,1976年比1966年增长了39%,年均递增3.4%,1968年、1972年出现负增长,如仅看种植业,则有1968年、1971年、1972年、1976年四个年度的负增长。①

其次,从重要产品产量看,1952年粮食、棉花、油料产量分别为16 391.5万吨、130.4万吨和419万吨,与1949年相比年均增长率分别达到13.1%、43.2%和17.8%。"一五"时期农业生产状况良好,1957年全国粮食产量19 505万吨,比1952年增长19%,年均增长3.5%;棉花产量164万吨,年均增长4.7%;油料产量419.6万吨,与1952年持平。"大跃进"时期,粮食作物和畜牧业减产最为严重,1960年粮食产量比1957年下降26.4%,比1951年还少;猪牛羊肉1962年产量为194万吨,比1957年的398.5万吨减少一半;水产品也略有减少。经过几年调整,1965年粮食、棉花和油料总产量分别为19 452.5万吨、209.8万吨和362.5万吨,分别是1960年产量的1.4倍、2倍和1.9倍,都基本恢复到1957年的水平;猪牛羊肉产量551万吨,比1962年有大幅度增加;水产品则出现徘徊。"文化大革命"期间,1976年,全国粮食产量达到28 630万吨,比1966年增长了33.8%,但是棉花和油料作物产量下滑或者增长缓慢。1976年棉花产量205.5万吨,油料产量400.8万吨,分别比1966年减产12%和增长4.2%,猪牛羊肉产量达到780.5万吨,比1965年增长了41.7%,年均递增3.2%;水产品产量达到447.6万吨,比1966年增长44%,年均递增3.7%。"文化大革命"结束后的两年,除油料有较大

---

① 改革开放前的农业总产值和指数的统计数据,见国家统计局国民经济综合统计司编:《新中国五十年统计资料汇编》,中国统计出版社2010年版,第30—31页。

增长外,其他都无明显增长。①

从新中国成立到改革开放前近 30 年农业的增长与波动,其影响因素归结起来,不外乎技术和制度两大方面。

首先,技术方面的因素构成了农业生产总体上呈增长趋势的基本保障。新中国成立初期对大江大河的治理,从根本上扭转了洪涝灾害肆虐的状况;人民公社时代开展的大规模农田水利建设,尽管存在诸多的缺陷,但极大地改善了农业生产条件。另外推广良种、改进耕作技术、防治病虫害等,也对农业生产产生了促进作用。

其次,制度和政策的变动则是造成农业生产波动的重要因素。适宜的制度和政策有利于农业生产的发展,反之,则会导致农业生产的波动、停滞甚至严重衰退。新中国成立初期,土地改革在农业增长中表现出巨大的制度绩效,促进了农业生产力的迅速恢复。"一五"期间,尽管工业化战略强调重工业优先,但农业并没有被忽视,同时,农民互助合作经济也对该时期农业生产发展有积极作用。"大跃进"之后,国家开始放宽农村经济政策,调整人民公社体制,纠正了"大跃进"和"人民公社化"运动中的"左"的错误,按照农、轻、重的次序安排国民经济计划;同时,部分地区农民自发地运用了农业生产责任制,如安徽、四川、浙江、江苏、广东等地的农民自发采取了"包产到户",使农业生产从"大跃进"造成的严重衰退中恢复到"一五"末期水平。

"大跃进"时期,农业遭受严重挫折。急躁冒进,从初级社到高级社,再到"一大二公"的人民公社,侵犯了农民利益,违背了农民意愿,严重超越了生产力发展实际需要,使农业发展遭受严重挫折。"文化大革命"十年,由于在农村实行了一系列"左"的经济政策和阶级斗争政策,农业生产力的发展受到限制,农业生产出现下降和停滞不前。但是,由于国家在一些时段继续从财力、物力上支持农业,农田水利、农业机械、化肥工业、小水电都有一定发展,农业生产条件得到改善,整个时期农业生产在曲折的发展中维持了缓慢的增长速度。

(二) 改革开放后的农业发展与波动

1978 年以后,农业生产的增长情形优于改革开放前,不仅增长速度快,而且增长更趋稳定,波动小,没再出现大的波折。从实际情形看,在经历 1979—1984 年的农业发展黄金时期后,20 世纪 80 年代中后期出现下滑,20 世纪 90 年代以来,一直处于稳步增长之中。

首先,从总量看。1978—2012 年,农业总产值从 1 397 亿元增长到 89 453 亿

---

① 改革开放前重要农产品产量数据,见国家统计局国民经济综合统计司编:《新中国五十年统计资料汇编》,中国统计出版社 2010 年版,第 33—34 页。

元，扣除物价因素，年均实际增长5.9%。1978—1984年，农业超常规增长，年均增长率为7.1%；1985—1991年，增速有所回落，年均增长4.8%；1992—2002年，增速有所回升，年均增长6.7%；2003—2012年，农业增长比较稳定，年均增长5.2%。①

其次，从主要产品产量看。1979—1984年，粮食、棉花、油料、猪牛羊肉、水产品年均增长速度分别是3.2%、9.7%、17.1%、7.7%、7.5%。改革开放前，每提高1亿吨粮食大约平均需要15年时间，改革开放后短短7年就增加了1亿吨；棉花、油料等的产量增长速度更快。1985—1991年增长回落时期，除棉花生产依旧保持年均9.9的高速增长，猪牛羊肉、水产品分别增长6.0、8.6外，粮食和油料的年均增长速度降低，均为2.14%。1992—2002年，油料作物年均增长达到5.8%，猪牛羊肉和水产品分别为4.3%、9.6%，棉花、粮食生产几经起伏，年均增长率不到1%，出现徘徊和滑坡。2003—2012年，粮食、棉花、油料、猪牛羊肉和水产品的年均增长率分别为2.9%、0.1%、1.9%、2.6%和2.4%，这与农业总产值5.2%的增长率差距甚大，显然有其他农产品的高速增长支撑着这一增长速度。②

1979—1984年是中国农业增长的黄金时期，农业总产值的年均增长率达到7.1%，而之前的1952—1978年为3.04%，此后的1985—2012年则为5.6%；各种农产品也超常增长，农民的人均收入和消费水平大幅度提高，城乡差距缩小到新中国成立以来的最小水平。农业的超常规发展，其原因首先在于农业经营制度的改变，家庭联产承包责任制的推行极大地刺激了农民生产的积极性；其次，政策的调整，政府大幅度提高农副产品的价格，农民得到了极大的实惠；最后，人民公社时代的农田水利建设和化肥工业的发展，在有利的体制和政策环境下发挥出了巨大的潜能。

1985年以后，农业虽曾一度下滑，但总体上保持了在波动中稳定增长的态势。分析其趋势，有几点值得注意：第一，制度和政策仍是对农业产生重大影响的因素。家庭联产承包责任制的不断完善，仍是农业的重要支撑，但其巨大潜力在黄金时期基本得到释放，很难再发挥那样大的作用；从政府的政策层面看，一直强调农业的基础地位，对农业表示高度重视，但农业超常发展后，在工业化战略下重又出现了对农业的忽视，这是20世纪80年代中后期农业下滑的重要原因。这种

---

① 农业总产值及增长指数，见中华人民共和国国家统计局编：《中国统计年鉴（2013）》，中国统计出版社2013年版，第440页。
② 主要农产品产量数据，见中华人民共和国农业部编：《新中国农业60年统计资料》，中国农业出版社2009年版，第17、23、25、36、39页；国家统计局农村社会经济调查司编：《中国农村统计年鉴（2013）》，中国统计出版社2013年版，第147、149、186、194页。

重工轻农倾向及农民负担的加重，直接导致20世纪90年代以来"三农"问题的突出。第二，科技进步成为农业稳定增长的重要基础。改革开放以来，物质投入对我国农业产出增长的贡献率呈递增的趋势，但随着农业结构的调整和资源配置效率的提高，物质投入在农业增长中的作用减缓，与此同时，科技对农业增长的贡献稳步增强。第三，农业结构的调整成为农业稳定增长的另一重要保障。当传统的大宗农产品的增长趋近极限时，多种经营下的资源有效利用，成为农业新的增长点，这在20世纪90年代以来表现得尤为突出。

二、农业结构的变化

经过60多年的发展，尤其是改革开放以后，我国农业经济结构不断优化，由以粮食生产为主的种植业经济向多种经营和农、林、牧、副、渔业全面发展转变。种植业内部结构也发生了从单一的粮食作物到粮、经、饲三元种植结构的转变，在保持粮食生产稳定发展的同时，经济附加值高的果蔬类等农产品获得了迅猛发展。

从农业总产值的产业构成看，1952—2012年，农业生产结构发生了巨大变化，由改革开放前较为单一的种植业向畜牧、水产、林业等多种方向发展。1952年农业总产值的构成中，种植业占85.9%，牧业占11.3%，林业和渔业分别占1.5%和1.3%；改革开放逐步打破了这种结构：第一，种植业所占比例几乎呈直线快速下降，到2012年仅占52.5%；第二，牧业所占比例在20世纪80年代末迅速上升，1989年牧业产值已经占农业总产值的27.5%，此后一直稳定增长，2012年占农业总产值的比重达到30.4%；第三，渔业产值所占比例在20世纪90年代末之前稳定上升，1999年达到10.3%，此后至2012年所占比例一直较为稳定，变化较小；第四，林业产值在1985年曾达到5.2%，此后缓慢下降，1997年为3.4%，21世纪以来基本徘徊于4%左右，2012年为3.9%。①

农业结构调整进程在改革开放后明显加快。1952—1978年，农业结构以种植业为主，1978年种植业产值占农业总产值的80%，比1952年减少了5.9个百分点；牧业、林业和渔业产值分别占总产值的15%、3.4%和1.6%，分别较1952年增加了3.7、1.9和0.3个百分点。然而，2012年与1978年相比，种植业所占比例减少了27.5个百分点，而牧业、林业和渔业分别增加了15.4、0.5和6.1个百分点。②

---

① 国家统计局农村社会经济调查司编：《中国农村统计年鉴（2013）》，中国统计出版社2013年版，第105页。
② 国家统计局农村社会经济调查司编：《中国农村统计年鉴（2013）》，中国统计出版社2013年版，第105页。

改革开放后,种植业内部生产结构也发生了巨大变化。粮食所占份额明显下降,经济作物所占份额明显上升。1978—2012 年,粮食播种面积占农作物播种面积的比例由 80.3% 下降到 69.8%,其中,稻谷从 22.9% 下降到 18.4%,小麦从 19.4% 减少到 14.9%,玉米从 13.3% 上升到 21.4%。油料作物从 4.1% 上升到 8.5%,棉花从 3.2% 下降到 2.9%,糖类从 0.6% 上升到 1.2%,蔬菜从 2.2% 上升到 12.5%。①

农业结构的变化,与改革开放后政府鼓励发展多种经营的政策密切相关。1981 年政府提出"决不放松粮食生产,积极发展多种经营"的方针,鼓励农、林、牧、渔全面发展。针对 20 世纪 90 年代初期出现的农产品卖难问题,国务院于 1992 年发出《关于发展高产优质高效农业的决定》,进一步推进农产品市场化和农业产业结构的优化,以及先进科技在农业中的运用。20 世纪末期,农产品已经由长期短缺走向总量基本平衡、丰年有余的阶段,但是又出现农产品供过于求和优质农产品结构性短缺的问题。1998 年,中央做出了农业进入新阶段的判断,并提出新阶段的中心任务是农业进行战略性结构调整,即发展"高产、优质、高效、生态、安全的现代农业",农业部于 1999 年也提出了农业结构调整的主要内容是调整和优化种植业结构和品种结构,优化区域布局、发展畜牧业和农产品加工业,其中由于农产品质量安全问题凸显,使其日益成为农业结构调整的重要内容。

三、"三农"问题的逐步解决

"三农"问题是指农村、农业、农民这三大问题,其中农民问题是核心问题,表现为农民收入低,增收难,城乡居民贫富差距大。"三农"问题是农业社会向工业社会过渡的必然产物,不是中国所特有,在中国作为一个概念提出来是在 20 世纪 90 年代中期"三农"问题显得尤为突出之时。

"三农"问题存在的根本原因在于国家工业化过程中农业和农村资源流向城市和工业,从而导致资源配置和国民收入向不利于农村、农业和农民倾斜,而中国的人口多、底子薄和实行赶超型工业化战略,则使"三农"问题更加严峻。新中国成立之初国家确立了优先发展重工业的工业化战略,在经济落后又难以获得大量国外资本时,工业化的积累只能主要依靠农业,于是通过低价收购农产品,获取工农产品价格"剪刀差"和通过财税政策两个主要途径,农业剩余大量向工业转移。据估计,1953—1980 年,仅工农业产品"剪刀差"一项就有 5 000 亿元以上的资本流出农业,而这个数值恰相当于 1953—1980 年间全民所有制各行业基本

---

① 中华人民共和国农业部编:《新中国农业 60 年统计资料》,中国农业出版社 2009 年版,第 17—29 页;国家统计局农村社会经济调查司编:《中国农村统计年鉴(2013)》,中国统计出版社 2013 年版,第 135 页。

建设新增固定资产总额5 129亿元。① 农业提供的大量剩余,成为国家推进工业化的重要保障,但农业自身的发展受到限制,农民收入增长有限,城乡差距被拉大。

改革开放初期,随着工业化战略的调整,国家逐步加大了对农业的支持。同时,在农村改革中实行家庭承包经营、逐步减少农产品统派统购品种和提高农产品收购价格、放开农产品市场、发展农村多种经营、允许农民进城务工经商、大力发展乡镇企业等"放活"政策,极大地解放和发展了生产力,农业实现了高速发展,工农业总产值增长速度比,由1953—1978年的4∶1改善为1979—1984年的1.2∶1;农民收入高速增长,人均纯收入由1978年的133.6元增加到1984年的355.3元,按可比价格计算,年均增长15.6%,城乡居民收入之比由1978年的2.57∶1,缩小到1984年的1.84∶1。

但1985年以后,已经逐步得到改善的"三农"问题,又愈加趋于严重。这固然与农业的黄金时期后政府对农业过于乐观有关,但从根本上说还是在于政府的政策重心依然是工业化和城市化。农业剩余依然大量外流,其外流的原有两条渠道依然存在,又形成新的渠道:直接向农民收取各种税费,低价向农民征地,农民工与城市职工同工不同酬的工资差,农村资金通过金融存贷大部分流向城市。此后,城乡差距继续扩大,以致到20世纪90年代,"三农"问题到了最严重的程度。

"三农"问题趋于严重,引起了政府的重视。实际上,自中共十一届三中全会以来,政府在不断加大对农业的支持,开辟支持农业的新的财政来源渠道,逐步增加财政用于农业农村的支出,逐步改善财政支农结构。但直到21世纪初,农业剩余净流出的状况并没有改变。

21世纪初,我国开始步入工业化中期阶段。同时,随着经济的发展,国家财政实力不断壮大,初步具备了工业反哺农业的能力,政府开始启动工业反哺农业的政策,其显著标志是中央明确提出"多予少取放活"的方针。在"多予"上,一是着力建立"三农"投入的稳定增长机制;二是财政支持"三农"资金总量快速增加;三是开始实施公共财政覆盖农村政策;四是改变财政支持方式。在"少取"上,一是取消面向"三农"的各种收费;二是减免涉及"三农"的税收,除免征农业税外,还对农机、化肥、农药实行免税政策,制定实施了与农产品有关的进口税收优惠政策;三是全面取消农业税,从2006年起征收了2 600多年的农业税从此退出历史舞台;四是实施农业补贴政策。在"放活"上,一是放手发展农村个体、私营经济;二是大力推进农村产业结构调整;三是加强农民工的权益保护;四是建立健全农村信贷体系;五是加强农产品流通渠道体系建设。

---

① 程漱兰:《中国农村发展:理论和实践》,中国人民大学出版社1999年版,第286页。

当然,"多予少取"政策取向的确立,只是改变了农业支持工业的政策取向,而工业反哺农业的政策体系尚未完全建立起来。从"多予"政策看,农业财政支出虽实现快速增加,但财政对农业的支持在财政的支出总量中所占的比例仍然很低。农业税被取消了,但通过低价征地、农民工低工资和农村资金向城市流动等新的渠道向"三农""取"的问题仍很突出,这是新农村建设中必须要解决好的重大课题。

▶ 即测即评

请扫描二维码,在线测试本章学习效果

思考题:

1. 新中国成立以来,我国的农业经济制度经历了怎样的变化?
2. 试述新中国成立以来水利建设的发展演变,如何评价水利建设对农业发展的贡献?
3. 评述新中国成立以来农业科技进步对农业发展的贡献。
4. 1979—1984年被认为是新中国成立以来中国农业的黄金时代,试述其原因。
5. 如何认识新中国成立以来的"三农"问题?

第十四章　当代中国工业的发展

新中国成立之初，工业基础薄弱，1952年工业增加值为119.8亿元（当年价格），仅占GDP（国内生产总值）的17.6%。到2012年，工业增加值增加到199 670.7亿元，是1952年的1 666.7倍，占GDP的比重上升到38.5%，① 中国已由一个落后的农业国变为工业大国，许多工业产品产量居世界前列甚至首位。21世纪以来，中国的工业化已经进入到工业化中期的后半段。

第一节　所有制结构和经营管理体制的演变

新中国成立以来，中国工业的所有制结构经历了由多种经济成分并存到单一公有制再到多种经济成分并存的曲折变化。1956年年底个体手工业和资本主义工商业改造完成以后，中国建立起行政管理为特征的高度集中的计划经济体制；1978年以后，随着改革开放的不断深入，工业经济的所有制结构趋于多元化，政府对经济的管理体制及企业的治理结构也随之不断改进和完善，市场机制也从补充性作用发展到基础性作用，再发展到决定性作用，这些都是推动中国工业经济高速增长的重要制度保证。

一、所有制结构的变化

新中国成立以来，工业经济的所有制结构经历了从以国营经济为主导、多种所有制并存，到单一公有制，再到以公有制为主体、多种所有制共同发展的变迁历程。

新中国成立后，随着没收官僚资本和土地改革等民主革命任务的完成，形成了以国营经济、合作社经济、公私合营经济、私人资本主义经济、个体经济五种经济成分为主体的多种经济成分并存的所有制结构，其中国营工业在国民经济中发挥主导作用。从工业总产值看，1952年国营工业占41.5%。②

1956年，社会主义改造的完成使所有制结构发生了根本变化，公有制经济尤其是国营经济实力大为增强。1957年，全国工业总产值中，国营经济比重由1952

---

① 国家统计局国民经济综合司编：《新中国五十年统计资料汇编》，中国统计出版社2010年版，第3页；中华人民共和国国家统计局编：《中国统计年鉴（2013）》，中国统计出版社2013年版，第44—45页。
② 国家统计局编：《中国统计年鉴（1985）》，中国统计出版社1985年版，第308页。

年的41.5%上升到53.8%，集体经济由3.3%上升到19.0%，其他经济类型（主要是公私合营和私营）明显下降，占27.2%。①

社会主义改造完成以后，追求所有制的"一大二公"，所有制结构趋于单一化。"大跃进"期间，在农村推进人民公社化运动的同时，在城镇一度进行手工业合作社向全民所有制的升级过渡。"文化大革命"期间，再掀升级之风，对城镇手工业合作社实行国营经济的管理制度，把城乡个体、私营经济作为"资本主义尾巴"割掉。工业经济中的公有制成分比重不断上升，从产值看，国营经济在1960年、1965年、1966年所占比重超过90%，其他多数年份都在80%以上；集体经济在调整时期比重有所降低，1965年为9.9%，此后逐步增加，到1978年为22.4%；② 而非公有制经济则几乎不存在了。

改革开放之后，国家在改革国有经济的同时，逐步放松对非国有尤其是非公有制经济的限制，所有制结构开始从单一向多元结构转化。各种非公有制从无到有，从小到大，形成了以国有企业和集体企业等公有制企业为主体，投资主体多元化的混合所有制及个体、私营、港澳台资、外资等不同所有制企业并存、共同发展的多元所有制结构。

1978年以来，国有工业占工业总产值的比重，总体上呈下降的趋势。1978年这一比重为77.63%，1992年降至51.52%，20世纪90年代后期更迅速下降，到1999年降到28.21%，2000年回升到47.33%后，又渐渐趋于下降，到2011年为26.18%。国有经济比重下降的主要原因有：一是改革开放后放松对非国有经济的限制，鼓励各种非公有制经济的发展；二是推进国有企业改革的结果。20世纪90年代后期国有经济比重的迅速下降，源于政府推进国有企业的公司制改革和产权改革，在建立现代企业制度的同时，推进对国有企业实施战略性改组，采取"抓大放小"的改革策略，对国有小企业采取改组、兼并、租赁、承包、出售和破产等方式进行处置。

与国有工业比重下降相对应，非国有工业在工业总产值中的比重呈上升趋势。1978年的比重为22.37%，1992年提高到48.48%。1992年以后，非国有经济发展迅速，1999年提高到79.69%，2011年，这一比重高达92.1%。非国有经济已成为支撑中国经济发展的重要成分。

在非国有经济的成长过程中，20世纪80年代中后期至90年代前期，贡献最大、增长速度最快的是各种形式的集体经济。按可比价格计算，1992年全国集体工业总产值是1978年的16.8倍，其占全部工业总产值的比重由1978年的22.37%

---

① 国家统计局编：《中国统计年鉴（1985）》，中国统计出版社1985年版，第308页。
② 国家统计局工业交通物资统计司编：《中国工业经济统计资料（1949—1984）》，中国统计出版社1985年版，第31—32页。

上升到 1992 年的 35.07%，1996 年更达到 39.39%。其中最为突出的是乡镇企业。20 世纪 80 年代中期乡镇企业异军突起，成为推动农村经济改革和发展的重要力量。集体企业在 1995 年发展到顶峰后，由于企业制度的缺陷，在国民经济中的地位迅速下降。

城乡个体工业和其他类型的工业从无到有，不断发展壮大。个体工业在工业总产值中的比重从 1980 年的 0.02% 迅速上升到 1999 年的 18.18%；包括个体、私营企业、股份制企业和三资企业在内的其他类型工业的比重从 1980 年的 0.47% 上升到 2011 年的 90.79%。①

改革开放后港澳台资、外资企业在沿海地区起步。1984 年以前，主要以港澳台资企业为主，投资规模也偏小；1985 年以后，陆续有欧美日公司来华投资。20 世纪 90 年代以后，大型跨国公司纷纷来华投资，在中国的投资更多地采用独资企业的形式，原有在华的合资企业也纷纷增加外方控股比重，甚至是转向独资，外国直接投资逐渐居于主要地位。截至 2012 年年底，累计批准了外商直接投资项目 76 万多个，累计直接投资额达 12 761 亿美元。经历 30 多年的发展，外资已经成为中国经济建设的一支重要力量。②

改革开放以来，随着所有制结构的多元化，混合所有制不断得到发展。改革开放初期的农村经济发展中，出现了乡镇企业与国有企业、乡镇企业与个体农户以及乡村集体企业与农户私营企业等多种形式的联营。随着对外开放的扩大，与外国资本联合逐渐增多，以外商投资为主体的混合所有制经济形式迅速发展，其表现形式为"合资""合作"企业，既有外商投资与国有经济合办的企业，也有外商与集体经济、甚至是私人合办的企业。21 世纪以来，国有企业的改革，实施允许国内民间资本和外资参与国有企业改革改组的政策，促进了国有控股、参股企业迅速发展，为混合所有制经济发展提供了更大空间。股份制企业成为混合所有制经济的主要形式。

二、政府管理体制的变化

新中国成立以来，经济体制经历了从计划与市场并存，到计划经济，再到市场经济的转变，与此相适应，政府对工业经济的管理体制经历了由直接管理向间

---

① 各类经济成分的产值占全部工业总产值的比重，见国家统计局工业统计司编：《中国工业经济统计年鉴（2012）》，中国统计出版社 2012 年版，第 19 页。1995 年及以前年份的国有经济只指国有工业，1996 年及以后年份的国有经济包括国有及国有控股企业。因统计指标的交叉，而统计年鉴中又没有具体说明，统计数据的重复计算无法剔除，1996 年及以后年份国有与非国有比重相加超过 100%。

② 国家统计局编：《中国统计摘要（2013）》，中国统计出版社 2013 年版，第 69 页。

接管理的转变。

新中国成立初期,根据中国经济落后、发展不平衡和国营经济处于主导地位的特点,政府强化了经济管理职能,初步建立了以政府调控经济为主的管理体制。

首先是建立经济管理机构。1949年10月21日,成立中央人民政府政务院财政经济委员会(简称"中财委"),负责指导政府财经各部门、人民银行及海关总署等一切有关经济部门的工作。在中财委之下,工业部有重工业部、燃料工业部、纺织工业部、食品工业部、轻工业部等,这些部的职责一是按行业和部门管理整个国民经济,二是直接管理国营经济。

其次是中央与地方经济管理权限的划分。1950年3月的统一财经工作,在财政、金融、国营企业的管理等方面,将过去一些地方的权力收归中央,加强了中央政府的权力。但权力集中到中央,使得经济工作的灵活性和地方政府的积极性都受到约束。针对这种情况,1951年5月,政务院重新划分中央和地方政府的经济管理权限,一部分国营工业企业,一部分财经业务划归地方管理;地方的工业、财政、贸易、交通等经济事业,除政策、方针、重要计划和重要制度全国统一外,经营管理工作和政治工作都由地方负责。这样,初步形成了"统一领导,分级管理"的经济管理体制。

(一)管理体制的改革

从1953年开始,国家在开展大规模经济建设的同时,快速推进社会主义改造和向计划经济体制的转变,到1956年,基本形成了计划经济体制,与此相适应,在工业管理体制上形成了高度统一、集中管理、计划调控的体制。由于个体、私营工业的萎缩,政府间接管理的范围缩小,计划管理得以在更大范围实施,企业生产经营的权力高度集中在各级政府工业管理部门手中,生产什么、生产多少、为谁生产,完全听从来自主管部门的指令性计划。政府工业管理部门的"条条""块块"管理得到强化,并形成条块分割的格局。这种工业管理体制一直延续到20世纪70年代末,其间进行过多次行政性权力下放或上收的调整。

计划经济体制形成之时,其弊端也暴露出来,突出表现在权力高度集中在中央政府,地方政府管理工业的职权和企业自主权太小。基于此,政府提出了改进计划经济体制问题。1957年,中央政府制定了关于工业、商业、财政管理体制改革的三个方案,试图通过下放权力、规范地方和企业的行为来解决地方和企业权力过小的问题,以便充分发挥它们的积极性和主动性。其中,为了适当扩大地方管理工业的权限,在《国务院关于改进工业管理体制的规定》中提出了一系列具体的措施。

1958年,"大跃进"发动的同时,上述设想被匆忙轻率地实施,中央在很短时间内把许多经济管理权力,包括大部分中央所属企业的管理权、计划管理权、物资分配权、基本建设项目审批权等下放给了地方。这一轮的放权局限于中央与地方之间的分权，没有真正向企业放权，再加上这次体制变革是在"大跃进"中"大干快上"的氛围中进行的，它不但没有促进经济发展，反而导致宏观经济的混乱。

1961—1965 年的经济调整时期，为恢复和发展国民经济，政府强调全国一盘棋，实行高度的集中统一，以克服工业生产中的分散、无序状态。工业管理体制由权力下放而变为工业管理权限的集中，包括上收下放不当的企业，加强计划、基本建设、物资流通、劳动工资等的集中统一管理。工业经济管理权限的再次集中，对于促进国民经济的调整和恢复起到了积极作用。但是，权力的过分集中必然暴露出地方、企业的积极性受到压抑而不能发挥的弊病。调整时期，国家还组建"托拉斯"，尝试用经济的办法管理工业企业。试办"托拉斯"开始于 1964 年，两年的试办取得了一定的成绩。

针对调整时期中央政府集中权力过多的问题，"文化大革命"初期"打倒一切，全面内战"结束后，1970 年中央又着手进行了一次工业管理体制的调整，扩大地方的管理权限，这次下放仍以中央企业下放地方为中心，计划管理、财政、物资、信贷、劳动工资等管理权也随之下放。这次权力下放与上次相比，扩大了地方财权，有利于调动地方的积极性，有利于发展地方工业，但它是在"左"倾错误思想的严重干扰和政治动乱破坏的背景下进行的，原有的弊病不仅没有得到实质改善，反而又增加了乱与散的新问题。"文化大革命"后期，经历周恩来和邓小平先后主持中央工作时期的整顿，各项下放的权力，又逐渐上收中央。"文化大革命"结束后的最初两年，权力进一步上收，再次形成了权力高度集中的局面。

改革开放前，在计划经济体制下的工业管理体制经过多次调整，但主要局限在中央和地方之间的行政性分权，结果陷入"一统就死""一放就乱"的怪圈。传统计划经济下的工业管理体制，依靠政府的作用，集中国家有限的资源，在较短时期内建立起了重化工业的基础，但其社会运行成本巨大，经济效率低下，资源配置扭曲，产业结构失衡，在推动工业发展的同时，也付出了沉重的代价。

1978 年中共十一届三中全会以后，中国开始了改革开放的历程，计划经济体制逐步向社会主义市场经济体制转变。工业管理作为改革的重点和中心环节，随着改革的推进发生了深刻的变化。

鉴于过去的多次调整主要是在中央与地方之间进行权力分配，改革开放初期至 20 世纪 90 年代初，工业管理体制的改革主要是向企业放权让利。1978 年 10 月，四川率先在 6 家地方国营企业进行扩大企业自主权的试点，1979 年 5 月有关部门在北京、天津、上海选择首都钢铁公司等 8 个大企业进行试点，在利润分配、生产计划、产品销售等方面给予这些企业部分自主权。1980 年试点工业企业发展到 6 600 家，约占全国预算内工业企业数的 16%，产值的 60%，利润的 70%。1981 年 4 月，国务院提出建立和实行经济责任制的要求，把前两年扩权试点中形成的各种利润留成和盈亏包干办法，作为经济责任制中处理国家与企业的分配政策，予以肯定，并且推广了首钢等企业在内部建立以利润指标为主的经济责任制度。经济责任制在全国范围内迅速推开。

1983 年 4 月，国务院决定实行利改税，从 1983 年 6 月开始，凡有赢利的国营大中型企业实现的利润，先按 55% 的税率缴纳所得税，税后利润再通过各种利润包干办法，一部分上缴国家，一部分留给企业。有赢利的小型企业，根据实现的利润，按八级超额累进税率缴纳所得税，税后自负盈亏。1984 年 9 月，国务院决定从 10 月 1 日起，在全国推行第二步利改税，从税利并存逐步过渡到完全的以税代利，即企业在纳税后自负盈亏，不再上缴利润。

1986 年 12 月，国务院提出"推行多种形式的经营承包责任制，给经营者以充分的经营自主权"。1987 年提出改革重点要放在完善企业经营机制上，依据"两权分离"原则，实行多种形式的承包经营责任制。1987 年年底，全国预算内全民所有制企业已经有 78%，其中大型企业 80% 实行了承包制。承包制主要按照"包死基数，确保上交，超额多留，欠收自补"的原则确定国家与企业的利润分配关系。用承包上缴利润的办法取代了向国有企业征收所得税的办法，由于实行的是含税承包制，因此，这一制度也没有解决税利不分的问题。

1992 年，中共十四大提出了建立社会主义市场经济体制的改革目标，建立产权清晰、权责明确、政企分开、管理科学的现代企业制度开始取代承包经营成为企业特别是工业企业改革的目标。与之相适应的工业管理体制改革是转变政府职能，实行政企分开，而职能转换的前提是政府机构改革。因此，从 1993 年开始，工业管理体制的变革主要是政府管理机构改革和职能转换。

（二）政府管理部门的改革和职能转换

政府工业管理部门改革的试点从 1982 年就已经开始，但是直到 1992 年才全面铺开。1993 年，国务院撤销了航空航天工业部，分别组建了中国航空工业总公司和中国航天工业总公司；轻工业部和纺织工业部撤销后，分别组建了中国轻工总会和中国纺织总会，率先退出政府部委序列，实现向行业协会职能的转变，部分行政职能转变为工业局划归国家经贸委。1995 年，中央提出进一步把专业经济管理部门逐步改组为不具有政府职能的经济实体或自律性行业管理组织。1998 年，中国的工业管理体制进行了规模最大也是最彻底的一次机构改革，国家不再保留政府直接管理企业的职能，电力、冶金、煤炭、化学、机械、电子等工业部被撤销，改为国家经贸委直属局，为政企职责最终分开和政府部门的职能转换奠定了基础。

2001年中国加入世界贸易组织（WTO）以后，为了使企业适应国际竞争的规则，工业管理体制必须彻底实行政企分开，把政府的宏观经济管理、国有资产管理和企业内部的经营管理从根本上理顺。2001年2月，国家经贸委宣布撤销国家机械、化学、纺织、轻工、冶金、石油、煤炭、建材、有色金属9个委管局。2003年，国务院又撤销了经贸委，改组为国务院国有资产监督管理委员会。原国家经贸委的政府管理职能移交给国家发展和改革委员会与商务部，有关工业企业的运行和发展的宏观调控职能主要由国家发改委经济运行局协调；有关国内市场的运行调控职能移交给新成立的商务部，由商务部统筹协调国内外贸易和外商投资。国资委的成立意味着国家工业管理体制在"政企分开"的基础上进一步实现了"政资分开"。国家和各级地方政府有了国有资产管理的专门机构。这个机构不再是政府机关，而是代表各级政府行使资产管理的职能机构。

三、国有企业经营管理体制的变化

新中国成立以来，随着经济体制的变动，政府和企业关系的变化，国有企业的经营管理体制也相应发生变化，大致来说，改革开放前，国营企业是政府的附属机构，基本实行的是党委领导下的厂长负责制；改革开放后，国营企业逐渐演变为独立的市场主体，其经营管理制度也从厂长负责制向现代企业制度下的法人治理结构演变。

新中国成立初期，在没收官僚资本建立国营企业时，中共中央提出国营企业应普遍建立工厂管理委员会和职工代表会议的制度，虽然多数企业建立了相应的制度，但多流于形式。1950年，全国出现了厂长负责制和党委领导制两种不同体制。由于缺乏企业管理干部，实行苏联那样的"厂长负责制"对大多数国营企业来说，有一定困难，国民经济恢复时期，除东北地区推行了"厂长负责制"，华北、华东、中南、西南地区都推行了"党委领导制"，西北地区继续实行由政府任命的厂长（或经理）负责制。1956年9月，中共八大做出决定，在国营企业实行党委领导下的厂长负责制。自此之后的20多年间，国营企业全面实行党委领导下的厂长负责制。

"大跃进"和经济调整时期，党委在企业领导工作中的地位和作用进一步加强。"大跃进"时期，不少企业实行党委书记抓工业的领导体制。针对"大跃进"期间造成的企业管理混乱的问题，1961年9月，中共中央下发《国营工业企业工作条例（草案）》，简称《工业七十条》，这是新中国成立后第一个比较系统和完整的国营企业管理制度文件，它明确了党组织在企业工作中的领导核心地位和作用。"文化大革命"开始后，"一长制"（厂长负责制）和"专家治厂"（总工程师负责制）遭到批判，企业的组织领导体制被打破，管理机构被解散，几乎每个工厂都成立了工厂革命委员会，企业领导权力过渡到革命委员会手中。直到 1972 年 8 月后，企业才重新恢复为党委的一元化领导体制。

"文化大革命"结束后，直至 20 世纪 90 年代初，党委领导下的厂长负责制逐渐向厂长负责制转变。1978 年 4 月，中共中央发布的《关于加快工业发展若干问题的决定（草案）》，否定了企业革命委员会和党委的一元化领导制度，将党委领导下的厂长分工负责制和党委领导下的职工代表大会制度作为企业的基本制度确定下来。国有企业改革启动后，在扩大企业自主权的改革中，一批工业企业从 1980 年开始进行了企业领导体制改革的试点，一些国营企业的领导体制由党委领导下的厂长负责制过渡到职工代表大会领导下的厂长负责制。

20 世纪 80 年代初至 90 年代初，企业全面推行厂长负责制，厂长（经理）日益在企业领导体制中居于中心地位，发挥中心作用。1984 年 10 月，中共十二届三中全会明确指出，只有实行厂长（经理）负责制才能适应现代企业生产经营的要求。1988 年 4 月，《全民所有制工业企业法》正式颁布，从法律层面确立了企业领导体制中实行的厂长（经理）负责制的合法性。1989 年政治风波后，加强企业党建工作的问题得到重视。随着一系列政策文件的出台，党委作为政治核心的企业领导体制得到了进一步的完善，党组织在企业领导体制中的地位和作用显著增强。1991 年，进一步明确了国有企业领导体制应充分发挥党组织的政治核心作用，坚持和完善厂长负责制，全心全意依靠工人阶级。

随着社会主义市场经济体制的逐步确立，国有企业逐步由工厂制改为企业制、公司制，在此背景下，以公司制、股份制为核心的现代企业制度日益成为各种所有制形式的企业管理体制变革的方向。1993 年，中共十四届三中全会明确了国有企业改革的方向是建立现代企业制度。建立现代企业制度的一项重要内容就是要改革企业领导管理体制，建立符合社会主义市场经济体制要求、科学规范的公司法人治理结构。1994 年起，国有企业建立现代企业制度从最初的试点，进而逐步推广，并带动众多民营企业纷纷按照现代企业制度的要求，走规范化发展之路。

经历十多年的改革后，除为数不多的国有大企业保留原有制度外，绝大多数企业建立了符合现代企业制度要求的，股东（大）会授权委托董事会、总经理对董事会负责的公司治理体制，建立了不同形式的监督机制，且不断规范和优化公司治理。

第二节　工业经济的发展与波动

新中国成立以来，中国工业经济总体上呈现高速增长，其中，1953—1978 年的增长率为 11.3%，1979—2011 年为 17.1%。改革开放后，不仅增速高于改革开放前，而且波动的幅度也较小。

一、1978 年以前的工业增长与波动

旧中国工业生产落后，到 20 世纪 30 年代中期，机器大工业仅占工农业总产值的 10% 左右，加上遭受战争的破坏，1949 年与抗日战争前的最高年份相比，工业产值降低了一半，其中重工业约降低 70%，轻工业降低 30%。国民经济恢复时期，政府采取着重恢复的政策，利用现有设备和生产能力，重点投入重工业和国防工业，促进地方工业的恢复和发展，鼓励私人投资工业，使工业生产迅速得到恢复。1952 年工业总产值 343.3 亿元，与 1936 年相比，增长了 22.5%，1950—1952 年年均增长 34.8%。到 1952 年年底，主要工业产品产量大大超过 1949 年的水平，也超过了新中国成立前的最高产量，其中钢产量增长最快，1952 年比 1949 年增加 7.54 倍，比历史最高水平增加 46.3%；生铁产量比 1949 年增加 6.72 倍，比历史最高水平增加 7.2%。①

"一五"时期是新中国推行以重化工业为核心的大规模工业建设的起点，政府制定了一系列工业发展的政策，如优先发展重工业，并适当发展轻工业；重视工业发展中政府投入的作用，并注意发挥原有企业在工业发展中的作用；重视中央工业的发展壮大，并注重地方工业的成长；以国内经济力量为主，重视利用国外的援助；重视国营企业的发展，也不忽视其他非国营经济的作用。比较科学的工业化战略和政策措施，使"一五"时期工业产值和工业产品产量都有较大幅度的增长。1957 年的工业总产值达 784 亿元，五年间年均增长 15.1%。其中，重工业增长速度更快，五年间轻工业年均增长 12.8%，重工业则达 25.4%。随着产值的高速增长，各行业产量也有所增长。其中发电设备 1957 年比 1952 年增长了 3 300%，化肥增长了 3 250%，矿山设备增长了 2 939%，化学药品增长了 2 200%，钢增长了 396%。工业生产所取得的成就，使工业在国民经济中的地位发生了显著变化，1957 年工农业总产值中，工业总产值所占的比重由 1952 年的 43.1% 提高到 56.7%。②

"大跃进"期间，片面追求经济建设的高速度，工业生产又片面强调"以钢为纲"，北戴河会议确定 1958 年的钢产量要在 1957 年 535 万吨的基础上翻一番，达到 1 070 万吨。为完成这一不可企及的任务，在中共中央和毛泽东的号召下，一场

---

① 吴承明、董志凯主编：《中华人民共和国经济史（1949—1952）》，中国财政经济出版社 2001 年版，第 549—550 页。
② 董志凯、武力主编：《中华人民共和国经济史（1953—1957）》上，社会科学文献出版社 2011 年版，第 498—532 页。

各行各业群众性大炼钢铁的运动,在全国范围内轰轰烈烈地开展起来。各地纷纷组织"大兵团作战",参加大炼钢铁的人数不断猛增,8月份只有几百万人,9月份猛增到5 000万人,10月底达到6 000万人,最多时达到9 000万人。不仅炼铁和炼钢大搞小(小转炉、小土炉)、土(土法炼钢)、群(群众运动),在地质、煤炭、电力、机械、交通运输等方面也搞起了"小土群",出现了全民大办地质、全民大办小煤窑、全民大办交通运输、全民大办水利等热潮。对大型现代化企业,也提倡大搞群众运动,叫"大、洋、群"。经过几千万人的日夜苦干,12月19日,正式宣布提前完成钢产量翻番的任务,共生产1 073万吨,年底钢产量为1 108万吨,其中合格的只有800万吨,绝大多数土钢、土铁质量很差,很难加工和使用。土法炼铁、炼钢,成本高,经济效益极差,对资源破坏严重,为生产土铁、土钢,过量开采煤炭和矿石,滥砍滥伐大量树木。由于全民大炼钢铁,减少了农业的劳动力,本来农作物普遍长势良好,丰收在望,但因缺少劳动力致使大批的粮食和棉花烂在地里。同时,由于工业生产"以钢为纲",其他工业"停车让路",致使其他工业生产也受到严重影响。"大跃进"期间,工业生产能力有了很大的增长,1960年与1957年相比,工业总产值增加到1 650亿元(1957年不变价格),增加了1.34倍,其中重工业产值增加了2.3倍。主要工业产品产量方面,原煤增加了203.1%,钢增加了248.8%,生铁增加了357.2%,水泥增加了128.1%。工业的地区布局也有了进一步改善,内地工业所占比例增加,农村工业有了第一次迅猛发展。但是,这些成就是在急躁冒进、急于求成的"左"的指导思想下取得的,大大超过了国力,它是以投入超越实际可能的财力、物力、人力,破坏国民经济合理比例关系,降低经济效益,降低人民生活水平为代价的。①

"大跃进"使国民经济遭受了严重的破坏,国家不得不在1961—1965年对国民经济进行调整。在经历1961年上半年的调整徘徊之后,1962年对工业的调整进入实质性阶段,强调调整要"伤筋动骨",要后退,要退够。通过采取降低工业生产计划指标,压缩工业基本建设规模;精简职工,压缩城镇人口;关停并转部分工业企业;加强支农工业,尽可能提高轻工业发展速度等措施,到1962年年底,调整取得了决定性的进展,经济形势开始好转,工业调整的目的也基本达到,工业内部以及工业与其他经济部门之间的比例关系得到调整,工业生产大踏步后退和退够的目的基本实现。1963年9月中共中央决定再用三年时间,即1963—1965年对国民经济继续进行调整,作为以后发展国民经济的过渡阶段。

---

① 汪海波、董志凯等:《新中国工业经济史(1958—1965)》,经济管理出版社1995年版,第11—25,73—76页。

五年调整取得了巨大成就,工业生产在1962年退到最低谷以后,自1963年开始以年均17.9%的速度迅速回升,1965年总产值达到1402亿元,比1957年增长了一倍;主要产品产量除丝、皮鞋、矿山设备、铁路机车、客车、货车外,都大大超过1957年的水平;工农业结构和工业结构有很大改善,国民经济中各种比例关系实现了较为协调的态势;调整时期又建设了若干必要的工业项目,工业生产能力有了新的增长。到1965年,我国初步建成了一个具有相当生产规模和一定技术水平的工业体系。① 为初步建成这一工业体系,中国工人阶级付出了极大的努力和牺牲,涌现出了"铁人"王进喜等一大批先进人物。

"文化大革命"期间,工业经济在动荡中仍然取得进展。1976年,工业总产值3158亿元,比1965年增长172.6%。主要工业产品产量大幅度增加,在世界上的位次有了程度不同的提高。1978年与1965年相比,钢产量由第8位提高到第5位,煤产量由第5位提高到第3位,原油产量由第12位提高到第8位,化肥产量由第8位提高到第3位。但增长速度有所下降,1953—1965年年均增长速度为12.3%,1966—1978年则为10.2%。尽管没有了"大跃进"及调整时期的剧烈波动,但仍然是起伏不定,增长、下降或停滞、回升频繁交替。1966年,工业生产仍保持20.9%的增长速度。1967年、1968年的"打倒一切、全面内战",使经济形势急剧恶化,工业总产值1967年比上年下降13.8%,1968年比1967年下降5%,仅为1966年的81.8%。② 1969年,社会局势趋于稳定,工业和国民经济转向回升。1970年,政府为发展经济采取了几项主要措施,其中尤其是加速内地和"三线"建设,加快地方"五小工业"和社队企业的发展。1969年经济开始迅速回升,工业总产值达1835.5亿元,比上年增长34.3%,1970年比上年增长30.7%,1971年又比上年增长14.9%,但经济增长过快,经济关系处处紧张,职工人数、工资总额都突破了计划控制指标,对经济形成了巨大压力,迫使国家在1972年适当紧缩经济,控制增长速度,工业增长率回落到6.6%。1973年趋向平稳,增长速度回升到9.5%。1974年又跌落下来,在1973年水平上踏步,当年工业总产值仅增长0.3%,这次跌落,因"批林批孔"重起风波,工作、生产秩序又一次受到严重威胁。1975年,工业和国民经济因邓小平主持中央工作而全面好转,工业增长率达到15.1%。进入1976年,再度逆转,起因于1975年年底1976年年初的"反击右倾翻案风"中对邓小平的第二次批判。③

---

① 汪海波、董志凯等:《新中国工业经济史(1958—1965)》,经济管理出版社1995年版,第98—135,196—201页。
② 刘国光主编:《中国十个五年计划研究报告》,人民出版社2006年版,第294—295页。
③ 马泉山:《新中国工业经济史(1966—1978)》,经济管理出版社1998年版,第155—186页。

"文化大革命"结束后的最初两年,工业生产保持了较高的增长速度。1977年2—5月,对工业、交通企业进行大规模整顿,初步改变了因"文化大革命"造成的生产秩序的混乱状态。1977年工业生产逐步回升,工业总产值为3 728.3亿元,比上年增加14.3%,1978年又比上年增长13.5%。1977—1978年,主要工业产品产量增长速度也比较快,1978年80种主要产品产量有65种完成和超额完成了计划,特别是原材料、燃料和动力,以及关系到人民生活改善的一些轻工产品增长幅度较大。①

二、1978年以来的工业增长与波动

改革开放前的20多年时间里,在重工业优先发展战略下,中国工业既取得了令人瞩目的成绩,也留下了诸多的问题。中共十一届三中全会以来,中国工业发生过多次波动,但是30多年间工业的快速增长,不仅成为经济高速增长的首要因素,而且整个工业的规模、技术和主要产品的国际竞争力,都有了一个质的飞跃。

1979—1982年间,工业生产稳步发展,1982年工业总产值5 577亿元,比1979年增加17.7%,年均增长5.9%,当然这比1953—1978年年均增长11.3%要低很多。这一时期国民经济处于调整时期,重点在调整国民经济的结构,而不是继续追求高速增长。几年间,在放慢工业增长速度的同时,在调整工业结构上迈出了重要的步伐,初步改变了工业结构的不合理状况;同时,改革开放也在推进。以此为基础,1983—1988年中国工业迎来了持续6年的高速增长,工业总产值的年均增长率高达16.5%,不仅高于改革开放前和调整时期的增长速度,而且也是新中国成立以来持续时间最长的工业高速增长期之一。与高速增长相伴随的是经济过热,针对经济过热,国家的宏观政策在紧缩和放松紧缩之间摇摆,从而使得工业经济在这6年间呈现出波动中高速增长的特点。1983年工业总产值增长11.2%显示出工业经济走出了调整时期的低增长态势,1984年的16.3%则已显然是高速增长,这年下半年经济过热的迹象已非常明显,1985年上半年则更甚。为抑制过热气氛,国家采取了一些紧缩措施,从第三季度起紧缩措施逐见成效,工业过高的发展速度开始回落,然而这种回落却呈直线下跌走势,到1986年2月,工业生产接近零增长。这年下半年紧缩政策有所松动,工业生产随着回升,再次出现过热现象。1986年工业增长速度为11.7%,较上年的21.4%有了很大的回落,体现经济正走向"软着陆",但并没有成功。1987年,针对经济仍呈过热的情形,国家决定继续采取"压缩过热空气"的方针,但这一方针贯彻不力,这年工业生产增长速度达17.7%。为避免经济再度过热,年末国家确定将财政和信贷"双紧"

---

① 国家统计局编:《中国统计年鉴(1991)》,中国统计出版社1991年版,第394—395、422—427页。

作为安排1988年计划的总方针。但是,1988年原定的"双紧"方针没有实现,工业生产仍呈高速增长之势,达到20.8%。

鉴于经济过热和经济秩序的混乱,1988年9月,中共十三届三中全会作出了治理经济环境、整顿经济秩序的决定。1988年9月—1991年9月,经过持续三年的治理整顿,工业增长速度迅速回落,1989年、1990年、1991年的工业生产增长率分别为8.5%、7.8%、14.8%,三年年均增长10.37%,比1983—1988年下降了6.3%。其中,1990年工业总产值增长率更是降至1982年以来的最低点。

1991年下半年开始工业生产明显回升。1992年中国加快了改革开放的步伐,以此为推动,工业在1992—1997年连续6年保持了高速增长,6年的工业总产值年均增长率达到21.1%,这一时期是新中国工业发展史上年均增长率最高,也是高速增长持续时间较长的时期之一。这次高速增长同20世纪80年代中期的那次一样,也存在过热的问题。1992年工业总产值的增长速度高达24%,1993年更高达27.3%,基础工业、基础设施远远不能适应工业生产的高速增长。面对经济过热,政府没有一味地采取紧缩,而是将紧缩、经济秩序的整顿与加强和改善宏观经济调控结合起来,过高的经济增长速度、高通货膨胀逐步下降,1997年成功地实现了经济的"软着陆",过高的工业生产增长速度也降了下来,下降从1994年开始,到1997年各年的工业生产增长率分别为24.2%、20.3%、16.6%、14.2%,逐渐进入一个合理的区间。

1996年中国经济成功实现"软着陆"后,面临着国内外的诸多不利因素,国内有效需求不足,国际亚洲金融危机的冲击,中国经济增长明显趋缓,并出现通货紧缩迹象。1998—2000年政府实施积极的财政政策,通过发行国债筹集资金加快基础设施建设,扩大内需。最终这几年仍保持了8%左右的增长率,2000年经济逐渐回暖,经济增长速度连续几年下降的局面得到遏制。但这样的成就主要是通过积极的财政政策,扩大基础设施建设规模而得来的。需求的不足从根本上形成了对工业增长的制约,这几年工业生产的增长速度很低,工业总产值的增长率1998年、1999年分别为10.8%、11.6%。2000年以后,工业生产才慢慢走出低谷。2003年又进入工业生产的高增长期,一直持续到2008年,其中2004年高达39%,6年年均增长26.1%,这一轮主要是房地产、汽车等产业带动下的重化工业的高速增长。2008年遭遇国际金融危机,又对中国经济产生极大冲击,尽管政府采取积极的财政政策,2009年仍跌落到8.1%,2010年刺激政策有了效果,工业增长率回升到27.4%,但难以持续,又再次回落,2011年工业总产值为844 269亿元，增长 20.9%。①

第三节　产业结构演进与技术进步

新中国成立以来，工业结构经历了从计划经济时期重工业超前发展，到改革开放以后轻重工业平衡发展，再到 21 世纪以来重化工业化重启的演变历程。这一演进路径，既体现了后发大国"追赶型"的跨越式发展，也反映了从不完全遵循到基本遵循产业结构演变趋势和规律的变化，而这一变化则与国家工业化战略、产业政策的调整有着密切的关系。与工业规模扩大、工业结构演变相伴随的是工业技术进步，推动着工业结构的升级。

一、政府产业政策的变化

产业政策是政府为了实现一定的经济和社会目标而对产业的形成和发展进行干预的各种政策的总和，干预包括规划、引导、促进、调整、保护、扶持、限制等方面的含义。新中国政府明确提出产业政策是在"七五"时期，但新中国成立以来的工业化战略及相关的政策实际上包含着产业政策。

新中国成立后，中国选择了以优先发展重工业为目标的发展战略。自 1953 年直到 1978 年，重工业一直是工业发展的重点，其间只在 20 世纪 60 年代前半期的经济调整时期因轻工业比例偏低、基础工业与制造工业比例严重失调，对轻工业的重视程度有所提高。"一五"计划期间，国家集中主要力量进行以 156 项工程为中心的、由限额以上的 694 个建设单位组成的工业建设；"大跃进"期间更是将重工业优先发展的政策发挥到极致，确定了"以钢为纲，全面跃进"的政策，要求各部门、各地方都要把钢铁生产和建设放在首要地位。"文化大革命"期间，除了继续实行"以钢为纲"政策外，从 1964 年开始，立足于备战而展开"三线"建设，建设了一批国防和重工业项目。"文化大革命"结束后的最初两年，急于求成的冒进倾向再次暴露，企图以大量借贷外国资金、引进外国设备的手段推进重工业的建设。

执行优先发展重工业政策，依靠的是计划和行政命令，这种方式比较单一，但能够非常有力地调动有限的资源投入到优先发展的部门，在资源禀赋与发展战略之间存在矛盾的条件下，通过实行低农产品价格、低工资和低能源原材料价格

---

① 国家统计局工业统计司编：《中国工业经济统计年鉴（2012）》，中国统计出版社 2012 年版，第 21 页。

政策，人为降低重工业发展的成本，并直接以计划方式将财政资金投向重工业，产业政策的作用比较直接和有效，重工业得到了超前发展，取得了改革开放前已基本建成比较完整的独立工业体系的成就，但也造成了产业结构失衡的后果。

改革开放以来，政府逐步形成明确的产业政策体系。"七五"计划第一次明确地提出和规定了产业政策。1989年3月，国务院颁布了《关于当前产业政策要点的决定》，指出制定正确的产业政策，明确国民经济各个领域中支持和限制的重点，是调整产业结构、进行宏观调控的重要依据，提出了生产领域、基本建设领域、技术改造领域重点支持、停止或严格限制的产业和产品，标志着产业政策体系的正式形成。1994年4月，国务院又颁布了《90年代国家产业政策纲要》，为整个20世纪90年代各项产业政策的制定提供了指导和依据。政府还出台了一些行业性的产业政策，如1994年制定的《汽车工业产业政策》，2004年、2005年国家发改委先后颁布《汽车产业发展政策》和《钢铁产业发展政策》。政府的产业政策在五年规划、每年度的政府工作报告等政府文件中都有体现。

针对重工业优先发展造成的产业结构扭曲，经济发展过程产生新的结构问题，以及科学技术进步对产业结构不断提出新的要求，改革开放以来，结构调整、产业结构的转型与升级，是始终贯穿产业政策的核心，而在不同阶段则侧重有所不同，总的趋势是产业发展从量的调整到质的提高。

改革开放初期，针对重工业过度发展超越国力难以为继、人民生活水平没有改善的局面，国家决定从1979年开始对国民经济进行调整。在调整时期，出台轻纺工业优先发展政策，并且调整冶金、化工、机械等重化工业的产品结构，使之能更好地为轻工业服务。这一政策持续了几年，其结果是20世纪80年代轻纺工业发展明显快于重工业，被称为轻纺工业发展的补课时期，但能源、交通、原材料等基础产业发展不足，与轻纺工业加快发展的矛盾逐渐凸显。从20世纪80年代中期开始，国家从优先支持轻工业发展转向大力支持基础产业，同时控制加工工业的过快增长。

20世纪90年代的产业政策，继续强调产业结构调整，重视产业结构升级，同时着力推动各次产业的发展，高度重视基础产业、支柱产业和高新技术产业，重视产业发展中增长模式转换问题。国家产业政策的重点也从推进产业结构的调整转变到产业结构升级和可持续发展方面。

21世纪以来，随着重化工业的快速发展，工业化向中后期迈进，产业结构和产业发展已经站到一个更高的水平之上，同时，产业结构固有的问题尚未完全解决、资源环境约束问题愈益严重，产业政策的重点是产业结构的调整、优化和升级，实现产业发展从"量"到"质"的根本性转变。2002年，中共十六大提出走新兴工业化道路，坚持以信息化带动工业化，以工业化促进信息化；推进产业结构优化升级，形成以高新技术产业为先导、基础产业和制造业为支撑、服务业全面发展的产业格局。优先发展信息产业，积极发展高新技术产业，用新技术和先进适用技术改造传统产业，大力振兴装备制造业，继续加强基础设施建设。2008年以来，产业政策更加强调科技创新，大力培育战略性新兴产业，加强节能减排和生态建设。2010年，国务院政府工作报告提出要大力推动经济进入创新驱动、内生增长的发展轨道，首次明确提出要大力培育战略性新兴产业。2011年，国务院政府工作报告提出加快构建现代产业体系。2012年，中共十八大提出要实施创新驱动发展战略。①

改革开放初期，政府仍然主要采用计划、指令的形式推行产业政策，随着经济体制的市场化，市场机制越来越成为调节经济运行的主导力量。政府推行产业政策，在强调政府引导作用的同时，也运用经济、法律的手段，实现资源优化配置。但如何在市场化背景下，合理运用各种手段推行产业政策，一直在探索之中。20世纪80年代以来，政府试图通过投资审批等方式限制低水平重复建设、实现有效竞争，但是效果并不明显。90年代，由于加工工业的市场化程度高于基础产业且市场需求旺盛，出现了基础工业的"瓶颈"，政府通过加大对能源、交通、通信等部门的投资而缓解了矛盾。21世纪以来，对于如何抑制过剩产能，政府的产业结构调整政策缺少有效的抓手，很难控制企业特别是民营企业的投资方向和投资规模。

二、工业产业结构的变化

新中国成立以来，随着工业规模的扩大，在工业化战略、经济政策、城镇化以及工业自身演进规律等多种因素综合影响下，工业产业结构在不断变动之中。

首先，随着国家工业化的推进，工业增加值占GDP的比重呈上升趋势，由1952年的17.6%上升到2012年的38.5%，其间，在改革开放前表现出较大的波动，改革开放后则波动幅度较小。1953年开始的大规模经济建设使工业占比持续上升，"大跃进"更促使其急剧上升，由1952年的17.6%提高到1957年的25.4%，再到1960年的39%，但因这一规模严重超过国力，不得不进行调整，1962年急剧回落到28.3%。随着调整的实施、经济的恢复，工业比重又逐渐提高，从1962年的28.3%提高到1966年的34.7%，"文化大革命"初期的动荡又导致回落，1968年回落到28.5%。随着局势的稳定，特别是"三线"建设的展开、地方

---

① 改革开放以来的产业政策，参见赵昌文等著：《新时期中国产业政策研究》，中国发展出版社2016年版，第61—129页。

工业的发展，工业比重再呈提高之势，从 1968 年的 28.5% 提高到 1978 年的 44.1%，这是新中国成立以来工业增加值占 GDP 比重的最高值。改革开放后，这一比重先是回落，1990 年为 36.7%，1990 年后又趋于上升，到 1997 年的 41.7% 后，再回落到 2002 年的 39.4%，2006 年提高到 42.2% 后又趋于回落，到 2012 年为 38.5%。改革开放后的波动幅度为 7.4%，显著小于改革开放前的 26.5%。[1]

其次，工业内部结构，由改革开放前的大部分年份重工业所占比重远大于轻工业，到改革开放后先是轻、重工业平分秋色，到后来重工业独占鳌头。新中国成立之初，我国工业生产落后的突出表现是重工业部门落后，1949 年重工业产值仅占 26.4%。经过三年恢复和"一五"计划，重工业有了较大发展，其比例到 1952 年上升到 45%，极大地改变了旧中国轻、重工业间比例关系极不协调的状态。"大跃进"期间，重工业的比重快速提高，到 1960 年上升到 66.6%，轻、重工业比例关系严重失调，并影响到城乡人民的生活。1961 年起的调整，使得重工业比重有所回落，到 1965 年轻、重工业的比例关系基本上恢复到 1957 年的 55∶45 的水平。"文化大革命"期间，在加强战备思想指导下，又一次片面强调优先发展重工业，1975 年重工业比例提高到 55.9%。改革开放后，重工业过重的状况逐渐改变，在最初的 20 年，轻、重工业基本呈现平分秋色的局面，甚至有些年份轻工业还超过了重工业。20 世纪 70 年代末至 80 年代初的国民经济调整时期，中国实现了发展战略的转移。工业内部关系得到调整，重工业逐步转变服务方向，轻工业也得到了迅速的发展。1985—1988 年间，轻工业持续高速发展。这几年轻工业的发展速度都超过重工业。长期的消费品短缺所导致的巨大需求也成为轻工业快速发展的重要推动力。1979—1981 年轻工业的增长速度超过重工业，重工业比重 1981 年下降到 48.5%。此后直到 1998 年重工业比重一直保持在 52% 左右的水平。从 1998 年开始，中国进入新一轮重化工业阶段，其基础一是居民收入大幅度提高，耐用消费品及汽车、住房等逐步进入家庭，推动房地产、交通运输设备、电气电子等行业高速增长；二是城镇化加快发展，城镇居民对住房需求快速增长，带动房地产业的发展，并带动钢铁、化工、机械等相关行业的高速增长。重工业的增长速度明显加快，并且与轻工业增长速度的差距越来越大，重工业的比重从 2000 年的 60.2% 提高到 2011 年的 71.8%，11 年提高了 11.6 个百分点。[2]

最后，工业的资源密集程度，改革开放前以资本密集型为主，改革开放后以

---

[1] 国家统计局国民经济综合司编：《新中国五十年统计资料汇编》，中国统计出版社 2010 年版，第 3 页；中华人民共和国国家统计局编：《中国统计年鉴（2013）》，中国统计出版社 2013 年版，第 45 页。

[2] 国家统计局工业统计司编：《中国工业经济统计年鉴（2012）》，中国统计出版社 2012 年版，第 21 页。

劳动密集型为主，世纪之交以来资本密集型呈现较快发展势头。改革开放前因优先发展重工业，而形成以资本密集型为主，但这违背当时劳动力资源丰富而资本缺乏的国情，留下了很多问题。改革开放初期，政府转变发展战略，劳动密集型的轻工业和服务业成为政府优先发展的对象，逐渐形成以劳动密集型产业为主的格局。经历20多年的发展，到世纪之交，劳动力成本逐渐上升，资本却相对充裕起来，资本密集型的重工业在20世纪90年代中期以后得到了较快发展，虽然目前仍然是以劳动密集型产业为主，但是资本密集型产业已显现出较快的发展势头。随着科学技术的进步和知识的积累，诸如电子信息制造业、生物产业、航空航天产业、新材料产业、新能源产业等技术密集型产业和知识密集型产业将会逐渐占有重要地位。

新中国成立以来，随着产业结构的演进，产业结构不合理状况逐渐得到改进，趋向合理化。改革开放前，产业结构的不合理既表现在轻重工业的不协调，也表现在采掘工业和原料工业等基础工业的发展长期滞后于加工工业。改革开放后，转变经济发展战略、调整经济政策，轻重工业比重处于比较合理区间，消费品严重短缺的局面基本改观，但是由于1985年上半年、1988年和1993年上半年三次经济过热，加工工业发展过快，基础工业瓶颈制约加重的矛盾开始不断凸显出来。在国家宏观调控政策的调整下，到20世纪90年代中期，我国基础工业的瓶颈制约才基本缓解。

1998年以来，轻工业、加工工业产能过剩，随着中国重新进入重化工业高速增长时期，对能源、资源的需求已经不能满足于国产，不得不大量进口能源、铁矿石等资源，采掘工业占重工业的比重也呈持续下降的趋势。部分原材料产业和轻工业产能过剩，煤、电、油、气、运紧张。从2004年开始，中国出现新一轮固定资产投资高潮，包括钢铁、铁合金、水泥、电解铝、焦炭、汽车在内的产业出现产能过剩的现象。另外，2003年以来，随着国民经济的快速增长，各方面对煤、电、油、气、运的需求增长很快，超过了供给的增长速度，煤、电、油、气、运供需矛盾日益突出。

新中国成立60多年来工业产业结构的高度化有了很大的提升，特别是改革开放以来，工业产业由劳动密集型产业向资金密集型、技术密集型产业发展，产品附加值有了提高，劳动生产率也不断提高。当然，也应看到产业结构高度化提升所存在的诸多问题，首先，尽管产品附加值有了提高，但在国际产业价值链中处于低端，获取的价值很少，中国的很多制造业企业只承担了一些加工装配的工作，加工度和附加值都比较低，附加值很高的产品设计、物流、销售等环节都由其他国家完成或由外国公司控制。其次，20世纪90年代以来，工业结构再度趋向重工业化，但是在消费品工业和以原材料为重心的重化工业继续扩张的同时，重加工业尤其是装备制造业没有得到应有的较快发展，极大地限制了工业结构向技术集约阶段升级。

三、技术进步与创新

作为后起的工业化国家，中国的工业技术基础比较薄弱，因此相当长的时期内，技术引进成为中国追求技术进步的重要手段。与此同时，在引进、消化、吸收的基础上，也致力于技术开发和创新，特别是有关国防的尖端科技和产业。

（一）技术引进

新中国成立之初，主要从苏联和东欧国家引进技术。整个20世纪50年代，中国与苏联共签订了引进304个项目成套设备（包括"一五"时期的156个重点项目）和64个单项车间设备的合同。为建设这些项目，苏联政府派出了大批专家，并为中国培训了大批实习生。到1960年苏联单方面终止合同、撤回专家时止，成套设备项目中已建成120个，基本建成29个，它们大多数是钢铁、有色金属、电力、机械、军工、煤炭、石油、化工、建材等重工业项目，少数是纺织、轻工、食品工业和广播电信工程。这批项目的建成，为新中国基本完整的工业体系的建立奠定了基础。50年代，中国还与东欧国家先后签订了协定引进成套设备建设项目116项，完成和基本完成108项，解除义务8项；单项设备88项，完成和基本完成81项，解除义务7项。[①]

1960年中苏关系破裂后，中国转向从西方国家引进技术。1962年9月，中国从日本引进第一套维尼纶设备，开始了主要从西方国家引进技术的时期。1963—1966年，先后与日本、联邦德国、英国、法国、意大利等11个国家签订了82项技术引进合同，消耗外汇2.8亿美元。同期，还从东欧各国引进成套设备和单项设备，用汇2200万美元。与20世纪50年代的引进相比，主要是以中小型成套设备为主，并用于现有企业的技术改造。[②]

1969年，国内局势趋于稳定后，被"文化大革命"初期的动荡所中断的引进技术重新被提上日程。1972年1月，国家决定抓住西方国家在经济危机中急于出口的有利时机，针对国内需要，进口成套化纤、化肥技术设备。1973年1月，经过一年的拟议，形成一个大致统一的引进方案，在未来三五年内，从日本、联邦德国、英国、法国、荷兰、美国等国家，引进一批大型化肥、化纤、石油化工产品成套生产设备，综合采煤设备、电站设备和一米七轧机等技术比较先进的机器设备。初步匡算，引进这批设备，约需43亿美元，后来，人们把这一引进方案称

[①] 《当代中国》丛书编辑委员会：《当代中国的基本建设》上，中国社会科学出版社1989年版，第52—56页。

[②] 武力主编：《中华人民共和国经济史》下册，中国经济出版社1999年版，第493—495页。

为"四三方案"。"四三方案"反映了中国政府在国际环境因素发生变动之后，急欲大力加强农业、轻工业，满足人民吃、穿、用需要的迫切考虑；着眼于把引进项目放在加强石油化工、化肥、钢铁等行业的中间产品的生产能力上，以节约使用外汇。引进项目中，除单机支付现汇外，成套设备项目大部分利用西方国家银行的卖方信贷，采用延期付款方式，把引进国外的技术同利用国外的资金结合了起来。成套设备和先进技术的引进，促进了国内基础工业，尤其是化肥、石油化工、冶金工业的发展，为我国20世纪80年代经济建设的腾飞提供了必要的物质条件。[①]

改革开放后，随着中国对外经济合作关系的发展，技术引进的来源多元化，西方国家，欧盟、日本和美国等发达国家与地区成为技术引进的主要来源地。20世纪80年代中期中国与苏联关系改善，也恢复了与苏联和东欧国家的技术合作关系。

技术引进的方式日益灵活多样。在技术引进项目中成套设备和关键设备、生产线的合同金额比重逐渐下降，以技术为主的合同金额逐渐上升。1992—2000年，中国技术引进还是主要以设备为主，这期间技术引进合同总金额为1 174.29亿美元，其中设备费为798.10亿美元，占总金额的67.96%。21世纪以后，软技术的引进居于主导地位。2001—2005年，技术引进合同中的技术费从43.9亿美元增加到118.3亿美元，年均增长21.9%，所占比重也从48.3%增长到68.7%。2005年成套设备和关键设备进口占比为28%，远低于专有技术、专利技术和技术咨询、技术服务占比之和；据商务部统计，2007年，全国共登记技术引进合同总金额254.2亿美元，同比增长15.6%。其中，技术费为194.1亿美元，占合同总金额的76.4%。这表明软技术已经处于中国技术引进的主导地位，引进技术的质量有了明显提高。

技术引进的行业，20世纪80年代主要分布在能源、机电、石油化工、化工和冶金等行业。按照签约金额计算，能源工业占28%（电力工业占24%），机械、电器和电子工业占24%，石化和化工工业占20%，冶金工业18%（钢铁工业占16%）。20世纪90年代以来主要集中在电子和通信设备制造、交通运输设备制造、黑色金属冶炼及压延加工业、电力等行业。

技术引进的渠道方面，20世纪80年代除了以前采取的一般贸易渠道外，来料加工、合资经营、合作开发经营生产、设备租赁等渠道也得到拓展。20世纪90年代以来外商直接投资成为这一阶段的重要渠道，并形成了引进—产业发展—出口的技术引进循环。

企业成为技术引进的主体，主要以国有和外资企业为主，民营企业所占比重

---

① 马泉山：《新中国工业经济史（1966—1978）》，经济管理出版社1998年版，第377—401页。

相对较低。2005年，国有企业技术引进合同金额92.2亿美元，占比48.4%，外资企业技术引进合同金额82.7亿美元，占43.4%。①

改革开放后的技术引进，推动中国工业技术水平上了一个新的台阶。

（二）技术开发与创新

中国工业在技术引进的同时，也注重技术的开发和创新。中苏关系破裂后，确立了自力更生的发展道路，通过举国之力，在原子能、农业生物、运载火箭、卫星通信等领域取得了较高成就。

改革开放初期，由于我国技术落后，引进、利用国外先进技术成为发展我国国内工业的快捷途径。我国的工业技术水平尽管由此有了提高，但也带来了一系列负面的效果：产业因发展不起来独立自主的技术，难以摆脱对国外先进技术的依赖而陷入引进、落后、再引进、再落后的恶性循环；大量的重复引进导致有限资源的严重浪费；我国工业的加工能力很大，但由于不掌握核心技术，处于价值链的低端，附加值不高，不利于我国产业国际竞争力的提高；在核心技术上依靠国外的技术，对我国的国家经济安全是一种威胁。这意味着我国工业发展的战略定位应转向以自主技术创新为主。

进入21世纪以来，自主创新越来越受到重视。2004年的中央经济工作会议，中共中央明确提出"自主创新是推进经济结构调整的中心环节"。2007年中共十七大提出，提高自主创新能力，努力建设创新型国家，是国家发展战略的核心。提高自主创新能力就成为中国工业发展的核心主题。为推进自主技术创新，国家进一步推进科技体制改革，加大对知识产权的保护力度，在税收、财政和投资等方面逐步形成支持自主创新的政策体系；加大技术开发和自主创新的投入，科技经费投入持续增长，全社会的研发支出1987年为74亿元，2000年达到895.66亿元，2006年为3 003.10亿元，2012年则达到10 298.4亿元，占各年的GDP比重分别为0.62%、1.00%、1.42%、1.98%。②

推进技术创新的体制改革及各项政策的实施，已初见成效。

首先，激发了中国工业企业的自主创新活力，并取得了一定的创新成果。有相当数量的大型企业通过多种方式整合企业内外部资源，不断提高自身的技术创新能力和水平，如海尔在世界范围内建立了科技协作网，同时，还在美国硅谷建立了研究开发中心，充分利用当地科技资源。华为、腾讯、航大科技等中国企业凭借自主创新成为国际产业巨头，受到国际同行的关注和尊重，带领"中国制造"向"中国智造"转型，是中国经济发展提质增效升级的先行军。2007年，国内发

---

① 改革开放后的技术引进，参见中国社会科学院工业经济研究所编：《2009中国工业发展报告——新中国工业60年》，经济管理出版社2009年版，第121—123页。
② 参见由国家统计局编写中国统计出版社出版的《中国统计年鉴》各相关年份。

明专利申请中来自企业的申请占48.3%，企业的创新主体地位不断巩固和增强，企业的发明专利职务申请量为7.4万件，占发明专利申请总量的68.6%。中国的技术进步对经济增长的贡献率逐步上升，1979—2007年平均为35.5%，进入21世纪以来每年都在40%以上。

其次，涌现出大量标志性成果。高速铁路的快速发展并走向国际市场，"嫦娥三号"探测器成功探月，超级水稻亩产达到988公斤，下潜深度可达7 000米的"蛟龙号"潜水器载人深潜，全部采用国产CPU和系统软件构建的、世界上运算速度最快的"天河一号"超级计算机投入运行，"神八""神九"与"天宫"完美对接，等等，记录了我国自主创新的深度和高度。

第四节 资源、环境约束与工业发展

进入21世纪，随着中国进入以重化工业增长为主要特征的工业化和城市化快速发展阶段，中国迅速成为"世界制造工厂"，并成为世界第二大经济体，与此同时，中国开始出现全面的资源、能源、环境的紧张状态。

一、资源约束

中国各类工业资源总量丰富，但由于人口众多，人均资源拥有量在世界上处于较低水平，煤炭和水力资源人均拥有量相当于世界平均水平的50%，石油、天然气仅为世界平均水平的1/15左右。

新中国成立后，随着工业化建设的推进，各类资源的开发规模迅速扩大。经过多年努力，先后建立了大庆、胜利、辽河等大型石油基地，大同、兖州、平顶山、两淮、准格尔等煤炭基地，上海、鞍山、武汉、攀枝花等大型钢铁基地，白银、金川、铜陵、德兴、个旧等大型有色金属基地，形成了能源与原材料矿产品的强大供应系统。各种能源、原材料、初级加工产品都大幅度增长，2012年原煤产量达到36.5亿吨，原油2.1亿吨，铁矿石13.3亿吨，粗钢7.2亿吨，磷矿石8 122万吨，水泥22.1亿吨，原煤、钢、水泥、发电量产量居世界第1位，原油居世界第4位。① 资源的开发无疑有力地促进了中国工业和国民经济的发展。

然而，中国毕竟资源总量有限，随着资源开发规模的扩大，资源约束问题逐渐显现，世纪之交以来这一问题更为凸显。其主要原因有以下三个方面：

---

① 中华人民共和国国家统计局编：《中国统计年鉴（2013）》，中国统计出版社2013年版，第509、967页。

第一，经济发展方式粗放。由于历史的、科技的、体制的和管理的等多种原因导致我国经济发展方式至今还比较粗放，其集中表现是高投入、高消耗、高污染、低效益。中国各类工业资源的综合利用效率较低。2002—2006 年，中国 GDP 年均增长率为 10.4%，而同期能源消耗年均增长率达到 12.9%；GDP 和工业增加值占世界同一指标的比重均不到 10%，但是消耗的标准煤、钢材和水泥分别约占世界消耗量的 30%、26% 和 50%，单位产出的资源消耗强度远高于世界平均水平。

第二，中国正处于高投入、高消耗的工业化中期阶段。20 世纪 90 年代以来，居民消费结构升级和城镇化的快速发展，推动工业化由初期向中期阶段发展。居民消费结构由原来以满足衣、食为主的消费向以满足住、行为主的消费升级，带动了房地产、汽车等产业的发展；城镇的发展将增加大量的基础设施建设、公共设施建设、居民住宅建设以及第二、三产业的发展。这些发展变化直接带动了产业结构的快速调整，以钢铁、煤炭、化工、石油加工、建材等重化工业的发展最为突出，工业化进入中期阶段，重化工业资金和劳动投入多，资源消耗高，环境污染也大。

第三，出口规模的扩大。中国经济对外依存度高，为保持经济的稳定和发展，必须保持一定的对外贸易规模尤其是出口规模，而中国出口的大多是资源密集型产品，进口的大多是技术密集型产品，形成了以资源换技术的资源输出型经济模式。出口规模的不断扩大加剧了我国的资源约束。

由于上述种种原因，再加上经济规模和社会事业规模的不断扩大，以及人口的增加和人民生活质量的逐步提升，对资源的需求将更加旺盛，如无有效对策，资源对发展的约束将更加凸显。所以，如何缓解资源约束、消除资源瓶颈已成为一个迫切需要解决的战略问题。

二、环境约束

新中国成立以来，工业经济迅速发展，工业污染对环境的影响从不明显到明显，甚至到了非常严重的程度。

"一五"时期，工业基础薄弱，工业化刚刚起步，环境污染问题不突出，工业污染对环境的影响不大，生态环境没有受到明显的破坏。自 1958 年到 20 世纪 70 年代末，一定范围的环境破坏开始显现。"大跃进"期间为大炼钢铁，大砍树木，土法炼铁等，既是对资源的破坏性使用，也破坏了生态环境。20 世纪 60 年代中期开始的"三线"建设，不少建设项目违背客观经济规律，没有采取控制污染的配套措施；布局不科学，有的重污染工业企业建设在城市的上风口、水源地上游，给城市大气环境和饮用水安全带来很大危害。

改革开放后，随着中国工业化进程的加速，环境污染和生态恶化问题逐渐突出,乃至成为严重的问题。造成环境污染问题严重的原因有:一是一些地方重经济发展、轻环境保护,甚至不惜以牺牲环境为代价换取经济增长;二是产业结构不合理,经济增长方式粗放;三是环境保护执法不严,监管不力。20世纪80—90年代中期,来自乡镇工业的污染最为突出。乡镇工业中相对发达的行业是加工制造业、劳动密集型轻工业和农副产品加工业。这些行业中的非金属矿物制品、纺织、食品加工、金属制品、化工等行业构成了乡镇工业的主要污染源。乡镇工业技术装备陈旧落后,技术力量薄弱,生产工艺简单落后,机械化水平很低,污染治理设施简陋,防污技术落后,相当一部分乡镇工业企业在生产过程中不采取任何环保措施。乡镇工业落后的技术层次必然导致资源、能源高消耗、浪费大,环境污染不可避免或难以防治。

20世纪90年代中期伊始,工业结构的重化工业特征和技术升级特征明显,能源的需求大幅度增加,导致主要污染物的排放量增加,环境污染和生态恶化问题严重,一些地区已经到了相当严重的程度。水、大气、土壤等污染日益严重,固体废物、汽车尾气、持久性有机物等污染持续增加;环境污染还从城市向农村扩展,农药、化肥的过量使用,有效施用率低,大部分都挥发到大气中或随水流入土壤和江河湖泊,造成水域富营养化或饮用水源硝酸盐含量超标。生态破坏和环境污染,给中国经济造成了巨大损失,给人民生活和健康带来严重威胁。

随着环境污染、生态破坏问题的显现与逐渐趋于恶化,环境保护也越来越引起重视。中国将环境保护开始摆上国家的重要议事日程始自1972年,这一年中国政府代表团参加了联合国人类环境会议,1974年,成立了国务院环保领导小组和省市环保机构,开始着手工业"三废"的防治与环境规划,以治理"三废"为重点,解决主要水系水质的污染问题,强调改善城市环境,并在全国进行"三废"治理和环境教育。

改革开放后,环境问题与工业发展之间的矛盾开始加剧,解决工业发展中的环境问题成为政府工作的重中之重。1983年12月31日至1984年1月7日召开的第二次全国环境保护会议明确提出,保护环境是我国社会主义现代化建设中的一项战略任务,是一项基本国策。1984年,《国务院关于环境保护工作的决定》指出,保护和改善生活环境和生态环境,防治污染和自然环境破坏,是社会主义现代化建设的一项基本国策。中共十六大报告对21世纪环保工作提出了更高要求,明确将环保列入全面建设小康社会的总体目标。2006年以来,政府高度重视主要污染物减排工作,把环境保护摆在更加重要的战略位置,提出以保护环境优化经济增长,确立建设资源节约型、环境友好型社会的目标。

与对环境保护愈益重视相伴随的,是政府治理污染与环境保护的理念和政策不断进步。20世纪80年代,主要着眼于对已产生的污染的治理。建立排污收费、排污申请登记与许可证、限期治理等制度；通过调整不合理的工业布局、产业结构和产品结构，关、停经济效益差、污染严重的企业，结合技术改造，对工业污染进行综合防治；政府有关部门对工业企业的污染防治给予资金和政策上的支持。

20世纪90年代以来，污染控制转向生产全过程阶段，强调"预防为主、防治结合"。一方面，继续采取措施治理污染，如结合国家经济结构调整，淘汰落后产能，取缔、关停浪费资源和能源、严重污染环境、没有治理前景的企业。另一方面，积极推动清洁生产。国家颁布了《中华人民共和国清洁生产促进法》，制定了行业清洁生产标准，并从生产工艺与装备要求、资源能源利用指标、污染物产生指标（末端处理前）、废物回收利用指标和环境管理要求5个方面控制污染的产生与排放，工业污染防治向生产全过程控制转变。

21世纪以来，随着重化工业的快速发展，环境保护问题的日益严峻，国家对环境保护提出了更高的要求和更严厉的措施，强调强化环境管理，以保护环境优化增长。2006年"十一五"规划纲要，将单位GDP能耗降低20%左右，主要污染物排放总量减少10%，确定为"十一五"经济社会发展的约束性指标，把节能减排摆在了十分突出的战略位置。"十二五"提出单位GDP能耗降低16%，主要污染物排放总量减少8%~10%。

资源、环境约束是长期以来中国工业发展进程中所面临的重大问题，未来仍然十分严峻。从根本上说，要缓解中国工业化进程中的资源、环境约束，就要全面深化改革，坚定不移贯彻创新、协调、绿色、开放、共享的发展理念，推行新型工业化道路，推进绿色发展，建立健全绿色低碳循环发展的经济体系，着力解决突出环境问题，加大生态系统的保护力度，改革生态环境监管体制，推动形成人与自然和谐发展的现代化建设新格局。

▶ 即测即评

请扫描二维码，在线测试本章学习效果

思考题：

1. 试述新中国成立以来工业经济所有制和经济管理体制的演变，它对工业经济的发展产生了怎样的影响。

2. 改革开放前、后工业经济的增长和波动有着显著的变化，试分析这些变化及其原因。
3. 分析新中国成立以来工业产业结构的演变及其与政府产业政策的关系。
4. 试述新中国成立以来技术引进的发展变化。
5. 试述新中国成立以来工业发展进程中资源、环境约束的形成和发展。

第十五章　当代中国第三产业的发展

除农业、工业之外的其他产业均归入第三产业，目前第三产业已经成为中国国民经济中最重要的组成部分，占 GDP 的比重在 2013 年首次超越第二产业，居三大产业首位。然而，自新中国成立以来，第三产业经历了一个相当曲折的发展过程。改革开放之前，长期受计划经济体制的制约，第三产业并没有得到应有的发展；此后，在积极发展第一产业和第二产业的同时，也更加重视对第三产业的支持和发展。在数量上，第三产业的增加值从 1980 年的 966.4 亿元增加到 2013 年的 277 959 亿元，占 GDP 的比重也由 21.6% 提升到 46.7%，成为三大产业中最具活力的行业。在内容上，除传统服务产业得到不断改进、商业饮食服务业多种成分共同发展外，物质流通领域出现颠覆性变革，电商成为引领行业性标杆；交通运输得到全方位发展，村村通公路、县县通省道或高速，以北京为中心的铁路、特别是高铁网络基本覆盖全国，大大缓解交通运输紧张局面，高铁还成为中国政府对外输出的一张名片。与此同时，旅游、信息、咨询、科技服务、社区服务、金融保险、房地产、教育、卫生、文化等产业快速发展，成为第三产业中发展最快的行业，互联网金融则是一个全新的服务业领域，其快速发展可能成为中国的核心竞争力之一。当然，与发达国家的第三产业相比，中国还相对落后，产值占比较低，在出口贸易中，服务业产品仍然没有改变长期逆差状态，大大影响中国进出口贸易的质量。第三产业内部结构不尽合理，地区之间发展不平衡，不但影响三大产业之间的协调发展和社会再生产的顺畅运行，妨碍经济效益和效率的提高，还束缚第三产业本身的发展。

第一节　商业与对外贸易

在改革开放前后，中国的商业、贸易在国民经济中的地位经历了一个完全不同的旋转式变化。改革开放之前，商业、贸易的发展基本被抑制；此后，伴随社会经济政策的根本性转变，以出口为形式的外贸已经成为中国经济发展动力中的"三驾马车"之一，驱动着中国经济三十多年的高速增长。

一、国内商业的发展与体制变化

新中国成立至今，国内商业不但在规模、形态、流通的区域格局等方面发生巨大变化，而且商业流通体制也发生了全面革新。当今，互联网等信息技术在商业领域的应用，已经极大地改变了商业的外延和内涵。

（一）国内商业体制变化

新中国成立后，经过三年的国民经济恢复和"一五"计划（1953—1957）建设，基本形成国内统一的市场。受国内商品生产、产品供应短缺以及险恶的国际环境等因素制约，为控制货源，保障人民基本生活需要，渐趋形成一个以集中管理、统一分配为形式的，由国营商业独家经营的商品流通体系。国内商业流通渠道单一、流通环节多。这种状况到1979年期间，虽然时有修正，但基本保持稳定。

改革开放之初，伴随工农业生产长足发展，进入流通的农副产品、工业消费品日益丰富，原有商品流通体制越来越不适应社会经济快速发展形势的需要。为了改变流通渠道单一、多环节的现状，国家一方面调整了工商关系，把统购包销改为统购、计划收购、订购、选购、经销、联营、代销等多种购销形式，以发挥生产企业在自销商品领域中的应有作用；另一方面放宽对农副产品的购销政策，实行合同订购和议购，完成国家收购任务后的农副产品和其他商品都可以在市场上自由流通。同时，改革国营商业、供销合作社的经营体制，鼓励发展个体商业、开放集市贸易，建立多样化的贸易中心与批发交易市场。这样，中国初步建立起一个以国营商业和合作社商业为主、多种经济成分、多种经济形式、多种经营方式、多种市场渠道的商品市场格局。

1985—1992年期间，根据建立有计划的商品经济目标，国家加快了流通体制和流通领域的改革。逐步取消农副产品统派购制度，改革日用品批发体制，有步骤地削减生产资料指令性计划分配指标。这样，中国在流通领域开始由独家经营过渡到多渠道经营，从无竞争向鼓励竞争转换，从封闭市场向开放市场转变。

1992年以来，为了适应市场经济体制的要求，国家首先加强了市场体系的培育和建设，在批发市场的建设上，以中心城市为依托，渐趋建立起以全国性批发市场为龙头，以区域性批发市场为骨干，辐射全国、交易集中、信息顺畅的具有现代化水平和调节能力的工农业批发市场网络；积极探索期货交易市场，大力推进城乡集贸市场的发展。其次，加快了国有流通企业的改革，更新流通方式，连锁经营、代理制、配送制、企业加农户、C2C、B2B、B2C等方式的优越性日益显露，超市、专卖店、便利店、仓储式商场、购物中心、电商等多样化业态呈现出快速发展趋势，特别是电商大有颠覆传统商业形式的趋势。再次，强化了流通领域的宏观调控，理顺购销渠道、减少流通环节，对粮食、棉花、食油等建立了专项储备制度和相应的风险基金，并对粮食等实行政策性业务与商业性经营分开运作，彻底分开原有的机构、人员。最后，不断加强对市场秩序的整顿，颁布《中华人民共和国消费者权益保护法》《中华人民共和国广告法》《中华人民共和国产品质量法》《中华人民共和国反不正当竞争法》等系列法律法规，以规范市场行为。

当然，商业体制的改革是一项复杂而动态的历程，伴随社会经济形势的变迁，需要对新出现的问题，不断加以改革和调整，以保障全国市场体系的完整和满足广大民众的需求。

（二）国内商业的发展

新中国成立前后，受剧烈通货膨胀和人民币过量发行等因素影响，物价发生了四次大范围的波动。随后，在政府全面平抑物价、统一财经、调整商业等措施干预下，商业和市场得以恢复，并呈现出一派繁荣景象。1950 年社会消费品零售总额为 170.56 亿元，到 1952 年增加到 246.88 亿元。之后，在优先发展重工业和计划经济体制下，私营商业、自由市场被社会主义改造，国有和供销合作社垄断了城乡商业，有所发展的商业市场渐趋萎缩，个体、私营等自由市场主体日渐式微。1957 年全国有社会零售商业、饮食业、服务业机构 270.3 万个，从业人员 761.4 万人，到 1978 年则分别下降为 125.5 万个、607.8 万人。1978 年社会消费品零售总额为 1 558.6 亿元，比 1952 年增长了 4.6 倍；全民和集体所有制类型商业、国家定价部分占据社会商品零售总额的 97% 以上。

改革开放以来，经过 30 多年的快速发展，国内商品和服务的供给能力明显提高，基本化解了困扰我们多年的商品、服务短缺问题。商业规模迅速扩大，社会消费品零售总额在 2007 年达到了 89 210 亿元，比 1978 年增长 56.2 倍，年均增长 15%；之后，市场销售稳定增长，到 2013 年更是达到了 242 842 亿元，显示出改革开放对商业发展的巨大推动作用。

商业流通区域布局发生了巨大变化，部分改变了改革开放之前城乡之间、东西部之间的商品发展水平差距大，农村商业不发达，城市商业布局不合理等现状。全国各地商业普遍得到了发展，都市商业区规模进一步扩大，出现了更多不同层次的商业中心区域，档次更进一步提高，而中小城市及农村的商业设施和服务业更加便利所在地居民。2013 年，按商业流通区域统计，城镇消费品零售额为 202 462 亿元，乡村消费品零售额 31 918 亿元；而按消费类型统计，商品零售额 202 988 亿元，餐饮收入额 25 392 亿元。当然，不管按哪种类型来统计，商业消费品零售额都比以前有了巨大提高，充分展示了中国国内商业的快速发展态势，而伴随互联网等信息技术等渗入到商业企业、流通领域，传统商业的各个方面几乎都有可能被颠覆，预计将为我们提供一个全新的商业业态。

二、对外贸易的发展与体制变迁

新中国成立以来，对外贸易经历了一个从小到大、从不被重视的自力更生战略到受到高度重视的出口导向战略转换。其目标也由改革开放以前的获取外汇为主渐趋回归经济本能，贸易量则由改革开放前的微不足道，到改革开放后迅速成为国民经济总量中最为重要的组成部分之一。

（一）对外贸易体制变迁

中国对外经贸体制是建立在没收官僚资本的进出口企业、取消帝国主义在华特权、收回海关关税自主权等基础上的。在组建国营公司和逐步对私营企业进行限制、改造和合并的条件下，中国建立起独立自主的对外经贸体系。在此过程中，受帝国主义势力敌视和冷战思维的影响，中国对外经贸关系一开始几乎集中在与社会主义国家、亚非拉发展中国家的交往上，而与西方国家的交往范围极其狭小。在此情况下，中国对外经贸关系体制的建立自然就如毛泽东所指出的那样，"人民共和国的国民经济的恢复和发展，没有对外贸易的统制政策是不可能的"，[1] 实行统制政策，成立贸易部，部内设国外贸易管理局。与之相应，设立一批专业进出口公司，如土产出口总公司、进口总公司、茶叶总公司、矿产总公司等。1950年设立了中国进出口总公司、中国进口公司分别负责与资本主义国家和社会主义国家的经贸事务。1952年成立对外贸易部，并对以前成立的一些专业公司加以调整。与此同时，对私营贸易公司进行社会主义改造，到1956年基本实现公有制一统天下的局面，全国的对外贸易都由对外贸易部统一领导和管理，由各外贸专业总公司统一经营。由此，中国完全形成产销、供需分离，计划色彩极其浓厚的对外经贸管理体制。该体制形成后，在改革开放之前基本稳定不变，其中只在1958年和1974年做过一些小的调整。

1978—1992年期间，伴随对外经贸环境的渐趋改善，中国确立了对外开放的经济发展方针，逐步形成了"引进外资"和放宽出口范围、劳务输出、"旅游出口"等以出口创汇为目标的策略，在福建、广东设立经济特区，给外资以特殊政策。同时，也开始改进外贸体制，一些管理权限下放给地方。当然，"我国刚从封闭状态下走向世界，为了改变短缺经济而又资金不足，对来华投资的外商，可以说来者不拒。同时，我国投资环境（包括基础设施等硬件及法律法规、服务等软件）正在构建，愿意来内地投资的，多数是港澳台同胞和华侨，而且项目较小，一般都是劳动密集的加工业"[2]，由此看来，基本属于粗放型阶段。

1992—2001年期间，随着对外经贸法律法规的渐趋完善，中国不但进一步加快了由计划经济向市场经济过渡的步伐，而且加快和深化了对外开放的速度和力度。邓小平南方谈话，吹响了深化开放的号角。一是扩大了对外开放的区域，除继续扩大沿海开放区外，还开放沿边、沿江（长江）、沿线（陇海线等）和各省会

---

[1] 《毛泽东选集》第4卷，人民出版社1991年版，第1433页。
[2] 武力主编：《中华人民共和国经济史》（增订版）下卷，中国时代经济出版社2010年版，第1025—1026页。

城市。二是扩大了对外开放的领域，不但在工业、农业上进一步放开了准入门槛，而且服务业也逐步开放，在世界贸易组织分类的 160 多个服务贸易部门中，中国已经有 100 多个部门实现了对外开放，开放种类接近发达国家水平①。三是推行"引进来"与"走出去"相结合的方针，不但大力改善引进外资的软、硬件环境，而且提升对外投资的速度和扩大对外投资的范围。目前，中国对外投资已涉及生产加工、贸易、资源开发、交通运输、工程承包、农业及农产品综合开发、医疗卫生、旅游餐饮及咨询服务等多个领域②。四是积极主动融入双边、多边经贸交往体系中。在加入 WTO 之前，中国基本延续"不结盟运动"的模式，不参与国际或区域经济贸易组织。2001 年，中国成功加入 WTO。之后，中国积极主动利用 WTO 规则，加入各种区域经济组织之中，即主动提出构建中国与东盟自由贸易区，努力投入到亚洲太平洋经济合作组织（APEC）中，积极主动地参与上海合作组织，以及其他种种经济组织活动，特别是双边或多边自贸区建设。五是对外贸企业建立现代企业制度试点，加强外贸立法，强化经济调控手段和构建协调服务机制。

2002—2013 年期间，中国外贸体制全面接轨世界通行的贸易规则。在进口制度上，大大降低了关税，取消了大多数的进口配额以及许可证、特定招标等其他进口数量限制，全面清理、修改、制定相关的进口管理法规和措施。在出口制度上，取消了绝大部分的出口税和修改或取消了其他限制出口的措施，按 WTO《补贴与反补贴措施协定》和议定书的补贴规则来规范中国的出口补贴。

（二）对外贸易的发展

中国对外贸易由 1979 年前的缓慢发展，逐步转向之后的快速发展，贸易差额由逆差向长期顺差转变，贸易结构等得到改善。

1. 对外贸易发展概况

新中国成立以来，对外贸易发展呈现出明显的阶段性特征。1949—1978 年期间，中国对外贸易虽然一直在发展，但对外贸易总量很小，在整个国民经济中的地位极低，1956—1980 年中国对外贸易进出口总额变化如表 15-1 所示。

表 15-1　1956—1980 年中国对外贸易进出口总额变化

单位：亿美元

年份	对外贸易进出口总额	年份	对外贸易进出口总额
1956—1960	142.57	1961—1965	176.60

---

① 武力主编：《中华人民共和国经济史》（增订版）下卷，中国时代经济出版社 2010 年版，第 1025 页。
② 武力主编：《中华人民共和国经济史》（增订版）下卷，中国时代经济出版社 2010 年版，第 1029 页。

续表

年份	对外贸易进出口总额	年份	对外贸易进出口总额
1966—1970	214.32	1976—1980	1160.30
1971—1975	514.37		

资料来源：张德修：《大接轨：走向全球化的中国开放型经济》，经济日报出版社2000年版，第96页。

1978年以来，在改革开放政策的促动下，中国对外贸易迅猛发展，贸易量逐年快速递增，如图15-1所示。

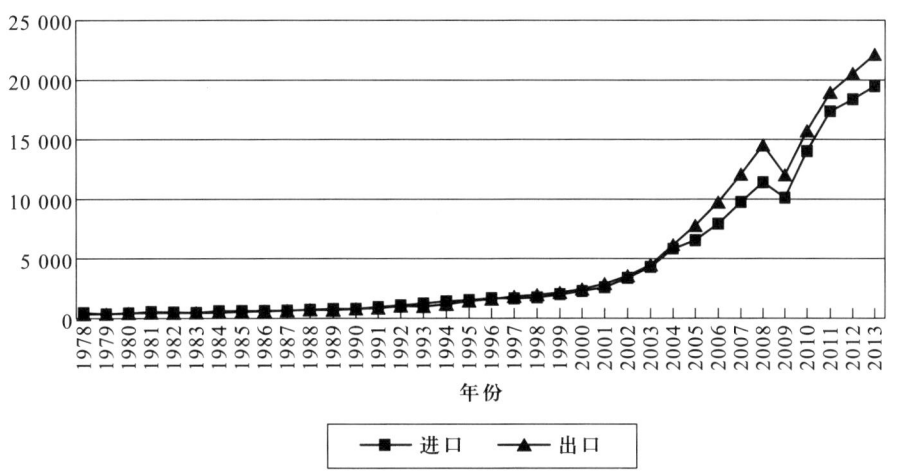

图15-1　1978—2013年中国进出口贸易总额变化图（单位：亿美元）
资料来源：中华人民共和国商务部网站的统计资料。

中国进出口贸易额在1978年排在世界第29位，到2008年已经上升到第3位，进口贸易仅仅落后于美国，排在第2位，出口贸易则位居第1位。2013年，中国的进出口贸易总额达到41590亿美元，成为全球最大的货物贸易国。当然，这一时期进出口贸易的发展并不平稳，在20世纪90年代之前，中国进、出口贸易数额一直徘徊在千亿美元以下，之后则获得了快速提升，尤其在中国加入WTO之后，进、出口贸易额迅速突破了2000亿美元，速度也进一步加快，到2008年上升到近15000亿美元，随后受全球金融危机影响，进出口贸易有所下降。近年来，中国进出口贸易有一定增长，但受次贷危机、欧债危机等因素影响，对外贸易波动较大。目前，中国产品仍然处于全球价值链中的中低端，而近年来国内劳动力工资的持续上涨和人民币汇率的较大幅度上升，大大削弱了中国制造业的利润，也影响到对外出口。

2. 对外贸易发展的特征

新中国成立至今，对外贸易的发展尽管相当迅速，在国民经济和世界贸易中的地位不断提升，但在发展中明显呈现出如下一些特征。

一是对外贸易发展不平衡。中国对外贸易的快速发展，进出口贸易额激增，却无法掩盖对外贸易本身发展的不平衡特性。加工贸易数量远远高于一般贸易，成为中国对外贸易中的最重要组成部分；贸易商品结构失衡，在对外贸易中占据优势的基本是劳动密集型产品，技术密集型产品不具优势；外商投资企业占据中国对外贸易的主体地位，在某种程度上导致了中国产业失衡和产业边缘化现象；在贸易国家和地区以及国内不同省份之间的对外贸易表现出极端不平衡；在货物贸易持续顺差的同时，服务贸易却处于长期逆差状态，如图15-2所示。

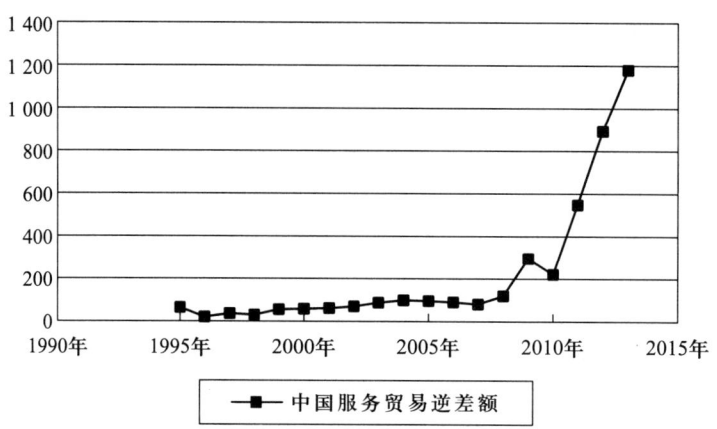

图15-2 中国服务贸易长期逆差图（单位：亿美元）
资料来源：国家外汇管理局统计数据。

二是对外贸易依存度偏高。大规模出口、大规模引进外资、国内消费需求不足的经济增长方式，使中国经济发展产生了严重的对外依存症。这一点，尤其表现在中国偏高的对外贸易依存度中。在1978年，中国的对外贸易依存度仅为10.2%；到2000年，中国的对外贸易依存度上升到39.58%。之后，对外贸易依存度快速上升，到2007年增加到66.27%。随后，受次贷危机影响，中国的对外贸易依存度有所下降，但到2009年还达到45.01%。显然，尽管对外贸易依存度日益提升的过程表明中国对外开放的程度不断提高，但较高的对外贸易依存度也使中国经济发展严重受制于国外市场。

三是贸易摩擦日益加剧。在进出口贸易中，中国几乎所有的出口市场、行业的贸易产品都遭到发达国家和其他发展中国家的挑战，贸易争端呈现越来越严重之势。1979—1994年期间，国外对中国提起反倾销案172起，其中只有30起被撤诉、否决，其他均被裁决征收高额反倾销税；[①] 2001—2008年，中国受到的反倾销案达463起；2009年，在全球反倾销案里，有一半是针对中国商品的；到2010

---

① 邵震：《对外经济关系中的国家利益和社会成本》，《数量经济技术经济研究》1995年第7期。

年，中国已经连续 16 年成为全球遭受反倾销调查最多的国家，连续 5 年成为全球遭遇反补贴最多的国家。贸易摩擦从最初的初级商品，如打火机、服装等，进入到汽车零配件、机械装备等中高端商品，从商品贸易领域扩大到服务贸易。近年来，中国遭遇非传统贸易摩擦的范围不断扩大，自主创新政策、新能源政策、知识产权保护、投资环境、劳动保护、技术标准等逐渐成为贸易摩擦的新热点。

四是对外贸易长期贸易顺差。在改革开放之前，中国在对外贸易上基本维持平衡状态。改革开放之后，1990 年之前，基本上年年逆差，但此后中国维持了长期贸易顺差，顺差额越来越大，由 20 世纪 90 年代前期的年均不到 45 亿美元，上升到 2013 年的 16 093 亿美元，增长了 357 倍多。长期的贸易顺差，使中国积累了越来越庞大的外汇。外汇储备持续多年位居世界第一位，2013 年已经达到了 38 200 亿美元。

第二节 金 融 业

新中国成立至改革开放期间，金融业一直被抑制，原先有所发展的金融体系渐趋被纳入"大一统"的格局之中，原有的金融机构在公私合营等社会主义改造中基本被纳入中国人民银行，或被取消，或作为其中一个部门，金融市场则基本消弭；人民币制度则在解放区银行发行基础上渐趋建立起来，并根据经济形势不断调整。改革开放以来，伴随社会经济的快速发展，金融业得以恢复和重构，至今已经形成了以中国人民银行为中心的完整金融体系，金融市场获得全面发展，作为金融新业态的互联网金融快速发展则可能成为中国的核心竞争力之一，促进中国经济结构的提升和社会经济的平稳持续发展；人民币制度、外汇制度等在新形势下不断得以完善，人民币国际化进程得以持续推进。

一、金融机构变迁

新中国成立至今，以银行等金融机构为主体的间接融资体系虽然遭遇股票、债券等直接融资、特别是当前互联网金融的强大冲击，但在中国融资市场中一直占据着主导性地位，对中国国民经济的发展起到了极其重要的作用。在这一时期，金融机构却经历了一个相当复杂的变迁过程。

（一）计划经济体制下的金融机构

新中国成立之初，首先把各解放区成立的银行相继并入 1948 年 12 月 1 日设立的中国人民银行，初步形成新中国的金融基础。接着，针对不同类型的金融机构加以改造利用。把"四行两局一库"为主体的官僚资本主义金融机构收归国有，并根据行政区划建立各级人民银行的分支机构;取消外国在华银行的特权,允许它们在遵守中国政府法令的条件下继续营业,指定改组后的中国银行为外资银行的专职管理机构,以加强对外资银行的管理,直到1957年之后除了汇丰、渣打两家外资银行仍然营业外,其他相继停业、清理;对民族资本的私营银钱机构,通过团结、整顿和改造政策,于1952年年底实现了全行业公私合营,率先完成了社会主义改造。随着大规模经济建设的展开和计划经济体制的建立,中央经济权力的集中和大行政区的撤销,中国人民银行也撤销了各区行,实行集中管理的统收统支、统存统贷的内部资金管理制度。

之后,国家曾尝试建立专业金融机构。1955年设立中国农业银行,但受农村业务量小、与中国人民银行职能划分不清影响,在经历三度设立、三度撤销后,并入中国人民银行;1954年成立的中国建设银行并不是真正意义上的银行,仅是负责国家基建拨款的财政性机构;中国银行虽然保持独立的形式,但它在事实上仅仅是中国人民银行对外业务的一个分支机构;1949年在没收官僚资本保险公司和改造民族资本保险公司基础上组建的中国人民保险公司,在人民公社化运动之后,其金融职能完全消失;而全国普遍设立的农村信用社,尽管一直存在,但在本质上是中国人民银行延伸到农村地区的基层机构。显然,在取消商业信用、建立高度统一的国家信贷管理体制的情况下,我国没有真正的银行存在,利率、外汇等管理高度集中,以适应大一统的计划经济体制。

(二) 改革开放与市场经济下的金融机构

改革开放以来,大一统的金融体系越来越不适应社会经济发展需要,为此,我国对原有金融机构体系展开改革,多元化的金融机构渐趋建立发展起来,形成一个与中国特色社会主义经济体系相适应的金融机构体系;中央银行体制的建立,在货币政策制定与执行、维护金融稳定等方面发挥着日益重要的作用;互联网金融的兴起则在深层次上推动着已有金融机构的改革,为普惠金融体系的构建提供了契机。

1. 中央银行体制的确立

1979年开始的金融体制改革,最核心的任务就是逐步确立以中国人民银行为组织的中央银行体制。

1979—1992年,是中央银行体制探讨和初步确立阶段。在大一统的金融体系下,中国人民银行既从事一般银行业务,又行使央行职能的双重身份,已经无法适应金融协调与监管、货币政策的制定和执行。1981年,国务院发布了《关于切实加强信贷管理,严格控制货币发行的决定》,明确提出中国人民银行要认真执行央行职责;1983年发布《中国人民银行专门行使中央银行职能的决定》,规定中国人民银行的性质和职责,厘清与其他银行的业务关系,确立法定存款准备制度。

1984 年，中国工商银行及其分支机构的成立，使中国人民银行摆脱一般银行业务，开始专门行使央行的职责；这也标志着我国金融领域舍弃大一统的银行体制，实行与有计划的商品经济相适应的中央银行体制。1986 年，《中华人民共和国银行管理暂行条例》的颁布，在法律上确立了中国人民银行充作中央银行的地位，并进一步完善央行的职能。

1993 年开始，是中央银行制度渐趋完善阶段。1993 年，《国务院关于金融体制改革的决定》明确要把中国人民银行办成真正的中央银行，确立它的主要职责是制定和执行货币政策以保持货币的稳定。1994 年，中国人民银行总行发布《人民银行分支行转换职能的意见》，加快人民银行内部改革和职能转换的步伐。1995 年，《中华人民共和国中国人民银行法》正式颁布。这是中国的中央银行法，是新中国成立以来首部金融大法，首次以国家立法的形式确立中国人民银行作为中国中央银行的地位，由此也标志中国金融事业进入法制化、规范化轨道。[1] 1998 年，中国人民银行对分支机构进行了重大调整，撤销原来的省级分行，按经济区域设立九个一级分行和两个营业管理部；2005 年撤销上海分行，改建为上海总部以分担央行的职责。伴随 1998 年中国证券监督管理委员会（简称证监会）、中国保险监督管理委员会（简称保监会）和 2003 年中国银行业监督管理委员会（简称银监会）的相继设立，中国人民银行的独立性得以加强。2003 年 8 月《中华人民共和国中国人民银行法修正案（草案）》的通过，更加明确中国人民银行制定和执行货币政策、维护金融稳定和提供金融服务的职责。之后，中国人民银行不断对自身的职能、调控手段等加以改进和完善以适应社会经济形势的变化，确保货币政策的正确性；同时加强了与其他监管主体的联络和协调，保障金融的稳定发展。

2. 多元化金融体系与市场化改革

1979 年，邓小平提出"必须把银行真正办成银行"。在这一思想指导下，中国金融机构的改革，从打破单一银行体系，引入竞争制度开始。1978 年 1 月，中国人民银行正式与财政部分开办公，省、自治区、直辖市以下的银行机构也比照办理，恢复了中国人民银行自上而下的垂直领导。1979—1983 年间，国家先后恢复中国农业银行、中国银行和中国（人民）建设银行，并于 1984 年将中国工商银行从中国人民银行分设出来，开始在计划、资金、财务、人事等方面进行改革。与此同时，农村信用社获得快速发展，机构数由 1981 年的 5.5 万多个增加到 1989 年的 5.8 万多个；城市信用社更是从无到有，机构数量到 1992 年达到 4 001 个；从 1986 年重组交通银行以来，股份制银行也纷纷建立起来；到 20 世纪 90 年代初，

---

[1] 杨希天等编著：《中国金融通史》第 6 卷（中华人民共和国时期 1949—1996），中国金融出版社 2002 年版，第 222 页。

在城市信用社"捆绑"基础上,城市商业银行等迅速建立和发展起来;1979年日本输出入银行被批准在中国设立常驻代表机构,揭开引进外资银行的序幕,之后侨资、外资金融机构相继引进和发展起来,到1996年在我国25个城市设立528个代表处。由此,基本形成一个以中国人民银行为中心,国有银行、股份制银行、信用社等组成的完整银行体系,初步建立起一个充满活力的竞争性银行体制。

1992年,中国正式提出国家专业银行向国有独资的有限责任公司转变,开始国有银行商业化改革。1993年年底,《国务院关于金融体制改革的决定》出台,明确提出加快金融体制改革,建立政策性银行,实行政策性业务与商业性业务分离,把国有专业银行尽快办成国有商业银行。1994年,我国先后成立国家开发银行、中国进出口银行、中国农业发展银行三大政策性银行,承担以前四大国有银行的政策性业务。1995年颁布《中华人民共和国商业银行法》,从法律上确立国家专业银行的国有独资商业银行地位,明确国有商业银行商业化经营原则。1996年起,对国有商业银行逐步缩小信贷规模,实行资产负债比例管理。1998年年初,中国人民银行取消对国有商业银行贷款限额的控制,使国有商业银行经营自主权进一步得到落实。1998年,财政部还专门向国有商业银行发行2 700亿元特别国债来提高它们的资本充足率;1999年,国家相继组建信达、华融、长城和东方四家金融资产管理公司以剥离四大国有银行的不良资产,并取消贷款四级分类制度,全面推行五级分类制度。同年,四大国有商业银行按照商业化思路撤并网点、精简机构、裁撤冗员。2002年,中央决定对国有商业银行进行股份制改造,力争把国有商业银行改造成国家控股、具有国际竞争力的股份制商业银行。2003年年底,中央动用450亿美元外汇储备为中国银行和中国建设银行补充资本金。经过艰难摸索,中国建设银行在2005年、中国银行和中国工商银行在2006年、中国农业银行在2010年相继成功上市,实现了银行产权的真正变迁,标志着四大国有银行的股份制改革顺利完成。同时,2006年12月,中国银监会出台《关于调整放宽农村地区银行业金融机构准入政策 更好支持社会主义新农村建设的若干意见》,2013年年末,全国共组建村镇银行1 071家;邮储与邮政分离,于2007年成立中国邮政储蓄银行,2012年整体改制为中国邮政储蓄股份制银行;交通银行等股份制银行、城市商业银行也进行改革和重组,部分银行在引进海外战略投资者后相继上市。这样,中国的银行业在不断深化改革中,体系更加健全,在国民经济的发展中发挥出越来越重要的作用。

伴随银行体系的建立和完善,信托、保险、证券等非银行金融机构也相继建立。到2013年,信托公司达到67家,保险公司大约138家,证券公司109家;外资金融机构也获得了更快发展,到2013年年底,共有51个国家和地区的银行在中国内地设立42家外资法人机构、92家外资银行分行和187家代表处。一个以中国人民银行为领导,国有商业银行和其他商业银行为主导,政策性银行、非银行金融机构、外资金融机构并存的完整的金融组织体系最终形成。

加强与国际金融组织的交往和合作。1980年,中国先后恢复了在国际货币基金组织、世界银行中的合法地位;1985年加入非洲开发银行集团(简称非行集团)和亚洲开发银行;1996年加入国际清算银行;通过加强与其他国际金融组织的关系,扩大对外金融往来,使中国国际金融业务得到快速发展。

3. 金融新业态的出现

随着我国银行、证券、保险、基金等线下业务线上化,互联网等信息技术逐渐应用到金融业中。2013年,互联网等非金融企业开始大规模涉足金融业,直接推动互联网金融在我国的长足发展,至今已经基本形成金融业互联网化和互联网的金融化两大模式。在此模式下,出现的网络借贷、股权众筹、互联网支付、互联网保险、互联网基金等互联网金融业态,初步打破机构与市场界限,产生一种金融新业态。此种以互联网、社交门户、大数据等为依托的互联网金融,借助中国庞大的市场,其快速发展有可能成为今后中国金融核心竞争力,改变中国原有金融发展的态势。

二、金融市场变迁

自新中国成立至1978年,金融市场除了在短暂的时间内有所发展,其余时间都在计划经济体制下被消除了。改革开放以来,随着社会经济的快速发展,原来遭遇完全抑制的金融市场又渐趋发展起来,至今已经形成一个由货币市场、资本市场组成的完整金融市场体系。

(一)货币市场的发展

货币市场是一个由商业票据市场、同业拆借市场、外汇市场、黄金市场等多个子市场构成的一年以下短期资金融通市场的总称。随着商业信用的恢复和发展,以商业票据为基础的票据承兑贴现市场逐步发展起来。1981年,中国人民银行上海市分行在上海杨树浦和黄浦两个区的办事处之间合作试办商业承兑票据贴现;1982年《关于恢复票据承兑、贴现业务的请示报告》,进一步扩大票据贴现业务;1984年《商业汇票贴现暂行办法》,则把票据贴现业务推广到全国。之后,票据贴现、再贴现在调整中得到稳步发展。1996年,《中华人民共和国票据法》的实施,大大促进了票据承兑和贴现市场的发展。2000年,中国首家票据专营机构——中国工商银行票据营业部的设立,标志着中国商业银行票据业务迈入专业化、规模化和规范化发展时期,票据市场呈现快速发展趋势。

1985年,"实贷实存"信贷资金管理体制的实行,促进了同业拆借市场的形成。之后,中国同业拆借市场获得较快发展,到1996年1月,全国统一的同业拆借市场建立并运行起来。同时，拆借市场的主体也由银行间为主，扩展到保险公司、金融资产管理公司、信托公司等非银行金融机构。同业拆借市场的拆借量，呈现出"井喷式"增长，到 2013 年已经超过 35.5 万亿元。

1980 年，《关于外汇额度调剂工作的暂行办法》颁布，标志着中国外汇调剂市场的出现，彻底改变之前中国外汇资金只有纵向分配而无横向融通的现状。1986 年，《关于办理留成外汇调剂的几项规定》等发布，逐步促成外汇调剂市场的形成。1988 年之后，中国外汇调剂市场快速发展，调剂成交量由 1988 年的 62.6 亿美元，增长到 1993 年的 227.6 亿美元。1994 年 4 月 1 日，全国统一的银行同业外汇市场，即中国外汇交易中心在上海建成，彻底改变市场分割、汇率不统一的格局，奠定以市场供求为基础、单一、有管理的浮动汇率制的基础，从而大大推进了外汇市场的规范化进程。此后，中国外汇市场虽有改善，但至今人民币尚未完全实现资本项目可兑换，仍是当前金融改革中亟待深化的一个领域。

（二）资本市场的发展

自新中国成立至 1978 年，国家曾在 1950 年发行"人民胜利折实公债"和 1954—1958 年发行"国家经济建设公债"，之后则从国内消失；股票市场则随着 1952 年证券交易的停业和原有股份公司的社会主义改造而完成了它的使命。改革开放以来，伴随我国社会经济体制改革的展开，国债市场、股票市场等构成的资本市场又渐趋产生，并获得快速发展。

1. 国债市场的发展

面对持续两年的财政赤字，国务院在 1981 年决定每年发行一次国债，恢复国债发行市场。刚开始，国家采取行政分配的方式发行国债，重点面向国企和行政单位的职工。1982 年，中国国际信托投资公司在日本发行 100 亿日元的金融债券；1984 年在一些地方还发行了企业债券，从而大大丰富了债券品种。1988 年政府尝试借助商业银行和邮政储蓄的柜台，向社会发行国债，初步形成国债一级市场；1990 年后国家逐步放开国债交易市场，1991 年国家将发行方式转变为由金融机构组成国债承购包销团承购包销，为国债二级市场的发展铺垫基础。1992 年，国家把国债发行由一年一次改为一年两次，国债现货也开始进入交易所公开交易；同年，武汉国债交易中心的建立，大大推进了全国国债市场的发展。1993 年，国债期货开始在上海证券交易所试点；1995 年国债交易主体全部转入证券交易所的场内市场。由于"3·27"国债期货风波，国家暂时关闭已有国债期货市场，并进行整顿。1997 年，在金融业分业经营条件下，中国人民银行要求商业银行退出证券交易所国债市场，同时开办全国银行间债券市场，由此就在国债市场上形成两个相互分离的市场。之后，中国国债市场得以稳步发展，发行量和交易量都有较大提升。2008 年，受次贷危机影响，中国国债发行量和交易量有了很大扩展，国债市场得到不断规范。

2. 股票市场的变迁

改革开放以后，在合股经营的股份制乡镇企业中，出现1978年以来最早的股份制经济雏形。1980年，中国人民银行抚顺支行代理企业发行股票211万元，拉开中国股票发行的序幕；1984年，首家股份有限公司北京市天桥百货股份有限公司，发行定期3年的股票；同年上海飞乐音响公司向社会发行不偿还的股票，由此产生真正意义上的股票。1986年，中国工商银行上海市分行信托投资公司静安证券部首先将"飞乐音响"和"延中实业"挂牌上市，展开柜台交易，产生了中国股票的二级市场。1987年，深圳特区证券公司的成立，推进中国证券经营机构的发展。1990年，上海、深圳证券交易所相继成立，改变之前股票市场分散、落后、混乱的现状，标志着中国集中的股票交易市场出现。1998年《中华人民共和国证券法》的颁布及2005年、2013年的修订，大大提升了我国股票市场的质量，使中国资本市场的发展更加规范化和法制化。在此期间，中国股票市场虽然出现多次激烈波动，但伴随证券市场层次、发行制度等的改善，股票交易市场明显日趋成熟。

三、人民币制度的建立和完善

新中国成立之初，境内流通的货币极其混乱，严重影响社会经济的恢复和发展。为此，政府首先彻底肃清国民党政府发行的货币，确立人民币为唯一合法的货币；接着，有步骤地收回各革命根据地银行发行的货币，同时禁止外国货币在国内市场流通和严禁金银计价流通和私相买卖，使人民币迅速占领市场。通过这些措施，中国很快就建立起独立、自主、统一的人民币制度。同时，针对货币流通不畅、物价高昂等问题，政务院财政经济委员会在1950年发布了《货币管理实施办法》《货币收支计划编制办法》，为有计划调节货币流通做了铺垫。之后，通过采取正确的货币政策，物价得以平稳，货币流通由盲目向有序转化，并遍及城乡。

在计划经济时期，中国的人民币制度得到进一步完善，建立起一个有计划调节货币流通的制度，中国人民银行逐步成为全国现金出纳中心。在此期间，受各种政治事件干扰，国内的货币流通出现多次大规模波动，严重影响人民币的稳定和流通的顺畅；当时虽然也进行某种程度的调整，但到1978年之前并没有得到根本扭转。

改革开放以来，国家在加强货币制度研究的基础上，实践上逐步完善人民币制度。首先，扩大货币流通范围，从现金延伸到派生性存款等，并加强存款和贷款的管理。其次，改变央行货币调控的目标，确保货币币值稳定以促进经济增长。1994年，中国人民银行开始按季向社会公布全国货币供应量，将宏观调控由以控制贷款规模为主,逐步向货币供应量转化。1996 年,正式把货币供应量作为中央银行货币政策的中介目标,同时货币供应量也按照国际通用的方式划分成 M0、M1、M2 三个层次,从而极大地丰富和完善了人民币体系。随后,国家不断根据社会经济形势的变化,调整和完善人民币制度。至今,中国以 M2 衡量的货币供应量已经超越 100 万亿元,成为世界上最大的货币供应国,中国人民银行也成为世界上最大的央行。最后,加快人民币国际化步伐。2009 年,在上海和广东深圳、广州、东莞、珠海 5 个城市试点对外贸易的人民币结算,到 2011 年,推广到全国范围之内。同时,我国已经在世界上主要的国际金融中心建立人民币离岸结算中心,与英国、俄罗斯、澳大利亚等国家央行签订货币掉期协议,大幅提升了中国在国际货币基金组织中的人民币权额比重。

第三节 交通运输与邮电通信业

现代交通运输与邮电通信业发端于近代,但到新中国成立之初绝大部分遭到长期战争的破坏。通过国民经济的恢复,到 1952 年基本恢复到旧中国的最高水平,之后到改革开放前受多种因素制约,发展缓慢;改革开放以来,伴随社会经济的高速发展,交通运输、邮电通信得到政府和社会各界的高度重视,至今已经建立起一个集铁路、公路、水运、航空、管道多种运输方式为一体的综合运输网,而邮电通信网络则完全覆盖了全国,在高铁、互联网经济等多个领域中领先世界,并在深层次上改变着社会经济的发展趋势。

一、铁路运输业

新中国成立时,全国铁路里程总长度不过 2.18 万公里,而且在经过长期战争破坏后,真正能维持通车的不足 1.1 万公里。线路分布不合理,在福建、贵州、甘肃、宁夏、青海、新疆和西藏等省区还不通铁路。铁路运输设备陈旧、技术落后,基本不具有自身生产能力。

国民经济恢复时期,在修复原有线路的基础上,开通来睦线、天兰线、成渝线等新线路,使全国通车里程到 1952 年年底达到 2.4 万多公里,客运和货运量都有快速增长,并制造出第一台解放型蒸汽机车,结束了中国只能修车而不能生产机车的历史。"一五"计划时期,国家以占投资总额 65.6% 的资金用于铁路建设;到 1960 年,新增铁路线 1 万多公里,在成都、兰州、长春、大同等地建立了多家机车厂,成功研制出第一台内燃机车和电力机车,并加大与苏联等国的国际铁路合作,于 1956 年加入铁路合作组织。之后到 1978 年,受各种政治运动影响,中国铁路运输业经历了一个不断调整和曲折发展的阶段，但在"三线"建设等的推动下，铁路线路、机车等都有一定程度的增加，特别是对内地铁路线路的建设，部分改善了铁路线路分布不均的现状。

1978年以来，伴随社会经济的快速发展，铁路运输业也进入一个现代化建设的快速发展阶段。

首先，推进铁路管理体制的改革。1983年，国家提出"包、放、联、通、多"的改革思路；1986年，国务院批准和实施铁路系统"投入产出、以路建路的经济承包责任制"改革方案。20世纪90年代，铁路改革步入体制转轨、制度创新时期，铁路系统在政企分开、企业重构、市场经营和减员增效等领域取得明显成效。21世纪以来，国家进一步深化铁路改革，建立与社会主义市场经济相适应的铁路管理体制，推进铁路基础性改革，加快主辅分离、精简机构、优化布局和铁路建设市场的开放。到2013年，在国务院机构改革中正式实现铁路政企分开，组建中国铁路总公司，以铁路客货运输服务为主业，实行多元化经营。

其次，迅速推进铁路基本建设，形成横跨全国的多样化铁路网络。铁路投资迅猛增加，铁路网络结构日益完善，初步实现客货分线，构建客运专线与高速铁路，充实了必要的支线与联络线。2005年青藏铁路的建成通车，标志着我国铁路网络已经覆盖所有省、自治区、直辖市。到2013年，全国铁路营业里程达到10.31万公里；而始建于2004年的高速铁路，到2013年年底时速达200公里以上的高速铁路新线运营里程已达10 463公里，占到全球高速铁路运营总里程的60%以上，排在全球所有国家高速铁路占比率首位。2013年，铁路旅客发送量达到21.1亿人，铁路货运发送量39.6亿吨。

最后，铁路机车供给能力增强，技术、装备水平大大提升。1985年，中国电力、内燃机车的产量超过了蒸汽机车；1988年大同机车厂举行的告别蒸汽机车仪式，标志着中国铁路牵引动力进入以内燃、电力为主的时代。之后，中国铁路机车的技术创新能力和产品质量都得到全面提升，高速铁路建设技术已经领先于世界，在全球高速铁路技术专利申请中占据70%，实现由量到质的转变，形成技术筑路、人才兴路的格局，成为中国铁路技术输出的一张名片。同时，铁路信息化建设也取得了重大突破，全国铁路客票预售预订系统、运输调度指挥管理信息系统等已经完全建立和投入使用，并在实践中得到不断完善。

二、公路运输业

现代化公路运输业肇始于20世纪初，到新中国成立之初，全国已经修建公路13万公里，但受长期战争破坏，真正能通车的只有8万公里。已有公路的分布极端不平衡，大西南、大西北仅占25.6%；民用汽车拥有量极少，仅5.09万辆。

1949—1978 年期间，公路运输业处在一个快速恢复和曲折发展的阶段。国民经济恢复期间，国家不但对原有公路进行修复、通车，而且重点建设一批边疆地区的公路。到 1952 年年底时，公路通车里程达到 12.67 万公里，民用汽车拥有量增加到 6.63 万辆，客运和货运量都有较快增长。"一五"计划期间，公路运输业获得空前发展，公路建设方面的投资占到运输邮电业基建投资总额的 29%，重点修建通向少数民族和广大农村地区的公路，特别是川藏、青藏公路的修建，结束了西藏地区没有公路的历史，增强了西藏与内地的联系；到 1960 年年底，全国公路通车里程达到 51 万公里。1951 年开始修建的长春第一汽车制造厂，到 1956 年建成投产，它所生产的解放牌载重汽车也填补了中国无法制造汽车的空白。全国公路客运量和货运量均有大幅提升，到 1960 年时分别达到 3.25 亿人次、7.08 亿吨。之后到 1978 年，中国公路运输业尽管受到诸多因素制约，不断调整而又波动起伏很大，但全国公路通车里程、民用汽车拥有量、客运和货运量均有一定程度提高，分别达到 89 万公里、135.8 万辆、14.9 亿人次和 8.5 亿吨。

1978 年以来，中国公路运输业进入一个快速发展的时期，与公路运输有关的各个领域都得到全面改善。一是公路运输体制的改革渐趋完善。在所有制结构上，打破计划经济体制下公路运输由国有运输企业独家经营的格局，形成多种经济成分、多种经营层次和多条经营渠道的新格局；在管理体制上，实行政企分开、转变职能、简政放权，实现对内对外开放的运输局面。20 世纪 90 年代以后，进一步深化公路运输企业改革，建立与社会主义市场经济相适应的经营机制和组织、管理模式，加快公路运输市场的培育，推进外资和民间资金进入公路运输部门的进程，已经构建起一个多元化的投资机制。二是加快公路建设进程。在各级政府有利政策的扶植下，国内公路建设取得巨大成就，到 2013 年，全国公路通车里程达到 435.6 万公里，高速公路里程达 10.44 万公里；全国 99.97% 的乡镇、99.55% 的建制村都通上公路；2013 年 10 月墨脱公路建成通车，全国实现县县通公路，完全形成一个遍布全国、干支相接、四通八达、多层次的公路网络。三是汽车工业快速发展、公路运输能力全面提高。汽车工业在前期粗放式发展基础上，经过整合，渐趋集团化，生产和销售能力都有大幅提升。2003 年，上汽集团进入世界 500 强企业；2004 年，一汽集团也迈入世界 500 强企业；2005 年，中国出口汽车的数量首次超过进口数量，使中国汽车工业在全世界的排名进入前三位，全国民用汽车保有量到 2013 年年末达到 1.26 亿辆。与此相应地，中国公路建设技术日益精进，众多领域达到世界先进水平；而在公路运输能力方面，到 2013 年，全国公路货运量达到 307.6 亿吨，客运量为 185.3 亿人次，均达历史最高水平。

三、轮船航运业

轮船航运业，按航行区域可分为内河运输和海上运输。到新中国成立之时，轮船航运业因遭到长期战争的破坏,轮船数量少、基础设施薄弱,内河运输主要集中在长江领域,海上运输中远洋运输几乎空白,沿海运输设备简陋,年吞吐能力弱。

1949—1978年期间,轮船运输逐步恢复,但其发展却经历了一个相当曲折的过程。在国民经济恢复时期,内河航道得到整治和修复,到1952年年底全国内河通航里程达到9.5万公里;海上运输在修复原有港口的基础上,扩建、新建天津新港等一批港口、码头。1950年,在天津成立中国国外运输公司;1951年与波兰合资设立了中波轮船股份公司,使中国远洋运输业得到较快发展。"一五"计划期间,通过"和平赎买"等方式,到1956年全面实现轮船运输业的国有和集体所有制改造,建立集中统一、分级管理与政企合一的轮船运输管理体制。同时,内河、海上航运都有很大发展。到1960年时,内河通航里程达到17万公里,水路运输的客运和货运量分别达到1.2亿人次和3.3亿吨,均比1952年有了较快增长。之后到1978年,在种种政治事件的干扰下,轮船运输业经历了一个缓慢而又极不平衡的发展过程。内河航运呈现萎缩之势,通航运里程到1978年时,已经下降到13.6万公里;海上运输则获得较快增长,万吨级港口码头建设成效显著,5万、10万吨级深水泊位相继建成。客运和货运量也有一定程度的增加,到1978年时,分别达到2.3亿人次和4.3亿吨。

1978年以来,轮船运输业迅速发展,在各个领域都取得显著成就。在运输体制改革方面,完全改变计划经济体制模式,建立与市场经济相适应的管理、监督等机制,实现政企分开、运价市场化、轮船运输投资多元化。在航运建设方面,内河航运投资日益增加,航电结合、梯级开发力度加大,内河港口面貌得到完全改观,全国内河通航里程在2013年年底达到12.59万公里;沿海港口建设高速发展,2005年上海港超越新加坡港成为世界第一大港口,到2013年时万吨级及以上泊位就达1524个,远洋运输迅速崛起,中国轮船运输企业逐步打入国际市场,并占据很大份额。目前,中国已经是一个港口大国,港口货物吞吐量、港口集装箱吞吐量稳居世界第一,远洋运输船队运力排在世界前列。船舶制造和码头建设技术,中国在很多方面已经达到或领先于国际先进水平。在此基础上,中国的水运运输能力明显得到提升,客运和货运量都有大幅提高,到2013年时,分别达到2.3亿人次和55.9亿吨。①

四、航空业

新中国成立前夕,中国、中央两个航空公司迁往香港,航空业遭到战争的严

---

① 中华人民共和国国家统计局编:《中国统计年鉴(2014)》,中国统计出版社2014年版,第545页。

重破坏。1949年11月,中央成立民用航空局,在人民革命军事委员会领导下管理全国民用航空业;同月,两大航空公司在香港的部分员工驾驶12架飞机起义,飞回北京和天津,成为新中国组建航空事业的基础。

国民经济恢复时期,修复已有的飞机、机场等航空设施,整合原有的航空工厂,渐趋恢复国内航线。到1952年年底,国内航线达到1.31万公里,客运和货邮运量均有大幅提升。之后到1978年期间,中国航空业在曲折中获得一定程度的发展。在管理体制上,1958年成立中国民用航空局,归交通部领导;1962年改名为中国民用航空总局,直属国务院,但其各项工作和业务归空军管理。在民用航线上,国内航线建设波动很大,国际航线逐步发展起来,到1978年时国内、国际航线分别达到14.9万公里和5.5万公里。在机场建设上,取得明显突破。1958年,中国第一个大型机场——北京首都国际机场成功修建,之后经过多次扩建,至1978年时已经能起降各种型号、各种类型的飞机。在航空工业等方面,1956年中国成功研制成第一架喷气式飞机;次年,又研制成第一架多用途的运5运输机,完全改变了中国航空工业无法独立生产、制造的格局。在此基础上,到1978年,中国的航空客运和货邮运量均有提升,分别达到231万人次和6.4万吨。

1978年以来,中国航空业获得飞速发展,与此相关的各个领域均取得长足进步。一是深化航空运输体制改革。1980年,民航由空军管理改为直属国务院,由此拉开民航体制改革的序幕。在企业化改革背景下,中国民用航空总局恢复为中国民用航空局。1984年,打破民航局独家经营航空运输的格局,鼓励各个部门和地方成立航空公司;1986年,按照政企分离原则,把以前附属在民航局上的设备和业务划分成中国国际、中国东方、中国南方、中国北方、中国西南、中国西北6个航空公司;同时推行机场与航空公司分离。1993年,中国民用航空局又改称中国民用航空总局,直属国务院,机构规格由副部级调整为正部级,并进一步简政放权。1997年,对各个航空公司进行股份制改造;同年经过改造后的中国东方、中国南方两个航空公司在境内外成功上市。2002年,直属民航总局的6家航空公司实现联合重组,并与民航总局分离,移交给国资委管理。2004年,对民航管理体制和航空运输价格进行全方位改革,允许民营资本投资航空公司。二是航空线路发展迅猛。国内航线,已经覆盖所有的省、自治区、直辖市,至2012年,按不重复计算的国内航线里程已达199.54万公里,定期航班航线2 347条(包括港澳台99条);国际航线,至2012年年底中国与其他国家和地区共签订双向航空运输协定114个,按不重复计算的国际航线里程达128.47万公里,定期航班航线381条。三是机场、航空工业等的建设,进展迅速。国内机场建设已经覆盖全国所有省、自治区、直辖市,机场质量越来越高,1998年上海虹桥国际机场通过ISO 9002质量体系认证,到2012年年底全国共有颁证运输机场183个,其中北京首都国际机场在该年度完成旅客吞吐量 0.82 亿人次，位列亚洲第一；航空工业取得明显成效，在大飞机等建设项目上已经接近国际先进水平。1983 年，民航局成立计算机领导小组，由此开启中国民航信息化建设；2000 年初步建成民航专用分组交换网和民航数据通信网，结束了民航运输的销售、服务和管理的手工时代，至今已经形成完整的民航信息网络。四是航空客运、货邮运量有了大幅提升，到 2012 年年底，分别达到 6.8 亿人次和 1 199.4 万吨，跻身于世界航空大国行列。

五、邮电通信业与互联网

新式邮电通信业发端于近代，但到新中国成立之初，已有的邮电通信事业基本被长期战争破坏。随着国民经济的恢复和"一五"计划的顺利完成，邮电通信事业才逐步恢复和发展起来。之后至 1978 年，受各种政治活动的冲击和影响，邮电通信业的发展尽管远远滞后于国民经济的发展步伐，但邮政网点基本覆盖到乡镇一级区域，以固定电话为主要形式的电信业则延伸到乡村一级行政单位。

改革开放以来，投资不足、管理体制落后等因素引致的邮电通信业发展滞后的局面逐步得到改善，至今以邮电通信业为基础设施的互联网经济已经成为中国的核心竞争力之一。一方面，国家加大对邮政通信业的投资力度。1979 年，政府制定"国家、集体、个人一起上"的发展战略，大大增加邮电通信业的投资数量，仅在 1981—1991 年，运输邮电业的基建投资占全部基建投资的比重就由 9.1% 上升到 15.6%。[1] 邮电业务总量，则从 1978 年的 34.1 亿元，直线上升到 2007 年的 19 805.1 亿元；[2] 不但邮电通信业的服务得到巨大提高，邮政服务网络覆盖全国，目前已由单纯的数量扩张转向质量提升，而且邮电通信业的内涵也不断扩大，由早期的邮政、电话等业务，扩展到以移动通信、互联网等为依托的互联网经济形态。

另一方面，加快邮电通信业的管理体制改革，以实现中国邮电通信业的现代化。1979 年，国务院同意邮电部《关于调整邮电管理体制问题的请示报告》，确立邮电部对全国邮电工作的统一管理，地方实行邮电部或对应的地方邮电局与同级政府的双重领导，改变邮运组织形式与方式，扩大企业经营自主权，提高邮政资费。1990 年之后，针对"政企分开"的呼声，政府于 1995 年在邮电部成立两个企业局——中国邮电邮政总局和中国邮电电信总局；1998 年，国务院改革原有的邮政、电信由邮电局统一经营模式，实行邮政、电信分开经营，把邮电局拆分为邮政局和电信公司，邮政开始独立运营。2005 年，国务院进一步深化政企分开和相关管理体制改革，重新组建国家邮政局，作为国家邮政监管机构；组建中国邮政

---

[1] 赵凌云：《中国经济通史》第 10 卷下册，湖南人民出版社 2002 年版，第 262 页。
[2] 中国经济景气月报杂志社编：《中国经济景气月报增刊——改革开放三十年统计资料汇编》，2008 年版，第 140 页。

集团公司，经营各类邮政业务；加快成立邮政储蓄银行，实现金融业务规范化经营。2006年至今，从中央到地方的邮政、通信管理机构更加完善，沟通更加畅通。

邮政通信业的快速发展和信息科学技术的提升，大大提高了信息运行与传播速度，不断革新原有的产业形式和催生新的行业，极大推动了国民经济的发展。"互联网+"完全改变了信息分享、交互等方式，对传统产业造成颠覆式影响。建构在互联网基础上的物联网，则利用通信技术把传感器、控制器、机器、人员和物品等以新的方式连在一起，形成人与物、物与物等之间的相连，按约定的协议，进行着信息交换和通信，实现对物品的智能化识别、定位、跟踪、监控和管理。在互联网基础上，借助传感器、RFID技术、嵌入式系统，与云计算、大数据等相联结，在任何时间和空间均可对信息进行识别，而又不会影响人们正在从事的工作或活动。显然，以移动通信、互联网等信息科技为依托的互联网经济正成为吸纳就业、产业与业务创新等领域中的亮点。

第四节 旅游、房地产及文化产业

自新中国成立至今，旅游、房地产及文化教育卫生都经历了一个相当曲折的发展历程。在改革开放之前，旧中国时期已有的某些发展，经过国民经济恢复时期短暂复苏后，在社会主义改造后计划经济体制下，房地产等已经失去独立性，在国民经济中的贡献率微乎其微。改革开放以来，在党和政府的大力支持下，旅游、房地产及文化教育卫生获得前所未有的发展，在国民经济中的作用日益增大，在国民经济和第三产业中的地位不断提高，房地产业已经成为中国经济快速发展的重要支柱产业之一。

一、旅游业

旅游业自古就有，只是在古代更像是一个探险式的旅行活动，像元朝来华的马可·波罗、明朝的徐霞客，与近代后的旅游在内涵上存在一定的差异。近代中国被迫对外开放以来，伴随与世界各国，尤其是与西方国家的政治、经济、文化等方面的交流日益频繁，现代意义上的旅游业才渐趋形成。在国际旅游方面，来华的外国人数、国际旅游收支都有一定程度的发展，其中国际旅游收支还成为近代中国平衡国际收支的重要组成部分。1895—1932年，国际旅游收入总额为236.3百万海关两，支出才73.3百万海关两，平衡顺差为163百万海关两。在国内旅游方面，不管旅游人数，还是旅馆业、旅行社等旅游服务设施和专门的旅游组织均获得某种程度的发展。1923年，上海商业储蓄银行在其行内设立旅行部，到1927

年 6 月改组成独立的旅行社，并创办《旅行杂志》，初步具备抗衡外国旅行社的能力。到 20 世纪 30 年代中期之后，中国旅游业有了进一步发展，但很快就被长期的战争所打断，日益式微。

新中国成立至 1978 年期间，除国民经济恢复期间旅游业有所复苏外，之后受到计划经济体制的制约，中国的旅游业渐趋失去独立性，不再具有完全的产业范畴；旅游工作基本定位在民间友好往来和对外交流的一个渠道方面，其更多地服务于政治需求而非经济效益。

1978—1983 年间，国家展开旅游体制的改革，旅游业得到较快发展，初步形成具有产业型功能的旅游业。1978 年，由于国家外汇短缺，政府开始重视旅游业的工作。一方面通过专门投入 3.6 亿元来建设旅游饭店、添置车辆等措施来扩大接待能力，同时为化解客房等设施建设中的资金不足问题，国务院还设立以利用侨资、外资建设旅游饭店领导小组，下设由国家旅游局局长任主任的办公室，负责日常工作；另一方面国务院成立旅游工作领导小组，把旅游局从外交部代管独立为直属国务院管理的总局，同时全国各地也相应设立旅游局，以加强旅游工作的统一领导和管理。在此背景下，仅在一年之内来华入境旅游人数就超过 180.9 万人次，旅游创汇 2.63 亿美元，创造新中国成立以来的最好纪录。面对旅游业较快发展的态势，1979 年，国家旅游局及相关政府部门先后召开多次座谈会以讨论有关促进旅游业发展的政策和方法。同年 9 月，国家旅游局在北戴河召开全国旅游工作会议，讨论《关于大力发展旅游事业的若干问题的报告》初稿和《关于 1980—1985 年旅游事业发展规划》草案，促成旅游工作由原来的"政治接待型"向"经济经营型"的转变，从而大大提高全国各地旅游工作的积极性。像北京的建国饭店、长城饭店等一批旅游饭店的相继竣工，大大缓解了客房紧张的局面。由此，也带来旅游业连续三年的高增长，但也产生服务质量和管理体制等方面的问题。1981 年 3 月，国务院成立以副总理任组长的旅游工作领导小组，以强化对全国旅游事业的领导；7 月，国务院在北京召开第一次全国旅游工作会议，会后发布《关于加强旅游工作的决定》。1982 年，国家在吸纳国外旅游工作有益经验的基础上，相继采取适当放宽各地对外联络招徕客源权限和鼓励发展散客、家庭式旅游的措施以迎合国际客源市场的需求。当然，随着旅游业的迅速崛起，中国在国际上也获得良好声誉。1983 年 10 月，在"世界旅游组织"第五次全体会议上，中国被一致通过接纳为正式成员国，从而开创中国在旅游业中与世界各国交流和合作的全新格局。

1984—1997 年间，我国旅游事业的改革进一步深化，旅游业快速发展，并成为第三产业中的重点产业。随着国家经济体制改革重心由农村向城市的转移，国家加强了旅游工作和旅游体制的研究和改革。1984 年 7 月，国务院批转《关于开创旅游工作新局面几个问题的报告》，提出国家、地方、部门、集体、个人一起上,自力更生与利用外资一起上的旅游建设方针,明确简政放权的方向,加强对交通运输、旅游价格、旅游设施、旅游队伍、旅游经济效益和国内旅游等领域的管理。1985年1月国务院批转《关于当前旅游体制改革几个问题的报告》,明确国家旅游管理体制"政企分开、统一领导、分级管理、分散经营、统一对外"的原则,并进一步对各省、自治区、直辖市下放外联权、签证通知权,增加招徕渠道;10月,国务院决定把旅游业的发展纳入"七五"计划中,正式确定旅游业在国民经济发展中的地位。随后几年,针对旅游业发展中出现的新问题,国家制定和颁布一系列涉及旅行社、旅游价格管理、旅游业规范、导游人员管理等方面的法律法规,以规范旅游业,从而刺激国内外旅游业的持续快速发展势头。到1987年,全国旅游系统职工就达35万人,旅游入境人数达2690.2万人次;同一年,在"世界旅游组织"第七次全体会议上,中国还当选为执委会成员,并担任东亚及太平洋地区委员会副主席。20世纪90年代以来,为适应建立市场经济体制的需求,1992年,国家明确提出旅游业是第三产业中的重点产业,在"九五"计划和2010年的远景目标纲要建议中,旅游业更是被列为第三产业积极发展新兴产业序列的首位,为旅游业较快发展态势奠定了良好基础。

1998年以来,旅游业在国民经济增长中的地位和作用更加突出,旅游产业的发展也更加有序和规范,旅游产业高速发展。随着中国告别长期短缺经济时代,有效需求不足的问题凸显出来。1998年,国家不但提出假日经济的措施,而且在中央经济工作会议上还提出把旅游业作为国民经济的新增长点。进入21世纪,旅游工作得到中央和各地政府的高度重视,旅游市场和旅游产业更加规范。2013年,国务院制定和颁布《中华人民共和国旅游法》,标志着中国旅游业进入一个更加规范和法制化的阶段。在这一时期,国际、国内旅游市场都呈现持续快速增长趋势,旅游收入急剧上升。在2013年,国内旅游人数32.62亿人次,收入26 276.12亿元人民币;入境旅游人数1.29亿人次,实现国际旅游(外汇)收入516.64亿美元;中国公民出境人数达到9 818.52万人次,全年实现旅游业总收入2.95万亿元人民币。旅游业综合性、关联性强的特性表现得越来越充分,在引领相关产业发展、扩大内需、增强经济活力和提高广大民众生活质量等方面的作用越来越明显。

二、房地产业

房地产业是在农地大规模转化为市地、土地作为商品进入流通领域之后渐趋产生和发展起来的。中国房地产业开端于西方列强入侵、中国被迫对外开放,外国人在华设立租界并获取土地的过程之中。在巨大经济利益的驱动下,租界空间不断扩大。1840年至辛亥革命前夕,中国的房地产业在各个开放口岸城市获得初步发展;之后到20世纪二三十年代,中国近代的房地产业进入一个黄金发展时期。

仅外国在华的房地产价值，在1914年就达到22 527万美元。到1936年，不计日本在华的房地产价值就有77 468万美元。随后，受战争影响，房地产业渐趋式微。

新中国成立至改革开放期间，除在国民经济恢复期间房地产业有所复苏外，受社会主义改造和计划经济体制实施影响，私人新建住房受到限制，国家成为城镇公共住房建设的主体，具有明显的福利保障特征。因此，这一时期在中国并没有真正独立的房地产业。自1978年以来，伴随住房制度的商品化改革，中国真正的房地产业才得以兴起和繁荣发展起来。

1978—1997年，随着城镇居民住房制度改革的不断深化，房地产市场体系渐趋形成。改革开放以来，随着城市化的快速发展和城市居民消费需求的上升，原有的住房制度已经无法适应社会经济形势。1991年11月，国务院同意住房制度改革领导小组提出的《关于全国推进城镇住房制度改革的意见》，明确城镇住房制度改革目标，以缓解居民住房困难，引导消费和逐步实现住房商品化，发展房地产业。1994年，国务院颁布《关于深化城镇住房制度改革的决定》，确立国家、单位、个人三方合理负担，社会化、专业化运行，工资性货币分配，经济适用房和商品房供应体系，普建公积金，发展住房金融和规范市场交易的改革目标。在国家一系列措施的推动下，房地产业有了很大发展，房地产业的增加值由1978年的7 990万元，增加到1997年的292 110万元，增长30多倍。

1998—2003年，住房制度改革渐趋完成，住房需求剧增，房地产业成为国民经济发展的支柱产业。受亚洲金融危机影响，国家做出扩大内需，启动居民住房消费以拉动经济增长的战略。为此，国务院颁布《关于进一步深化城镇住房制度改革加快住房建设的通知》，提出稳步推进住房商品化、社会化，逐步建立适应社会主义市场经济体制和中国国情的城镇住房新制度改革思路；以及形成停止住房实物分配、实行住房分配货币化、建立和完善以经济适用房为主的多层次城镇住房供应体系、着力发展住房金融、大力培养和规范住房交易市场的改革目标。在此措施激励下，中国房地产业突飞猛进，房地产业的建筑面积、增加值等都有巨大提升，仅城镇人均住房面积就由1997年的17.6平方米，提高到2002年的22平方米，基本化解住房严重短缺的现象，城镇居民的住房需求从单纯的数量需求进入数量与质量并重的时期。在2003年颁布的《国务院关于促进房地产市场持续健康发展的通知》中，首次明确提出房地产业是国民经济的支柱产业。

2004年以来，房地产业持续快速发展，其产值在国民经济中的占比不断提升，对居民消费、扩大内需、推动国民经济增长等方面的作用越来越突出。住房建设的迅猛发展，直接促进商业地产、二手房市场的渐趋兴起；同时以房地产为依托的物业管理，以及地产咨询、价格评估、地产经纪等中介服务行业也取得长足进展。当然，伴随房地产业高速发展而来的房价上涨过快、房地产泡沫等问题，也相继产生。为此，政府推出一系列政策和措施以规范房地产市场的不理性行为。2005年，国务院制定《关于切实稳定住房价格的通知》，以促进房地产市场的健康持续发展。以该通知为依据，国务院先后制定两个"八条"意见和措施，治理楼市价格偏高的现状。通过对房地产市场的调控和管理，房地产业的发展有所规范。2007年美国次贷危机爆发，政府又从扩大内需的角度，加强对房地产业的刺激政策；2008年国务院出台房地产业的"国十条"政策，由此使中国房地产业又在前期基础上获得更快发展，同时也大大推高房地产市场的价格。2010年，国务院又针对迅猛上升的楼市价格，制定和实行"新国十条"，即《国务院关于坚决遏制部分城市房价过快上涨的通知》，以加强对房地产市场的调控和保障性住房的建设，积极引导居民住房理性消费，形成有利于房地产市场的平稳健康发展格局。2011年，房地产市场又一波价格上涨，直接促成全国46个城市相继制定限购令。之后，随着全国经济增长速度的下降，在保增长、促就业、调结构等目标下，限购城市相继解冻，到2013年3月为止，仅剩下北京、上海、广州等少数城市还保持限购政策。之后，房地产市场在"房子是用来住的，不是用来炒的"定位下逐渐平稳发展。

三、文化产业

联合国教科文组织把文化产业按照工业标准来界定，即生产、再生产、储存以及分配文化产品和服务的一系列活动。据此定义，文化产业可以划分成三种类型：一是生产、销售以相对独立、物态形式呈现的文化产品行业；二是以劳务形式出现的文化服务行业；三是向其他商品或行业提供文化附加值行业。根据这一标准，文化产业在新中国成立以前已经产生，像图书、报刊、广告、演艺、出版、收藏、博览会等都有一定程度的发展。新中国成立之初，文化产业在遭到长期战争破坏后渐趋恢复和发展起来。伴随计划经济体制的建立和完善，文化产业也跟其他产业一样，完全纳入国有和集体所有制范畴。在"反右倾"，特别是"文化大革命"等政治运动的冲击下，文化产业已经失去了多样化的发展空间，呈现萎缩和样板式发展趋向，在国民经济中的占比几近空白。

1978年以来，在党和政府高度重视下，文化产业迅速恢复起来，重新呈现繁荣发展趋势，图书、报刊、广告、演艺、出版等各门类都得到全新发展。政府改革与完善文化产业管理体制，建立与市场经济相适应的产业体系，根据不断变化的社会经济形势，出台相应的政策以推动文化产业发展。2002年，中国共产党第十六次全国代表大会立足中国社会经济发展实际，将文化建设分为公益性文化事业和经营性文化产业两部分。2003年，文化部颁布《关于支持和促进文化产业发展的若干意见》，大大推进文化产业的发展；2004年，国家制定文化产业统计分类指标体系，到2012年国家统计局颁布新修订的《文化及相关产业分类（2012）》

标准，文化及相关产业被分成 10 个大类。2007 年，在中国共产党第十七次全国代表大会《高举中国特色社会主义伟大旗帜 为夺取全面建设小康社会新胜利而奋斗》的报告中更加突出了文化产业在综合国力中的地位和作用，提出"提高文化软实力"的新战略和文化产业占国民经济比重明显提高、国际竞争力显著增强的新目标；2011 年，在中共十七届六中全会上确立了推动文化产业成为国民经济发展支柱性产业的重要战略性决定，进一步推动文化事业的发展。

与此同时，相关文化联盟相继成立。1998 年，在北京发起和成立"中国北京高新技术产业国际周"，到 2002 年起正式更名为"中国北京国际科技产业博览会"，以推动文化产业的交流与发展；2011 年，在国务院有关部委领导支持、全国政协有关委员会和国家多部委指导下，全国知名文化创意机构发起成立文化与科技融合创意产业化协作发展联盟，简称中国创意产业联盟（英文缩写 CCIA），共同促进中国文化创意产业的发展和繁荣，以实现文化强国、创意兴国目标。到 2013 年年末，全国文化单位达到 29.3 万个，从业人员 215.99 万人；公共图书馆 3 112 个，人均藏书量 0.55 本；全国艺术表演团体 8 180 个，动漫企业 587 个，8 个国家级文化产业示范园区，6 个国家级文化产业试验园区，268 个国家级文化产业示范基地。

▶ **即测即评**

请扫描二维码，在线测试本章学习效果

思考题：

1. 试述新中国成立以来对外贸易体制的演变情况和对外贸易发展的主要特征。
2. 简述改革开放以来我国货币市场和资本市场的发展概况。
3. 中国高速铁路建设和技术为什么会走在世界前列？
4. 信息化和互联网技术将给第三产业带来哪些变化？

第十六章　当代中国经济发展的成就与进入中国特色社会主义新时代

中国的经济发展在世界经济发展史上意义重大，因为无论从人口规模上看，还是从历史传承上看，中国都是一个具有古老文明的大国。对于这样一个国家，世界上没有成熟的发展样板。"中国道路"是中国共产党和政府带领中国人民经过多年的探索而形成的。"中国奇迹"是世界人民对中国发展成果的积极评价。毋庸置疑，从新中国成立到改革开放以来，中国经济发展取得了令人瞩目的成就，中国正在为实现中华民族伟大复兴的中国梦而奋斗。展望未来，中国特色社会主义已经进入新时代，中国经济发展既面临挑战，也存在机遇。

第一节　政府的作用及其职能转变

一、从全能型政府向服务型政府的转变

新中国成立之初，百废待兴，为了迅速恢复经济，中国共产党和政府通过直接掌握影响国民经济命脉的重要产业和部门，并通过税收、物价、信贷控制等经济手段和措施，稳定国家的经济运行。随着政府控制生产、销售范围的扩大及财力的增长，直接的行政手段逐渐取代了市场调节，与此同时，高度集权的经济管理模式也逐渐露出端倪，全能型政府职能初步确立。

1950年3月3日，政务院通过了《关于统一国家财政经济工作的决定》。同年5月，政务院财政经济委员会在各专业部计划的基础上试编了《1950年国民经济计划概要》，内容包括工农业生产等20多项指标，同时按中央和地方、东北和关内的划分对投资进行了统筹安排。1951年11月，第一次全国计划工作会议讨论确定了1952年包括国营、合作社经营和私营在内的29种工业产品产量的控制数字，国营工业基本建设投资控制数字及重点建设项目。此后，计划范围已不仅仅局限于国营企业和大的公私合营企业，对一般公私合营和私营工商业、运输业、供销合作商业以及一部分手工业，也实行了"准计划"管理。

1953年，中国第一个五年计划开始实施。为了进一步加强国民经济的计划性和国家对各项经济活动的领导，1954年2月1日，中共中央发出《关于建立与充实各级计划机构的指示》（以下简称《指示》）。《指示》规定，中央人民政府所属各经济部门和文教部门，必须建立和健全计划机构，并把计划机构逐级建立到基层工作部门和基本企业单位。至1954年年底，全国自上而下严密、系统的计划

组织管理体系建成。同时，随着其他政府机构的建立和完善，一个高度集中的以计划和部门管理为核心的行政管理体制基本形成。在此基础上，全能型政府职能体系也完全形成。60年代初的调整时期，高度集权行政管理体制日趋强化，全能型政府职能体系进一步扩张。

十一届三中全会以后，中国进入了改革开放的新时期。随着改革开放的不断深入，全能型政府职能体系的弊端日益明显，政府的职能转变进入了一个新时期。

1984年，十二届三中全会通过的《中共中央关于经济体制改革的决定》对政府的经济职能进行了规范和限制。1987年中国共产党第十三次全国代表大会明确提出转变政府职能。1992年后，随着经济领域大刀阔斧的改革，政府直接干预经济的现象大为减少。1993年进行了全国性的行政体制改革，改革的重点是转变政府职能，宏观上管好，微观上放开。加强宏观调控和监督部门，强化社会管理部门，将一部分专业经济部门转变为行业管理机构或经济实体，减少具体审批事务和对企业的直接管理。

1997年中国共产党第十五次全国代表大会报告再一次提出要推进机构改革。1998年新一轮行政体制改革的序幕拉开，这次改革的目标是建立办事高效、运转协调、行为规范的政府行政管理体系，完善国家公务员制度，建设高素质的专业化的国家行政管理干部队伍，逐步建立适应社会主义市场经济体制的有中国特色的行政管理体制。这次改革后，国务院组成部门由40个减少到29个，内设机构精简了1/4，人员总数减少一半。政府职能转变取得了初步成效。

2002年11月，中国共产党第十六次全国代表大会进一步提出："健全现代市场体系，加强和完善宏观调控。在更大程度上发挥市场在资源配置中的基础性作用，健全统一、开放、竞争、有序的现代市场体系。"并明确要求："完善政府的经济调节、市场监管、社会管理和公共服务的职能，减少和规范行政审批。"[①]

2003年10月，十六届三中全会通过的《中共中央关于完善社会主义市场经济体制若干问题的决定》提出：要按照五个统筹的要求，更大程度地发挥市场在资源配置中的基础性作用，并提出要转变政府的经济管理职能。

2004年3月，十届人大二次会议《政府工作报告》指出，各级政府要"在继续搞好经济调节、加强市场监管的同时，更加重视履行社会管理和公共服务职能"。在认真总结改革开放以来政府职能转变历程、经验和成功做法的基础上，中

[①] 江泽民：《全面建设小康社会 开创中国特色社会主义事业新局面——在中国共产党第十六次全国代表大会上的报告》，人民出版社2002年版，第27页。

国共产党第十七次全国代表大会报告提出深化行政管理体制和政府机构改革,积极推进服务型政府建设,建设人民满意的政府。十七届二中全会审议通过的《关于深化行政管理体制改革的意见》提出实现政府职能向创造良好发展环境、提供优质公共服务、维护社会公平正义的根本转变。2008 年的国务院机构改革,从促进经济社会又好又快发展的目标出发,统筹兼顾,在一些关键领域迈出了重要步伐。

中国共产党第十八次全国代表大会以来,以习近平同志为核心的党中央对加快转变政府职能提出了明确要求。新一届政府把"放管服"改革作为政府职能转变的"先手棋"和"当头炮"。2013 年 2 月 26—28 日召开的中共十八届二中全会审议通过了《国务院机构改革和职能转变方案》,明确了转变政府职能是深化行政体制改革的核心,实质上要解决的是政府应该做什么、不应该做什么。中共十八届三中全会强调,经济体制改革的核心问题是处理好政府和市场的关系,使市场在资源配置中起决定性作用和更好发挥政府作用,关键是转变政府职能。2015 年 12 月,习近平在《围绕贯彻党的十八届五中全会精神做好当前经济工作》讲话中,指出更好发挥政府作用,不是要更多发挥政府作用,而是要在保证市场发挥决定性作用的前提下,管好那些市场管不了或管不好的事情。

2017 年 10 月,习近平在《在中国共产党第十九次全国代表大会上的报告》中提出了:转变政府职能,深化简政放权,创新监管方式,增强政府公信力和执行力,建设人民满意的服务型政府的目标。①

总之,随着中国社会主义市场经济体制的建立与发展,政府职能逐步由全能型政府向服务型政府转变。

二、计划管理向宏观调控的转变

新中国成立之初,经济底子极端薄弱,百废待兴。在这种情况下,只有集中经济力量才能发展一些国家急需的工业项目。因此,国家选择通过计划经济体制来进行工业化建设。社会主义改造完成之后,1956 年中国国民收入中,公有制经济的比重已经高达 90%以上,这意味着中国所有制结构和调节方式都实现了向完全计划经济的转变。

计划经济体制的一个主要标志是政府成为经济运行中的核心主体,而企业由于只是执行既定的生产计划而成为政府的附属物。高度计划指令经济要求对经济运行的方方面面都要做出细致的计划,甚至对微观的企业和个人的收入和支出都

---

① 习近平:《决胜全面建成小康社会 夺取新时代中国特色社会主义伟大胜利——在中国共产党第十九次全国代表大会上的报告》,人民出版社 2017 年版,第 39 页。

要做出计划，但计划多具有刚性而缺乏灵活性，这种刚性导致资源配置效率的下降，计划经济体制的弊端越来越明显。为了发展经济，必须对这种行政管理体制与经济管理体制进行必要的改革。

1978 年 12 月，中共十一届三中全会提出："应该坚决实行按经济规律办事，重视价值规律的作用。"并指出："现在我国经济管理体制的一个严重缺点是权力过于集中，应该有领导地大胆下放，让地方和工农业企业在国家统一计划的指导下有更多的经营管理自主权……应该在党的一元化领导之下，认真解决党政企不分，以党代政，以政代企的现象。"①

1982 年 9 月，中国共产党第十二次全国代表大会报告指出："正确贯彻计划经济为主、市场调节为辅的原则，是经济体制改革中的一个根本性问题。我们要正确划分指令性计划、指导性计划和市场调节各自的范围和界限，在保持物价基本稳定的前提下有步骤地改革价格体系和价格管理办法，改革劳动制度和工资制度，建立起符合我国情况的经济管理体制，以保证国民经济的健康发展。"②

1984 年 10 月，中共十二届三中全会通过《中共中央关于经济体制改革的决定》，明确提出："社会主义计划经济必须自觉依据和运用价值规律，是在公有制基础上的有计划的商品经济。"③

1987 年 9 月，中国共产党第十三次全国代表大会进一步提出，社会主义有计划商品经济的体制，应该是计划与市场内在统一的体制，新的经济运行机制应当是"国家调节市场，市场引导企业"的机制。

1992 年 10 月，中国共产党第十四次全国代表大会明确提出建立社会主义市场经济体制。1993 年 11 月，中共十四届三中全会通过的《中共中央关于建立社会主义市场经济体制若干问题的决定》，进一步构筑了社会主义市场经济体制的基本框架。

1997 年 9 月，中国共产党第十五次全国代表大会明确提出了"坚持和完善社会主义市场经济体制，使市场在国家宏观调控下对资源配置起基础性作用"，"充分发挥市场机制作用，健全宏观调控体系"④的社会主义市场经济体制建设的目标。

2007 年 10 月，中国共产党第十七次全国代表大会提出，要深化对社会主义市

---

① 中共中央文献研究室编：《三中全会以来重要文献选编》上，中央文献出版社 2011 年版，第 6 页。
② 中共中央文献研究室编：《十二大以来重要文献选编》上，中央文献出版社 2011 年版，第 19—20 页。
③ 中共中央文献研究室编：《十二大以来重要文献选编》中，中央文献出版社 2011 年版，第 56 页。
④ 中共中央文献研究室编：《十五大以来重要文献选编》上，中央文献出版社 2011 年版，第 21 页。

场经济规律的认识，从制度上更好地发挥市场在资源配置中的基础性作用，形成有利于科学发展的宏观调控体系，并要求加快推进政企分开、政资分开、政事分开、政府与市场中介组织分开，规范行政行为，加强行政执法部门建设，减少和规范行政审批，减少政府对微观经济运行的干预。

2012年11月，中国共产党第十八次全国代表大会提出，深化改革是加快转变经济发展方式的关键。经济体制改革的核心问题是处理好政府和市场的关系，必须更加尊重市场规律，更好发挥政府作用。健全现代市场体系，加强宏观调控目标和政策手段机制化建设。2013年11月，中共十八届三中全会通过的《中共中央关于全面深化改革若干重大问题的决定》提出，紧紧围绕使市场在资源配置中起决定性作用深化经济体制改革，坚持和完善基本经济制度，加快完善现代市场体系、宏观调控体系、开放型经济体系，加快转变经济发展方式，加快建设创新型国家，推动经济更有效率、更加公平、更可持续发展。

十八大以来，宏观调控在稳中求进的基础上以稳增长为首要任务，立足提高经济发展质量和效益，实施"区间+定向""总量+结构""调控+改革""短期+长期""国内+国外"的宏观调控思路，保持了国民经济在合理区间内运行，增强中国经济发展的长期后劲，是宏观调控方式和思路在时间维度上的重大创新。

总之，在建立社会主义市场经济的同时，国家的宏观调控不断得到深入和完善。中国从自己的具体国情出发，在借鉴他国宏观调控经验的基础上，逐步形成了以计划手段、财政手段和金融手段为主的宏观调控体系。

三、从建设型财政向公共服务型财政的转变

从新中国成立到改革开放前夕的30年，由于经济处于恢复和初步发展时期，加上其间发生了"大跃进""文化大革命"等重大事件，国家财政支出规模增长速度不快，部分年份甚至出现负增长的情况。1950年，财政支出总额仅有68.08亿元，1951年超过100亿元，此后长期在数百亿元徘徊，至"文化大革命"结束后的1977年，财政支出规模为843.53亿元，为改革开放前财政支出总额的最高点。

从财政支出的结构看，这30年呈现出两大特点：一是以经济建设支出为主。1950—1978年，经济建设支出占比最高的年份达到了71.7%。二是财政包揽各项社会事业。财政分配中几乎包揽生产、投资乃至职工消费，覆盖了包括政府和企业、家庭在内的各类行为主体，负担沉重。

改革开放40年来，国家的财政支出不断加大，1978年，国家的财政支出为1 122.09亿元，2011年达到109 247.79亿元。与此同时，财政支出结构也发生了重大变化，完成了建设型财政向公共服务型财政的转变。

1978—1992年，随着经济体制由高度集中的计划经济转向有计划的商品经济，

财政支出结构由以经济建设为重心的大包大揽模式逐步过渡到向支持各项改革和提供公共服务倾斜。1978—1993 年，国家财政用于教育的预算内支出从 75.05 亿元增加到 691.58 亿元，用于科学研究的支出从 52.89 亿元增加到 225.61 亿元，用于抚恤和社会福利的支出从 18.91 亿元增加到 171.26 亿元。

1993—2002 年，通过调整和优化支出结构，财政逐步减少和退出对一般竞争性和经营性领域的直接投资和补贴，突出保障重点支出；农业、社会保障、环保等社会性支出的比重不断提高。

2002 年之后，财政进一步向"三农"倾斜，向民生领域倾斜，财政支出结构的公共性、公平性日益凸显。2003—2012 年，中央财政"三农"投入累计超过 6 万亿元。通过加大财政支农力度，改善了农村生产生活条件，保障和促进了国家粮食安全。

中共十八届三中全会提出全面深化改革的总目标，同时赋予了财政"国家治理的基础和重要支柱"的特殊定位，并提出：必须完善立法、明确事权、改革税制、稳定税负、透明预算、提高效率，建立现代财政制度，发挥中央和地方两个积极性。2015 年 12 月，中央经济工作会议正式提出供给侧结构性改革，明确提出"去产能、去库存、去杠杆、降成本、补短板"五大改革任务。在实施的过程中，财税政策工具充分发挥着作用，全力服务发展大局，有力地促进了供给侧结构性改革。

2017 年 10 月，中国共产党第十九次全国代表大会提出了中国特色社会主义新时代财政改革的目标："加快建立现代财政制度，建立权责清晰、财力协调、区域均衡的中央和地方财政关系。建立全面规范透明、标准科学、约束有力的预算制度，全面实施绩效管理。深化税收制度改革，健全地方税体系。"[①]

第二节 经济增长、产业结构与收入分配体制的变迁

一、经济增长

新中国成立以来，尤其是改革开放以来，在中国共产党和政府的领导下，在全国各族人民的共同奋斗下，国家的综合国力和国际影响力实现历史性大发展，中国人民以自己的勤劳、坚韧、智慧创造了世界经济发展史上令人赞叹的"中国奇迹"，主要表现在以下四个方面。

---

① 习近平：《决胜全面建成小康社会 夺取新时代中国特色社会主义伟大胜利——在中国共产党第十九次全国代表大会上的报告》，人民出版社 2017 年版，第 34 页。

第一,经济规模不断壮大。1953—2012年,国内生产总值(GDP)按可比价计算增长了114倍,年均增长8.21%。1952年国内生产总值只有679亿元,1978年增加到3 650亿元,居世界第10位。改革开放以来,GDP年均增长9.9%,增长速度和高速增长持续的时间均超过经济起飞时期的日本和韩国。GDP连续跃上新台阶,1986年超过1万亿元,1991年超过2万亿元,2001年超过10万亿元,2010年达到40万亿元,超过日本成为世界第二大经济体。2012年,迈过50万亿元大关,2014年,迈过60万亿元大关,到2016年,又迈过70万亿元大关,达到74.4万亿元。中国人均GDP由1952年的119元增加到2012年的39 544元,2016年的53 980元。根据世界银行划分标准,中国已由低收入国家迈进上中等收入国家行列(见图16-1)。

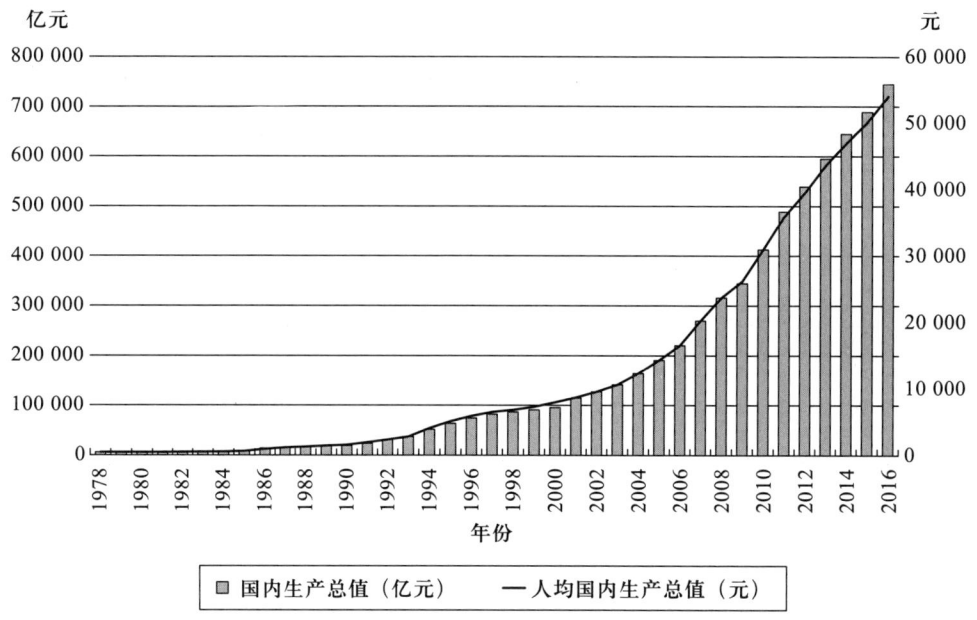

图16-1 中国的GDP和人均GDP：1978—2016年

数据来源：国家统计局网站。

1978—2016年,农业总产值从1 397亿元增长到112 091亿元,扣除物价因素,年均实际增长5.9%。中国工业经济总体上呈现高速增长,其中,1953—1978年的增长率为11.3%,1979—2016年为11.9%。到2016年,工业增加值达到247 860.1亿元,是1952年的2 068.9倍,占GDP的比重上升到33.3%。

第二,对外贸易增长与国际经济地位提高。新中国成立后,国家通过没收对外贸易中的官僚资本、建立国营对外贸易企业,以及改造私营进出口企业,同时废除了帝国主义在华的一切特权,实行对外贸易统制,从而建立起新中国的社会主义对外贸易。"一五"计划时期,对外贸易在中央政府的领导下,实现了快速的增长。随着社会主义改造的逐步深入，实现了对外贸易国家专营制。中国同苏联、东欧等社会主义国家建立和发展了贸易经济关系，同时粉碎了美国等主要资本主义国家的封锁禁运。在发展对社会主义国家贸易的同时，也重视发展和亚非拉及西方国家的贸易关系。

在"大跃进"和国民经济调整时期，由于"左"的思想影响加上连续三年自然灾害，国民经济出现困难，对外贸易也脱离实际，出现大幅度波动。由于中国对苏东国家贸易急剧缩减，为了适应社会主义经济建设的需要，中国的对外贸易对象开始转向西方发达国家和地区。到1965年，中国已与世界上100多个国家和地区建立了贸易关系。"文化大革命"初期，中国的对外贸易再次陷入停滞状态。1970年以后，随着局势的逐渐稳定，国民经济有所恢复，加上当时比较有利的国际形势（中国在联合国恢复合法席位、中美上海联合公报签订、中日邦交正常化），对外贸易也有所回升。但总体而言，从新中国成立到改革开放前，中国对外贸易规模小，贸易伙伴少，基本处于封闭半封闭状态。

改革开放以来，中国顺应经济全球化趋势，不断扩大对外开放，在平等互利的基础上积极同世界各国开展经贸合作。经过多年发展，与世界上绝大多数国家和地区建立了贸易关系。贸易伙伴已经由1978年的几十个国家和地区发展到目前的200多个国家和地区。欧盟、东盟、金砖国家及美国、日本等国家成为中国主要贸易伙伴。21世纪以来，中国与新兴市场和发展中国家的贸易也持续较快增长。2001年12月11日，历经16年谈判，中国成为世界贸易组织第143个成员。对外贸易的发展，将中国与世界更加紧密地联系起来，有力推动了中国的现代化建设，也促进了世界的繁荣与发展。2009年，中国成为全球第一大贸易出口国，随后又在2013年首次超越美国，跃居世界第一大货物贸易国。

2013年，习近平分别于9月在哈萨克斯坦、10月在印度尼西亚提出建设"新丝绸之路经济带"和"21世纪海上丝绸之路"的愿景构想。"一带一路"倡议提出以来，获得了沿线国家和地区、国际组织的积极响应，到2017年5月北京召开"一带一路"峰会为止，已经有100多个国家和国际组织参与其中。"一带一路"战略构想，是中共中央主动应对国际形势深刻变化和中国发展面临的新形势新任务新要求，围绕推进对外开放与国际合作做出的重大决策；是针对国际合作中的瓶颈和制约因素提出的"中国方案"，以开放、合作、共赢的理念为世界经济注入正能量。

第三，中国金融开放步伐加快。2016年10月1日，人民币正式加入国际货币基金组织的SDR（特别提款权），提升了人民币的国际地位。股票市场放开了"沪港通""深港通"，债券市场实现了"债券通"。"一带一路"倡议提出后，由中国政府牵头的丝路基金和亚洲基础设施投资银行的建立，大大提升了中国金融业在区域和全球范围内的影响力。开放型经济新体制逐步健全，对外贸易、对外投资、外汇储备稳居世界前列。

第四，中国经济总量在世界经济中的排名不断攀升，对世界经济的贡献越来越大。改革开放后，中国经济总量在世界中的排名从1970年的第8名上升到2010年的第2名。在20世纪七八十年代，中国的GDP一直与加拿大不相上下。2000年，中国GDP超过意大利，成为世界第六大经济体。2005年，中国经济规模超过英国，成为仅次于美国、日本和德国的世界第四大经济体。2007年，中国GDP增速为13%，超过德国成为全球第三大经济体。仅仅3年之后，2010年，中国GDP便超越日本，成为世界第二。2016年，中国维持GDP总量世界第二的位置不变（见表16-1）。

表16-1 中国GDP在世界经济中的名次（1970—2016年）

名次\年份	1970	1985	1990	1995	2000	2005	2006	2007	2010	2016
1	美国	美国	美国	美国	美国	美国	美国	美国	美国	美国
2	苏联	日本	日本	日本	日本	日本	日本	日本	中国	中国
3	德国	苏联	德国	德国	德国	德国	德国	中国	日本	日本
4	日本	德国	苏联	法国	英国	中国	中国	德国	德国	德国
5	法国	法国	法国	英国	法国	英国	英国	日本	法国	英国
6	英国	英国	意大利	意大利	中国	法国	法国	英国	英国	法国
7	意大利	意大利	英国	巴西	意大利	意大利	意大利	法国	意大利	印度
8	中国	加拿大	加拿大	中国	加拿大	加拿大	加拿大	西班牙	巴西	意大利
9	加拿大	中国	西班牙	西班牙	巴西	西班牙	西班牙	加拿大	加拿大	巴西
10	印度	印度	巴西	加拿大	墨西哥	巴西	巴西	巴西	俄罗斯	加拿大
11	澳大利亚	巴西	中国	韩国	西班牙	印度	俄罗斯	俄罗斯	印度	韩国
12	巴西	墨西哥	印度	荷兰	韩国	韩国	印度	印度	西班牙	澳大利亚

资料来源：联合国数据库与IMF数据库。名次是将每一个国家GDP按当时汇率折算成美元后进行比较的结果。

然而，作为总量的全球第二大经济体，不等于人均的第二大经济体，也绝非第二经济强国。根据国际货币基金组织的统计数据，中国2016年人均GDP为8 113美元，世界排名在第74位，仍是不折不扣的发展中国家。按照国家统计局的数据，2016年，中国人均国民总收入（GNI）达到8 260美元，在世界银行公布的216个国家（地区）人均GNI排名中，中国由2012年的第112位上升到2016年的第 93 位。

2013—2016 年，中国对世界经济增长的平均贡献率达到 30% 左右，超过美国、欧元区和日本贡献率的总和，居世界第一位。中国的竞争力也不断增强。在联合国工业发展组织 2016 年的报告中，中国工业竞争力排名第五；在世界品牌实验室发布的 2016 年世界品牌 500 强中，中国以 36 个席位居第五。

二、产业结构变化

第一，三次产业部门结构的优化。新中国成立初期，经济结构不合理，产业结构以农业为主，城镇化水平低，城乡区域发展差距较大。经过多年的发展，经济结构逐步优化，已经从落后的农业国发展成为世界制造业大国。1952 年，第一、二、三产业增加值占 GDP 的比重分别为 51%、21%、28%。在优先发展重工业战略带动下，第二产业增加值比重迅速提高。1978 年，三次产业增加值比重变为 28.2%、47.9%、23.9%。随着经济的进一步发展，产业结构呈现由工业主导型向服务业主导型转变的新趋势。2012 年，第三产业增加值占 GDP 的比重上升到 45.5%，2013 年上升到 46.7%，首次超过第二产业（44%）成为国民经济第一大产业。随着我国经济由高速向高质量的转变，第三产业对经济的贡献率越来越大，2016 年已经达到了 57.5%，成为经济稳中向好的重要驱动力。

新中国成立以来，三次产业在 GDP 中的比例关系发生较大变化，产业结构总体呈现出由"一三二"向"二一三"，再向"三二一"的演变趋势，第一产业与第三产业呈现"剪刀式"对称消长态势，第三产业逐渐取代了第二产业在国民经济中的主导地位。

第二，供给侧结构性改革与产业内部结构的优化。改革开放后，国家的工业实力和竞争力进一步增强，工业结构由门类单一到齐全、由低端制造向中高端制造迈进。中共十八大以来，各地区各部门以推进供给侧结构性改革为主线，全力落实"去产能、去库存、去杠杆、降成本、补短板"五大任务，着力提升供给体系质量，供给侧结构性改革取得实质性进展，经济结构不断优化，数字经济等新兴产业蓬勃发展。近年来的大数据、云计算、人工智能等新兴科技的出现对产业结构的演变产生了重要影响，"互联网+产业"既是产业转型升级的实现手段也是发展方向之一，产业智能化成为重要发展趋势。同时，共享经济、数字经济、战略性新兴产业等蓬勃发展，传统三次产业内部结构的划分也被不断打破。

中共十八届五中全会提出"创新、协调、绿色、开放、共享"五大发展理念，新的产业动能加速崛起。高铁、公路、桥梁、港口、机场等基础设施建设快速推进。2014 年，中国高速公路里程位居世界第一，到 2016 年年末，全国公路通车里程达到 469.63 万公里，高速公路里程达 13.10 万公里；全国 99.99% 的乡镇、

99.94%的建制村都通上公路；2016年，全国铁路营业里程达到12.4万公里。始建于2004年的高速铁路，到2016年年底时速达200公里以上的高速铁路新线运营里程已达22 980公里，占到全球高速铁路运营总里程的60%以上，排在全球所有国家高速铁路占比率首位。中国的水运运输能力明显得到提升，客运和货运量都有大幅提高，到2016年，分别达到2.72亿人次和63.82亿吨。2016年全国共有颁证民用航空机场218个，其中北京首都国际机场在2012年时完成旅客吞吐量0.82亿人次，已经位列亚洲第一。在一些重大科学技术上，中国也取得了显著成绩，在火箭技术、大飞机等建设项目上已经接近国际先进水平。

总体来看，可以说中国的三次产业之间以及各产业内部结构呈现出不断优化的态势，劳动生产率也提升较快，涌现了一批新的产业模式与组织形态，优势产业集群正在逐渐发展壮大，这些都为经济的持续增长和新旧动能转换提供了重要支撑。

三、人口流动与就业结构的变化

中国作为世界上人口最多的发展中国家，也是人均资源相对贫乏的发展中国家，因此，人口和就业问题一直困扰着中国的经济和社会发展。新中国成立初期人口问题并不突出，因此国家没有对人口再生产进行管理。中国人口数量在新中国成立后迅速增长。1970年，全国总人口超过8亿。人口再生产问题凸显。为了减少人口压力，中国在20世纪70年代开始实行计划生育政策。1982年，中共十二大把实行计划生育确定为基本国策。

新中国成立初期，农村劳动力向城市的转移基本上是在不受政府限制和干预的情况下进行的。随着中国工业化发展的起步，国民经济得到恢复，人民生活稳定，城市发展迅速。国家在这一时期加强了交通运输建设和能源及原材料工业的建设，城市对农村剩余劳动力的吸纳能力提高，从而导致了第一次大规模的农村劳动力向城市的转移。农民向城市的自由迁移满足了大规模的城市经济建设对劳动力的需求。然而，伴随着越来越多的农民流入城市，城市在就业、食品供给等方面越来越不堪重负。同时，大量的劳动力脱离农业生产，也直接影响了农业生产的发展。人口的流动与国家工业化建设目标和手段相匹配成为亟待解决的重要问题。

为了有计划地进行大规模工业化建设，国家开始对人口实施严格的户籍管理制度。1955年6月，国务院发布《关于建立经常户口登记制度的指示》，规定全国城市、集镇、乡村都要建立户口登记制度。1958年1月，全国人大常委会通过并以国家主席令形式颁布了《中华人民共和国户口登记条例》，正式明文确立限制人口进行跨区域的自由流动，将劳动者固定于出生地。其后又提出了一系列相关的配套政策，户口制与每个人的衣食住行等基本生活消费相结合，推出行政性"定量配给"的资源分配机制。户口制的实施使城乡间的劳动力市场处于相互隔绝的状态。之后，国家一直把控制人口的流动作为主要政策之一。

1964年8月，国务院批转了《公安部关于处理户口迁移的规定（草案）》，强调对从农村迁往城市、集镇的要严加限制；对从集镇迁往城市的要严加限制，堵住了农村人口迁往城镇的大门。1977年11月，国务院批转《公安部关于处理户口迁移的规定》，提出"严格控制市、镇人口，是国家在社会主义时期的一项重要政策"。第一次正式提出严格控制"农转非"。稍后，公安部在《关于认真贯彻〈国务院批转"公安部关于处理户口迁移的规定"的通知〉的意见》中，具体规定了"农转非"的内部控制指标，即每年从农村迁入市镇的"农转非"人数不得超过现有非农业人口的1.5‰。

从新中国成立到改革开放前的近30年中，中国农业劳动力向制造业及相关部门的转移是相当缓慢的，越来越多的劳动力只能继续滞留在农业部门。1952—1978年，中国社会总产值中农业所占份额由45.4%下降到20.4%，而同期农业劳动力占社会总劳动力的份额由83.5%下降到73.8%，平均每年下降约0.37%。

改革开放后，为了增加经济活力，中国的户籍管理逐步放宽，对人口流动的管理也不再严加限制，票证供应制逐步取消，就业制度变得越来越灵活和务实。1984年，国务院颁布的《关于农民进入集镇落户问题的通知》，规定凡在集镇务工、经商、办服务业的农民和家属，在集镇有固定住所，有经营能力，或在乡镇企事业单位长期务工，准落常住户口，口粮自理，使得农村劳动力进入城市有了法律上的依据。1985年7月，公安部颁布了《关于城镇暂住人口管理的暂行规定》，对流动人口实行《暂住证》《寄住证》制度，允许暂住人口在城镇居留。

1986年，粮食的议价出售在城市中成为合法的行为，使得劳动力在城市逗留的时间得以延长。1988年，国务院和劳动部发出通知，除允许农村劳动力外出务工外，还鼓励经济落后的省区"集体输出"劳动力。1992年8月，公安部发出通知，决定在小城镇、经济特区、经济开发区、高新技术产业开发区实行当地有效的城镇户口制度，以解决要求进入城镇落户的农民过多与全国统一的计划进城指标过少之间的矛盾。

1997年6月，国务院批转公安部《关于小城镇户籍管理制度改革试点方案》，已在小城镇就业、居住并符合一定条件的农村人口，可以在小城镇办理城镇常住户口。1998年7月，国务院批转公安部《关于解决当前户口管理工作中几个突出问题的意见》，实行婴儿落户随父随母自愿的政策；放宽解决夫妻分居问题的户口政策；投靠子女的老人可以在城市落户；在城市投资、兴办实业、购买商品房的公民及其共同居住的直系亲属，符合一定条件可以落户。户籍制度进一步松动。2001年3月30日国务院发出通知，批转公安部《关于推进小城镇户籍管理制度改革的意见》，小城镇户籍制度改革全面推进。2001年，粮油关系和户粮挂钩政策的取消为户口制的改革进一步减少了制度上的障碍。2012年2月，国务院办公厅发布《关于积极稳妥推进户籍管理制度改革的通知》，要求消除城市户口上所承载的各种"特权"，进一步弱化户籍的旧有功能。中国共产党第十八次全国代表大会和十八届三中全会明确提出，加快户籍制度改革，有序推进农业转移人口市民化，努力实现城镇基本公共服务常住人口全覆盖。

随着户籍管理制度的不断变化，对劳动力流动的制度性限制逐步消除，劳动力市场的规模和就业格局也发生了显著改变。据统计，1980年年末全民所有制单位通过各种形式使用的农村劳动力共有931万人（不包括招收的固定工）。1978—1980年，全国非农业人口增加了1800万人（不包括自然增长）。①

20世纪80年代，农民工流动主要是以本地乡镇企业就业为主。1984年，乡镇企业的数目从上年的134.6万家增加到606.5万家，增长了3.5倍；乡镇企业就业人数也从上年的3224.6万人增加到5208.1万人，增长了61.5%。到1988年，乡镇企业的就业人数连年增加，平均每年增长速度超过24%。②

1992年邓小平南方谈话后，中国改革开放的进程加快，沿海地区的工业化和城市化迅速发展，地区间的发展差距扩大；随着乡镇企业吸纳能力的下降，促使大批农村劳动力从低收入地区迁移到高收入地区，出现了引起社会广泛关注的"民工潮"。据统计，1992年农村劳动力迁移到城市的人数已达到3500多万，1993年一度增加到6200万，其中跨省流动达到2200万。1994年，从农村转移出来的劳动力达到7000万，1995年为7500万。

到2007年，离开本乡镇到外地就业的农民工数量已超过1.3亿人，加上在本地乡镇企业、中小企业就业的农村劳动力，全国农民工总量已超过2.2亿人，占到农村从业人员总量的40%以上。

2012年，中国的农民工数量已经达到2.6亿人，外出农民工为1.6亿人，东部地区农民工以就地就近转移为主，中、西部地区则以外出为主。2016年全国农民工就业总量为2.8亿人，其中外出农民工1.69亿人。

农民外出务工已成为工业带动农业、城市带动农村、发达地区带动欠发达地区的有效形式。劳动力从农村向城镇转移有利于促进农业向劳动密集程度低的方向发展，同时为中国的工业发展和出口提供了源源不断的廉价劳动力。通过从低

---

① 宋洪远等编著：《改革以来中国农业和农村经济政策的演变》，中国经济出版社2000年版，第358页。
② 赵俊超、孙慧峰、朱喜：《农民问题新探》，中国发展出版社2005年版，第70页。

收入水平地区向高收入水平地区的转移,农村劳动力转移对消除地区不平等和减贫也都有积极作用。

四、收入分配体制的变迁

新中国成立之后,政府推行重工业优先的工业化发展战略,通过吸收农业剩余,为工业提供资本积累和对城市进行补贴,以迅速达到工业化,但这也使得城乡收入差距扩大。研究数据表明,城乡居民人均消费支出的比率始终保持在 2.3~2.9 的较高水平上。① 而且,由于严格限制农村居民迁入城市,城乡两个经济系统的分割被进一步强化。

1978 年 12 月召开的中共十一届三中全会,做出把党和国家的工作重心转移到经济建设上来,实行改革开放的伟大决策。1982 年 9 月召开的中国共产党第十二次全国代表大会提出了逐步实现工业、农业、国防和科学技术现代化的战略目标。1987 年 10 月召开的中国共产党第十三次全国代表大会提出了逐步摆脱贫穷、落后,由农业人口占多数的手工劳动为基础的农业国,逐步变为非农业人口占多数的现代化工业国的战略目标,并制定出"三步走"的发展战略,即第一步,1981—1990 年,国民生产总值翻一番,解决人民的温饱问题;第二步,1991—2000 年,国民生产总值再翻一番,人民生活水平达到小康;第三步,到 21 世纪中叶,人均国民生产总值达到中等发达国家水平,基本实现现代化。

改革开放以来,特别是 20 世纪 80 年代中期开展有组织、有计划、大规模的扶贫开发以来,全国农村的贫困问题明显缓解,贫困人口大幅度下降。《国家八七扶贫攻坚计划》实施后,全国农村贫困人口从 1978 年的 2.5 亿人下降到 1995 年的 6 500 万人,占全国总人口的比重由 26% 下降到 5.4%。1996 年 10 月,国家还出台了《中共中央、国务院关于尽快解决农村贫困人口温饱问题的决定》,目的在于完成扶贫攻坚这一伟大的历史任务。1995 年年末,中国提前 5 年实现了国民生产总值比 1980 年翻两番的目标。在 1997 年提前 3 年实现人均国民生产总值比 1980 年翻两番的目标。2000 年中国的人均 GDP 达到 825 美元,这意味着中国已经进入了小康社会。

中国共产党第十五次全国代表大会把"三步走"战略的第三步进一步具体化,提出了三个阶段性目标:第一个 10 年实现国民生产总值比 2000 年翻一番,使人民的小康生活更加宽裕,形成比较完善的社会主义市场经济体制;再经过 10 年的努力,到中国共产党成立 100 年时,使国民经济更加发展,各项制度更加完善;到 21 世纪中叶新中国成立 100 年时,基本实现现代化,建成富强民主文明的社会主

---

① 蔡昉、杨涛:《城乡收入差距的政治经济学》,《中国社会科学》2000 年第 4 期。

义国家。

中共十六大报告提出:"我们要在本世纪头二十年,集中力量,全面建设惠及十几亿人口的更高水平的小康社会,使经济更加发展、民主更加健全、科教更加进步、文化更加繁荣、社会更加和谐、人民生活更加殷实。"①

中国共产党第十七次全国代表大会描绘了全面建成小康社会的光明前景,指出"到二〇二〇年全面建设小康社会目标实现之时,我们这个历史悠久的文明古国和发展中社会主义大国,将成为工业化基本实现、综合国力显著增强、国内市场总体规模位居世界前列的国家,成为人民富裕程度普遍提高、生活质量明显改善、生态环境良好的国家,成为人民享有更加充分民主权利、具有更高文明素质和精神追求的国家,成为各方面制度更加完善、社会更加充满活力而又安定团结的国家,成为对外更加开放、更加具有亲和力、为人类文明作出更大贡献的国家"。②

中共十八大报告首次提出全面"建成"小康社会。与此同时,对推进中国特色社会主义事业作出经济建设、政治建设、文化建设、社会建设、生态文明建设"五位一体"的总体布局。

从开始全面建设小康社会以来,中国取得了一系列历史性成就,为全面建成小康社会打下了坚实基础。

第一,经过不懈努力,农村贫困人口的生存和温饱问题基本上得到解决。根据国家统计局的测算,2010年全面建设小康社会目标的实现程度为80.1%。按1 196元的标准计算,2002—2010年,农村贫困人口从8 645万人减少到2 688万人,占农村人口的比重从9.2%下降到2.8%。同时,在农村全面建立最低生活保障制度、完善五保供养办法、制定贫困残疾人扶持措施,即便没有劳动能力的农村居民,其基本生活也有了兜底式保障。贫困地区农民人均纯收入和人均地区生产总值年均增长速度成功超越全国平均水平。2002—2011年,重点县农民人均纯收入年均实际增长9.4%,高出全国1.3个百分点;人均地区生产总值年均实际增长15.3%,高出全国5.1个百分点。中共十八大以来,精准扶贫、精准脱贫取得的成绩举世瞩目,脱贫攻坚战取得决定性进展,6 000多万贫困人口稳定脱贫,贫困发生率从10.2%下降到4%以下。③

---

① 中共中央文献研究室:《十六大以来重要文献选编》上,中央文献出版社2005年版,第14页。
② 胡锦涛:《高举中国特色社会主义伟大旗帜 为夺取全面建设小康社会新胜利而奋斗——在中国共产党第十七次全国代表大会上的报告》,人民出版社2007年版,第21页。
③ 习近平:《决胜全面建成小康社会 夺取新时代中国特色社会主义伟大胜利——在中国共产党第十九次全国代表大会上的报告》,人民出版社2017年版,第5页。

第二，中国城乡居民收入差距经历了由逐渐扩大到逐渐缩小，再由逐渐缩小到加速扩大，后来又逐渐小幅回落的发展过程，总体呈螺旋式上升。1978年，城乡居民收入比为2.57∶1（以农村居民收入为1），1983年达到历史最低点1.82∶1，而后又开始回升，1985年为1.86∶1。1986—1994年，城乡居民收入差距总体上呈逐步扩大趋势。这一阶段，城镇居民收入增长速度超过农村居民，同期农村居民收入增长速度有所下降。1994年达到第一轮顶峰2.86∶1，1995—1997年，收入差距再度缩小。这一阶段，城镇居民收入增长了20.48%，年均增长10.24%，农村居民收入增长了32.84%，年均增长16.42%，城乡居民收入差距从1995年的2.71∶1缩小到1997年的2.47∶1。1997年后城乡居民收入差距开始加速扩大，2001年突破历史最高点，达到2.90∶1，2002年继续扩大到3.11∶1，此后一直在3.10∶1以上，2007年和2009年更是扩大到创纪录的3.33∶1。从2010年开始，农村居民收入增速连续超过城镇居民收入，城乡收入差距首次从上一年的3.33倍下降到3.23倍，2011年再次下降到3.13倍，2012年又进一步回落至3.10∶1。之后持续下降，2013年为2.81∶1，2016年变为2.72∶1。与此同时，全国基尼系数也出现了下降，由2008年的0.491的高点逐步回落到2012年的0.474。2016年，进一步下降到0.465，比2012年的0.474下降0.009，居民收入差距总体在不断缩小。就业状况持续改善，城镇新增就业年均1 300万人以上。城乡居民收入增速超过经济增速，中等收入群体持续扩大。

第三，人民生活水平和质量不断提高。新中国成立初期，商品短缺是国家面临的一个突出问题。经过60多年的快速发展，门类齐全、布局合理的产业体系基本建立，商品和服务供给能力大为增强，人民生活水平和质量不断提高。从2011年开始，中国人类发展指数超过世界平均水平，实现了从低人类发展水平到中人类发展水平的跨越。改革开放以来，中国人类发展指数提升速度居全世界之首。2012年，粮食产量达到58 958万吨，2016年达到61 625万吨，比1949年增长4.4倍。中国不仅成功解决了世界1/5人口的吃饭问题，也为世界粮食安全做出了突出贡献。居民生活质量显著改善。中共十八大以来，深入贯彻以人民为中心的发展思想，一大批惠民举措落地实施，人民生活不断改善，获得感显著增强。城镇居民家庭恩格尔系数由1956年的42.6%下降到2012年的36.2%，2016年的29.3%；农村居民家庭恩格尔系数由1954年的68.6%下降到2012年的39.3%，2016年的32.2%。社会保障体系不断完善，覆盖城乡居民的社会保障体系基本建立。医疗卫生事业成绩斐然，人民健康水平大幅提高。居民平均预期寿命由新中国成立前的35岁提高到2010年的74.8岁，2015年的76.34岁。此外，文化、体育、环保等事业发展取得重大进步，保障性住房建设稳步推进，极大提升了人民生活水平和国家的国际影响力。

第三节 城市化与区域经济发展

城市是现代文明的标志，是国家和区域经济社会发展的核心。城市化既是人类必然经历的自然进程，也是国家工业化、现代化发展程度的重要标志。

一、从城乡分割到统筹发展

新中国成立以来，城乡关系经历了深刻变迁。新中国成立之初，中国是一个生产力发展水平极端落后的农业大国。1952年中国工业净产值占工农业净产值的比重仅为25.3%，工业劳动者占社会劳动者的比重只有6%。经过短暂的战后经济恢复阶段以后，中国进入了大规模的工业建设时期。国家依靠计划经济体制较强的资源调配能力，推进了工业化的高速发展。到20世纪70年代末，中国已建立了较为完整的现代工业体系。在人均收入水平较低的条件下，较早地达到了较高的工业化水平。据世界银行的资料显示，1976年中国制造业增加值占商品生产增加值的比重已高达51.6%，进入了"半工业化"国家的行列。

计划体制和工业化政策强化了中国经济和社会的二元特性，使城市和农村在生产和生活水平上表现出极大的差异。由于过度剥夺农业，实行城乡隔离，造成工农业发展失调，城乡发展失衡，城乡关系遭到扭曲。1952—1978年，中国工业总产值增加了15倍，而农业总产值只增加了1.3倍。1978年，中国仍有82.1%的人口生活在农村，而当年农业总产值只占全社会总产值的22.9%。

改革开放以来，随着市场机制的引入，城乡要素交流的范围和规模得到扩大，城乡联系显著增强，城乡关系逐步得到改善。

20世纪80年代中期，国家取消了实行长达30年之久的农产品统购派购制度，逐步放开了大多数农产品的经营。计划经济体制下形成的极不合理的工农产品价格关系得到显著调整。这使得中国主要农产品供给由长期全面短缺转变为总量大体平衡、丰年有余，城乡居民的"菜篮子"日益丰富。中国人均农产品生产量和消费量达到世界中等以上水平。

改革开放以来，中国经济发展的一个显著特点是乡镇企业的兴起和快速增长。乡镇企业工业增加值占到全国工业增加值的50%。随着乡镇企业的迅速崛起，中国国民经济结构已由改革以前的农村农业、城市工业二元结构转变为城市工业、农村工业、农村农业相结合的新型经济结构。乡镇企业的迅速崛起，有助于中国二元经济结构的转变。然而，在城乡二元结构出现松动和改进的同时，城乡差距仍在反复扩大。1997—2003 年，农民收入连续 6 年年均增长仅为 3.9%，不及城镇居民收入年均增长（8.7%）的一半。

在认真总结改革开放 20 多年和新中国成立 50 多年中国共产党在处理城乡关系问题上的实践经验的基础上，中共十六大提出了统筹城乡发展的新思路，第一次跳出了以前就农业论农业、就农村论农村的发展思路，把农村的发展放到整个经济社会发展的大环境中统一考虑，这对于打破城乡二元结构、从根本上解决"三农"问题、实现城乡经济的协调发展具有战略意义。中共十六届三中全会又进一步提出统筹城乡发展、统筹经济社会发展、统筹区域发展、统筹人与自然和谐发展以及统筹国内发展与对外开放五项内容。

2007 年召开的中共十七大又进一步提出：要加强农业基础地位，走中国特色农业现代化道路，建立以工促农、以城带乡长效机制，形成城乡经济社会发展一体化新格局。"以工促农、以城带乡"是中国共产党在新形势下对工农关系、城乡关系在思想认识和政策取向上的进一步升华，对于科学认识和把握我国经济社会发展规律，正确处理新阶段的工农关系和城乡关系，落实统筹城乡发展方略，具有重大现实意义。

中共十七届三中全会通过的《中共中央关于推进农村改革发展若干重大问题的决定》中又提出，要建立城乡经济社会一体化制度，并且在加快城乡一体化进程上做出了一系列新部署，提出了更具可操作性的内容，中国城乡一体化发展也进入到稳步推进阶段。

2013 年 11 月通过的《中共中央关于全面深化改革若干重大问题的决定》中进一步提出：城乡二元结构是制约城乡发展一体化的主要障碍。必须健全体制机制，形成以工促农、以城带乡、工农互惠、城乡一体的新型工农城乡关系，让广大农民平等参与现代化进程、共同分享现代化成果。

二、城市化的推进和城市建设

新中国成立以来，中国的城市化和城市建设经历了一个分类建设—逆城市化—大规模发展的过程。1952 年，国家提出要按照工业建设的比重分类建设城市。1953 年，国家开始实施第一个五年计划。在城市建设上，也要求城市建设必须集中力量，确保国家工业建设的中心项目所在重点工业城市的建设。因此，在 1953 年 6 月北京召开的第一次城市建设会议上，提出城市建设的速度必须由工业建设的速度来决定。

由于"大跃进"导致工业区遍地开花，经济发展受到了严重影响，于是政府开始重新思考城市规划。1960 年 11 月召开的第九次全国计划会议宣布了"三年不搞城市规划"的决定。这是新中国第一次逆城市化运动的肇始。原来盲目流入城市的农村人口又被遣回原籍。1961—1963 年间，全国城市总数合计减少 25 个。

"文化大革命"期间,中国城市化严重停滞,国家以大量动员城市青年上山下乡和严格限制农民转变身份的城市政策,把通过抑制城市化来推动工业化的方式用到极限,城市建设几乎停止。

改革开放以后,在国民经济高速增长条件下城市化迅速推进。在农村工业化的带动下,农村小城镇得到了复苏和发展,对中国城乡关系的变革产生了巨大的影响。1978年3月,国务院召开了第三次城市工作会议,批准了《关于加强城市建设工作的意见》,要求各地"切实做好城市的整顿工作"。1980年,全国城市规划会议正式提出"控制大城市规模,合理发展中等城市,积极发展小城市"的城市建设方针,中国的城市化建设逐渐恢复发展,沿海地区的大幅度开放推动了东部沿海地区城市的发展,形成了一批发达的城市群和城市带。农村的联产承包责任制的实施也为乡镇企业的迅猛崛起和农村经济迅速发展提供了物质基础和劳动力资源,加上这一时期国家城市化政策发生变化,由过去实行城乡分隔、限制人口流动逐渐转为允许农民进入城市就业、鼓励农民迁入小城镇,随之拉动农村人口向城镇的转移,更加促进了城市化的发展。

1989年制定的《城市规划法》第4条明确提出:"国家实行严格控制大城市规模、合理发展中等城市和小城市的方针,促进生产力和人口的合理布局。"毋庸置疑,这一方针肯定了城市化在经济发展中的作用与地位,对中国城市化建设起到了积极的推动作用。与此同时,对小城镇建设的强调也提上了日程。1998年10月,十五届三中全会通过的《中共中央关于农业和农村工作若干重大问题的决定》中,第一次明确提出发展小城镇以带动农村经济和社会发展的重大战略。中国的小城镇不仅担负着联系城乡的任务,同时也发挥着完善城镇体系的功能。小城镇不仅与农业和农村有着较强的联系,而且与城市及其产业部门也比较接近。小城镇作为农村工业产品的集散中心和一部分乡镇企业发展的空间载体,在与广大农村社区保持密切联系的同时,其城市特征逐步增强。小城镇的大量涌现和迅速发展,弱化了原有城乡隔离的二元格局,奠定了城市化快速发展的基础。2000年6月,中共中央、国务院发布《关于促进小城镇健康发展的若干意见》指出,加快城镇化进程的时机和条件已经成熟,要不失时机实施城镇化战略。

2002年,中共十六大把促进小城镇和大中小城市协调发展作为中国特色城镇化道路的重要内容,从政策上明确了发展小城镇在新农村建设和城镇化推进中的战略地位。中共十六大报告明确指出,要"走中国特色的城镇化道路"。中国特色的城镇化道路可以从几个方面来理解。一是从城市化机制看,是走政府引导、市场主导、民营经济推动为主体的城市化道路。二是在市场化原则指导下,遵循城市化发展规律,促进工业化与城市化协调发展。因此它是一条城乡协调、工农协调、工业化与城市化协调发展的道路。三是考虑到后代人的需要,走人口、资源与环境协调发展的可持续城镇化道路。①

2007年,中共十七大报告提出了"一条伟大道路"和五条"具体道路",即要坚持走"中国特色社会主义道路",以及与之相配套的"中国特色自主创新道路""中国特色新兴工业化道路""中国特色农业现代化道路""中国特色城镇化道路""中国特色政治发展道路"五条具体道路。明确走中国特色城镇化道路,促进大中小城市和小城镇协调发展,形成辐射作用大的城市群,培育新的经济增长极。

中共十八大以来,以习近平同志为核心的党中央高瞻远瞩,站在时代发展的制高点,从中国经济社会发展的现实出发,以宽广的战略视野,坚持全面深入推进以人为核心的新型城镇化建设,贯彻落实"创新、协调、绿色、开放、共享"的发展理念,从聚焦"走出一条新路"到明确城市发展"路线图",从提出解决"三个1亿人"目标到新型城镇化试点,描绘出一幅以人为本、四化同步、优化布局、生态文明、文化传承的中国特色新型城镇化宏伟蓝图,为经济持续健康发展提供持久强劲动力。

改革开放以来,中国的城镇化水平持续提高。2011年中国城镇人口占总人口的比重,数千年来首次超过农业人口,达到50%以上。这是中国城市化发展史上具有里程碑意义的一年,标志着中国开始进入以城市社会为主的新成长阶段。2012年,中国的城镇化率又进一步达到52.57%,2015年,中国城镇化率超过世界平均水平,2016年中国城镇化率达到57.35%,② 中国的城镇化和城市建设取得显著成效。

三、农村的现代化建设

农村现代化是中国现代化的重要组成部分,甚至是最重要、最基本的部分,也是中国现代化任务中最艰巨的部分。现代化的本质,就是解决农业社会向现代工业社会转变的问题。中国是一个传统的农业大国,总人口和农业人口的规模都比任何已经实现现代化的国家多出几倍或十几倍,因而农村现代化的难度和复杂性更为严峻。新中国成立以来,中国共产党和政府在这方面进行了大量的探索,遇到过挫折,也取得了显著的成就。

从新中国成立到1978年改革开放以前,是中国工业化建设的第一个阶段。这一阶段的基本特征是农业和农民承担了为国家工业化提供原始积累的责任。农业和农村的现代化实际上没有真正步上正轨,只是靠农民组织起来的力量,先解决了粮食和温饱问题。将个体农民组织起来,不仅有利于为国家工业化提供剩余和积累,还可以通过农民自己的劳动,改造农业生产的自然物质条件,进行农田水

---

① 陈甬军、景普秋、陈爱民:《中国城市化道路新论》,商务印书馆2009年版,第9—10页。
② 城镇化水平是衡量一个国家或一个地区社会经济发展水平的重要标志,通常以城镇常住人口占该地区常住总人口的比重来衡量。

利基本建设，从而提高农业生产效率，改善农村面貌。

改革开放以来，是中国农业现代化进程的第二个阶段。这一阶段的主要特征是农村工业化异军突起，并且成为国家工业化进程的重要组成部分。在改革和发展中，农村工业与城市工业已经逐渐融为一体，乡镇企业与城市工业的界限已经模糊。所以，改革开放对我国农村来说，本质上是农村的一场产业革命，是我国农业社会向现代工业社会转变的一场极其深刻的经济和社会变革。然而，农业本身的发展仍需要党和政府高度重视。为此，中共十六大确立了"统筹城乡发展"的方针，并且开始大力推进新农村建设。

新农村建设本质上是农村的现代化建设。2005年10月，中国共产党十六届五中全会通过《中共中央关于制定国民经济和社会发展第十一个五年规划的建议》，提出要按照"生产发展、生活宽裕、乡风文明、村容整洁、管理民主"的要求，扎实推进社会主义新农村建设。建设社会主义新农村，是确保中国现代化建设顺利推进的必然要求。国际经验表明，工农城乡之间的协调发展，是现代化建设成功的重要前提。一些国家较好地处理了工农城乡关系，经济社会得到了迅速发展，较快地迈进了现代化国家行列。也有一些国家没有处理好工农城乡关系，导致农村长期落后，致使整个国家经济停滞甚至倒退，现代化进程严重受阻。因此，中国共产党和政府高度重视农村现代化问题，并把农村发展纳入整个现代化进程之中，坚定地走具有中国特色的工业与农业协调发展、城市与农村共同繁荣的现代化道路。

中共十八大报告提出："坚持走中国特色新型工业化、信息化、城镇化、农业现代化道路……促进工业化、信息化、城镇化、农业现代化同步发展。"2014年12月，习近平在江苏调研时指出，没有农业现代化，没有农村繁荣富强，没有农民安居乐业，国家现代化是不完整、不全面、不牢固的。2015年3月，习近平在参加十二届全国人大三次会议吉林代表团的审议时再次强调，中国现阶段不是要不要农业的问题，而是在新形势下怎样迎难克艰、继续抓好的问题。这些论断是中国共产党在新的历史起点，立足全局、着眼长远、与时俱进的重大理论创新，体现了对走中国特色社会主义道路、加快转变发展方式的新认识、新要求，为推动中国农业农村现代化建设指明了方向。中共十八大以来，农业现代化稳步推进，粮食生产能力达到12 000亿斤。城镇化率年均提高1.2个百分点，8 000多万农业人口转为城镇居民。

四、区域经济发展

自1949年新中国成立以来，中国区域经济的发展大致经历了三个大的阶段，分别是：新中国成立后至改革开放前的区域经济均衡发展阶段（1949—1978年）、改革开放以后至20世纪末的非均衡发展阶段（1979—1999年）和21世纪以来的区域经济协调发展阶段（2000年以来）。在第一阶段的国民经济恢复时期，国家为了稳定住政权以及免受战争冲击，开始粗略地制定平衡的区域经济发展战略。"一五"计划时期，国家开始大力实施平衡的区域经济发展战略，具体的表现就是重点建设并着手改造旧中国造成的当时经济布局偏重于沿海的畸形状况，侧重于向内地倾斜。重点建设以武钢、包钢为中心的华中、华北工业基地。在接近原料和消费区建设一批纺织工业，大体上沿京广、陇海线布局在北京、石家庄、邯郸、郑州、武汉、西安、咸阳等城市，以改变之前的纺织工业集中在天津、青岛等沿海城市的局面。与此同时，大力建设了 156 项工程。这些工程除北京、辽宁外，基本上都布局在内地，特别是山西、陕西、四川和黑龙江。投资也向内地倾斜。之后的"二五"计划时期，"大跃进"让区域经济发展受到极大的损害，平衡的发展战略变为"失衡"和"混乱"。1963—1965 年的国民经济恢复时期，区域经济的平衡发展工作也开始恢复。1966—1978 年"三线"建设时期，由于当时的国际环境和国内环境影响，基于战备的考虑，国家再一次大规模地发展内地，平衡发展战略得到更加明显的凸现。由此，内陆地区布局了大批重工业项目。

改革开放后，中国实行了鼓励沿海地区率先发展的政策。鼓励主要体现在两个方面：一是投资倾斜，二是率先实行对外开放。投资倾斜方面，在中央新的区域发展思路指导下，沿海地区在全国基本建设投资中所占比重持续提高。与"三五"时期相比，"四五"时期沿海在全国基本建设投资总额中所占的比重上升了近 10 个百分点，而内地则下降了 10.3 个百分点；"五五"时期沿海地区所占比重继续提高到 42.2%，达到新中国成立以来历史最高水平，内地降至 50%，而到了"六五"时期，沿海所占比重首次高出内地 1.2 个百分点。如果说"五五"时期还因一些历史的惯性延续因素导致内地所占投资比重仍然较高的话，那么进入"六五"时期，东部沿海地区正式成为全国基本建设投资的主体。投资的倾斜直接使经济特区、沿海开放城市的工业、港口、航空机场与城市建设得到了快速的发展。在对外开放方面，不断加大对外开放的步伐，率先在东部沿海地区实行对外开放，并给予开放地区种种优惠政策。这些开放政策的具体载体就是特区和开放城市。特区和开放城市组成了中国沿海开放地带和工业城市群，使得沿海地区抓住时机吸引了大量外资，迅速提高了经济水平，在工业、农业、交通等方面具有领先优势。由于东部的快速发展，全国经济发展的重心开始东移，全国区域经济格局在较短的时间内实现了重大的变化。这种变化直接促成了全国区域经济格局的再次调整与划分，"七五"时期，中国的区域经济大格局由长期占主导地位的沿海与内地两大板块调整为"东、中、西"三大经济地带的"三带推进"格局。

非均衡发展战略的实施在取得明显成效的同时，也严重阻碍了经济的发展和市场的发育，使区域经济秩序发生严重混乱。为此，21 世纪以来，中国开始强调区域经济的协调发展。西部大开发战略成为 21 世纪中央的第一号重大决策，并快速形成了西部大开发的热潮。之后又实施了振兴东北等老工业基地、促进中部崛起、东部率先发展等重大战略举措，并形成了一整套有机结合的统一的区域整体发展战略，区域经济发展已经形成了"四轮驱动"的发展格局。四大经济区域之间地域范围明确，发展任务和目标清晰。

2012年11月，中共十八大报告明确提出要继续实施区域发展总体战略，充分发挥各地区比较优势，优先推进西部大开发，全面振兴东北地区等老工业基地，大力促进中部地区崛起，积极支持东部地区率先发展。而且，随着习近平等党和国家领导人对区域经济发展的重视，中国的区域总体战略愈加清晰，即优化提升东部沿海"三大增长极"（珠三角、长三角、环渤海地区）、着力打造三大新经济支撑带（东北老工业基地、中部沿长江区域、西南中南腹地）、促进西北向西开放（向中亚、欧洲的陆路开放）。

2013年9月和10月，习近平分别提出建设"新丝绸之路经济带"和"21世纪海上丝绸之路"的战略构想，强调相关各国要打造互利共赢的"利益共同体"和共同发展繁荣的"命运共同体"，是将中国区域经济发展放置在世界经济发展"画布"上的大手笔。

近年来，中国不断打破地区封锁和垄断，破除限制生产要素自由流动的各种体制障碍，促进生产要素跨区域有序自由流动，基本形成了有利于推动区域协调发展的市场环境。东部、中部、西部地区经济增长率差距缩小，困难地区经济恶化局面得到遏制，东北地区工业增加值已实现转降为升，投资降幅大幅收窄。四大板块经济联动性互动性增强，区域经济发展更趋协调。"一带一路"建设、京津冀协同发展、长江经济带发展三大战略的实施，正在培育着新的增长极和区域发展新格局。

第四节 进入中国特色社会主义新时代

一、中国特色社会主义新时代与经济发展的历史新方位

2017年10月18日，中国共产党第十九次全国代表大会在北京召开，习近平在代表第十八届中央委员会向大会所作的题为《决胜全面建成小康社会 夺取新时代中国特色社会主义伟大胜利》的报告中提出："经过长期努力，中国特色社会主义进入了新时代，这是我国发展新的历史方位。"[①]

---

① 习近平：《决胜全面建成小康社会 夺取新时代中国特色社会主义伟大胜利——在中国共产党第十九次全国代表大会上的报告》，人民出版社2017年版，第10页。

新时代的到来，是长期奋斗的结果。改革开放之初，中国共产党发出了走自己的路、建设中国特色社会主义的伟大号召。从那时以来，中国共产党团结带领全国各族人民开拓进取，总结历史经验，不断艰辛探索找到了实现中华民族伟大复兴的正确道路，即中国特色社会主义道路，国民经济快速增长，创造了"中国奇迹"。2013年中共十八大以来，中国经济发展面临着全球经济复苏乏力，国内经济下行压力持续加大，多重困难和挑战相互交织等复杂严峻的国际国内环境，中共中央加强和改善对经济工作的领导，坚持稳中求进，保持宏观经济政策的连续性和稳定性，创新宏观调控的思路和方式，有针对性地进行预调和微调，扎实做好各项工作，实现了经济社会的稳步发展。中国经济发展进入了从高速增长转为中高速增长；经济结构不断优化升级；从要素驱动、投资驱动转向创新驱动的经济发展新常态。这些全方位和开创性的成就、深层次和根本性的变革，为决胜全面建成小康社会，进入中国特色社会主义新时代奠定了实践基础和现实依据。

中国特色社会主义进入新时代，意味着近代以来久经磨难的中华民族迎来了从站起来、富起来到强起来的伟大飞跃，迎来了实现中华民族伟大复兴的光明前景；意味着中国特色社会主义道路、理论、制度、文化不断发展，拓展了发展中国家走向现代化的途径；中国特色社会主义进入新时代，中国社会主要矛盾已经转化为人民日益增长的美好生活需要和不平衡不充分的发展之间的矛盾。给世界上那些既希望加快发展又希望保持自身独立性的国家和民族提供了全新选择，为解决人类问题贡献了中国智慧和中国方案。

中共十九大提出了中国共产党团结带领全国各族人民迎难而上，开拓进取，到2020年决胜全面建成小康社会，到本世纪中叶实现社会主义现代化的奋斗目标。实现这个奋斗目标分为两个阶段：第一个阶段，从2020年到2035年，在全面建成小康社会的基础上，再奋斗十五年，基本实现社会主义现代化。第二个阶段，从2035年到本世纪中叶，在基本实现现代化的基础上，再奋斗十五年，把我国建成富强民主文明和谐美丽的社会主义现代化强国。

中共十九大提出了坚持全面深化改革、坚持新发展理念、坚持在发展中保障和改善民生、坚持人与自然和谐共生的中国特色社会主义经济发展的基本方略。强调发展是解决中国一切问题的基础和关键，增进民生福祉是发展的根本目的，建设生态文明是中华民族永续发展的千年大计。

二、中国经济发展的机遇与挑战

世界经济复苏乏力、局部冲突和动荡频发、全球性问题加剧的外部环境，中国经济发展进入经济增长方式由高速度向高质量转变的新常态等一系列深刻变化的内部条件，这些都为中国经济发展提供了机遇。

第一，改革红利、人口红利和技术红利的发展机遇。改革和调整是重构中国社会经济发展基石的唯一选择，也是中国经济在世界性结构改革的大浪潮中的战略机遇。以大学生和人力资源为核心的第二次人口红利开始替代以农民工和低端劳动力为核心的传统人口红利。已经崭露头角的中国创新发展模式、专利申请数量大幅度提升、科学技术人员数量不断增加、高科技产品不断涌现，中国的技术创新红利还有更大的实现空间，从而促进"中国制造"向"中国创造"转型，构成了中国经济继续发展的机遇。

第二，大国经济效应的规模机遇。中国在经济规模稳居世界第二位的同时，其市场份额和消费规模也大幅度提升，中国需求成为世界需求最为重要的决定因素，"大国经济效应"开始全面显现。国内"长三角""珠三角"以及"京津地区"开始全面转向服务业驱动，广大的中西部和东北地区工业化依然处于高速发展的中期阶段，产业的区域间梯度大转移必然会带动中国经济的继续发展。

第三，经济全球化的时代机遇。经济全球化将世界各国连成一个整体，经济上的相互关联与合作使各个国家之间的相互依赖关系进一步增强，为中国参与经济全球化创造了相对缓和的外部环境。经过多年发展，中国全方位、多层次、宽领域地参与经济全球化已经具有一定的技术实力和经济基础。

中国经济发展面对以上机遇的同时也面临着严峻的挑战：

第一，大国经济的挑战。中国是一个大国，从地域面积和区域差异上、人口数量和经济发展规模上都呈现出独有的特点。中国也是一个具有悠久文化传承和历史积淀以及民族自信的文明古国。大国的经济发展会带来整个世界经济的发展，同时也会导致世界经济格局的重大变化，导致国际经济秩序的重构。对于古国来说，中国的经济发展道路一定会与自身的文化传统和历史相结合，不可能完全移植和照搬。综观世界经济发展史，一个大国的崛起，往往都不是顺利的。

第二，低碳经济的挑战。以前的"粗放型"经济发展模式，使得经济发展的代价越来越高。"高碳"特征突出的"发展排放"成为中国可持续发展的一大制约。如何既确保人民生活水平不断提升，又不重复西方国家以牺牲环境为代价谋发展的老路，是中国必须面对的挑战。

第三，创新经济的挑战。一个国家的经济发展，尤其是对于大国来说，不可能永远走在引进、消化、吸收的道路上，不可能永远利用自己便宜的劳动力等资源进行制造，必须在体制、技术等诸多方面有独特的创新才能让这个国家的经济发展可持续，让人民的生活水平和质量不断提升。从历史上看，中国是一个具有技术和制度创新基础的国家，中国的制度组织水平和科技水平都曾经领先于世界。在新时代，中国经济必须进行全面创新，包括制度和技术，这样才会让中国经济的航船继续扬帆出海。

三、坚持新发展理念，建设现代化经济体系

改革开放40年，中国经济经历了高速发展的历史时期，稳定解决了十几亿人的温饱问题，总体上实现了小康，不久将全面建成小康社会。然而与此同时，人民对美好生活的需要也日益广泛，对物质文化生活又提出了更高要求。中国特色社会主义进入了新时代，社会主要矛盾已经转化为人民日益增长的美好生活需要和不平衡不充分的发展之间的矛盾。

如何让我们的经济实现平衡且充分的发展，满足人民日益增长的对美好生活向往的需要，这是中国共产党和国家肩负的新时代责任。这一时期，要按照习近平总书记的指引，坚持新发展理念，建设现代化经济体系。转变经济增长方式，由高速增长转向高质量发展，引领中国经济迈向一个新的台阶，是建设现代化经济体系的关键。成功地实现高增长向高质量转型，中国经济的质量，无论是微观的产品和服务的质量，还是宏观的效率和质量，都同样会像中国速度一样得到世界的赞誉。高增长向高质量转型是一次新的"凤凰涅槃"。

坚持新发展理念是习近平新时代中国特色社会主义思想重要组成部分。中共十九大报告提出，发展是解决我国一切问题的基础和关键，发展必须是科学发展，必须坚定不移贯彻创新、协调、绿色、开放、共享的发展理念。必须坚持和完善我国社会主义基本经济制度和分配制度，毫不动摇巩固和发展公有制经济，毫不动摇鼓励、支持、引导非公有制经济发展，使市场在资源配置中起决定性作用，更好发挥政府作用，推动新型工业化、信息化、城镇化、农业现代化同步发展，主动参与和推动经济全球化进程，发展更高层次的开放型经济，不断壮大我国经济实力和综合国力。

创新发展注重的是解决发展动力问题。十九大报告提出，创新是引领发展的第一动力，是建设现代化经济体系的战略支撑。要瞄准世界科技前沿，强化基础研究，实现前瞻性基础研究、引领性原创成果重大突破。加强应用基础研究，拓展实施国家重大科技项目，突出关键共性技术、前沿引领技术、现代工程技术、颠覆性技术创新，为建设科技强国、质量强国、航天强国、网络强国、交通强国、数字中国、智慧社会提供有力支撑。加强国家创新体系建设，强化战略科技力量。深化科技体制改革，建立以企业为主体、市场为导向、产学研深度融合的技术创新体系，加强对中小企业创新的支持，促进科技成果转化。倡导创新文化，强化知识产权创造、保护、运用。培养造就一大批具有国际水平的战略科技人才、科技领军人才、青年科技人才和高水平创新团队。

协调发展注重的是解决发展不平衡问题。发展不平衡是中国一个长期存在的

问题，突出表现在区域、城乡、经济和社会、物质文明和精神文明、经济建设和国防建设等关系上，这种失衡会随着不断发展导致"木桶"效应愈加显现，因此要注重发展的整体效能。十九大要求实施区域协调发展战略，建立更加有效的区域协调发展新机制。习近平在十九大报告中提出，加大力度支持革命老区、民族地区、边疆地区、贫困地区加快发展，强化举措推进西部大开发形成新格局，深化改革加快东北等老工业基地振兴，发挥优势推动中部地区崛起，创新引领率先实现东部地区优化发展，建立更加有效的区域协调发展新机制。以城市群为主体构建大中小城市和小城镇协调发展的城镇格局，加快农业转移人口市民化。以疏解北京非首都功能为"牛鼻子"推动京津冀协同发展，高起点规划、高标准建设雄安新区。以共抓大保护、不搞大开发为导向推动长江经济带发展。支持资源型地区经济转型发展。加快边疆发展，确保边疆巩固、边境安全。坚持陆海统筹，加快建设海洋强国。

绿色发展注重的是解决人与自然和谐问题。中国资源约束趋紧、环境污染严重、生态系统退化的问题十分严峻，人民群众对清新空气、干净饮水、安全食品、优美环境的要求越来越强烈。习近平新时代中国特色社会主义思想包含了"坚持人与自然和谐共生"的理念。他指出，建设生态文明是中华民族永续发展的千年大计。必须树立和践行绿水青山就是金山银山的理念，坚持节约资源和保护环境的基本国策，像对待生命一样对待生态环境，统筹山水林田湖草系统治理，实行最严格的生态环境保护制度，形成绿色发展方式和生活方式，坚定走生产发展、生活富裕、生态良好的文明发展道路，建设美丽中国，为人民创造良好生产生活环境，为全球生态安全作出贡献。

开放发展反映了中国社会经济发展融入世界经济发展的基本方略和中国共产党和国家的胸怀。习近平在十九大报告中指出，开放带来进步，封闭必然落后。中国开放的大门不会关闭，只会越开越大。要以"一带一路"建设为重点，坚持引进来和走出去并重，遵循共商共建共享原则，加强创新能力开放合作，形成陆海内外联动、东西双向互济的开放格局。拓展对外贸易，培育贸易新业态新模式，推进贸易强国建设。实行高水平的贸易和投资自由化便利化政策，全面实行准入前国民待遇加负面清单管理制度，大幅度放宽市场准入，扩大服务业对外开放，保护外商投资合法权益。凡是在我国境内注册的企业，都要一视同仁、平等对待。优化区域开放布局，加大西部开放力度。赋予自由贸易试验区更大改革自主权，探索建设自由贸易港。创新对外投资方式，促进国际产能合作，形成面向全球的贸易、投融资、生产、服务网络，加快培育国际经济合作和竞争新优势。在开放发展的基础上，我们坚持推动构建人类命运共同体。坚持正确义利观，树立共同、综合、合作、可持续的新安全观，谋求开放创新、包容互惠的发展前景，促进和而不同、兼收并蓄的文明交流，构筑尊崇自然、绿色发展的生态体系，始终做世界和平的建设者、全球发展的贡献者、国际秩序的维护者。

共享发展注重的是解决社会公平正义问题。中国经济发展的"蛋糕"不断做大，但分配不公问题比较突出，收入差距、城乡区域公共服务水平差距较大。在共享改革发展成果上，无论是实际情况还是制度设计，都还有不完善的地方。十九大报告提出，必须始终把人民利益摆在至高无上的地位，让改革发展成果更多更公平惠及全体人民，朝着实现全体人民共同富裕不断迈进。报告要求，继续完善公共服务体系，不断促进社会公平正义，实施乡村振兴战略，优先发展教育，坚决打赢脱贫攻坚战，加强社会保障体系建设，提高就业质量和人民收入水平。为此，十九大报告强调，增进民生福祉是发展的根本目的。必须多谋民生之利、多解民生之忧，在发展中补齐民生短板、促进社会公平正义，在幼有所育、学有所教、劳有所得、病有所医、老有所养、住有所居、弱有所扶上不断取得新进展，深入开展脱贫攻坚，保证全体人民在共建共享发展中有更多获得感，不断促进人的全面发展、全体人民共同富裕。建设平安中国，加强和创新社会治理，维护社会和谐稳定，确保国家长治久安、人民安居乐业。十九大报告强调，要动员全党全国全社会力量，坚持精准扶贫、精准脱贫，坚持中央统筹省负总责市县抓落实的工作机制，强化党政一把手负总责的责任制，坚持大扶贫格局，注重扶贫同扶志、扶智相结合，深入实施东西部扶贫协作，重点攻克深度贫困地区脱贫任务，确保到二〇二〇年我国现行标准下农村贫困人口实现脱贫，贫困县全部摘帽，解决区域性整体贫困，做到脱真贫、真脱贫。

就业是最大的民生。要坚持就业优先战略和积极就业政策，实现更高质量和更充分就业。大规模开展职业技能培训，注重解决结构性就业矛盾，鼓励创业带动就业。提供全方位公共就业服务，促进高校毕业生等青年群体、农民工多渠道就业创业。破除妨碍劳动力、人才社会性流动的体制机制弊端，使人人都有通过辛勤劳动实现自身发展的机会。完善政府、工会、企业共同参与的协商协调机制，构建和谐劳动关系。坚持按劳分配原则，完善按要素分配的体制机制，促进收入分配更合理、更有序。鼓励勤劳守法致富，扩大中等收入群体，增加低收入者收入，调节过高收入，取缔非法收入。坚持在经济增长的同时实现居民收入同步增长、在劳动生产率提高的同时实现劳动报酬同步提高。拓宽居民劳动收入和财产性收入渠道。履行好政府再分配调节职能，加快推进基本公共服务均等化，缩小收入分配差距。

正如习近平总书记所言，我国经济已由高速增长阶段转向高质量发展阶段，正处在转变发展方式、优化经济结构、转换增长动力的攻关期，建设现代化经济体系是跨越关口的迫切要求和我国发展的战略目标。必须坚持质量第一、效益优先，以供给侧结构性改革为主线，推动经济发展质量变革、效率变革、动力变革，提高全要素生产率，着力加快建设实体经济、科技创新、现代金融、人力资源协同发展的产业体系，着力构建市场机制有效、微观主体有活力、宏观调控有度的经济体制，不断增强我国经济创新力和竞争力。

第一，深化供给侧结构性改革。建设现代化经济体系，必须把发展经济的着力点放在实体经济上，把提高供给体系质量作为主攻方向，显著增强我国经济质量优势。加快建设制造强国，加快发展先进制造业，推动互联网、大数据、人工智能和实体经济深度融合，在中高端消费、创新引领、绿色低碳、共享经济、现代供应链、人力资本服务等领域培育新增长点、形成新动能。支持传统产业优化升级，加快发展现代服务业，瞄准国际标准提高水平。促进我国产业迈向全球价值链中高端，培育若干世界级先进制造业集群。加强水利、铁路、公路、水运、航空、管道、电网、信息、物流等基础设施网络建设。坚持去产能、去库存、去杠杆、降成本、补短板，优化存量资源配置，扩大优质增量供给，实现供需动态平衡。激发和保护企业家精神，鼓励更多社会主体投身创新创业。建设知识型、技能型、创新型劳动者大军，弘扬劳模精神和工匠精神，营造劳动光荣的社会风尚和精益求精的敬业风气。

第二，加快完善社会主义市场经济体制。经济体制改革必须以完善产权制度和要素市场化配置为重点，实现产权有效激励、要素自由流动、价格反应灵活、竞争公平有序、企业优胜劣汰。要完善各类国有资产管理体制，改革国有资本授权经营体制，加快国有经济布局优化、结构调整、战略性重组，促进国有资产保值增值，推动国有资本做强做优做大，有效防止国有资产流失。深化国有企业改革，发展混合所有制经济，培育具有全球竞争力的世界一流企业。全面实施市场准入负面清单制度，清理废除妨碍统一市场和公平竞争的各种规定和做法，支持民营企业发展，激发各类市场主体活力。深化商事制度改革，打破行政性垄断，防止市场垄断，加快要素价格市场化改革，放宽服务业准入限制，完善市场监管体制。

创新和完善宏观调控，发挥国家发展规划的战略导向作用，健全财政、货币、产业、区域等经济政策协调机制。完善促进消费的体制机制，增强消费对经济发展的基础性作用。深化投融资体制改革，发挥投资对优化供给结构的关键性作用。

加快建立现代财政制度，建立权责清晰、财力协调、区域均衡的中央和地方财政关系。建立全面规范透明、标准科学、约束有力的预算制度，全面实施绩效管理。深化税收制度改革，健全地方税体系。深化金融体制改革，增强金融服务实体经济能力，提高直接融资比重，促进多层次资本市场健康发展。健全货币政策和宏观审慎政策双支柱调控框架,深化利率和汇率市场化改革。健全金融监管体系,守住不发生系统性金融风险的底线。

第三,实施乡村振兴战略,促进城乡融合发展。农业农村农民问题是关系国计民生的根本性问题,没有农业农村的现代化,就没有国家的现代化。必须始终把解决好"三农"问题作为全党工作重中之重。要坚持农业农村优先发展,按照产业兴旺、生态宜居、乡风文明、治理有效、生活富裕的总要求,建立健全城乡融合发展体制机制和政策体系,加快推进农业农村现代化。巩固和完善农村基本经营制度,深化农村土地制度改革,完善承包地"三权"分置制度。保持土地承包关系稳定并长久不变,第二轮土地承包到期后再延长三十年。深化农村集体产权制度改革,保障农民财产权益,壮大集体经济。确保国家粮食安全,把中国人的饭碗牢牢端在自己手中。

构建现代农业产业体系、生产体系、经营体系,完善农业支持保护制度,发展多种形式适度规模经营,培育新型农业经营主体,健全农业社会化服务体系,实现小农户和现代农业发展有机衔接。促进农村一二三产业融合发展,支持和鼓励农民就业创业,拓宽增收渠道。加强农村基层基础工作,健全自治、法治、德治相结合的乡村治理体系。培养造就一支懂农业、爱农村、爱农民的"三农"工作队伍。实施乡村振兴战略,走城乡融合发展之路,必须将工业与农业、城市与乡村、城镇居民与农村居民作为一个整体纳入全面建成小康社会和现代化建设的全过程中。

中国的经济发展已经进入了中国特色社会主义新时代,理论和实践都雄辩地证明,中国特色社会主义是实现中华民族伟大复兴的康庄大道,只要坚持中国共产党的领导,只要坚持改革创新,中华民族伟大复兴的"中国梦"就一定能实现。

▶ 即测即评

请扫描二维码,在线测试本章学习效果

思考题:

1. 新中国成立以来,政府的作用和职能发生了怎样的转变?

2. 新中国成立以来,城乡关系发生了什么样的变化?
3. 新中国成立以来,中国取得了哪些经济成就?
4. 新中国成立以来,中国对外关系有了哪些发展?
5. 简述新发展理念和坚持中国特色社会主义基本方略的经济内容。

阅 读 文 献

- 马克思：《1844年经济学哲学手稿》，《马克思恩格斯文集》第1卷，人民出版社2009年版。

- 马克思：《〈政治经济学批判〉序言》，《马克思恩格斯文集》第2卷，人民出版社2009年版。

- 马克思：《资本论》，《马克思恩格斯文集》第5—7卷，人民出版社2009年版。

- 马克思、恩格斯：《德意志意识形态》，《马克思恩格斯选集》第1卷，人民出版社2012年版。

- 恩格斯：《国民经济学批判大纲》，《马克思恩格斯文集》第1卷，人民出版社2009年版。

- 恩格斯：《家庭、私有制和国家的起源》，《马克思恩格斯文集》第4卷，人民出版社2009年版。

- 恩格斯：《反杜林论》，《马克思恩格斯文集》第9卷，人民出版社2009年版。

- 竺可桢：《中国近五千年来气候变迁的初步研究》，《考古学报》1972年第1期。

- 梁方仲编著：《中国历代户口、田地、田赋统计》，上海人民出版社1980年版。

- 郑友揆：《中国的对外贸易和工业发展》，程麟荪译，上海社会科学院出版社1984年版。

- 中国农业博物馆农史研究室编：《中国古代农业科技史图说》，农业出版社1989年版。

- 刘佛丁主编：《中国近代经济发展史》，高等教育出版社1999年版。

- 汪敬虞主编：《中国近代经济史（1895—1927）》，人民出版社2000年版。

- 中华人民共和国国家经济贸易委员会编：《中国工业五十年（1953—1957）》，中国经济出版社2000年版。

- 严中平主编：《中国近代经济史（1840—1894）》（第2版），人民出版社2001年版。

- 汪海波：《新中国工业经济史（1979—2000）》，经济管理出版社2001年版。

- 葛剑雄：《中国人口史》第1卷，复旦大学出版社2002年版。

- 许涤新、吴承明主编：《中国资本主义发展史》（第2版）第1—3卷，人民出版社2003年版。

- 邹逸麟编著：《中国历史地理概述》（修订版），上海教育出版社 2005 年版。

- 吴承明：《经济史：历史观与方法论》，上海财经大学出版社 2006 年版。

- 刘国光主编：《中国十个五年计划研究报告》，人民出版社 2006 年版。

- 萧国亮、隋福民编著：《世界经济史》，北京大学出版社 2007 年版。

- 上海财经大学课题组：《中国经济发展史（1949—2005）》，上海财经大学出版社 2007 年版。

- 彭信威：《中国货币史》，上海人民出版社 2007 年版。

- 陈锡文、赵阳、陈剑波、罗丹：《中国农村制度变迁 60 年》，人民出版社 2009 年版。

- 武力：《中华人民共和国经济史》（增订本），中国时代经济出版社 2010 年版。

- 刘克祥、吴太昌主编：《中国近代经济史（1927—1937）》，人民出版社 2010 年版。

- 齐涛主编：《中国古代经济史》（第 2 版），山东大学出版社 2011 年版。

- 当代中国研究所：《中华人民共和国史稿》，当代中国出版社、人民出版社 2012 年版。

- 宁可：《中国封建社会的历史道路》，北京师范大学出版社 2014 年版。

- 姜振寰主编：《社会文化科学背景下的技术编年史（远古—1900）》，高等教育出版社 2015 年版。

- 吴松弟：《中国近代经济地理》第 1 卷，华东师范大学出版社 2015 年版。

- 李实等：《中国收入分配格局的最新变化：中国居民收入分配研究》，中国财政经济出版社 2017 年版。

- ［美］德·希·珀金斯：《中国农业的发展（1368—1968 年）》，宋海文等译，上海译文出版社 1984 年版。

- ［英］杰弗里·巴勒克拉夫：《当代史学主要趋势》，杨豫译，上海译文出版社 1987 年版。

- ［美］巴里·诺顿：《中国经济：转型与增长》，安佳译，上海人民出版社 2010 年版。

人名译名对照表

[英]	阿礼国,卢瑟夫	Rutherford Alcock
[英]	巴尔福,乔治	George Balfour
[英]	巴勒克拉夫,杰弗里	Geoffrey Barraclough
[法]	白吉尔,玛丽-克莱尔	Marie-Claire Bergère
[日]	百濑弘	Momose Hiromu
[比]	贝洛赫,保罗	Paul Bairoch
[意]	波罗,马可	Marco Polo
[日]	大川一司	Kazushi Ohkawa
[德]	佛兰克,安德烈·贡德	Andre Gunder Frank
[美]	高家龙	Sherman Cochran
[英]	赫德,罗伯特	Robert Hart
[美]	侯继明	Chi-ming Hou
[美]	黄宗智	Philip Huang
[美]	金德尔伯格,查尔斯·普尔	Charles Poor Kindleberger
[德]	库钦斯基,尤尔根	Jurgen Kuczynski
[美]	雷麦,查尔斯·弗雷德里克	Charles Frederick Remer
[美]	李侃如	Kenneth Lieberthal
[英]	李约瑟	Joseph Needham
[美]	罗斯基,托马斯·乔治	Thomas George Rawski
[英]	马戛尔尼,乔治	George Macartney
[美]	诺顿,巴里	Barry Naughton
[美]	珀金斯,德怀特·希尔德	Dwight Heald Perkins
[美]	彭慕兰	Kenneth Pomeranz
[阿根廷]	普雷维什,劳尔	Raúl Prebisch
[日]	山本有造	Yamamoto Yousou
[美]	施坚雅	George William Skinner
[日]	西川俊作	Nishikawa Shunsaku
[英]	希克斯,约翰·理查德	John Richard Hicks
[英]	辛格,汉斯	Hans Singer

后 记

《中国经济史》是马克思主义理论研究和建设工程重点教材，由教育部组织编写，经国家教材委员会审查通过。

在教材编写过程中，得到了国家教材委员会高校哲学社会科学（马工程）专家委员会、思想政治审议专家委员会以及教育部原马工程重点教材审议委员会的指导。同时，广泛听取了高校教师和学生的意见建议。

本教材由王玉茹主持编写，萧国亮、宁欣任副主编。绪论、上篇、中篇、下篇概述，王玉茹撰写；第一章、第二章，石涛撰写；第三章，刘建生、刘成虎撰写；第四章，李晓撰写；第五章，宁欣撰写；第六章，赵津撰写；第七章、第八章，燕红忠撰写；第九章、第十章第二节，赵劲松撰写；第十章第一节、第三节，刘兰兮撰写；第十一章，关永强撰写；第十二章，武力、王丹莉撰写；第十三章、第十四章，龚关撰写；第十五章，兰日旭撰写；第十六章，萧国亮、隋福民撰写。

2018 年 12 月 28 日

郑重声明

高等教育出版社依法对本书享有专有出版权。任何未经许可的复制、销售行为均违反《中华人民共和国著作权法》，其行为人将承担相应的民事责任和行政责任；构成犯罪的，将被依法追究刑事责任。为了维护市场秩序，保护读者的合法权益，避免读者误用盗版书造成不良后果，我社将配合行政执法部门和司法机关对违法犯罪的单位和个人进行严厉打击。社会各界人士如发现上述侵权行为，希望及时举报，我社将奖励举报有功人员。

反盗版举报电话　（010）58581999　58582371
反盗版举报邮箱　dd@hep.com.cn
通信地址　北京市西城区德外大街4号
　　　　　高等教育出版社法律事务部
邮政编码　100120

读者意见反馈

为收集对教材的意见建议，进一步完善教材编写并做好服务工作，读者可将对本教材的意见建议通过如下渠道反馈至我社。

咨询电话　400-810-0598
反馈邮箱　gjdzfwb@pub.hep.cn
通信地址　北京市朝阳区惠新东街4号富盛大厦1座
　　　　　高等教育出版社总编辑办公室
邮政编码　100029

防伪查询说明

用户购书后刮开封底防伪涂层，使用手机微信等软件扫描二维码，会跳转至防伪查询网页，获得所购图书详细信息。

防伪客服电话　（010）58582300